长春统计年鉴

2004

长 春 市 统 计 局　　编

中国统计出版社

（京）新登字 041 号

图书在版编目（CIP）数据
长春统计年鉴 .2004/长春市统计局编
—北京：中国统计出版社，2004. 7
ISBN 7-5037-4409-X

Ⅰ. 长…
Ⅱ. 长…
Ⅲ. 统计资料—长春市—2004—年鉴
Ⅳ. C832. 341-54
中国版本图书馆 CIP 数据核字（2004）第 055517 号

长春统计年鉴——2004

作者/长春市统计局
责任编辑/蔡启新
E-mail/yearbook@stats. gov. cn
责任校对/高岩
封面设计/鄢萍
出版发行/中国统计出版社
通信地址/北京市西城区三里河月坛南街 75 号　中国统计出版社
邮编/100826
电话/(010) 63262295
印刷/吉林华源国际实业有限公司印业商社
经销/新华书店
开本/890×1240 毫米 1/16
字数/65 万字
印张/31
印数/1-2000
版别/2004 年 8 月第 1 版
版次/2004 年 8 月第 1 次印刷
书号/ISBN 7-5037-4409-X/F·1868
定价/200. 00 元

《长春统计年鉴——2004》编委会

《长春统计年鉴——2004》编辑人员

总　　编　　辑：　鄢　萍

责 任 编 辑：　蔡启新　高　岩　石岱峰

英 文 翻 译：　杨会晏　刘旭茹

校　　　　对：　鄢　萍　高　岩　赵思丹

承　　　　印：　吉林华源国际实业有限公司印业商社

编　者　说　明

一、《长春统计年鉴——2004》是一部全面反映长春市2003年经济和社会发展情况的资料性刊物。本书收录了2003年长春市经济和社会各方面大量的统计数据。

二、全书共包括四部分。(一)特载,(二)专论,(三)县(市)区经济,(四)统计资料。统计资料按其内容分为18个篇目,即(1)综合;(2)人口;(3)单位从业人员及劳动报酬;(4)固定资产投资;(5)能源消费与库存;(6)财政;(7)物价;(8)人民生活;(9)城市建设;(10)农业;(11)工业;(12)交通运输邮电通信业;(13)建筑业;(14)批发零售贸易和餐饮业;(15)对外经济贸易和旅游业;(16)金融保险业;(17)教育、科技及文化事业;(18)体育、卫生及其他事业。

三、本书资料大部分来自于各专业年报资料,部分资料取自抽样调查。

四、本书中文字资料主要是统计部门人员撰写。

五、本书中所使用的价值量指标及构成,除已注明外,均按当年价计算,发展速度按可比价格计算。

六、本书采用国际统一标准计量单位。

七、书中符号使用说明:"#"表示其中的主要项,"空格"表示该项指标数据不详或无该数据。

八、书中部分历史数据有相应调整,请读者以调整后的数据为准。

PREFACE

Ⅰ、*Changchun Statistical yearbook*—2004 *is an annual statistics publication, which covers very comprehensive data, reflects various aspects of changchun′s social and economic development.*

Ⅱ、*The book contains the following four parts*, 1. *special reports*; 2. *special topic*; 3. *Economy of counties (′cities) and districts*; 4. *Statisticals data*: (1) *General survey,* (2) *population,* (3) *Employment and wages,* (4) *Investment in fixed assets,* (5) *Consumption and storage of energy,* (6) *Government finance,* (7) *Price,* (8) *people′s livelihood,* (9) *General survey of city,* (10) *Agriculture,* (11) *Industry,* (12) *Transportation, post and telecommunications services,* (13) *construction,* (14) *Wholesale, retail trade and food services,* (15) *Foreign trade and tourism,* (16) *Banking and insurance,* (17) *Education, science and social welfare,* (18) *sports, public health and Others.*

Ⅲ、*The major data sources of this publication are obtained from annual statistical reports, and some from sample surveys.*

Ⅳ、*Special reports and special topic are obtained from statistical departments and relionship departments.*

Ⅴ、*The value indicators and composition used in this book are at current price except notes have made, growth rate is calclaled by constant price.*

Ⅵ、*The units of measurement used in this book are internationally standard measurement units.*

Ⅶ、*Explantory notes for notations used in this book*: "#" *indicates the major items of the total*, " (*blank space*)" *indicates that the data not available.*

Ⅷ、*The history data in this book have adjusted, please reader should vtitize the data adjusted.*

目　　录

特　　载

SPECIAL REPORT

专　　论

SPECIAL TOPIC

县（市）区经济

ECONOMY OF COUNTY（CITY）AND DISTRICT

统计资料

STATISTICS

第一篇 综合

1. GENERAL SURVEY

第二篇 人口

2. POPULATION

第三篇　单位从业人员与劳动报酬
3. EMPLOYMENT AND WAGE

第四篇　固定资产投资
4. INVESTMENT IN FIXED ASSETS

第五篇 能源消费与库存
5. CONSUMPTION AND STORAGE OF ENERGY

第六篇 财政
6. GOVERNMENT FINANCE

第七篇 物价
7. PRICE

第八篇 人民生活
8. PEOPLES LIVELIHOOD

第九篇 城市建设

GENERAL SURVEY OF CITY

第十篇 农业

10. AGRICULTURE

第十一篇　工业
11．INDUSTRY

第十二篇　交通运输、邮电通信业

12. TRANSPORTATION，POST AND TELECOMMUNICATION

第十三篇　建筑业

13. CONSTUCTION

第十四篇　批发零售贸易和餐饮业

14. WHOLESALE RETAIL TRADES AND CATERING

第十五篇　对外经济贸易和旅游业

15. FOREIGN TRADE AND TOURISM

第十六篇　金融保险业

16. BANKING AND INSURANCE

第十七篇　教育、科技及文化事业

17．EDUCATION，SCIENCE AND CULTURE

第十八篇　体育、卫生及其他事业

18. SPORTS, PUBLIC HEALTH AND OTHERS

特载

SPECIAL REPORT

政府工作报告

——2004年2月2日在长春市第十二届人民代表大会第二次会议上

长春市市长　祝业精

各位代表：

我代表市人民政府向大会作工作报告，请予审议。并请列席会议的同志提出意见。

一、2003年工作的简要回顾

过去的一年，我们在省委、省政府和市委的正确领导下，在市人大、市政协的监督和支持下，坚持以邓小平理论和"三个代表"重要思想为指导，全面贯彻十六大精神，依靠全市各族人民，推进改革开放和现代化建设，保持了经济社会全面发展的良好势头，各项工作取得了新成绩。

(一)全力做好防治工作，抗击非典斗争取得阶段性重要成果。去年上半年，面对突如其来的非典疫情灾害，我们紧紧依靠市委的坚强领导，把人民群众的身体健康和生命安全放在第一位，把防治工作作为各项工作的重中之重，迅速建立起有力、有序、有效的指挥领导系统。实行全民动员，依法防治，群防群控，构建了科学严密的治、控、防综合体系。市人大常委会在关键时刻紧急审议通过了《关于预防和控制传染性非典型肺炎的决定》，为依法防治提供了有力的法律保障。整合各级各类医疗救治资源，紧急组建非典诊疗中心，近千名医护人员舍生忘死，全力以赴投入医疗救治第一线；数千名卫生工作者在公安干警的配合下，依法流调3300多人，随访2万多人(次)，医学观察2900多人，有效控制了疫情蔓延和扩散。

在城区，各级机关干部带头昼夜坚守在机场、火车站、公路出入口，认真进行卫生安全检查；5万多名干部群众逐家逐户开展"地毯式"排查，形成了横向到边、纵向到底的排查网络和卫生安全监控体系。在农村，15万名干部群众齐上阵，盯防到户，包保到人，构建了严密的防控网络，有效截断了疫情向农村输入。全市物资供应部门克服各种困难，积极组织防治短缺物资的生产和供应，提供了有力的后勤保障。各级宣传部门和新闻媒体，坚持正确的舆论导向，及时、客观地公布疫情和防治动态，加强防治知识宣传，提供了有力的思想舆论支持。各级领导干部和广大共产党员在关键时刻，率先垂范，深入防治第一线，坚定了人民群众战胜疫情灾害的信心。驻长人民解放军、武警部队和一汽、吉大、电力、长铁分局、民航管理局、南航北方吉林分公司以及省直医疗、防疫等部门，自觉服从属地化管理，形成了抗击非典的强大合力。社会各界、各兄弟城市和海内外朋友慷慨解囊，无私援助，捐款捐物折合人民币4000多万元。在做好防治工作的同时，我们认真总结抗非经验教训，切实加强公共卫生管理、监督和投入，提高了群众卫生防护意识；建立健全各种预警和应急机制，落实经常性防治措施，增强了应对各种突发事件和风险的能力。在这场斗争中，全市各族人民众志成城，和衷共济，对政府在非常时期采取的非常措施给予充分理解和支持，体现了空前的凝聚力和战斗力，共同铸就了"临危不惧、沉着应对，实事求是、尊重科学，无私奉献、顽强拼博，万众一心、敢于胜利"的抗非精神，已经成为推动长春全面振兴的强大精神动力！

(二)坚持加快发展不动摇，国民经济持续快速健康发展。全市实现国内生产总值1338亿元，比上年增长14.2%。实现全口径财政收入134.8亿元，增长22.3%。完成全社会固定资产投资389.6亿元，增长21.6%。农业生产战胜了严重春旱，粮食取得好收成，总产量达670万吨。粮食销售突破500万吨，增长1倍多。大力发展生态农业和畜牧业，启动农产品质量标准体系和检验检测体系建设，新建无公害和绿色食品种植基地25个、标准化牧业小区163个。畜牧业实现增加值81.2亿元，占一产增加值的52.1%。农业产业化进程加快，东高大豆、新希望乳制品等20个投资3000万元以上的农产品加工项目建成投产。县域经济发展明显加快。四县(市)和双阳区实现国内生产总值405.8亿元、全口径财政收入11.5亿元，分别增长16.5%和8.4%。积极实施"治水兴屯"工程，新打机电井143眼，治理水土流失22万亩，农业生产条件得到改善。城镇建设稳步推进。新增城镇道路468.9万平方米、燃气管道24.5公里。新修乡村公路1304公里，297个村屯通油(水泥)路。75万农民外出务工经商，农民增收渠道进一步拓宽。工业经济速度和效益同步增长。工业实现增加值542.3亿元，增长17.1%。规模以上工业实现利润突破100亿元，增长24.1%。四大主导行业进一步优化升级。奥迪A4、马自达M6、丰田陆地巡洋舰等具有国际先进水平的产品相继投放市场，汽车工业实现产值1181亿元，占全市规模以上工业产值的78.2%。光电子信息、生物与医药产业快速发展。高新技术产业实现产值520亿元，占规模以上工业产值比重超过1/3。重点项目建设进展良好，新建续建投资超亿元工业重点项目22个，一汽"三大基地"(一汽轿车新基地、一汽——大众轿车二厂、解放卡车新基地)、大成德惠玉米生化工业园等具有百亿元产值前景的特大项目开工建设，进一步增强了经济发展后劲。建筑业实现增加值88亿元，增长18%。流通业现代化步伐加快，连锁经营已经扩大到餐饮、图书、医药等多个业种。实现全社会消费品零售总额438.3亿元，增长8.4%。旅游业实现总收入83亿元，增长23.8%，占全省旅游业总收入的58%。会展经济成果喜人，国际雕塑大会、净月冰雪旅游节吸引了世界的目光，汽博会、农博会、民博会得到国内外广泛认可，参会参展人数(次)均超过100万。

(三)各项改革稳步推进，对外开放取得新成绩。国企改革取得新进展。20户国有企业完成产权制度改革，16户企业国有资本全部退出。所有制结构进一步优化。民营经济完成固定资产投资84亿元，增长10.5%；实现增加值446亿元，增长20%，占全市国内生产总值的33.3%，提高1.2个百分点。有效利用资本市场，欧亚、经开、亚泰3家上市公司实现配股，融资9.18亿元。积极稳妥推进乡镇事业单位机构改革，削减乡镇站所105个，减员2787人。住房、人事、分配制度等各项改革进一步深化，机关、高校后勤体制改革初见成效，要素市场不断完善。对外开放成效突出，对外贸易快速增长。精心策划、周密安排各项招商活动，成功举办了首次网上招商会，先后组团赴日本、瑞典、俄罗斯、香港等多个国家和地区招商引资。住友等5家世界500强企业和中国海外集团等一批国内知名企业来长落户。全市实际利用外资7.5亿美元、内资145亿元人民币，分别增长19.8%和16.5%。实现外贸进出口总额52.2亿美元，增长80.7%，其中出口15.5亿美元，增长21.9%。努力扩大对外交往，与朝鲜清津市缔结为友好城市。开发区对全市经济的带动作用进一步增强。高新、经开等5个开发区实现国内生产总值498亿元，占全市国内生产总值的37.2%,提高3.2个百分点。九台东湖等6个开发区被批准为省级开发区,四县(市)和双阳区增加了新的发展平台。

(四)城市建设步伐加快,承载能力明显增强。全年投入36亿元,实施70多项城市重点工程。西三环路、黑嘴桥等“八路五桥”按计划完成年度任务,建成民康路等9条标准街路,龙家堡机场、“三北”工程、“轻铁二期”等跨年度工程进展顺利。着眼于城市的可持续发展,启动一批生态建设重点工程。波罗湖湿地生态恢复、西部和西北部防风御沙林工程顺利推进。全市退耕还林7000公顷。世界雕塑公园按期对外开放,南湖公园完成年度改造任务。城区植树29.1万株,新增绿地121公顷,人均公共绿地达7.3平方米。城市环境空气质量优良天数达335天,优级天数增加21天。城市管理综合执法体制顺利运行。拆除“三小”、清理马路市场等综合整治活动深入开展,城区管理职能作用进一步发挥,城市整体形象得到提升。土地市场进一步规范,实现土地净收益8亿元,增长58.8%。超前谋划城市生产力发展布局,调整城区、开发区管理体制,科学界定各自功能,有效拓展城市发展空间,为经济社会持续健康发展奠定了良好基础。

(五)精神文明建设不断深入,各项社会事业全面发展。广泛开展群众性精神文明创建活动,文明社区、文明单位、文明村镇、军(警)民共建等创建活动稳步推进。创建全国文明城市工作通过中央文明办的中试测评。贯彻落实《公民道德建设实施纲要》,深入开展“革除十大陋习、树立文明新风”主题宣传教育活动,市民的文明素质进一步提高。军政军民关系不断密切,创建“双拥模范城”喜获“五连冠”。把社会事业摆到与经济发展同等重要位置,增加了对社会事业的投入。公共卫生设施建设得到加强。新建市传染病医院,启动了北方肝胆医院建设。改建扩建了四县(市)和双阳区疾控中心。教育事业发展较快。素质教育迈出新步伐,全市中小学全部实施新课程改革。新建中小学校舍33.8万平方米、农村教育实践培训基地20个,改造倒危校舍6.85万平方米,城乡办学条件进一步改善。优质高中建设取得新进展,城区高中在校生达44270人,扩招26.6%。职业教育保持良好发展势头,扩招10%,毕业生就业率达96%。高等教育健康发展,人才培养和科技转化能力进一步增强。大力实施“人才兴业”战略,建设学习型城市取得新成效。实施各类培训9.8万人(次),45万人参与市民外语工程,引进各类急需和紧缺人才1.2万人。亚冬会各项筹备工作全面展开,组委会正式成立并履职运行。体育基础设施建设进度加快。莲花山滑雪场等比赛场馆建设进展良好,市滑冰馆改扩建工程竣工,市民健身中心、2座体育健身园、17条健身路径投入使用。竞技体育取得新成绩,长春亚泰队喜获全国足球甲B联赛冠军。启动了长影世纪城、伪满皇宫二期复原等一批重点文化项目,长春图书馆改扩建后达到国家一类一级标准,数字电视顺利试播。坚持不懈地开展爱国卫生运动,居民楼道卫生整治和通行安全管理取得明显成效,创建“国家卫生城”工作通过国家爱卫会可行性调研检查。社区建设成效突出。新建社区服务用房271处,总面积15万平方米,并实现文体、卫生、法律、就业、社保等服务功能入社区。人口与计划生育工作取得新进展,人口自然增长率控制在3.31‰,10县(市)区的计生服务站得到改造。为少数民族办实事,建成第二回族公墓及殡葬服务站。新闻出版、妇女儿童、人防、地震等事业健康发展。援藏工作取得新进展,首批对口援建项目建成并投入使用。

(六)人民生活水平稳步提高,就业和社会保障体系建设取得新进展。城市居民人均可支配收入7905元,农民人均纯收入3411元,分别增长13.5%和8.4%。城乡居民储蓄存款835亿元,比年初增加120亿元,人均增加1678元。居民消费结构不断升级。城镇和农村居民恩格尔系数分别下降0.4和0.6个百分点,教育、文化、娱乐支出的比重提高1.8个百分点,每万户拥有电脑增加253台,每万人拥有移动电话增加140部。汽车和住房成为消费新亮点。新增私人轿车10693辆,增长23.7%。销售商品住宅185万平方米,市区、农村居民住房人均建筑面积21.94和18.95平方米,分别增加0.74和0.45平方米。全年新增就业岗位8.8万个,5.4万名下岗失业人员和1.35万名“4050”人员实现再就业。17.3万城市居民得到最低生活保障救助。养老、医疗、失业保险覆盖面进一步扩大,参保人数分别新增5.5万、17万和5.1万人;养老失业保险基金征缴突破20亿元,增加3亿多元。企业退休人员社会化管理率达96%。认真解决水、路、房、医等群众日常生活中的热点、难点问题。全年改造二次供水设施305处。亮化67条居民区背街暗巷,改造90条巷路。采取多种措施,安置历史超期回迁居民1437户。600户特困居民住房得到解决,2527名特困患者得到医疗救助,25000多名城乡贫困学生得到资助和减免学费,1950名残疾人通过“扶残助业工程”实现就业。在积极争取国家和省支持的同时,市直26个部门积极对营城煤矿沉陷区实行对口帮扶,解决水、电、路等方面近百个问题,各种投入折合人民币4500多万元。

(七)经济发展软环境不断优化,民主法制建设进一步加强。围绕政府转变职能,提速提效,狠抓经济发展软环境建设。公安、卫生等13个部门“学习经济技术开发区海关”试点工作取得良好成效。政务中心服务功能进一步完善,行政审批效率明显提高。政务中心205项审批核准事项实现“一站式”办理,全年共办理各类审批88502件,当天办结率达86%。把政务公开、纠风专项治理和减轻农民负担作为改善软环境的重点任务,查处273起涉软案件,依法依规处分230人,为企业减负9000多万元,农民人均减负45元。深入整顿和规范市场经济秩序,信用体系建设取得新进展,被列为“全国中小企业信用体系建设试点城市”。城市投资环境不断改善。在世界银行2003年对中国23个有代表性大中城市投资环境的综合评估中,长春居第7位。

自觉接受人大及其常委会的工作监督、法律监督和政协的民主监督,认真接受各级人大代表和政协委员视察、检查57次,办理人大议案、建议、意见155件,政协建议案、提案335件。提请人大审议地方性法规7件,制定行政规章7件。把实行政府采购作为推进廉政建设的重要手段,组织公开招投标702次,节约财政资金4000多万元。努力扩大社会各界的知情权和参与度,政府决策的科学化、民主化和透明度进一步提高。认真倾听群众呼声,“12345”市长公开电话办理群众来电106968件,办结率达96.2%。认真落实信访责任制,加强人民内部矛盾的排查调处工作,一批热点、难点信访问题得到解决。高度重视社会稳定问题,加强消防、交通、安全生产和食品、药品专项整治,严厉打击“法轮功”等邪教组织,深入开展社会治安综合治理,刑事案件发案率下降20.9%。政法战线广大干警奋力拼搏,克难攻坚,为保护人民群众生命财产安全和维护社会稳定做出了突出贡献。

上述成绩的取得,是市委正确领导、统揽全局的结果,是市人大、市政协有效监督和支持的结果,是全市人民团结奋斗、努力拼搏的结果。在此,我谨代表市人民政府,向辛勤工作在各条战线的广大干部群众，向给予政府工作积极支持的人大代表和政协委员，向各民主党派、工商联和各社会团体，向中、省直驻长单位，向中国人民解放军和武警驻长部队官兵，向所有支持长春建设和发展，特别是在防治非典关键时刻给予我们大力支持的海内外朋友，表示诚挚的感谢！

在充分肯定成绩的同时，我们也清醒地看到，我市经济社会发展和政府工作还存在不少困难和问题。市场化程度低，经济发展活力不足；国企改革任务仍很艰巨，城乡二元结构还没有根本改变；非国有经济比重偏低，民营经济规模过小；固定资产投资率低于全国平均水平，对经济拉动作用不足；公共卫生设施建设薄弱，社会公共安全体系亟待健全；就业和社会保障压力增大，部分群众生活还比较困难，农民收入水平仍然偏低；群众关心的一些热点、难点问题还没有得到解决；政府管理体制和运行机制还不适应市场经济发展需要，经济发展软环境尚需进一步改善；政府机关中形式主义、官僚主义和服务意识不强、行政效率不高等问题依然存在；廉政建设尚需进一步加强；安全生产方面的问题也不可忽视，等等。对这些问题我们将高度重视，并采取更加有力的措施，认真加以解决。

二、把握机遇，开拓创新，全力推进长春老工业基地的改造振兴

中央作出振兴东北等老工业基地的战略决策，给长春发展带来了千载难逢的历史机遇。把握和利用好这个机遇，是历史和时代赋予本届政府的神圣使命。必须树立比以往任何时候都更加强烈的忧患意识和发展意识，解放思想，更新观念，增强责任感和紧迫感，以高昂的斗志、积极的态度、务实的作风和科学的精神，全力推进长春老工业基地的改造振兴。

长春老工业基地振兴的总体思路是：以邓小平理论、“三个代表”重要思想和十六大精神为指导，全面贯彻落实十六届三中全会、省委八届四次全会和市委十届四次全会精神，坚持以全面建设小康社会为总目标，坚持建设“三大中心”、发展“四大主导行业”、实施“五大战略”的总体方向，以体制创新、机制创新、科技创新为动力，以经济结构调整为主线，深化国有企业改革，扩大对内对外开放，大力发展民营经济，努力壮大县域经济，优化经济发展环境，力争用7年左右时间，把长春建设成为技术先进、结构合理、功能完善、特色鲜明、竞争力强的新型产业基地。坚持“五个统筹”原则，全面推进社会主义物质文明、政治文明、精神文明协调发展，努力走出一条全面、协调、可持续的振兴之路。

长春老工业基地振兴的具体目标是：到2005年，调整改造初见成效，老工业基地突出矛盾得到缓解。到2007年，调整改造取得显著成果。到2010年，基本完成老工业基地调整改造任务。全市国内生产总值达到3000亿元以上，人均国内生产总值达到38000元左右。全社会固定资产投资累计完成4400亿元左右。城市居民人均可支配收入15000元左右，农民人均纯收入6000元左右。城镇登记失业率控制在5%以内。把长春建设成为国内最具规模的汽车及零部件生产加工出口基地，国内一流的绿色食品产业基地，全国著名的光电子信息产业基地，全国重要的生物医药和中药现代化产业基地，面向东北乃至东北亚地区的区域性物流产业基地，成为吉林省乃至东北地区全面振兴的重要增长极。

2004年，是全面实施振兴老工业基地战略的起步年，也是十分关键的一年。必须扎扎实实地做好各项工作，确保开好局、起好步，为实现长春老工业基地振兴目标打下坚实基础。今年全市国内生产总值预期目标是1520亿元，增长13%左右。

（一）积极推进国企改革，增强长春老工业基地振兴的内在动力。以建立现代产权制度为核心，加快国企改革，着力推进体制、机制创新，消除影响经济发展和结构调整的体制性障碍，促进国有资本合理流动与退出，加快国有经济战略性调整。

深化国企改革，调整国有经济布局和结构。抓住国家在我省推行社会保障体系试点的有利时机，全力开展以国有资本和国有职工身份“双退出”为主要标志的国企改革攻坚战，坚定不移地推动国有资本从竞争性领域有序退出。209户竞争性领域市属国有独资中小企业基本完成产权制度改革。9户大型国有独资工商、建工企业和6户公用企业实现投资主体多元化。6户国有控股公司转让国有股权。通过用足用好国家各项扶持政策、出让存量国有资产、盘活土地资源、加大财政支持力度等有效措施，多渠道筹集国企改革所需资金，优先保障职工的合法权益。注重保护现有生产能力，充分安置改制企业职工就业。

推进配套改革，减轻企业办社会负担。分步推进企业剥离办社会职能和主辅分离，探索离退休人员统一托管办法，为企业轻装进入市场创造条件。指导企业在实现产权制度改革、理顺职工劳动关系的同时，完善法人治理结构，建立新型劳动用工制度和分配制度，实现制度创新、机制创新和管理创新，增强企业活力。支持集体所有制企业加快改革步伐，实现产权明晰。

激活存量，做大总量。充分发挥市场在资源配置中的基础作用，组织企业与国内外大企业、大集团合资合作。以优势产业和骨干企业为依托，重点培育一批以资产为纽带、以产品为龙头、市场竞争力强的大型企业集团。鼓励企业通过境内外直接上市、借壳上市和已上市企业再融资，利用资本市场做大做强。积极调整生产力布局，整合区域资源，整体改造铁北老工业区。

调整完善国有资产管理体制。按照归属清楚、权责明确、保护严格、流转顺畅的现代产权制度要求，建立统一的国有资产管理机构，依法履行出资人职责。探索国有资产监管和经营的有效形式，建立企业经营业绩考核体系，完善授权经营制度。

（二）大力发展非公有制经济，为长春老工业基地振兴注入新的活力。认真清理和修订限制非公有制经济发展的规定和政策，消除体制性障碍，营造有利于非公有制经济发展的良好环境，形成多种经济成份平等竞争、共同发展的新格局。加大扶持措施，使非公有制企业在投融资、税收、土地使用和对外贸易等方面享受与其他企业同等待遇。放宽市场准入条件，引导非公有资本进入法律法规未禁入的基础设施、公用事业及其他行业和领域，拓展非公有制经济的发展空间。改进对非公有制经济的服务和监管，减少行政干预，简化行政管理操作程序，寓管理于服务之中。注重教育引导，依法监督，促进其守法经营、照章纳税，保护职工合法权益。

推进全民创业。在积极争取国家政策和资金支持的同时，坚持自力更生，充分挖掘自身潜力。开展“全民创业、振兴长春”活动，支持群众自主创业，掀起全民创业热潮，共同参与长春老工业基地的振兴。民营企业户数增加20%以上。着力扶持民营经济骨干企业做大规模，突出特色，提高档次，尽快形成一批龙头民营企业。扩大对民营经济的服务，建立完善市、县（区）两级中小企业信用担保体系，发展法律咨询、财务代理等中介服务组织，支持民营企业上市融资、与外资合资合作。引导民营企业加快制度创新、技术创新，鼓励民营企业参与国有企业改组改造。建立公开、透明、畅通的信息网络，使民营企业充分利用资金、技术、人才、信息等各种社会资源，创造社会财富。民营经济增加值达到535亿元，实缴税金28.8亿元，分别增长20%以上。

(三)坚持走新型工业化道路，推进长春老工业基地工业结构优化升级。立足发挥现有的基础、资源和比较优势，坚持有所为、有所不为，主要依靠市场机制作用，促进产业结构调整、生产要素整合及企业改组改造，加快经济结构调整步伐，努力走出一条科技含量高、经济效益好、资源消耗低、环境污染少、人力资源优势得到充分发挥的新型工业化道路。以高新技术产业化和改造提升传统产业为主线，建设大项目，培植大企业，集中力量壮大主导行业，加快传统产业升级。工业增加值达到623亿元，增长15%以上。

举全市之力支持一汽加快发展，做大做强汽车产业。推进19个汽车及零部件重点项目建设，规划建设环一汽100平方公里的汽车产业园区，建设国家级汽车零部件出口基地。一汽轿车新基地形成生产能力，一汽——大众轿车二厂建成焊装、总装、涂装生产线。全市汽车产量达到70.8万辆，增长11%以上。充分发挥长春国家光电子信息产业基地的导向和载体作用，整合光电产业资源，吸引一批高科技企业，启动一批重点项目，尽快形成以光电产业园等6大园区为主体的光电子信息产业基地。启动半导体照明工程，华信光电子光纤通信元器件系统等12个投资超3000万元的光电子信息产业项目竣工投产。光电子信息产业产值达到145亿元，增长20.8%。突出发展现代中药和生物制药，提高自主研发水平。39户制药企业完成GMP改造，产值超亿元的企业发展到16户。生物与医药产业产值达到62.4亿元，增长20%以上。广泛应用高新技术和先进适用技术，加快骨干企业技术改造，重点实施226项投资千万元以上的技改项目。建设和改造投资完成280亿元，增长20.2%。培育主导产品和品牌，提高产品竞争力，扩大市场占有率。500种以上重点新产品投放市场，新产品产值率达到31%以上。

全力抓好项目建设。把项目建设作为老工业基地改造振兴的当务之急和重中之重，摆在政府和企业工作的突出位置，坚持市场选择、企业决策、政府推动相结合，强化组织领导，层层落实责任。按照国家产业政策和投资方向，围绕四大主导行业、现代农业等领域，重点规划设计一批对长远发展有决定性、支柱性和带动性作用的重大项目，努力争取国债支持和社会投资，务求取得突破性进展。全社会固定资产投资完成460亿元，增长18%左右。

(四)统筹城乡协调发展，大力发展现代农业。高度重视“三农”问题，更多地支持农业、关注农村、关心农民，努力缩小城乡差距。围绕富民强县目标，大力推进农村工业化，带动农业集约化、农村城镇化和农民非农化，构筑城乡统筹、工农互动、经济社会生态协调发展的新格局。加速农业结构战略性调整，发展优质、生态、安全的现代农业。突出发展畜牧业，加强资金和政策扶持，推动畜牧业扩大总量和提质提效。推进标准化牧业小区建设，新建标准化牧业小区100个。畜牧业增加值达到90.9亿元，增长12%；畜牧业人均纯收入达到1568元，使之成为农民增收的主要途径。以市场为导向，调整种植业结构，增加优质高产高效粮食、牧草及经济作物种植面积，保护和提高粮食综合生产能力。推进农业标准化进程，完善农产品质量检验检测体系，强化市场准入管理。搞好无公害和绿色食品认证工作，新增无公害、绿色食品基地160万亩。抓好以水利、黑土地保护为重点的农业基础设施建设，发展旱作节水农业，改善农业生产条件。新增节水灌溉面积5万亩。

大力发展县域经济，用工业化思维谋划农业，扩大农业产业化经营。全力培育大成、德大、德莱鹅业等百户龙头企业，构建玉米、肉牛、生猪等10大农产品加工体系，延伸产业链，增加加工深度，尽快壮大第二大支柱产业。启动建设大成德惠生化玉米工业园10万吨赖氨酸、皓月肉牛50万标张皮革加工、华正180万头生猪屠宰等18个投资超3000万元的农产品加工项目。农产品加工业产值达到410亿元，增长17%。发展多种形式的农村专业合作组织，提高农民进入市场的组织化程度。鼓励工商企业打破行业界限，进入农产品加工、流通领域，引进大型营销企业与本地企业合作，形成科研、生产、加工、销售一体化产业链。有步骤地推进城镇体系建设，加快城镇化进程，促进要素集聚，优化农村人口、产业和基础设施布局。按照“多予、少取、放活”的原则，努力增加农民收入。鼓励农民外出务工经商。取消对农民进城的不合理限制，改善农民进城就业环境，加强法律援助体系建设，保护其合法权益。加强对农村劳动力的培训，增强农民就业和创业能力。农村外出务工经商人数突破80万人次；农民人均纯收入增长8.5%左右。深化农村税费改革，推进对农民补贴方式改革，保护种粮农民利益。依法有序推进土地承包经营权流转，发展适度规模经营。严格执行国家耕地保护的各项政策法规。

(五)坚持改造传统服务业与发展现代服务业并重，积极发展第三产业。把发展服务业作为老工业基地振兴的重要任务，努力提高第三产业在国民经济中的比重。第三产业增加值达到625亿元，增长13%以上。

改造提升传统服务业。对商贸、餐饮等传统服务业，实行优胜劣汰，提高发展水平。集中建设长江路、重庆路、桂林路、红旗街、东盛路等重点商业街区，发展电子商务、物流配送、连锁经营等新型业态和服务方式，促进市场繁荣稳定。全社会消费品零售总额达到485亿元，增长10.7%。建设铁北、东站、汽贸区三大物流园区，培育蔬菜、果品等6个商业配送中心，发展第三方物流企业。

大力发展旅游、会展业。推进重点旅游项目建设，完成伪满皇宫复原工程、净月森林高尔夫球场、长影世纪城和莲花山滑雪场一期建设，启动长春汽车博物馆建设。发展冰雪生态、工农业观光、科技文化和休闲度假等特色旅游，争创“中国最佳绿色旅游城市”。旅游业总收入达到112亿元，增长35%以上。培育办展主体，优化办展环境，精心办好农博会、电影节、民博会、糖酒会、教育展、净月冰雪旅游节暨瓦萨国际滑雪节、国际萨满文化研讨会，打造品牌展会，努力建设北方会展名城。

大力发展新兴服务业和房地产业。对知识密集度高、发挥中介作用的会计、律师、评估、咨询等新兴服务业，边发展边规范，以规范促发展，逐步形成活跃有序的中介服务市场。鼓励中介机构不受地域和所有制限制联合重组，增强服务全省、面向东北的辐射能力。把房地产业作为支柱产业来培育和规范，科学调控经济适用房建设规模，完善供应体制。继续深化住房制度改革，搞活住房二级市场，满足群众住房的需求。房地产投资89亿元，增长14.5%；房地产开发510万平方米，竣工245万平方米。

对涉及国计民生和经济安全的金融、保险、邮政、电信等服务业，紧跟国家逐步放宽市场准入的步伐，支持各类社会资本投资入股和参与经营。发挥现有金融机构作用，发展地方商业银行和非银行金融机构。市商业银行完成增资扩股，提高资本充足率。深化农村信用社改革，增强对农村经济支持能力。争取引入国内股份制银行，吸引外资银行来长开展业务。推进银行卡联网通用，做好金融税控收款机试点工作。推进电信普遍服务，促进农村电信消费。电信业增加值达到31.4亿元，增长15%以上。推进财政管理体制改革，健全公共财政体系。依法加强税收征管，强化预算约束机制，严控预算外支出，确保财政收入稳定增长。全口径财政收入达到138亿元，增长2.3%，按可比口径增幅达到13%。

(六)努力扩大就业再就业，进一步加强社会保障体系建设。关心群众切身利益，努力解决困难群众基本生活问题，完善分配制度，进一步提高人民生活水平。城市居民人均可支配收入增长10%左右；城镇登记失业率控制在5%以内。大力发展劳动密集型产业，充分发挥中小企业和服务业的就业主渠道作用，采用灵活多样的就业方式，不断扩大就业容量，实现发展经济和扩大就业的良性互动。坚持"就业优先"的基本政策取向，尽快形成劳动者自主择业、市场调节就业、政府促进就业的劳动就业机制。全面落实再就业优惠政策，完善就业服务体系，加强对下岗和失业人员职业介绍和再就业培训。全年新增就业岗位7.5万个，安置下岗失业人员5.5万人。对"4050"就业困难群体实施就业援助，安置再就业10000人。实施"扶残助业"工程，安置残疾人就业2000人。加强对高校毕业生、复转军人和城镇新成长劳动力的就业指导和服务。做好劳动用工监察和争议处理工作，切实保障劳动者的合法权益。

把建立健全同经济发展水平相适应的社会保障体系，作为推进改革发展的重要保证措施。认真抓好国家推行社会保障体系试点工作，做实社会养老保险个人帐户，实现国有企业下岗职工基本生活保障向失业保险并轨，确保离退休人员基本养老金按时足额发放。进一步做好城市低保工作，努力做到动态管理、应保尽保。依法扩大养老、失业、医疗、工伤保险覆盖面，重点抓好民营经济等非公有制企业和灵活就业人员的参保工作，织就社会保障的"安全网"，使更多的人老有所养、失有所助、病有所医、伤有所救。推进扶贫帮困工作制度化、社会化、经常化，认真解决困难群众就医、子女就学等问题。

(七)进一步扩大对内对外开放，拓展长春老工业基地发展空间。紧紧抓住国内外生产要素重组、产业转移和中央实施振兴老工业基地战略的机遇，扩大对内对外两个开放，筹集国内国际两类资金，拓展国内国际两个市场，以开放促改革、促调整、促发展。

全力开展招商引资。充分利用中央实施振兴老工业基地战略这面旗帜，积极引进战略投资伙伴，吸引境内外大企业、大集团来长春投资兴业，参与老工业基地的调整改造。突出引资主体。从以政府推动为主尽快转变到以企业为主、政府和社会全面参与上来，激发各类引资主体积极性，形成新一轮招商热潮。突出引资重点。围绕国企改革、四大主导行业和重点大项目特别是国债项目，加大引资力度，确保重点项目顺利实施。扩大引资领域。从以工商业为主拓展到包括公用、社会事业等法律未明令禁止的所有领域，努力营造全方位对外开放的新格局。创新引资方式。从利用外资为主延伸到合作研发、购并重组等国际通行做法上来，提高招商引资效果。实际利用外资9亿美元、内资165亿元人民币，分别增长20%和13.8%。

实施"走出去"战略。鼓励有实力的企业跨国投资和经营，带动产品、劳务和技术装备出口。落实鼓励出口的各项政策，壮大各类出口主体的规模和实力，培育出口生产基地，调整优化出口产品结构，保持外贸出口持续增长。外贸进出口总额达到60亿美元，增长14.9%。加强与东北老工业基地重点城市的联合协作，努力拓展中西部地区和东部沿海地区的市场。

进一步发挥开发区对外开放的龙头带动作用。推进高新、经开、净月、汽贸、长江路5个开发区"二次创业"，创新管理体制和运行机制，优化投资环境，吸引高质量大项目和世界500强企业。引进超千万美元大项目40个以上，国内生产总值平均增长25%以上。全面推进五棵树、合隆等8个开发区建设，编制发展规划，加强基础设施建设，尽快启动一批投资1000万元以上的大项目，形成特色产业的集聚效应。建立健全开发区工作的高位统筹机制，促进全市各开发区各具特色，整体推进。

(八)加强生态环境和基础设施建设，提高城市可持续发展能力。发挥规划龙头作用。完成城市战略规划编制，调整城市总体规划和土地利用总体规划，高标准编制专项规划和控制性、修建性详细规划，做好各类规划申报工作。严格规划审批行政责任追究制度，强化规划的权威性。

加强城市基础设施建设。实施北人民大街、长春大桥等"九路三桥"工程，整修20条主次干道，改造长农、长吉北线两个城市出入口，建设西安大路等5条标准街路。"轻铁二期"试通车，龙家堡机场试通航，长吉南线等6条公路交付使用。加快公用设施建设与改造步伐，做好后续源水工程的前期准备。认真解决与人民群众关系最密切的热点、难点问题。改造供水管线100公里，综合整治二次供水设施400处。拆迁棚户区房屋35万平方米。严格执行城市拆迁法规，保护被拆迁人的合法权益。实施以租房补贴方式为主的廉租房制度，发放租房补贴700户，廉租房实物配租100户。建成乡村油(水泥)路1000公里以上，改造城区小巷道100条，集中解决130条背街暗巷照明问题。改造燃气管网100公里。推进农村改水改厕，改建城区公厕。

推进"生态城市"建设。合理开发和节约使用各种自然资源，保护生态环境，促进人与自然相和谐。加快恢复波罗湖湿地，推进西部和西北部防风御沙林、"三北"四期防护林建设，启动净月退耕还林工程，植树造林7000公顷。建设伊通河城区中段风光带，改造胜利公园，启动裕华园，续建南湖公园和雕塑公园二期工程。建设自由大路等10条绿化精品街路，完善铁路、三环路沿线绿化带。5城区各新增10块1000平方米以上绿地，建成区新增绿地300公顷。继续改善城市环境空气质量，优良率保持在93%以上。

大力推进污染治理与资源综合利用。全面落实《水污染防治法》，以治理地表水污染为重点，加快城市垃圾、污水处理产业化进程。市属3座污水处理厂达标达效。启动西部"串湖"改造工程，做好北郊"中水回用"和雁鸣湖等区域污水处理工程的前期准备。新建1座粪便无害化处理厂，改造三道垃圾填埋场。抓好医疗垃圾和有毒有害工业废弃物处理。加强机动车尾气和噪声污染治理，建成尾气检测与治理中心。提高使用气体燃料机动车的比例。

创新城市管理体制，完善责权利统一、工作重心下移的城市管理机制。深化土地使用制度改革，规范土地市场管理，依法处理违法用地问题。

（九）实施"科教兴市"战略，为长春老工业基地振兴提供技术支撑和人才保证。强化科技是第一生产力观念，推进科技进步和创新。充分发挥长春高等院校集中、科技力量雄厚优势，实施"振兴老工业基地科技攻关"等政府科技引导计划，推动"产学研"紧密结合，加速科研成果向现实生产力转化。加快高新区吉大科技园、海外学人创业园建设，创办各类科技企业孵化器，建设高新技术创新、中试、孵化基地。坚持引进和自主创新相结合，推动高新技术重大项目的开发、转化和产业化。高新技术产业产值达到650亿元，增长25%以上。产值超亿元的高新技术企业发展到65户。用信息技术改造传统产业，制造业信息化示范企业发展到120户。

围绕办人民满意教育，深化教育体制改革，构建现代国民教育和终身教育体系，努力建设学习型城市。加强基础教育，深化农村办学模式改革，提高农村义务教育的针对性和实用性，下力气解决农村中小学生辍学问题。增加农村教育投入，改造农村倒危校舍8.6万平方米。

调整优化高中教育布局，合理确定重点高中、普通高中的招生比例和办学规模，满足不同层次就学需求。发展民族教育和特殊教育。易地新建回族小学，改扩建朝鲜族中学。大力发展职业教育，做大做强职业技术学院，组建职业教育集团。5城区各建1个社区职业教育培训中心。拓展教育社会服务功能，各类学校开展社会培训10万人（次）以上。深化学校内部管理体制改革，推进教师专业化和校长职业化。清理教育乱收费。加强师德建设和德育工作。继续推进高校后勤服务社会化，支持在长高校加快发展。

落实人才强国战略，培养、吸引和用好各类人才，开创人才辈出、人尽其才的新局面。坚持学历教育与继续教育并重，高层次人才与实用型人才培养并重，理论培训与实践锻炼并重，努力培养适应经济社会发展需要的各类优秀人才。在坚持培养本地人才基础上，不断创新引智载体，丰富引智方式，采取多种有效形式，大力引进域外人才。重点抓好急需和紧缺人才、海外留学人员的引进工作。引进各类人才10000人以上。支持知识、智力、技术成果作为生产要素参与收益分配，兑现各项优惠政策，充分调动各类人才创造财富的积极性。

（十）加强社会主义精神文明建设，推进各项社会事业协调发展。加快推进物质文明、政治文明和精神文明协调发展，促进社会全面进步和人的全面发展。以开展"创建全国文明城市"等活动为载体，以提高市民素质和提升城市文明形象为目标，培育和弘扬城市精神，广泛深入地开展群众性精神文明创建活动，为振兴老工业基地提供积极向上的社会氛围和团结奋进的群众基础。加快新闻、出版、广播、电视以及文化事业改革步伐，创新文化体制和机制。加强文化基础设施建设，鼓励多渠道投入。加快广播电视网络改造。全面完成市图书馆扩建改造工程。繁荣文艺演出市场，丰富群众业余文化生活。加强食品卫生和公共卫生基础设施建设和管理，重点抓好疾病预防控制体系、公共卫生突发事件应急体系和卫生执法监督体系建设。健全防治非典等重大传染性疾病的长效机制。市疾控中心和北方肝胆医院投入使用。积极探索国有医院产权多元化改革，推广新型合作医疗大病统筹试点。贯彻人口与计划生育基本国策，稳定低生育水平，提高人口素质。建立健全市、县、乡、村四级生殖保健服务网络，提高群众的生育质量、生活质量和生命质量。深入开展爱国卫生运动，力争通过"国家卫生城"验收。关心老年人生活，开展好"助老工程"活动。做好妇女儿童、民族宗教、民兵预备役、人防、修志和外事、侨务、对台工作。发展"双拥模范城"成果。

落实《长春2007年亚冬会行动计划》，做好亚冬会各项筹备工作。加快亚冬会比赛场馆、亚运村和新闻中心等设施的规划和建设，改造长春体育中心周边环境。加强群众性体育设施建设，建成2座体育健身园和30条社区"安居型"健身路径。以"办好亚冬会，建设新长春"为主题，积极承办各类体育赛事。通过举办各种活动，凝聚人心，扩大影响，提高市民的亚冬会意识和参与积极性，为举办亚冬会营造良好的氛围。

大力推进民主政治建设，扩大基层民主，完善公开办事制度，保证人民群众当家作主、依法行使民主权利。整合社区公共资源，完善社区服务功能，建设管理有序、文明祥和的新型社区。推进村民自治，依法组织好第六次村委会换届选举工作。进一步畅通与人民群众密切联系的渠道，认真倾听社会各界对政府工作的意见。建立与工、青、妇及其他群众团体联系制度，积极支持其开展工作。健全市长公开电话网络，加快投诉办理速度，办结率保持在96%以上。

正确处理改革、发展、稳定三者的关系，做到改革力度、发展速度和社会可承受程度有机统一。把人民群众生命安全放在第一位，严厉打击食品、药品、保健品等领域的制假售假行为，抓好农村药品供应、监督、信息网络建设。继续整顿和规范市场经济秩序，严厉查处侵害消费者权益的不法行为。加强对九台营城煤矿沉陷区的综合治理，安排好群众生活。落实安全生产措施，严格执行责任追究制度，坚决杜绝恶性事故发生。坚持"打防结合、预防为主"，落实社会治安综合治理各项措施，完善新型警务运行机制，坚决打击各种犯罪，严厉打击"法轮功"等邪教组织。认真处理群众来信来访，切实为人民群众排忧解难。

（十一）转变政府职能，为长春老工业基地振兴创造良好发展环境。按照"行为规范、运转协调、公正透明、廉洁高效"的总体要求，推进行政管理体制创新，加快政府职能转变。正确处理政府与市场、企业及社会的关系，把属于企业的生产经营权和投资决策权交给企业，把社会可以自我调节和管理的职能交给社会中介组织，把群众自治范围内的事情交给群众，把政府经济管理职能转到主要为各类市场主体服务和创造良好发展环境上来。

坚持依法行政。深入贯彻《行政许可法》，全面清理不符合规定的行政许可，该废止的坚决废止，该修订的抓紧修订，该强化管理的强化管理，力争上半年完成清理任务。加强对行政执法的监督，着手建立公民、法人和其他组织对违法和不当行政决定的申诉、检举制度。清理行政事业性收费。取消没有上位法依据而自行设立的收费项目，降低名义收费高于实际征收的收费标准，剥离不属于行政事业性范围的收费项目，规范细化弹性收费标准，取消或缩小收费自由裁量权，严肃处理违法违纪收费行为。推行收费公示制度，向社会公开《行政事业性收费管理目录》，从源头上取缔乱收费行为。加强"收支两条线"管理，实现收缴分离和收支脱钩。整体收费标准力争达到东北副省级城市最低。

建设服务型政府。把提高服务质量和企业、公众对政府所提供服务的满意度，作为衡量政府行政效率和水平的主要标准。不断修订、补充、完善服务项目和措施，最大限度地方便市民、方便企业、方便社会。完善政务中心服务功能，实行首办窗口负责制，扩大“一站式”服务范围，减少审批环节，提高办事效率。加快政务中心电子政务建设，实现审批微机管理、全程监控。政务中心审批事项当天办结率再提高4个百分点，达到90%以上。完善政府信息公开和新闻发言人制度，定期举行新闻发布会和实行网上公开，及时发布政务、政策信息，为社会提供信息服务，保证公民的知情权。

转变政府工作作风。全面精减会议和文件，少开会、开短会，少发文、发短文，力戒形式主义。全面清理和取缔劳民伤财、没有实际意义的各种检查、评比、达标活动，实行严格的检查报批和社会公布制度，增强检查的透明度。严控各类庆典和表彰活动。坚持深入基层，加强调查研究，解决实际问题，推动工作落实。

推进政府廉政建设。认真落实党风廉政建设领导干部责任制和廉洁自律规定，深入开展纠风专项治理，严肃查办大要案。强化制度约束，从源头上预防和治理腐败。完善政府采购制度，扩大市、县(区)联合采购规模，把使用财政性资金的工程建设、物资采购、中介机构选用，全部纳入政府采购范围。加强政府采购信息化建设，实现全流程网上采购。推进部门预算管理制度改革，把市直预算外事业单位纳入部门预算管理。扩大会计集中核算范围，把32家市直部门纳入第二批会计集中核算体系。严肃财经纪律，清理整治“小金库”。全面实行建设工程招投标，完善土地收购储备、招标拍卖、挂牌出让制度，杜绝“暗箱操作”。

提高政府工作科学化、民主化、法制化水平。凡属经济社会发展的重大决策，均通过市政府决策咨询机构组织有关专家充分论证。凡涉及群众切身利益的重大决策，均举行听证会。健全监督机制，全面推行行政执法责任制，严格落实责任追究制。发挥监察和审计机关作用，组织暗访或音像实录，开展“百名处长社会公开评议”、“人民满意公务员和集体评选”等活动，表彰先进，帮促后进。切实发挥软环境投诉中心作用，做到有诉必查、有错必纠、查实必处。自觉接受人大的法律监督、工作监督和政协的民主监督，依法向人大、政协报告和通报工作。建立市政府组成人员与人大代表、政协委员联系制度。认真办理人大代表建议和政协委员提案，不断提高办理质量。虚心接受新闻舆论的监督。

各位代表！我们已经踏上了振兴老工业基地、全面建设小康社会的伟大征程。让我们紧密团结在以胡锦涛同志为总书记的党中央周围，在省委、省政府和市委的领导下，解放思想，实事求是，与时俱进，开拓创新，为实现经济社会全面、协调、可持续发展，创造长春的美好未来而努力奋斗！

2003年长春市国民经济和社会发展统计公报

长春市统计局

2003年，全市人民在市委、市政府领导下，高举邓小平理论伟大旗帜，认真贯彻“三个代表”重要思想，全面贯彻党的十六大和十六届三中全会精神，围绕“加快发展，富民强市”的目标，克服“非典”带来的不利影响，实现了经济和社会发展的主要预期目标。经济运行总体质量和效益不断提高，国民经济持续快速健康发展，各项社会事业全面进步，人民生活质量继续提高。

一、综合

国民经济持续快速增长，综合实力明显增强。全年实现生产总值1338.0亿元，按不变价格计算，比上年增长14.2%。其中，第一产业增加值157.3亿元，比上年增长6.0%；第二产业增加值630.3亿元，增长17.2%；第三产业增加值550.4亿元，增长13.5%。三次产业比重分别为11.8%、47.1%和41.1%。人均生产总值达到18705元(按户籍年平均人口数计算)，比上年增长13.2%。

居民消费价格水平有所上涨。2003年，居民消费价格总指数为101%，比上年上升1%，其中，除衣着、家庭设备用品及维修服务、交通和通讯、娱乐教育文化用品及服务类略有下降外，其他消费品价格均有不同程度上涨。

国企改革取得新进展。2003年，继续以国有资本退出和破产重组为主要方式推进改革进程，共有20户市直国有企业实施了改革，其中国有资本退出16户，实施破产4户。长拖集团、银龙集团、大政制药公司等大企业的改革工作也有了很大进展。

就业和再就业工作稳步推进。2003年，全市开发各类用工岗位9.1万个，安置下岗失业人员实现再就业5.6万人，再就业政策扶持到位率达100%。发放《再就业优惠证》45513个，持证人员实现再就业23078人。全年培训下岗失业人员3.1万人，培训后就业2.1万人，就业率达到67%。城镇登记失业率控制在3.44%。

二、农业

种植业结构进一步调整。全年粮食作物播种面积91.9万公顷，比上年增加0.5%。经济作物播种面积减少3.83%，优质专用玉米、大豆、水稻播种面积达68.3万公顷，占粮食作物播种面积的61.7%。全年粮食总产量达到670万吨，比上年减少31.8万吨。全年农业总产值259.2亿元，比上年增长7.9%。

“订单农业”规模不断扩大。订单种植面积达到50.7万公顷，占总播种面积的45.8%。

畜牧业生产稳步发展。全年畜牧业产值达139.2亿元，比上年增长11.8%，占农业总产值的比重达53.7%。畜禽产品产量全面增长，2003年，全市肉类总产量达到148.3万吨，比上年增长8.6%。禽蛋产量35.1万吨，比上年增长7.1%。猪、牛、鸡良种覆盖率分别达到95%、80%和96%。

全市完成造林面积13972公顷，比上年增长46.0%。当年完成新育苗面积1058公顷，比上年增长4.0%。

农业产业化龙头项目建设进展顺利。全市新建续建农产品加工业重点项目10个，总投资56亿元。

三、工业和建筑业

2003年，工业经济以壮大汽车及零部件、食品、光电子信息、生物与医药四个主导行业为发展重点，不断推进工业化进程，工业经济整体素质和市场竞争能力进一步增强。

工业生产快速增长，经济效益大幅度提高。全年完成全口径工业增加值542.3亿元，比上年增长17.1%。其中，国有及年产品销售收入500万元以上的非国有工业企业(以下简称规模以上工业企业)完成增加值438.9亿元，增长21.0%。工业经济效益综合指数达到188.8%，比上年提高了17.6个百分点。规模以上工业企业盈亏相抵后实现利润101.9亿元，比上年增长25.8%，其中，国有及国有控股工业企业实现利润91亿元，增长30.4%，占全市规模以上工业利润总额的

89.3%。大中型工业企业盈利水平明显提高，全年实现利润92.6亿元，比上年增长22.6%。

工业经济结构进一步优化，重点行业和重点企业的支撑作用不断增强。汽车及零部件、食品、光电子信息、生物医药四个主导行业完成工业总产值1355.1亿元，占工业总产值的比重达到89.7%，比上年提高2个百分点。30户重点企业完成工业总产值1267.5亿元，比上年增长22.3%，占工业总产值的比重达到83.9%。新产品开发能力不断增强。全年完成新产品产值555.3亿元，比上年增长46.5%，新产品产值率达到36.8%。

重点工业产品产量大幅度增长。在全市30种重点工业产品中有15种上升，增幅较大的有：汽车64.1万辆，增长21.3%，其中轿车35.1万辆，增长54.9%；子午线轮胎90万条，增长2.2倍；成品钢材8.8万吨，增长1.1倍；液晶显示块62.2万块，增长83.5%；彩色电视机78.1万部，增长86.5%；淀粉86.4万吨，增长68.5%。

建筑业快速发展。全年建筑业完成增加值88.0亿元，比上年增长18.0%。建安企业完成建筑业总产值198.7亿元，比上年增长22.4%，实现利税9.4亿元，上升54.1%。全市施工单位施工面积1219.6万平方米，比上年增长8.6%；竣工面积728.9万平方米，增长12.1%。

四、固定资产投资

2003年，固定资产投资保持了快速增长的好势头。全年完成固定资产投资总额389.6亿元，比上年增长21.6%。其中，基本建设投资145亿元，比上年增长20.6%；更新改造投资87.9亿元，增长44.7%；房地产开发投资77.7亿元，增长27.7%。从各产业完成投资情况看，第二产业投资增长最快，比上年增长58.7%，第一产业投资下降34.7%，第三产业投资增长17.1%；从投资主体看，国有经济投资151.4亿元，比上年增长27.6%；非国有经济投资173.9亿元，增长33%，占全社会固定资产投资的比重由上年的52.4%上升到53.5%。

房地产开发稳步发展。全年完成商品房竣工面积243.4万平方米。商品房销售面积185.3万平方米，商品房销售额40.7亿元。居民个人购房活跃，在商品房销售中，售给私人用房168.3万平方米，销售额37.8亿元，分别占销售总量的90.8%和92.9%。商品房空置面积215.6万平方米。

全年建成投产基本建设、更新改造投资项目242个，项目建成投产率为43.1%，新增固定资产173.2亿元，固定资产交付使用率为53.2%，比上年下降18.4个百分点。房屋建筑面积竣工率为45.8%。

五、国内贸易

2003年，实现社会消费品零售总额438.3亿元，比上年增长8.4%。其中：吃的零售额132.1亿元，比上年下降7.2%；穿的零售额66.8亿元，增长8.4%；用的零售额239.4亿元，增长20.8%。分行业看，其中，批发零售贸易业零售额382.1亿元，比上年增长10.5%，餐饮业零售额55.6亿元，比上年增长3.8%。

市场建设步伐加快。全年新建各类市场14个，各类商品交易市场已发展到384个。其中：消费品市场344个，生产资料市场40个。大型市场的主导地位越来越明显，40个亿元市场全年实现交易额212.4亿元，占批零贸易业商品销售总额的30.0%。

全市菜田面积发展到10.3万公顷，保护地面积9000公顷。无公害蔬菜工程建设快速推进。全市种植无公害蔬菜和绿色食品蔬菜1.3万公顷，比上年增加5000公顷，提供无公害蔬菜和绿色食品蔬菜5.5亿公斤，进一步提高了市民的生活质量。

会展经济成为我市新的经济增长点。全年共举办会展活动85项，实现会展业直接收入5亿元，带动相关产业收入45亿元。特别是汽博会、农博会、雕塑展等重点会展活动档次进一步提升，对促进我市经济发展，加快改革开放，扩大对外影响，产生了良好的经济效益和社会效益。

六、对外经济

全市进出口贸易快速增长。全年实现进出口总额52.2亿美元，比上年增长80.7%。其中，进口36.7亿美元，增长127%；出口15.5亿美元，增长21.9%。在出口中，国有企业出口13.6亿美元，比上年增长27.6%；外商投资企业出口1.7亿美元，减少13.2%；一般贸易出口14.3亿美元，增长28.7%。农副产品、机电产品、纺织服装、高新技术四大类骨干商品出口比重有所上升。外向依存度达到32.4%，比上年提高11.5个百分点。

招商引资成效显著，全方位对外开放格局基本形成。全年新批三资项目118个，其中投资总额超千万美元项目24个。全年实际利用外资7.5亿美元，比上年增长19.8%。其中，直接利用外资1.7亿美元，下降48.7%。经济技术开发区、高新技术开发区和净月潭旅游开发区继续发挥龙头带动作用，全年共审批三资企业84个，占全市审批项目总数的71.2%；利用外资5.8亿美元，占全市的77.4%，比上年增长26.1%。

对外承包工程与劳务合作继续展开。全年新签对外承包和劳务合作合同金额2.8亿美元，完成营业额1.8亿美元，外派劳务人员1.4万人。

七、交通、邮电业和旅游业

交通运输业发展平稳。全年各种运输方式完成货物周转量364.5亿吨公里，比上年上升6.8%。其中：铁路331.0亿吨公里，比上年上升7.8%；公路33.2亿吨公里，下降1.1%；民航2905万吨公里，增长18.4%。完成旅客周转量122亿人公里，比上年下降3.3%。其中：铁路81.0亿人公里，下降4.9%；公路24.1亿人公里，下降6.0%；民航16.9亿人公里，增长10.5%。

邮电通信事业持续快速发展，现代化通信能力迅速提高。全年完成邮电业务收入35.7亿元，比上年增长8.5%。全年特快专递127万件，增长33.7%；函件7930万件，增长1.6%；包件85万件，增长28.9%。全市电话交换机容量达193.5万门，比上年增长4.3%；市话用户发展到123.1万户，比上年增长17.7%；农话用户发展到29.1万户，增长33.5%。个人住宅电话已发展到122.4万户，比上年增长6.4%，占全市电话总数的80.4%。移动电话持续高速发展，年内新增移动电话用户28.8万户，到2003年末已达279.8万户，比上年增长11.5%。全市电话普及率由上年的53.4部/百人提高到55.8部/百人（含移动电话）。到2003年末，互联网用户106036户，比上年增长8.1%。

“非典”给旅游业带来不利影响。全年来长旅游人数达到1038万人次，其中，接待入境游客6.9万人次，比上年下降9.2%；接待国内旅游者1031万人次，下降5%。旅游总收入83.1亿元，增长23.8%。全年旅游外汇收入3671万美元，下降12.7%。

八、财政金融和保险业

财政收入持续快速增长。全市一般预算全口径财政收入完成134.8亿元，比上年增长22.3%。其中，上划中央收入70.9亿元，增长23.3%；上划省级收入18.0亿元，增长20.8%；留用收入46.0亿元，增长21.5%。市本级全口径财政收入62.9亿元，比上年增长18.2%。

财政支出结构进一步改善，有力地支持了各项事业的发展。地方财政支出85.8亿元，比上年增长22.5%。其中，科技三项费支出增长8.9%，抚恤和社会福利救济支出增长57.6%，社会保障补助支出增长29.3%，城市维护费支出增长6.5%。市本级财政支出41.5亿元，比上年增长18.3%。

金融运行平稳。年末全市金融机构各项存款余额(人民币)1615.2亿元，比年初增长15.1%。其中，企业存款余额510.8亿元，比年初增长9.0%；储蓄存款余额831.4亿元，比年初增长16.5%。全市金融机构各项贷款余额(人民币)1629.6亿元，比年初增长9.0%。其中，短期贷款余额891.9亿元，比年初增长3.2%；中长期贷款余额610.4亿元，比年初增长21.4%。金融机构现金累计收入4221.1亿元，比上年增长21.4%；现金累计支出4162.5亿元，比上年增长22.1%；现金净回笼58.6亿元。

证券市场进一步规范发展。到2003年末，股票交易机构3个，股票交易网点34个。上市企业19个。开设股民帐户67.8万户。全市有价证券成交总额719.5亿元，比上年增长8.8%。其中，股票交易成交额556.3亿元，比上年增长17.2%；国债成交额157.1亿元，比上年下降10.9%；基金成交额6.1亿元，比上年下降41.9%。

保险事业进一步发展。全年承保总额2467.9亿元，比上年增长43.4%。其中，财产险保额2246.2亿元，比上年增长45.3%；寿险保额221.7亿元，增长26.7%。保费收入28.7亿元，比上年增长53.5%，其中，财产险保费收入4.9亿元，增长7.2%；人身险保费收入23.8亿元，增长68.6%。全年赔付总金额5.6亿元，比上年增长16.1%，其中，财产险赔付金额3.7亿元，比上年增长25.7%；人身险赔付金额1.9亿元，增长1.4%。

九、城建、公用事业

城市建设步伐加快，承载能力进一步增强。2003年，我市继续加大对基础设施的建设投入，建设了"八路五桥"、轻轨二期净月线、供水设施改造、雕塑公园等工程，极大提高了城市基础设施水平。全年完成道路新建和扩建面积113.3万平方米。到2003年末，全市铺装道路总面积达1722.6万平方米，铺装道路长度达1254.9公里。

公用事业全面发展，综合服务功能明显增强。2003年，全市水厂日综合生产能力达115.6万立方米，规划区使用自来水人数达239.2万人。全市人工煤气和天然气供气总量分别达到18831和14100万立方米；液化石油气供气总量达67870吨。市区使用煤气、天然气、石油液化气户数达82.1万户。城区集中供热面积达到5895万平方米。全市拥有营运公共电、汽车3681辆，运营线路网长度1161.1公里。

城市绿化水平不断提高。到2003年末，全市园林绿地面积达5814公顷，公共绿地面积达1622.9公顷，建成区绿化覆盖面积达6669公顷，绿化覆盖率达到39%。

十、科技、教育

全面实施"科教兴市"战略，深化科技体制改革，技术创新能力进一步增强。2003年，全市列入市级以上各类科技发展计划723项。其中：国家级计划项目133项，省级计划项目315项，市级计划项目275项。专利申请量大幅增长，全年专利申请量由上年的1861件增加到2689件，增长44.5%。全年通过鉴定、验收和认定的科技成果376项，获得市以上科技进步奖励成果95项。其中：获国家级奖励1项，省级奖励94项。

科技队伍稳步发展。到2003年末，在全市各级各类科技人员中，"两院"院士24人，享受国务院及长春市人民政府特贴人员累计达到441人。全市独立科学研究与技术开发机构97个。其中，自然科学和技术领域研究与开发机构74个，社会科学与人文领域研究与开发机构17个，科技信息与文献领域机构6个。

技术成果交易日益活跃，全市技术开发、咨询、转让等服务机构发展到2527户，技术成果交易额达5.8亿元。市科技管理部门共投入科技经费2827万元。

高新技术产业快速发展。2003年，全市新认定高新技术企业33户，高新技术产业实现产值520亿元，比上年增长30%。产值超亿元的高新技术企业已发展到57家。

质量技术监督机制日趋完善。全市有产品质量检验机构6个，法定计量技术机构7个。全年共对402户企业的产品进行了定期监督检验，检验样品1153批次，抽样合格率为79.4%。其中，国家和省的监督抽查产品质量平均合格率分别达到72.4%和74.6%。全年各级质量技术监督部门查处违法案件3582件，查获假冒伪劣和不合格产(商)品标值789.6余万元。

教育改革不断深入。年末全市普通全日制高等院校28所，共招收本、专科学生7.6万人，年底在校生23.1万人。各类成人高等学校10所，共招收本、专科学生1.3万人，年底在校生3万人。年末中等职业技术学校52所。其中：普通中专16所，成人中专14所，职业高中22所。年底在校生5.2万人。其中普通中专在校生2.5万人，成人中专在校生1.2万人，职业高中在校生1.5万人。普通中学389所，在校生44.2万人，其中初中312所，在校生32.9万人。小学1814所，年底在校生51.5万人，小学适龄儿童入学率达99.5%。

十一、文化、卫生和体育

文化、卫生、体育、广播电视等各项事业协调发展。艺术创作精品不断涌现，全年共获省级以上奖励51项。

2003年，电影事业机构411个，其中电影放映点404个。文化事业机构196个，其中艺术表演团体11个，剧场、影剧院9个。公共图书馆11个，总藏量239万册，其中少儿图书馆1个，藏量20万册。群众文化事业机构140个，其中乡镇文化站128个，文化市场管理机构11个，其它文化事业机构14个。文物事业机构7个，其中博物馆2个。国家档案馆12个，馆藏档案90.6万卷，开放档案11.6万卷。长春电影制片厂全年共生产故事片6部，译制片8部，科教片6部。

2003年，全市有广播电台1座，节目6套，中波发射台和转播台2座，广播人口覆盖率为100%；电视台1座，节目9套，一千瓦以上电视发射台和转播台27座，电视人口覆盖率为100%。

卫生事业不断发展，医疗卫生体制改革取得突破性进展。2003年末，全市卫生医疗机构发展到1554个，其中医院、卫生院298所，拥有医疗、疗养床位2.3万张，比上年增长4.5%。卫生技术人员为3.5万人，比上年增长2.7%。农村设村卫生室1982个，比上年下降2.9%。乡村医生和卫生员4243人，私营诊所发展到2965个。每千人拥有执业医师和执业助理医师2.12人。

社区卫生服务不断深入，已建立社区卫生服务站150个，社区卫生服务覆盖人口达到95%以上，建立家庭病床917张。

体育事业蓬勃发展，群众体育取得新进展。各级中小学校继续实施《国家体育锻炼标准》，中学生、小学生达标人数分别为285990人、491764人；全市行政区域内共有体育设施7097个。竞技体育成绩优异。在全国年度比赛中，获得金牌59枚、银牌54枚、铜牌52枚。在全省比赛中，共获金牌249枚。

一年来，成功地举办了全国男篮甲A联赛，全国足球甲B联赛；承办了市级篮球、排球等200余项比赛，获得良好的社会效益和经济效益。

十二、环境保护

坚持可持续发展战略，环境保护事业发展较快。工业污染防治能力不断增强。全市工业废水排放达标率和工业固体废物综合治理率分别达到94%和92.26%。环境综合整治成效显著。到2003年末，全市建成烟尘控制区面积171平方公里，环境噪声达标区面积102.6平方公里。

城市环境进一步改善。空气首要污染物总悬浮颗粒物(TSP)年日均值每立方米175微克，比上年降低3微克；二氧化硫均值每立方米18微克，比上年上升4微克；二氧化氮年均值每立方米29微克，比上年上升2微克；饮用水源水质达标率100%；城市地表水质达标率100%。

十三、人口与人民生活

2003年末，全市户籍总人口为718万人。其中，市区人口310万人，四县(市)人口408万人。全市人口出生率为6.59‰，死亡率为4.47‰，自然增长率为2.12‰。

全市从业人员总数已达334.7万人。其中，第一产业从业人员141.3万人，占全市的42.2%，第二产业从业人员67.9万人，占全市的20.3%，第三产业从业人员125.5万人，占全市的37.5%。年末城镇在岗职工89.0万人，从事个体劳动的有29.2万人。在岗职工平均货币工资13867元，比上年增长7.76%。

人民生活继续改善。城市居民人均可支配收入达7905元，比上年增长13.5%，人均消费性支出6725元，比上年增长9.4%。农村居民人均纯收入3411元，比上年增长8.4%。城乡居民消费结构发生较大变化，生活质量不断提高。城市恩格尔系数为39%，农村恩格尔系数为46.2%。城市居民每百户拥有彩电119台，电冰箱及冰柜100台，洗衣机97台，住宅电话98部。农村居民每百户拥有彩电77台，电冰箱11台，洗衣机70台，摩托车31辆。城市人均住房建筑面积由上年的21.22平方米增加到22.32平方米，农村人均住房面积达到21.85平方米。

社会保障事业扎实推进。养老保险、失业保险工作全面推进，基本医疗制度改革进展顺利。2003年，全市参加基本养老保险96.2万人，其中在职职工70.6万名，共为25.6万名离退休人员，发放养老金20.4亿元，养老金发放率达100%。21.3万名企业退休人员实行社会化管理，社会化管理率达96.9%。年末参加失业保险职工79.5万人，共为3万名失业人员发放失业保险金7000万元。有64.1万名职工和退休人员参加了基本医疗保险。2003年，城市共有66867户、173302人得到最低生活保障，共发放保障金9845万元。

社会福利事业继续发展。全市共有社会福利机构116家，总床位数1140张。其中国有福利机构7家，集体和民办福利机构109家。农村敬老院131所。城镇社区服务网络持续快速发展，全市有各种社区服务网点8000个。全年销售社会福利彩票23115.7万元，筹集社会福利资金2090万元。全年募集善款1532.4万元。

注：1、全市生产总值、各产业增加值绝对数按现价计算，增长速度按不变价格计算。
2、人口数据来源于公安局统计年报。
3、统计公报中GDP等部分数据为预计数，如与年鉴中不同，应以年鉴数字为准。

专论

SPECIAL TOPIC

2003年工业经济运行情况分析及2004年预测

2003年,在汽车工业的强劲带动下,我市工业经济保持了良好发展态势。工业生产快速增长,经济效益大幅度提高,主要工业经济指标都达到了预期发展目标。

一、2003年工业经济运行情况分析

2003年,我市工业生产保持了快速增长,经济总量进一步扩大,经济效益大幅度增长,运行质量不断提高。主要情况及特点如下:

1、工业生产快速增长,经济总量进一步扩大。2003年全年完成全口径工业总产值1890.2亿元,比上年增长19.3%。完成全口径工业增加值542.3亿元,比上年增长17.1%。规模以上工业完成总产值1511.5亿元,比上年增长22.9%,月均产值达到126亿元,产值超亿元的企业已达88户;完成工业增加值403.3亿元,增长19.5%,工业增加值率达到26.7%,比上年提高0.2个百分点。在全国15个副省级城市中,我市完成的工业总产值居第八位,与上年持平,在东北四市中居第二位;工业总产值增幅由上年的第一位,降为第十一位。

2003年,全市30种重点产品有15种比上年增长,有15种下降。增长幅度较大的有:汽车64.1万辆,增长21.3%,其中轿车35.1万辆,增长54.9%;子午线轮胎90万条,增长217倍;液晶显示块62.2万块,增长83.5%;彩色电视机78.1万部,增长86.5%;成品钢材8.8万吨,增长109.3%;淀粉86.4万吨,增长68.5%。下降幅度较大的有:铁路客车770辆,下降26.7%;内燃机2976万千瓦,下降11.8%;电动工具7.8万台,下降27.4%;录放音机2.5万台,下降49.9%;房间空气调解器1.6万台,下降70.5%;食用植物油5.3万吨,下降44.5%;摩托车3.5万辆,下降9.9%;数字程控交换机3.3万线,下降27.4%;自动化仪表1560台,下降39.3%。

二、新产品产值率继续提高。全市完成新产品产值549.8亿元,增长46.5%(按现价计算),新产品产值占工业总产值的比重由上年同期的31.3%上升到36.8%,提高5.5个百分点。新产品净增产值176.1亿元,占全市净增产值的58.6%。

三、四大重点行业继续保持快速增长。四大重点行业完成产值1355.1亿元,比上年增长23.4%,高于全市平均增幅0.5个百分点。其中:汽车及零部件工业完成产值1181.7亿元,比上年增长25.8%,高全市平均增幅2.9个百分点,累计生产汽车64.1万辆,增长21.3%,在汽车工业中,一汽集团公司完成产值510亿元,增长1.2%,生产汽车33.8万辆,增长0.6%,其中:载货汽车18.3万辆,下降10.9%,公路客车10.7万辆,增长11.2%,轿车4.8万辆,增长39.1%;一汽-大众汽车有限公司完成产值523.6亿元,增长73.6%,生产汽车30.2万辆,增长57.7%。其他重点汽车工业企业生产完成情况如下:一汽凯尔-海斯汽车底盘有限公司完成产值22.2亿元,增长40.7%;一汽四环汽车股份有限公司完成产值14.3亿元,下降46.8%;君子兰集团有限公司完成产值8.8亿元,增长37.2%;长春万荣汽车改装有限公司完成产值7.3亿元,下降14.1%;一汽四环汽车制品有限公司完成产值7亿元,增长13%;旭阳工业(集团)股份公司完成产值5.4亿元,增长73.6%;一汽光洋转向装置有限公司完成产值4.5亿元,增长11.9%;一汽杰克赛尔空调有限公司完成产值4.1亿元,增长16.2%;长春海拉车灯有限公司完成产值3.8亿元,增长11.5%;西门子汽车电子有限公司完成产值5.8亿元,增长31.2%;长春塔奥金环汽车制品有限公司完成产值5亿元,增长30.5%;长春轮胎有限责任公司完成产值4.9亿元,增长63.4%;长春灯泡电线有限公司完成产值3.5亿元,增长11.3%;长春汽车改装有限公司完成产值2亿元,下降68.6%。食品工业完成产值121.5亿元,增长8.6%。主要食品工业企业生产完成情况如下:长春大成玉米开发有限公司完成产值52.3亿元,增长20.7%;吉林德大有限公司完成产值26.4亿元,下降21.6%;长春皓月清真实业股份有限公司完成产值6亿元,增长率7.7%;长春百事可乐饮料有限公司完成产值3.8亿元,下降12.8%;生物医药工业完成产值21.2亿元,增长37.2%,主要生物医药工业企业生产完成情况如下:长春生物制品所完成产值1.6亿元,增长42.6%;长春长生实业股份有限公司完成产值2亿元,增长19.9%;长春长生基因药业股份有限公司完成产值5180万元,下降22.1%。光电子工业完成产值30.6亿元,增长1.8%。主要光电子工业企业生产完成情况如下:吉林长虹电子有限公司完成产值4.8亿元,增长18.6%;华禹光谷股份有限公司完成产值2亿元,增长61.2%;北方彩晶集团有限公司完成产值1.1亿元,下降63.9%。

四、工业品出口缓慢增长。全市完成工业品出口交货值22亿元,增长5.7%。五、整体经济效益大幅度提高,实现利润超过100亿元。2003年,全市规模以上工业经济效益综合指数为188.8%,比上年提高17.6个百分点。实现产品销售收入1495.5亿元,增长21.4%;实现利润106.5亿元,增长23.3%,产品销售收入和利润总额与工业总产值实现了同步增长。在工业经济效益大幅度提高的同时,也应当注意以下几个问题:一是利润总额分布高度集中。2003年,利润超亿元的企业只有一汽一大众公司、一汽集团公司、大成玉米开发有限公司、吉林亚泰水泥有限公司、长春燃气股份有限公司、西门子汽车电子有限公司、一汽凯尔-海斯汽车底盘有限公司、一汽光洋转向装置有限公司、福耀集团有限公司和塔奥金环汽车制品有限公司十户企业,这十户企业共实现利润101.1亿元,占全市利润额的94.9%。二是在盈利企业盈利额大幅度增长的同时,部分重点企业减利幅度也较大。一汽四环股份公司、供电公司、龙华热电公司、北方彩晶公司、长生实业公司、一汽四环汽车制品公司、汽车改装公司和吉林德大公司等8户企业,实现利润均比上年同期大幅度下降,共减少利润6亿多元。三是新增部分亏损企业,亏损面有所上升。到2003年末,全市有32户企业由去年亏损变为今年盈利,共盈利1.2亿元,与上年同期相比扭亏为盈2.4亿元,但与此同时又有47户企业由去年的盈利变为今年的亏损,共亏损2.3亿元,与上年同期相比,减少利润4.5亿元,这两种情况相抵,净亏损2.1亿元,净增亏损企业15户,全市亏损面达到32.9%,比上年同期上升6个百分点。

二、当前工业经济运行中存在的主要问题

虽然2003年我市工业经济运行保持了良好发展,工业生产快速增长,经济效益进一步提高,但是,还存在一些不容忽视的问题,主要表现为:

1、工业经济发展不够均衡。从四大重点行业来看,一方面是总量不均衡,我市汽车工业经济总量占全市经济总量将近80%,其他重点行业规模小、效益不高、投入低,自我发展能力相对较弱。除汽车工业以外的其他三大重点行业总量偏小的局面没有改变，食品工业、光电子信息业和生物医药工业产值占全市的比重分别为 8.1%、2%和 1.4%。另一方面是发展速度不均衡，汽车和生物医药工业增幅分别高全市平均水平 2.9 和 14.3 个百分点，食品和光电子信息业分别低全市增幅 14.8 和 21.1 个百分点。近几年我市工业增长基本上是依靠汽车工业增长的带动，医药行业整体实力不强，缺少规模企业和龙头企业，电子工业受资金、市场、研发能力的制约，还不能迅速扩大规模和能力。由于投入的不对称性，今后若干年内这种差距有继续扩大趋势。工业经济发展的不均衡性，决定了我市工业受汽车市场可能的波动影响，使我市工业经济增长的不确定性增加。从各部门发展情况看，我市县、区工业总量小、增长缓慢，增长幅度远远低于全市平均水平，主要是县区缺乏大型号骨干、龙头企业，缺乏有带动和支撑作用的大项目，同时受到农业产业化、小城镇建设速度的制约，高速度增长的难度较大。从 30 户重点企业来看，两极分化，生产情况好坏十分明显。分企业注册类型来看，外商投资企业和私营企业是亮点，港澳台商投资企业和有限责任公司比较好，国有企业增长乏力，集体企业、联营企业和股份有限公司下降。这些不平衡的矛盾在一定程度上已成为我市工业经济进一步发展的障碍，在今后的工作中应给予足够的重视。

2、汽车市场竞争压力增大。据有关机构预测，2004 年我国汽车总需求量将达到 500 万辆，比 2003 年增长 13.5%，轿车市场需求将继续保持稳定增长，需求总量在 240－250 万辆，但增幅有所回落，年需求增幅在 25%－30%。但是，到 2003 年底我国汽车产能过剩在 20%以上，预计 2004 年新上市的新车将达 50 余款，汽车产品竞争将更加激烈。据统计，我国三大汽车集团销售利润率高达 12%，同时其生产能力还没有发挥出来，生产率还较低，因此产品降价空间非常大，据有关机构预测，2004 年轿车价格年均降幅将达 10%，对我市工业效益增长形成了巨大压力。

3、资源、能源短缺的矛盾突出。由于近几年我国经济的快速增长，钢铁、煤炭、电力等资源、能源短缺的矛盾越来越突出，2003 年夏秋，南方出现的电力紧张状况，一定程度制约了当地的工业经济的发展。2004 年，随着工业经济快速发展，仍然存在全国性重要生产资料价格上涨的问题，钢材、煤炭、玉米等农副产品涨价，大豆等原料等问题仍会对我市工业生产和效益产生一定影响。

4、我市工业增长的内在压力增加。一是连续多年快速增长的压力。我市工业经济近几年来一直保持快速增长势头，基数大，再增长的压力增大；二是结构性矛盾增大。载重汽车市场向大吨位发展，而且近几年市场需求将处于均衡状态，2004 年，我市又处在载货汽车产品换型期、项目建设期；我国轿车市场处于发展期，但我市一汽大众二期 30 万辆改造工程也处于建设期。

综上所述，2003 年我市工业经济保持了良好发展态势，多项指标都超额完成了全年预期目标。从生产情况看，全年各月都保持了快速增长，累计增长幅度都在 20%以上，并且各月份之间比较稳定，1－12 月份最低，增幅为 22.9%，1－2 月份最高，增幅为 33.9%。从经济效益上看，工业企业的盈利水平不断提高。全年各月利润总额不断增加，全年实现利润已达 106.5 亿元，平均月实现利润为 8.9 亿元。工业经济效益综合指数有的月份已接近 200%。在全市工业经济的发展过程中，汽车工业始终扮演着重要角色。2003 年，汽车工业完成的工业总产值已占全市规模以上产值的 78.2%，实现的利润已占全市的 95.4%。在汽车工业中，一汽－大众汽车有限公司带动作用明显增强，全年完成的工业总产值已超过了一汽集团公司，对全市工业产值增长的贡献率达 78.1%。

三、2004 年工业经济发展预测

党的十六届三中全会就深化经济体制改革提出一系列新思路和新政策，中央经济工作会议确定 2004 年的工作方针，是继续坚持扩大内需，实施积极的财政和稳健的货币政策，适时、适度调整政策的力度和重点，保持经济的平衡增长，这对 2004 年乃至长期我国经济发展产生重要和积极的作用。由于国际、国内有利于我国经济保持较快增长的因素较多，根据有关机构预测，2004 年我国国民经济保持 8.5%以上增长速度，也有可能达到 9.1%，这个潜在经济增长水平。2004 年我市发展工业经济的有利条件主要表现在以下几个方面：

1、国际政治、经济环境有所改善，世界经济复苏步伐加快。2004 年，世界政治环境将趋于缓和，预测全球不会出现伊拉克战争那样的严重政治事件。世界经济环境有所好转，投资者和消费者的信心恢复，国际金融市场稳中趋升，美元汇率稳中趋升，石油等初级产品价格下降。主要发达国家为加快世界经济增长、防止全球通货紧缩，普遍采取财政和货币双扩张政策，据国际货币基金组织、世界银行和联合国预测，2004 年，世界经济增长加快，增长率达到 4%左右，比 2003 年提高 1 个百分点。世界经济增长加快使我国经济发展的外部环境改善；世界经济的复苏，国际市场对我国产品需求增加，有利于我国出口增长；世界经济好转使全球资本流动加快，我国可利用的外资资源会明显增加，外资流入会保持一定的增长。

2、体制和政策环境更加有利于经济发展。首先，2004 年，我国积极的财政政策和稳健的货币政策将继续，政策效应进一步显现。国家仍将继续发行适量国债，以满足在建项目需要，并增加对农村教育、医疗、就业、东北老工业基地、西部大开发和生态环境等领域的支持，实现宏观政策由“偏扩张”向“双稳健”调整，使我国经济社会协调发展的能力增强；其次是民营经济的地位将进一步得到提高，发展环境更加宽松，从而进一步激发民营资本的活力。我市市委十届四次会议上提出发展民营经济要继续坚持“三放开”、“四不限”“三自由”、“五平等”，最大限度地为民营经济发展和民营资本参与国企改革、老工业基地改造创造空间，这些政策措施将推进我市民营经济超常规、跨越式、突破性发展；第三是统一内外资企业所得税率、实行消费型增值税并在东北地区试点以及准备取消汽车消费税等政策，将进一步增强我市企业发展后劲和促进消费的持续升温，对投资类产品和汽车产品为主的我市工业结构具有重大、积极的促进作用。

3、国民经济自主增长的能力继续扩大，有利于经济增长。国有资产管理体制、投资体制改革步伐加快，重工业化、城市化、市场化进程加快引导我国经济内在增长的活力增强。新的内在增长动力主要来自以下方面：一是民间投资、外商投资的高增长及其在全社会资本中比重不断上升，将使投资增长继续呈现国有企业和民间企业“双拉动”局面。二是消费需求将会呈现强劲的回升趋势。消费结构升级为消费需求新一轮扩张提供了强大动力，房地产、汽车、电子、通讯、旅游等行业保持较快增长，将带动机电、化工、冶金、建材、交通运输、电力等一大批关联产业持续增长。三是区域经济蓬勃发展，“珠三角”、“环勃海”等区域经济快速发展，并通过其辐射、龙头作用和示范效应将有力地促进和带动其它地区的经济发展。

4、党中央、国务院做出振兴东北老工业基地的决策，将为我市工业经济发展带来前所未有的机遇。一是东北老工业基地的振兴得到党中央、国务院的重视，国家在政策上将进一步向东北地区倾斜，向东北地区投入的力度会加大，会进一步增强东北工业的发展后劲；二是加大东北老国有工业企业的改革力度，剥离企业办社会职能和企业富余人员、完善社会保障制度，将进一步激发国有企业的活力；三是国家振兴东北的政策将进一步引导国际、国内资本向东北及我市流动，为我市工业经济发展注入新的血液；四是我国建立东北亚经济圈、东北地区区域经济协调发展的构想，将增强区域经济发展中互补性和协调性，形成区域协调发展相互促进的发展格局。

5、国企改革将对盘活我市工业存量资产、加快工业结构调整起到积极作用。市委十届四次会议提出要用1-2年时间打好国企改革攻战的目标任务，进一步完善国有资本合理流动机制，加快国有资本和国有职工身份“双退出”步伐，积极推进混合所有制经济形式，综合运用兼并、破产、联合、参股等手段，对全市重点国有企业实施战略性重组，并积极向国家争取各种政策支持，解决国企改革成本不足问题，同时，全面推进社会保障体系建设、剥离企业办社会职能、以及用工、人事和分配制度配套改革，这些政策措施必将会使一批国有企业存量资产盘活，焕发新的生机和活力，成为我市工业经济新的增长点。

6、汽车市场的启动为我市汽车工业带来了新的机遇。2000年以来，在国家宏观经济持续、稳定发展形势下，国内汽车生产和销售出现了快速增长趋势，预计2004年我国汽车总产量将达到420万辆，同比增长10-15%，其中轿车增长幅度超过25-30%。汽车工业高速发展是我国经济整体水平和居民消费能力不断提高的必然结果。人均收入达到1000美元标志着轿车进入家庭的起步，特别是国家鼓励居民消费政策措施不断出台，必将推动我国汽车市场工业持续发展。汽车工业占我市工业总量的将近80%，汽车市场的长期向好，为我市工业的持续、稳定增长提供了难得的机遇和有力的保障。

2004年我市工业经济运行环境好于2003年，有利因素较多，特别是国家振兴东北老工业基地政策措施的实施是我市实现跨跃式发展的有利时机。根据上述分析，预计我市工业主要指标完成情况如下：规模以上工业完成工业总产值1752亿元，增长16%；完成工业增加值508亿元，增长13.6%；实现利润105亿元，增长5%；工业产品销售率完成400亿元。亏损企业亏损额控制在11.2亿元，下降10%。

长春市统计局工业处

（宋福来）

对我市物流业发展前景的研究

物流业是整个经济链条中不可缺少的环节，是反映一个国家经济发展和社会繁荣程度的窗口，也是衡量一个国家和地区综合实力的重要标志。从现代经济学的视角来看，物流业的发展程度直接影响着当地经济的发展水平，它即关系到该地区的可持续竞争力，更直接影响着该地区在区域经济中的地位。

物流是指原材料、产成品从起点到终点及其相关信息有效流动的全过程。它将运输、储存、装卸、包装、流通加工、配送、信息处理等基本功能有机结合起来，形成完整的供应链，为用户提供多功能、一体化的综合服务。现代物流作为一种先进的组织方式和管理理念，在全球经济范围内，已经被广泛地认为是企业降低物耗、提高劳动生产率以外的第三利润源泉而备受关注。专家预测，物流业将是未来10年我国发展的重要产业和最重要的经济增长点。今后一段时间是我市争取在15个副省级城市中位次前移的重要历史时期，加快发展我市现代物流业不仅对汇集人气、提升城市集聚辐射功能有显著成效，还将优化区域产业结构，增加就业机会，促进经济和社会的持续健康发展。

物流业的发展引起了各级政府部门的高度重视。国家经贸委把发展现代物流业作为“十五”期间三大重点任务之一，并把物流项目首次列入国债项目；国家计委正着手制定全国物流业发展总体规划；国家质检总局与国家经贸委决定成立全国物流标准化委员会，全面推进物流标准化工作；财政部已开始研究支持物流业发展的财务、税收改革措施。各城市也纷纷行动起来，北京已经完成了“北京市综合物流系统规划研究”；深圳市计划投入1500亿元，把物流业定为二十一世纪的三大支柱产业之一；而全国经济、贸易、金融以及航运中心的上海市提出要创建一流的物流中心，在十五规划中把现代物流同生物医药、新材料、环境保护列为上海市的四大新兴产业。在我们东北，总投资3.8亿元、占地面积50万平方米的东北三省最大的哈尔滨物流中心已开工建设；大连市政府已将其未来发展目标之一牢牢锁定在现代物流业上，将大连市物流业的发展纳入到整个东北经济区（东北三省及内蒙古东四盟）现代物流发展体系中进行规划，利用其区位条件、口岸交通、对外开放、综合服务水平、经济发展水平和产业发展等方面的优势，提出要把大连建设成为现代化物流基地和电子商务中心，并采取了系列配套措施和政策，准备用10年左右的时间，把大连建设成为东北经济区的国际物流中心；沈阳把城市定位为成为东北物流中心，在“十五”规划中全方位融入现代物流，准备在苏家屯副城新区，用大约3年时间，建成10平方公里的集物流、商流、信息流和资金流为一体，具有较强吸纳和辐射功能的现代综合物流园区，以引进国外知名企业入驻。目前，丹麦的马士基物流集团、美国APL公司、台湾顶通物流公司等一些著名物流企业相继在沈阳落户，中远、中海、中储、中铁等国内大型物流公司也已经进入沈阳开展物流业务。此外，今年沈阳市还将重点引进2-3家国际知名物流企业。准备到2005年，使物流产业增加值占到GDP的20%。到目前为止，全国有20多个省（市、区）、30多个中心城市已经制定或正在制定物流发展规划。

物流资源和物流有效供给是有限的，发达国家和地区已凭借其经济和技术实力，积极抢占物流市场，在发展现代物流方面具有先发优势。在我们的周围，沈阳、大连和哈尔滨也纷纷采取措施，积极吸引发达国家和地区的物流企业把他们做为东北地区物流市场的重要节点。如果我们不提早认识、抓紧研究、采取措施、加快发展，不仅将使我市失去很多的就业机会和潜在的财政收入，也会减弱我市的集聚辐射功能，影响到我市在15个副省级城市中位次的前移。因此，加快现代物流业已是当务之急。

一、我市物流业的现状及存在问题

我市现代物流业起步较晚，2000年，物流业年增加值为45.7亿元，占全市GDP的5.3%。随着近几年的发展，我市物流基础设施不断完善,流通网络初具规模,专业化物流开始起步,一些区域性物流中心也逐步成长壮大。到 2002 年末,全市在工商部门注册的物流企业已达 550 余户,多数集中在仓储和交通运输领域。其中一部分是由原交通运输企业、仓储物资企业通过资源整合、改建扩建、改变经营方式、延伸服务等方式发展而来,另一部分由企业内部成立的相对独立机构和一些面向大企业和全社会服务的专业物流公司组成。但与一些先进国家和地区相比,还存在着很大的差距。

1、观念落后制约着我市物流业的发展

长期以来,我市多数企业和部门物流观念淡薄,对物流业的认识仍局限于运输、仓储、搬运等,没有认识到现代物流业的发展、供应链管理系统的建立对企业发展乃至对全社会降低流通成本和交易费用、增加利润、提高企业竞争力的独特作用以及对增强中心城市功能、改善投资环境的战略意义,使更多的企业热衷于选择自营物流方式,向运输公司购买运输服务或向仓储业购买仓储服务往往还只限于一次性和临时、分散的物流服务。部分企业还存在重生产,轻物流,重自给,轻外协的思想,物流的很多方面还停留在传统的层面上。

2、管理体制不适应大物流发展的需要

由于受计划经济的影响,我市物流业的社会化程度低,物流管理体制混乱,机构多元化,与物流相关的各部分分别由铁道、交通、民航、邮电通讯、国内贸易、对外贸易等不同的政府部门进行管理,造成物流组织布局分散,部门、企业之间缺乏横向联合,很多物流设施都只是为某行业、某部门服务,综合性、社会性服务水平较低。

3、物流成本高,流通周期长,物流效率低下

目前,发达国家物流成本占 GDP 的比重为 9.5%—10%,而我国是 16.7%—20%,比发达国家高出 1 倍左右。我市的物流成本估计要高于全国的平均水平。物流成本占产品总成本的比重,美国和欧洲国家大体是 10%—15%,亚洲地区平均水平是 30%,而我市在 40%左右;我们的流通周期也长,2002 年,我市规模以上工业企业流动资产周转率为 1.9 次,限额以上商业企业为 1.88 次,而海尔物流使企业的资本周转提高到一年 15 次,已建立现代物流体系的日本制造业的年均周转率为 15—18 次,一些知名的跨国连锁企业,如沃尔玛、家乐福、麦德龙等已达到 20—30 次。大量资金滞留,流转不动,说明原材料、半成品、产成品和商品严重积压;物流效率低下,在我市国有商业、物资和工矿企业的改制中,大量的物资被闲置。据不完全统计,目前我市企业仓储面积为 1506 万平方米,闲置近 40%;铁路专业线 152 条,总长度 121.6 公里,闲置率近 80%;企业的运输能力为 2.1 亿吨,但有 48%未得到发挥;我市长途运输空驶率高达 28%,超过四分之一的货车在路上来回空跑。一件商品从生产出来到消费者手中,要经过十几次的搬动、装卸、长时间的储存、保管,造成了大量的物资损耗。据估算,2002 年,我市库存商品占 GDP 比重在 40%左右。而国际公认的库存商品与 GDP 的比例是:发达国家一般不超过 1%,发展中国家也不超过 5%。我市这一比例却是发展中国家的 8 倍。

4、物流专业化程度低,物流企业规模小,物流服务层次低下

目前,我市部分企业特别是国有大中型工业企业受传统观念影响,对物流配送认识不足,内部管理机构设置齐全,依然保存有自己庞大的仓储设施和运输设备,原材料采购、产成品销售大多靠自己力量解决,真正委托第三方物流的现代流通方式比例还很小。而发达国家企业利用专业化物流服务高达 75%;我市物流企业规模偏小,还没有形成大型的、有实力的、拥有跨地区甚至全国性网络的物流骨干企业和龙头企业;物流服务层次低下,多数物流企业是在传统体制下的物资流通企业的基础上发展起来的,其业务多数仍是代理仓储、库存管理、搬运和运输,信息的收集、加工、处理、运用能力,物流的专业知识,物流的统筹规划和精细化组织与管理等能力显得不足,几乎没有一家物流企业具有管理整套供应链的能力。

5、第三方物流发展速度慢,传统流通方式仍占相当比例

第三方物流是指由物品供方和需方以外的物流企业提供物流服务的模式。第三方物流企业与传统物流企业的最大区别是:传统物流企业所能提供的仅是单一的物流要素,而第三方物流企业则能够将各种物流要素有机整合起来,提供系统化、系列化的增值服务。如:定单处理、原料质检、库存查询、库存补充、条码采集、物流信息查询、货款回收结算、报关等等。第三方物流是物流专业化的重要形式,其优越性在于能帮助企业解决降低成本和库存、及时准确提供信息等难题,为企业在竞争中取胜创造有利条件。第三方物流的兴起和发展已成为世界趋势。研究表明,在美国有 58%的物流量是通过第三方物流来完成的,欧洲目前使用第三方物流服务的比例高达 76%左右,日本第三方物流也十分发达,甚至有的零售店早晨只管开门,晚上只管关门,缺什么货物全由电脑管理,该送的时候有人送,根本就没有仓库了。我国北京、上海的物流企业有很大一部分是以提供专业化的第三方物流服务为主,广州的第三方物流约占整个物流市场的 10%左右。而我市绝大部分企业还沿用传统的流通方式来进行原材料和商品的流通,不仅第三方物流企业少,还普遍存在质量差、信誉低、成本高、信息传输渠道不畅等问题,第三方物流还只停留在某一个层面或某一个环节上,并没有实现从原材料供给到商品流通整个供应链的全套服务。我市第三方物流发展速度缓慢的原因:一是部分企业对第三方物流公司的认识程度普遍较低,还没有认识到供应链管理在企业竞争中的巨大作用。二是在社会保障和就业机制不够健全的情况下,物流业务外包还将意味着解雇大批职工,这对于企业管理者尤其是国有企业的管理者来说是一个非常大的风险。企业为了避免职工下岗,不愿意交出物流业务。三是由于供应链在提高企业竞争力方面非常重要,企业担心如果失去内部物流能力,会在客户交往和其他方面依赖第三方物流公司,弄不好会失去控制。为了稳妥起见,宁愿拥有自己的物流部门,也不愿将这部分功能交给第三方物流公司。

6、缺乏物流管理和经营人才

物流专业人才的短缺状况直接制约着物流业的发展水平。由于过去没有把物流业作为国民经济的重要产业,各高等院校很少有培养物流人才的相关专业,也没有这个需求,所以我市物流专业人才奇缺,特别是第三方物流设计与管理人才更是难觅,这在全国也是普遍现象。2001 年,香港一家著名企业到内地高薪招聘物流人才,高级物流经理年薪一百万、几十万、十几万的岗位也是空位以待。

二、我市发展物流业的条件与优势

尽管我市的物流系统建设还处在初级发展阶段,与一些城市相比,还存在着一定的差距,但落后既意味着需求,也意味着更大的利润和机遇。目前,我市物流业的发展正面临着良好的发展契机,已初步具备了加快发展现代物流业的基本条件。

1、有日臻完善的交通网络,物流基础设施建设逐步健全

发展现代物流业需要完善的基础设施和交通网络。改革开放以来,我市不断加强基础设施建设,"九五"期间累计投资269.6亿元,年均增长20.1%。其中,交通运输邮电投资55.1亿元,年均增长40.5%。2001年,基础设施投资占总投资的比重达到38.8%。特别是近几年,我市加大了道路、机场的建设力度,并把道路建设列为每年为百姓做的实事之一,使物流基础设施建设不断完善,为发展现代物流业创造了较好的条件。目前,长春铁路车站是吉林省唯一的国家二级陆路口岸,铁路线路贯通南北,连接东西,通达国内各大城市。铁路里程达493公里。2002年铁路、公路、民航货运总量为10774万吨。其中铁路集装箱发送量为93.5万吨,公路拥有大小集装箱10908个,运输量为5.3万吨。管道天然气输送量9720万米3。全市道路556条,总长6644.2公里,晴雨通车里程已经达到6399.4公里,其中高速公路251公里,高级、次高级公路3174.2公里。公路密度达到32.3KM/百KM2。以长春为中心的19条公路干线连接省内外各地。我市主干线高速公路建设、高等级高速公路及县以上二级公路网的建设为铁路、公路联运或协作运输提供了非常有利的条件和基础,使开展现代物流业成为可能。航空业也有了很大的发展,新建了龙家堡机场,长春机场是国际航空港,是国家一级空港口岸,航空货运航线已达49条。全市仓储面积达到1506万平方米。2002年11月杨家店物流中心一期工程竣工。在此基础上,还进一步完善了绿新物流中心、凯旋路客运站、长春市运输服务中心等三个大的物流场站。长春已逐渐成为东北地区重要的交通枢纽和物资集散地。

2、长春的区位优势、产业优势、科技和教育资源优势为物流业的发展提供了广阔的空间我市处在东北亚经济圈中,位于东北三省中心,地理位置优越,占据由俄、日、朝、韩、蒙等国家通往国内腹地的洲际路桥要冲位置,是连接欧亚大陆桥的重要节点,适合发展区域性国际化的商品中转集散市场。我市以汽车、铁路客车为主体的交通运输制造业在国内占有举足轻重的地位,食品、光电子信息、生物与医药也是我市的主导产业,适合发展各类具有产业依托和地方特色的产区型商品物流。我市的科研、教育基础雄厚,适合建设发展依托科研、教育和技术等智能优势,以高新技术产品和技术、智能软件为交易客体的市场。同时我市又是省会城市,总人口712.5万,具有强大的消费需求,2002年,实现社会消费品零售总额402.2亿元。我市基础设施较为齐全,交通与信息发达,是商品集散地和加工的中心,对周边地区的综合服务作用越来越大,因而建立一个高效率的城市物流体系就越来越显得十分必要。国际经验表明,当一国人均GDP达到600—2000美元时,是城市化进程加快的阶段,也是现代物流业开始加速成长的阶段。目前,我市人均GDP已达到1960美元,正是发展物流业的好时机。

3、市场布局不断优化,流通网络初具规模

近几年,我市按照城市建设的总体要求,坚持统筹规划、市场引导、外拓内引、合理布局的原则,逐步构筑立足长春、面向东北、辐射全国和延伸国际市场的流通网络体系。市内形成了以5个市级商贸中心、6个区域性商贸中心、189个社区商贸中心以及正在完善的8条特色商业街、5个环城物流集散节点组成的流通业空间布局,构筑了多中心、组团式的长春商品流通框架。到目前为止,全市共有连锁企业167户,连锁经营门店733个,各类专业店、专卖店339个,综合超市30家,仓储超市4家,便民店11.9万个。拥有各类市场375处,其中,国家级市场6处。初步形成了交易规模大、辐射能力强、集约化程度高的商品市场流通体系。特别是一些大型市场在商品销售方面的主导地位越来越明显。2002年,我市40个亿元市场成交额占全社会商品销售总额的41.5%。

4、初步具备了发展现代物流业的信息技术基础

信息网络是现代物流的生命线。从国际经验来看,物流领域是现代信息技术应用比较普遍和成熟的领域,物流企业正在转变为信息密集型企业。现代信息技术在物流领域的广泛应用,不仅提高了物流运作的效率和精确性,更为重要的是以现代信息技术为基础的企业管理对物流产业的发展有着直接的推动作用,使得现代物流产业在观念、运行模式、组织形式、系统结构、竞争格局和管理手段等方面产生了一系列深刻的变化。网络通讯技术的发展也为信息快速传递和企业之间的信息共享创造了更为畅通的渠道。我市在信息技术及应用方面具有一定的基础,长春信息港已建成高速、宽带、大容量的信息网络平台,长春电信拥有通达全球的高速通讯网络,城域网的主干带宽达到43.5G,互联网期末用户数为9.8万户,很多企业都拥有计算机,部分企业已实现网上交易,这些都使现代物流业的发展具备了信息支撑和保障。

5、企业物流开始起步,第三方物流企业初具雏形

近几年,我市优势企业集团在市场扩张的过程中,对企业物流实施流程再造,形成了一批具有一定实力的企业。2002年,一汽四环大众物流中心正式启动,由7个第三方物流备件中心库组成的全国网络全面运营,标志着国内首家汽车企业第三方物流供应模式正式形成,是国内汽车行业从事第三方物流的代表企业,也是迄今为止亚洲最大的单体汽车备件库。长春公路主枢纽有限责任公司是全国主枢纽网络重点企业,也是吉林省较具实力的大型第三方物流企业。长春欧亚集团股份有限公司通过资本运作的方式募集资金,建设了30万平方米的大卖场、20万平方米的仓储中心、20万平方米的半成品加工区等工程,成为国内规模居前的集仓储配售、连锁加盟、专业专卖店、超市、商场、市场等多业态混合经营的大型市场。以民营企业为代表的中东集团投巨资兴办了省内最大的综合性市场。其中中东运输市场年物流规模近200万吨,市场范围辐射东北及内蒙古地区。吉林省华航实业公司采用MRP(物料需求计划)、JIT(准时制)、GPS(全球定位系统)等先进物流管理技术和手段,形成了以汽车储运为核心业务的,资产达1.8亿元的专业化现代物流企业。还有一些具有一定规模和效益的企业物流正在成长为专业化的物流部门。

6、有利于现代物流业发展的"软环境"逐步形成

现代物流业引起了各级领导、各级政府和各界人士的高度重视,市计委对长春物流业进行了长远的规划(征求意见稿),将建设汽车物流基地、农副产品物流基地和消费品物流基地,同时还将建设四大物流园区(即汽车物流园区、凯旋路农产品物流园区、东站综合物流园区和龙家堡空港物流园区)和15个物流配送中心及一批配送站。市商委也对发展长春市消费品物流业提出了指导意见。一些大中型企业对降低采购成本,减少资金占用,节省销售费用等环节也日益重视。现代物流理念,特别是供应链管理的思想得到普遍认可。一些物流企业也开始加强物流服务的质量管理。

7、加入WTO给我市物流业带来的新的机遇

我国的劳动力成本较低,在原材料的供应方面也有一定的优势。目前,我市已与世界60多个国家和地区建立了经济

合作关系,注册的三资企业达2600多家,出口品种达1000多种,远销东欧、西欧、东南亚和非洲等70多个国家和地区。加入WTO后,随着贸易壁垒的降低,会推动进出口贸易的迅速增长,将为物流业的发展提供新的市场空间。同时许多跨国公司正准备把我国变成制造基地,世界500强中已有28家在长春安家落户。还有一些国外的企业也正在跃跃欲试。他们不可能带来全套的物流系统,这无疑会增加我市物流市场的新的需求,会大大推进我市成为区域性物流中心城市的进程。与此同时,一些国外物流企业纷纷以各种方式进入我国物流市场,虽然给我们的物流企业增加了竞争压力,但同时也带来了先进的理念、经验和技术,必将对我市物流产业的发展产生深远的影响。

从总体上看,我市企业实施物流改造,发展现代物流业的宏观条件和基础条件均已具备,这些使加快发展我市物流业成为了可能。

三、发达国家的物流产业模式

国外物流业起步早,发展快,经验较为丰富。但由于各国条件不同,物流产业的发展模式也不相同。较为成熟的是日本和美国的物流产业模式。下面简要介绍一下这两个发达国家的物流产业模式作为借鉴。

1、日本:政府主导模式

日本物流业的发展已有较长的历史,在世界居领先水平。特别是日本政府近年来为了大力扶持物流产业的发展所采取的一些宏观政策导向,给日本物流产业带来快速增长的实践经验,对我市具有极为有益的启示。

日本在物流产业的发展过程中,政府体现出较强的导向作用,主要表现在以下几个方面:一是规划优先。考虑到国土面积小、国内资源和市场有限、商品进出口量大的实际情况,按照“流通据点集中化”战略,在大中城市的郊区、港口、主要公路枢纽等区域规划建设物流团地。同时倡导发展“城市内最佳配送系统”,围绕某个标准轴心,将城市内无规则发生的各种方向、数量、时间的货运需求加以汇总,实现混载配送,提高配送效率。二是政府加大资金投入,加快物流团地建设。在科学规划的基础上,日本政府于1997年制定了《综合物流施政大纲》,对主要的物流基础设施,包括铁路、公路、机场、港口、中心基地建设,提供强大的资金支持。如日本最大最新的综合物流中心——和平岛货物中心建设总投资572亿日元,其中70%由中央财政出资,20%由东京地方财政出资,10%由企业投资。从20世纪60年代至今,日本已建成20多个平均占地74公顷的物流园区。三是出台相关政策,鼓励现代物流产业发展。在完善道路设施、改善城市内河运输条件、缓解城市道路阻塞、发展货物联运等方面,日本政府出台了许多如放松政府管制、建立政府部门协调促进机构、提供政府援助等可行的鼓励政策。日本物流业在短期内就得到迅速发展与日本政府对物流业的宏观政策引导有着直接的关系。

目前,我市围绕商贸中心、交通主干道出入口、口岸货物转运枢纽,尤其是几大开发区的发展壮大和南部新城的开发建设,已经逐步形成了西南部边缘的汽车物流园区,北部的农产品批发交易储运中心,东南的二道生产资料集散地等一些区域性物流中心。在现有资金十分紧张的情况下,我们可以借鉴日本政府的部分做法,加强宏观引导,进行科学规划和资源整合,制定一些相关的优惠政策,吸引更多的民间资本投资到物流设施建设上来。

2、美国:物流市场化模式

美国是世界上最早发展物流业的国家之一,也是物流业发展较成熟的国家。研究美国的物流产业模式,对我市具有一定的借鉴意义。

美国是市场经济体制较为完善的国家,在经济发展过程中很少强调政府的管制作用,而要求企业按照市场化运作模式进行发展。现代物流产业的发展也不例外,第三方物流企业的兴起就是市场化运作的核心体现。执行第三方物流的企业利用本公司或其他公司的物流资源,不仅承担仓储或运输的单项业务,而且负责包括配货、送货、库存管理、收货验货以及调货分装等综合性客户物流业务,去满足客户的物流需求。目前,美国使用第三方物流企业的比例约为58%,而且其需求仍在不断增长。整个美国第三方物流业的收入以年均15%至20%的比例递增,由1994年的150亿美元增长到2000年的500亿美元。

美国第三方物流快速发展,首先得益于政府对物流产业的发展持不干预的态度,主要依赖企业自主的市场运作。其次得益于美国完善的合同法体系,工商企业用户通过与物流服务提供商签订合作合同,不用顾虑物流市场的运作和商业秘密的泄露问题,将货物集运、库存管理、条码标签、分拣挑拣、订单执行等业务,包括售后退货、修理更换、货物回收销毁、以及因特网订单执行等销售渠道完全交付给物流合作方,为物流产业发展提供了巨大的空间。第三得益于一大批不同类型的拥有先进科技手段和广泛配送网络的运输管理公司,如Ryder、MenloLogistics等公司,他们拥有自动化分拣、存取系统等运作大型配送运输技术和先进的技术管理设施,为客户提供周全的服务。

目前,美国物流产业的规模约为9000亿美元,几乎是高技术产业的2倍,占美国GDP的10%以上。我们对物流业在加强引导,积极发挥政府作用的同时,也应借鉴美国的做法,制定一套完善的物流市场管理及法制管理体系,让企业按照市场化的模式进行运作,激发企业发展物流的积极性,引导企业进行资源重组,走出一条政府引导型的市场化物流道路,提升物流产业的竞争力。

四、加快发展我市现代物流业的对策

我市现代物流业的发展还处于刚刚起步阶段,但发展空间极大。今后的发展速度和方向会对我市的经济增长速度、经济运行质量和效益产生较大的影响。因此,必须加快我市现代物流业的发展。

1、树立现代物流观念,增强物流产业意识

加快物流业的发展,就必须加强宣传,引导企业从根本上改变“大而全”、“万事不求人”的观念,树立现代物流经营理念,明确物流业的重要地位,走出过去把运输送货等同于物流的认识误区,增强现代物流产业意识。要充分认识在市场经济条件下,生产和流通日益社会化、专业化,物流已不再仅是生产流通的派生部门和辅助手段,而是相对独立分离出来的,大有发展前景的新兴产业部门。指导企业积极重组,整合社会存量资源,改变企业各自为政的局面,形成一个完整、统一的物流体系。

2、统筹规划,营造良好的社会环境

物流产业涉及面极广,单靠一个企业或某个部门是难以完成整个地区物流体系建设的。在发展物流产业过程中,应着眼于整体经济发展的需要,充分考虑环保和改善交通的要求,进行统筹规划,协调领导,使物流建设与各类大型专业、综合市场建设相结合,发挥物流和商贸的双重功能。组织和引进国内外一流的专家进行充分的调研和科学论证，进行科学决策，合理确定物流基地、物流中心、配送中心的地理布局，避免重复建设，造成资源的浪费。同时，要加大对物流基础设施的改造和建设的投资，放宽物流技术装备更新的融资政策和物流基地的土地使用政策，放松对运输行业的管制，鼓励竞争，鼓励从事运输服务、仓储服务、货运代理服务和批发配送业务的企业围绕市场需求，延伸物流服务范围和领域，使其逐渐成为部分或全程物流服务的供应者。在规范市场准入标准上，鼓励多元化投资主体进入物流服务市场。总之，应统筹规划，建立一个公平、开放、有序的市场环境，为企业创造一个发展第三方物流业的良好外部条件，防止政府部门各自为政带来的垄断经营现象发生，促进物流业健康、有序、顺利地发展。

3、构筑物流运输平台，继续实施大通关工程建设

以铁路口岸、空港口岸和公路枢纽为核心，继续实施大通关工程建设，形成铁路、公路、航空和管道运输配套设置的流通格局，提高我市现代物流的集疏运能力。在公路方面，将长春与周边的国、省干线及县级公路连接成网，畅通物流重点功能区域和物流交通枢纽之间的连接，形成以高等级公路为主干，以国道、省道干线为次骨架，以环城快速干道和重要节点之间的快速通道为连接的城乡相连、区域相通、四通八达的现代化公路交通网络。在铁路方面，加强地方与铁路部门之间的协调，增辟对外铁路通道。在加强原有口岸建设，改造铁路货运口岸基础设施，提高技术装备的同时，建设保税仓库和保税区，实现京哈、长春铁路高速化。加快建立铁路快捷货运网络体系，提高集装箱货运能力，限制零担运输设施发展。在空运方面，充分利用航空运输在物流业发展中高效、快捷的优势，根据空港发展的战略目标，加快空港建设，拓展航空过境、中转和直达运输等各类服务，进一步开辟国内、国际直达航线，尽快建立起连接国内各经济中心城市和东北亚及世界主要国家和地区的航空物流网络，把机场初步建成集运输、仓储、包装、装卸、流通加工和信息等为一体的现代化航空物流基地。另外，要加强多式联运网络建设，实现交通干支线网络的合理配置，形成以长春为枢纽的多式联运网络体系。尽快建立长春与珲春、绥芬河等口岸的直线联接，加大与俄、日、朝、韩、蒙等周边国家物流服务业务，发挥长春连接欧亚大陆桥的重要节点作用，逐渐形成连接国际、辐射全国的物流网络。

4、整合物流资源，积极发展第三方物流，建立新型的物流经营管理体系

第三方物流的发展程度反映和体现着一个国家和地区物流业发展的整体水平。据业内人士测算，我国利用第三方物流比自己公司自营可节省成本28%左右。目前我市一年的物流成本约为300亿元，按此推算，如果节省1%，就可为我市企业节省3亿元的成本。如果达到节省28%，就是84亿元的直接经济效益，这相当于2002年长春市地方财政收入的2倍。中国仓储协会的一项调查表明，今后我国60%的工商企业将会把所有的综合物流业务外包给新型的物流企业，第三方物流将成为物流业发展的一个趋势。

发展第三方物流重在利用资源。事实上我市传统的物流资源和设备都比较丰富，如交通、仓储等，因此，在开展第三方物流建设时，要充分发挥我市现有的运输、仓储、配送网络等潜在优势，整合现有物流存量资源，提高资源效率，降低物流成本，防止浪费。如鼓励和促进现有仓储业和运输业的企业联合或合并进行优势互补，向现代第三方物流企业转变；鼓励和扶持已经在承担其他企业的业务外包和产品运输业务、初具第三方物流雏形的企业迅速成长为具有一定实力的第三方物流经营主体；鼓励一些有经营能力的运输队和后勤部门从原属企业主体中分离出来，以第三方物流主体的身份开拓物流业务市场等等。

另外，我市物流企业在推进第三方物流服务时，要充分考虑到企业的现实需求，从基本服务功能入手，从简单的服务开始，在巩固仓储运输、装卸搬运、包装、配送等一些常规服务能力的前提下，扩展延伸到原料质检、库存查询、库存补充、运输线路设计、安排货运计划、配载方法、报关、货款回收、条码生成、分拣包装等等一些增值服务。

5、鼓励物流教育与研究，提供现代物流急需人才

物流企业要实现技术创新，不仅要提高设备的技术程度，更重要的是要靠具有高素质的物流专业人才。物流业发展的一个很大的制约因素是人才匮乏。我们应充分发挥我市科技、教育与人口素质等方面的优势，鼓励、资助、扶持高校和科研机构在物流领域的研究和学术交流活动。可通过派人到国外考察和培训、与境内外教育机构联合办学等方式加速现代物流人才的培养，也可充分发挥我市高等院校的资源优势，通过与其联合建立培训中心、开展中短期教学和长期函授教育等方式来培养物流人才。同时通过互联网、报刊杂志、广播电视等新闻媒体加强宣传，举办有关讲座、报告会、培训班等开展物流教育培训，促进有关部门和企业观念的更新。还可以对现有物流从业人员进行培训和教育，在物流实践中培养人才。尤其要注重培养把专业知识与我市物流实践相结合的人才，在物流业的发展中实现技术和管理的创新。对一些紧缺的物流高级人才可制定相关政策，进行引进，以解决我市物流人才不足的问题，更好地为物流建设服务。

6、抓好现代网络技术应用，突破物流中的信息流瓶颈

专家指出，由传统物流转化为现代物流，关键就是信息技术的应用和信息系统的建设。现代物流业提高效率、降低成本等都取决于物流信息化水平。可以说，信息化是物流的灵魂。拿企业管理系统ERP(企业资源计划，entenprise rerource planning)来讲，世界500强中80%实施了ERP，使这些企业减少了营运成本，降低了库存，加快了物流速度。世界零售巨头沃尔玛除了配送中心外，投资最多的便是电子信息通讯系统，甚至超过了电信业巨头美国电报电话公司。在国内，深圳市的现代物流信息系统建设较好，已作为全国准备示范的唯一的一个公共物流信息平台项目，进入了“十五”国家级的智能交通系统应用十大工程之一。在东北，以大连口岸物流网(DPN)为实施主体的大连口岸公共信息平台已经成立，是国内继上海之后第二个拥有口岸公共信息平台的港口城市。我市与其他一些先进城市在物流方面的差距主要在信息平台上。我市应以长春信息港为支撑，按照现代物流发展规律的要求，建立一个汇集本地区及国内外物流服务资源的中心网站。同时着重抓好网络技术软硬件建设，包括抓好投入与设施的配备，构造好的信息平台，建立与现代物流企业配备的专业队伍及物流信息系统、电子数据交换系统和货物跟踪系统，使物流信息开放、双向、多渠道，让物流应用系统高效运行，分层次服务。还要在主要物流城市、港口设立信息采集点，与国内外的主要信息平台连通，在更大范围内发挥信息在物流中的前导作用，带动全市经济的发展。另外，还要积极稳妥地推进电子商务，使其成为我市经济新的增长点。

加快物流信息化进程，引导企业利用先进的信息技术和

物流技术。加强条形码(BC)、全面质量管理(TQM)、电子数据交换(EDI)、管理信息系统(MIS)、地理信息系统(GIS)和全球定位系统(GPS)、企业资源计划(ERP)以及供应链管理等在物流企业和广大工商企业内部物流管理中的应用,全面提高企业的信息管理水平。

7、吸引外资,在内资与外资的竞争中努力提高物流水平

要合理有效地利用外资,制定鼓励外商投资物流项目的优惠政策,鼓励域外、国外优势物流企业利用收购、兼并、联合等方式扩大投资,以引进其先进的物流技术和管理经验,带动我市物流业的快速发展和服务水平的提升。对于竞争性行业应当完全放开,使内资与外资,国内与国际企业完全进入,参与竞争。有条件的物流企业可以且应该同跨国公司结成战略联盟,依托大企业、大集团,加快发展全国物流市场经营网络,发展现代物流的跨国服务业务,以带动我市物流产业实现跨越式发展。

综上所述,目前我市已初步具备了发展现代物流业的基础条件、经济环境和政策支持,发展我市现代物流业是大势所趋。只要我们以市场需求为导向,以商贸为依托,以物流配送为主业,以多式联运为手段、以现代物流中心为基地,以金融保险为配套,以标准化服务为品牌,不断提升层次,继续推进改革,我市现代物流业的发展前景就一定会十分广阔。

长春市统计局国内贸易处
(逯桂梅)

我市二手房市场现状及发展趋势分析

二手房市场的启动和发展一直是政府和业界人士所关注的话题,搞活二手房市场有其重大的现实意义。国务院颁布的“十五”计划纲要中明确指出,把全面开放二手房市场作为“十五”期间我国住宅与房地产业改革和发展的目标之一,这足以说明二手房市场在国民经济中的重要地位和作用。近几年,随着房改政策的逐步深入落实,我市陆续出台了一系列开发二手房市场的优惠政策,逐年降低二手房交易门槛,极大调动了居民住房消费的积极性,有效地激活了我市的二手房市场,使存量住房交易日趋活跃,市场规模不断扩大,新旧房交易比例更趋合理,百姓住房消费更加理性,房屋租赁市场逐步规范,初步形成了存量与增量联动、买卖与租赁并举的局面。本文将依据房改以来存量房与增量房的相关资料(因为存量房交易是以产权交易登记数衡量,因此本文中的对比数据我们采用与之相对应的增量房数据),对我市二手房市场的现状及发展趋势进行分析。

一、我市二手房市场的基本现状和主要特点

房地产一、二、三级市场是一种约定俗成的提法。房地产一级市场是指土地市场;房地产二级市场是指新建商品房即增量房交易市场,或叫一手房交易市场;房地产三级市场是指存量房交易市场(即二手房交易市场)和房屋租赁市场。一般来讲,凡已购买或自建并取得所有权证的房屋,统称为存量房,即二手房。当前我市将房屋权利人通过买卖、交换、赠与或其他合法方式将其房屋权属转让给他人的行为统称为存量房交易。

2003年末我市市区实有房屋建筑面积8711.9万平方米,其中从房屋用途来看:住宅用房5231.4万平方米,占房屋总量的60.1%;工业、交通、仓储用房1219.3万平方米,占房屋总量的14%;商业、金融、信息用房784.9万平方米,占房屋总量的9%;教育、医疗、科研用房269.9万平方米,占房屋总量的3.1%;文化、新闻、娱乐、园林、体育用房20.1万平方米,占房屋总量的02%;办公用房194.5万平方米,占房屋总量的2.2%;其他用房991.8万平方米,占房屋总量的11.4%。从房屋产权性质来看,国有产权房屋为3921.4万平方米,占房屋总量的45%;集体产权房屋362.5万平方米,占房屋总量的4.2%;私有产权房屋3240.8万平方米,占房屋总量的37.2%;股份制企业产权房屋913万平方米,占房屋总量的10.5%;港澳台产权房屋196.7万平方米,占房屋总量的2.3%;涉外产权房屋62.4万平方米,占房屋总量的0.7%;其他产权房屋15.1万平方米,占房屋总量的0.1%。从房屋的建成年份看,建国前的房屋270.1万平方米,占房屋总量的3.1%;五十年代房屋329.5万平方米,占住宅总量的3.8%;六十年代房屋344.8万平方米,占房屋总量的4.0%;七十年代房屋663.2万平方米,占房屋总量的7.6%;八十年代房屋2313.6万平方米,占房屋总量的26.6%;九十年代房屋3637.4万平方米,占房屋总量的41.7%,2000年以后建成的房屋1153.3万平方米,占房屋总量的13.2%。从新旧程度来看,二成新的房屋占0.2%,四成新的房屋占1.7%,六成新的房屋占12.5%,八成新的房屋占28.4%,十成新的房屋占57.2%。近几年我市二手房市场在市政府的大力支持下,在大量优惠政策的落实下,正以大幅度的增速向前发展并呈现出以下特点:

(一)从市场交易总量看,二手房交易量、交易额全面攀升

二手房市场具有数量巨大,权属多元,可无限流通,交易价格相对低廉等特征,所以近几年发展迅速。房改初期的1998年我市二手房交易量仅有15.4万平方米,交易额1.04亿元,到2000年房改房上市,我市二手房交易量增至47.7万平方米,比1998年增长2.1倍,交易额达5.5亿元,比1998年增长4.3倍;到2001年交易量达64.7万平方米,比上年增长35.6%,交易额达7亿元,比上年增长27.0%;到2002年交易量上升至90.2万平方米,比上年增长39.4%,交易额上升为10.6亿元,比上年增长51.2%;到2003年交易量激增至167.2万平方米,比上年增长85.4%,交易额也激增至24.2亿元,比上年增长1.3倍。六年间二手房交易量翻了三番多,平均增速达61.1%;交易额翻了四番,平均增速达87.7%。

(二)从市场交易结构看,二手房增速快于商品房且比例逐步提高

二手房交易市场与商品房交易市场是互为补充的两个方面,二者是一个相互联动的过程。有资料表明,经济发达国家在上市销售的住房中,一手房与二手房的比例是1:3－5,大部分交易是二手房。当经济发展和城市化水平达到一定阶段后,住宅由外延式拓展为主,逐渐让位于内涵式的更新、改造和保护为主。当人均拥有住宅面积饱和时,新建量减少,一手房销售下降,交易将集中到二手房市场。

而在我国,由于房屋改革制度刚开始不久,楼市刚刚进入市场经济,所以从总体上来说,楼市的一手房是绝对的交易主体,一、二手房的比例与发达国家完全相反是倒挂的,在全国平均为9:1,目前全国只有上海、南京等少数几个城市,实现了二手房交易超于增量房交易量的局面。近几年随着房地产市场的逐步完善,人们住房消费理念的逐步形成,我市二手房市场出现了大幅增长的好势头。2003年我市增量房成交面积为

215.8万平方米，比上年下降4%，比2000年增长1.2倍，三年平均递增达29.3%，而存量房2003年成交面积为167.2万平方米，比上年增长85.4%，比2000年增长2.5倍，三年平均递增51.9%，2003年存量房增速高于增量房89.4个百分点；三年平均增速高于增量房22.6个百分点。与此同时存量房与增量房比例逐年提高。1998年我市存量房15.4万平方米，增量房38.9万平方米，存量房与增量房之比为0.4:1，到2000年我市存量房成交面积47.7万平方米，增量房成交面积为99.9万平方米，存量房与增量房之比为0.48:1；到2001年我市存量房交易面积为64.7万平方米，增量房交易面积为126.8万平方米，存量房与增量房之比为0.51:1；到2002年我市存量房成交面积达90.2万平方米，增量房成交面积为224.7万平方米，存量房与增量房之比为0.40:1；到2003年我市二手房成交面积达167.2万平方米，增量房成交面积为215.8万平方米，存量房与增量房之比提升为0.77:1。六年间存量房比重提高了37个百分点，由此可见，我市二手房市场正在成为房地产市场的新生力量。

(三)从市场交易税率看，二手房税费收入总额逐年增长

在二手房交易不断增长的同时，我市二手房的各项税费总额也不断增长。1998年我市二手房税费收缴金额分别为695.8万元，和184.3万元，2000年我市二手房税、费收缴金额分别为2530.8万元和1295万元，比1998年增长2.6倍和6倍；到2001年税、费收缴金额分别达3800万元和1409万元，比上年增长50.2%和8.8%；到2002年税、费收缴金额升至6366.9万元和2231.7万元，比上年增长67.5%和58.4%；到2003年税、费收缴金额分别达到11409.4万元和2826.2万元，比上年增长79.2%和26.6%。2003年的缴税额是1998年的16.4倍，五年平均增速达75%；手续费收入是1998年的15.3倍，五年平均增速达72.6%。

二、二手房市场的潜力分析

二手房市场的活跃程度是反映房地产市场成熟程度的重要标志。存量住房是一个潜力十分巨大的市场，也是拉动经济的一个重要因素。开放存量市场，不仅有利于旧房进入新体制，而且有利于带动增量市场的活跃。我国小康社会住房标准已经确立，即到2020年，住房从满足生存需要，实现向舒适型的转变，基本做到"户均一套房、人均一间房、功能配套、设备齐全"的现代化指标。如果二手房市场在今后几年确实能得到理性发展，那么也势必会对整个房地产市场起到良性的推动作用。2003年末，我市人均住房建筑面积为22.32平方米，户均住宅建筑面积为73.9平方米/户，户均住宅套数为0.93套/户，住宅私有率达58.7%，据测算到2007年我市人均住房建筑面积可达26平方米，到2010年可达29平方米。随着房地产市场健康有序地发展，和人民生活水平的提高，消费观念的改变，未来几年我市二手房的具大潜力将逐步释放出来。主要表现在以下几方面：

一、政策扶持，为二手房市场提供良机。自开放三级市场以来，从国家到地方陆续推出了一系列的二手房发展政策和措施。这些政策措施主要都是围绕着降低市场准入门槛、降低交易税、费以及提升配套服务水平展开的。为了进一步培育和鼓励住房消费，我市积极采取措施，出台了一系列有利于二手房发展的优惠政策，降低二手房的交易门槛。一是简化交易环节和手续，降低税、费收缴率。近几年，我市二手房交易税、费收缴率呈逐步下降趋势。2000年我市二手房住宅和非住宅的交易税、费收缴率分别为5%和7.5%；到2001年二手房住宅和非住宅的交易税、费收缴率调整为4%和4.5%；到2002年二手房住宅和非住宅的交易税、费收缴率又再次调整为3.5%和6%；到2003年二手房住宅和非住宅的税、费收缴率又分别降至为1.5%和5%。四年来，二手房住宅的税、费收缴率由5%降至1.5%，降幅达3.5个百分点；非住宅的税、费收缴率由7.5%降至5%，降幅达2.5个百分点。2003年初，我市暂停征收营业税、所得税、土地收益金，使税金下调三个百分点。同时，市房地局根据市场实际状况，暂停收取2.5%的物业维修基金，仅上述两项就使税、费率下调5.5%，极大地刺激了二手房交易市场。住房税、费收缴率的大幅降低，不仅使百姓在住房消费过程中享受到了真正的实惠，而且盘活了住房，促进了二手房市场的发展。二是开办了二手房贷款业务和转按揭业务。以往人们购房要想享受按揭贷款，只能购买商品房，随着房地产交易市场的逐步规范，和银行小额贷款的发放，二手房贷款业务和转按揭业务也逐步开展起来，这为购房者提供了有力的资金保障。三是减少中间环节，提高办事效率。为了方便购房者办手续，少跑冤枉路，我市修改下发了二手房交易参考价格，并在房地产交易中心开办了一条龙服务，减少了交易中间环节，加快了办件时限，提高窗口办事服务效率，并举确保了税、费收入。四是扩大二手房上市范围，使人们购房挑选的空间更大。随着房改制度的逐步深入和房改房的完成，昔日的公有住房经过房改已进入了三级市场，经济适用房和集资合作建房等，也都大量涌入交易市场。2003年我市房改房共成交38.5万平方米，比去年增长71.9%，比2000年增长3.2倍。房改房占私有房的比例由1998年的9.9%上升至2003年的61%，六年间提升了51.1个百分点，同时在每年的商品房销售中，也都有部分转移到可交易的存量中去，使二手房交易由以前以旧房为主，逐渐发展到新房、好房也都涌进了二级市场，这就更加大了二手房交易的空间。

二、城市建设及老棚户区改造，为房地产市场的联动消费提供有利契机。随着城市建设的发展和铁北、八里堡等72个老棚户区的改造及各区商业街路的开发动迁，我市今年将有7000多户人家要进行搬迁。对于这部分人来讲，势必要进入二、三级房地产市场。相对于一手房市场，二手房可供选择的余地更大.范围更广，且低、中、高档房源俱全。二手房虽以旧房居多，套型滞后，但是地段好，社区成熟，交通便利，价位又比较便宜，有其"相对优势"，所以吸引着大量中、低收入家庭。据分析届时将有三分之二的搬迁户把购买二手房作为他们安置新家的首选，剩下的拆迁户将一部分进入一手房市场一部分进入租赁市场。2003年我市存量房套均面积为72.3平方米，每平方米平均单价为1191.8元；商品房套均面积为108平方米，每平方米平均单价为2109元。按此数据测算，这部分拆迁户进入交易市场，可实现交易面积45.5万平方米，(其中商品房成交面积12.1万平方米，二手房成交面积33.4万平方米)，成交金额达6.6亿元(其中商品房交易金额2.6亿元，二手房交易金额4亿元)；进入房屋租赁市场的居民，将原租赁市场的部分居民挤入存量房市场，在此循环下还将有近5000户居民将由原存量房市场挤入商品房市场购房，这又可实现交易面积54万平方米，交易金额11.4亿元。由此可见，我市房地产市场的联动消费和梯次消费格局正在逐步形成，市场的挤出效应和放大器式的拉动效应将得到充分体现。

三、价格低廉，为中低档消费者首选。与商品房相比，二手房相对较低的价格是二手房交易大幅增长的又一原因。

1998年我市存量房成交均价673.9元/平方米，比增量房低1413.3元/平方米，其中住宅成交均价480.6元/平方米，仅为增量房的24.7%，2000年我市存量房成交均价为1154.2元/平方米，比增量房低1085.7元/平方米，其中住宅成交均价为816.8元/平方米，仅为增量房的40.3%；2001年我市存量房成交均价为1081元/平方米，比增量房低1422.8元/平方米，其中住宅成交均价为899元/平方米，为增量房的41.4%；到2002年我市存量房成交均价1172.7元/平方米，比增量房低1180.4元/平方米，其中住宅成交均价为1022.1元/平方米，为增量房的47.6%；到2003年我市存量房成交均价为1447.5元/平方米，比增量房低894元/平方米，其中住宅成交均价1191.8元/平方米，为增量房的56.5%；从此可看出存量房与增量房之间的价格相差24.7% - 60%，所以人们首选二手房也在情理之中。

四、收入水平的提高，为消费者提供保障。收入决定着人们的消费。1998年我市城镇居民人均可支配收入为4750元，2000年我市城镇居民人均可支配收入5568元，2001年达6339元，2002年达6969元，2003年达7905元，六年间增长66.4%；而这六年间我市增量住宅与存量住宅成交均价仅增长8.4%，增幅低于人均可支配收入58个百分点。人均可支配收入与增量住宅成交均价之比为2.44:1，2.74:1，2.92:1，3.25:1，3.75:1；人均可支配收入与存量住宅成交均价之比在四年间基本保持稳定分别为9.88:1，6.82:1，7.05:1，6.82:1，6.63:1。2003年存量房和增量房的收入与房价之比相差了288个百分点。人们的收入与二手房价之比更接近国际上通行的标准，所以二手房也更容易被中低收入者所接受。

五、消费观念的转变，为购房者提供选择空间。房地产商品的使用是一个漫长的过程，在这个过程中，由于受主客观因素的影响（如使用者工作单位的变更、经济实力的变化、物质要求的提高等等），房地产使用者常常会中断使用，将自己正在使用的房地产商品通过出售、租让、互换、抵押等方式，转给中间商或其他消费者，从而使房产进入二级或三级市场。随着房地产市场的不断成长和人们生活水平的提高，人们"一房伴终身"的观念正在悄悄改变，住房"梯级消费"的观念正在逐步形成。前几年购买商品房的消费者，现有部分人已开始二次置业，因而存量房市场的需求面正在扩大。而在三级市场投资购买以获得租金利润的新兴投资群也成了一股活跃三级市场的力量，因为购买新的商品房一次性投资额较大，相对风险也较大，而投资二手房不仅资金小且可选择中心区域提高出租率。所以人们通过先租后买，先买旧后买新，先买小后买大，先买普通的后买档次高的，从安置型到适用型再到舒适型，逐步完成"梯级消费"，使房地产二、三级市场进入一个联动互补的良性循环。

三、我市二手房市场存在的主要问题

近几年我市二手房市场发展较快，但与兄弟城市综合比较，仍然存在着发展步伐不大，发展速度不快等问题。2000年以来，我市二手房成交总量为369.8万平方米，仅占全市可售存量住宅总量的12.3%。远远低于北京、上海、沈阳等大城市和一些沿海城市二手房交易水平。究其原因主要有以下几方面。

第一、未登记房屋（无籍房）确权问题。据不完全统计，全市约有近七百万平方米未登记房屋，这部分房屋没有登记发证就不能进入我市二手房市场交易，直接影响二手房市场的交易量。去年5月份，我市发布了《关于一次性解决未登记房屋权属问题的通告》。目前，我们已受理579个单位，房屋1776栋，面积336.4万平方米的未登记房屋。已确权发证的有34个单位，房屋86栋，面积21.9万平方米，未登记房屋确权办结率仅为6.5%。其主要原因是：一些开发商在建房初期没办理规划审批手续、违规开发，对此规划部门不认可，因此不能确权发证。

第二、房改房再上市交易量较少。截止2003年末，我市实有住宅总量为5231.4万平方米，其中：私有住宅为3071.7万平方米，住房私有率为58.7%。在私有房屋中，房改房为1873.1万平方米，占私有房屋的六成。目前，在二手房市场交易中，房改房交易量仅占二手房交易量的二成多。近四年房改房的交易总量也仅有87.1万平方米，不到全市房改房总量的百分之五。房改房交易不活跃的主要原因是，单位封闭管理限制了房改房上市交易。1999年，我市出台了《关于搞活长春市房地产市场若干规定（试行）的通知》（长府发［1999］65号），2002年，又出台《关于进一步搞活二手房市场补充规定的通知》长府发［2002］33号）。这两个文件明确规定，个人已取得房屋所有权证的公有住房、经济适用房、解困房、安居房、集资合作建房等，均可以上市交易，物业管理单位和房产管理单位不得设置障碍。时至今日，我市一些较大的企事业单位，职工虽然参加了房改，成为房屋的所有者，但是这些单位出于自身利益的考虑，各自为政，内部做出规定，限制单位职工房改房上市交易。一汽、客车、铁路等单位房改房面积近500万平方米，约占全市房改房总量的25%。这些单位因管理体制的原因，多年来已经习惯封闭式管理，每年投入巨额资金暗补在房屋管理中，如：采暖费不收、供应热水、物业费用低廉。因此，他们拒绝外来户进来，只限制内部职工间交易。第三、公有住房使用权转让不规范。长府发［1999］65号文件规定。公有住房使用权转让，转让人按交易额的8.5%向房屋产权单位缴纳所得收益。应该说，这个缴费标准已经偏高，但在实际运行中，有的产权单位，如房地集团、长纺、一汽等单位依据省物价局批文，收费标准比这还要高，每平方米达到100多元。一汽还有一项规定，职工不得转让公有住房使用权。这些条条框框，不仅限制了公房使用权转让，而且很不规范，房地产主管部门不能掌握其转让时间和价格，因此其交易不能在全市二手房交易统计中体现。据不完全统计，全市每年公房使用权转让量不少于20万平方米。

第四、单位拖延办理房改房办证时间。截止2003年末，我市房改办已累计审批（出售）房改房2341万平方米，已发证1873.1万平方米，还有467.9万平方米审批后的房改房尚未办理房改房出售手续。另外还有1396.3万平方米的国有住宅尚未出售（办证）。其原因，一是一些大企业，如拖拉机厂、柴油机厂、机车车辆厂等不严格执行房改政策，不能及时办理产权证。二是一些单位由于人员变动，或为省时、省力等原因分批办理，不能及时办证。如房地集团，几个月收一次款，推迟了办证时间。

第五、二手房抵押贷款政策问题。按国家有关规定，二手房抵押贷款必须具备土地使用证和房屋产权证。由于种种原因，我市二手房中具备土地用证的只有一至二成。由于政策上的限制，许多市民通过房屋抵押融资来改善住房条件的愿望不能实现。第六、中介服务不规范、不到位。目前我市以二、三级联动为主的房地产市场流通渠道还不是十分通畅，市场上"买不到房"和"卖不出房"的供求矛盾同时存在，一方面众多的需房者不能迅速有效地找到所需房屋，另一方面众多的有房者又不能迅速有效地将闲置房屋变现增值，问题均出现在中介服务机构上。中介市场普遍存在规模小、信息少、营业场地分散、经营手段原始落后等诸多问题。相当多的中介逃避市场管理和监督，随心所欲抬高收费价格，有的甚至采用虚假信息坑害消费者，影响二级市场的发展。

四、搞活我市二手房市场的主要措施及建议

从国内其他城市房地产市场发展状况可以看出，三级市场的健全完善对二级商品房市场的发展具有刚性支持作用，二、三级市场保持一定的比例关系，住房供应的结构体系才会完善，供给才会有效长久。

房地产一二三级市场的协调发展，是以“三二一”为序来推动的。即通过盘活三级市场存量，带动二级市场增量销售，并以此作为规范一级市场的基本依据，从根本上促使房地产市场走向繁荣。大量的二手房进入市场交易，表明市场适应居民住房消费需求的变化，有利于居民梯级消费的实现，使居住条件通过以旧换新，以次换好，以小换大，得以实现，同时大量二手房的快速流转，会产生巨大的产业附加值，直接推动存量住房的消化，推动新建住房的增长，并促使商品房的品质不断更新。为了顺利实现这一目标，我们就要进一步开放、搞活住房二级市场。鼓励居民换购新房。

第一、加强结构调整，搞好市场调控。目前我市二手房市场交易量还只占房屋交易总量的四成。所以我们研究市场，不能只看一手房市场，我们要适时调整一手房市场、二手房市场和租赁房市场的结构比例。18号文又一次提出“搞活住房二级市场”，目的是加快市场结构的调整，促使二、三级市场协调发展。所以大力发展二手房市场和租赁房市场，既是不断扩大房地产市场容量的需要，也是促进房屋建筑品质、加快城市现代化的需要。

第二、调整税金政策，继续降低市场门槛。在开放市场初期，几乎每一项政策措施的出台都会带来二手房市场的台阶式向上发展，有时甚至是翻倍以上的交易量增长。随着二手房市场的纵深发展，政策因素对二手房市场发展的能量释放已越来越小，经过多次税费下调，二手住房市场已经拥有一个比较轻松的税费环境，但仍有小幅下调空间。一是调整住宅交易契税，由现行1.5%调到1%。百姓办理交易时按1%交契税，0.5%契税由财政通过退税方式解决。二是调整非住宅房屋转让契税。据了解上海、深圳等许多城市，非住宅房屋契税一直按3%的下限标准收缴，沈阳按4%收缴。鉴于我市的实际情况，执行5%的上限标准显然偏高，不利于搞活我市房地产市场，特别是二手房市场。就此问题市政府已经请示省政府，请求将我市的非住宅房屋转让契税恢复至3%的标准。三是调整公有住房使用权转让所得收益标准。建议修订99年出台的65号文件有关条款。降低缴纳8.5%的所得收益标准，同时将公房使用权转让纳入市场交易范畴，实行统一管理。

第三、针对目前二手房市场信贷力度偏小的情况，政府部门应该积极引导金融机构对二手房的信贷支持，放宽住宅抵押贷款。山西省人大通过的地方法规明确规定，只要有房屋产权证，即可办理抵押贷款。还有许多省、市也做出了这样的规定。借鉴外地的做法和经验，我们建议市政府可出台一个暂行规定，放开住宅抵押贷款必备土地证要件的限制。这样，既可以促进房地产金融的稳步发展，又可以为房地产流通提供强有力支持。住房二级市场开放后，百姓通过卖掉旧房，借助补助，再申请贷款，三者合一，就有可能形成市场的有效购买力，最终实现“梯级消费”。

第四、加大公房出售力度，打破封闭管理体制。目前出售公房的重点应放在房地集团等单位管理的直管公房和各开发企业自行管理的公有住房，督促已批准出售公房单位抓紧时间办证，并出台相应政策，要求一汽等企事业单位，在住房管理上变暗补为明补，打破封闭式管理体制，放开房改房市场。

第五、调整经济适用住房上市政策。我市99年出台的65号文件和2002年出台的33号文件明确规定，允许经济适用住房上市交易。市政府有关部门最近做出一项规定，经济适用住房5年后才能上市交易，这与市政府的前两个文件精神相悖，而且全国其他省、市都没有这样的规定。我们建议调整此项政策。

第六、尊重历史，实事求是，加快办理未登记房产工作进程。目前我市尚有未登记房屋700多万平方米，未登记房屋是历史形成的，有些房屋是在《规划法》出台前就已建成，因此用现行政策解决历史遗留问题的做法欠妥，如果审批制度过严，一次性解决未登记房屋工作将陷入困境。我们建议，如果不符合规划要求，又不是必须限期拆除的房屋，应该尽早确权办证。同时，开展这项工作涉及多个部门，请他们对这项工作给予支持和帮助。

第七、大力培育、规范房地产中介机构。二手房没有政策不行，仅有政策也是不行的。二手房原来在房源方面存在的问题得到了解决，但其他相关问题依然存在，中介行业诚信问题就是其一，如何履行自己的承诺和增加自己的公信度，是首当其冲的问题。二手房上市必须有中介机构作平台。目前，我市合法的房地产中介机构约110家，不仅数量不够，而且有规模、能够利用现代化手段经营的为数不多。对此，我们要一手抓培育，把中介机构市场做强、做大，建议在营业税及税率方面给予中介机构一定时间的优惠。只有中介市场的服务质量和信誉提高，为居民提供大量的“放心房源”和优质服务，帮助代办各种手续，才能让百姓买到满意的房子。所以我们要整顿规范，建立、完善房地产中介市场的准入制度、公示制度、差等取费制度，让我市房地产中介机构为搞活二手房市场发挥应有的作用。

长春市统计局　曹　资

长春市房地局　马伟力

县(市)区经济

ECONOMY OF COUNTY(CITY) AND DISTRICT

【农安县】 农安县,古称黄龙府。地处松辽平原腹地,吉林省中部,距省会长春市60公里,是长春市主要农副产品供应和加工基地,全县幅员面积5400平方公里,辖26个乡镇,378个行政村,总人口111.5万人。农安县属于大陆性季风气候,年平均气温5.6度,年平均降水量466.7毫米,年有效积温3136.9度,全年无霜期146天,适合一年一季作物生长。现有耕地面积28.7万公顷。

2003年,实现全县本地生产总值105亿元,比上年增长13.3%。其中,第一产业增加值41.2亿元,比上年增长7.9%;第二产业增加值30.4亿元,比上年增长18.9%;第三产业增加值33亿元,比上年增长15.3%。

全口径财政收入5.4亿元,同比增长31.5%,财政组织收入3.3万元,按可比口径计算,完成年初预算的113.3%。

全县实现农业总产值69.2亿元,比上年增长9.64%;实现农业增加值41.2亿元,比上年增长7.9%。种植业结构趋于合理,全县册内地粮食播种面积230576公顷,经济作物播种面积19907公顷。农业生产实现了稳定性发展,粮食总产量达到214.3万吨,比上年增长5.85%。经济作物获得较好的收成。全县油料总产量3.9万吨,比上年增加1.83%。全年实现种植业总产值33.8亿元,比上年增加10.96%。林业生产持续发展。全年实现林业总产值2802万元,比上年增加169.68%。全年完成造林面积7541公顷,全县森林覆盖率达到15.3%。牧业生产发展迅速。全年实现畜牧业总产值34.9亿元,比上年增加6.65%。肉类总产量达到45.1万吨,比上年增加15.33%;奶类产量4920吨,比上年增加36.67%;禽蛋产量50325吨,比上年增加20.00%。生猪总头数发展到3227683头,比上年增长11.25%。配合计划投资6亿元的华正食品工业园区项目,全县华正牧业小区建设进展顺利。渔业生产继续发展。全年水产品产量3850吨,与上年持平。全年实现渔业总产量2200万元,比上年增长15.3%。农业投入进一步增加。全县肥施用量(实用量)22.8万吨,比上年增加6.98%;农村用电量92854000千瓦/时,比上年增长10.58%。

工业生产快速增长,规模以上工业企业达到56户。工业总产值达到14.5亿元,比上年增长41.27%。实现利税1.39亿元,同比增长72.6%。全口径工业总产值实现67.1亿元。

2003年全社会固定资产投资完成15.5亿元,比上年增长12.7%。其中,国有完成投资额2.94亿元,比上年增长25.3%;全民基本建设投资额完成2.6万元,比上年增长147.7%;更新改造投资2.5亿元,比上年下降12.2%。

全县集市贸易成交额达到10.4亿元,全县社会消费品零售额达到20.8亿元,比上年增加3.7亿元,增长了21.7%。

2003年金融保险业持续发展。银行各项贷款余额达到61.4万元;各项存款余额达到35.1亿元。城乡居民储蓄存款余额达到28.9亿元。保险承保总额24.7亿元,保费收入1,654万元,已决诀理赔支出1,488万元。

科技综合实力增强。至2003年末,全县拥有各类科学技术人员31746人。其中,自然科学技术人员15654人,社会科学技术人员16092人。

2003年末,全县总人口达到111.5万人,比上年下降0.18%。其中,农业人口86.8万人,比上年下降7.3%;非农业人口24.8万人,比上年增长36.6%。全县人口出生率6.5‰;人口死亡率4.1‰;人口自然增长率2.4‰。

【九台市】 九台市地处吉林省中部,即北纬43°51′—44°22′、东经125°24′—126°30′,西距省会长春市47公里,东离吉林市76公里。地形以平原台地为主,平原占44%、山地占34%、丘陵占22%。市境南北宽75公里,东西延长87.15公里,周长351.5公里。幅员面积3100平方公里,耕地面积16万公顷,占幅员面积51.6%。2003年全年降雨量507毫米。年平均气温6.6℃,最高33.9℃,最低-26.6℃,正常无霜期134天。年积温3000℃以上。全市共辖建制镇13个,民族乡2个,街道办事处3个。总户数为249722户,总人口831910人,其中:农业人口634031人,占总人口的76.2%。

2003年,全市实现地区生产总值68亿元,比2002年增长22.5%。其中第一产业增加值16亿元,比上年增长10.3%;第二产业增加值23亿元,比上年增长27.7%;第三产业增加值29亿元,比上年增长26.1%。全口径工业产值完成72亿元,比上年增长25.2%,其中规模以上工业实现产值13亿元,比上年增长73.3%。农业总产值达到36亿元,比上年增长16.1%,其中种植业产值完成18亿元,比上年增16.1%;畜牧业产值完成17亿元,比上年增长13.3%。财政全口径收入23700万元,比上年增长18%。社会消费品零售总额实现18亿元,比上年增24.1%。农民人均收入3210元,比上年增6.6%。城市可支配收入4000元,比上年增长14.3%。2003年全市人口出生率控制在4.62%以下。

(一)农村经济稳步发展,农业产业结构调整步伐加快。一是以农民增收为目标,全面调整种植业和农业结构。农村经济由一产向二、三产业调整;农业内部由种植业向养殖业调整;种植业由粮食作物和经济作物二元结构向粮经饲三元结构调整。全市三次产业比重由上年的22:34:44调整到现在的19:35:46;种养比重由上年的1.1:1调整到现在的1:1;粮经饲种植结构比重由上年的41:52:7调整到38:53:9。

畜牧业发展速度加快,产值已占农业总产值的47.2%,其中:生猪发展到130万头,比上年增长11.5%,黄牛发展到43万头,比上年增长22.9%;羊发展到6.5万只,比上年增长30%;鹿、狐等动物总量达到2万只,比上年增10%;家禽发展到2200万只,比上年增10.2%。二是完成3880公顷的退耕还林和667公顷"三北四期"工程计划。

(二)招商引资项目开发全面推进,全市全年引进投资额500万以上项目139个,计划投资68.8亿元,实际到位资金30.4亿元,其中已投产项目66个,到位资金21亿元;在建、续建项目30个,计划投资33.2亿元,到位资金6.5亿元,较大型项目有:天王药业、跨海制药、林源实业、环泰实业、建邦汽车零部件、明达客车机械、盛华钢结构等;新建项目43个计划投资14.6亿元,到位资金2.9亿元,较大项目有:海伯尔生物制药、纳士塔墙体构件、平地栽参、广泽乳业等。

(三)城乡基础设施投资规模进一步加大。全年共批建城市开发和基础设施项目41项,总投资2.8亿元,总建筑面积32万平方米。"引石人九"工程得到了750万国债资金的支持,又自筹资金完成了净水厂工程,总投资6000万元;投资550万元的西道口立交桥已在当年的7月1日完工使用;维修市内柏油路面15207万平方米。小南河治理工程完成了24个排污口的管道工程并已交付使用;西段挡土墙工程已完工,人工湖工程已完成1.4万立方米,砌石和18万立方米的土方工程。营城沉陷区综合治理已全面启动,其中投资4670万元改造了矿区供电线路;总投资500万元的5.4公里主干线已完工。公路建设投资14600万元,实施了7个新建项目、1个改善项目。(四)社会事业发展迅速。首先是教育系统共新建中学标准实验室31所,小学标准实验室29所,新建校舍9.2万平方米,使城区中小学完全楼房化。农村小学危房改造速度加快,投入危房改造资金1689万元,完成了24所学校32125平方米危房改造任务。文化卫生事业健康发展,在40万国债资金的支持下,通过房产置换建设完成了九台文化馆图书馆综合工程。该项目总投资100万元。总建筑面积3410平方米。全市2003年有线电视用户发展到19000户,转播节目3套,开通了娱乐互动频道,丰富了市民的业余文化生活。邮政、电信、电力事业得到了加强。通信网络系统投资2329万元建成电话村265个;移动电话总数已达102000户,其中CDMA用户6350户,小灵通用户10100户;城乡程控电话设备总装机容量115000门,程控电话总数88000户。开通了电子汇总业务,实现了三处全国联网,30处网点间接联网,完善了11处邮政储蓄绿卡网点建设,实现了全国通存通兑,新建和改造16座变电所,电网改造投资达16500万元,全市城乡储蓄额326577万元比2003年增长11.7%,户均13077元,人均3925元。

【榆树市】 榆树市位于吉林省的中北部,处于长春、吉林、哈尔滨三市构成的三角区中心,北和东北与黑龙江省的双城市、五常市隔河相望,南与舒兰市毗邻,西与松源市接壤,幅员面积4723.77平方公里。全市辖14个乡、16个建制镇、4个街道办事处,总人口122.2万人,人口自然增长率控制在2.07‰以内。

一、综合实力继续增强,产业结构趋向合理

2003年,榆树市生产总值实现1010031万元,同比增长17.4%。其中:第一产业增加值420031万元,同比增长8.5%,第二产业增加值181561万元,同比增长13.2%,第三产业增加值408439万元,同比增长30.9%。三次产业结构由2002年的45.2:18.7:36.1调整到2003年的41.6:18:40.4,三次产业结构更加趋于合理。全口径财政收入64046万元,农民人均纯收入3260元。

二、农村经济稳步发展,经济效益再创新高

2003年,全市农业总产值实现676597万元,比上年增长10.8%,其中:牧业总产值340449万元,比上年增长22.8%。农业增加值实现420031万元,比上年增长8.5%。粮食总产量达到2000066吨,比上年增长1.2%。多种经营收入23亿元,比上年增长15%。劳动力转移步伐加快,全年劳务输出25.6万人,实现收入7.2亿元。

三、体制创新力度加大,企业效益明显好转

2003年,全口径工业总产值实现380502万元,比上年增长22.8%,增加值实现122375万元,比上年增长9%,产品销售收入实现345524万元,比上年增长30.1%,利润总额实现19992万元,比上年增长63.3%。其中:规模以上工业总产值实现79309万元,比上年增长22.6%,增加值实现24433万元,产品销售收入实现74475万元,利税总额实现3879万元。

四、加大政策支持力度,民营经济快速发展

2003年,全市民营户数发展到40123户,比上年增长8.1%,从业人员达到180156人,比上年增长10.5%,民营经济总产值实现751500万元,比上年增长17.3%,民营经济增加值实现320016万元,比上年增长14.3%,利润总额实现58550万元,比上年增长36.1%。

五、固定资产投资快速增长,建筑业稳步发展

2003年,全市固定资产投资完成额159336万元,比上年增长30.6%。其中,国有完成投资额46814万元,比上年增长379.7%,基本建设投资完成额72714万元,比上年增长194.5%。建筑业增加值实现54205万元,比上年增长24%。全年建筑施工住宅面积81256平方米,竣工住宅面积81256平方米。商品房屋销售面积91025平方米。

六、商贸业发展齐头并进,金融业持续稳步发展

2003年,全市社会消费品零售额达到156937万元,比上年增长34.7%。集市贸易成交额达到84398万元。

2003年,金融机构各项存款余额达到350170万元,比上年增长6%,其中:城乡居民储蓄存款余额282725万元,比上年增长12.6%;金融机构各项贷款余额达到682139万元。

七、基础设施建设加快,社会保障日臻完善

城乡公路建设取得历史性突破。投资3.4亿元,实施交通重点项目6项。完成了黑大线国家一级公路榆树段79公里、榆陶国家一级公路40公里的路基土方、桥涵工程;完成了科铁线高速公路榆树段扩建工程的前期准备工作;完成了村村通水泥路工程234.8公里,全市通水泥路(柏油路、砖路)的村达到162个。陶榆铁路由哈尔滨铁路局划归沈阳铁路局管辖,制约榆树经济发展的铁路"瓶颈"问题得到初步缓解。

围绕强城带市战略,运用经营城市手段,加快了城镇基础设施建设。投资2.1亿元人民币,实施重点项目19项。建成占地面积41218平方米集休闲、娱乐、购物为一体的华昌文化广场;恢复重建了魁星楼,提高了城市文化品位;修建了45845平方米的全封闭、高标准的中心街商贸城;建设了13509平方米的广播电视大厦,有线电视频道增加到40个,用户达50000户;新建了5665平方米的二中教学楼和5557平方米的四小教学楼,改建、扩建了榆树一中、实验中学、二实验中学、三小和弓棚一中的教学楼,优化了育人环境;建成了18700平方米的标准较高、功能齐全的市医院综合楼,改建了疾病防控中心,改善了群众就医防病条件;改造路面4.1万平方米,安装路灯90多盏,改善了城区交通环境;完成了开发桥吐口清淤、榆树物流中心和环城绿化等工作。

政府高度重视并大力加强就业和再就业工作,社会保障工作、各项制度进一步完善。建成了350平方米的劳动力交流市场,开发用工岗位7339个,新增就业人数3297人,安置"4050"人员709人。进一步扩大养老、失业、医疗保险和低保的覆盖。参加社会基本养老保险35000人,参加医疗保险56420人,参加低保14405人,参加失业保险44000人。

【德惠市】 2003年全市实现生产总值94亿元,同比增长17.5%;第一产业增加值实现36亿元,同比增长19.2%;第二产业增加值实现28.9亿元,同比增长5.5%;第三产业增加值实现29.1亿元,同比增长29.9%;财政收入实现2.09亿元;全市社会消费品零售总额达到16亿元,增长14.3%;城市居民人均可支配收入达到5800元,增长5.5%;农民人均收入实现3500元,增长16.7%。

市属企业发展势头不减,规模以上工业产值实现30亿元。

粮食生产获得大丰收,粮食总产突破28亿斤。种植业结构进一步优化。畜牧业不断壮大,动物无规定疫病示范区建设顺利通过国家验收,"粮变肉、农转牧"工程全面启动,畜牧业产值实现23亿元,占农业总产值的67.6%。订单农业快速发展,面积不断扩大。农业示范园区建设顺利推进,初步建成

各类园区104个,其中20个园区已超过"百、千、万"标准。农业标准化生产水平有了新提高,标准化技术推广体系和监测体系已经启动。劳务经济快速发展,全市转移农村剩余劳动力15万人,其中出国劳务410人。农村经济管理进一步规范,费税改革的各项政策深入落实。小康示范村建设取得明显成效,在省考评验收中被评为全省第一名。

经全市上下共同努力,招商引资成果喜人。年初确定的21个重点项目,有17个项目取得了实质性进展。全年新引进项目228个,引资额实际到位7.2亿元人民币。重大项目的引进实现了历史性的突破,成功地引进了长春大成玉米深加工项目,该项目一期工程总投资24.3亿元人民币,设计加工玉米能力120万吨,年可实现产值120亿元。一期工程首批项目10万吨复合氨基酸及自备电厂已进入施工建设阶段。全国食品四强企业福建达利食品有限公司东北生产基地项目,已在我市朱城子关东市场开工建设;10万只肉羊屠宰加工项目已完成建设任务;大连金信公司投资德惠,一期工作已经完成;皓月集团即将进入德惠重组鹊源,扩大规模,综合开发;德大集团即将重组佐竹,实现稻米深加工出口创汇。在长春农博会上,签约项目7个,合同引资30亿元人民币。

全年城乡房屋建设开工面积35万平方米。绿化、彩化达到了预期效果,城市新增绿地5.2万平方米。公园三期建设、物流园区建设、有线电视传输和无线市话工程实现了预定目标,新建了全省一流的公路客运站。全市供电充足,确保了经济发展和生产生活的需求。城市居民家庭电话普及率达97%,手机、电视机户均普及率分别达到81%和99.7%,机关电脑办公占85%以上,城市人均居住面积达到20平方米。乡村公路建设实现了历史性突破,投资1.2亿元,修建乡村两级公路47条,总长354公里,公铁立交桥9座,相当于前10年的总和。城乡建设总投资达4.3亿元。城市管理水平明显提高。

全民创业掀起新高潮,"创业带富工程"快速推进。民营经济园区聚集示范效应日渐增强,德翔绿色食品公司等11个项目落户园区。民营骨干企业不断发展壮大,实力明显增强。长春佳成、吉星实业、嘉宏食品等民营企业相继增资扩产,呈强劲发展态势。全市民营经济总户数达到2.84万户,从业人员15万人,全年民营经济实现增加值30亿元,同比增长20%,占全市GDP的32%。第三产业发展迅速。城乡市场建设步伐加快,市场体系不断健全,商贸兴隆,购销两旺,经济繁荣。肉品管理连续七年在长春地区检查评比中位列第一名。粮食销售和扭亏取得可喜成果,实现了历史最高销量和最低库容量。粮食企业扭亏1700多万元。

2003年,城乡居民储蓄存款稳步增长,到2003年末,存款余额达39.4亿元,比年初增加3.3亿元。

【南关区】 2003年,全区实现生产总值34.3亿元,同比增长(按不变价格计算)10.1%。其中:第一、二、三产业增加值分别完成1.5亿元、13.7亿元、1.91亿元,分别比去年同期(按不变价格)第一产业下降19.1%;第二产业增长12.0%;第三产业增长11.8%。全口径财政收入实现6.4亿元,可比增长27.5%,其中:本级财政收入完成1.5亿元,可比增长77.9%。财政支出3.0亿元,比去年同期增长30.2%。

农村经济结构进一步优化。普通玉米种植面积比去年减少1,466公顷,经济作物种植面积占耕地总面积的28%;完成了9个牧业小区的开发建设;新修村屯道路26公里;完成绿化面积51.2公顷;顺利完成了土地二轮承包;农村税费改革工作顺利完成。全区农业总收入完成41 850万元,比上年增长7.3%。农民人均纯收入实现3 908元,比上年增长7.36%。

工业经济平稳过渡。按城市整体规划的要求,工业企业要逐渐退出城市中心。我区工业企业受地理位置所限,2003年,全区实现全口径工业总产值完成36亿元,比去年同期下降4.75%;实现利润1.5亿元,比上年同期下降20.77%;实现销售收入32亿元,比上年同期下降5.89%。规模以上企业实现总产值10.2亿元,比上年同期下降12.98%;实现利润10.2亿元,比上年同期下降66.56%;实现销售收入4.6亿元,比上年同期下降24.45%。

第三产业整体水平有新的提高。四马路灯饰、岳阳街地板、长通路轮胎等专业街路建设取得阶段性进展,成立了行业协会,提升了规模和档次;磐石路现代商业街工程进展顺利。亚泰大街两侧累计新增商铺面积13.26万平方米。龙兴商贸园已开业,销售形势良好。乐购超市、21世纪国际商务总部、上海华联超市等名企、名店相继落成,壮大了三产企业单位规模。加快房地产开发步伐,建成了东南阳光、长春明珠二期等一批名牌小区。广泽大厦等一批商务楼宇相继落成,为现代服务业的兴起创造了空间。

2003年,全区改造街路70条,面积35万平方米,全面完成了上海路、三道街等10条准标准化街路建设。城市管理步入规范化、长效化、法制化轨道。

社区建设高速运行。新建社区公共服务用房31处、改建5处、购买3处、小区开发解决13处,全区社区公共服务用房总面积达23,652平方米。

继续实施"名校工程",树勋小学、103中学等一批学校的知名度进一步提高,教育、教学质量稳步提升;卫生事业单位改革探索了新模式,完成了区医院与吉林大学二院联合办院工作;计划生育服务水平全面提高,计划生育率和人口自然增长率都达到了预期目标;再就业工程得到进一步发展,全年开发就业岗位7 032个,新增就业人数6 512人。民政、文化体育、残疾、审计、统计等事业,都紧紧围绕中心工作,服务大局,较好地完成了各项工作任务。

2003年九月份,市委、市政府从全市长远规划发展需要出发,对全市行政区划进行了较大范围的调整,我区的新立城镇、新湖镇划入净月旅游经济开发区代管,同时对南关区进行了全新的功能定位。

区划调整后,全区总面积为81平方公里,其中南湖大路以南的新城区面积为65平方公里,南湖大路以北的老城区面积为16平方公里,区辖9街1乡,7个行政村,54个社区,47.5万人口。

【宽城区】 位于长春市区的北部,东、南、西分别与九台市、二道区、南关区、朝阳区和绿园区接壤,北与农安县、德惠市毗邻。区域面积237.99平方公里,总人口409960人,辖1乡、1镇、9个街道办事处,51个社区,24个行政村。

2003年全区生产总值实现37亿元,比上年增长10.4%。工业规模经济保持较快发展。加大对区内支柱企业的扶持力度,积极培育年销售500万元以上的区重点企业。全区规模企业实现工业总产值10.3亿元、利润6707万元,分别比上年增长21.3%和0.3%;企业投入技术改造资金2.1亿元。新培育规模企业6户。农业和农村工作取得新进展。在遭受严重旱灾的情况下,积极开展抗灾自救,取得了较好的收成。全区农业总产值实现4.5亿元，比上年增长5.6%。加快农村致富奔小康步伐，全区农民人均收入实现3780元，比上年增加432元。以市场需求为导向，积极调整种植业结构，推广订单农业，压缩普通玉米种植面积600公顷，增加蔬菜、经济作物种植面积610公顷，扩大水浇地面积300公顷，开发新菜田310公顷。黄牛、肉鸡、蛋鸡等牧业发展稳中有升。第三产业发展步伐加快。全区第三产业增加值实现24.8亿元，比上年增长11.4%；第三产业增加值占国内生产总值的比重达到66.9%。新引进投资额超1000万元以上的三产项目12个，到位资金7.5亿元；新建金山建材等大型市场5个。加快站前商贸带的改造、提升和扩张，形成了以医药、服装、日用百货、建材、图书、家俱及IT产品等批发、零售为主导的初具规模的商业贸易园区。积极推进现代物流中心区建设，全区物流企业发展到44户。

招商引资水平不断提高。全年引进内资12.8亿元，引进外资1830万美元，分别完成计划的142%和102%。其中引进1000万元以上的大项目29个，引进外资项目5个。

民营经济呈现良好发展态势。全区民营经济增加值实现29.1亿元，比上年增长16.4%。年销售额500万元以上的民营企业有21户，占全区规模企业总数的60.6%。年内新引进投资额超1000万元以上的民营项目22个。

——长江路开发区经济实力显著增强。全年实现国内生产总值17亿元、商品销售额57亿元、税收8000万元，分别比上年增长41%、43%和31.1%。

——财政收入保持适当增长。在客观因素制约较大的情况下，加大税收征管力度，积极培植涵养税源，确保了财政收入适当增长。全区全口径财政收入实现52850万元，按可比口径比上年决算增长8.4%，其中区级留用收入实现8948万元，按可比口径比上年增长10%。强化非税收入征管，全区财政非税收入实现1900万元。控制和压缩一般性开支，改进本级财政资金管理办法，规范政府采购行为，全年累计支出采购资金2100万元，节约率为12%。

【朝阳区】 位于长春市西南部，是长春市政治、经济、文化的中心。文教卫生事业比较发达，素有“文化区”之称。辖8个街道办事处，3个镇人民政府，总人口67.7万人。

2003年，全区生产总值完成27.3亿元，为年计划的102.9%，比2002年增长21.1%。全口径工业总产值完成153891万元，为年计划的103.3%，比上年增长27.7%，利润完成12116万元，为年计划的120.9%，比上年增长34.8%。其中规模以上工业企业产值完成103244万元，为年计划的101.2%，比上年增长27.6%，利润完成7886万元，为年计划的129.7%，比上年增长48.5%。农业总产值完成35766万元，为年计划的110.2%，比上年增长16%；农业总收入完成118591万元，为年计划的108%，比上年增长18.9%；农民人均纯收入完成3668元，为年计划的100.5%，比上年增长10.2%。全区民营经济增加值完成186200万元，为年计划的105.7%，比上年增长28.9%。全区全口径财政收入完成94740万元，比上年增长14.5%，其中本级财政收入完成15295万元，比上年增长14.9%。

一是拓宽渠道，加大招商引资步伐。2003年，朝阳区继续坚持把招商引资作为促进区域经济发展的重要举措，到年底，全区预计引进内资300000万元，引进外资1746万美元。

二是优化结构，提高经济运行质量和效益。按照“一产做精，二产做强，三产做大”的工作思路，2003年我区继续实施“南工、北商、科技带动”的发展战略，形成了三次产业协调发展的经济格局。

（一）突出农业结构调整，推动农村经济稳步发展。在农业种植结构的调整方面，今年，全区压缩玉米种植面积1373公顷，新开发菜田175公顷，新植苗木花卉75公顷，退耕还林和“三北”防护林四期工程建设226公顷，新增杂粮及其它经济作物897公顷。畜牧业发展迅速，专业化、规模化饲养发展较快，引进的吉林省莲花鹅业有限公司农业产业化项目，已在乐山镇落户。科教兴农成果显著，农业实用科学技术推广面达到96%，优良品种普及率达90%以上。农业基础设施建设得到加强，林业建设、保护地建设等方面也取得了突破性进展。小城镇建设不断推进，乡村公路建设明显改善，全区84%的村已通上了柏油路。

（二）强化工业带动，加快长春工业开发区建设步伐。我区继续把推动长春工业开发区建设和发展作为今年工业经济的重点。本着“招商引资、合作开发、滚动发展”的思路，实行封闭式管理，利用开发区这个载体，大力发展第二产业，突出汽车零部件加工和高新技术产业优势，建立有规模的企业群体，培树一批小型巨人企业，到目前在开发区落户企业已达142户，其中已有84户企业开工达产，有4户企业产值超亿元，今年，新引进企业31户，续建企业11户，总投资达9.9亿元，到位资金达到6.5亿元。在硬件建设上基本实现了“五通一平”。

【二道区】 二道区位于长春市区东部，东与九台市、永吉县毗邻、南与双阳区接壤、西靠伊通河与南关区、宽城区隔河相望、北与宽城区及九台市衔接。幅员面积465.11平方公里，下辖6街3镇2乡，共有48个社区，40个村，总人口为375429人。公路、铁路交通发达，长营、长吉、京哈高速公路在本区均有出入口。全省唯一内陆港座落在本区。铁路运输十分便捷，区内有48条专用线和数十座仓储库。

全区经济发展态势良好

2003年全区生产总值完成305100万元，同比增长15%。其中：第一产业完成16200万元，比2002年增长1%；第二产业完成139600万元，同比增长14%；第三产业完成149300万元，同比增长19%。三产业比重为：5.3:45.76:48.94。人均国内生产总值为8126元/年，同比增长16.3%。全区个体工商业户达5236户，私营企业已发展到753户，民营经济占全区经济总量的比重达到70%以上。全口径财政收入为52008万元，同比增长21.22%，其中：本级财政收入完成10058万元，同比增长47.48%。

农业产业结构调整取得阶段成果，加强了牧业小区的建设，向订单农业、特色农业迈进。年销售收入500万元以上工业企业生产质量、经济效益明显提高。全年完成销售收入48268万元，同比增长30.25%，完成利润2717万元，同比增长28.65%。第三产业不断发展壮大，社会消费品零售额达到224292万元，同比增长2%。

三大园区已成雏形

工业合作园区的洋埔大街工程建设已接近尾声。横跨起步区的洋埔一路已竣工，协议引进的15个项目中两个项目已开始建设。物流经济开发区的整体规划已完成基础资料调查、规划纲要编制，正在进行路网设计和功能分区的规划。相继引进了交通枢纽站、长春仓储经营公司和长江物流三大项目,准备兴建的钢材、花卉、木材市场已经完成了前期准备工作。旅游园区的莲花山滑雪场是长春2007年第六届亚洲冬季运动会备用场地,已经建成国内首条单板滑雪场地和国内最大的自由式空中技巧滑雪场地。

商贸带建设进展顺利

亚泰花园小区总开发量近百万平方米,有占地1.2万平方米的全国最大的住宅内音乐广场,40万平方米绿地的全国住宅区最大的园林。亚泰高层、亚泰桃花苑和杏花苑、郁金花园、钻石城等一批现代化小区相继建成,为商家提供了无限商机。随着亚泰名车超市的开业,亚泰茶城、亚泰会馆、国贸商都、亚泰超市、肯德基、麦当劳等商贸、饮食网点形成了一个以亚泰广场为中心,辐射东盛大街、吉林大路的商贸带。

教育事业蓬勃发展

二道区以长远的战略眼光和独到的发展视角,把教育作为经济发展的基础性动力抓实、抓大、抓好。遐迩闻名的第108中学凭借长春市办学体制改革的东风乘势而上,成为全省一流的学校,现已与日本国日章学园缔结姊妹校,并建设日章学园长春高中,向国际化联合办学迈出坚实的一步。龙头带动促进了全区教育的整体升级。全省第一家以蒙特梭利教育为主的哥伦比亚幼儿园也在二道落户。目前五十二中学、五十三中学等一批中小学都在以超常规速度发展。

【绿园区】 绿园区位于长春市的西部,是一个正在崛起的新城区。全区幅员面积286平方公里,下辖三镇六街两个省级开发区,2003年末总人口55.3万人。

2003年全区实现生产总值48.7亿元,比上年同期增长19.0%,实现了预期增长目标。其中,第一产业增加值3.7亿元,比上年同期增长2.9%;第二产业增加值26.7亿元,比上年同期增长21.7%,其中,工业增加值22.8亿元,比上年同期增长23.2%;第三产业增加值18.3亿元,比上年同期增长18.8%。三次产业的比重由去年的8.7:53.7:37.6调整到今年的7.6:54.8:37.6。

体制改革迈出较大步伐,全年共完成企业改制54户,占改制企业的68%,安置职工1712人,盘活存量资产9330万元。其中区属44户流通企业全部完成销号剥离,果树场等10户企业完成改制任务。完成了区直机关挂靠企业的清理任务,全区共转移化解企业债务4.6亿元。所有制结构进一步优化,民营经济总量进一步扩大,占国民经济的比重已上升到75%。

全区实现农业总产值6.5亿元,比上年同期增长5.8%。种植业结构不断优化,产业化经营程度不断提升。全年粮食播种面积5895公顷,比上年同期减少3.0 %;粮食总产量达38174吨,比上年同期减少3.6 %。其中,玉米播种面积3986公顷,总产量达25782吨;大豆播种面积258公顷,总产量达581吨;水稻面积1526公顷,总产量达11479吨。蔬菜播种面积5393公顷,总产量205236吨。其中无公害蔬菜发展到3000公顷,比上年同期增长了20%。葡萄发展到738公顷,比上年增长5.0 %,花卉苗木发展到410公顷,比上年同期增长32.3 %。

林业生产有突破性发展。全区完成造林面积598公顷,比上年同期增长161 %;完成林业产值262万元。

畜牧业保持良好的发展势头。全年实现牧业产值35937万元,比上年同期增长7.6 %,占整个农业比重的55.3 %。肉类总产量达到37538吨,比上年增长5.4%;禽蛋产量12176吨,比上年同期减少11.4 %。以大成玉米、皓月集团为代表的一批龙头企业的规模进一步扩大,生产能力不断增强,从而带动了相关产业的发展。

2003年全区完成工业总产值97.5亿元,比上年同期增长15.1 %,完成规模以上工业总产值18.2亿元,比上年同期增长46.4%;完成规模以下工业总产值79.3亿元,比上年同期增长9.7%;完成工业增加值22.8亿元,比上年增长23.2%。

建筑业继续保持稳定发展。城市建设规模的扩大,小区的全面改造,给建筑业带来了发展的商机。全年建筑业完成增加值3.9亿元,比上年同期增长14.2%。

全区固定资产投资保持较快的增长速度。全年完成固定资产投资总额26.6亿元,比上年增长21.1 %,其中,基本建设投资2.8亿元,更新改造投资7.6亿元。

2003年是我区开展三年绿化大会战的最后一年,共筹集资金2845万元,新增绿地50.3公顷,栽植各种树木177.8万株,修建园林小品44个,设置雕塑、景石40个,人均占有公共绿地14平方米,全区绿化覆盖率达40%。比去年提高4个百分点。圆满完成三年绿化大会战任务。

基础设施建设成绩喜人,城市环境明显改善。围绕创建“国家卫生城”活动,加强基础设施建设,加大环境卫生整治力度。全年完成35条巷道铺装任务,总工程量达4.5万平方米;完成了景阳大街西段、西三环路、兴顺街(开运街——长沈公路)建设,自筹资金对警备路进行了扩建;对景阳大路、和平大街进行了标准化改造;完成了依家至高级房等多条乡村道路建设;全区路网进一步通畅。完成了锦江公园一期工程建设,修建了人工湖、水趣园、政府门前广场;对铁路沿线、出城口和城乡结合部等部位陈年垃圾进行了彻底的清理,共清运垃圾1.5万吨;拆除“三小”违章建筑16.9万平方米,完成全区32块棚户区的普查摸底任务;加强对各种占道经营、不规范牌匾广告的清理,开展楼道革命,清理整顿不法排污企业,治理汽车尾气。一个景色美好的新绿园正逐步呈现在世人面前。

商业发展迅速,消费品市场不断扩大。全年实现社会消费品零售额27.6亿元,比上年同期增长31.4 %。

全区各类市场已达70个(含四个较大规模超市),5个农民买菜点,其中,新建成投入运营的市场4个,新增市场占地面积28.8万平方米。到年末已有4个大型商业网点落户我区,个别的开业运营。这些将会极大地促进商业街路的形成与发展,改写了区内没有繁华街路的历史。投资5000余万元,占地9万平方米,建筑面积3.5万平方米的化工油漆市场、建筑装潢市场和建筑石材市场于2003年9月份相继开业运营。占地面积16.5万平方米,建筑面积10万平方米的长春蔬菜中心批发市场2003年10月下旬开始运营。由长春粮油集团投资上亿元的东北亚农产品物流中心部分开始运营,它将成为我省最大的粮油物流中心。对外贸易平稳发展。全年实现出口额9720.9万美元。

招商引资成效显著。全年共引进资金21亿元,外资2320万美元,同比增长23.9%和14%;引进项目123项,其中超亿元的项目14个。外资项目9项,完成年计划的116%,达到历史最好水平,在全市名列前茅。

财政收入增长快速。全口径收入完成91179万元,比上年同期增长103.1%;留用收入12682万元,比上年同期增长53.2%;财政支出23635万元,比上年同期增长27.9%;可支配财力24100万元,比上年同期增长25.6%,达到历史同期最好水平。社会保险事业持续发展。到2003年底，全区有45766人参加社会养老保险，同比增长23.0%；社会保险公司收缴保险金12644万元，同比增长6.1%；保险费支出15125万元，同比增长5.6%。

全区继续大力实施"科教兴区"战略。积极推进科技体制改革，科技创新能力进一步加强，全年科技立项15项，共投入资金252万元。连续七年保持国家科技先进区称号。教育事业蓬勃发展。通过扎实有效地推进"名师——名校"建设，新建了87中学，扩建改造了绿园小学、安阳小学，三所学校硬件设施达到全市一流水平。年末区属普通中学8所，在校生8895人；小学41所，在校生19787人。学龄前儿童入学率达到百分之百，素质教育全面开展，教育信息化工程全面启动，教学设施不断完善。

文化事业不断发展。2003年底，全区有文化站9个，文化馆1个，农村文化活动室21个，图书馆1个，图书馆藏书22700册。文艺演出86场次，观众达5.5万人次。获得市级以上文艺演出奖及组织奖6项，各种形式的文化娱乐活动遍及城乡各地。

卫生事业不断进步。卫生体制改革扎实有效，完成了三个镇医院的上划任务，医疗管理进一步规范；在抗击"非典"的战役中，卫生防疫部门发挥了突出作用。2003年全区卫生医疗机构发展到146个，其中医院5个，床位198张；卫生诊所124个，其中村卫生所44个。卫生技术人员达到333人。社区卫生服务机构逐步完善，已建社区卫生服务站23个。

体育事业充满生机，全民健身运动蓬勃发展。成功举办了区机关首届运动会。协调省、市有关部门在我区投放了价值270万元的体育健身器材。中学生体育达标率98 %，小学生体育达标率98.5 %。

2003年末，全区总人口55.3万人。其中，农业人口10.4万人。人口出生率4.13‰、死亡率3.33‰、自然增长率0.8‰。

人民生活水平不断提高。2003年，城镇人均可支配收入7905元，比上年增长14.6 %，农民人均纯收入3705元，比上年增长9.7%。年末从业人员11180人，在岗职工平均货币工资11804元。基本医疗保险制度改革取得成效，有4400人参加了基本医疗保险。全年城区低保达到75979户次，共181773人次领到了最低生活保障金，累计发放保障金773.6万元；农村上半年低保户463户，1052人领取了保障金，共发放保障金7万元，下半年低保户374户，843人领取了保障金，累计发放保障金7万元。

【双阳区】 长春市双阳区位于吉林省中部、长春市区东南部，幅员面积1677.4平方公里，占长春市区总面积的46.5%。耕地面积70161公顷，林地面积40561公顷，森林覆盖率达到24.5%。全区辖4个乡、5个镇、4个街道办事处；总户数115526户，其中；乡村户数69350户，总人口376860人，其中；乡村户数69350户，总人口376860人，其中，乡村人口278682人，双阳区是长春市面积最大、人口最少的城区。

2003年实现生产总值372961万元，比上年增长10.8%，其中；第一产业增加值85574万无，第二产业增加值121793万元，第三产业增加值达到165594万元，分别比上年增长6.4%、9.9%、14.1%。人均国内生产总值达到9917元，比上年增长8.9%。第一，二，三产业增加值在生产总值中的构成比例同由2002年的23.6:33.2:43.2转变这2003年的22.9:32.7:44.4。

2003年全区全口径财政收入完成20153万元，比上年增长22.49%。支出结构进一步优化，重点支出得到保障。

金融运行平稳，存款余额，净投放增加。2003年末，全区各项存款余额达到104477万元，比年初增加3897万元，各项贷款余额254835万元，比年初减少15445万元，现金净投放16378万元，比去年同期多投放31202万元。

农村经济稳定发展。区委、区政府在农村经济发展中坚持稳定粮食生产，加快基地建设，突出战略重点，加大农村工作力度，大力发展绿色农业和定单农业，以生产无公害水稻和杂粮为主，全面提高粮食生产的经济效益。

农业总产值实现139622万元，比上年增长6.6%。其中：种植业产值达到52020万元，畜牧业产值达到85003万元，分别比上年增长6.4%和8.9%。基地规模不断壮大，经济总量大幅增加。全区以鹿、禽、牛、猪、羊为主体的畜牧业基地稳步发展。2003年末，全区鹿存拦108242只，比上年增长14.8%。家禽发展达到1391万只，比上年增长3.6%。黄牛、生猪发展分别达到30万头和62.9万头，分别比上年增加12.4%和10.5%。农村居民人均纯收入达到2525元。

工业经济持续增长。亚泰水泥公司日产10000吨优质水泥扩产项目和银瀑啤酒公司30万吨填平补齐项目启动实施，双茸酿造公司、双兴机械公司、银石超细矿粉公司、清华园工贸公司、长双鹿业公司、八面石煤矿等20户重点企业经济贡献率明显提升。2003年，全区工业增加值实现98743万元，比上年增长1.3%；规模以上工业企业实现利税39000万元，比上年增长1.4%。全口径乡镇企业总产实现680000万元，比上年增长17.2%，全口径乡镇企业实现利税8000万元，比上年增长9.6%。重点工业产品产量均有增加。其中：啤酒生产13499万升，同比增长12.2%。原煤生产368054吨，同比增长19.2%。水泥生产48000吨，同比增长11.6%。产销衔接趋好。规模以上工业企业产品销售率稳步提高，累计销售率达到100.3%，比去年同期提高0.8个百分点。

固定资产投资快速增长。全年完成固定资产投资103149万元，同比增长29.3%。投资总额在六个城区列第二位，增幅在六城区排第一位。投资贡献率64%。基本建设，更新改造、其他投资分别完成投资28069万元、21000万元和2200万元；同比增长338.5%、3.4%和87.9%。国有和非国有投资分别为47069万元和56080万元。分别占投资总额的45.6%和54.4%。第一、二、三产业投资分别为2130万元，10169万元和3870。二、三产分别比上一年增加843万元和22569万元。重点工程建设进展顺利，全区公路建设投资10150万元。改建各级公路191公里。龙双二级油路改建工程开工建设。投资8300万元的两路两广场工程，在我区城市基础设施建设上是历史的突破。投资4940万元的城乡电网改造完成年度计划。投资4300万元的151中学易地建设工程交付使用。这些重点工程对促进我区经济增长具有重大意义。

第三产业发展步伐加快，2003年末全区旅游总收入为4256万元。与净月旅游开发区合作，加快了旅游基础设施配套建设和新景点、新景区开发建设。开辟长春至双阳湖、吊水壶、鹿乡镇、长山古榆四条旅游专线。新增14个集观光、餐饮、娱乐等功能为一体的"农家乐"。民营经济增加值实现156000万元，比上年增长20%，占国内生产总值的41.3%。新发展个体工商户550户，累计发展到10100户；民营企业累计发展到360户；从业人员达到42000人，分别比上年增长5.2%、7%和8.8%。招商引资和园区建设取得新成果。2003

年，双阳区共引进内资66000万元，引进项目185个，其中超千万元的大项24个。基础设施建设取得突破性进展。到2003年末，完成社会消费品零售总额90586万元，比上一年增长7.1%。全区固定电话发展到49869户，固定电话普及率达到13.3部/百人；移动电话实现了全区无缝覆盖，移动电话用户发展到56000户。实施了社区建设工程，投资500万元解决了12处社区办公服务用户，组建了社区居委会。引进推广科技新成果25项，科技进步贡献率达到44.9%。素质教育扎实推进，办学条件明显改善。投资4310万元的151中学易地建设一期工程交付使用；抽资178万元，完成农村校舍改造4300平方米；投资130万元，建成了青少年活动中心；市二朝中扩建工程开工建设。完成了城区有线电视光缆年度改造任务，收视频道达到36个。成功承办了全国汽车拉力赛；投资103万元的体育场改造工程竣工投入使用；群众性文化体育活动健康开展。人口自然增长率预计为3.34‰。投资218万元的区疾病控制中心建设工程主体完工；投资879万元，完成了区医院、区中医院和云、石溪、太平等乡镇(街)卫生院改造工程；投资424万元的区医院岭上分院投入使用。医药市场秩序进一步好转，农民群众用药难问题得到基本解决。

统计资料
STATISTICS

综合
GENERAL SURVEY

第一篇 综　　合

长春位于北半球中纬地带，欧亚大陆东岸的中国东北平原腹地，地处东经 124°18′－127°02′，北纬 43°05′－45°15′，市中心座落在东经 125°19′，北纬 43°43′。气候为中温带大陆性季风气候，素有“塞北春城”的美誉。

长春市地域辽阔，土地资源丰富，全境面积 20571 平方公里，其中市区面积 3583 平方公里。下辖南关、宽城、二道、朝阳、绿园、双阳六个城区及农安、德惠、九台、榆树四个县(市)。2003 年末，全市总人口 718.2 万人，其中市区人口 310.0 万人，四县(市)人口 408.2 万人。

国民经济持续快速增长，综合实力明显增强。全年实现地区生产总值 1338 亿元，按可比价格计算，比上年增长 14.2%。其中，第一产业增加值 157.3 亿元，比上年增长 6.0%；第二产业增加值 630.3 亿元，增长 17.2%；第三产业增加值 550.4 亿元，增长 13.5%。人均生产总值达到 18704 元，比上年增长 13.2%。

国民经济主要指标快速增长，各项社会事业健康发展。2003 年，全市规模以上工业企业完成产值 1510.2 亿元，比上年增长 22.9%，固定资产投资总额达到 389.6 亿元，比上年增长 21.6%，社会消费品零售总额实现 438.3 亿元，比上年增长 8.4%，进出口总额 52.2 亿美元，比上年增长 80.7%，城乡人民生活质量进一步提高，总体达到小康水平，城市居民人均可支配收入和农民人均纯收入分别达到 7905 元和 3411 元。

1-1 行 政 区 划
DIVISIONS OF ADMINISTRATIVE

单位:个

		城 市 Urban area		农 村 Rural area		
		街道办事处 Street agency	社区居民委员会 Residents committees	乡政府 Township government	镇政府 Town government	村民委员会 Village committees
总 计	**Total**	**55**	**351**	**43**	**75**	**1699**
市 区	District	42	287	9	18	283
南关区	Nanguan	9	54	1	2	23
宽城区	Kuancheng	9	51	0	3	29
朝阳区	Chanyang	8	67	0	3	25
二道区	Erdao	6	53	2	3	41
绿园区	Luyuan	6	48	1	2	28
双阳区	Shuangyang	4	14	4	5	137
县(市)	County	11	36	34	56	1380
九台市	Jiutai	3	10	2	13	306
榆树市	Yushu	4	12	14	16	388
农安县	Nongan	–	4	13	13	378
德惠市	Dehui	4	10	5	14	308

①城市:总计中街道办事处包括净月开发区 2 个,社区居民委员会包括净月开发区 15 个,经济开发区 10 个,高新技术开发区 3 个。
②农村:总计中镇政府包括旅游开发区 1 个,村民委员会包括旅游开发区 18 个,经济开发区 11 个,高新开发区 7 个。

1-2 自 然 概 况
NATURAL CONDITIONS

		单位 Unit	长春市 Changchun	榆树市 Yushu	九台市 Jiutai	农安县 Nongan	德惠市 Dehui
一、土地资源	Land resources						
1. 国土面积	Area of territory	平方公里 sq.km	20571	4724	3375	5430	3459
2. 耕地面积	Area of cultivated land	公 顷 ha	1083092	288963	158164	287271	211375
二、水利资源	Water resources						
1. 地表水资源年径流总量	Surface water volume	亿立方米 100million cu·m	12.9	3.1	2.9	1.3	1.7
2. 地下水资源量	Shallow ground water volume	亿立方米 100million cu·m	12.4	2.4	2.2	3.7	2.4
三、林木资源	Forest resources						
1. 森林面积	Forest area	万公顷 10000ha	23.2	3.9	6.6	5.1	2.5
2. 森林覆盖率	Forest coverage rate	%	14.28	12.50	21.53	11.83	11.48

1-3 1990-2003年长春市社会经济主要指标
MAIN INDICATORS OF SOCIETY AND ECONOMIC(1990-2003)

年 份 Year	年末总人口(万人) Population (10000person)	#市区 District	从业人员(万人) Employment (10000person)	#职工 Staff and workers	国内生产总值(亿元) Gross domestic products (100million yuan)	#第一产业 Primary industry	#第二产业 Secondary industry	#第三产业 Tertiary industry
1990	637.8	211.0	301.8	112.9	112.9	32.7	47.8	32.4
1991	642.6	213.2	313.4	134.2	121.4	31.4	50.3	39.7
1992	645.7	215.6	323.3	138.9	164.8	34.3	82.0	48.5
1993	651.0	218.8	317.5	134.8	238.5	43.8	124.1	70.6
1994	657.5	223.7	336.4	136.7	337.1	71.6	163.0	102.5
1995	667.3	270.0	345.0	133.9	412.9	89.1	175.1	148.7
1996	676.8	274.2	346.2	131.9	488.2	108.3	203.2	176.7
1997	683.8	278.8	351.2	128.7	541.2	114.2	224.6	202.4
1998	686.9	282.7	334.6	105.1	621.0	123.2	255.8	242.0
1999	691.2	286.6	350.3	102.8	738.8	132.1	304.7	302.0
2000	699.6	292.8	311.4	96.9	861.0	123.0	372.3	365.7
2001	705.1	298.0	327.4	92.7	1003.0	135.9	443.6	423.5
2002	712.5	303.94	329.4	116.9	1150.2	146.9	522.4	480.9
2003	718.2	310.0	334.7	114.9	1338.0	157.3	630.3	550.4

1-3续表1 continued1

单位:亿元 unit:100million yuan

年 份 Year	工业总产值 Gross industrial output value	农业总产值 Gross apricultural output value	固定资产投资总额 Investment in fixed assets	#基本建设 Capital construction	#更新改造 Innovation	建筑业总产值 Gross output value of construction
1990	156.7	47.2	20.8	9.8	6.0	11.2
1991	177.7	46.5	29.1	13.6	7.0	13.4
1992	270.2	52.2	45.1	21.8	9.3	18.2
1993	381.4	60.9	68.8	32.2	13.2	34.2
1994	486.5	68.0	96.1	43.1	15.4	42.7
1995	487.3	144.5	108.7	47.5	21.5	51.4
1996	475.8	172.9	120.6	57.4	23.6	57.8
1997	496.4	176.8	106.0	45.5	20.1	64.1
1998	502.4	198.9	141.7	50.7	25.4	66.6
1999	596.6	200.9	194.4	70.1	35.5	78.1
2000	749.7	106.8	235.2	85.0	43.8	113.1
2001	954.7	223.9	285.0	105.4	53.0	140.3
2002	1202.1	242.1	320.5	120.3	60.7	162.4
2003	1510.2	259.2	389.6	148.0	93.1	198.7

1－3 续表 2　continued2　　　　单位:亿元　unit:100million yuan

年　份 Year	全市财政收入 Government revenue	#地方财政收入 Local government revenue	地方财政支出 Local government expenditures	金融机构存款余额 Balance of deposits	金融机构贷款余额 Balance of loans
1990	13.1	13.1	10.4	76.2	136.5
1991	15.1	15.1	10.9	98.6	177.8
1992	17.2	17.2	12.6	122.2	210.0
1993	24.9	24.9	18.7	181.3	262.9
1994	30.2	10.2	21.6	199.6	310.0
1995	36.5	12.1	25.7	354.8	432.6
1996	45.0	17.0	29.8	465.4	53614
1997	49.8	18.5	35.1	542.4	631.8
1998	56.5	21.9	37.7	581.2	744.9
1999	67.4	27.1	48.1	885.0	1082.2
2000	76.0	30.4	51.1	1013.2	1243.8
2001	97.4	36.3	59.0	1158.4	1344.8
2002	103.9	37.8	70.1	1403.6	1492.5
2003	134.8	46.0	85.8	1615.2	1629.6

1－3 续表 3　　　　continued3

年　份 Year	职工工资总额(亿元) Wages (100million yuan)	在岗职工年平均工资(元) Average wage (yuan)	年末储蓄存款余额(亿元) Balance of deposits at year end (100million yuan)	社会消费品零售总额(亿元) Total value of retail sale	商品零售价格指数(%) Overall retail price index	居民消费品价格总指数(%) Overall consumer price index
1990	23.7	1907	53.5	50.4	103.0	103.0
1991	27.7	2107	73.7	55.7	109.1	106.2
1992	33.3	2441	91.8	64.8	109.2	109.1
1993	40.4	3006	113	83.1	117.9	114.7
1994	57.6	4271	165.3	101.8	120.5	122.9
1995	66.3	5013	243.2	131.8	114.4	115.9
1996	83.3	6370	331.9	171.4	106.1	110.9
1997	90.76	7052	388.6	204.5	101.5	104.2
1998	84.57	7869	411.7	237.9	98.3	100.6
1999	90	8618	480.4	268.3	96.4	98.6
2000	95.5	9752	533.7	311.2	97.5	98.8
2001	104.6	11090	608.1	358.3	100.7	102.3
2002	123.6	12869	713.9	402.2	98.7	99.7
2003	124.4	13867	831.4	438.3	100.7	101.0

注:“在岗职工年平均工资”中 1990 年－1997 年为“职工年平均工资”。

1－3续表4 continued4

年　份 Year	货物运输量 (万吨) Fright traffic (10000ton)	旅客发送量 (万人次) Passenger traffic (10000 person－time)	邮电业务总量 (1990年不变价格)(万元) Post and telecommunication services(10000 yuan)	函件 (亿件) Letters delivered (100 million)
1990	5019	3741	7400.3	0.7
1991	6118	4016	18567	0.7
1992	5141	4441	26036	0.6
1993	5671	4323	37946	0.6
1994	6450	4657	51561	0.7
1995	7232	4848	53056	0.8
1996	9363	4794	107927	0.7
1997	9397	4023	139600	0.6
1998	9326	4799	200000	0.5
1999	9533	4848.4	284000	0.4
2000	8334	1937	433564.4	0.4
2001	8693	2743	316487.5	0.55
2002	10773	7668	328971.0	0.6
2003	10892	6999	356593.4	0.8

注:从2001年开始,将邮电业务总量改为邮电业务收入。

Note:Since 2001 posfornd telecommunication service changed into revenue of post and telelcommunication service

1－3续表5 continued 5

年　份 Year	外贸出口商品总额 (亿美元) Exports ($100 million)	吸收外资 Funded from foreigh			接待海外旅游者人数 (万人/次)Tourists (10000 person－time)
		签订合同项目(个) Contracts (unit)	签订合同金额 (亿美元) Amount sotcontroact ($100 million)	实际吸收外资金额(亿美元) Real amount ($100 million)	
1990	0.29	18	0.07	0.006	2.5
1991	0.53	44	0.16	0.04	3
1992	1.60	202	1.80	0.30	3.9
1993	1.70	295	2.30	0.70	3.4
1994	11.3	215	5.90	0.80	3.1
1995	1.40	323	5.90	1.80	3
1996	1.50	127	3.10	0.70	3.3
1997	5.00	130	2.20	0.70	3.5
1998	3.70	146	2.10	2.90	3.4
1999	6.00	150	5.1	3.3	4.5
2000	7.6	161	5.1	3.6	5.5
2001	9.8	125	4.6	5.1	6.6
2002	12.7	119	4.0	6.3	7.6
2003	15.5	118	3.9	7.5	6.9

1-3 续表 6 continued 6

年 份 Year	全市科技成果(项) Major achievements in science and technology	高等学校在校学生数(万人) Students in high education(10000person)	小学在校学生数 Students inprimary Schools(100000person)	学龄儿童入学率(%) Enrollment rate
1990	249	5.1	68.0	98.65
1991	311	5.1	66.5	98.70
1992	116	5.3	65.2	98.80
1993	74	6.1	65.0	99.60
1994	464	6.7	67.3	100.00
1995	231	7.1	69.0	99.80
1996	427	7.4	72.0	99.89
1997	245	7.7	73.8	99.85
1998	561	8.2	72.8	99.95
1999	522	9.9	69.6	99.86
2000	468	12.9	65.2	99.70
2001	498	15.6	60.0	97.00
2002	615	19.6	55.3	98.97
2003	723	23.1	51.5	99.50

1-3 续表 7 continued 7

年 份 Year	卫生机构数(个) Hospitals		医院病床(万张) Beds in hospitals	卫生技术人员(万人) Medical technical personel (10000person)	
		#医院 Hospitals			#医生 Doctors
1990	889	275	2.1	3.4	1.4
1991	893	274	2.2	3.5	1.4
1992	833	256	2.4	3.6	1.5
1993	827	248	2.4	3.6	1.5
1994	802	274	2.2	3.7	1.5
1995	830	303	2.4	3.8	1.6
1996	399	303	2.3	3.6	1.6
1997	642	304	2.3	3.8	1.6
1998	608	298	2.2	3.7	1.6
1999	672	294	2.4	3.7	1.6
2000	648	285	2.3	3.5	1.6
2001	660	291	2.4	3.6	1.6
2002	1498	298	2.2	3.4	1.4
2003	1554	298	2.3	3.5	1.5

1-4　1990-2003年长春市平均水平主要指标
PER CAPITA MAIN INDICATORS(1990～2003)

年 份 Year	人均生产总值（元） Per capita Gross domestic product (yuan)	人均消费水平（元） Per capita Consumer level (yuan)	职工平均工资（元） Per capita wages (yuan)	城市居民人均可支配收入（元） Per capita Urban resident income (yuan)	农村居民人均纯收入（元） Per capita rural resident (yuan)	每一农业人口占有耕地面积（亩） Per capita Cultivated land (ha)
1990	1776	882	1907	1268	759	4.3
1991	1885	901	2107	1415	663	4.2
1992	2551	1087	2441	1713	723	4.3
1993	3634	1357	3006	2128	929	4.2
1994	5090	1747	4271	2756	1300	4.3
1995	6163	2085	5013	3456	1841	4.3
1996	7265	2407	6370	4164	2245	4.2
1997	7959	2748	7052	4702	2280	4.2
1998	9062	2946	6722	4751	2520	4.5
1999	10722	3265	7406	5110	2560	4.1
2000	12381	3583	8138	5568	2568	4.0
2001	14274	3962	9130	6339	2785	4.1
2002	16220	4398	10518	6963	3147	4.1
2003	18704	4942	11310	7905	3411	4.1

1-4续表1　　continued 1

年 份 Year	每一农业人口生产粮食（公斤） Per capita grain of rural population (kg)	每一工业职工创造产值（万元） Per capita output value (10000yuan)	每一工业职工实现利税（元） Per capita profits before tax (yuan)	每万人口拥有医疗床位数（张） Bed in hospital Per 10000 population (beds)	城市居民人均居住建筑面积（平方米） Per capita floor space of urban resident (sq.m)	农村居民人均居住面积（平方米） Per capita floor space of rural resident (sq.m)
1990	1600	2.3	2160	35	5.9	14.8
1991	1500	2.4	2160.7	35	6.0	15.1
1992	1500	3.0	3542.4	37	6.3	15.1
1993	1600	5.0	4000.8	38	6.55	15.3
1994	1700	6.6	5302.4	36	6.78	15.1
1995	1800	5.3	5459.2	38	7.23	17.2
1996	1900	7.8	4886.9	36	7.45	20.55
1997	1600	7.6	5283.5	35.2	7.7	18.2
1998	2070	11.7	9809	35	8.24	10.65
1999	1895	18.1	1835.9	34.7	9.1	19.1
2000	1277	21.5	29350	32.8	9.53	18.15
2001	1561.8	27.2	35584	34.0	9.9	18.29
2002	1718.1	36.6	50975.6	31	21.22	18.62
2003	1569.1	43.1	55457.1	32	22.32	21.85

注：从2002年起，城市居民人均居住面积变为城市居民人均居住建筑面积。

Note: Since 2002 per capital floor space of urban resident is space of construction.

1－5　1990－2003年长春市每天社会经济活动概况
AGGREGATE INDICATORS ON NATIONAL ECONOMIC AND SOCIAL DEVELOPMENT

单位:万元　　unit: 10000yuan

年　份 Year	每天主要经济活动 Aggregate indicators for every day						
	地区生产总值 Gross domestic product	工业总产值 Gross industrial output value	农业总产值 Gross agriculturial output value	社会消费品零售总额 Total retail sales of goods consumer	金融机构现金收入 Cash income of bank	城镇居民储蓄 Urban deposits	乡村储蓄 Rural deposits
1990	3093.2	4284.0	1293.0	1589.0	5520.9	1330.6	135.5
1991	3326.0	4871.1	1275.3	1792.6	6877.7	1706.3	185.3
1992	4515.1	7402.1	1413	2090.5	9573.8	2294.8	219.2
1993	6534.2	10438.6	1767.1	2276.1	15989.7	2810.2	284.5
1994	9235.6	13328.7	2964.9	2790.2	22308.5	4156.9	370.6
1995	11312.3	53018.1	3959.1	3610.9	29275.7	6172.9	488.8
1996	13375.9	16621.4	4737.6	4694.6	36359.3	8439.4	653.1
1997	14827.4	19098.6	4844.3	5602.4	44053.0	9789.5	857.4
1998	17013.7	19931.4	5448.8	6517.8	55002.7		
1999	20241.1	23561.6	5504.1	7350.7	62871.2		
2000	23589.0	28759.2	2926.8	8526	72767.1		
2001	27479.5	34375.3	6134.2	10547.9	83597.9		
2002	31506.8	41095.9	6632.9	11019.2	95234.6		
2003	36657.5	49315.1	7101	12008.2	115646	－	－

1－5续表1　　continued1

年　份 Year	每天主要经济活动 Aggregate indicators for every day						
	地方财政收入(万元) Local government revenue (10000yuan)	旅游外汇收入(万美元) Foreign exchange earning from tourism ($ 10000)	施工住宅面积(平方米) Floor space of building under construction (sq·m)	竣工住宅面积(平方米) Floor space of building completed (sq·m)	公路货运量(万吨) Freight traffic highway of (10000 ton)	铁路货运量(万吨) Freight traffic of railways (10000 ton)	民航货邮发送量(吨) Freight traffic of civil aviation (ton)
1990	360.0	0.4	4998.6	1463.6	11.0	1.6	6.6
1991	415.0	0.7	4646.3	2558.3	15.0	1.8	5.9
1992	471.4	1.1	13746.8	3684.5	12.3	1.7	5.5
1993	681.0	1.4	8194.2	4355.1	15.6	2.7	7.5
1994	827.4	2.2	10085.5	4829.9	14.8	2.9	8.2
1995	332.3	3.9	10794.5	6411	17.9	2.4	8.0
1996	465.1	4.1	9095.9	4849.3	23.3	2.3	8.5
1997	1363.1	4.2	7062.7	4789.8	23.1	2.5	8.5
1998	1547.9	4.1	8497.3	4302.2	23.3	2.2	10.3
1999	1846.6	5.5	10944.2	5977.9	23.5	2.7	11.7
2000	2082.2	6.2	10544.4	6527.9	24.4	2.5	15.7
2001	2668.9	8.4	19112.3	9389.0	23.8	4.5	18.3
2002	2847.0	11.5	18931.5	7772.6	24.7	4.8	24.1
2003	3693.2	10.0	13643.8	6306.8	24.3	5.5	26.8

1－5续表2 continued2

年份 Year	主要产品产量 Output of major products								
	钢(吨) Steel (ton)	钢材(吨) Steel products (ton)	发电量(万千瓦小时) Electricity (kwh)	原煤(吨) Coal(ton)	汽车(辆) Vehicles (coach)	铁路客车(辆) Railway passenger coaches (coach)	拖拉机(台) Tractors (coach)	化肥(吨) Chemical fertilizers (ton)	水泥(吨) Cement (ton)
1990	202.1	262.2	148.2	2413.7	191.9	2.6	97.0	36.5	1262.0
1991	239.5	263.8	420.7	2531.7	228.7	2.2	171.6	48.4	1545.7
1992	320.0	270.5	764.8	2480.5	396.7	2.3	148.1	71.0	1757.4
1993	399.6	224.5	989.5	3215.9	481.5	2.4	68.6	45.7	2544.9
1994	287.0	245.3	866.8	3168.2	511	2.8	117.2	38.4	3259.2
1995	346.6	206.8	1677.7	3386.2	557.7	3.0	117.4	42.7	4377.5
1996	161.8	184.7	1730.0	3671.0	634.5	3.2	169.1	46.2	4152.4
1997	228.7	61.1	1649.5	3411.9	604.6	2.9	73.2	55.0	4589.9
1998	55.3	40.7	1498.6	2736.9	641.1	2.0	25.1	13.2	4635.6
1999	76.7	35.8	1542.5	2386.3	753.4	2.1	45.8	3.5	4950.7
2000	127.1	50.1	1859.0	2467.9	883.9	4.3	27.0	20.2	7345.2
2001	115.4	74.5	1912.3	3076.7	1071.2	4.3	36.9	－	8178.1
2002	199.7	114.9	1884.9	3060.3	1443.8	2.9	0.14	－	7835.6
2003	277.9	240.5	1904.1	3520.5	1756.2	2.1	－	8.2	8764.4

1－5续表3 continued3

年份 Year	主要产品产量 Output of major products							
	电视机(部) TV set (set)	摩托车(辆) Motorcycles (coach)	洗衣机(台) Washing machines (unit)	布(万米) Cloth (10000m)	卷烟(箱) Cigaretees (cases)	酒(吨) Wine (ton)	粮食(吨) Grain (ton)	猪、牛、羊肉(吨) Meat (ton)
1990	475.6	49.6	689.0	14.1	551.5	338.6	17114.7	318.3
1991	282.2	83.6	689.9	12.7	605.6	328.9	15910.9	346.5
1992	160.8	148.0	693.2	9.7	675.3	342.1	16433.7	353.6
1993	110.4	234.1	685.2	7.4	708.6	364.9	17627.2	382.6
1994	107.7	325.1	519.2	10.3	615.6	436.7	18561.0	517
1995	21.2	385.2	49.9	8.3	589.0	467.5	18937.5	741.4
1996	10.3	368.3	54.2	8.1	597.3	586.3	20554.8	1018.7
1997	1078.5	444.5		8.7	616.5	601.7	17787.3	1203.3
1998	4128.2	309.6		5.6	506.8	558.2	22645.9	1415.5
1999	3953.4	287.8		6.8	506.9	615.7	20620.1	1820.5
2000	2392.1	166.5	－	6.8	506.8	594.5	14407.8	2023.0
2001	1217.1	142.5	123.9	5.7	509.6	651.3	17123.3	2150.3
2002	1147.3	106.8	132.9	5.7	523.3	775.8	19232.8	2300.8
2003	2139.7	95.9	107.4	5.8	509.6	632.9	18356.2	2630.2

1－5续表 4 continued4

年　份 Year	每天主要服务性活动 Major services					
	生活煤气使用量（万立方米）Gas for living (10000 cu·m)	家庭煤气使用量（吨）Gas for households (ton)	生活用电量（万千瓦小时）Electricity (10000kwh)	生活用水量（万吨）Water (10000ton)	铁路客运人数（万人）Passenger traffic for railway (10000person)	公路客运人数（万人）Passenger traffic for highway (10000person)
1990	20.7	29.3	120.1	27.1	5.6	5.7
1991	21.1	29.8	129.8	27.8	5.2	6.40
1992	25.6	27.4	151.5	17.0	5.1	7.0
1993	20.2	51.5	177.9	32.6	6.3	5.5
1994	20.3	19.5	262.3	34.6	6.9	5.8
1995	21.3	19.7	300.7	36.1	6.8	4.3
1996	28.3	27.4	328.8	42.4	5.7	5.2
1997	44.6	44.6	462.8	47.1	5.3	11.5
1998	33.9	30.4	580.1	45.6	5.1	7.9
1999	58.1	29.9	413.8	46.8	5.1	7.9
2000	61.1	28.2	355.1	46.4	5.3	12.6
2001	72.0	27.1	435.6	28.6	7.5	12.8
2002	72.3	27.37	438.4	30.3	7.3	13.5
2003	90.2	24.9	486.7	30.5	6.3	12.7

1－5续表 5 continued5

年　份 Year	每天主要服务性活动 Major services				
	民航旅客人数（人次）Passenger traffic for civil aviation (person time)	公共电汽车客运量（万人次）Pass enger traffic for public buses (10000person－times)	长途电话（万次）Long distance telephone calls (10000times)	报刊杂志（万份）Newspapers and magazines (10000pcs)	接待外国旅游人数（人）Tourists (person)
1990	328.5	41.1	3.6	18.9	44
1991	435.7	87.6	4.9	20.6	82
1992	515	85.7	6.9	23.6	66
1993	616	84.9	10.6	16.5	93.3
1994	750.7	83.2	13.9	10.2	67.2
1995	942.5	92.2	3.8	25.1	67.1
1996	1054.8	102.2	25.6	31	74.2
1997	1021.6	93.3	26.2	34.3	72.8
1998	1052.1	105.1	31.9	48.9	77.2
1999	1147.9	109.3	31.1	42.9	101.0
2000	2539.7	118.2	24.4	46.9	104.9
2001	1495.9	122.3	32.8	19.8	164.3
2002	1674	150.4	30.4	17.8	191.8
2003	1726.0	158.4			188.7

1－5 续表 6 continued6

年份 Year	每天发生的其他活动和事件 Population					
	出生人数 (人) Birth (person)	死亡人数 (人) Death (person)	迁入人口 (人) Emigration (person)	迁出人口 (人) Migration (person)	结婚人数 (对) Marriod (pair)	离婚人数 (对) Divorced (pair)
1990	264.3	94.2	458.5	392.6	170.2	17.6
1991	180.0	85.0	290.0	252.0	152.9	9.0
1992	166.0	87.0	248.0	242.0	149.6	8.6
1993	217.0	92.0	327.0	291.0	148.4	9.1
1994	219.0	97.0	361.0	293.0	155.2	10.6
1995	228.1	89.9	325.9	240.6	159.5	11.4
1996	246.6	94.2	489.6	9398.4	160.5	13.3
1997	192.0	92.4	303.9	225.0	151.2	14.6
1998	141.4	93.4	303.9	225.0	147.6	15.4
1999	140.5	102.1	337.2	287.5	133.0	14.4
2000	197.7	105.8	324.7	238.6	151.4	14.5
2001	140.4	90.2	326.6	233.9	124.3	14.4
2002	142.2	89.2	360.9	254.0	110.9	14.8
2003	129.2	87.6	379.0	258.3	113.0	14.5

1－5 续表 7 continued 7

年份 Year	每天发生的其他活动和事件 Accident						
	各种交通事故(起) Traffic accidenf(case)	交通事故死亡人数(人) Deaths (person)	交通事故伤人数(人) Injuries (person)	交通事故造成经济损失(元) Losses(yuan)	职工伤亡事故件数(件) Industrial accident(acse)	死亡事故(起) Death accident(case)	重伤事故(起) Sverdly injured(case)
1990	2.4	1.0	1.5	5759.0	0.4	0.1	0.3
1991	2.3	1.0	1.2	5649.8	1.7	0.1	0.2
1992	2.2	1.2	1.1	8304.0	1.8	0.1	0.2
1993	2.7	1.3	1.2	9132.0	0.8	0.1	0.2
1994	2.0	1.4	0.8	7990.3	0.2	0.1	0.1
1995	3.7	1.6	1.4	18075.9	0.2	0.1	0.1
1996	7.8	2.2	2.5	36508.6	0.2	0.1	0.1
1997	6.9	2.0	2.3	30428.4	0.2	0.1	0.1
1998	7.2	2.0	2.4	34784.8	0.1	0.1	0.1
1999	6.3	1.9	2.0	32472.4	0.17	0.1	0.1
2000	4.9	2.0	2.1	42321.0	0.1	0.1	0.1
2001	3.9	1.9	1.7	59520.0	0.15	0.1	0.1
2002	33.3	1.8	15.7	66101.0	0.1	0.1	0.1
2003	12.6	1.9	8.2	55032.1			

1-5续表8 continued8

年份 Year	每天发生的其他活动和事件 Accident and environment						
	职工工伤死亡人数(人) Peath for industrial accident(person)	职工伤亡财务损失(元) Losses(yuan)	工业废水排放量(万吨) Waste water (10000ton)	工业废气排放量(万标立方米) Waste gas (10000cu·m)	火灾起数(起) Fires(case)	火灾损失(元) Losses(yuan)	火化尸体数(具) Cremation death(derson)
1990	0.1	2553.4	14.7	10288	3.5	8215.2	86.8
1991	0.1	1821.9	43.4	16423.9	2.9	14295.6	93.5
1992	0.1	2493.2	41.1	16229.5	2.5	7402.4	92
1993	0.1	3843.8	43.8	11102.4	3.2	25680	94.5
1994	0.1	2794.5	43.8	13520.4	3.1	16660.5	94.1
1995	0.1	3095.9	52.6	17236.2	2.7	10702.6	968
1996	0.1	3017.8	11.3	12666.4	3.7	9813.3	103.4
1997	0.1	2586.3	12.7	16133.2	10.2	36775	101.4
1998	0.1	1479.5	10.9	14287.9	10.3	18485.1	103.5
1999	0.1	2909.6	7.9	12216.8	13.5	74470.0	102.2
2000	0.1	3018.1	8.3	11473.5	13.3	16569	103.0
2001	0.18	5326.0	7.6		16.5	49619.4	102
2002	0.1	5943.0	12.2		21.1	21292.7	103
2003			8.8	-	20.4	15503.8	103

1－6　长春市国民经济主要指标占全省比重
PROPORTION OF CHANGCHUN′ECONOMIC INDICATORS TO JILIN PROVINCE

		全省 Total	长春 Changchun	长春占全省比重(%) Changchun to Jilin province
土地面积(万平方公里)	Land area(10000sq·km)	18.74	2.06	11.0
职工人数(万人)	Staff and worker(10000person)	286.8	114.9	40.1
年末总人口(万人)	Population(10000 person)	2703.7	718.2	26.6
地区生产总值(亿元)	Gross domestic products(100millon yuan)	2521.8	1338.0	53.1
＃第三产业(亿元)	Tertiary industry(100millon yuan)	892.2	550.4	61.8
全市财政收入(亿元)	Government revenue(100millon yuan)	289.2	134.8	46.6
工业增加值(亿元)	Gross industrial added value(100millon yuan)	806.7	437.9	54.3
全社会固定资产投资总额(亿元)	Total investment in fixed assets(100millon yuan)	849.4	389.6	45.9
社会消费品零售总额(亿元)	Total retail sales of consumer goods(100millon yuan)	1110.3	438.3	39.5
进出口商品总额(亿美元)	Total export and import($ 100millon)	61.7	52.2	84.6
＃出口商品总额(亿美元)	Export($ 100millon)	21.6	15.5	71.8
接待外国旅游人数(万人次)	Tourists(10000person－time)	21.2	6.9	32.5

1－7 按当年价格计算的地区生产总值
GROSS DOMESTIC PRODUCT(AT CURRENT PRICE)

单位:万元　　unit:10000yuan

		绝对额 NUMBER		构成 PROPERATION	
		2003	2002	2003	2002
地区生产总值	Gross domestic product	13380369	11501802	100.0	100
第一产业	Primary industry	1573321	1469080	11.8	12.8
第二产业	Secondary industry	6302968	5223521	47.1	45.4
第三产业	Terinaryindustry	5504080	4809201	41.1	41.8
国(地区)外净要素收入	Net factor income from abroad	223202	120728		
国民生产总值	Cross national product	13603571	11622530		

1－8 2003年长春市地区生产总值构成项目

COMPOSITION OF GROSSDOMESTIC(2003)

单位:万元 unit:10000yuan

	增加值 Added value	劳动者报酬 Wages	生产税净额 Net taxes on production	补贴 Subsidg	固定资产折旧 Depreciation	营业盈余 Operation surplus
地区生产总值	13380369	6505525	2154485	254887	1963693	2756666
第一产业 Primary industry	1573321	1294844	36186	0	80239	162052
农业 Farming	748432	645457	18738		57743	26494
林业 Forestry	6214	5431	155		180	448
畜牧业 Animal husbendary	810919	637247	17029		22060	134583
渔业 Fishery	7756	6709	264		256	527
第二产业 Secondary industry	6302968	2097035	1681177	21053	836747	1688009
工业 Industry	5422909	1569415	1571147	21053	765156	1517191
采掘业 Mining and quarring	67092	40178	4055	100	10194	12665
制造业 Manufacturing	5051945	1444465	1524452	17843	675041	1407987
电力、煤气及水的生产和供应业 Electrcity, gas and water production	303872	84772	42640	3110	79921	96539
建筑业 Construction	880059	527620	110030		71591	170818
第三产业 Terinary industry	5504080	3113646	437122	233834	1046707	906605
农林牧渔服务业 Farming forestry animal husbandry and finshery	16165	11633	1407		1835	1290
地质勘查业、水利管理业 Geological prospection and water conservancy	40879	21218	6923		3477	9261
交通运输、仓储及邮电通信业 Transportation storage, Post and telecommunication	841363	378352	63135	3600	266741	133135
交通运输和仓储业 Transportation and storage	528376	302479	41306	3600	144143	40448
邮电通信业 Post and telecommunication services	312987	75873	21829		122598	92687
批发和零售贸易、餐饮业 Wholesale, retail trade and catering	1578031	1065344	34544	230134	162537	315606
批发和零售贸易业 Wholesale, retail trade and catering	1284517	867446	－12358	230134	143273	286156
餐饮业 Catering services	293514	197898	46902		19264	29450
金融保险业 Finance and in surance	637629	238050	155858	0	107453	136268
金融业 Finance	483422	197623	147062		100359	38378
保险业 Insurance	30126	40427	8796		7094	－26191
其他 Others	124081					124081
房地产业 Real estate	585312	60395	86843	0	319354	118720
房地产管理业 Real estate management	146699	48875	59274		3412	35138
房地产开发与经营业 Real estate agency	126617	11520	27569		3946	83582
城市居民自有住房 Urban households owned	204833				204833	
农村居民自有住房 Rural households owned	107163				107163	
社会服务业 Social services	593890	327094	71810		39549	155437
卫生、体育、社会福利业 Health care, sports and social welfare	160029	123364	3731		17946	14988
教育、文艺广播电影电视业 Education, culture, art, film and TV	544065	454092	3747	100	69603	16623
科学研究和综合技术服务业 Scientific research adn polytechical services	131557	107990	7103		13412	3052
国家机关、政党机关和社会团体 Government, party and social organization	283739	246545			37194	
其他行业 Others	91421	79569	2021		7606	2225

1－9　2002－2003年长春市地区生产总值
GROSS DOMESTIC PRODUCT(2002－2003)

单位:万元　　unit:10000yuan

	2003		2002	
	绝对额 Number	比上年增长% Indices (per=100)	绝对额 Number	比上年增长% Indices (per=100)
地区生产总值　Gross domestic product	13380369	14.2	11501802	13.1
第一产业　Primary industry	1573321	6.0	1469080	8.5
第二产业　Secondary industry	6302968	17.2	5223521	14.6
工业　Industry	5422909	17.1	4503418	15.0
建筑业　Construction	880059	18.0	720103	12.0
第三产业　Tertiary industry	5504080	13.5	4809201	13.2
农林牧渔服务业　Arming, forestry, animal husbandry and fishery	16165	9.7	14587	10.3
地质勘查、水利管理业　Geological prospection and water conservancy	40879	11.3	36370	18.1
交通运输和仓储及邮电通信业　Transportation storage, Post and telecommunication	841363	8.3	778038	6.6
交通运输和仓储业　Transportation and storage	528376	6.2	493276	2.4
邮电通信业　Post and telecommunication services	312987	12.4	284762	15.8
批发和零售贸易、餐饮业　Wholesale, retail trade and catering	1578031	14.8	1365129	12.1
批发和零售贸易业　Wholesale, retail trade and catering	1284517	–	1093013	–
餐饮业　Catering services	293514	–	272116	–
金融保险业　Finance and in surance	637629	6.3	589576	6.4
金融业　Finance	483422	–	369048	–
保险业　Insurance	30126	–	93791	–
其他　Others	124081	–	126737	–
房地产业　Real estate	585312	27.2	457032	49.8
房地产管理业　Real estate management	146699	–	110356	–
房地产开发与经营业　Real estate agency	126617	–	103037	–
城镇居民自有住房　Urban households owned	204833	–	179744	–
农村居民自有住房　Rural households owned	107163	–	63895	–
社会服务业　Social services	593890	13.8	514413	12.5
卫生、体育和社会福利业　Health care, sports and social welfare	160029	13.0	13821	15.3
教育、文艺及广播电影电视业　Education, culture, art, film and TV	544065	15.4	472509	10.3
科学研究和综合技术服务业　Scientific research adn polytechical services	131557	13.7	114582	13.8
国家机关、政党机关和社会团体　Government, party and social organization	283739	13.4	247850	13.5
其他行业　Others	91421	11.9	80914	15.5
人均生产总值(元)　Per capita GDP(yuan)	18704	13.2	16220	12.1

统计资料
STATISTICS

人口
POPULATION

第二篇 人 口

2003年，我市人口继续保持稳定增长，年末户籍人口总数为718.2万人。农业人口为405.2万人，比上年下降1.70%，非农业人口为313万人，比上年增长4.23%。户籍人口出生率、死亡率和自然增长率分别为6.59‰、4.47‰和2.12‰。总人口中，男性365.0万人，女性353.2万人，分别占50.8%和49.2%。

2－1 1991－2003年全市户数与人口
POPULATION AND HOUSEHOLDS(1991－2003)

年份 Year	总户数(户) Households	总人口(人) Population (person)	按地区分 By region		按性别分 By sex		按农业、非农业分 By agriculture	
			市区 City	县(市) County	男 Male	女 Female	农业 Agriculture	非农业 Non－agriculture
1991	1614678	6426346	2132172	4294174	3285503	3140843	4063959	2362387
1992	1635082	6457351	2156034	4301317	3301260	3156091	4061351	2396000
1993	1670969	6510368	2187716	4322652	3330453	3179915	4042237	2468131
1994	1700389	6574999	2237074	4337925	3360547	3214452	4027014	2547985
1995	1729366	6672912	2699569	3973343	3405570	3267342	4054554	2618358
1996	1774578	6767781	2741731	4026050	3448350	3319431	4099379	2668402
1997	1797299	6837875	2788071	4049804	3479853	3358022	4115644	2722231
1998	1828540	6868673	2826890	4041783	3494777	3373896	4101391	2767282
1999	1887580	6912278	2866357	4045921	3516229	3396049	4100246	2812032
2000	1955634	6996354	2928250	4068104	3557370	343894	4117996	2878358
2001	2005838	7057321	2980185	4077136	3586780	3470541	4120995	2936326
2002	2047139	7125055	3039375	4085680	3624060	3500995	4122300	3002755
2003	2071834	7182348	3100132	4082216	3650591	3531757	4051808	3130540

2－2 县(市)区户数与人口
POPULATION AND HOUSEHOLDS BY REGION

		总户数(户) Households	总人口(人) Population (person)	按性别分 By sex		按农业、非农业分 By agriculture	
				男 Male	女 Female	农业 Agriculture	非农业 Non－agriculture
总　计	**Total**	**2071834**	**7182348**	**3650591**	**3531757**	**4051808**	**3130540**
市辖区合计	Total district	933892	3100132	1565947	1534185	756612	2343520
南关区	Nanguan	175859	593448	293886	299562	115285	478163
宽城区	Kuancheng	154553	477397	244780	232617	94181	383216
朝阳区	Chaoyang	196076	724259	369036	355223	73525	650734
二道区	Erdao	120948	375429	187665	187764	89508	285921
绿园区	Luyuan	170930	552739	277902	274837	103596	449143
双阳区	Shuangyang	115526	376860	192678	184182	280517	96343
县(市)合计	Total county	1137942	4082216	2084644	1997572	3295196	787020
九台市	Jiutai	249722	831457	425507	405950	633578	197879
榆树市	Yushu	355054	1222358	626003	596355	1040598	181760
农安县	Nongan	287234	1115252	570846	544406	867501	247751
德惠市	Dehui	245932	913149	462288	450861	753519	159630

2－3 1991－2003 年全市人口增减变动
BASIC STATISTICS ON POPULATION CHANGE(1991－2003)

年份 Year	年平均人口 Average population	增加 Increase		减少 Decrease	
		出生 Birth	迁入 Emigration	死亡 Death	迁出 Migration
1991	6402291	65774	105727	30923	91839
1992	6441848	60690	90698	31935	88285
1993	6483859	78892	119131	33521	106218
1994	6542683	79918	131550	35214	106767
1995	6623955	83252	118949	32824	87836
1996	6720346	89655	178698	34376	145431
1997	6802828	70108	110922	33726	82135
1998	6853272	51611	99196	34105	85125
1999	6890472	51275	123089	37263	104941
2000	6954316	72167	118519	38603	87096
2001	7026837.5	51263	119192	32918	85365
2002	7091188	51915	131735	32551	86590
2003	7153701.5	47149	138354	31981	94280

2－4 县(市)区人口增减变动
BASIC STATISTICS ON POPULATION CHANGE BY REGION

		年平均人口 Average population	增加 Increase		减少 Decrease	
			出生 Birth	迁入 Emigration	死亡 Death	迁出 Migration
总计	**Total**	**7153701.5**	**47149**	**138354**	**31981**	**94280**
市辖区合计	Total district	3069753.5	18962	97442	15070	39192
南关区	Nanguan	630857.5	3597	27293	3347	8506
宽城区	Kuancheng	428423.5	2699	8410	2563	8223
朝阳区	Chaoyang	715365.5	3460	32988	2944	16821
二道区	Erdao	376019	2792	7098	1941	1870
绿园区	Luyuan	543024	3440	19283	2532	2604
双阳区	Shuangyang	376064	2974	2370	1743	1168
县(市)合计	Total county	4083948	28187	40912	16911	55088
九台市	Jiutai	831683.5	5790	8692	3594	11324
榆树市	Yushu	1223011.5	8596	7670	5235	12448
农安县	Nongan	1116269	7323	17837	4530	22007
德惠市	Dehui	912984	6478	6713	3552	9309

2－5 2003年非农业人口增减人数
BASIC STATISTICS ON NON－AGRICULTURAL POPULATION

单位:人　　unit:person

		全 市 Total	市 区 District	县(市) County(city)
一、年末非农业人口数	**Total**	**3130540**	**2343520**	**787020**
二、本年增加的非农业人口	**Increase of population**	**243044**	**146878**	**96166**
1.出生	Birth	18870	12547	6323
2.非农业人口迁入	Emigration	82564	61457	21107
3.农业人口转非农业人口	From agricultural population	102874	35019	67855
①招生	New students	23285	23096	189
②聘用	New workers	1102	1099	3
③征用土地	Requisition land	919	919	
④投靠亲属	Relative with army	4391	3526	865
⑤落户小城镇	Relative with scientific cadres	66971	233	66738
⑥投资、购房	Relative with staff and workers	319	260	59
⑦其他	Others	5887	5886	1
4.自港、澳、台和国外迁入	From Hongkong,Mocao,Taiwan and foreign	74	72	2
5.退出现役	Demobilized soldier	2070	1590	480
6.刑满释放解除劳教	Corporal punishment	239	197	42
7.其他	Others	36353	35996	357
三、本年减少的非农业人口	**Decrease of population**	**115259**	**87123**	**28136**
1.死亡	Death	14208	11990	2218
2.非农业人口迁出	Migration	61670	37012	24658
3.迁往港、澳、台和国外	To Hongkong,Mocao,Taiwan and foreign	116	113	3
4.服现役	Join the army	817	640	177
5.服刑及劳教	Arrest	43	24	19
6.其他	Other	38405	37344	1061

2－6 1991－2003年全市人口出生率、死亡率、自然增长率
BIRTH RATE,DEATH RATE AND NATURAL GROWTH RATE

年份 Year	出生率(‰) Birth rate	死亡率(‰) Death rate	自然增长率(‰) Natural growth rate
1991	10.27	4.82	5.44
1992	9.42	4.95	4.46
1993	12.16	5.16	6.99
1994	12.21	5.38	6.83
1995	12.56	4.95	7.61
1996	13.34	5.11	8.22
1997	10.30	4.95	5.34
1998	7.53	4.97	2.55
1999	7.44	5.40	2.03
2000	10.38	5.55	4.83
2001	7.3	4.68	2.61
2002	7.32	4.59	2.73
2003	6.59	4.47	2.12

2－7 县(市)区人口出生率、死亡率、自然增长率
BIRTH RATE,DEATH RATE AND NATURAL GROWTH RATE BY REGION

		出生率(‰) Birth rate	死亡率(‰) Death rate	自然增长率(‰) Natural growth rate
总 计	**Total**	**6.59**	**4.47**	**2.12**
市辖区合计	Total of district	6.17	4.91	1.27
南关区	Nanguan	5.7	5.31	0.4
宽城区	Kuancheng	6.3	5.98	0.32
朝阳区	Chaoyang	4.84	4.12	0.72
二道区	Erdao	7.43	5.16	2.26
绿园区	Luyuan	6.33	4.66	1.67
双阳区	Shuangyang	7.91	4.63	3.27
县(市)合计	Total of county	6.90	4.14	2.76
九台市	Jiutai	6.96	4.32	2.64
榆树市	Yushu	7.03	4.28	2.75
农安县	Nongan	6.56	4.06	2.5
德惠市	Dehui	7.1	3.89	3.2

2－8 1991－2003 年镇人口
POPULATION IN TOWNS(1991－2003)

年　份 Year	镇　数 Towns (个)	总　户　数 Households (户)	总　人　口 Population 合　计 Total	#非农业人口 Non－agriculture
1991	50	451556	1825360	393605
1992	70	586971	2418220	425368
1993	71	606911	2458906	454812
1994	73	625490	2517378	480921
1995	69	557599	2291863	319459
1996	71	589036	2381214	328492
1997	71	599342	2412099	334127
1998	71	609599	2407593	332771
1999	74	645686	2462254	337720
2000	74	676750	2498310	345006
2001	74	801526	2929795	355492
2002	75	822162	2965038	366485
2003	75	823632	2986758	441370

2－9 县(市)区镇人口
POPULATION IN COUNTY

	镇　数 Towns (个)	总　户　数 Households (户)	总　人　口 Population 合　计 Total	#非农业人口 Non－agriculture
总　计　Total	**75**	**823632**	**2986758**	**441370**
市辖区合计　Total of district	19	157280	507557	96977
九台市　Jiutai	13	157627	567215	38614
榆树市　Yushu	16	177321	648289	39500
农安县　Nongan	13	191101	712050	232340
德惠市　Dehui	14	140303	551647	33939

统计资料
STATISTICS

单位从业人员与劳动报酬
EMPLOYMENT AND WAGE

第三篇　单位从业人员与劳动报酬

2003年末，全市城镇单位从业人数为90.5万人，比上年年末减少1.4万人，减少人数比上年低3000人；减少幅度为1.5%，比上年低0.3个百分点，这是近几年来我市从业人数减少较少、下降幅度较小的一年。按经济类型划分，国有和集体经济单位从业人数所占比重下降，其他经济类型单位所占比重上升。城镇国有单位从业人数61万人，占67.4%；集体经济单位从业人数9.5万人，占10.5%；其他经济单位从业人数20万人，占22.1%。国有和集体经济单位分别下降0.1和0.8个百分点，其他经济单位上升0.9个百分点。全市城镇单位从业人员劳动报酬总额稳中有升，但增幅低于前两年。全市城镇单位从业人员劳动报酬总额(包括离岗职工生活费)为132.4亿元，比去年同期增长5.7%，增幅比2002年低7.2个百分点，比2001年低4.5个百分点。其中国有经济单位92.8亿元，增长4.9%，这一增幅低于平均水平的主要原因是国有在岗职工人数减少所致。2003年全市城镇单位在岗职工年平均工资为13867元，比上年增加998元，增长7.8%。

3－1　1991－2003年全市职工工资总额
TOTAL WAGE OF STAFF AND WORKERS(1991－2003)

单位:千元　　unit:1000 yuan

年份 Year	国有 State owned		集体 Collective owned		其他 Others	
	全市 Total	#市区 District	全市 Total	#市区 District	全市 Total	#市区 District
1991	1989308	1592623	763988	635517	17341	14335
1992	2435835	1978476	839918	698978	54721	47729
1993	3008869	2472131	860001	735876	167421	165027
1994	4472521	3742455	1011722	860025	276867	249663
1995	5220027	4423964	1045689	910067	364802	323990
1996	6569798	5592362	1251084	1086908	507483	451905
1997	7123101	6032678	1294877	1121163	658380	572053
1998	6574523	5616192	1040812	929690	932068	838951
1999	6871783	5828124	912084	824582	1348814	1246909
2000	7375814	6281248	960764	883329	1606900	1500715
2001	7529152	6478360	853190	792029	2074950	1920863
2002	8778127	7497443	883896	811997	2700222	2558936
2003	9191194	7846909	797041	722583	3033574	2882323

3－2　1991－2003全市职工平均工资
AVERGE WAGE OF STAFF AND WORKERS (1991－2003)

单位:元　　unit:yuan

年份 Year	国有 State owned		集体 Collective owned		其他 Others	
	全市 Total	#市区 District	全市 Total	#市区 District	全市 Total	#市区 District
1991	2259	2379	1792	1865	2147	2241
1992	2652	2836	1963	2064	2993	2949
1993	3266	3561	2299	2370	3551	3570
1994	4966	5196	2977	3088	4839	4818
1995	5478	5941	3474	3600	5305	5242
1996	6844	7498	4547	4717	7027	7079
1997	7472	8151	5076	5313	8382	8358
1998	7205	8119	4452	4883	7436	7646
1999	7866	8835	4345	4893	9009	9240
2000	8526	9807	4814	5576	10220	10438
2001	11569	13270	7005	7307	12177	12888
2002	11100	13341	5215	6345	13066	13682
2003	11802	14275	5227	6472	13786	14456

3－3　全市单位从业人员数

单位:人

		国　　有
		全　　市 Total
总　　计	**Total**	**610014**
中央单位	Centre unit	171699
省属单位	Provincial unit	112231
市属单位	Unit belong to city	119129
县及县以下单位	Unit below county	206955
(一)农、林、牧、渔业	Farming, forestry, animal husbandry and fishery	18239
1.农业	Farming	1511
2.林业	Forestry	1372
3.畜牧业	Animal husbandry	3209
4.渔业	Fishery	
5.农、林、牧、渔服务业	Farming, forestry, animal husbandry and fishery services	12147
(二)采矿业	Excavation	5154
(三)制造业	Manufacturing	115246
(四)电力、煤气及水的生产和供应业	Electric power, gas and water production and supply	13770
(五)建筑业	Construction	33256
1.房屋和土木工程建筑业	Building construction	29740
2.建筑安装业	Installment	2949
3.建筑装饰业	Decoration	505
4.其他建筑业	Others	62
(六)交通运输、仓储及邮政业	Transportation, storage, post and telecommunication	54070
1.铁路运输业	Railway transportation	
2.道路运输业	Highway transportation	8861
3.城市公共交通业	Public transport	7039
4.水上运输业	Waterway	
5.航空运输业	Air transportation	2799
6.管道运输业	Pipeline transportation	238
7.装卸搬运和其他运输服务业	Transport service	301
8.仓储业	Storage	30146
9.邮政业	Post services	4686
(七)信息传输、计算机服务和软件业	Information, computer service and software	6230
1.电信和其他信息传输服务业	Telecommunication and other service	6086
2.计算机服务业	Computer applied and services	129
3.软件业	Software	15
(八)批发和零售业	Wholesale and retail trade	30514
1.批发业	Wholesale	24701
2.零售业	Retail trade	5813
(九)住宿和餐饮业	Hotel and catering service	7127
1.住宿业	Hotels	6331
2.餐饮业	Catering services	796
(十)金融业	Finance	19139
1.银行业	Banking	17438

NUMBER OF STAFF AND WORKERS

unit: person

State owned	集体 Collective owned		其他 Others	
#市区 District	全市 Total	#市区 District	全市 Total	#市区 District
441923	**95468**	**84305**	**199980**	**181289**
164562				
105544				
116157				
55660				
3795	181	24	452	452
509	9	9		
570				
775			452	452
1941	172	15		
5149			3676	3361
107285	63542	60688	120413	103175
9962			7705	7500
29965	7955	7807	14627	14557
26567	7677	7537	12061	11991
2864	252	247	1125	1125
472	26	23	1433	1433
62			8	8
25495	3010	2927	3801	3248
			63	63
3731	1383	1379	1226	673
7011	228	149	1656	1656
2799			213	213
238	434	434	228	228
260	120	120	310	310
7616	42	42	105	105
3840	803	803		
4837			3718	3718
4693			1846	1846
129			139	139
15			1733	1733
15079	6022	3416	18187	18037
10803	3153	1909	6437	6287
4276	2869	1507	11750	11750
6631	647	631	6939	6939
5886	410	394	4656	4656
745	237	237	2283	2283
15466	3493	532	4638	4638
14377	3493	532	3658	3658

3－3续表1 continued1

		国 有
		全 市 Total
2. 证券业	Securities	56
3. 保险业	Insurance	1465
4. 其他金融活动	Other finance services	180
(十一)房地产业	Real estate	6536
其中:1. 房地产开发经营	Real estate developing	1634
2. 物业管理	Management	3623
3. 房地产中介服务	Medium services	
(十二)租赁和商务服务业	Lease and service	8732
1. 租赁业	Leases	135
2. 商务服务业	Services	8597
(十三)科学研究、技术服务和地质勘查业	Scientific research and polytechnic services	28835
1. 研究与试验发展	Scientific research	10825
2. 专业技术服务业	Technical services	14470
3. 科技交流和推广服务业	Technical developing and services	1003
4. 地质勘查业	Geological prospection	2537
(十四)水利、环境和公共设施管理业	Water conservancy, environment and public services	21240
1. 水利管理业	Water conservancy	4591
2. 环境管理业	Environment	5605
3. 公共设施管理业	Public management	11044
(十五)居民服务和其他服务业	Resident service	2464
1. 居民服务业	Resident services	685
2. 其他服务业	Other social services	1779
(十六)教育	Education	119380
其中:1. 初等教育	Primary education	41241
2. 中等教育	Middle education	36827
3. 高等教育	Higher education	36157
(十七)卫生、社会保障和社会福利业	Healthcare, social welfare	35493
1. 卫生	Health care	33912
2. 社会保障业	Social security	491
3. 社会福利业	Social welfare	1090
(十八)文化、体育和娱乐业	Culture, sports and recreation services	16839
1. 新闻出版业	Newspaper	7085
2. 广播、电影、电视和音像业	Radio, film and TVset	3808
3. 文化艺术业	Culture and art	4186
4. 体育	Sports	1537
5. 娱乐业	Recreation services	223
(十九)公共管理和社会组织	Public management and social organization	67750
其中:1. 中国共产党机关	Communist party	2861
2. 国家机构	Government agencies	62826
3. 人民政协和民主党派	Party agencies	621
4. 群众团体、社会团体和宗教组织	Social organizations	1442
(二十)国际组织	International organizations	

单位:人　unit:person

State owned	集　　体 Collective owned		其　　他 Others	
#市　　区 District	全　　市 Total	#市　　区 District	全　　市 Total	#市　　区 District
56			509	509
853			442	442
180			29	29
5401	342	332	8081	8081
1262			3667	3667
3490	326	326	4250	4250
			78	78
7894	1468	1464	3410	3270
135			27	27
7759	1468	1464	3383	3243
26693	809	709	2121	2101
10825	62	62	437	437
13110	651	551	1626	1606
808	96	96	58	58
1950				
15706	2775	2395	327	327
1983	107			
3761	2548	2275	63	63
9962	120	120	264	264
2266	996	995	40	40
487	93	92	37	37
1779	903	903	3	3
73147	450	450	1270	1270
14254	95	95		
18651	56	56	565	565
35870			593	593
25033	2998	1288	153	153
23819	2755	1045		
312				
902	243	243	153	153
14939	562	531	422	422
7062	274	274	92	92
2816				
3396	211	180	62	62
1442	54	54	29	29
223	23	23	239	239
47180	218	116		
2277				
43133	218	116		
544				
1226				

3－4 全市单位从业人员劳动报酬

单位:千元

		国　有
		全　市 Total
总　计	**Total**	**8805192**
中央单位	Centre unit	3946025
省属单位	Provincial unit	1584642
市属单位	Unit belong to city	1550173
县及县以下单位	Unit below county	1724352
(一)农、林、牧、渔业	Farming, forestry, animal husbandry and fishery	109752
1.农业	Farming	7116
2.林业	Forestry	6406
3.畜牧业	Animal husbandry	17096
4.渔业	Fishery	
5.农、林、牧、渔服务业	Farming, forestry, animal husbandry and fishery services	79134
(二)采矿业	Excavation	47743
(三)制造业	Manufacturing	2049764
(四)电力、煤气及水的生产和供应业	Electric power, gas and water production and supply	254488
(五)建筑业	Construction	356252
1.房屋和土木工程建筑业	Building construction	304535
2.建筑安装业	Installment	46545
3.建筑装饰业	Decoration	4475
4.其他建筑业	Others	697
(六)交通运输、仓储及邮政业	Transportation, storage, post and telecommunication	562208
1.铁路运输业	Railway transportation	
2.道路运输业	Highway transportation	67897
3.城市公共交通业	Public transport	101012
4.水上运输业	Waterway	
5.航空运输业	Air transportation	91728
6.管道运输业	Pipeline transportation	5404
7.装卸搬运和其他运输服务业	Transportservice	10801
8.仓储业	Storage	206184
9.邮政业	Post services	79182
(七)信息传输、计算机服务和软件业	Information, computer service and software	176658
1.电信和其他信息传输服务业	Telecommunication and other service	174997
2.计算机服务业	Computer applied and services	1507
3.软件业	Software	154
(八)批发和零售业	Wholesale and retail trade	248917
1.批发业	Wholesale	207560
2.零售业	Retail trade	41357
(九)住宿和餐饮业	Hotel and catering service	68029
1.住宿业	Hotels	61586
2.餐饮业	Catering services	6443
(十)金融业	Finance	402236
1.银行业	Banking	371775

NUMBER OF STAFF AND WORKERS

unit:1000yuan

State owned	集体 Collective owned		其他 Others	
#市区 District	全市 Total	#市区 District	全市 Total	#市区 District
7556046	**773121**	**699955**	**3080043**	**2929994**
3851627				
1512370				
1511520				
680529				
30436	1229	268	3462	3462
2115	130	130		
2387				
5478			3462	3462
20456	1099	138		
47713			31248	29298
2003267	492449	472884	2057517	1918395
217406			146987	144810
334508	67013	65944	149767	149523
283696	63225	62188	129042	128798
45784	3581	3558	6537	6537
4331	207	198	14036	14036
697			152	152
383480	32669	32107	56436	51973
			912	912
31738	6083	6056	12331	7868
100609	1152	617	30597	30597
91728			3063	3063
5404	12715	12715	6316	6316
10311	1154	1154	1827	1827
76411	320	320	1390	1390
67279	11245	11245		
150514			108516	108516
148853			70516	70516
1507			1551	1551
154			36449	36449
156881	37701	29139	159047	157922
123544	21205	17999	61826	60701
33337	16496	11140	97221	97221
64714	4074	4017	73221	73221
58671	2691	2634	58355	58355
6043	1383	1383	14866	14866
355241	36552	7021	72814	72814
328915	36552	7021	54841	54841

3－4 续表 1　continued1

		国　　有
		全　　市 Total
2. 证券业	Securities	840
3. 保险业	Insurance	24135
4. 其他金融活动	Other finance services	5486
(十一)房地产业	Real estate	92483
其中:1. 房地产开发经营	Real estate developing	25900
2. 物业管理	Management	47493
3. 房地产中介服务	Medium services	
(十二)租赁和商务服务业	Lease and service	144340
1. 租赁业	Leases	1929
2. 商务服务业	Services	142411
(十三)科学研究、技术服务和地质勘查业	Scientific research and polytechnic services	493461
1. 研究与试验发展	Scientific research	224651
2. 专业技术服务业	Technical services	231306
3. 科技交流和推广服务业	Technical developing and services	11491
4. 地质勘查业	Geological prospection	26013
(十四)水利、环境和公共设施管理业	Water conservancy, environment and public services	215773
1. 水利管理业	Water conservancy	44294
2. 环境管理业	Environment	49699
3. 公共设施管理业	Public management	121780
(十五)居民服务和其他服务业	Resident service	33496
1. 居民服务业	Resident services	10208
2. 其他服务业	Other social services	23288
(十六)教育	Education	1865111
其中:1. 初等教育	Primary education	425631
2. 中等教育	Middle education	456675
3. 高等教育	Higher education	900558
(十七)卫生、社会保障和社会福利业	Healthcare, social welfare	544007
1. 卫生	Health care	523388
2. 社会保障业	Social security	7435
3. 社会福利业	Social welfare	13184
(十八)文化、体育和娱乐业	Culture, sports and recreation services	214839
1. 新闻出版业	Newspaper	103545
2. 广播、电影、电视和音像业	Radio, film and TVset	35695
3. 文化艺术业	Culture and art	53277
4. 体育	Sports	20397
5. 娱乐业	Recreation services	1925
(十九)公共管理和社会组织	Public management and social organization	925635
其中:1. 中国共产党机关	Communist party	40460
2. 国家机构	Government agencies	855401
3. 人民政协和民主党派	Party agencies	8743
4. 群众团体、社会团体和宗教组织	Social organizations	21031
(二十)国际组织	Internationa organizations	

单位:千元 unit:1000yuan

State owned	集 体 Collective owned		其 他 Others	
#市 区 District	全 市 Total	#市 区 District	全 市 Total	#市 区 District
840			10223	10223
20000			7393	7393
5486			357	357
84153	3733	3654	104795	104795
23546			47918	47918
46590	3610	3610	55235	55235
			875	875
139306	13036	13016	54204	53364
1929			496	496
137377	13036	13016	53708	52868
478958	8660	8544	35438	35310
224651	572	572	11929	11929
220315	6975	6859	22741	19885
10272	1113	1113	768	768
23720				
181583	29371	27157	4935	4935
26465	619			
40499	27447	25852	707	707
114619	1305	1305	4228	4228
31658	6778	6776	515	515
8370	561	559	427	427
23288	6217	6217	88	88
1476120	4824	4824	16600	16600
203553	1320	1320		
299443	949	949	6708	6708
897887			8263	8263
467114	25078	15769	790	790
450268	22859	13550		
4986				
11860	2219	2219	790	790
203688	7022	6741	3751	3751
103397	3850	3850	1427	1427
29978				
48759	2537	2256	191	191
19629	582	582	226	226
1925	53	53	1907	1907
749306	2932	2094		
35643				
686362	2932	2094		
8005				
19296				

3－5 全市在岗职工人数

单位:人

		国　　有
		全　　市 Total
总　　计	**Total**	**601052**
中央单位	Centre unit	166822
省属单位	Provincial unit	110696
市属单位	Unit belong to city	117744
县及县以下单位	Unit below county	205790
(一)农、林、牧、渔业	Farming, forestry, animal husbandry and fishery	18217
1.农业	Farming	1510
2.林业	Forestry	1372
3.畜牧业	Animal husbandry	3191
4.渔业	Fishery	
5.农、林、牧、渔服务业	Farming, forestry, animal husbandry and fishery services	12144
(二)采矿业	Excavation	5154
(三)制造业	Manufacturing	114748
(四)电力、煤气及水的生产和供应业	Electric power, gas and water production and supply	13763
(五)建筑业	Construction	33104
1.房屋和土木工程建筑业	Building construction	29719
2.建筑安装业	Installment	2818
3.建筑装饰业	Decoration	505
4.其他建筑业	Others	62
(六)交通运输、仓储及邮政业	Transportation, storage, post and telecommunication	52492
1.铁路运输业	Railway transportation	
2.道路运输业	Highway transportation	8849
3.城市公共交通业	Public transport	7026
4.水上运输业	Waterway	
5.航空运输业	Air transportation	2770
6.管道运输业	Pipeline transportation	238
7.装卸搬运和其他运输服务业	Transport service	301
8.仓储业	Storage	30064
9.邮政业	Post services	3244
(七)信息传输、计算机服务和软件业	Information computer service and software	5823
1.电信和其他信息传输服务业	Telecommunication and other service	5683
2.计算机服务业	Computer applied and services	125
3.软件业	Software	15
(八)批发和零售业	Wholesale and retail trade	30243
1.批发业	Wholesale	24478
2.零售业	Retail trade	5765
(九)住宿和餐饮业	Hotel and catering service	7072
1.住宿业	Hotels	6279
2.餐饮业	Catering services	793
(十)金融业	Finance	17474
1.银行业	Banking	16059

NUMBER OF STAFF AND WORKERS

unit: person

State owned	集体 Collective owned		其他 Others	
#市区 District	全市 Total	#市区 District	全市 Total	#市区 District
441923	**94026**	**82876**	**195086**	**176421**
160144				
104118				
114778				
55065				
3775	181	24	452	452
508	9	9		
570				
757			452	452
1940	172	15		
5149			3675	3360
106790	62597	59744	117924	100712
9955			7700	7495
29815	7779	7631	14483	14413
26548	7512	7372	11938	11868
2733	241	236	1104	1104
472	26	23	1433	1433
62			8	8
24050	3006	2923	3787	3234
			63	63
3719	1383	1379	1226	673
6998	228	149	1656	1656
2770			213	213
238	434	434	228	228
260	120	120	310	310
7534	68	38	91	91
2531	803	803		
4430			2479	3479
4290			1760	1760
125			118	118
15			1601	1601
14911	6016	3410	17486	17336
10670	3148	1904	6216	6066
4241	2868	1506	11270	11270
6576	647	631	6841	6841
5834	410	394	4568	4568
742	237	237	2273	2273
14110	3492	531	4539	4539
13021	3492	531	3604	3604

3－5续表1　continued1

		国　　有
		全　　市 Total
2. 证券业	Securities	56
3. 保险业	Insurance	1179
4. 其他金融活动	Other finance services	180
(十一)房地产业	Real estate	5868
其中:1. 房地产开发经营	Real estate developing	1592
2. 物业管理	Management	3042
3. 房地产中介服务	Medium services	
(十二)租赁和商务服务业	Lease and service	8413
1. 租赁业	Leases	135
2. 商务服务业	Services	8278
(十三)科学研究、技术服务和地质勘查业	Scientific research and polytechnic services	27963
1. 研究与试验发展	Scientific research	10731
2. 专业技术服务业	Technical services	13828
3. 科技交流和推广服务业	Technical developing and services	1002
4. 地质勘查业	Geological prospection	2402
(十四)水利、环境和公共设施管理业	Water conservancy, environment and public services	20765
1. 水利管理业	Water conservancy	4524
2. 环境管理业	Environment	5605
3. 公共设施管理业	Public management	10636
(十五)居民服务和其他服务业	Resident service	2366
1. 居民服务业	Resident services	685
2. 其他服务业	Other social services	1681
(十六)教育	Education	118661
其中:1. 初等教育	Primary education	41179
2. 中等教育	Middle education	36676
3. 高等教育	Higher education	35712
(十七)卫生、社会保障和社会福利业	Healthcare, social welfare	34981
1. 卫生	Health care	33416
2. 社会保障业	Social security	491
3. 社会福利业	Social welfare	1074
(十八)文化、体育和娱乐业	Culture, sports and recreation services	16698
1. 新闻出版业	Newspaper	7009
2. 广播、电影、电视和音像业	Radio, film and TVset	3784
3. 文化艺术业	Culture and art	4182
4. 体育	Sports	1517
5. 娱乐业	Recreation services	206
(十九)公共管理和社会组织	Public management and social organization	67247
其中:1. 中国共产党机关	Communist party	2855
2. 国家机构	Government agencies	62366
3. 人民政协和民主党派	Party agencies	621
4. 群众团体、社会团体和宗教组织	Social organizations	1405
(二十)国际组织	International organizations	

单位:人 unit:person

State owned	集　　体 Collective owned		其　　他 Others	
#市　　区 District	全　　市 Total	#市　　区 District	全　　市 Total	#市　　区 District
56			497	497
853			409	409
180			29	29
4761	340	330	7658	7658
1220			3450	3450
2924	324	324	4044	4044
			78	78
7617	1455	1451	3224	3084
135			27	27
7482	1455	1451	3197	3057
25828	614	514	1930	1910
10731	62	62	434	434
12475	531	431	1445	1425
807	21	21	51	51
1815				
15231	2775	2395	313	313
1916	107			
3761	2548	2275	53	53
9554	120	120	260	260
2168	988	987	40	40
487	93	92	37	37
1681	895	895	3	3
72473	407	407	1270	985
14221	95	95		
18509	13	13	565	510
35425			593	363
24846	2960	1262	153	153
23648	2718	1020		
312				
886	242	242	153	153
14805	551	520	422	417
6986	264	264	92	87
2792				
3395	210	179	62	62
1426	54	54	29	29
206	23	23	239	239
46815	218	116		
2271				
42810	218	116		
544				
1190				

3－6 全市在岗职工工资总额

单位:千元

		国 有
		全 市 Total
总 计	**Total**	**8719069**
中央单位	Centre unit	3896671
省属单位	Provincial unit	1569361
市属单位	Unit belong to city	1538097
县及县以下单位	Unit below county	1714940
(一)农、林、牧、渔业	Farming, forestry, animal husbandry and fishery	109591
1.农业	Farming	7116
2.林业	Forestry	6406
3.畜牧业	Animal husbandry	16952
4.渔业	Fishery	
5.农、林、牧、渔服务业	Farming, forestry, animal husbandry and fishery services	79117
(二)采矿业	Excavation	47743
(三)制造业	Manufacturing	2045650
(四)电力、煤气及水的生产和供应业	Electric power, gas and water production and supply	253580
(五)建筑业	Construction	353493
1.房屋和土木工程建筑业	Building construction	303021
2.建筑安装业	Installment	45300
3.建筑装饰业	Decoration	4475
4. 其他建筑业	Others	697
(六)交通运输、仓储及邮政业	Transportation, storage, post and telecommunication	551056
1.铁路运输业	Railway transportation	
2.道路运输业	Highway transportation	67752
3. 城市公共交通业	Public transport	100928
4. 水上运输业	Waterway	
5.航空运输业	Air transportation	91344
6.管道运输业	Pipeline transportation	5404
7. 装卸搬运和其他运输服务业	Transport service	10801
8.仓储业	Storage	205431
9.邮政业	Post services	69396
(七)信息传输、计算机服务和软件业	Information computer service and software	172104
1. 电信和其他信息传输服务业	Telecommunication and other service	170478
2.计算机服务业	Computer applied and services	1472
3. 软件业	Software	154
(八)批发和零售业	Wholesale and retail trade	247332
1.批发业	Wholesale	206237
2.零售业	Retail trade	41095
(九)住宿和餐饮业	Hotel and catering service	67691
1. 住宿业	Hotels	61261
2.餐饮业	Catering services	6430
(十)金融业	Finance	383318
1. 银行业	Banking	354335

NUMBER OF STAFF AND WORKERS

unit:1000yuan

State owned	集　　体 Collective owned		其　　他 Others	
#市　区 District	全　市 Total	#市　区 District	全　市 Total	#市　区 District
7476831	**761583**	**688541**	**2961015**	**2811218**
3804603				
1497474				
1499486				
675268				
30282	1229	268	3462	3462
2115	130	130		
2387				
5334			3462	3462
20446	1099	138		
47713			31220	29270
1999164	486812	467250	1965787	1826917
216498			146694	144517
331761	65123	64054	148051	147807
282194	61453	60416	127580	127336
44539	3463	3440	6283	6283
4331	207	198	14036	14036
697			152	152
372946	32625	32063	56253	51790
			912	912
31593	6083	6056	12331	7868
100525	1152	617	30597	30597
91344			3063	3063
5404	12715	12715	6316	6316
10311	1154	1154	1827	1827
75658	276	276	1207	1207
58111	11245	11245		
145960			104960	104960
144334			69558	69558
1472			1427	1429
154			33975	33975
155666	37649	29087	155681	154556
122513	21157	17951	60495	59370
33153	16492	11136	95186	95186
64376	4074	4017	69333	69333
58346	2691	2634	54545	54545
6030	1383	1383	14788	14788
337916	36542	7011	72148	72148
311590	36542	7011	54452	54452

3-6续表1 continued1

		国有
		全市 Total
2. 证券业	Securities	840
3. 保险业	Insurance	22657
4. 其他金融活动	Other finance services	5486
(十一)房地产业	Real estate	87800
其中:1. 房地产开发经营	Real estate developing	25343
2. 物业管理	Management	43624
3. 房地产中介服务	Medium services	
(十二)租赁和商务服务业	Lease and service	141019
1. 租赁业	Leases	1929
2. 商务服务业	Services	139090
(十三)科学研究、技术服务和地质勘查业	Scientific research and polytechnic services	482550
1. 研究与试验发展	Scientific research	223519
2. 专业技术服务业	Technical services	223937
3. 科技交流和推广服务业	Technical developing and services	11483
4. 地质勘查业	Geological prospection	23611
(十四)水利、环境和公共设施管理业	Water conservancy, environment and public services	211638
1. 水利管理业	Water conservancy	44015
2. 环境管理业	Environment	49699
3. 公共设施管理业	Public management	117924
(十五)居民服务和其他服务业	Resident service	32605
1. 居民服务业	Resident services	10208
2. 其他服务业	Other social services	22397
(十六)教育	Education	1856544
其中:1. 初等教育	Primary education	423637
2. 中等教育	Middle education	455276
3. 高等教育	Higher education	895690
(十七)卫生、社会保障和社会福利业	Healthcare, social welfare	539877
1. 卫生	Health care	519367
2. 社会保障业	Social security	7435
3. 社会福利业	Social welfare	13075
(十八)文化、体育和娱乐业	Culture, sports and recreation services	213397
1. 新闻出版业	Newspaper	102848
2. 广播、电影、电视和音像业	Radio, film and TVset	35551
3. 文化艺术业	Culture and art	53263
4. 体育	Sports	19960
5. 娱乐业	Recreation services	1775
(十九)公共管理和社会组织	Public management and social organization	922081
其中:1. 中国共产党机关	Communist party	40353
2. 国家机构	Government agencies	852194
3. 人民政协和民主党派	Party agencies	8743
4. 群众团体、社会团体和宗教组织	Social organizations	20791
(二十)国际组织	International organizations	

单位:千元 unit:1000yuan

State owned	集 体 Collective owned		其 他 Others	
#市 区 District	全 市 Total	#市 区 District	全 市 Total	#市 区 District
840			10178	10178
20000			7161	7161
5486			357	357
79607	3709	3630	101031	101031
22989			45338	45338
42775	3586	3610	54051	54051
			875	875
136238	12962	13016	51488	50648
1929			496	496
134309	12962	13016	50992	50152
468106	6154	8544	32436	32308
223519	572	572	11744	11744
213005	5153	5037	20013	19885
10264	429	429	679	679
21318				
177448	29371	27157	4669	4669
26186	619			
40499	27447	25852	607	607
110763	1305	1305	4062	4228
30767	6720	6718	515	515
8370	561	559	427	427
22397	6159	6159	88	88
1468639	4095	4095	12774	12774
202603	1320	1320		
298072	220	220	5570	5570
893019			5575	5575
464769	24651	15463	790	790
448032	22438	13250		
4986				
11751	2213	2213	790	790
202295	6935	6654	3723	3723
102700	3778	3778	1399	1399
29834				
48756	2522	2241	191	191
19230	582	582	226	226
1775	53	53	1907	1907
746680	2932	2094		
35536				
684079	2932	2094		
8005				
19060				

3－7　全市在岗职工平均工资

单位:元

		国　有
		全　市 Total
总　　计	**Total**	**14378**
中央单位	Centre unit	23251
省属单位	Provincial unit	14259
市属单位	Unit belong to city	12594
县及县以下单位	Unit below county	8300
(一)农、林、牧、渔业	Farming, forestry, animal, husbandry and fishery	5956
(二)采矿业	Excavation	9242
(三)制造业	Manufacturing	17241
(四)电力、煤气及水的生产和供应业	Electric power, gas and water production and supply	18622
(五)建筑业	Construction	10224
(六)交通运输、仓储及邮政业	Transportation, storage, post and telecommunication	10416
(七)信息传输、计算机服务和软件业	Information, computer services and software	30093
(八)批发和零售业	Wholesale and retail trade	8170
(九)住宿和餐饮业	Hotels and catering services	9614
(十)金融业	Finance	22081
(十一)房地产业	Real estate	15198
(十二)租赁和商务服务业	Lease and services	16935
(十三)科学研究、技术服务和地质勘查业	Scientific research and polytechnic services	17276
(十四)水利、环境和公共设施管理业	Water conservancy	9719
(十五)居民服务和其他服务业	Resident service	13810
(十六)教育	Education	15706
(十七)卫生、社会保障和社会福利业	Healthcare, social welfare	15490
(十八)文化、体育和娱乐业	Culture, sports and recreation services	12712
(十九)公共管理和社会组织	Public management and organizations	13830
(二十)国际组织	Internation organizations	

AVERAGE WAGE OF STAFF AND WORKERS EMPLOYED

unit:yuan

State owned	集 体 Collective owned		其 他 Others	
#市 区 District	全 市 Total	#市 区 District	全 市 Total	#市 区 District
17056	**7965**	**8151**	**15167**	**15919**
23635				
14468				
12583				
12339				
7839	6790	11167	9016	9016
9245			8887	9133
18067	7657	7694	16637	18093
22006			20959	21271
10939	8243	8265	10122	10154
15422	9567	9637	14718	15843
33286			29147	29147
10178	6173	8327	8449	8457
9828	6063	6123	10258	10258
24108	10479	13431	15850	15850
17032	13390	13596	13634	13634
18119	8723	8733	15891	16338
18142	10206	12004	17072	17185
10913	10456	11167	14822	14822
14224	6822	6827	12875	12875
20480	10061	10061	13604	13604
18736	8308	12176	5064	5064
13586	12819	13047	9620	9620
16136	13450	17897		

3-8 1991-2003 年全市职工人数
NUMBER OF STAFF AND WORKERS(1991-2003)

单位:人 unit:person

年份 Year	国有 State owned		集体 Collective owned		其他 Others	
	全市 Total	#市区 District	全市 Total	#市区 District	全市 Total	#市区 District
1991	895105	675007	437087	347024	9353	7656
1992	930376	701544	436387	346452	22011	19593
1993	917552	690799	379703	314004	50863	49939
1994	958917	714394	349364	284027	58723	52466
1995	958517	745656	308646	255899	72238	64645
1996	962465	743764	281711	233661	74548	66011
1997	961009	736223	258096	210327	80160	69112
1998	910218	686610	234146	190138	125229	109538
1999	884816	659924	213597	168667	148712	134277
2000	866880	636210	200355	156562	156691	143264
2001	808387	586552	182329	139287	193220	169853
2002	781499	555012	160367	119412	217059	196817
2003	772739	544843	150348	109531	225920	205131

统计资料
STATISTICS

固定资产投资
INVESTMENT IN FIXED ASSETS

第四篇　固定资产投资

2003年我市固定资产投资率达29.1%，比上年提升了1.2个百分点，投资贡献率达36.8%，比上年提升了12.7个百分点，投资拉动全市经济增长6个百分点，比上年提升了2.5个百分点。

我市投资当年走势有如下特点：

1、投资总量全面扩张，各类投资高速增长。2003年我市累计完成全社会固定资产投资389.6亿元，超出计划目标24.6亿元，同比增长21.6%，增幅高于上年9.2个百分点，其中：基本建设完成投资145亿元，同比增长20.6%，比上年提高了6.5个百分点；更新改造完成投资87.9亿元，同比增长44.7%，比上年提高了30个百分点；房地产开发完成投资77.7亿元，同比增长27.7%，比上年提高了2.4个百分点。

2、投资规模不断增大，为后续发展奠定基础。2003年我市基本建设施工项目个数达289个，比去年同期增加45个，同比增长18.4%，其中新开工项目198个，比去年同期增长8.8%，基本建设房屋施工面积达540.9万平方米，比去年同期增长10%；在基建、更改、其他投资项目中，计划总投资10亿元以上项目14个，完成投资45.4亿元，计划总投资亿元以上项目112个，完成投资168.9亿元，占三大投资的68.2%。

3、第二产业投资比重攀升，工业投资继续高位运行。今年在国家振兴东北老工业基地政策的指引下，我市调整投资结构，加大工业投资力度，从年初到现在工业投资一路看长，增速一直保持在30%以上，到年底全市用于工业投资达120.9亿元，同比增长54.2%，占四大投资的比重达37.2%，比去年同期提高5.8个百分点，其中制造业投资达106.8亿元，同比增长48%，在工业投资增长的拉动下，全年第二产业完成投资127.7亿元，同比增长58.7%，，比第三产业完成投资增幅快41.6个百分点，所占比重达39.3%，比去年同期提高了7个百分点。

4、个体私营投资迅猛增长，非国有投资比重增大。2003年在我市四大投资中，国有经济投资达151.4亿元，同比增长27.6%，所占比重达46.5%；非国有经济投资达173.9亿元，同比增长33%，所占比重达53.5%，比上年提升了1.1个百分点；其中个体私营投资达29.3亿元，比上年增长76.4%，增速为各经济类型之首，所占比重达9%，比上年提高了2.3个百分点；港澳台外商投资达39.3亿元，同比增长48.5%；民间投资达134.6亿元，同比增长29.1%。

5、经济适用房价位走低，销售良好。2003年我市商品房销售建筑面积达185.3万平方米，同比增长2.9%，商品房销售额达40.7亿元，同比下降1.1%，其中经济适用住房销售建筑面积为69.7万平方米，同比增长47.9%，销售额达10.7亿元，同比增长44%，经济适用住房每平方米平均售价比上年下降了2.7%。二手房交易日趋平稳。全年存量房成交14788宗，成交面积167.3万平方米，同比增长85.5%；成交金额24.2亿元，同比增长1.2倍。

6、资金到位情况良好。2003年我市四大种类投资共到位资金351.8亿元，比上年增长30.6%，其中66%的资金来自于自筹资金，14.8%的资金来自于国内贷款，9.4%的资金来自于其他资金，3.9%的资金来自国家预算内资金，只有0.4%的资金是利用外资；与上年所占比重相比，自筹资金上升了0.7个百分点，国家预算内资金上升了0.9个百分点；国内贷款上升了1.8个百分点；利用外资下降了0.6个百分点；其他资金下降了1.6个百分点，这说明自筹资金和国内贷款已成为我市投资资金的主要来源，同时我们还应在利用外资和调动民营资本上下功夫。

纵观我市投资发展态势，2003年投资是近几年来总量增加最多，速度增长最快的一年，今年投资纯增69.1亿元，比2002年纯增量多33.6亿元，比2001年多19.3亿元，比2000年多28.3亿元，增幅比2000年快0.6个百分点，比2001年快0.4个百分点，比2002年快9.2个百分点。这主要是中央企业带动的结果，特别是在更新改造投资中更为明显，2003年中央企业完成更改投资46.4亿元，同比增长63.1%，增幅比地方投资快34.6个百分点，所占比重达52.8%，比上年提升了6个百分点。

4－1　1991－2003年全社会固定资产投资总额
TOTAL OF INVESTMENT IN FIXED ASSETS(1991～2003)

单位:万元　　unit:10 000 yuan

年 份 Year	固定资产投资总额 Total	基本建设 Captial construction	更新改造 Innovation	其他投资 Others	房地产投资 Real estate	农村集体 Rural collective	城镇私人建房 Urban private	农村私人建房 Rural private
1991	290749	136076	69898	12890	29299	14352	9271	18963
1992	450808	218042	92600	18756	52877	28345	17016	23172
1993	687673	322454	131894	24978	109568	53052	20680	25047
1994	961008	430701	154463	29646	230840	63305	26215	25838
1995	1086570	474862	215382	38785	226138	76430	26035	28938
1996	1205555	573973	236484	38160	192506	101995	32001	30436
1997	1060320	454696	200814	33009	139689	160878	38482	32752
1998	1416535	507416	254283	61878	161594	336181	59228	35955
1999	1944338	701282	354519	39754	215955	494290	63317	39221
2000	2352422	850330	437508	56032	303296	584810	74460	45986
2001	2850446	1054118	529811	69078	485481	572943	86464	52551
2002	3204576	1202562	607447	75480	608399	556648	99532	54508
2003	3896440	1479758	930996	65672	777020	515059	72022	55913

4－2　全社会固定资产投资完成额
TOTAL OF INVESTMENT IN FIXED ASSETS

单位:万元　　unit:10 000 yuan

		合计 Total	基本建设 Captial construction	更新改造 Innovation	其他投资 Others	房地产开发 Real estate developing	农村集体 Rural collective	城镇私人建房 Urban private	农村私人建房 Rural private
总　　计	Total	**3896440**	**1479758**	**930996**	**65672**	**777020**	**515059**	**72022**	**55913**
一、按隶属关系分	Grouped by adminstrative relationship								
1.中央	Centre	719027	228589	463691		26747			
2.省	Province	184209	150433	14462		19314			
3.地区	Prefecture	929372	655416	139245	29000	105711			
4.县	County	181273	132548	41331	124	7270			
5.其他	Others	1882559	312772	272267	36548	617978	515059	72022	55913

4－3 2003年全市固定资产投资完成额

单位:万元

		本年完成投资 Investment completed	
		全 市 Total	#市 区 District
总 计	**Total**	**2476426**	**2214647**
一、按构成分	Grouped by use of funds		
1.建筑工程	Construction	1463529	1307466
2.安装工程	Installation	151499	118683
3.设备工器具购置	Purchase of equipment and instrument	704857	640127
4.其他费用	Others	156541	148371
二、按建设性质分	Grouped by type of construction		
1.新建	New construction	889355	811193
2.扩建	Expansion	1131885	1027246
3.改建	Reconstruction	300188	234140
4.单纯建造生活设施	Dwelling	31516	19891
5.迁建	Remove construction	49213	48713
6.恢复	Renew construction	8500	8500
7.单纯购置	Purchase of building	65769	64964
三、按行业分	Grouped by sector		
1.农林牧渔服务业	Farminy, forestry, animal husbandry and fishery	2624	2152
2.采掘业	Excavation	5346	4746
3.制造业	Manufacturing	1068455	984429
4.电力、煤气及水的生产和供应业	Production and supply of teletric power, gas and water	135112	78902
5.建筑业	Construction	68451	27947
6.交通运输、仓储及邮电通信业	Transportation, storage, post and telecommunication	165639	145530
7.信息传输、计算机服务和软件业	Information,computer services and software	58399	55299
8.批发和零售业	Wholesale and retail trade	91262	82962
9.住宿和餐饮业	Hotel and catering service	17718	17718
10.金融业	Finance	7899	7899
11.房地产业	Real estate	70878	70678
12.租赁和商务服务业	Lease and service	20673	20673
13.科学研究、技术服务和地质勘查业	Scientific research and polytechnic services	18540	18400
14.水利、环境和公共设施管理业	Water conservancy,environment and public services	152465	136622
15.居民服务和其他服务业	Resident services	7060	7060
16.教育	Education	230846	221398
17.卫生、社会保障和社会福利业	Health care,social welfare	27826	23355
18.文化、体育和娱乐业	Culture sports and recreation services	70725	70707
19.公共管理和社会组织	Public management and social organization	256508	238170

TOTAL OF INVESTMENT IN FIXED ASSETS

unit:10 000 yuan

基本建设 Capital construction		更新改造 Innovation		其他投资 Others	
全 市 Total	#市 区 District	全 市 Total	#市 区 District	全 市 Total	#市 区 District
1479758	**1277680**	**930996**	**871295**	**65672**	**65672**
1137904	996019	289365	275187	36260	36260
68596	46687	57908	47001	24995	24995
159350	126726	543195	511089	2312	2312
113908	108248	40528	38018	2105	2105
802360	724198	66835	66835	20160	20160
419250	362107	667535	620039	45100	45100
160269	105621	139919	128519		
31516	19891				
3701	3201	45512	45512		
8500	8500				
54162	54162	11195	10390	412	412
2624	2152				
		5346	4746		
187989	152289	857078	808752	23388	23388
111514	63154	23598	15748		
61451	20947	2000	2000	5000	5000
143174	125990	22465	19540		
56199	53099	2200	2200		
63162	54862			28100	28100
11718	11718			6000	6000
7899	7899				
70878	70678				
18483	18483	2130	2130	60	60
16480	16340	2060	2060		
152345	136502	120	120		
2200	2200	4060	4060	800	800
227554	218106	968	968	2324	2324
24551	20080	3275	3275		
69732	69714	993	993		
251805	233467	4703	4703		

4－4　2003年长春市固定资产投资总额(四大投资)
TOTAL OF INVESTMENT IN FIXED ASSETS(2003)(FOUR PROJECTS)

单位:万元　　　　unit:10000 yuan

		2003
总　　计	**Total**	**3253446**
一、按隶属关系分	Grouped by administrative relationship	
1.中央	Centre	719027
2.省	Province	184209
3.地区	Prefecture	929372
4.县	County	181273
5.其他	Other	1239565
二、按产业分组	Grouped by industries	
1.第一产业	Primary industry	2624
2.第二产业	Secordary industry	1277364
3.第三产业	Tertiary industry	1973458
三、按行业分组	Grouped by sector	
1.农、林、牧、渔业	Farming,forestry,animal husbandry and fishery	2624
2.采掘业	Excavation	5346
3.制造业	Manufacturing	1068455
4.电力、煤气及水的生产供应业	Production and supply of electric power, gas and water	135112
5.建筑业	Construction	68451
6.交通运输、仓储及邮政业	Transportation, storage, post and telecommunication	165639
7.信息传输、计算机服务和软件业	Information,computer services and software	58399
8.批发和零售业	Wholesale and retail trade	91262
9.住宿和餐饮业	Hotels and catering services	17718
10.金融、保险业	Finance and insurance	7899
11.房地产业	Real estate	847898
12.租赁和商务服务业	Lease services	20673
13.科学研究、技术服务业和地质勘查业	Scientific research and technic services	18540
14.水利、环境和公共设施管理业	Water conservancy,environment and public services	152465
15.居民服务和其他服务业	Resident services	7060
16.教育	Education	230846
17.卫生、社会保障和社会福利业	Health care,social secarity and welfare	27826
18.文化、体育和娱乐业	Culture sports and recreation services	70725
19.公共管理和社会组织	Public management and social organization	256508

注:按隶属关系分组中,不含农村私人建房,农村集体建房,城镇私建房。

Note:Total ivestment grouped by administrative relationship excluded raral individual house,collective house and urban individual house.

4－5 全社会房屋施工面积及竣工面积
FLOOR SPACE AND VALUE OF BUILDING COMPLETED

		合计 Total	其中:住宅 In which: building
施工房屋面积(平方米) Floor space of building under construction (sq·m)	合计 Total	12612550	5103653
	基建 Capital construction	5641944	1060330
	更改 Innovation	1270749	
	其他 Others	209060	
	房地产开发 Developing	5490797	4043323
竣工房屋面积(平方米) Floor space of building completed (sq·m)	合计 Total	5779713	2520818
	基建 Capital construction	2240918	529468
	更改 Innovation	636417	
	其他 Others	158560	
	房地产开发 Developing	2743818	1991350

4－6 城镇、工矿区和农村私人建房
BUILDING CONSTRUCTION BY INDIVIDUALS

		本年竣工房屋面积(平方米) Floor space of building completed (sq·m)		本年竣工房屋价值(万元) Value of building completed (10000 yuan)		建房户数(户) building construction (households)
		合计 Total	#住宅 House	合计 Total	#住宅 House	
一、城镇、工矿区私人建房	Urban area	714369	600321	72022	59668	6942
其中:农业户建房	In which: peasant households	179236	121611	9320	6241	1363
1.市	City	410161	410161	49219	49219	4327
2.县城	County	134518	74930	14218	4704	1410
其中:农业户建房	In which: peasant housholds	14946	11781	947	708	212
3.镇	Towns	169690	115230	8585	5745	1205
其中:农业户建房	In which: peasant households	164290	109830	8373	5533	1151

4－7 房地产开发投资完成情况
REAL ESTATE DEVELOPMENT

		本年完成投资(万元) Investment of completed (10000 yuan)		比重(%) Proporation (%)	
		全 市 Total	#市 区 District	全 市 Total	#市 区 District
总 计	**Total**	**777020**	**769750**		
其中:商品房建设投资额	In which: commercial houses	538046	531026		
土地开发投资额	Land developing	20158	20158		
一、按构成分	Grouped by use of funds			100.0	100.0
建筑工程	Construction	497391	490371	64.0	63.7
安装工程	Installation	60219	60219	7.7	7.8
设备工器具购置	Purchase of equipment and instruments	12279	12279	1.6	1.6
其他费用	Others	207131	206881	26.7	26.9
二、按工程用途分	Grouped by use of construction			100.0	100.0
住宅	House	528272	521902	68.0	67.8
其中:别墅、高档公寓	In which: villa				
经济适用房	Ordinary house	104208	102538	13.4	13.3
办公楼	Office building	19703	19703	2.5	2.5
商业营业用房	Business operating building	197914	197644	25.5	25.7
其他	Other	31131	31131	4.0	4.0
三、本年新增固定资产	Newly fixed assets	476893	469623		

统计资料
STATISTICS

能源消费与库存
CONSUMPTION AND STORAGE OF ENERGY

5－1 工业企业能源购进、消费及库存(2003)
ENERGY BALANCE SHEET(2003)

能源名称 Item		计量单位 unit	年初库存 Stock	购进量 Purchase		消费量 Comsumes					年末库存 Stock
				实物量 Material	金额(万元) Amount (10000yuan)	合计 Total	1.工业生产消费 Productive	用于原材料 Raw materials	2.非工业生产消费 Non productive	在合计中:车辆用油 Vehicles	
原煤	Coal	吨 ton	857985	8402330	169938.61	8356840	8159594	16666	197246		790003
洗精煤	Fine coal washing	吨 ton		793438	32946	793438	793438				
其他洗煤	Other coal washing	吨 ton	48170	282223	4100.1	322572	322407	3107	165		6245
型煤	Model coal	吨 ton	1069	26811	631.69	22929	17193		5736		4951
焦炭	Coke	吨 ton	3931	56097	6435.19	57571	57571	75			2605
焦炉煤气	Coal gas	万立方米 10000cu.m		2	3.4	9771	9771				
其他煤气	Other gas	万立方米 10000cu.m		28	48	28	26		2		
天然气	Natural gas	万立方米 10000cu.m		12685	13220.71	10905	10022		883		
原油	Crude oil	吨 ton	3687	219765	36900.9	222122	222122				1330
汽油	Gasline	吨 ton	549	7954	2929.23	7906	4591		3315	3129	409
煤油	Kerosene	吨 ton	61	585	197.28	652	636		16		20
柴油	Diesel oil	吨 ton	2041	19897	6236.59	17978	14899		3079	2996	3790
燃料油	Fuel oil	吨 ton		3858	437.2	3858	3858				
炼厂干气	Coking gas	吨 ton				5529	5529				
其他石油制品	Other oil products	吨 ton		21	8.3	21	21				
热力	Heat	百万千焦 1 million kilo－joule		1634948	6835.35	13982448	8296040		5686408		
电力	Electricity	万千瓦时 10000kwh		308112	147869.44	314833	294483		20350		
能源合计	Total ofenergy	吨标准煤 tonSCE	636975	8690307	428737.99	9172945	8732959	13251	439986	9022	567278

5－2 主要能源按工业行业分组消费量(2003)

		原 煤(吨) Coal (ton)	洗精煤(吨) Fine coal washing (ton)	其他洗煤(吨) Other coal washing (ton)
总 计	**Total**	**8356840**	**793438**	**322572**
采矿业	Excavation	8407		
煤炭开采和洗选业	Coal mining and dressing	8407		
制造业	Manufacturing	3706407	35600	322572
农副食品加工业	Food processing	12084	30000	90000
食品制造业	Food production	45865		
饮料制造业	Beverage production	49437		
烟草制造业	Tobacco processing	7382		
纺织服装、鞋、帽制造业	Clothing, shoes and hats	5876		
木材加工及木、竹、藤、棕、草制品业	Timber, bamboo, cane palm fiber & straw products	8120		
造纸及纸制品业	Paper making and paper products	17320		
印刷业和记录媒介的复制	Printing medium reproduction	13899		
石油加工、炼焦及核燃料加工业	Petroleum processing and coking	138		
化学原料及化学制品制造业	Raw chemical materials and products	12948		
医药制造业	Medical and pharmaceutical products	237178		
橡胶制品业	Rubber products	37666		
塑料制品业	Plastic products	220		
非金属矿物制品	Nonmeter mineral products	1868731		228333
黑色金属冶炼及压延加工业	Smelting of ferrous metals	15889	5600	
金属制品业	Metal products	8630		
通用设备制造业	Ordinary machinery	11716		
专用设备制造业	Equipment for special purposes	26471		
交通运输设备制造业	Transportation equipment	1280061		4239
电气机械及器材制造业	Electric equipment	935		
仪器仪表及文化、办公用机械制造业	Instruments, maters cultural and office machinery	43761		
工艺品及其他制造业	Art and others	2080		
电力、燃气及水的生产和供应业	Production and supply of electric power, steam and hot water	4642026	757838	
电力、热力的生产和供应业	Electricity, heat power	4593593		
燃气生产和供应业	Production and supply of gas	32568	757838	
水的生产和供应业	Production and supply of water	15865		

TOTAL ENERGY CONSUMPTION BY SECTOR (2003)

型　煤 (吨) Model (ton)	焦　炭 (吨) Coke (ton)	其他焦化产品 (吨) Other coke (ton)	焦炉煤气 (万立方米) Coal gas (10000cu·m)	燃料油 (吨) Fuel oil (ton)	液化石油气 (吨) Liquefied oil (ton)	炼厂干气 (吨) Coking gas (ton)	其他石油制品 (吨) Other oil (ton)	热 力 (百万千焦) Heat (1millon KJ)
22929	**57571**		**9771**	**3858**		**5529**	**21**	**13982448**
3501	57571		2	3858		5529	21	13982448
								17623
150								
	2					5529		
30								51392
								9555
								1203
	16309							
	3008						19	22462
205	2107							8667
				3858			2	13642353
3116	35940		2					
								165145
	120							64048
	85							
19428			9769					
4063								
			9769					
15365								

5－2续表1

		电 力（万千瓦时）Electricity (10000 Kwh)	其他燃料（吨标准煤）Other fuel (ton SCE)	高炉煤气（万立方米）Coal gas (10000cu·m)
总　　计	**Total**	**314833**		
采矿业	Excavation	828		
煤炭开采和洗选业	Coal mining and dressing	828		
制造业	Manufacturing	239045		
农副食品加工业	Food processing	8120		
食品制造业	Food production	1455		
饮料制造业	Beverage production	1270		
烟草制造业	Tobacco processing	424		
纺织服装、鞋、帽制造业	Clofhing, shoes and hats	573		
木材加工及木、竹、藤、棕、草制品业	Timber, bamboo, cane palm fiber & straw products	589		
造纸及纸制品业	Paper making and paper products	132		
印刷业和记录媒介的复制	Printing medium reproduction	1879		
石油加工、炼焦及核燃料加工业	Petroleum processing and coking	845		
化学原料及化学制品制造业	Raw chemical materials and products	31777		
医药制造业	Medical and pharmaceutical products	3446		
橡胶制品业	Rubber products	552		
塑料制品业	Plastic products	13203		
非金属矿物制品	Nonmeter mineral products	6893		
黑色金属冶炼及压延加工业	Smelting of ferrous metals	1107		
金属制品业	Metal products	727		
通用设备制造业	Ordinary machinery	1337		
专用设备制造业	Equipment for special purposes	152282		
交通运输设备制造业	Transportation equipment	559		
电气机械及器材制造业	Electric equipment	8426		
仪器仪表及文化、办公用机械制造业	Instruments, maters cultural and office machinery	3331		
工艺品及其他制造业	Art and others	118		
电力、燃气及水的生产和供应业	Production and supply of electric power, steam and hot water	74960		
电力、热力的生产和供应业	Electricity heat power	52896		
燃气生产和供应业	Production and supply of gas	3136		
水的生产和供应业	Production and supply of water	18928		

continuedl

其他煤气（万立方米）Other gas（10000cu·m）	天然气（万立方米）Natura gas（10000cu·m）	原　油(吨) Crude oil（ton）	汽油(吨) Gasline（ton）	煤油(吨) Kerosene（ton）	柴油(吨) Diesel oil（ton）
28	**10905**	**222122**	**7906**	**652**	**17978**
			66		104
			66		104
28	10905	222122	6733	652	12361
			185		914
			18		4
			287		947
			136		
			49		52
			10		4
			86		
		222122	104		5
			113		735
			337	16	15
			246		110
			26		59
	4065		427	311	1531
	10		17		455
			226	2	745
	181		194	1	1025
			187	6	259
28	6417		3654	237	5263
			28		
	232		212		233
			155	79	5
			36		
			1107		5513
			398		5265
			181		184
			528		64

统计资料
STATISTICS

财政
GOVERNMENT FINANCE

第六篇　财　　政

2003年，全市经济快速发展，财政收入继续保持较高的增长速度。

一、财政收入稳步增长，全面超额完成预算任务。

2003年，我市克服“非典”因素影响，采取积极措施，全市一般预算全口径财政收入完成134.8亿元，为预算的110.1%，比上年增长22.3%。其中，上划中央收入完成70.9亿元，增长23.3%；上划省收入完成17.9亿元，增长20.8%；留用收入46.0亿元，增长21.5%。分级次看，市本级收入完成62.9亿元，增长18.2%；各城区及开发区收入完成61.4亿元，增长27.8%，县(市)收入完成10.5亿元，增长17.7%。

二、财政支出结构进一步改善，有力地支持了全市经济与各项事业的发展。

2003年，全市财政支出完成85.8亿元，比上年增长22.5%。其中，科技三项费支出增长8.9%，抚恤和社会福利救济支出增长57.6%，社会保障补助支出增长29.3%，城市维护费支出增长6.5%。市本级财政支出41.5亿元，比上年增长18.3%。

在保工资、保稳定、保机构正常运转的前提下，积极调整支出结构，加大基本建设的财政投资力度，保障了各项重点支出的资金需要。全年共筹措资金14.1亿元，支持了龙家堡机场、轻轨二期工程等一批基础设施建设项目及“三路三桥”、“三北”工程和标准化街路等市里重点城建工程。

三、受特殊的税源结构影响，地方留用收入占全口径财政收入的比重仍然偏低。

尽管我市财政收入增长较快，但由于“两税”收入占全口径财政收入近60%，企业所得税、个人所得税、营业税三个主要税种的大部分又被中央和省分享，因此，大部分上划中央和省，地方留用收入十分有限。2003年，留用收入完成46亿元，仅占一般预算全口径财政收入的34.1%。

6-1 全市一般预算全口径财政收入
GOVERNMENT REVENUE BY REGION

单位:万元 unit:10000 yuan

		2003	同比增长(%) Increasing rate
全市收入总计	Total	**1348325**	**22.3**
1.市单列企业及市级固定收入	Income of enterprises of city level	629003	81.2
2.区 合 计	Total	613681	14.3
南 关 区	Nanguan	62330	14.3
宽 城 区	Kuancheng	52542	5.0
朝 阳 区	Chaoyang	92257	17.1
二 道 区	Erdao	50901	22.2
绿 园 区	Luyuan	89919	104.4
双 阳 区	Shuangyang	19772	20.2
经济开发区	Economic and technical developing area	111114	38.1
高新开发区	High-techical area	98166	24.7
净月开发区	Jingyue area	27025	9.0
汽贸城开发区	Vehiceles trade city developing	9655	25.3
3.县(市)合计	Total of city and county	105641	17.7
榆 树 市	Yushu	25036	49.0
农 安 县	Nongan	33029	31.9
德 惠 市	Dehui	24293	-10.3
九 台 市	Jiutai	23283	11.9

6－2 全市地方财政留用收入及财政支出

单位:万元

		2003	同比增减 (%) Increasing rate
收入合计	Total	**459709**	**21.5**
一、工商税收	Industrial and commercial tax	251046	15.1
增值税	Value added tax	60355	8.3
营业税	Business tax	68636	23.3
外投企业所得税	Income tax of foreign funds	19328	23.7
个人所得税	Income tax of individual	20503	－9.4
城市维护建设税	Tax on city maintenance and construction	34263	14.7
房产税	Tax on real estates	29202	17.8
印花税	Stamp tax	9010	40.2
城镇土地使用税	Tax on use of urban land	3036	145.2
车船税	Tax on vehiciles and ships	1684	34.3
其他各税	Others	5029	2.4
二、企业所得税	Income tax of enterprises	28402	－34.9
集体企业所得税	Income tax of collective owned	2573	－51.2
股份制企业所得税	Income tax of share holding	17606	－35.3
私营企业所得税	Income tax of private enterprises	1953	－13.6
其他企业所得税	Others	6270	－29.4
三、企业所得税退税	Drawback		
四、国有企业计划亏损补贴	Subsidies enterprises	－4826	－3.0
五、农业税	Agriculture tax	35649	76.6
六、农业特产税	Tax on special agricultural products	436	－38.1
七、耕地占用税	Tax on use of land	15749	51.3
八、契税	Contract tax	24835	53.8
九、罚没行政性收费收入	Penalty	70765	51.4
十、专项收入	Special income	18525	－18.1
排污费收入	Sewage treatment	6116	22.4
城市水资源费收入	Urban water resources	267	151.9
教育费附加收入	Extra－charge for education	12142	－30.7
十一、其他收入	Others	19218	311.6

FINAL STATEMENT OF GOVERNMENT REVENUE AND EXPENDITURE

unit:10000yuan

		2003	同比增减 (%) Increasing rate
支出合计	Total	**858308**	**22.5**
一、基本建设支出	Expenditure for capital construction	79767	15.1
二、企业挖潜改造资金	Innovation funds of enterprise	24960	151.5
三、科技三项费	Science and technology promotion funds	9465	8.9
四、农业支出	Agricultural expendiure	25347	20.3
五、林业支出	Forestry expenditure	2299	-42.9
六、水利和气象支出	Water conserancy expenditure	9869	78.2
七、工业交通等部门的事业费	Operating expenses of industrial department	9980	38.5
八、流通部门事业费	Operating expenses of comerce	2009	36.6
九、文体广播事业费	Expenses of culture sports and radio	17905	32.1
十、教育支出	Expenses of education	124778	11.2
十一、科学支出	Expenses of science	1906	32.7
十二、医疗卫生支出	Expenses of health care	32947	-1.5
十三、其他部门的事业费	Expenses of tax department	52300	77.9
十四、抚恤和社会福利救济	Pension and relief	39953	57.6
十五、行政事业单位离退休经费	Expenses retired	71266	10.4
十六、社会保障补助支出	Social welfare	77702	29.3
十七、行政管理费	Adminstration expenses	90209	22.5
十八、公检法司支出	Sucriey, procuratory and court	72866	31.1
十九、城市维护费	City maintainamne	50667	6.5
二十、价格补贴支出	Price subsidies	2682	6.2
廿一、专项支出	Special expenditurse	17452	-20.4
排污费支出	Sewage treatment	4416	-22.7
城市水资源费支出	Urban water resources	275	157.0
教育附加支出	Extra-charge for education	12386	-22.6
探矿权采矿权使用费	Subsidies for mining	375	260.6
廿二、其他各类支出	Others	41979	30.9
廿三、总预备费	Prepare expenses		

统计资料
STATISTICS

物价
PRICE

第七篇　物　　价

2003年，粮、油、菜等部分食品及居民水价上升，领涨我市消费价格总水平上涨1%，零售价格总水平上涨0.7%。

1、粮油及副食品价格上涨从今年11月份开始，长春市粮食市场价格摆脱了多年低位徘徊局面，开始回升。11和12月份，粮价同期比均上涨2.4%，影响全年粮价平均上涨0.7%，其中，大米上涨0.8%，面粉上涨2.3%，黄豆价格上涨12.7%。

受粮价上涨影响，油脂和豆制品价格均有不同程度的上涨。

今年，我国大豆主产区受灾减产，加上国家控制转基因大豆进口，北京、江苏、河北、山东等各大食品加工企业纷纷到东北采购大豆，导致大豆出现需求拉动涨价12.7%，影响全年油脂价格上涨12.2%，其中植物油上涨12.4%，植物油制品上涨11.9%。主要品种豆油上涨26.6%，色拉油上涨15.2%，调和油上涨13.6%，干豆腐上涨7%。

从下半年开始，北京等城市猪肉价格上涨较高，使长春市部分生猪外流，供应量下降，猪肉价格全面上升。7、8月，猪肉(后腿肉)价格涨到每千克11元，同比分别上涨1%，到11、12月份，价格再升至每千克12元，全年，猪肉价格平均上涨2.1%，牛肉上涨3.3%，羊肉上涨2.8%。

2、鲜菜价格涨幅较大 主要是前四月份进菜涨价

今年，长春市鲜菜价格平均上涨16.8%，主要是头4个月涨幅过大所致。这期间，广东、海南、山东等外埠产区鲜菜受灾减产，加之节日需求增大和"非典"因素影响，价格一直居高不下。其中，1月份上涨36.9%，2月份上涨34.2%，3月份上涨41.4%，4月份上涨32.9%，前4月平均上涨36%。进入5月份后，随着地产菜逐期上市，菜价大幅回落。

3、调味品、糖类烟酒价格上涨多是市场调节涨价

调味品价格上涨6.4%，主要上涨的商品有盐上涨24.6%，酱油上涨1.3%，醋上涨0.8%，味精上涨3.6%；糖类和烟酒价格分别上涨4%和1.9%。

盐上涨主要是省统一调整加碘食盐外包装，并实行统一价格。调整后的食盐零售价格由每500克0.80元涨至1.00元。

4、中药材及中成药涨价多为非典时期涨价

从4月份起，我市居民购买预防"非典"的药品需求较大，购买集中，引起部分药品货源紧缺，一度出现部分药品及器具的脱销和价格上涨。4月份中药材价格同期比上涨25%，月环比上涨36.6%%，其中，银花涨价182.3%，黄芪涨价30%，甘草涨价26.3%，抗菌药针剂涨价7.6%，体温计涨价22%。

随着疫情解除，中药材及中成药价格有所下降。但受4月份的非典涨价因素影响，年内的中药材价格依然上涨20.8%。

5、首饰及车用燃油涨价受国际价格波动影响

首饰价格上涨，主要是前4月国际金价上涨及需求拉动，6、7月份、9、10、11月份的月环比价格逐期上涨。受此影响，全年黄金饰品价格平均上涨13.9%、铂金饰品价格上涨21.7%。汽油、柴油价格随国际原油市场价格波动上下浮动，全年汽油价格上涨11%、柴油价格上涨9.2%。

6、二次供水收费出台使居民水价上升

从2003年12月份起，部分物业小区按不同标准开始向使用二次供水的居民收取供水费，其中，全日供水户每吨收取0.70元，定时供水户每吨收取0.40元。受此影响，居民实际用水价格上涨22%。

7、工业消费品继续降价

工业消费品受4、5月份的非典疫情冲击和其他多种因素影响，降价倾向加剧。节日期间，各商家仍然靠打折、让利等降价手段促销，使价格继续走低。全年，衣着价格下降1%、家庭设备类的耐用消费品价格下降3%、家庭日用杂品价格下降5%、文娱用耐用消费品价格下降8.4%、文化娱乐用品下降1.9%。

8、汽车计算机和移动电话频频降价

日趋激烈的竞争促进轿车进一步降低销售价格。全年汽车价格平均下降1.3%。

计算机更新换代速度越来越快，内存、硬盘的容量越来越大，配置越来越高，而价格却越来越低。各种新型手机不断推陈出新，继蓝屏、彩屏之后，带有摄像、上网功能的各种智能化、多功能手机相继问世。旧款机型价格不断下降，其中，彩屏带摄像头的产品价格已经跌破2000元大关。全年，计算机价格下降7.4%，移动电话价格下降22.2%。

9、旅游价格降幅较大 机票价格折让依旧

年初以来，我市旅游市场收费价格始终在低价位徘徊。从4月中旬开始到6月初，受"非典"影响处于有价无市停顿状态。7月份以后，旅行社价格开始回升。但总的说，全年，长春市旅行社收费价格仍比去年价格低10.9%。

年内，机票价格折让依旧，影响其价格下降10.1%。尽管年底价格有所上调，但依然不能改变全年价格下降的局面。

7－1 长春市2002－2003年居民消费价格类指数
CONSUMER PRICE INDICES BY CATEGORY (2002－2003)

		2002	2003
居民消费价格总指数	General consumer price index	99.7	101.0
一、食品	Food	98.8	103.2
粮食	Grain	98.8	100.7
淀粉及薯类	Tubers	99.9	100.0
干豆类及豆制品	Soybean products	98.9	102.7
油脂类	Oil and fat	98.6	112.2
肉禽及其制品	Meat and poultry	100.6	101.9
蛋类	Eggs	95.0	95.8
水产品类	Aquatic products	98.0	98.0
菜类	Vegetables	93.4	115.7
调味品	Seasoning	100.2	106.4
糖类	Sugar	98.9	104.0
茶及饮料	Tea and drink	100.0	100.3
干鲜瓜果	Dried and fresh fruits	101.7	96.6
糕点饼干面包	Cakes	99.3	100.2
奶及奶制品	Milk products	100.1	101.1
在外用膳食品	Catering food	100.4	102.2
其他食品及食品加工服务	Processing services	98.3	99.8
二、烟酒及用品	Tobacco, liquor	99.1	101.9
烟草	Tobacco	99.8	102.5
酒	Liquor	98.3	101.1
吸烟饮酒用品	Drinkingset	100.0	100.7
三、衣着类	Garments	98.4	99.0
服装	Clothing	98.4	100.4
衣着材料	Textiles	101.5	100.0
鞋袜帽	Shoes and hats	98.1	95.7
衣着加工服务	Processing services	100.0	100.0
四、家庭设备用品及维修服务	Household facilites	99.2	97.0
耐用消费品	Durable consumer goods	97.5	94.8
室内装饰品	Interior decorations	100.0	100.7
床上用品	Bed daily articles	100.4	102.6
家庭日用杂品类	Daily articles	101.5	98.0
家庭服务及加工维修服务	Maintain services	99.6	99.4
五、医疗保健和个人用品	Medicine and medical services fees	96.6	100.0
医疗保健类	Medicine and medical services	95.6	100.0
个人用品及服务	Services	99.8	100.2
六、交通和通讯	Transportation and telecommunication	98.4	98.8
交通	Transportation	98.6	99.1
通信	Telecommunication	98.3	98.5
七、娱乐教育文化用品及服务	Recreation education and culture	100.9	98.8
文娱用耐用消费品及服务	Recreation durable goods	94.1	91.6
教育	Teaching material and reference book	102.8	100.6
文化娱乐用品	Cultural goods	100.5	98.1
旅游及外出	Tourism	98.8	98.4
八、居住	Residence	106.3	102.2
建房及装修材料	Housing	97.4	97.6
租房	Renting house	112.5	108.0
自有住房	Self－house	92.5	98.4
水、电、燃料	Water electricity and fuel	108.2	101.6

7－2　长春市2002－2003年商品零售价格分类指数
RETAIL PRICE INDICES BY CATEGORY (2002－2003)

（以上年同期为100）
(preceding year＝100)

		2002	2003
商品零售价格总指数	Retail price indices	98.7	100.7
一、食品类	Food	97.1	103.2
1. 粮食	Grain	94.0	100.8
2. 淀粉及薯类	Tubers	99.0	100.0
3. 干豆类及豆制品	Soybean products	96.5	102.7
4. 油脂	Oil and fat	94.4	100.0
5. 肉禽及其制品	Meat poultry	98.3	101.9
6. 蛋	Eggs	95.2	95.7
7. 水产品	Aquatic products	99.6	98.2
8. 菜	Vegetables	96.3	114.7
9. 调味品	Seasoning	97.2	106.9
10. 糖	Sugar	99.8	104.7
11. 干鲜瓜果	Dried and fresh fruits	97.4	96.4
12. 糕点饼干面包	Cakces	98.1	100.0
13. 奶及奶制品	Milk products	100.8	101.0
14. 在外用膳食品	Catering food	100.0	102.2
15. 其他食品	Other food	100.0	99.8
二、饮料、烟酒	Beverage, tobacco and liquor	99.5	101.4
三、服装、鞋帽类	Clothing, shoes and hats	99.7	99.0
四、纺织品类	Textiles	100.3	101.3
五、家用电器及音像器材	Howsehölds facilieies	98.5	93.8
六、文化办公用品	Offical articles	100	98.7
七、日用品	Daily articles	99.9	99.2
八、体育娱乐用品	Sports articles	100	98.6
九、交通、通信用品	Transport and telecommunication	94.2	92.8
十、家具	Funiture	100	94.2
十一、化妆品类	Cosmetics	99.4	98.0
十二、金银珠宝类	Jewelry	106	117.7
十三、中西药品及医疗保健用品类	Tranditional chinese and westerh medicines	94	98.8
十四、书报杂志及电子出版物类	Newspapers and magazines	97.6	99.2
十五、燃料类	Fuels	109	106.9
十六、建筑材料及五金电料类	Construyction materials	99.2	97.8

7-3 长春市2003年零售价格类指数
RETAIL PRICE INDICES BY CATEGORY(2003)

类 别 及 名 称 Item	指 数 Index	类 别 及 名 称 Item	指 数 Index
商品零售价格总指数 General index	100.7	3.音像器材类 Audovisual articles	100.0
一、食品类 Food	103.2	六、文化办公用品 Offical articles	98.7
1.粮食 Grain	100.8	七、日用品 Daily articles	99.2
2.淀粉及薯类 Tubers	100.0	1.日用百货 Daily articles	98.9
3.干豆类及豆制品 Soybean products	102.7	2.日用杂品 Small articles	102.3
4.油脂 Oil and fat	112.2	3.洗涤用品 Washing appliance	97.7
5.肉禽及其制品 Meat poultry	101.9	4.其它日用品 Others	99.9
6.蛋 Eggs	95.7	八、体育娱乐用品 Sports goods	98.6
7.水产品 Aquatic products	98.2	1.体育用品 Sports goods	99.6
8.菜 Vegetable	114.7	2.娱乐用品 Cultural appliance	97.9
9.调味品 Seasoning	106.9	九、交通、通信用品 Transport and telecommunication	92.8
10.糖 Sugar	104.7	1.交通运输机械 Transports	100.1
11.干鲜瓜果 Dried and fresh fruits	96.4	2.通讯器材类 Telecommunication	88.5
12.糕点饼干面包 Cake	100.0	十、家具 Funiture	94.2
13.奶及奶制品 Milk products	101.0	十一、化妆品类 Cosmetfics	98.0
14.在外用膳食品 Catering food	102.2	十二、金银珠宝类 Jewelry	117.7
15.其它食品 Other food	99.8	十三、中西药品及医疗保健用品类 Medicines and equipment	98.8
二、饮料、烟酒 Beverage,tobacco and liquor	101.4	1.医疗器具及用品 Equipment	102.2
1.茶及饮料 Tea	100.3	2.中药材及中成药 Chinese medicines	106.7
2.烟草 Tobacco	102.5	3.西药 Western medicines	94.6
3.酒 Liquor	101.0	4.保健器具及用品 Appliance	100.6
三、服装、鞋帽类 Clothing, shoes and hats	99.0	十四、书报杂志及电子出版物类 Newpapers and books	99.2
1.服装 Clothing	100.4	1.教材及参考书 Books	98.8
2.鞋袜帽 Shoes and hats	96.1	2.书报杂志 Newpapers	98.9
3.其它 Others	98.6	3.电子音像制品 Audiovisual products	100.1
四、纺织品类 Textiles	101.3	十五、燃料类 Fuel	106.9
1.衣着材料 Clothing	100.0	1.煤炭及制品类 Coal and produets	111.2
2.床上用品 Beds	102.0	2.石油及制品类 Oil and products	104.0
五、家用电器及音像器材 Households facilities	93.8	十六、建筑材料及五金电料类 Construction materials	97.8
1.家庭设备 Households facilities	94.6	1.建筑装璜材料 Construction	97.4
2.文娱用耐用消费品 Reereation chirable goods	90.9	2.五金电料类 Hardware	99.0

统计资料
STATISTICS

人民生活
PEOPLE'S LIVELIHOOD

第八篇　人民生活

据对630户农村住户抽样调查结果显示:2003年,我市农民收入增加,生活质量进一步得到改善。2003年,我市农民人均收入为3411.15元,比上年增长8.4%。收入增长的同时,农民生活消费支出增加。2003年我市农民生活消费支出为1774.28元,比上年增长15.3%。

2003年农民生活消费有如下特点:

1、食品消费质量不断提高。2003年,我市平均每一农民消费肉禽及制品18.11公斤,比上年增长26.2%;蛋类及蛋制品6.39公斤,比上年增长43.6%;奶和奶制品0.45公斤,比上年增长80%。

2、文化生活不断丰富。2003年,我市农民人均文化教育及娱乐用品支出为46.09元,比上年增长15.8%;文化教育及娱乐服务支出为199.71元,比上年增长46.9%。

3、家庭生活装备不断增强。截至2003年末,我市每百户农民家庭拥有彩电77台,比上年增长24.2%;电冰箱11台,比上年增长22.2%;洗衣机70台,比上年增长9.4%;电风扇25台,增长8.7%;摩托车31台,增长10.7%;电话机47部,比上年增长56.7%;移动电话36部,比上年增长2.3倍。

4、居住条件不断改善。2003年末,我市农村居民人均居住面积达21.85平方米,比上年增长17.3%;人均砖瓦平房面积达18.58平方米,比上年增长35.9%。

据长春市城调队调查,2003年,我市城市居民人均可支配收入7905元,同期比增长13.5%;人均消费支出6725元,同期比增长9.4%。

消费支出呈现"六升二降"特征,"六升"按增幅大小依次为,医疗保健增长24.7%,杂项商品及服务增长19.4%,交通通讯增长15.2%,居住支出增长11.3%,娱乐文教服务增长9.1%,食品支出增长8.2%;"二降"按降幅高低为,家庭设备用品及服务下降6.3%,衣着支出下降2.0%。消费热点日益突出,医疗、择校费、培训费及上大学的非义务教育费、通讯和交通工具支出大幅增长,同期比分别增长24.7%、48.0%、40.0%、47.3%和52.8%。

消费结构明显变化,娱乐文教服务支出占消费支出比重达15%,是列食品消费之后的第二大消费;恩格尔系数继续下降,占消费支出比重为39%,比上年下降0.5个百分点;服务性消费比重继续扩大,占消费支出的比重为30%,比上年上升1.4个百分点。

8－1 城市住户基本情况
BASIC STATISTICS ON URBAN HOUSEHOLDS

		单　位 Unit	合　计 Total
一、家庭人口数	Household size	人/户　person	3.06
1. 就业人口数	Number of person employed	人/户　person	1.77
(1)国有经济单位职工人数	Staff and worker in state owned	人/户 person	0.94
(2)城镇集体经济单位职工人数	Staff and worker in collective owned	人/户　person	0.21
(3)其他各种经济类型单位职工	Staff and worker in other owned	人/户　person	0.12
(4)离退休再就业人员数	Reemployed retirees	人/户　person	0.08
(5)其他就业人员数	Other employees	人/户　person	0.14
2. 离退休人数	Person retired	人/户　person	0.40
3. 其他有收入者人数	Other earning people	人/户　person	0.01
二、家庭总收入	Household income	元/人月 yuan/ person month	697.89
其中:可支配收入	Disposable income	元/人月 yuan person month	658.78
(一)工薪收入	Wages	元/人月 yuan/ person month	501.69
1. 工资及补贴收入	Wages	元/人月 yuan person month	491.98
2. 其他劳动收入	Others	元/人月 yuan/ person month	9.72
(二)经营净收入	Business income	元/人月 yuan/ person month	34.48
(三)财产性收入	Property income	元/人月 yuan/ person month	9.38
(四)转移性收入	Transfer income	元/人月 yuan/ person month	152.34
三、出售财物收入	Sell property	元/人月 yuan/ person month	0.13
四、借贷收入	Borrow and Lend income	元/人月 yuan/ person month	151.37
五、家庭总支出	Household experinditure	元/人月 yuan/ person month	637.85
(一)消费支出	Consumption	元/人月 yuan/ person month	560.31
(二)购房与建房支出	Building expenditure	元/人月 yuan/ person month	19.28
(三)转移性支出	Transfer expenditure	元/人月 yuan/ person month	62.23
(四)财产性支出	Property expenditure	元/人月 yuan/ person month	0.00
(五)社会保障支出	Social security expenditure	元/人月 yuan/ person month	32.04
六、借贷支出	Borrow and lend expenditure	元/人月 yuan/ person month	164.30
消费支出	Consumption	元/人月 yuan/ person month	560.31
一、食品	Food	元/人月 yuan/ person month	218.75
(一)粮油类	Grain	/人月 person month	31.42
1. 粮食·单价	Grain	元/千克　yuan/kg	2.33
数量	Quantity	千克/人月 kg/person month	7.87
金额	Amount	元/人月 yuan/ person month	18.32
(1)大米·单价	Rice	元/千克 yuan/kg	1.86
数量	Quantity	千克/人月 kg/person month	4.95
金额	Amount	元/人月 yuan/ person month	9.20
(2)面粉·单价	Flour	元/千克 yuan/kg	2.46
数量	Quantity	千克/人月 kg/person month	1.57
金额	Amount	元/人月 yuan/person month	3.87
(3)其他粮食·单价	Other grain	元/千克 yuan/kg	2.17
数量	Quantity	千克/人月 kg/person month	0.27
金额	Amount	元/人月 yuan/person month	0.59

8－1续表 1　　continued1

		单　位 Unit	合　计 Total
(4)粮食制品·单价	Grain products	元/千克 yuan/kg	4.33
数量	Quantity	千克/人月 kg/person month	1.08
金额	Amount	元/人月 yuan/person month	4.66
2. 淀粉及薯类·单价	Tubers	元/千克 yuan/kg	1.45
数量	Quantity	千克/人月 kg/person month	1.80
金额	Amount	元/人月 yuan/ person month	2.60
3. 干豆类及豆制品	Soybeans products	/人月 person month	3.41
4. 油脂类·单价	Oil and fats	元/千克 yuan/kg	7.46
数量	Quantity	千克/人月 kg/person month	0.95
金额	Amount	元/人月 yuan/ person month	7.10
(1)食用植物油·单价	Vegetable oil	元/千克 yuan/kg	7.47
数量	Quantity	千克/人月 kg/person month	0.95
金额	Amount	元/人月 yuan/ person month	7.07
(2)食用动物油·单价	Fats	元/千克 yuan/kg	6.46
数量	Quantity	千克/人月 kg/person month	0.01
金额	Amount	元/人月 yuan/ person month	0.04
(二)肉禽蛋水产品类	Meat, poultry and aquatic	/人月 person month	55.23
1. 肉类·单价	Meat	元/千克 yuan/kg	12.81
数量	Quantity	千克/人月 kg/person month	2.32
金额	Amount	元/人月 yuan/ person month	29.73
(1)猪肉·单价	Pork	元/千克 yuan/kg	10.69
数量	Quantity	千克/人月 kg/person month	1.40
金额	Amount	元/人月 yuan/person month	14.95
(2)牛肉·单价	Beef	元/千克 yuan/kg	15.07
数量	Quantity	千克/人月 kg/person month	0.38
金额	Amount	元/人月 yuan/ person month	5.72
(3)羊肉·单价	Mutton	元/千克 yuan/kg	15.82
数量	Quantity	千克/人月 kg/person month	0.18
金额	Amount	元/人月 yuan/ person month	2.86
(4)其他肉·单价	Others	元/千克 yuan/kg	11.97
数量	Quantity	千克/人月 kg/person month	0.05
金额	Amounts	元/人月 yuan/ person month	0.58
(5)肉制品·单价	Meat products	元/千克 yuan/kg	17.95
数量	Quantity	千克/人月 kg/person month	0.31
金额	Amount	元/人月 yuan/ person month	5.62
2. 禽类·单价	Poultry	元/千克 yuan/kg	10.26
数量	Quantity	千克/人月 kg/person month	0.56
金额	Amount	元/人月 yuan/ person month	5.71
(1)鸡·单价	Chicken	元/千克 yuan/kg	9.62
数量	Quantity	千克/人月 kg/person month	0.47
金额	Amount	元/人月 yuan/ person month	4.52
(2)鸭·单价	Duck	元/千克 yuan/kg	10.31
数量	Quantity	千克/人月 kg/person month	0.01
金额	Amount	元/人月 yuan/ person month	0.12
(3)其他禽类·单价	Other poultry	元/千克 yuan/kg	10.98
数量	Quantity	千克/人月 kg/person month	0.03
金额	Amount	元/人月 yuan/ person month	0.31
(4)禽制品·单价	Poultry products	元/千克 yuan/kg	16.21
数量	Quantity	千克/人月 kg/person month	0.05
金额	Amount	元/人月 yuan/ person month	0.76
3. 蛋类·单价	Eggs	元/千克 yuan/kg	4.59
数量	Quantity	千克/人月 kg/person month	1.38
金额	Amount	元/人月 yuan/ person month	6.34
(1)鲜蛋·单价	Eggs	元/千克 yuan/kg	4.33
数量	Quantity	千克/人月 kg/person month	1.31
金额	Amount	元/人月 yuan/ person month	5.68
(2)蛋制品·单价	Eggs products	元/千克 yuan/kg	9.45
数量	Quantity	千克/人月 kg/person month	0.07
金额	Amount	元/人月 yuan/ person month	0.66

8-1续表2 continued2

		单　位 Unit	合　计 Total
4. 水产品类	Aquatic	千克/人月 kg/person month	13.45
(1)鱼·单价	Fish	元/千克 yuan/kg	7.47
数量	Quantity	千克/人月 kg/person month	1.14
金额	Amount	元/人月 yuan/ person month	8.55
(2)虾·单价	Shrimp	元/千克 yuan/kg	25.15
数量	Quantity	千克/人月 kg/person month	0.10
金额	Amount	元/人月 yuan/ person month	2.59
(3)其他水产品·单价	Others	元/千克 yuan/kg	12.64
数量	Quantity	千克/人月 kg/person month	0.11
金额	Amount	元/人月 yuan/ person month	1.41
(4)水产制品	Aquatic products	元/人月 kg/person month	0.91
(三)蔬菜类	Vegetable	/人月 /person month	26.16
1. 鲜菜·单价	Vegetable	元/千克 yuan/kg	1.72
数量	Quantity	千克/人月 kg/person month	13.01
金额	Amount	元/人月 yuan/ person month	22.38
2. 干菜·单价	Dried vegetable	元/千克 yuan/kg	23.14
数量	Quantity	千克/人月 kg/person month	0.10
金额	Amount	元/人月 yuan/ person month	2.42
3. 菜制品	Vegetable products	/人月 /person month	1.36
(四)调味品	Seasoning	/人月 /person month	4.38
(五)糖烟酒饮料类	Sugar, tobacco, liquor	/人月 /person month	29.66
1. 糖类	Suagar	/人月 /person month	4.96
2. 烟草类	Tobacco	/人月 /person month	10.89
3. 烟类·单价	Tobacco	元/千克 yuan/kg	4.42
数量	Quantity	千克/人月 kg/person month	1.64
金额	Amount	元/人月 yuan/ person month	7.24
(1)白酒·单价	Liquor	元/千克 yuan/kg	7.99
数量	Quantity	千克/人月 kg/person month	0.33
金额	Amount	元/人月 yuan/ person month	2.67
(2)果酒·单价	Wine	元/千克 yuan/kg	7.86
数量	Quantity	千克/人月 kg/person month	0.08
金额	Amount	元/人月 yuan/ person month	0.67
(3)啤酒·单价	Beer	元/千克 yuan/kg	3.08
数量	Quantity	千克/人月 kg/person month	1.20
金额	Amount	元/人月 yuan/ person month	3.69
(4)其他酒·单价	Others	元/千克 yuan/kg	9.87
数量	Quantity	千克/人月 kg/person month	0.02
金额	Amount	元/人月 yuan/ person month	0.21
4. 饮料	Beverage	/人月 /person month	6.57
(1)碳酸饮料·单价	Drink	元/千克 yuan/kg	4.86
数量	Quantity	千克/人月 kg/person month	0.33
金额	Amount	元/人月 yuan/ person month	1.63
(2)果蔬饮料·单价	Vegetable drink	元/千克 yuan/kg	5.68
数量	Quantity	千克/人月 kg/person month	0.20
金额	Amount	元/人月 yuan/ person month	1.16
(3)瓶装饮用水·单价	Water bottled	元/千克 yuan/kg	2.46
数量	Quantity	千克/人月 kg/person month	0.34
金额	Amount	元/人月 yuan/ person month	0.85
(4)茶叶·单价	Tea	元/千克 yuan/kg	137.94
数量	Quantity	千克/人月 kg/person month	0.01
金额	Amount	元/人月 yuan/ person month	1.67
(5)咖啡可可粉·单价	Coffee	元/千克 yuan/kg	77.06
数量	Quantity	千克/人月 kg/person month	0.00
金额	Amount	元/人月 yuan/ person month	0.21
(6)其他饮料	Others	/人月	1.05

8-1续表3 continued3

		单 位 Unit	合 计 Total
(六)干鲜瓜果类	Dried and fresh fruits	/人月/person month	23.84
1.鲜果·单价	Fresh fruits	元/千克 yuan/kg	3.09
数量	Quantity	千克/人月 kg/person month	5.25
金额	Amount	元/人月 yuan/ person month	16.21
2.鲜瓜·单价	Melon	元/千克 yuan/kg	1.85
数量	Quantity	千克/人月 kg/person month	1.84
金额	Amount	元/人月 yuan/ person month	3.41
3.干果·单价	Dried fruits	元/千克 yuan/kg	7.24
数量	Quantity	千克/人月 kg/person month	0.46
金额	Amount	元/人月 yuan/ person month	3.31
4.瓜果制品·单价	Fruit's products	元/千克 yuan/kg	9.35
数量	Quantity	千克/人月 kg/person month	0.04
金额	Amount	元/人月 yuan/ person month	0.40
5.坚果及果仁·单价	Nut	元/千克 yuan/kg	18.30
数量	Quantity	千克/人月 kg/person month	0.03
金额	Amount	元/人月 yuan/ person month	0.51
(七)糕点、奶及奶制品	Cake and milk products	/人月/person month	15.22
1.糕点·单价	Cake	元/千克 yuan/kg	10.43
数量	Quantity	千克/人月 kg/person month	0.32
金额	Amount	元/人月 yuan/ person month	3.37
2.奶及奶制品	Milk and its products	/人月/person month	11.85
(1)鲜乳品·单价	Milk	元/千克 yuan/kg	3.07
数量	Quantity	千克/人月 kg/person month	2.49
金额	Amount	元/人月 yuan/ person month	7.65
(2)奶粉·单价	Milk powder	元/千克 yuan/kg	25.80
数量	Quantity	千克/人月 kg/person month	0.03
金额	Amount	元/人月 yuan/ person month	0.76
(3)酸奶·单价	Sour milk	元/千克 yuan/kg	6.90
数量	Quantity	千克/人月 kg/person month	0.15
金额	Amount	元/人月 yuan/ person month	1.05
(4)其他奶制品	Other milk products	/人月/person month	2.39
(八)其他食品	Others	/人月/person month	5.57
其中:半成品	Semi-finished products	/人月/person month	2.84
(九)饮食服务	Catering services	/人月/person month	27.27
1.食品加工服务费	Food prossing	/人月/person month	0.16
2.在外饮食	Catering services	/人月/person month	27.11
(1)购自食堂	From cornteen	/人月/person month	8.04
(2)购自饮食业	From catering services	/人月/person month	19.07
(3)在亲友家搭伙支出	With relative	/人月/person month	0.00
非食品类	Non-food	/人月/person month	341.56
二、衣着	Garment	-/人月/person month	53.01
(一)服装·单价	Garment	元/件 yuan/piece	70.61
数量	Quantity	件/人月 piece/person month	0.51
金额	Amount	元/人月 yuan/ person month	35.93
1.男士服装·单价	Man clothing	元/件 yuan/piece	86.12
数量	Quantity	件/人月 piece/person month	0.17
金额	Amount	元/人月 piecel/person month	14.26
2.女士服装·单价	Women clothing	元/件 yuan/piece	71.90
数量	Quantity	件/人月 piece/person month	0.26
金额	Amount	元/人月 yuan/person month	18.57
3.童装·单价	Children's wear	元/件 yuan/piece	36.74
数量	Quantity	件/人月 piece/person month	0.09
金额	Amount	元/人月 yuan/person month	3.10
(二)衣着材料	Cloth material	-/人月/person month	0.25

8-1续表4 continued4

		单　位 Unit	合　计 Total
(三)鞋类·单价	Shoes	元/双 yuan/pair	77.72
数量	Quantity	双/人月 pair/person month	0.19
金额	Amount	元/人月 yuan/ person month	14.70
(四)其他衣着用品	Other clothing	-/人月/person month	1.95
(五)衣着加工服务费	Prossing serivce	-/人月/person month	0.19
三、家庭设备用品及服务	Household facilities and article	-/人月/person month	18.15
(一)耐用消费品	Durable consumer goods	-/人月/person month	7.12
1. 家具	Amounts	-/人月/person month	2.39
(1)成套家具	Completes sets of furniture	-/人月/person month	0.00
(2)其他家具	Other furniture	-/人月/person month	2.39
2. 家庭设备	Household facilities	-/人月/person month	4.74
(1)洗衣机·单价	Washing machine	元/台 yuan/unit	1303.69
数量	Quantity	台/百户 unit/100h	4.68
金额	Amount	元/人月 yuan/ person month	1.66
(2)电风扇·单价	Fan	台/百户 unit/10000h	0.00
数量	Quantity	元/人月 yuan/person month	0.00
金额	Amount	元/人月 yuan/ person month	0.00
(3)电冰箱·单价	Fridge	元/台 yuan/unit	1759.64
数量	Quantity	台/百户 yuan/100h	1.32
金额	Amount	元/人月 yuan/ person month	0.63
(4)冰柜·单价	Freezer	元/台 yuan/unit	0.00
数量	Quantity	台/百户 unit/100h	0.00
金额	Amount	元/人月 yuan/ person month	0.00
(5)微波炉·单价	Oven	元/台 yuan/unit	497.53
数量	Quantity	台/百户 unit/100h	4.32
金额	Amount	元/人月 yuan/ person month	0.59
(6)空调器·单价	Air conditioner	元/台 yuan/unit	0.00
数量	Quantity	台/百户 unit/100h	0.00
金额	Amount	元/人月 yuan/person month	0.00
(7)电炊具·单价	Electric cooking	元/台 yuan/unit	247.68
数量	Quantity	台/百户 unit/100h	3.72
金额	Amount	元/人月 yuan/ person month	0.25
(8)淋浴热水器·单价	Shower	元/台 yuan/unit	1025.47
数量	Quantity	台/百户 unit/100h	2.04
金额	Amount	元/人月 yuan/ person month	0.57
(9)排油烟机·单价	Smoke absorber	元/台 yuan/unit	364.36
数量	Quantity	台/百户 unit/100h	1.32
金额	Amount	元/人月 yuan/ person month	0.13
(10)吸尘器·单价	Dust catcher	元/台 yuan/ynit	189.00
数量	Quantity	台/百户 unit/100h	0.36
金额	Amount	元/人月 yuan/ person month	0.02
(11)消毒碗柜·单价	Sterilized cupboard	元/台 yuan/unit	277.67
数量	Quantity	台/百户 unit/100h	0.36
金额	Amount	元/人月 yuan/ person month	0.03
(12)洗碗机·单价	Washing bowl machine	元/台 yuan/unit	0.00
数量	Quantity	台/百户 unit/100h	0.00
金额	Amount	元/人月 yuan/ person month	0.00
(13)饮水机·单价	Drink machine	元/台 yuan/unit	499.00
数量	Quantity	台/百户 unit/100h	2.30
金额	Amount	元/人月 yuan/ person month	0.31
(14)取暖器·单价	Warm machine	元/台 yuan/unit	148.00
数量	Quantity	台/百户 unit/100h	0.36
金额	Amount	元/人月 yuan/ person month	0.01
(15)其他	Other	-/人月/person month	0.54

8-1续表5 continued5

		单 位 Unit	合 计 Total
(二)室内装饰品	Interior decoration	-/人月/person month	0.79
1.纺织装饰品	Texticles	-/人月/person month	0.35
2.装饰灯具	Lamp	-/人月/person month	0.33
3.其他装饰品	Other	-/人月/person month	0.12
(三)床上用品	Bed arficles	-/人月/person month	2.14
(四)家庭日用杂品	Daily use articles	-/人月/person month	7.81
1.厨、餐、茶具	Food tea articles	-/人月/person month	0.53
2.家用工具	House hold articles	-/人月/person month	0.00
3.家居清洁用品	Cleuring articles	-/人月/person month	2.61
4.其他日用杂品	Others	-/人月/person month	4.66
(五)家具材料	Furniture materials	-/人月/person month	0.02
(六)家庭服务	Services	-/人月/person month	0.27
1.家政服务	Services	-/人月/person month	0.09
2.加工维修服务费	Repair	-/人月/person month	0.18
四、医疗保健	Health care	-/人月/person month	50.28
(一)医疗器具	Medical appliance	-/人月/person month	0.10
(二)保健器具	Health care appliance	-/人月/person month	0.15
(三)药品费	Medicine expense	-/人月/person month	29.33
(四)滋补保健品	Nourishing medicine	-/人月/person month	3.65
(五)医疗费	Health care service	-/人月/person month	17.05
(六)其他	Others	-/人月/person month	0.01
五、交通和通讯	Transportation and telecommuniction	-/人月/person month	56.99
(一)交通	Transportation	-/人月/person month	23.10
1.家庭交通工具	Household use	-/人月/person month	1.20
(1)摩托车·单价	Motorcycle	元/辆 yuan/unit	4629.67
数量	Quantity	辆/百户 unit/100h	0.36
金额	Amount	元/人月 yuan/person month	0.45
(2)自行车·单价	Bicycle	辆/万户 unit/10000h	340.27
数量	Quantity	辆/百户 unit/100h	5.28
金额	Amount	元/人月 yuan/person month	0.49
(3)助力车·单价	Vehicle	元/辆 yuan/unit	2651.00
数量	Quantity	辆/百户 unit/100h	0.36
金额	Amount	元/人月 yuan/person month	0.26
(4)家用汽车·单价	Venicle	元/辆 yuan/unit	0.00
数量	Quantity	辆/百户 unit/100h	0.00
金额	Amount	元/人月 yuan/person month	0.00
(5)其他交通工具	Others	-/人月/person month	0.00
2.车辆用燃料及零配件	Fuel and parts	-/人月/person month	0.42
(1)燃料	Fuel	-/人月/person month	0.30
(2)零配件	Parts	-/人月/person month	0.07
(3)其他	Others	-/人月/person month	0.04
3.交通工具服务支出	Traffic service	-/人月/person month	0.60
(1)维修费	Service	-/人月/person month	0.31

8-1续表6

		单　位 Unit	合　计 Total
(2)车辆使用税费	Tax and expenses	-/人月/person month	0.13
(3)其它车辆使用费用	Other vehicle expenses	-/人月/person month	0.17
4.交通费	Traflic	-/人月/person month	20.87
(1)飞机	Airoplane	-/人月/person month	1.64
(2)火车	Railway	-/人月/person month	3.60
(3)长途汽车	Long disstance highway	-/人月/person month	0.95
(4)市内公共交通	Bus	-/人月/person month	9.27
(5)出租汽车费	Texi	-/人月/person month	5.40
(6)其他交通费用	Others	-/人月/person month	0.01
(二)通信	Telecommunication	-/人月/person moth	33.90
1.通信工具	Mean of telecommunication	-/人月/person month	4.33
(1)电话机·单价	Telephone	元/部 yuan/sub	131.68
数量	Quantity	部/百户 sub/100h	2.64
金额	Amount	元/人月 yuan/ person month	0.09
(2)移动电话·单价	Mobile phone	元/部 yuan/sub	1374.32
数量	Quantity	部/百户 sub/100h	11.28
金额	Amount	元/人月 yuan/ person month	4.22
(3)寻呼机·单价	Bp	元/部 yuan/sub	0.00
数量	Quantity	部/人月 sub/personmonth	0.00
金额	Amount	元/人月 yuan/ person month	0.00
(4)传真机·单价	Fax	元/部 yuan/sub	0.00
数量	Quantity	部/百户 sub/100h	0.00
金额	Amount	元/人月 yuan/ person month	0.00
(5)其他通信工具	Others	-/人月/person month	0.01
2.通信服务	Service	-/人月/person month	29.57
(1)电信费	Telecommunication	-/人月/person month	29.50
(2)邮费	Postage	-/人月/person month	0.03
(3)其他	Others	-/人月/person month	0.04
六、教育文化娱乐服务	Education, recreation	-/人月/person month	83.98
(一)文化娱乐用品	Recreational articles	-/人月/person month	19.27
1.彩色电视机·单价	Colour TV set	元/台 yuan/set	2279.39
数量	Quantity	台/百户 set/100h	4.32
金额	Amount	元/人月 yuan/ person month	2.68
2.影碟机·单价	Video disc player	元/台 yuan/set	707.58
数量	Quantity	部/百户 set/100h	2.28
金额	Amount	元/人月 yuan/ person month	0.44
3.录放像机·单价	Video recorder	元/台 yuan/set	0.00
数量	Quantity	部/百户 set/100h	0.00
金额	Amount	元/人月 yuan/ person month	0.00
4.家用电脑	Computer	台/人月 unit/ person month	6.94
(1)整机电脑·单价	Computer	元/台　unit/10000h	6052.79
数量	Quantity	台/百户 set/100h	3.96
金额	Amount	元/人月 yuan/ person month	6.53
(2)计算机外部设备	Parts	/人月/person month	0.40
(3)各种零配件及耗材	Parts	/人月/person month	0.01
5.组合音响·单价	Hi-Fi stereo component system	元/台 unit/10000h	1018.67
数量	Quantity	台/百户 set/100h	0.36
金额	Amount	元/人月 yuan/ person month	0.10

8－1续表 7 continued7

		单　位 Unit	合　计 Total
6. 录音机·单价	Tape recoder	元/台 yuan/set	122.64
数量	Quantity	台/百户 set/100h	1.68
金额	Amount	元/人月 yuan/ person month	0.06
7. 摄像机·单价	Pick up camera	元/架 yuan/unit	0.00
数量	Quantity	架/百户 unit/100h	0.00
金额	Amount	元/人月 yuan/ person month	0.00
8. 照相机·单价	Camera	元/架 yuan/unit	0.00
数量	Quantity	架/百户 unit/100h	0.00
金额	Amount	元/人月 yuan/ person month	0.00
9. 钢琴·单价	Piano	元/架 yuan/unit	0.00
数量	Quantity	架/百户 unit/100h	0.00
金额	Amount	元/人月 yuan/ person month	0.00
10. 其他中高档乐器·单价	Musical instrument	元/件 yuan/unit	3414.18
数量	Quantity	件/百户 unit/100h	1.32
金额	Amount	元/人月 yuan/ person month	1.23
11. 健身器材·单价	Sports apparatus	元/件 yuan/set	1164.50
数量	Quantity	件/人月 set/person month	0.00
金额	Amount	元/人月 yuan/ person month	0.84
12. 电子辞典·单价	Electronic dictionary	部/人月 unit/person month	521.00
数量	Quantity	部/人月 unit/person month	0.00
金额	Amount	元/人月 yuan/ person month	0.19
13. 音像制品及软件	Audiovisual products and software	－/人月/person month	1.24
14. 体育用品	Sport apparatus	－/人月/person month	0.08
15. 书报杂志	Newspaper and magaizers	－/人月/person month	2.79
16. 纸张文具	Paper articales	－/人月/person month	0.63
17. 其他文娱用品	Others	－/人月/person month	2.07
(二)文化娱乐服务	Services	－/人月/person month	9.19
1. 参观游览	Tourism	－/人月/person month	1.31
2. 健身活动	Sports	－/人月/person month	0.54
3. 团体旅游	Group tourism	－/人月/person month	1.44
4. 其它文娱活动	Other activities	－/人月/person month	5.74
5. 文娱用品修理服务费	Services	－/人月/person month	0.17
(三)教育	Education	－/人月/person month	55.52
1. 教材	Teaching material	－/人月/person month	4.89
(1)课本及参考书	Textbook	－/人月/person month	4.12
(2)教育软件	Teaching software	－/人月/person month	0.76
(3)其它教材	Others	－/人月/person month	0.01
2. 教育费用	Teaching expenses	－/人月/person month	50.63
(1)非义务教育学杂费	Non－duty education	－/人月/person month	18.80
(2)义务教育学杂费	Duty education	－/人月/person month	5.97
(3)托幼费	Kind ergan tens	－/人月/person month	3.32
(4)成人教育费	Adults education	－/人月/person month	3.86
(5)家教费	Family education	－/人月/person month	2.01
(6)培训班	Trairing	－/人月/person month	8.61
(7)学校住宿费	Hotels	－/人月/person month	2.70
(8)其他	Others	－/人月/person month	5.35
七、居住	Residehce	－/人月/person month	58.79
(一)住房	House	－/人月/person month	22.99
1. 租赁房房租	Rent	－/人月/person month	5.95
2. 自有房租金折算	Rent discount	－/人月/person month	0.00
3. 住房装潢支出	Decoration expenses	－/人月/person month	15.81
4. 维修用建筑材料	Buileling material	－/人月/person month	1.14
5. 其他	Others	－/人月/person month	0.09
(二)水电燃料及其他	Wather, fuel and others	－/人月/person month	31.76

8－1续表 8 continued8

		单　位 Unit	合　计 Total
1. 水·单价	Water	元/吨 yuan/ton	2.50
数量	Quantity	吨/人月 ton/person month	1.56
金额	Amount	元/人月 yuan/person month	3.90
2. 电·单价	Electricty	元/度 yuan/degree	0.40
数量	Quantity	度/人月 Degree/person month	32.14
金额	Amount	元/人月 yuan/person month	12.85
3. 燃料	Fuel	－/人月/person month	11.32
(1)煤炭·单价	Coal	元/千克 yuan/kg	0.25
数量	Quantity	千克/人月 kg/person month	3.02
金额	Amount	元/人月 yuan/ person month	0.76
(2)液化石油气·单价	Liqufied gas	元/千克 yuan/kg	2.70
数量	Quantity	千克/人月 kg/person month	0.16
金额	Amount	元/人月 yuan/ person month	0.44
(3)管道煤气·单价	Pipe gas	元/立方米 yuan/cu. m	1.50
数量	Quantity	立方米/人月 cu. m/person month	6.74
金额	Amount	元/人月 yuan/ person month	10.12
(4)其他燃料	Other fuel	－/人月/person month	0.00
4. 其他	Others	－/人月/person month	3.69
(三)居住服务费	Services	/人月/person month	4.03
1. 物业管理费	Real estate management	/人月/person month	3.75
2. 维修服务费	Maintain service	/人月/person month	0.28
3. 其它	Others	/人月/person month	0.00
八、杂项商品和服务	Daily consumer goods and service	－/人月 person month	20.35
(一)杂项商品	Daily consumer goods	－/人月/person month	10.82
1. 金银珠宝饰品	Jewlry	－/人月/person month	0.19
2. 手表·单价	Watch	元/只 yuan/unit	2057.43
数量	Quantity	只/人月 unit/person month	0.00
金额	Amount	元/人月 yuan/ person month	1.88
3. 理发美容用具	Haircut and improve look goods	－/人月/person month	0.00
4. 化妆品	Cosmetics	－/人月/person month	4.46
5. 其他杂品	Others	－/人月/person month	4.28
(二)服务	Services	－/人月/person month	9.54
1. 旅馆住宿费	Hotel	－/人月/person month	0.88
2. 理发洗澡费	Haircut and bathing	－/人月/person month	6.07
3. 美容费	Improve looks	－/人月/person month	1.02
4. 其他服务	Others	－/人月/person month	1.57

8－2　农村人口状况

		单位 Unit	合计 Total
调查户数	Households surveyed	户　household	630
一、常住人口	Permanent residents	人　person	2346
二、整半劳动力	Able bodied and semi able bodied laborers	人　person	1706
1.　6岁及以下	Children before school age	人　person	97
2.　7－15岁	7～15years old	人　person	295
3.　16－60岁	16～60years old	人　person	1765
4.　60岁以上	60years old and over	人　person	189
三、劳动力是本地乡镇企业职工的人数	Laborers work in local enterprises	人　person	28
四、常住人口中外出从业过的劳动力人数	Laborers outflow	人　person	184
五、劳动力文化程度	Educational level for laborer		
1.不识字或识字很少	Illiterate and semi－illiterate	人　person	54
2.小学程度	Primary school	人　person	524
3.初中程度	Junior secondary school	人　person	933
4.高中程度	Senior secondary school	人　person	139
5.中专	Special secondary school	人　person	42
6.大专及以上	College and higher level	人　person	14

BASIC STATISTICS ON RURAL POPULATION

榆树市 Yu shu	农安县 Nongan	德惠市 Dehui	九台市 Jiutai	双阳区 Shuangyang	城　区 District
100	100	100	100	100	130
424	371	419	387	341	439
321	291	273	283	238	337
19	10	28	17	10	13
53	54	54	40	40	52
317	284	303	288	259	350
35	23	34	42	32	24
3	4	1	1	6	13
48	9	35	44	27	58
14	14	6	2	14	5
115	114	91	68	62	78
154	149	146	173	136	197
22	11	24	31	17	41
13	2	5	6	6	11
3	1	1	3	3	5

8－3 农村生产性固定资产及土地经营、耕地流转情况

		单 位 Unit		合 计 Total
一、期末生产性固定资产原值	Productive fixed assets in original	元	yuan	5736014
1.农业	Agriculture	元	yuan	4103214
＃房屋及建筑物	Buildings	元	yuan	1724234
役畜	Draught animals	元	yuan	943850
大中型铁木农具	Wood and iron farm tools	元	yuan	285300
农业机械	Machinery of agriculture	元	yuan	1079030
2.工业	Industry	元	yuan	
＃房屋及建筑物	Buildings	元	yuan	
生产设备	Equipment of production	元	yuan	
3.建筑业	Construction	元	yuan	300
4.交通运输业	Transportation	元	yuan	44000
5.批发和零售贸易餐饮业	Wholesales, retail trade and catering serices	元	yuan	10000
6.社会服务业	Social services	元	yuan	
7.文教卫生业	Educotion, culture and health care	元	yuan	
8.其他	Others	元	yuan	24000
二、期末主要生产性固定资产数量	Number of productive fixed assets			
1.房屋及建筑物	Building	平方米	sq. m	17119
2.汽车	Trucks	辆	unit	6
3.大中型拖拉机	Large and middle tractors	台	unit	33
4.小型和手扶拖拉机	Mini－tractors	台	unit	122
5.机动脱粒机	Motorized threshing machines	台	unit	37
6.收割机	Harvester	台	unit	
7.农用动力机械	Agricultural machinery	台	unit	66
8.胶轮大车	Cart with rubber tires	架	unit	112
9.水泵	Pump	台	unit	158
10.役畜	Draught	头	head	283
11.产品畜	Commodity animals	头	head	429
三、土地经营情况	Cultivated land			
1.耕地面积	Area of cultivated land	亩	ha	11194.1
＃自留地面积	Family plot	亩	ha	14.23
2.山地面积	Mountains	亩	ha	
3.园地面积	Garden plot	亩	ha	34.05
4.牧草地面积	Grass land	亩	ha	
5.养殖水面面积	Cultivateable water area	亩	ha	
四、耕地流转情况	Change of cultivated land			
1.年初经营耕地面积	Area of cultivated land at beginning of year	亩	ha	10047.92
2.年内转入耕地面积	In creasing of cultivated land	亩	ha	1617.69
3.年内转出耕地面积	Decreasing of cultivated land	亩	ha	471.51
4.年末经营耕地面积	Area of cultivated land at end of year	亩	ha	11194.10

PRODUCTIVE FIXED ASSETS, LAND, MOUNTAIN AND WATER AREA

榆树市 Yu shu	农安县 Nongan	德惠市 Dehui	九台市 Jiutai	双阳区 Shuangyang	城　区 District
723250	1092134	732730	1119500	1609600	458800
583350	1037634	564310	1060600	572920	284400
217700	669534		627000	137000	73000
101050	167000	261800	212300	113500	88200
29800	46100	68400	116000	1500	23500
218800	150000	221610	69300	319620	99700
					300
	5000	20000		8000	11000
			10000		
					24000
3021	3139	486	2354	7259	860
		1		1	4
2	11	9	4	4	3
33	17	17	16	29	11
11	2	12	5	5	2
14	2	15	2	21	12
19	24	40		10	19
2	50	32	18	39	18
39	64	71	38	33	38
45	96	43	25	188	32
2332.51	1889.1	2047.82	1936.3	1861.93	1126.44
				10.73	3.5
	5				29.05
1986.37	1697.8	2112.77	1936.3	1537.08	777.6
539.39	201.3	138		344.35	394.65
193.25	10	202.95		19.5	45.81
2332.51	1889.1	2047.82	1936.3	1861.93	1126.44

8－4　农村住房情况

		单　位 Unit	合　计 Total
一、期末住房情况	House		
(一)住房面积	Floor space of house	平方米　sq·m	51267.1
其中:租用住房面积	Floor space of house rented	平方米　sq·m	121
(二)住房价值	Value of house	元　yuan	16017300
(三)住房类型	Type of building		
1.楼房面积	Floor space of building	平方米　sq·m	200
2.砖瓦平房面积	Floor space of brick and wood structure	平方米　sq·m	43577.1
3.其它	Others	平方米　sq·m	7490
(四)住房结构	Structure of building		
1.钢筋混凝土结构面积	Reinforced concrete structurs	平方米　sq·m	2549
2.砖木结构面积	Brick and wood structure	平方米　sq·m	41754
3.其它	Others	平方米　sq·m	6964
二、期内新建(购)住房情况	New house		
(一)新建(购)住房面积	Floor space of new house	平方米　sq·m	625
(二)新建(购)住房价值	Value of new house	元　yuan	270000
(三)新建(购)住房类型	Type of new house		
1.楼房面积	Floor space of building	平方米　sq·m	
2.砖瓦平房面积	Floor space of brick and wood structure	平方米　sq·m	515
3.其它	Others	平方米　sq·m	110
(四)新建(购)住房结构	Structure of new house		
1.钢筋混凝土结构面积	Reinforced concrete structure	平方米　sq.m	
2.砖木结构面积	Brick and wood structure	平方米　sq.m	625
3.其他	Others	平方米　sq.m	

8－5　主要农作物产量

单位:公斤

		合　计 Total
(一)谷物产量	Grain	6405889
其中:1.小麦	Wheat	
2.水稻	Rice	853329
3.玉米	Corn	5535195
(二)大豆	Soybeans	175233
(三)薯类	Tubers	62261
(四)棉花产量	Cotton	
(五)油料作物产量	Beans	6745
(六)糖料作物产量	Beetroots	
(七)蔬菜产量	Vegetable	850477.6
(八)水果产量	Frits	4426

BASIC STATISTICS ON RURAL HOUSE

榆树市 Yushu	农安县 Nongan	德惠市 Dehui	九台市 Jiutai	双阳区 Shuangyang	城　区 District
7133.5	8741	8139.7	8610	7410.9	11232
		32	50		39
2149200	1827000	2666000	3187000	1876900	4311200
					200
4659.5	8552	7766.7	7604	5547.9	9447
2474	189	373	1006	1863	1585
	160				2389
4659.5	8392	7766.7	7904	5595.9	7736
2474	189	373	1006	1815	1107
	108		100		417
	30000		50000		190000
	108		100		307
					110
	108		100		417

YIELD OF MAJOR AGRICULTURAL PRODUCTS

unit: kg

榆树市 Yushu	农安县 Nongan	德惠市 Dehui	九台市 Jiutai	双阳区 Shuangyang	城　区 District
1062885	1100000	1252425	1095259	930650	574050
88920		206120	224139	237300	17300
960850	1100000	1044555	132300	691350	556250
81450	26610	20810	5012	30316	635
5833	35860	10108	7388		2872
2100	4600		15		30
217342	47890	155520.6	49015	65992	257898
			1896	1142	868

8－6 农村粮食收、支、存情况
BASIC STATISTIC ON RURAL GRAIN

单位:公斤 unit:kg

		合 计 Total	榆树市 Yushu	农安县 Nongan	德惠市 Dehui	九台市 Jiutai	双阳区 Shuangyang	城 区 District
一、年初粮食结存	Grain at year bugining							
二、年内粮食收入合计	Revenue of grain	7063859	1204422.54	1251053.85	1350051.56	1216200.56	989254.11	651512.29
1.生产	Revenue of individual	6656693	1161128	1164120	1284069	1108583	960966	577557
2.购入	Purchase	407141	43294.54	86933.86	65957.57	107617.56	28288.11	73955.29
3.其他粮食收入	Others	25			25			
三、年内粮食支出合计	Expenditure for grain	4565719.8	594321.64	889872.86	947758.26	702273.56	638171.81	639043.03
1.主食用粮	Major grain	597564.47	72311.69	171975.86	177244.69	94307.26	65777.51	120958.68
2.其他生活用粮	Other living grain							
3.出售	Sale	3666120.9	432645.1	708037	705529.5	579647.6	475982.7	504009
4.种籽	Seeds	31412.18	6354.85	4467	5402.08	5345.2	5545.6	4157.6
5.饲料	Forage	266792.25	83010	5103	59582	19433.5	90866	9917.75
6.借出	Lend							
7.归还借粮	Payable grain							
8.其他粮食支出	Others	3830		290		3540		
四、年末粮食结存	Grain at year end	5094315	935006	529254	1317265	959420	915785	399855
#口粮	Food grain	434244	40350	181400	30705	64930	84444	32415
饲料	Forage	609505	64825	154440	171300	2570	139030	77340
种籽	Seeds	13674	6470	904	70	30		6200
其他	Others	4035892	823361	192510	1115190	891890	692311	282900

8－7　农村出售产品情况

BASIC STATISTICS ON RURAL PRODUCTS

（农村住户抽样调查资料）　Data are obtained from the sample surveys on rural households

	单　位 Unit	合　计 Total	榆树市 Yushu	农安县 Nongan	德惠市 Dehui	九台市 Jiutai	双阳区 Shuangyang	城　区 District
1.粮食　Grain	公斤　kg	3557397.5	376969.5	702734	687976.5	575314	450084.5	502899
金额　Amount	元　yuan	2820136.98	294179.67	519993.94	555692.92	485135.09	390866.76	372125.6
＃稻谷　Rice	公斤　kg	544148	38860		205449	67345	210648	7880
金额　Amount	元　yuan	605852.78	41020.5		219502.52	96338.5	224251.26	10940
＃玉米　Corn	公斤　kg	2976238	333512	697598	480447.5	492979	230797.5	493076
金额　Amount	元　yuan	2166680.8	249843.17	509679.02	334846.9	370140.59	154320.50	359249.60
2.油料　Beans	公斤　kg	5664.8	1026.8	2993	1550	15		80
金额　Amount	元　yuan	15914.1	4884.1	8325	2500	45		160
3.糖料　Beetroots	公斤　kg							
金额　Amount	元　yuan							
4.烟叶　Tobacco	公斤　kg							
金额　Amount	元　yuan							
5.蔬菜　Vegetable	公斤　kg	501051.5	96426	67035	10601	10438.5	1575	314641
金额　Amount	元　yuan	320553.16	72826.5	32523.76	6267.5	11116	1035.5	196190.9
6.果用瓜　Vegetable	公斤　kg	31905	630	3025	5100		7900	15250
金额　Amount	元　yuan	21905.5	615	2340	1740		3681.5	13529
7.水果　Fruits	公斤　kg	4611		1008	708	1511		1384
金额　Amount	元　yuan	9502		1258	1142	2839		4263
8.木材　Timber	立方米 m^3	31			4		27	
金额　Amount	元　yuan	9940			1430		8510	
9.出售牧业产品　Sale meat								
肉猪　Hogs	公斤　kg	125319	27641	11246	4477	21543	2650	5052
金额　Amount	元　yuan	752648.41	152224	87436	29209	136454	17362	29175
肉牛　Cattle	公斤　kg	110742	41155.5	3410	14600	860	660	6060
金额　Amount	元　yuan	920105	335430	31480	129810	8290	7900	53722.5
菜羊　Goats	公斤　kg	5327	250	3291	360		40	1386
金额　Amount	元　yuan	44434	2310	27139	2270		280	12435
家禽　Poultry	公斤　kg	8998.85	720.5	952	604.6	671	5964.75	82
金额　Amount	元　yuan	53808.2	4705	4665.4	5958	3914.5	26881.3	7659
10. 猪肉　Pork	公斤　kg	1477.5	96	775	247	217	65	127.5
金额　Amount	元　yuan	14421	950	8675	1976	2030	550	740
11.蛋类　Eggs	公斤　kg	28486.85	157.3	776.1	270.75	529.8	24206	2636.3
金额　Amount	元　yuan	107516.7	1152.8	4292.5	1742.2	2720.9	88632.3	9469
12.羊毛　Wool	公斤　kg	31.5		30				1.5
金额　Amount	元　yuan	1060		1010				50

8－8 农村总收入和纯收入

（农村住户抽样调查资料）

单位:元

		合 计 Total
一、全年总收入	Gross income	11045471.22
(一)工资性收入	Basic income	2012560.00
1.在非企业组织中劳动得到的报酬	From collective organization	321169.30
2.在本乡地域内劳动得到的报酬	From local enterprises	518907.10
#在企业中劳动得到的	From township enterprises	346546.10
在国家投资基建项目得到的	From national projects	1670.00
提供其他劳务收入	Other services	170691.00
3.外出从业得到的	From other place	1172483.60
在乡外县内从业得到的	From other townhships	193174.00
在县外省内从业得到的	From other counties	557477.60
在省外国内从业得到的	From other provinces	101040.00
在国外从业得到的	From foreigh countries	320792.00
(二)家庭经营收入	Income from households business	8728241.14
1.农业收入	Farming	5950308.75
农产品收入	Form products	5877623.35
2.林业收入	Forestery	30689.08
3.牧业收入	Animal husbandry	2384611.57
4.渔业收入	Fishery	
5.工业收入	Industry	16560.27
6.建筑业收入	Construction	62072.50
7.交通运输和邮电业收入	Transportation, post and telecommunication	108561.06
8.批发和零售贸易餐饮业收入	Commerce and catering	24843.50
9.社会服务业收入	Social services	49180.00
10.文教卫生业收入	Eduction culture and health care	6928.00
11.其他行业收入	Others	78067.71
(三)转移性收入	Transfer income	111535.00
1.家庭非常住人口寄回和带回	Send back from other place	22770.00
2.城市亲友赠送收入	Gift from relatire in city	7820.00
3.农村亲友赠送收入	Gift from relatire in ruban area	20263.00
4.退耕还林还草补贴收入	Subsidy of governmert	
5.#粮食收入	Grain income	
(四)财产性收入	Property income	193135.07
1.利息	Interest	376.00
2.租金	Dividend Rent	14168.50
3.红利	Dividend	
4.土地征用补偿	Subsidy for use of land	34172.00
5.其他财产收入	Others	134211.57
二、全年纯收入	Net income	8002560.28
三、全年人均纯收入	Per capita net income	3411.15

GROSS AND NET INCOME OF RURAL HOUSEHOLDS

Data are obtained from the sample surveys on rural households

unit:yuan

榆树市 Yushu	农安县 Nongan	德惠市 Dehui	九台市 Jiutai	双阳区 Shuang Yang	城　区 District
1888429.22	1308287.10	1566929.52	1530325.28	1513865.11	1576794.97
220238.90	118668.10	222781.90	239148.80	143205.50	585960.30
34023.60	4530.00	27200.90	44887.00	51494.50	129173.30
61675.30	57210.00	38252.00	106520.80	39139.00	147597.50
28336.80	4600.00	16512.00	106050.80	22242.00	112885.00
		170.00			1500.00
33338.50	52610.00	21570.00	470.00	16897.00	33212.00
124540.00	56928.10	157329.00	87741.00	52572.00	309189.50
4440.00	12750.00	6399.00	8729.00	20012.00	76550.00
70800.00	44178.00	150930.00	19480.00	8060.00	30639.50
49300.00			16240.00	24500.00	
			43292.00		202000.00
1665985.40	1127828.04	1289469.45	1209784.52	1292085.29	951628.42
1135161.23	892460.75	1108219.03	937654.18	862403.45	637654.55
1132320.23	883952.75	1100418.03	926088.18	835430.05	621324.55
425.00	407.00	700.00	11856.00	9112.21	1445.00
498888.16	149992.30	148986.72	227889.35	401210.12	130897.87
7800.00	350.00			160.00	3410.00
5000.00		4507.00	8000.00	2019.50	40440.00
2355.00	69854.00	9563.00	5610.00	7390.00	80749.00
15000.00	50.00	3237.00	1000.00	450.00	5000.00
	1200.00	3100.00			44180.00
		6828.00			
500.00	474.00	4238.71	17775.00	9340.00	5700.00
2181.00	854.00	6587.00	42665.00	45570.00	14778.00
1000.00			15820.00	4550.00	1500.00
		100.00	4120.00	1050.00	2550.00
730.00	330.00	2030.00	3525.00	7590.00	7058.00
23.90	60936.96	48091.17	38726.96	33004.32	24428.24
376.00					
		4120.00			10048.50
			200.00	15459.00	18513.00
	60936.96	43971.17	34519.96	16645.32	
1165910.07	980185.77	1114150.42	973061.77	861098.79	1273184.65
2749.79	2642.01	2659.07	2514.37	2525.22	2900.19

8-9 农村总支出

单位:元　　　　(农村住户抽样调查资料)

		合　计 Total
全年总支出	**Gross expenditures**	**7587029.97**
一、家庭经营费用支出	Expenses of household business	2320128.89
1.农业生产支出	Farming	1467851.98
2.林业生产支出	Forestry	17848.00
3.牧业生产支出	Animal husbandry	798744.51
4.渔业生产支出	Fishery	146.00
5.工业生产支出	Industry	9460.00
6.建筑业生产支出	Construction	5190.00
7.交通运输和邮电业支出	Transportation, post and telecommunication	18262.00
8.文教卫生业支出	Eduction culture and health care	120.00
9.批发和零售贸易、餐饮业支出	Wholesale, retail trade and catering	156.50
10.社会服务业支出	Social services	966.00
11.其他家庭经营支出	Others	1383.90
二、购置生产性固定资产支出	Expenditures for purchasing fixed assets	474760.50
三、生产性固定资产折旧	Wood and iron farm tools	
四、税费支出	Tax expendiures	325594.09
第一产业税金	Primary indusery taxes	290269.00
第二产业税金	Secondary industry taxes	
第三产业税金	Tertiary industry taxes	3097.00
五、村提留	Draw down in village	776.00
乡统筹	Overall plan of township	312.00
六、生活消费支出	Living experditure	4162452.89
(一)食品	Food	1924494.10
1.主食	Staple food	597383.44
2.副食	Non-staple food	1119530.30
3.其他食品	Other food	207580.45
(二)衣着	Garments	257751.65
(三)居住	Residence	561814.03
#住房、装饰	House	61140.36
(四)家庭设备、用品及服务	Articles and services of houschold	124705.01
(五)医疗保健	Health care	261624.44
(六)交通和通讯	Transportation and telecommunication	370539.26
(七)文教娱乐用品及服务	Educaton, cultural and recreation services	576632.00
(八)其他商品和服务消费	Other goods and services	84892.40
七、转移性支出	Transfer expenditure	252930.60
1.寄给和带给在外人口	Send outside others	16850.00
2.赠送亲友	Send to relatives	196243.70
#赠送农村外部亲友	Send to rural relatives	8691.00

GROSS EXPENDITURES OF RURAL HOUSEHOLDS

Data are obtained from the sample surveys on rurel households unit: yuan

榆树市 Yushu	农安县 Nongan	德惠市 Dehui	九台市 Jiutai	双阳区 Shuangyang	城　区 District
1438414.94	**951706.35**	**1235618.12**	**1330926.34**	**1337170.97**	**1201824.69**
582365.26	215801.60	346980.45	434278.68	470516.46	241349.24
256003.86	167557.20	240394.25	387946.68	247478.95	171755.34
36.50	4521.00	1484.00	2556.00	7162.00	2109.50
316882.90	40501.90	101596.10	37656.00	212666.51	57186.60
170.00	86.00				
4612.00		140.00	4700.00		10.00
	2106.00	404.00	1280.00		1400.00
4400.00	438.00	2203.00	60.00	2502.00	8659.00
	100.00				20.00
	156.50				
	59.00	20.00		700.00	187.00
260.00	276.00	739.10	80.00	7.00	21.80
116111.00	56590.00	88276.00	37930.00	148150.50	28400.00
94207.20	39160.80	54920.00	44826.50	67353.19	24842.40
71490.80	37272.80	50482.00	44132.00	63440.00	23177.40
1162.00	1045.00		75.00	768.00	47.00
	776.00				
312.00					
598482.18	619914.44	725429.67	744231.05	555704.32	859490.05
283091.67	342390.51	369716.41	313754.06	272209.32	314493.28
67569.95	140428.36	143132.20	91607.80	63682.05	84361.08
181601.42	169002.00	190685.94	196508.32	171202.20	188185.62
33920.30	32960.15	35898.27	25637.94	37325.07	41946.58
43184.45	31023.40	37601.80	34266.20	35498.90	73787.50
47061.42	44087.50	88449.16	107976.29	62195.40	193597.26
17835.80	2382.00	4372.00		16051.00	19349.56
15421.80	30313.66	18484.15	18503.70	14997.50	26211.80
50871.40	22236.70	54382.60	50396.44	33172.20	49374.90
60136.53	56775.97	49829.01	89089.06	46262.10	63662.27
86308.11	87959.70	92735.54	104764.10	77817.10	124171.55
12371.80	5127.00	14231.00	25481.20	13551.80	14191.50
27971.30	9159.50	17677.00	61655.10	90631.50	41993.00
580.00	650.00	378.00	2935.00	6643.00	5514.00
23935.00	7766.50	15402.00	34845.50	79289.50	31412.00
1140.00	210.00	550.00	6061.00	200.00	430.00

8－10 农村住户食品消费情况

单位:公斤　　　　(农村住户抽样调查资料)

		合 计 Total
一、谷物和薯类	Grain	580242.17
＃小麦	Wheat	39266.24
稻谷	Rice	240722.70
玉米	Corn	272914.00
薯类	Tubers	17215.18
二、消费豆类及豆制品	Beans	24454.91
三、消费蔬菜及菜制品	Vegetables	301744.50
1.根茎块花类	Root vegetable	44918.00
2.瓜菜类	Cucumber	49941.60
3.茄果类	Tomato	52938.31
4.葱蒜类	Onion	34439.45
5.叶菜类	Celery	96659.13
6.其他鲜菜	Other vegetable	7882.85
7.菜用豆类	Beans	13909.85
8.水生菜类	Vegetable in water	774.25
四、消费调味品	Condiments	
五、消费油脂类	Oil and fat	18740.60
1.植物油	Beaning oil	18220.65
2.动物油	Fat	519.95
六、消费肉禽及制品	Meat and its product	42474.89
1.猪肉	Pork	32122.70
2.牛肉	Beef	571.00
3.羊肉	Mutton	385.85
4.家禽	Poultry	7158.64
5.肉禽制品	Meat and poultry	2236.70
七、消费鲜蛋及蛋制品	Eggs and its poducts	14992.45
八、消费鲜奶及奶制品	Milk and products	1044.60
九、消费水产品	Aquatic	5547.06
1.鱼类	Fish	5182.91
2.虾、贝、蟹类	Shrimps and shellfish	85.90
3.藻类	Marine alga	78.05
4.其他	Other aquatic	200.20
十、消费食糖	Sugar	1659.95
十一、消费酒	Drink and liquor	25893.20
1.白酒	Liquor	10328.58
2.啤酒	Beer	15422.92
3.果酒	Wine	56.70
十二、消费水果	Fruits and its products	36214.45
十三、消费坚果	Nuts and its products	657.40

CONSUMPTION OF MAJOR FOOD IN RURAL HOUSEHOLDS

Data are obtained from the sample surveys on rural households

unit: kg

榆树市 Yu shu	农安县 Nongan	德惠市 Dehui	九台市 Jiutai	双阳区 Shuangyang	城　区 District
68114.19	167055.96	172931.14	92865.41	64742.81	119593.38
6559.33	14663.67	10760.00	7496.00	3110.67	17199.56
50672.86	37678.57	51409.29	52156.71	57017.14	78445.36
8935.00	102021.00	103648.00	30208.00	3965.00	21952.00
1647.00	7041.22	5204.80	2024.40	36.00	1315.76
6809.15	4919.90	4702.00	1876.95	2706.35	3258.25
46219.95	36285.80	46204.81	50456.85	75686.35	47794.25
5096.00	1025.30	4628.55	8631.40	17241.90	8065.00
10261.40	1456.50	8448.30	10825.25	10224.85	9064.00
10171.25	8394.20	8680.26	3753.60	13639.90	8190.60
6553.70	7714.85	5551.10	4940.70	5732.00	4343.00
12123.05	13273.55	14676.00	19081.60	26208.20	11898.93
613.50	1181.10	363.95	997.00	1484.00	3151.40
1324.00	2871.80	3702.00	2173.50	1065.50	2775.25
57.50	327.00	58.75	35.00	76.50	214.50
3328.20	2964.60	2456.50	3345.10	2121.30	4416.95
3203.60	2755.25	2382.50	3325.60	2038.80	4406.95
124.60	209.35	74.00	19.50	82.50	10.00
4658.20	7641.95	9238.87	8207.20	4596.75	4612.05
3446.05	4048.85	7625.05	6876.45	3525.55	3193.05
79.25	13.50	15.50	153.75	21.20	268.70
2.50	214.00	31.00	28.15	54.50	52.20
974.20	2143.25	1282.17	964.00	787.60	928.85
156.20	1222.35	285.15	184.85	207.90	169.25
2687.45	2315.20	2179.75	2675.40	2744.30	2371.55
125.50	66.00	96.50	294.00	209.35	264.25
1034.35	1015.41	1210.75	628.00	589.35	1077.05
983.30	933.81	1127.10	579.90	518.55	1049.05
11.65	15.00	8.65	8.10	29.50	14.00
9.00	13.00	10.00	17.00	18.00	9.50
30.40	53.00	65.00	23.00	23.30	4.50
309.80	265.20	332.20	224.60	285.40	233.25
5932.50	4025.50	4311.25	3205.45	3234.00	5033.90
2244.50	2058.70	1662.00	1390.75	1284.73	1607.40
3682.00	1935.80	2640.55	1742.70	1935.27	3415.50
3.00		7.70	23.00	11.00	10.00
5815.15	5235.40	7608.55	3876.25	6160.50	7381.30
	135.50	34.50	85.20		402.20

8－11　农村现金收、支、存

单位:元　　　　(农村住户抽样调查资料)

		合　计 Total
一、年内现金收入合计	Total income	8495920.08
(一)工资性收入	Wages	2009090.00
1.在非企业组织中劳动得到的收入	From Non－enterprises	321169.30
2.在本乡地域内中劳动得到的收入	From enterprises	518907.10
3.外出从业得到的收入	From outside	1169013.60
(二)家庭经营现金收入	Income from household business	6283548.97
1.农产品的现金	Sale products	3470267.64
2.工业现金收入	Processing	16560.27
3.建筑业现金收入	Construction	62072.50
4.交通运输、邮电业收入	Transportation	108561.06
5.批发和零售贸易、餐饮业收入	Wholesale retail trade and catering	24843.50
6.社会服务业收入	Social service	49180.00
7.文教卫生业收入	Education, culture and health care	6928.00
8.其他行业收入	Others	78067.71
(二)转移性收入	Transfer income	111415.00
(三)财产性收入	Property income	91866.12
(四)非收入所得	Non income	1514254.76
二、年内现金支出合计	Total of expenditures	6795981.15
(一)生产费用现金	Expenses of production	2630434.50
1.家庭经营费用现金支出	Household business	2155023.99
2.购置生产性固定资产现金支出	Purchased fixed assets	474760.50
(二)税费支出	Tax expenditures	323214.79
(三)村提留	Draw down in village	776.00
(四)乡统筹	Overall plan of township	312.00
(五)其他各项收费	Others	32142.59
(六)生活消费现金支出	Living expenditure	3540265.76
1. 食品	Food	1359087.36
2. 衣着	Clothing	257751.65
3. 居住	Residence	505035.14
4. 家庭设备、用品及服务	Articles and services of household	124703.51
5. 医疗保健	Health care	261624.44
6. 交通和通讯	Transportation and telecommunication	370539.26
7. 文教娱乐用品及服务	Education culture goods and services	576632.00
8. 其他商品和服务	Other goods and serices	84892.40
(七)转移性支出	Transfer expenditure	251553.10
(八)财产性支出	Property in come	50513.00
三、非消费性现金支出	Non consumer expenditure	1471257.16
四、年末手存现金	Cash in hand at year end	1974017.31
五、年末存款金额	Deposits	1395594.00

RVRAL CASH INCOME EXPENIDVURE AND SAVING

Data are obtained from the sample surveys on rural households unit:yuan

榆树市 Yu shu	农安县 Nongan	德惠市 Dehui	九台市 Jiutai	双阳区 Shuangyang	城　区 District
1279980.97	1008063.20	1079610.73	1042428.29	1122711.16	1609406.60
220238.90	118198.10	219781.90	239148.80	143205.50	585960.30
34023.60	4530.00	27200.90	44887.00	51494.50	129173.30
61675.30	57210.00	38252.00	106520.80	39139.00	147597.50
124540.00	56458.10	154329.00	87741.00	52572.00	309189.50
1057170.07	883011.10	848615.83	743140.49	917576.66	970953.00
508300.27	578197.70	611690.92	515784.09	457523.16	592907.50
7800.00	350.00			160.00	43850.00
5000.00		4507.00	8000.00	2019.50	40440.00
2355.00	69854.00	9563.00	5610.00	7390.00	80749.00
15000.00	50.00	3237.00	1000.00	450.00	5000.00
	1200.00	3100.00			44180.00
		6828.00			
500.00	474.00	4238.71	17775.00	9340.00	5700.00
2181.00	854.00	6467.00	42665.00	45570.00	14778.00
391.00	6000.00	4746.00	17474.00	16359.00	37715.00
278002.60	132285.80	224469.00	307257.50	413331.16	
1300763.52	840696.79	1025748.81	1242160.48	1159415.84	1158751.71
636829.86	272331.60	395527.95	472208.68	559400.16	266096.04
520718.86	215741.60	307251.95	434278.68	410499.66	237696.04
116111.00	5659.00	88276.00	37930.00	148150.50	28400.00
94207.20	38767.00	54920.00	42841.00	67353.19	24842.40
	776.00				
312.00					
21554.40	843.00	4438.00	534.00	3145.19	1618.00
522477.16	509358.69	555288.86	658828.20	437965.99	859490.05
207086.65	223195.56	220249.10	247878.10	171050.99	314493.28
43219.45	31023.40	37601.80	34266.20	35498.90	73787.50
47061.42	44087.50	67777.16	88449.40	45615.40	193597.26
15421.80	30313.66	18482.65	18503.70	14997.50	26211.80
50871.40	22236.70	54382.60	50396.44	33172.20	49374.90
60136.53	56775.97	49829.01	89089.06	46262.10	63662.27
86308.11	87959.70	92735.54	104764.10	77817.10	124171.55
12371.80	5127.00	14231.00	25481.20	13551.80	14191.50
27971.30	9159.50	17677.00	60277.60	90631.50	41993.00
19278.00	11080.00	2335.00	8005.00	4378.00	5750.00
199754.24	191646.80	263570.30	297684.80	249655.12	245312.70
142990.00	215509.87	399904.06	233177.10	131510.00	837776.38
20000.00	408500.00	69230.00	152000.00	41000.00	704864.00

8－12　农村购买商品情况

单位:元　　　　（农村住户抽样调查资料）

		合　计 Total
一、购买食品	Purchage food	1262699.36
1.粮食(原粮)	Grain	365450.44
2.食用植物油	Beaning oil	120211.04
3.动物油	Fat	2666.20
4.蔬菜	Vegetables	99994.54
5.豆制品	Bean products	17807.09
6.猪肉	Pork	157900.56
7.牛肉	Beef	7146.20
8.羊肉	Mutton	6345.00
9.家禽	Poultry	23355.65
10.鲜蛋	Eggs	25053.19
11.淡水鱼类	Fish	23834.80
12.淡水虾贝蟹类	Shrimps and shellfish	208.00
13.海水鱼类	Freezed fish	8766.10
14.海水虾贝蟹类	Shrimps and shellfish	496.50
15.海水藻类	Marine alga	268.70
16.食糖	Sugar	6659.10
17.糕点	Cake	10039.25
18.糖果	Sweet	2832.90
19.卷烟	Cigarette	76000.60
20.酒	Liquor	66010.11
21.茶叶	Tea	660.10
22.水果	Fruits	68203.50
23.鲜奶	Milk	1120.50
24.奶制品	Milk products	
25.罐头	Tins	

BASIC STATISTICS ON RURAL PURCHASING GOODS

Data are obtained from thesample survegs on rural households unit:yuan

榆树市 Yu shu	农安县 Nongan	德惠市 Dehui	九台市 Jiutai	双阳区 Shuangyang	城　区 District
192308.25	223195.56	206265.50	224959.40	150593.29	260176.99
35136.00	85063.86	66621.90	82572.00	21454.80	72520.38
23049.00	14709.40	16666.90	21977.36	13408.10	30165.00
622.00	1095.70	373.00	111.50	403.00	50.00
12015.60	16983.10	13301.60	21892.35	13927.95	21239.38
5329.30	397.90	1344.30	1309.64	4675.70	4813.95
32036.40	21073.50	24623.23	27793.80	21740.50	30316.28
927.50	151.00	125.00	1984.00	229.00	3467.70
40.00	4088.00	406.00	416.00	626.00	727.00
2557.20	4123.00	2607.00	2897.50	4096.55	6874.40
3529.60	2487.15	4650.94	4568.40	3490.30	6275.40
5929.50	2185.50	6027.20	2985.60	2677.00	4105.60
26.00	18.00	35.00	17.00	44.00	68.00
643.00	2637.70	811.60	839.00	756.10	3089.70
82.00	68.00	32.00	47.00	184.00	5.50
30.50	51.50	38.00	52.50	51.20	42.00
1195.10	981.70	1228.90	835.30	1486.10	233.25
2812.50	434.50	1312.10	850.00	2182.40	2467.05
623.00	210.10	631.40	527.00	296.00	524.40
9208.30	9962.30	12508.50	10355.10	15163.10	12117.90
13879.10	9650.00	10204.66	8384.40	9622.45	6115.00
60.00	133.00	214.00	52.60	109.00	94.00
10623.50	8511.20	14097.30	8204.00	10883.35	15667.35
2312.00		11.50	382.00	316.00	408.00

8－12续表1 单位:元

		合 计 Total
二、购买衣着类	Clothing	257059.15
1. 购买服装	Garments	56943.10
三、购买文体用品	Culture, sports goods	
1. 影碟机	Video disc player	12435.00
2. 音像制品	Video recorder	
3. 彩色电视机	Colour TV set	33890.00
4. 收录机	Recorder	868.00
5. 照相机	Camera	
6. 家用计算机	Computer	14418.00
7. 文具纸张	Paper and others	
四、购买建筑材料	Building material	187198.40
1. 水泥	Cement	29800.50
2. 木材	Timber	24902.00
3. 钢材	Steel	12208.00
4. 水泥预制件	Cement products	2895.00
5. 玻璃	Glass	1402.50
6. 砖瓦	Brick	61749.90
7. 沙石	Sand	12607.00
五、购买生活用燃料	Fuel	82093.20
#煤	Coal	60377.00
六、购买家用设备和日用品	Daily cosumer goods	110315.31
1. 购买洗涤及卫生用品	Detergent	26443.70
2. 购买厨具、餐具、茶具	Household articles	8289.40
3. 购买家具及做家具材料	Furnitures	4106.00
4. 购买洗衣机	Washing machine	4555.00
5. 购买缝纫机	Sewing machine	170.00
6. 购买电风扇	Electric fan	245.00
7. 购买电冰箱	Refrigerator	7150.00
8. 购买空调机	Air conditioner	

continued1

unit:yuan

榆树市 Yu shu	农安县 Nongan	德惠市 Dehui	九台市 Jiutai	双阳区 Shuangyang	城　区 District
43184.45	31016.40	37460.80	34061.20	35400.90	18633.80
9147.30	4880.80	7579.50	7424.00	8763.70	
					33045.69
3860.00	2530.00	800.00	600.00	2800.00	1585.00
11430.00	2230.00	5710.00	3330.00	3250.00	7940.00
225.00	75.00		500.00		1.00
			2000.00		12418.00
3340.00	9395.00	8799.70	38315.00	9749.50	94015.40
275.00	2581.00	1586.50	2542.00	1663.00	15671.00
100.00	923.00	210.00	9873.00	613.00	10922.00
		292.00	3563.00	1301.00	4416.00
	45.00	50.00	1990.00		810.00
	331.50	20.00	180.00		871.00
2830.00	4730.00	3805.00	16230.00	3539.00	
135.00	1110.00		1886.00	1295.00	6081.00
5549.00	1257.70	13981.50	21317.00	2290.50	37624.50
4621.00	585.00	11791.00	16681.00		26699.00
15090.80	29108.66	14339.15	12956.50	14350.50	23723.30
4284.20	4607.00	4094.40	3160.70	4732.80	5582.70
1211.20	1717.70	2128.00	666.50	1229.50	1193.00
2168.00	32.00	526.00	490.00	206.00	250.00
1900.00			165.00	700.00	1790.00
		170.00			
125.00		120.00			
				1750.00	5400.00

8－12续表2

单位:元

		合 计 Total	榆树市 Yushu
19.购买吸尘器	Dust catcher		
20.购买抽油烟机	Smoke absorber	400.00	
21.购买热水器	Shower	800.00	
22.购买微波炉	Oven		
23.购买家具及做家具材料	Furniture appliances	4106.00	2168.00
24.购买自行车	Bicycle	6370	1470.00
25.购买摩托车	Motorcycle	48060	13600.00
26.购买电话	Telephone	3658	210.00
27.购买手机	Mobile telephone	56102	12270.00
28.购买寻呼机	Pager		
七、购买医疗卫生、保健用品	Medicine and medchical articles	149434.70	36237.40
八、购买生产资料	Products matericals	1896146.26	467620.10
1.化肥	Chemical fertilizer	670088.38	116875.50
2.农药	Agricurltural medicine	73568.40	8679.00
3.农用薄膜	Plastic	46723.54	2818.50
4.生产用燃料	Diesel oil	95121.68	21860.30
5.生产用种籽	Coal	180721.90	36047.30
6.生产用饲料	Forage	90084.10	532.00
7.小型拖拉机	Mini and walking tractors	100003.00	48300.00
8.机动脱粒机	Motorized threshing machine	1577.00	670.00
9.胶轮大车	Carts with rubber tires	2000.00	
10.水泵	Pumps	4668.00	240.00
11.役畜	Draught animals	55550.00	12340.00
12.产品畜	Commodity animals	60435.00	1550.00

continued2

unit:yuan

农安县 Nongan	德惠市 Dehui	九台市 Jiutai	双阳区 Shuangyang	城　区 District
				400.00
				800.00
32.00	526.00	490.00	206.00	250.00
450.00	960.00	780.00	1280.00	1070.00
8500.00	4750.00	17630.00	3000.00	580.00
1235.00	370.00	585.00	1013.00	495.00
4766.00	10840.00	10308.00	5758.00	9660.00
14521.70	30877.60	16583.30	27547.70	23954.80
202174.60	268569.45	387318.08	335445.29	203875.54
88247.50	109487.20	194784.98	95241.20	67459.00
6130.60	12020.40	15186.90	20237.10	10776.40
1046.00	2501.50	22733.20	1428.10	16089.24
3242.00	29928.30	12252.00	22230.48	5293.00
26442.60	35210.60	31206.00	26248.80	25545.20
25327.30	2129.50	59998.50	515.20	1599.60
	35603.00	5100.00	7500.00	3500.00
	907.00			
	1000.00			1000.00
	1350.00		3368.00	390.00
2460.00	20650.00	17600.00	1000.00	1500.00
7090.00	700.00	8195.00	41400.00	1500.00

8－13　农村主要耐用物品拥有量

DURABLE CONSUMER GOODS OWNED INRURAL HOOSEHOLDS

（农村住户抽样调查资料） Data are obtained from the sample surveys on rural households

	单　位 Unit	合　计 Total	榆树市 Yushu	农安县 Nongan	德惠市 Dehui	九台市 Jiutai	双阳区 Shuangyang	城　区 District
1.自行车　Bicycle	辆　unit	565	107	89	64	80	95	130
2.空调机　Air conditioner	台　unit	1						1
3.抽油烟机　Smoke absorber	台　unit	13			1	8	1	3
4.微波炉　Oven	台　unit	2			1			1
5.热水器　Shower	台　unit	5				2	1	2
6.电风扇　Electric fan	台　unit	155	8	30	16	17	36	48
7.洗衣机　Washing machine	台　unit	442	80	55	51	69	81	106
8.电冰箱　Refrigerator	台　unit	69	3	7	5	13	13	28
9.摩托车　Motorcycle	台　unit	193	21	29	36	29	34	34
10.汽车(生活用)　Automobile	台　unit	2			1			1
11.电话机　Telephone	部　sub	295	42	48	25	44	53	83
12.移动电话　Mobile telephone	部　sub	224	35	25	39	38	39	48
13.寻呼机　Pager	台　unit	6		6				
14.组合音响　Hi－Fi stereo component system	台　unit	42	7	2	5	3	15	10
15.家用计算机　Computer	台　unit	7				2		5
16.影碟机　Video disc player	台　unit	196	43	27	18	33	42	33
17.黑白电视机　TV set	台　unit	175	35	30	30	23	34	23
18.彩色电视机　Colour TV set	台　unit	486	90	60	65	77	73	121
19.收录机　Recorder	台　unit	91	23	11	12	12	8	25
20.照相机　Camera	架　unit	24		2	7	3	5	7
21.吸尘器　Dust catching	台　unit	1				1		

8－14 主要年份农民家庭生活基本情况
BASIC CONDITIONS OF RURAL HOUSEHOLDS

		2000	2001	2002	2003
调查户数(户)	Households surveyed	600	600	600	630
平均每户人口(人)	Residents per household	3.92	3.85	3.83	3.72
平均每户劳动力(人)	Laborers per household	2.72	2.68	2.67	2.71
#务工劳动力	Laborers				
平均每一劳动力赡养人口(人)	Persons supported by a laborer	1.44	1.44	1.43	1.38
平均每人年总收入(元)	Per capita annual income(yuan)	3432.49	3787.66	4386.61	4708.21
平均每人年纯收入(元)	Per capita annual net income(yuan)	2568.02	2785.01	3147.20	3411.15
按年纯收入分组的户数构成(%)	Percentage of households by net income(%)				
平均每一劳动力年纯收入(元)	Net income for a laborer(yuan)	3704.63	4004.32	4513.68	4690.83
平均每人年总支出(元)	Per capita annual expenditure(yuan)	2424.98	2723.24	2937.16	3234.03
人均年生活消费支出(元)	Per capita living expenditures(yuan)	1342.89	1458.50	1539.18	1774.28
1.食品	Food	645.13	661.70	732.71	820.33
#食品消费支出	Food				779.24
食品消费服务性支出	Cuter services				41.09
2.衣着	Garments	86.85	90.13	91.89	109.87
3.生活用品及其他	Daily consumer goods	48.20	52.36	52.17	53.16
4.住房	House	85.78	144.34	159.11	239.48
5.文化、生活服务支出	Expenditure for culture living ser8vices	130.45	159.83	175.76	245.79
二、人均年家庭经营支出和纳税(元)	Taxes and expenditures (yuan)	610.39	763.82	957.61	1127.76
#牧业生产费用	Costs for animal husbandry	138.56	201.79	339.28	340.47
农业生产费用	Costs for farming	453.31	536.05	598.89	625.68
三、人均年购置生产性固定资产(元)	Per capita purchase fixed assets(yuan)	89.84	143.79	90.21	202.37
四、人均年上交集体的承包任务(元)	Per capita payments to collective				
五、人均年其他非借贷性支出(元)	Per capita other expenditures	175.54	220.37	212.47	160.54
平均每户年内新建房屋面积(平方米)	Rooms of new building per household	0.09	2.03	2.72	0.99
平均每户年末居住房屋面积(平方米)	Rooms of living per household	71.09	70.46	71.34	81.38
平均每人年末居住房屋面积(平方米)	Area of living per household	18.15	18.29	18.62	21.85

8-15 主要年份平均每百户农民家庭年末耐用消费品拥有量
NUMBER OF DURABLE CONSUMER GOODS OWNED PER 100 RURAL HOUSEHOLDS AT YEAR END

		2000	2001	2002	2003
自行车(辆)	Bicycle(unit)	108	103	108	90
收录机(台)	Record(unit)	20	20	32	14
黑白电视机(台)	TV set(unit)	51	51	47	28
彩色电视机(台)	Colour TV set(unit)	49	56	62	77
电风扇(台)	Electric fan(unit)	19	20	23	25
电冰箱(台)	Refrigerator(unit)	7	9	9	11
洗衣机(台)	Washing machine(unit)	63	63	64	70
录放像机(台)	Hi-Fi stereo component system(unit)	11	3	3	5
照相机(架)	Camera(unit)	10		2	4
空调机(件)	Air conditioner(unit)				

统计资料
STATISTICS

城市建设
GENERAL SURVEY OF CITY

9－1 长春市城区用气情况
BASIC STATISTICS ON GAS IN CITY

		单位 Unit	2001	2002	2003
一、人工煤气	Gas				
生产能力	Production capcity of coal gas	万立方米/日 10000cu·m·day	60	60	60
储气能力	Storeroom capcity	万立方米、吨 10000cu·m·ton	25	25	25
供气管道长度	Length of gas pipeline(km)	公里 km	1610	1623	1623
供气总量	Total gas supply(10000cu·m)	万立方米、吨 10000cu·m·ton	11481	11568	18831
其中:家庭用量	Households(10000cu·m)	万立方米、吨 10000cu·m·ton	7728	7825	7159
用气户数	Households with access to gas	户 Household	360564	360595	378606
其中:家庭用户	Households	户 Household	358602	358624	385847
用气人口	Population	万人 10000 persen	120.8	122.8	129.9
二、天然气	Natural gas				
储气能力	Storeroom capcity	万立方米、吨 10000cu·m·ton	10	10	12
供气管道长度	Length of gas supply	公里 km	598	604	1207
供气总量	Total gas supply	万立方米、吨 10000cu·m·ton	14817	14826	14100
其中:家庭用量	Households	万立方米、吨 10000cu·m·ton	2165	2168	1930
用户总数	Households with accoss to gas	户 Household	125149	125189	175528
用气人口	Population	万人 10000 person	43.5	44.5	57.4
三、液化石油气	Liquefied Petroleum gas				
储气能力	Storeroom capcity	万立方米、吨 10000cu·m·ton	4087	4087	4387
供气管道长度	Length of gas pipeline	公里 km	35	37	37
供气总量	Total gas supply	万立方米、吨 10000cu·m·ton	38762	39840	67870
其中:家庭用量	Howseholds	万立方米、吨 10000cu·m·ton	12874	13125	11252
用气户数	Howseholds	户 Household	199940	200146	258264
用气人口	Population	万人 10000person	54.26	71.02	58.8
四、燃气普及率	Percentage of population with sccess to gas	%	73.34	78.41	79.38

9－2 市政设施情况
BASIC STATISTICS ON MONICIPAL ENGINEEING

		单 位 unit		2001	2002	2003
道路长度	Length of paved roads	公里	km	1085	1127.6	1139.23
道路面积	Area of paved roads	万平方米	10000sq·m	1595.6	1659.5	2179.7
桥梁数	Bridges	座	set	46	92	92
路灯数	Street lights	盏	unit	37724	39539	42950
排水管道长度	Lengtn of pipeline water discharged	公里	km	1809	1857.9	1966.73
污水排放量	Volume of waste water discharged	万立方米	10000cu·m	21900	22320	22995
污水处理厂座数	Number of factory for waste water discharged	座	set	3	3	3
污水处理厂污水处理能力	Capacity of wasted water discharged	万立方米/日	10000cu·m/day	41.5	56.5	56.5
污水处理总量	Volume of waste water treatment	万立方米	10000cu·m	9539	16120	18432.5

9－3 园林绿化情况
BASIC STATISTICS ON PARKS,GARDENS AND GREEN AREAS

		单位 unit	2001	2002	2003
绿化覆盖面积	Total area of green land	公顷 ha	6358	6575.4	6669
其中:建成区	Finished area	公顷 ha	6358	6575.4	6669
园林绿地面积	Total area of parks and gardens	公顷 ha	5537	5732.3	5814
其中:建成区	Finished area	公顷 ha	5537	5732.3	5814
公共绿地面积	Public green areas	公顷 ha	1600	1667.2	1622.9
公园个数	Parks	个 unit	12	12	12
公园面积	Area of parks	公顷 ha	539.56	539.56	554.98

9－4 集中供热情况
BASIC STATISTICS ON HEATING IN CITY

		单位 unit	2001	2002	2003
供热能力(热水)	Heating capacity (water)	兆瓦 1 billion kw	3567	3638	6399
供热能力(蒸气)	Heating capacity (steam)	吨/小时 ton/hour	1244	1258	1765
供热总量(热水)	Volume supplied(water)	万吉焦 10000gigajoules	2227	2229	4211
供热总量(蒸气)	Volume supplied(steam)	吨/小时 ton/hour	888	892	776
管道长度(热水)	Lengtn of pipeline(water)	公 里 km	995	1017	1656
管道长度(蒸气)	Lengtn of pipeline (steam)	公 里 km	81	81	167
供热面积	Heated area	万平方米 10000sq·m	4000.3	4025.4	5894.9

9-5　城区自来水供应情况
BASIC STATISTICS ON TAP WATER SUPPLY

		单　位 unit	2001	2002	2003
年底自来水生产能力	Production capacity of tap water	万立方米/日 10000cu·m/day	107.6	115.6	115.6
年末供水管道长度	Length of water supply pipeline	公里 km	1184	1242.4	1316
供水总量	Volume of water supply	万立方米 10000 cu·m	27361	30299	32307
生产运营用水	For productive use	万立方米 10000 cu·m	4442	5668	6780
居民家庭用水	For residential use	万立方米 10000 cu·m	10451	1065	11150
售水量	Volume of sale	万立方米 10000 cu·m	20312	18981	19884
用水户数	House holds with access to tap water	户　Household	5517451	657420	736836
其中:家庭用户	Households	户　Household	537451	637700	712395
用水人口	Population with access to tapwater	万人 10000person	202.6	230.2	239.2
人均日生活用水量	Per capita comsumption of tapwater	升 liter	214.61	199.04	224.87

9-6　公共交通情况
BASIC STATISTICS ON PUBLIC TRANSPORTATION

		单位 unit	2001	2002	2003
一、汽车	Buses				
运营车数	Buses operating	辆　unit	3024	3255	3681
公共汽车	Buses	辆　unit	3024	3255	3681
标准运营车数	Buses numbered	标台　unit	2578	3255	3447
运营线路网长度	Length of road	公里　km	1106	739	770
客运总量	Passengers	万人次　10000person-times	54216	54898.2	57799
公共汽车	Buses	万人次　10000person-times	54216	54898.2	57799
其中:小公共汽车	Small buses	万人次　10000person-times	31118	13009	13919
从业人数	Employment	人　person	9804	9873	9688
二、出租汽车	Taxi				
出租车数量	Number of taxi	辆　unit	12537	12575	12528
从业人数	Employment	人　person	18082	18159	18074
三、轨道交通	Orbital transport				
运营车数	Trolley operating	辆　unit	40	25	37
轻轨	Light trolley	辆　unit	20	10	12
有轨电车	Trolley	辆　unit	20	15	25
标准运营车数	Trolley numbered	标台　unit	3	60	86
运营线路网长度	Length of road	公里　km	22	36	21
客运总量	Passengers	万人次　10000person-time	1334.7	1052.71	1231.85
轻轨	Litht trolley	万人次　10000person-time	8	70.21	432.85

9－7　主要年份市区房屋情况
BASIC STATISTICS ON BUILDING CONSTRUCTION AND HOUSING

		1990	1999	2000	2001	2002	2003
实有房屋建筑面积(万平方米)	Floor space of building(10000sq·m)	3637.1	6665	7180	7663.9	8169.5	8711.9
#私房(万平方米)	Privat building (10000sq·m)	193.8	1571	2094	2426	2861.1	3240.8
实有住宅建筑面积(万平方米)	Floor space of housing (10000sq·m)	1911.8	3846	4181	4500.4	4839.8	5231.4
#私房(万平方米)	Private housing (10000sq·m)	188.5	1504	2007	2319.7	2724.8	3071.7
实有住宅使用面积(万平方米)	Use space of housing (10000sq·m)	1414.7	2884.3	3119.8	3375	3484.7	3766.8
市辖区人均住房建筑面积(平方米/人)	Percapita living level (sq·m/person)	11.77	18.2	19.26	20.24	21.22	22.31

9－8　主要年份全市供电情况
BASIC STATISTICS ON SUPPLY ELECTRICITY

		1990	1999	2000	2001	2002	2003
年底发电设备容量总计(千瓦)	Total of power station production(kw)	327850	597600	647600	678600	681600	699600
年底供电设备容量(千伏安)	Total available for supply(1000kwva)	1716120	6336798	7270582	8074118	8934946	6357300
全年供电量(万千瓦小时)	Annual supply electricity(10000kwh)	297407	606177	647939	648079	665744	720432
#自供(万千瓦小时)	By power station (10000kwh)	24954	25923	22537	25944	37116	48667
网供(万千瓦小时)	From electicity net (10000kwh)	272453	580254	625402	622135	628628	720432
全年用电量(万千瓦小时)	Total electricity consumption(10000kwh)	306243	671093	711779	725705	784384	835825
#工业用电(万千瓦小时)	Industry(10000kwh)	184923	413254	461131	422861	443147	439624
农业用电(万千瓦小时)	Agriculture (10000kwh)	14082	10461	13698	17253	16873	20045
城乡人民生活用电(万千瓦小时)	Residential consumption(10000kwh)	48939	151049	129600	159446	160290	177646
送配电线路长度(公里)	Length of electrici wire (km)	3456	18030	20561	20833	21621	3119.9
#输电线路(公里)	Electric wire (km)	1265	25612	2642.9	3142.9	3145.35	3119.9
配电线路(公里)	Distribution line (km)	2191	15469	17918	17690	18475	

统计资料
STATISTICS

农业
AGRICULTURE

第十篇 农　业

2003年我市农业经济以结构调整为主线，积极推进农业产业化经营，促进农业由传统向现代，由数量型向效益型的转变。全年实现农林牧渔业增加值157.3亿元，增长7.1%，其中，种植业增加值74.3亿元，增长1.4%，畜牧业增加值81.1亿元，增长11.9%。

种植业结构调整卓有成效。随着粮食供需关系的变化，为提高农业比较效益，增加农民收入，长春市以大成、高榕公司等农业产业化企业为龙头，以订单农业为手段，以基地建设为载体，不断加大了种植结构的调整力度，2003年，在全市110.6万公顷农作物播种面积中，粮食作物面积91.9万公顷，比上年增幅0.4 %，经济作物(油料、麻类、甜菜、烟叶、药材、蔬菜瓜类)16.96万公顷，下降3.8 %，全市优质玉米、水稻、大豆、面积达82.1万公顷，占粮食作物面积的89.3%。

畜牧业快速发展，已撑起农业经济的半壁江山。随着皓月肉牛、德大肉鸡、东旭肉猪、广泽乳业等畜牧业龙头企业加工和带动能力的进一步增强，粮食转化增值能力不断提高，主要畜产品产量也全面增长，2003年全市肉类总产量148.3万吨，禽蛋35.1万吨，奶类产量7.6万吨，分别增长8.6%、7.0%和43.4 %。

10－1　1991－2003年农林牧渔业总产值(现价)
GROSS OUTPUT VALUE OF AGRICULTURE (1991－2003)

单位:亿元　　unit:100million yuan

年份 Year	农林牧渔业总产值 Total	农业产值 Farming	林业产值 Forestry	牧业产值 Animal husbandry	渔业产值 Fishery	服务业 Service
1991	46.5	32.5	0.3	13.3	0.4	
1992	52.2	36.9	0.3	14.6	0.4	
1993	64.5	46.1	0.3	17.6	0.5	
1994	108.2	71.9	0.5	35.2	0.6	
1995	144.5	89	0.7	53.7	1.1	
1996	172.9	99.3	0.5	71.9	1.2	
1997	176.8	94	0.7	80.8	1.3	
1998	198.9	108.2	0.6	88.6	1.5	
1999	200.9	92.9	0.5	105.8	1.7	
2000	197.6	83.8	1.0	111.7	1.1	
2001	223.9	108.0	0.5	114.4	1.0	
2002	242.1	115.9	0.6	124.8	0.8	
2003	259.2	116.7	1.1	139.2	1.0	1.2

10－2　1991－2003年农作物播种面积
TOTAL SOWN AREAS OF FARM CROPS (1991－2003)

单位:公顷　　unit:ha

年份 Year	农作物总播种面积 Total sown area	粮食作物 Grain crops		经济作物 Industrial crops		其他作物 Other crops	
		播种面积 Area	占总播种面积(%) Percentage	播种面积 Area	占总播种面积(%) Percentage	播种面积 Area	占总播种面积(%) Percentage
1991	1117924	996342	89.1	40796	3.6	80786	7.3
1992	1121033	978510	87.3	42761	3.8	99762	8.9
1993	1120226	969586	86.6	43151	3.9	107489	9.5
1994	1115798	969219	86.9	36343	3.3	110236	9.8
1995	1120203	977304	87.2	31446	2.8	111453	10
1996	1124429	979061	87.1	32938	2.9	112430	10
1997	1122817	986045	87.8	27594	2.5	109178	9.7
1998	1122996	984485	87.7	21828	1.9	116683	10.4
1999	1121587	965869	86.1	26567	2.3	129151	11.6
2000	1121046	951131	84.8	38134	3.4	131781	11.8
2001	1114286	935373	84.0	42796	3.8	136117	12.2
2002	1109100	914514	82.5	41467	3.7	153119	13.8
2003	1106395	919045	83.1	169589	15.3	17761	1.6

注:经济作物包括:油料、麻类、甜菜、烟叶、药材。其他作物包括:蔬菜和其他农作物。
Note: Industrial crop: Oil－bearing, fiber, beetrtoots, tobacco, medicinal materials. Other crop: Vegetable and other farm crops

10－3 农村基本情况及农业生产条件

		单 位 Unit		全 市 Total
一、农村基层组织情况	Rural grassroots units			
1.乡(镇)个数	Township governments	个	unit	118
#镇个数	Town governnments	个	unit	75
2.村民委员会个数	Villagers′committees	个	unit	1699
二、农村社会基础设施	Rural social condition			
1.自来水受益村	Village for tapwattr	个	unit	217
2.通汽车村	Villages opening traffic	个	unit	1626
3.通电话村	Villages with telephone	个	unit	1621
三、农村人口、劳动力资源及主要行业分布	Number of rural laborers			
(一)乡(村)村户数	Number of rural households	户	household	1083733
(二)乡(村)村人口	Population of rural	人	person	4270125
(三)劳动年龄人口数	Population of rural laborers	人	person	2042778
(四)不足或超过劳动年龄而参加劳动的人数	Child labourer and old men working	人	person	142719
(五)乡村从业人员	Rural labourer	人	person	1920242
#男劳动力	Male labourer	人	person	1093129
女劳动力	Female labourer	人	person	827113
1.农林牧渔业劳动力	Labourer in agriculture	人	person	1383216
2.工业劳动力	Labourer in industry	人	person	86653
3.建筑业劳动力	Construction	人	person	124011
4.交通运输、仓储及邮电通信业劳动力	Transportation, storage, post and telecommunicaton	人	person	58790
5.批发零售贸易业、餐饮业劳动力	Whatesale, retail and catering trade	人	person	69376
6.其他劳动力	Others	人	person	198196
#(1)外出劳动力	Outside laborers	人	person	156841
(2)外出合同工、临时工	Outside temporany workers	人	person	63472
(3)外来劳动力	From outside laborers	人	person	13087
四、耕地情况	Land			
(一)年初实有耕地面积	Area of land at year begining	公顷	ha	1089553
(二)年内增加耕地面积	Area of increasing land	公顷	ha	2571
#新开荒面积	Newly open up wasteland	公顷	ha	1112
(三)当年减少耕地面积	Area of decreasing land	公顷	ha	9032
#国家基建占地	Copital construction	公顷	ha	1857
乡村集体占地	Village collective construction	公顷	ha	
农民个人建房占地	Peasant housing	公顷	ha	
(四)年末实有耕地面积	Area of land at year end	公顷	ha	1083092
1.水田	Paddy fields	公顷	ha	108037
2.旱田	Dry fields	公顷	ha	975055
五、农业机械化情况	Agricultural machinery			
农业机械总动力	Power of agricultural machinery	千瓦	kw	2107136
1.柴油发动机动力	Diesel power	千瓦	kw	1866218
2.汽油发动机动力	Gasoline power	千瓦	kw	56949
3.电动机动力	Electric power	千瓦	kw	383969
4.其它机械动力	Other power			
(一)耕作机械	Machinery cultivated			

BASIC CONDITIONS OF RURAL GRASSROOTS UNITS

市辖区 District 合计 Total	市辖区 District #双阳区 Shuanhgang	榆树市 Yushu	农安县 Nongan	九台市 Jiutai	德惠市 Dehui
28	9	30	26	15	19
19	5	16	13	13	14
319	137	388	378	306	308
60	16	89	34	24	10
313	137	383	325	300	305
319	137	347	366	291	298
205640	69350	280391	235556	171023	191123
790156	278682	1092321	963055	631442	793151
404563	147500	460196	520707	296454	360858
26891	8495	54731	20349	23137	17611
372966	132802	443698	465810	289933	347835
204448	72226	246515	271444	165218	205504
168518	60576	197183	194366	124715	142331
236218	101191	287225	345083	233338	281352
37913	8162	13930	16673	6641	11496
23125	6216	40889	24418	15641	19938
16671	2604	16355	10355	5808	9601
17037	2814	15413	17710	6950	12266
42002	11815	69886	51571	21555	13182
24978	8746	60111	45362	15586	10804
16967	5018	21013	11849	6791	6852
5035	309	2000	4600	276	1176
140543	70161	290109	288946	158511	211444
1972		424	175		
563		374	175		
5196		1570	1850	347	69
1806		1	6		44
137319	70161	288963	287271	158164	211375
13361	9702	36588	5459	11430	41199
123958	60459	252375	281812	146734	170176
384935	130002	586886	596113	290569	448633
287023	91227	466869	524494	237028	350804
32039	7268	7410	5185	9712	2603
65873	31507	112607	66434	43829	95226

10－3续表1

		单 位 Unit	全 市 Total
#大中型拖拉机	Lange and medium tractors	台/千瓦 unit/kw	5635/188226
小型拖拉机	Mini tractors	台/千瓦 unit/kw	74864/783348
大中型拖拉机配套农具	Tractor towing farming machinery	部 set	13210
小型拖拉机配套农具	Mini tractor towing farm machinery	部 set	192903
(二)农用排灌动力机械	Machinery irrigating	台/千瓦 unit/kw	99120/518600
#柴油机	Diesel machinery	台/千瓦 unit/kw	84900/409519
电动机	Electric machinery	台/千瓦 unit/kw	14220/109081
农用水泵	Pump	台 unit	96214
机动喷雾(粉)机	Sprayer	台/千瓦 unit/kw	17/200
(三)收获机械	Gathering machinery		
#联合收割机	Combine harvesters	台/千瓦 unit/kw	22/1288
机动割晒机	Motoried harvesters	台/千瓦 unit/kw	11/451
机动脱粒机	Thresher sheller	台 unit	35921
(四)农副产品加工作业机械	Favming products proessing machinery	台 unit	27388
粮食加工机械	Thresher sheller	台 unit	26921
油料加工机械	Extract oil	台 unit	467
(五)畜牧机械	Animal husbandry mechinery	台 unit	16000
#饲料粉碎机	Pulverizer	台 unit	15995
铡草机	Hay cutter		
(六)渔业机械	Fishery machinery		
#渔用机动船	Ship for rishery	艘/吨/千瓦 tank/ton/kw	1/10/17
(七)运输机械	Transportation		
#农用载重汽车	Truck	辆/千瓦 coach/kw	2129/156313
农用运输车	Truck	辆/千瓦 coach/kw	27372/319272
(八)其它农业机械	Other agricultural maehinery		
#推土机	Bulldozer	辆/千瓦 coach/kw	168/9751
六、农业主要能源及物资消耗	Energy and material consumption		
(一)农村用电量	Electricity consumption	千千瓦小时 1000kwh	519088
(二)农用化肥施用量	Consumptin of chemical fertilizers	吨 ton	822495
1.氮肥	Nitrogenous fertilizer	吨 ton	509573
(1)硫酸铵	Sulphuric acid ammonia	吨 ton	24544
(2)硝酸铵	Nitric acid ammonia	吨 ton	142927
(3)尿素	Urea	吨 ton	253310
(4)碳酸氢铵	Carbonic acid hyorrogtn ammonia	吨 ton	69141
(5)氨水	Ammonia water	吨 ton	1169
(6)其他	Others	吨 ton	18482
2.磷肥	Phosphate fertilizer	吨 ton	123913
3.钾肥	Potash fertilizer	吨 ton	31819
4.复合肥	Compound fertilizer	吨 ton	157190
(三)农用塑料薄膜使用量	Volume of use of plastic	吨 ton	11101
#地膜使用量	Volume of use of plastic	吨 ton	5353
地膜覆盖面积	Area of use of plastic	公顷 ha	32170
(四)农用柴油使用量	Volume of diesel	吨 ton	77861
(五)农药使用量	Volume of pseticide	吨 ton	4693
附记:农林牧渔全部劳动力	Appendix Laborers of farms	人 person	11924
#农林牧渔业劳动力	Laborers of agricualture	人 person	7536

continued1

市辖区 District		榆树市 Yushu	农安县 Nongan	九台市 Jiutai	德惠市 Dehui
合计 Total	#双阳区 Shuanhgang				
586/22508	209/7275	1538/66641	1181/35433	1496/31527	1811/35433
10766/103733	5260/48243	15746/154460	22988/271425	9215/88842	16149/164888
1046	316	4589	2768	922	3885
16975	11389	35171	70666	11545	58546
17743/98948	8336/28281	32056/156750	9561/83383	9683/54310	30077/125209
12815/63780	5231/16640	30585/133999	7353/65353	7896/41866	26251/104521
5108/35168	3105/11641	1471/22751	2208/18030	1787/12444	3826/20688
17386	7725	32056	7006	9683	30083
17/200					
2/88		5/330	3/265	4/88	8/517
				11/451	
3133	2092	7780	6623	5033	13352
2104	1147	7783	6705	4210	6586
2018	1093	7763	6380	4192	6568
86	54	20	325	18	18
1413	827	4519	4066	2908	2698
1045	827	4915	4066	2908	2698
					1/10/17
945/41831	159/8457	587/63876	294/29415	240/16220	63/4971
7177/74785	1347/15640	4077/49737	7957/103120	5198/51735	2963/39895
106/6270	36/1863	49/2745	3/177		10/559
153860	38075	116111	92854	20348	135915
108367	55722	210014	228489	138536	137089
62532	33757	129551	135646	86284	95560
4412	783	6690	5304	4846	3292
17539	7430	17762	50055	27245	30326
27682	14747	77955	71455	37741	38477
10840	9590	22394	833	14448	20626
		60	10	1057	42
2059	1207	4690	7989	947	2797
7676	3035	36425	46491	22910	10411
3873	1545	7343	10872	4616	5115
34286	17385	36695	35480	24726	26003
4999	2591	2030	1324	1347	1401
1268	475	1409	830	1113	733
6121	1358	3969	10551	1856	9673
13280	3990	18794	23921	7695	14171
1059	504	1161	690	898	885
4191			3830	3821	82
1870			2873	2711	82

10－4 农作物播种面积
TOTAL SOWN AREAS OF FARM CROPS

单位:公顷 unit:ha

		全 市 Total	市辖区 District 合 计 Total	 #双阳区 Shuangyang	榆树市 Yushu	农安县 Nongan	九台市 Jiutai	德惠市 Dehui
总播种面积	Sownarea	1106395	141407	70288	291181	298402	160324	215081
一、粮食作物	Grain crops	919045	112631	62693	260465	230576	139198	176175
(一)谷物	Cereal	722321	93520	48549	189031	188994	113703	137073
1.稻谷	Rice	113592	14739	9702	36588	5110	15956	41199
#水稻	Rice	113592	14739	9702	36588	5100	15956	41199
2.小麦	Wheat	3354			668	1803	290	593
3.玉米	Corn	579858	76198	37401	142158	175467	95531	90504
4.谷子	Millet	3143		40	273	1798	337	557
5.高粱	Sorghum	15392	932	405	8159	3403	1072	1826
6.其它谷物	Others	6982	1473	1001	1185	1413	517	2394
(二)豆类	Beans	151444	16848	12424	58226	24280	19848	32242
1.大豆	Soybean	137793	16687	12412	53581	19635	17598	30292
2.杂豆	Beans							
(三)薯类	Tubers	45280	2263	1720	13208	17302	5647	6860
#马铃薯	Potato	44676	2214	1720	13208	17052	5530	6672
二、油料作物	Oilbearing crops	33688	1250	1204	5697	19903	298	6549
1.花生果	Peanuts	5274	3		384	4638	48	201
2.芝麻	Sesame	3151	8	7	783	1554	10	796
3.葵花籽	Sunflower	15878	6		347	13097	50	2378
4.线麻籽	Line fiber seed	1858	27	16	1063		37	731
5.蓖麻子	Castor bean	224	25			55	144	
6.苏子	Perillaseed	7303	1181	1181	3120	559		2443
三、麻类作物	Fiber cropps	169			127			42
1.线麻	Line fiber	169			127			42
2.亚麻	Flax							
3.青麻	Green fiber							
四、甜菜	Beetroots							
五、烟叶	Tobacco	7085			1030	4392	944	719
1.烤烟叶	Fluecured tobacco	1344			711			633
2.晒烟	Tobacco	5741			319	4392	944	
六、药材	Crude drugs	1129		2	350	406	244	34
七、蔬菜、瓜类	Vegetable and melon	127518	25696	6230	20171	37028	13857	30766
1.蔬菜	Vegetable	102890	22423	4812	17753	27628	11118	23968
2.瓜类	Melon	24628	3273	1418	2418	9400	2739	6798
(1)西瓜	Watermelon	11844	1345	681	1247	4969	763	3520
(2)甜瓜	Muskmelon	12670	1820	737	1171	4431	1970	3278
八、其它农作物	Other crop	17761	1735	159	3341	6097	5792	796
1.青饲料	Forage	1908	701	159	614	168	215	210
2.其它	Others	606	467		27	29	77	6

10－5　农作物总产量
YIELD OF MAJOR FARM CROPS

单位:吨　　　　unit:ton

		全　市 Total	市辖区 District 合　计 Total	市辖区 District ＃双阳区 Shuangyang	榆树市 Yushu	农安县 Nongan	九台市 Jiutan	德惠市 Dehui
一、粮食作物	Grain	6702092	630281	350096	2000066	2142500	603559	1325686
(一)谷物	Cereal	594658	577774	308615	1734840	1904790	533571	1195605
1.稻谷	Rice	944119	99846	65008	319232	52045	91576	381420
＃水稻	Rice	944119	99846	65008	319232	52045	91576	381420
2.小麦	Wheat	9110			2157	4832	669	1452
3.玉米	Corn	4854747	468473	238346	1350813	1812230	434037	789194
4.谷子	Willet	11367	498	60	1081	7280	564	1944
5.高粱	Sorghum	97743	3634	1447	55731	22596	5055	10727
6.其它谷物	Others	29494	5323	3754	5826	5807	1670	10868
(二)豆类	Beans	431665	39002	28325	172429	94450	37919	87865
1.大豆	Soybean	395724	38753	28313	158470	80300	33838	84363
2.杂豆	Beans							
(三)薯类	Tubers	323847	13505	13156	92797	143260	32069	42216
＃马铃薯	Potato	319688	13505	13156	92797	141360	30770	41266
二、油料作物	Oil beaning crop	65165	2054	2020	11355	43676	302	7778
1.花生果	Peanuts	19429	1		1803	17060	113	452
2.芝麻	Sesame	4881	8	7	1431	2250	17	1175
3.葵花籽	Sunflower	27063	3		586	23050	95	3329
4.线麻籽	Line frber seeds							
5.蓖麻子	Castor seeds							
6.苏子	Perillaseeds							
三、麻类作物	Fiber crops	224			214			10
1.线麻	Line fiber	224			214			10
2.亚麻	Flax							
3.青麻	Green fiber							
四、甜菜	Beetroots							
五、烟叶	Tobacco	21658			2442	17390	561	1265
1.烤烟叶	Flue cured	2813			1696			1117
2.晒烟	Tobacco	18845			746	17390	561	148
六、蔬菜、瓜类	Vegetable and melon	3970892	731939	124897	823512	123137	277559	906505
1.蔬菜	Vegetable	3280618	650319	86778	746727	941774	245223	696595
2.瓜类	Melon	690274	81620	38119	76785	289603	32336	209930
(1)西瓜	Watermelon	400957	43680	21567	50023	177676	11293	118285
(2)甜瓜	Muskmelon	288343	37909	16523	26762	111927	20100	91645

10－6 农作物单位面积产量
YIELD OF MAJOR FARM CROPS PER HECTARE

单位:公斤/公顷　　　　unit:kg/ha

		全 市 Totat	市 辖 区 District		榆树市 Yushu	农安县 Nongan	九台市 Jiutan	德惠市 Dehui
			合 计 Total	#双阳区 Shuangyang				
一、粮食作物	Grain	7292	5596	5584	7679	9292	4336	7525
(一)谷物	Cereal	8233	6178	6357	9178	10079	4693	8722
1.稻谷	Rice	8311	6774	6700	8725	10185	5739	9258
#水稻	Rice	8311	6774	6700	8725	10185	5739	9258
2.小麦	Wheat	2716			3229	2680	2307	2449
3.玉米	Corn	8372	6148	6373	9502	10328	4543	8720
4.谷子	Willet	3617	2798	1500	3960	4049	1674	3490
5.高粱	Sorghum	6350	3899	3573	6831	6640	4715	5875
6.其它谷物	Others	4224	3614	3750	4916	4110	3230	4540
(二)豆类	Beans	2850	2315	2280	2961	3890	1910	2725
1.大豆	Soybean	2872	2322	2281	2958	4090	1923	2785
2.杂豆	Beans							
(三)薯类	Tubers	7152	5968	7649	7026	8280	5679	6154
#马铃薯	Potato	7156	6100	7649	7026	8290	5564	6185
二、油料作物	Oil beaning crop	1934	1643	1678	1993	2194	1045	1188
1.花生果	Peanuts	3684	333		4695	3678	2354	2249
2.芝麻	Sesame	1549	1000	1000	1828	1448	1700	1476
3.葵花籽	Sunflower	1704	500		1689	1760	1900	1400
4.线麻籽	Linefrber seeds	1900	1630	2000	2116		2081	1588
5.蓖麻子	Castor seeds	817	680			3018		
6.苏子	Perillaseeds	1380	1677	1677	1694	2057		680
三、麻类作物	Fiber crops	1325			1685			238
1.线麻	Line fiber	1325			1685			238
2.亚麻	Flax							
3.青麻	Green fiber							
四、甜菜	Beetroots							
五、烟叶	Tobacco	3057			2371	3959	594	1759
1.烤烟叶	Flue cured	2093			2385			1765
2.晒烟	Tobacco	3283			2339	3959	594	1721
六、蔬菜、瓜类	Vegetable and melon	31140	28485	20048	40827	33255	20030	29465
1.蔬菜	Vegetable	31885	29002	18034	42062	34088	22056	29063
2.瓜类	Melon	28028	24937	26882	31756	30809	11806	30881
(1)西瓜	Watermelon	33853	32476	31670	40115	35757	14801	33604
(2)甜瓜	Muskmelon	22758	20829	22419	22854	25260	10203	27958

10－7林 业 生 产 情 况
BASIC STATISTICS ON FOPESTRY

	单位 Unit	全 市 Total	市辖区 District 合 计 Total	市辖区 District #双阳区 Shuangyang	榆树市 Yushu	农安县 Nongan	九台市 Jiutan	德惠市 Dehui
1.当年造林面积 Areas of afforestation	公顷 ha	13972	4453	3000	1127	6965	967	460
(1)用材林面积 Commercial forest	公顷 ha							
(2)经济林面积 Economic forest	公顷 ha							
(3)防护林面积 Shelter forest	公顷 ha							
2.迹地更新面积 Areas of renewly cutover	公顷 ha	307	187	176			110	10
3.封山育林面积 Areas of closing hillsides to facilitate afforeststion	公顷 ha							
4.零星(四旁)植树 Odd pieces of planting	万株 10000trees	174	72	50		2	100	
5.育苗面积 Areas of grow seedlings	公顷 ha							
#本年新育 Newly grow seedlings	公顷 ha	1058	308	240	130	500	100	20
6.幼林抚育作业面积 Areas of young trees	公顷 ha	44911	34651	32300		260	6000	4000
7.成林抚育面积 Areas of forcestery	公顷 ha	6252	2002	100	1700	350	200	2000
8.低产林改造面积 Areas of renew sparse woods	公顷 ha							
9.抚育改造出材量 Volume of renew timber	万立方米 10000cu·m	1.82	0.53	0.3	0.36	0.19	0.6	0.14
10.村及村以下竹木采伐量 Volume of cut	万立方米 10000cu·m							

10－8畜牧业主要产品生产情况

		单位 Unit	全市 Total
一、当年出栏肉猪	Shanghtered faittend hogs	头 head	7451773
1.交售国家	Sale to state	头 head	1000
2.集市出售	Sale to market	头 head	6574418
3.自宰自食	For themselve	头 head	876355
二、当年出售和自宰的肉用牛	Ssle cattle and buffaloes	头 head	1670915
1.交售国家	Sale to state	头 head	1000
2.集市出售	Sale to market	头 head	1577136
3.自宰自食	For themselve	头 head	92779
三、当年出售和自宰的肉用羊	Sale sheep and coats	只 head	546108
1.集市出售	Sale to market	只 head	508333
2.自宰自食	For themselve	只 head	37775
四、当年出售和自宰的肉用驴	Sale donkeys	头 head	11927
五、当年出售和自宰的肉用骡	Sale mules	头 head	15615
六、当年出售和自宰的肉用马	Sale horses	匹 head	44924
七、当年出栏家禽	Shanghtered poultry	千只 1000head	232492
八、当年出栏兔	Shanghtered cats	只 head	436463
九、当年肉类总产量	Total meat	吨 ton	1483345
1.猪肉产量	Pork	吨 ton	696118
2.牛肉产量	Beek	吨 ton	255513
3.羊肉产量	Mutton	吨 ton	8378
4.驴肉产量	Meat of donkeys	吨 ton	895
5.骡肉产量	Meat of mules	吨 ton	1611
6.马肉产量	Meat of horses	吨 ton	5111
7.禽肉产量	Meat of poultry	吨 ton	513829
8.兔肉产量	Meat of cats	吨 ton	838
9.其他产量	Others	吨 ton	1052
十、奶类产量	Milk	吨 ton	75583
#出售量	Sales	吨 ton	73137
1.羊奶产量	Milk of goat	吨 ton	1655
2.牛奶产量	Milk of cottle	吨 ton	73928
十一、绵羊毛产量	Sheep wood	公斤 kg	2062950
1.细羊毛	Fine wool	公斤 kg	767206
2.半细羊毛	Semi－fine wool	公斤 kg	1192109
十二、蜂蜜产量	Hloney	吨 ton	235
十三、禽蛋产量	Eggs	吨 ton	351278
十四、鹿茸产量	Pilose antler	公斤 kg	72333

BASIC STATISTICS ON ANIMAL HUSBANDRY

市辖区 District		榆树市 Yushu	农安县 Nongan	九台市 Jiutai	德惠市 Dehui
合计 Total	#双阳区 Shuangyang				
957092	371564	2072260	2150177	826452	1445792
1000					
814222	269360	1842510	1979877	692794	1245015
141870	102204	229750	170300	133658	200777
239468	119183	446454	441955	176841	366197
1000					
235334	119183	356809	441955	176841	366197
3134		89645			
24641	3127	50363	378285	19624	73195
23160	3004	34205	358604	19169	73195
1481	123	16158	19681	455	
1018	239	2284	6002	455	2168
1416	552	4625	5320	761	3493
2905	1113	15106	14969	1552	10392
23694	6440	20428	81802	12342	94226
16060		1784	387929	4261	26429
177611	69578	291664	451245	124557	438268
88363	37156	181511	193516	74376	158352
33779	19069	66019	79552	24754	51409
501	40	751	5675	295	1156
68	16	180	480	23	144
158	56	550	479	76	348
447	149	1927	1497	140	1100
53896	13092	40498	168918	24810	225707
37		3	738	8	52
362		225	390	75	
54706	168	2669	4920	1855	11483
54436	147	2648	4825	1855	9373
368	18	263	2	155	867
54338	150	2406	4918	1700	10566
68575	53000	135	1540000	61390	392850
15140			542686	11180	198200
10		135	997314		194650
53	18	11	119	21	31
122557	37331	89654	50325	31626	57116
71878	60610	58	395		2

10－9主要牲畜年末存栏情况

		单位 Unit	全市 Total
一、大牲畜总头数	Large animals	头 head	2441550
从事农事劳役的	Forced animals	头 head	819921
1.牛	Cattle	头 head	2181848
其中:良种及改良种奶牛	Improved cattle	头 head	34871
2.马	Horses	匹 head	163249
3.驴	Donkeys	头 head	33719
4.骡	Mules	头 head	62734
二、猪	Hogs	头 head	3695103
#能繁殖的母猪	Sows	头 head	397678
全年累计产仔猪	Young hogs	头 head	4657046
三、羊	Sheep and coats	只 head	855903
#能繁殖的母羊	Female sheep and coats	只 head	453215
当年产羊羔	Young sheep and coats	只 head	343703
1.山羊	Goats	只 head	157997
#奶山羊	Milk coats	只 head	98341
2.绵羊	Sheep	只 head	697906
#细毛羊及改良羊	Sheep	只 head	238506
半细毛羊及改良羊	Sheep	只 head	392859
四、鹿	Deers	只 head	140243
#能繁殖的母鹿	Female deers	只 head	60938
当年生仔鹿	Young deers	只 head	33437
五、年末养蜂箱数	Bee	箱 case	7188
六、家禽	Poultry	千只 1000head	87868
1.鸡	Chicken	千只 1000head	76926
#蛋鸡	Eggs	千只 1000head	40479
2.鸭	Duck	千只 1000head	5150
3.鹅	Goose	千只 1000head	5792
七、家兔	Cats	只 head	233456

NUMBER OF LIVESTOCK

市辖区 District 合计 Total	市辖区 District #双阳区 Shuangyang	榆树市 Yushu	农安县 Nongan	九台市 Jiutai	德惠市 Dehui
807723	191230	578422	674203	283481	597721
72576	45586	294366	181859	118663	152457
283212	181048	515838	585758	261415	535625
79603	45685	148085	144802	59989	185903
13518	6072	43945	52889	10687	42260
3562	1243	5565	17923	2285	4384
7431	2867	13074	17683	9094	15452
447698	257390	983754	1077506	470831	715314
43232	23312	137888	91536	34950	90072
453259	209808	1749800	1168712	39031	1246244
45885	13484	115829	558636	16739	118814
27974	7243	60959	307431	9351	47500
16896	4040	51651	222697	4044	48415
14104	4185	60194	45287	5460	32952
3703	510	60194	512	980	32952
31781	9299	55635	513349	11279	85862
718			180911		56877
13228		18208	332438		28985
136428	108242	993	1325	60	1437
58903	50461	655	708	30	642
32591	28187	168	414	26	238
1776	445	427	3552	536	897
18874	7475	13894	24640	5027	25433
16032	5883	10746	22584	3854	23710
10738	5826	9680	5718	3721	10622
1440	706	1401	1148	382	779
1402	886	1747	908	791	944
12141		1652	185635	7561	26467

10－10 水果生产情况
BASIC STATISTICS ON FRUITS

		单位 Unit	全市 Total	市辖区 District 合计 Total	市辖区 District #双阳区 Shuangyang	榆树市 Yushu	农安县 Nongan	九台市 Jiutai	德惠市 Dehui
一、年末实有面积	Area of fruit trees	公顷 ha	7611	770	176	2019	1944	2035	843
1.梨	Pear	公顷 ha	1266	128	32	612	54	390	82
2.苹果	Apple	公顷 ha	1510	78		296	16	1050	70
3.葡萄	Grops	公顷 ha	2429	301	23	369	1119	150	490
4.山楂	Haw	公顷 ha	322			8	24	290	
5.其它	Others	公顷 ha	2056	263	121	725	712	155	201
二、水果产量	Output of fruits	吨 ton	64275	10042	743	13021	23853	11375	5984
1.梨	Pear	吨 ton	3962	631	187	752	484	1800	295
2.苹果	Apple	吨 ton	8262	331		1419	218	5900	394
3.葡萄	Grops	吨 ton	33211	7937	419	5634	15363	950	3327
4.山楂	Haw	吨 ton	1955			5	125	1825	
5.其它	Others	吨 ton	16770	1137	137	5201	7564	900	1137

10－11 渔业生产情况
BASIC STATISTICS ON FISHERY

		单位 Unit	全市 Total	市辖区 District 合计 Total	市辖区 District #双阳区 Shuangyang	榆树市 Yushu	农安县 Nongan	九台市 Jiutai	德惠市 Dehui
一、水产品产量	Output of aquatic	吨 ton	16818	2553	1730	2231	4050	3705	4102
#国营	State owned	吨 ton	4057	380	350	710	2100	406	284
1.养殖产量	Artificially cultured	吨 ton	14677	2553	1730	1321	3400	3505	3721
2.捕捞产量	Naturally grown	吨 ton	2141			910	650	200	680
二、养殖面积	Areas of artificially	公顷 ha	13728	1746	1148	2803	5027	2120	2027
#国营	State owned	公顷 ha	8294	750	530	1978	4595	765	201

10－12 农林牧渔业总产值(90 年不变价格)
GROSS OUTPUT VALUE OF AGRICULTURE(at1990price)

单位:万元　　unit:10000yuan

		全　市 Total	市辖区 Distict 合　计 Total	市辖区 Distict #双阳区 Shuangyang	榆树市 Yushu	农安县 Nongan	九台市 Jiutai	德惠市 Dehui
农林牧渔业总产值	Total	1514752	237645	90357	403027	394968	142514	336658
一、农业产值	Farming	566066	64767	25677	171099	161911	54645	113644
1. 谷物及其他作物	Cereals and others	411011	37799	21679	137667	116497	35976	83072
(1)谷物	Cereal	322811	32091	17308	106767	85938	29420	68595
(2)薯类	Tubers	18404	769	749	5287	3141	1813	2394
(3)油料	Oilbean	9557	306	301	1992	6088	42	1129
(4)豆类	Beans	52866	4584	3313	21284	12047	4407	10544
(5)棉花	Cotton							
(6)麻类	Fiber crop	46			44			2
(7)糖料	Sugar							
(8)烟草	Tobacco	5190			702	3978	128	382
(9)其他农作物	Others	2137	49	8	1591	305	166	26
其中:饲料作物	Forage	93	34	8	30	8	11	10
2. 蔬菜园艺作物	Vegetables	114899	22059	2431	23892	30447	16927	21574
(1)蔬菜(含菜用瓜)	vegetables melon	114651	21864	2431	23887	30447	16880	21573
3. 水果、坚果、饮料作物	Fruits and nuts	34925	4909	1567	4798	14684	1538	8996
(1)水果、坚果(含果用瓜)	Fruits and nuts	34925	4909	1567	4798	14684	1538	8996
4. 中药材	Medicinal herbs	5231			4742	283	204	2
二、林业产值	Forestry	7632	1770	1109	3838	574	1249	201
(一)林木的培育和种植	Plants	6719	1664	1057	3300	471	1119	165
(二)竹木采运	Wood cutting and transport	893	106	52	518	103	130	36
其中:村及村以下	Below village							
(三)林产品	Forest products	20			20			
三、牧业产值	Animal husbandry	928959	169103	62673	225473	229613	84863	219907
(一)牲畜饲养	Animals	169530	15902	3274	59816	45493	22650	25669
1. 牛的饲养	Cattle	148321	9789	2972	56798	37830	21598	22306
2. 羊的饲养	Sheep and coats	5609	1410	21	351	3109	148	591
3. 其他牲畜饲养	Others	3084	367	82	1087	751	327	552
4. 奶产品	Milk	5381	3910	12	186	352	130	803
5. 其他牲畜副产品	Other livestock products	3801	328	111	1329	1228	120	796
(二)猪的饲养	Hogs	283843	28386	3584	99627	70727	33717	51386
(三)家禽饲养	Pourltry	432774	85091	24003	65436	111429	28474	142344
(四)狩猎和捕捉动物	Hurts							
(五)其他畜牧业	Other livestoclk	42812	39724	31812	594	1964	22	508
四、渔业产值	Fishery	6060	1049	534	995	1281	1184	1551
其中:养殖	Artificially cultured	6060	1049	534	995	1281	1184	1551
五、农林牧渔服务业	Services	6035	956	364	1622	1589	573	1355

10－13 农林牧渔业总产值(现价)

GROSS OUTPUT VALUE OF AGRICULTURE(at current price)

单位:万元 unit:10000yuan

		全　市 Total	市辖区 Distict		榆树市 Yushu	农安县 Nongan	九台市 Jiutai	德惠市 Dehui
			合　计 Total	♯双阳区 Shuangyang				
农林牧渔业总产值	Total	2591791	385312	139702	683502	691926	253647	577507
一、农业产值	Farming	1167474	135831	52020	334121	337536	122028	237958
1.谷物及其他作物	Cereals and others	829602	72400	43100	283340	242242	70325	161295
(1)谷物	Cereal	594342	57936	31469	205811	154114	52013	124468
(2)薯类	Tubers	84884	3512	3421	24127	37561	8552	11132
(3)油料	Oilbean	21515	1131	1117	5668	11881	73	2762
(4)豆类	Beans	108146	9772	7085	43387	23882	9054	22051
(5)棉花	Cotton							
(6)麻类	Fiber crop	46			44			2
(7)糖料	Sugar							
(8)烟草	Tobacco	17540			1733	14486	467	854
(9)其他农作物	Others	3129	49	8	2570	318	166	26
其中:饲料作物	Forage	93	34	8	30	8	11	10
2.蔬菜园艺作物	Vegetables	249118	51732	4401	39137	60534	46401	51314
(1)蔬菜(含菜用瓜)	vegetables melon	248870	51537	4401	39132	60534	46354	51313
3.水果、坚果、饮料作物	Fruits and nuts	86272	11699	4519	9651	34477	5098	25347
(1)水果、坚果(含果用瓜)	Fruits and nuts	86272	11699	4519	9651	34477	5098	25347
4.中药材	Medicinal herbs	2482			1993	283	204	2
二、林业产值	Forestry	11278	2226	1333	5867	1018	1809	358
(一)林木的培育和种植	Plants	6719	1664	1057	3300	471	1119	165
(二)竹木采运	Wood cutting and transport	4539	562	276	2547	547	690	193
其中:村及村以下	Below village							
(三)林产品	Forest products	20			20			
三、牧业产值	Animal husbandry	1392474	244035	85083	339473	348136	126434	334396
(一)牲畜饲养	Animals	238659	28611	4219	81217	61410	30673	36748
1.牛的饲养	Cattle	200773	14028	3785	76279	50398	29166	30902
2.羊的饲养	Sheep and coats	9465	2534	36	661	4994	259	1017
3.其他牲畜饲养	Others	3437	399	91	1222	844	355	617
4.奶产品	Milk	14950	10942	31	498	989	350	2171
5.其他牲畜副产品	Other livestock products	7172	624	211	2512	2300	230	1506
(二)猪的饲养	Hogs	523438	52347	6609	183722	130429	62178	94762
(三)家禽饲养	Pourltry	565443	102681	26084	73709	153437	33532	202084
(四)狩猎和捕捉动物	Hurts							
(五)其他畜牧业	Other livestock	64934	60396	48171	825	2860	51	802
四、渔业产值	Fishery	10239	1670	704	1291	2452	2355	2471
其中:养殖	Artificially cultured	10239	1670	704	1291	2452	2355	2471
五、农林牧渔服务业	Services	10326	1550	562	2750	2784	1021	2324

10－14 农林牧渔业增加值(现价)
ADDED VALUE OF AGRICULTURE (at current price)

单位:万元 unit:10000 yuan

		全 市 Total	市辖区 District		榆树市 Yushu	农安县 Nongan	九台市 Jiutai	德惠市 Dehui
			合 计 Total	#双阳区 Shuangyang				
一、农林牧渔业总产值	Gross output value of agriculture	2591791	385312	139702	683502	691926	253647	577507
二、中间消耗	Imtermediate comsumer	1018469	145935	53815	275471	278264	102423	216376
1.农业	Farming	424372	62226	31577	127351	128307	38760	67728
2.林业	Forsetry	5064	928	594	3505	141	287	203
3.牧业	Animal husbandry	581555	81398	21308	142943	148265	62700	146249
4.渔业	Fishery	2483	656	87	302	252	176	1097
在中间消耗中:	In intermediate consumer							
1.中间物质消耗	Material consumer	997516	137867	50356	282994	274771	100477	211407
2.对非物质生产部门的劳务支出	Services	15958	7341	3210	1107	2194	1446	3870
三、农林牧渔业增加值	Added value of agriculture	1573322	239377	85887	408031	413662	151224	361131
1.农业	Farming	743102	73605	20443	206770	209229	83268	170230
#种植业	Planting							
2.林业	Forestry	6214	1298	739	2362	877	1522	155
3.牧业	Animal husbandry	810919	162637	63775	196530	199871	63734	188147
4.渔业	Fishery	7756	1014	617	989	2200	2179	1374

统计资料
STATISTICS

工业
INDUSTRY

第十一篇　工　　业

2003年，全市工业经济运行保持了良好发展态势。工业生产保持了快速增长，经济总量进一步扩大，经济效益大幅度增长，运行质量不断提高。主要情况及特点如下：

1、工业生产快速增长，经济总量进一步扩大。2003年全年完成全口径工业总产值1890.2亿元，比上年增长19.3%。完成全口径工业增加值542.3亿元，比上年增长17.1%。规模以上工业完成总产值1511.5亿元，比上年增长22.9%，月均产值达到126亿元，产值超亿元的企业已达88户；完成工业增加值403.3亿元，增长19.5%，工业增加值率达到26.7%，比上年提高0.2个百分点。在全国15个副省级城市中，我市完成的工业总产值居第八位，与上年持平，在东北四市中居第二位；工业总产值增幅由上年的第一位，降为第十一位。

2003年，全市30种重点产品有15种比上年增长，有15种下降。增长幅度较大的有：汽车64.1万辆，增长21.3%，其中轿车35.1万辆，增长54.9%；子午线轮胎90万条，增长217倍；液晶显示块62.2万块，增长83.5%；彩色电视机78.1万部，增长86.5%；成品钢材8.8万吨，增长109.3%；淀粉86.4万吨，增长68.5%。下降幅度较大的有：铁路客车770辆，下降26.7%；内燃机2976万千瓦，下降11.8%；电动工具7.8万台，下降27.4%；录放音机2.5万台，下降49.9%；房间空气调解器1.6万台，下降70.5%；食用植物油5.3万吨，下降44.5%；摩托车3.5万辆，下降9.9%；数字程控交换机3.3万线，下降27.4%；自动化仪表1560台，下降39.3%。

二、新产品产值率继续提高。全市完成新产品产值549.8亿元，增长46.5%(按现价计算)，新产品产值占工业总产值的比重由上年同期的31.3%上升到36.8%，提高5.5个百分点。新产品净增产值176.1亿元，占全市净增产值的58.6%。

三、四大重点行业继续保持快速增长。四大重点行业完成产值1355.1亿元，比上年增长23.4%，高于全市平均增幅0.5个百分点。其中：汽车及零部件工业完成产值1181.7亿元，比上年增长25.8%，高全市平均增幅2.9个百分点，累计生产汽车64.1万辆，增长21.3%。食品工业完成产值121.5亿元，增长8.6%。生物医药工业完成产值21.2亿元，增长37.2%。光电子工业完成产值30.6亿元，增长1.8%。

四、工业品出口缓慢增长。全市完成工业品出口交货值22亿元，增长5.7%。

五、整体经济效益大幅度提高，实现利润超过100亿元。2003年，全市规模以上工业经济效益综合指数为188.8%，比上年提高17.6个百分点。实现产品销售收入1495.5亿元，增长21.4%；实现利润106.5亿元，增长23.3%，产品销售收入和利润总额与工业总产值实现了同步增长。

11－1 主要年份主要工业产品产量
OUTPUT OF MAJOR INDUSTRIAL PRODUCTS

产品名称	Item	1999	2000	2001	2002	2003
钢(吨)	Steel(ton)	28191	46388	42122	72876	101431
钢材(吨)	Steel products(ton)	13084	19743	27207	41939	87797
其中:普通小型钢材(吨)	Ordinary rolled－steel small(ton)	1192	3304	11819	33733	83296
铜(吨)	Copper(ton)	1235	734	2100	1783	–
黄金(千克)	Gold(kg)	99	115	87	89	100
原煤(吨)	Coal(ton)	870615	900791	1122593	1116940	1284608
煤气(万立方米)	Gas(10000cu·m)	19707	20279	17215	17314	21484
焦炭(吨)	Coke(ton)	327675	353513	339935	346583	549620
发电量(万千瓦小时)	Electricity(10000kwh)	562764	678553	698271	687687	695434
工业锅炉(蒸吨)	Industrial boiler(steam ton)	2019	2318	2098	1174	1036
电弧炉(台)	Arc furnace(unit)	31	22	24	21	26
微型电子计算机(部)	Computer(set)	3466	4304	3225	276	–
电动工具(台)	Electric tool(unit)	11497	107440	83316	107198	77800
电力变压器(千伏安)	Transformer(kva)	1358715	1645642	1368295	1495420	518040
高中压阀门(吨)	High－mudium press valve(ton)	462	623	330	236	536
钢芯铝绞线(吨)	Aluminium wire with steel wick(ton)	1331	2051	646	614	346
彩色电视机(部)	Colour TVset(set)	1442442	873106	444247	418775	780993
汽车(辆)	Vehicles(coach)	274904	322609	390834	527937	640607
其中:载重汽车(辆)	Trucks(coach)	154601	150269	169394	205167	182772
轿车(辆)	Cars(coach)	97958	125370	155381	226439	350688
客车(辆)	Buses(coach)	22345	46970	66059	96331	107147
摩托车(辆)	Motor bicycles(coach)	105402	60769	52194	39154	35283
新造铁路客车(辆)	New railway passenger (coach)	758	1585	1555	1051	770
金属切削机床(台)	Metal cutting machine(unit)	–	138	311	198	306
工业泵(台)	Pump(unit)	6785	1346	1087	694	591
电话机(部)	Telephone(set)	64024	120069	38889	64653	13228
电子元件(万只)	Electronic elements(10000)	645	1861	1709	1811	689
内燃机生产量(万千瓦)	Interal combustion engines(100kw)	1788	1949	2319	3376	2976
大中型拖拉机(台)	Large－mudium tractors(unit)	38	62	65	10	–
小型拖拉机(台)	Mini tractors(unit)	16680	9777	13484	43	–
灯泡(万只)	Lamp(10000)	3626	2578	1646	1941	2241
合成氨(吨)	Synthetic Aammonia(ton)	1950	10098	–	–	17511
化肥(折100%)(吨)	Chenical fertilizer(ton)	1272	7366	–	–	2977
石油液化气(吨)	Tiquified gas(ton)	8259	12278	12639	20780	20168
硫酸(吨)	Sulfuric acid(ton)	3478	4728	3914	2111	2937
塑料制品(吨)	Plastic products(ton)	6732	7887	8659	8343	1809
其中:农用薄膜(吨)	Agricultural plastic(ton)	4321	4615	5113	4447	120
轻质碳酸钙(吨)	Calcium carbohate(ton)	9476	8700	7900	6500	9340
油漆(吨)	Paint(ton)	2456	5928	5535	5477	9638
轮胎外胎(条)	Tires(cover)	313286	510446	619457	670576	1377295
胶鞋(万双)	Rubber shoes(10000)	113	100	103	73	66.7
汽油(吨)	Gasiline(ton)	59607	60276	68046	77021	70890
人造板(立方米)	Fiber board(cu·m)	35358	11127	28856	30	33795
墙地砖(立方米)	Wll－earth bricks(cu·m)	46514	800000	88000	–	349
红砖(万块)	Brick(10000)	8758	10328	24954	21453	18803
水泥(万吨)	Coment(10000ton)	181	268	269	286	319.9

11－2　全市工业企业主要经济指标(一)

单位:万元

		企业单位数(个) Enterprises	亏损企业 Making loss enterprises	工业总产值(不变价格) Gross industrial output value (constant price)
总　　计	**Total**	**552**	**146**	**15288485**
一、按登记注册类型分组:	Grouped by tpye registered			
内资企业	Domestic funds	468	127	8154281
国有企业	State owned	100	55	5812114
中央企业	Centre enterprises	17	11	5580376
地方企业	Local enterprises	83	44	231728
省属企业	Provincial enterprises	15	4	58983
地区属企业	Prefectural enterprises	40	25	129019
县属企业	County enterprises	26	14	36862
其他属企业	Others	2	1	6875
集体企业	Collective owned	95	14	370845
省属企业	Provincial enterprises	2	1	1639
地区属企业	Prefectural enterprises	39	11	217415
县属企业	County enterprises	7	1	12115
街道属企业	Street enterprises	5		4920
镇属企业	Town enterprises	13		41061
乡属企业	Town ship enterprises	2		4186
居委会办企业	Street enterprises	2		2856
村委会办企业	Village enterprises	15		28576
其他属企业	Others	10	1	58077
股份合作企业	Share holding cooperative	20	7	32479
联营企业	Joint ownership	1		6796
集体联营企业	Collective owned	1		6796
有限责任公司	Limited company	96	32	902609
国有独资公司	State－collective joint	25	13	296793
其他有限责任公司	Others	71	19	605816
股份有限公司	Share holding	36	4	663376
私营企业	Private	120	15	366062
私营独资企业	Solely owned	42	4	64004
私营合伙企业	Privat partnership	2		3615
私营有限责任公司	Limited company	73	10	293658
私营股份有限公司	Private	3	1	4786
港、澳、台商投资企业	Funded from Hongkong, Macao and Taiwan	26	8	199939
合资经营企业(港或澳、台资)	Joint ventare	19	7	166305
合作经营企业(港或澳、台资)	Cooperative	1		8404
港澳台商独资企业	Solely owned	3	1	10007
港澳台商投资股份有限公司	Funded from Hongkong, Macao and Taiwan	3		15223
外商投资企业	Foreign funded	58	11	6934265
中外合资经营企业	Joint venture	43	9	6795333
中外合作经营企业	Cooperative	3	1	19163
外资企业	Solely owned	11	1	112955
外商投资股份有限公司	Share holding	1		6814
二、按经济组织类型分组	Grouped by ownership			
独资企业	Solely owned enterprises	251	75	6369925
国有企业	State owned	100	55	5812114

MAIN ECONOMIC INDICATORS OF INDUSTRIAL ENTERPRISES(I)

unit: 10000yuan

工业总产值（当年价格）Gross industrial output value (current price)	新产品产值 New product	工业销售产值（当年价格）Sale revenue (current price)	出口交货值 Export	工业中间投入合计 Intermediate Consumer	工业增加值（当年价）Added value (current price)	资产合计 Total assets	流动资产小计 Circulating funds	短期投资 Short－term investment
15115270	5498278	14771101	219864	11589684	4032640	16009404	8361559	21381
8008067	182194	7937311	111152	6240927	2068230	11829961	5819118	9725
5731529	40934	5769625	58677	4513195	1452561	8421291	4257681	1996
5375913	13307	5412355	54601	4237321	1356499	7432671	3939492	405
355617	27628	357271	4076	275874	96062	988620	318189	1591
64073	6174	59726	0	45952	21729	116459	53170	465
203777	21222	203404	2576	157573	55550	786118	226216	726
80347	102	86893	0	66320	17094	70949	29574	0
7420	130	7247	1500	6028	1689	15095	9230	400
386199	0	376377	2606	291245	106453	306225	191934	227
1639	0	1529	0	1160	560	3388	1543	0
224179	0	221925	0	173928	57993	187427	117058	1
11854	0	12083	509	8276	4317	15146	8628	0
4963	0	4817	0	3426	1747	5133	2858	0
41453	0	38177	0	28954	13207	23900	14269	226
4163	0	4053	0	2923	1248	4203	2920	0
4400	0	4150	0	3168	1264	4851	3921	0
30651	0	29662	2097	21357	9894	22526	13237	0
62895	0	59982	0	48052	16224	39650	27501	0
35461	275	30880	0	25376	11688	49014	25951	1785
6796	0	6796	0	5414	1382	2865	2113	0
6796	0	6796	0	5414	1382	2865	2113	0
772692	67014	738379	18042	599461	199731	1581508	609284	2179
258901	15830	243824	11941	223195	43070	832825	311229	249
701983	65221	646100	28848	538543	182326	1184126	595227	998
373407	8750	369154	2979	267694	114090	284931	136928	2540
70855	55	76784	0	52121	20574	56205	28893	164
3615	0	3083	0	2529	1188	1956	1495	0
294354	8695	284650	2979	209613	91061	223079	104586	2231
4583	0	4637	0	3431	1268	3692	1953	144
192703	0	203023	1275	134242	68047	436610	196498	9
158221	0	167447	1275	108105	56022	337742	157566	9
8404	0	8404	0	6979	1426	39851	11757	0
10166	0	13251	0	7801	3478	17120	3787	0
15912	0	13921	0	11357	7121	41897	23388	0
6914500	5316084	6630768	107437	5214515	1896364	3742833	2345944	11647
6777279	5289761	6493698	59625	5114121	1856854	3571609	2241329	2147
19163	11897	18552	13137	13153	6564	63572	28906	9500
111245	14427	111706	34676	81727	31646	101461	70662	0
6814	0	6814	0	5514	1299	6191	5048	0
6309994	55416	6347742	95959	4946088	1614711	8902302	4552957	2387
5731529	40934	5769625	58677	4513195	1452561	8421291	4257681	1996

11－2续表1　　单位:万元

		企业单位数(个) Enterprises	亏损企业 Making loss enterprises	工业总产值(不变价格) Gross industrial output value (constant price)
集体企业	Collective owned	95	14	370845
私营独资企业	Private solely owned	42	4	64004
港澳台商独资经营企业	Funded from Hongkong, Macao and Taiwan	3	1	10007
外资企业	Foreign funded	11	1	112955
合作、合伙企业	Cooperation and partnership	27	8	70458
股份合作企业	Cooperative	20	7	32479
集体联营企业	Collective joint	1		6796
私营合伙企业	Privat partnership	2		3615
港或澳、台资合作经营企业	Funded from Hongkong Macao and Taiwan	1		8404
中外合作经营企业	Cooperative	3	1	19163
股份有限公司	Share holding	43	5	690198
股份有限公司(内资)	Share holding (domestic)	36	4	663376
私营股份有限公司	Private	3	1	4786
港澳台商投资股份有限公司	Funded from Hongkong, Macao and Taiwan	3		15223
外商投资股份有限公司	Foreign funded	1		6814
有限责任公司	Limited company	231	58	8157905
国有独资公司	State owned	25	13	296793
私营有限责任公司	Limited company	73	10	293658
港澳台合资经营企业	Funded from Hongkong, Macao and taiwan	19	7	166305
中外合资经营企业	Joint venture	43	9	6795333
其他有限责任公司	Others	71	19	605816
三、按隶属关系分组	Grouped by administrative			
中央企业	Centre enterprises	20	11	5615931
地方企业	Local enterprises	532	135	9672554
省属企业	Provincial enterprises	31	7	362144
地区及地区以下属企业	Prefectural enterprises and below	501	128	9310410
地区属企业	Prefectural enterprises	160	66	1743341
县及县以下企业	County enterprises and below	341	62	7567069
县属企业	County enterprises	59	28	214109
街道属企业	Street enterprises	8	1	9498
镇属企业	Town enterprises	19		72799
乡属企业	Town ship enterprises	4		9550
居委会办企业	Village enterprises	5		10706
村委会办企业	Village enterprises	21		51665
其他属企业	Others	225	33	7198742
在总计中:亏损企业	Making loss enterprises	146	146	665771
在总计中:国有控股企业	State share holding	198	86	12775749
其中:大中型企业	Large and medium enterprises	66	22	12360929
在总计中:农村工业	Rural industry	25		61215
在总计中:轻工业	Light industry	216	66	2101670
重工业	Heavy industry	336	80	13186815
在总计中:大中型企业	Large and mudium enterprises	110	31	13892293
其中:国有大中型企业	State owned	28	11	5697458

continued 1 unit:10000yuan

工业总产值（当年价格）Gross industrial output value (current price)	新产品产值 New product	工业销售产值（当年价格）Sale revenue (current price)	出口交货值 Export	工业中间投入合计 Intermediate Consumer	工业增加值（当年价）Added value (current price)	资产合计 Total assets	流动资产小计 Circulating funds	短期投资 Short - term investment
386199	0	376377	2606	291245	106453	306225	191934	227
70855	55	76784	0	52121	20574	56205	28893	164
10166	0	13251	0	7801	3478	17120	3787	0
111245	14427	111706	34676	81727	31646	101461	70662	0
73439	12172	67715	13137	53450	22247	157258	70221	11285
35461	275	30880	0	25376	11688	49014	25951	1785
6796	6796	6796	0	5414	1382	2865	2113	0
3615	0	3083	0	2529	1188	1956	1495	0
8404	0	8404	0	6979	1426	39851	11757	0
19163	11897	18552	13137	13153	6564	63572	28906	9500
729292	65221	671471	28848	558846	192014	1235906	625616	1142
701983	65221	646100	28848	538543	182326	1184126	595227	998
4583	0	4637	0	3431	1268	3692	1953	144
15912	0	13921	0	11357	7121	41897	23388	0
6814	0	6814	0	5514	1299	6191	5048	0
8002546	5365470	7684174	81920	6031300	2203667	5713939	3112765	6567
258901	15830	243824	11941	22319	43070	832825	311229	249
294354	8695	284650	2979	209613	91061	223079	104586	2231
158221	0	167447	1275	108105	56022	337742	157566	9
6777279	5289761	6493698	59625	5114121	1856854	3571609	2241329	2147
513791	51185	494555	6101	376266	156661	748683	298055	1931
5444738	42919	5472889	54601	4302147	1364967	7589255	4019710	1059
9670532	5455360	9298212	165263	7287537	2667673	8420149	4341849	20322
393411	6180	353871	31858	330044	70678	438863	231564	965
9277122	5449180	8944341	133404	6957493	2596995	7981285	4110285	19356
1625809	129583	1580238	35337	1238639	448003	3467498	1357235	4426
7651312	5319597	7364103	98067	5718853	2148992	4513788	2753050	14931
260037	377	271664	785	194374	73685	225626	94415	0
9542	0	9152	0	6866	2957	9063	5093	0
73492	0	69421	0	51179	24047	40318	22308	615
9091	0	8486	0	6530	2888	11016	7270	0
12250	0	11750	0	8362	3976	16306	12913	0
53740	0	51834	2097	38004	16475	34703	21692	
7233161	5319220	6941796	95185	5413539	2024964	4176756	2589360	14316
751993	62867	743767	43374	625994	158317	2342900	858146	12933
12586465	5427663	12364044	108593	9736267	3305445	13661057	7136530	12901
12210388	5362027	12012349	101904	9448375	3204517	12394787	6796007	10902
62831	0	60320	2097	44534	19362	45719	28962	0
1857458	58504	1742373	82992	1362045	534335	2218760	943905	5133
13257812	5439774	13028728	136872	10227640	3498305	13790644	7417654	16248
13730890	5412931	13444900	185608	10562042	3633325	14174037	7377953	13099
5625429	25993	5668535	57052	4430761	1424547	8117497	4125669	419

11-2续表2

单位:万元

		企业单位数(个) Enterprises	亏损企业 Making loss enterprises	工业总产值(不变价格) Gross industrial output value (constant price)
其中:大型企业	Large enterprises	13	3	11375036
中型企业	Mudium enterprises	97	28	2517258
小型企业	Small enterprises	442	115	1396191
B、采矿业	Mining and quarrying	7	1	13715
煤炭开采和洗选业	Coal mining and dressing	7	1	13715
C、制造业	Manufacturing	517	134	15150476
农副食品加工业	Food processing	41	10	1025133
食品制造业	Food manufacturing	14	4	49547
饮料制造业	Beverage manufacturing	23	8	120206
烟草制品业	Tobacco processing	1	1	52460
纺织业	Textile industry	7	2	27697
纺织服装、鞋、帽制造业	Garments, shoes and hats	21	5	30266
木材加工及竹、藤、棕、草制品业	Timber, bamboo, cane, palm and straw products	11	4	25049
家具制造业	Furniture manufacturing	2	1	5014
造纸及纸制品业	Paper making and paper products	4	3	9253
印刷业和记录媒介的复制	Printing and record medium reproduction	15	6	16661
石油加工、炼焦及核燃料加工业业	Petroleum processing and coking	3		14668
化学原料及化学制品制造业	Raw chemical material and chemical products	18	3	67129
医药制造业	Medical and pharmacutical products	44	11	372036
橡胶制品业	Rubber products	5	1	69074
塑料制品业	Plastic products	18	2	54197
非金属矿物制品业	Nonmetal mineral products	42	12	118827
黑色金属冶炼及压延加工业	Smelting and pressing of ferrous metals	6	2	37241
有色金属冶炼及压延加工业	Smelting and pressing of non ferrous metals	4		6676
金属制品业	Metal products	15	6	24800
通用设备制造业	Ordinary machinery	29	6	77323
专用设备制造业	Special purpose equipment	16	4	33605
交通运输设备制造业	Transport equipment	132	28	12550988
电气机械及器材制造业	Electric equipmert and machinery	18	6	42231
通信设备计算机及其他电子设备制造业	Computer and telecommunication equipment	11	6	280107
仪器仪表及文化、办公用机械制造业	Instruments, meters, culturae and office	11	3	23671
工艺品及其他制造业	Arts and other manufacturing	6		16620
D、电力、燃气及水的生产和供应业	Production and supply of electric power, steam and hot water	28	11	124294
电力、热力的生产和供应业	Production and supply of electric power, steam and hot water	17	4	78687
燃气生产和供应业	Production and supply of gas	4	2	31703
水的生产和供应业	Production and supply of tap water	7	5	13904

continued 2

unit:10000yuan

工业总产值(当年价格) Gross industrial output value (current price)	新产品产值 New product	工业销售产值(当年价格) Sale revenue (current price)	出口交货值 Export	工业中间投入合计 Intermediate Consumer	工业增加值(当年价) Added value (current price)	资产合计 Total assets	流动资产小计 Circulating funds	短期投资 Short-term investment
11274879	5312974	11076835	122918	8751636	2911362	10572439	5936063	1627
2456010	99957	2368065	62690	1810406	721963	3601597	1441890	11472
1384381	85348	1326201	34256	1027643	399315	1835367	983606	8282
25142	0	19409	0	18827	7542	36773	9648	2
25142	0	19409	0	18827	7542	36773	9648	2
14777720	5498278	14435878	213885	11356437	3902658	14640856	8092623	20720
1050812	0	984244	44094	773237	281999	703201	290595	2111
48437	0	44164	0	36392	13777	50779	20637	0
120400	14427	135765	20091	79994	45394	163297	65842	1119
75434	5107	75109	65	57020	24947	115626	70591	0
29573	7324	28860	6551	28172	1989	122003	72747	0
31680	300	30158	2923	22930	9536	57634	30474	0
24970	4901	25319	4184	18271	7433	65517	14789	0
5505	0	6439	1175	3975	1537	9224	7480	0
10991	0	10641	0	7589	3577	4638	2696	56
19839	275	19193	0	13077	7868	34094	15347	25
49667	0	57725	0	45911	5281	16130	8171	0
67520	650	65130	560	50811	19962	81252	44965	1647
204906	19063	156572	687	138661	76235	371806	193476	175
56847	0	51326	0	36961	21454	105237	76185	0
55344	0	52409	1528	38951	18259	65076	38930	988
152946	0	147729	2166	99361	64119	378616	127667	88
54457	0	52118	0	39356	15897	65129	32216	14
6676	55	5982	0	4947	1939	4186	2829	0
31627	333	26175	0	22213	10340	53491	29156	0
78210	3489	66614	2604	58888	21308	182427	95848	667
32728	3905	33276	238	22618	11728	60009	34954	0
12356638	5386473	12150250	116727	9577228	3197083	11235392	6539836	2911
39567	5870	38609	1829	32681	8213	109121	53756	465
100245	22209	101837	6246	77520	24526	421127	145566	9800
56108	23880	53919	1170	58407	2217	155738	71452	654
16595	0	16316	1047	11269	6041	10105	6419	0
312408	0	315815	5979	214420	122441	1331775	259288	659
175108	0	176266	0	120780	70877	756403	158668	659
77793	0	80346	5979	48942	33514	256313	58313	0
59507	0	59203	0	44698	18050	319059	42307	0

11－3 全市工业企业主要经济指标（二）

计量单位:万元

		应收帐款净额 Accownt receiveabre	存货 Inventorg	产成品 Produts
总计	**Total**	**1605810**	**2445314**	**635797**
内资企业	Domestic funds	1017531	1581467	468775
国有企业	State owned	585303	1034070	302596
中央企业	Centre enterprises	501857	943738	249766
地方企业	Local enterprises	83446	90333	52830
省属企业	Provincial enterprises	15580	18307	10232
地区属企业	Prefectural enterprises	57974	60443	37409
县属企业	County enterprises	7876	7694	2735
其他属企业	Others	2016	3890	2454
集体企业	Collective owned	80591	57918	22687
省属企业	Provincial enterprises	830	608	318
地区属企业	Prefectural enterprises	56206	31487	7846
县属企业	County enterprises	1301	3485	1130
街道属企业	Street enterprises	1150	800	430
镇属企业	Town enterprises	6369	4484	1714
乡属企业	Town ship enterprises	653	486	380
居委会办企业	Street enterprises	194	720	479
村委会办企业	Village enterprises	5378	3211	1533
其他属企业	Others	8509	12638	8858
股份合作企业	Share holding cooperative	7563	6731	3379
联营企业	Joint ownership	694	1304	0
集体联营企业	Collective owned	694	1304	0
有限责任公司	Limited company	137243	167562	73018
国有独资公司	State owned	59023	58249	28941
其他有限责任公司	Others	78220	109312	44076
股份有限公司	Share holding	168971	270418	46547
私营企业	Private	37167	43465	20550
私营独资企业	Solely owned	8239	7603	4626
私营合伙企业	Private partnership	1125	103	90
私营有限责任公司	Limited company	27306	34798	15204
私营股份有限公司	Private share holding	497	960	629
港、澳、台商投资企业	Funded from Hongkong, Macao and Taiwan	48585	75605	30979
合资经营企业(港或澳、台资)	Joint venture	28831	69378	28411
合作经营企业(港或澳、台资)	Cooperative	11054	39	0
港澳台商独资企业	Solely owned	348	1834	1821
港澳台商投资股份有限公司	Share holeling	8352	4355	747
外商投资企业	Foreign funded	539694	788241	136043
中外合资经营企业	Joint venture	510410	760577	130531
中外合作经营企业	Cooperative	2279	6870	245
外资企业	Solely owned	23788	19119	5267
外商投资股份有限公司	Share holding	3217	1675	0
独资企业	Solely owned enterprises	698269	1120546	336997
国有企业	State owned	585303	1034070	302596

MAIN ECONOMIC INDICATORS OF INDUSTRIAL ENTERPRISES (Ⅱ)

unit: 10000yuan

流动资产年平均余额 Annual average balance of circulating	长期投资 Long-term investment	固定资产小计 Fixed assets	固定资产原价 Original value of fixed assets	生产经营用 Operating	累计折旧 Depreciation	本年折旧 Depreciation in this year	固定资产净值 Net value of fixed assets	固定资产净值年平均余额 Annual average balance
7654278	**2000624**	**5186633**	**7091846**	**6665428**	**2739316**	**387177**	**4352530**	**4352712**
5509045	1957065	3720720	5059242	4678309	1865100	242669	3194143	3234303
4261613	1643104	2351884	3537287	3324845	1448601	166425	2088686	2027336
3957389	1626804	1740746	2742718	2599344	1227563	137893	1515154	1472447
304224	16300	611138	794569	725502	221037	28532	573532	554889
51662	4325	56145	78451	72295	23249	4011	55201	55511
216449	11934	509275	656033	601641	179039	21649	476994	459285
29182	41	39853	53540	46410	16758	2786	36781	35789
6930	0	5865	6546	5156	1991	86	4555	4303
196338	1818	103740	135349	120391	37758	6807	97591	95672
1543	0	1779	2041	2041	347	58	1694	1137
125005	708	64367	83582	75303	23065	3999	60517	58665
9777	0	6306	8180	5828	2039	381	6141	6160
2717	0	1891	2739	2599	849	197	1890	2255
12712	24	9487	10922	10320	2516	504	8406	8322
3216	0	1283	1981	1698	1139	112	843	976
3775	0	930	1703	450	774	59	929	928
11403	280	7361	8930	6951	1957	457	6973	7227
26190	806	10337	15271	15201	5072	1041	10199	10003
26232	634	17282	28863	28171	12155	1334	16708	17719
1592	105	647	1373	1220	793	19	580	512
1592	105	647	1373	1220	793	19	580	512
568701	196518	681015	712003	582643	195082	41139	516922	610473
280823	147805	318168	334838	319737	81784	18742	253054	273646
287878	48713	362847	377166	262906	113298	22397	263868	336827
330153	110851	434162	501465	491398	149783	22038	351683	365273
124415	4036	131990	142902	129642	20929	4907	121973	117318
24447	0	24958	27641	26259	3485	592	24156	25402
1442	10	437	676	398	248	22	427	432
96614	4006	104973	112644	101205	16805	4162	95839	89932
1913	20	1623	1941	1780	391	131	1550	1554
173559	681	198625	214320	193004	42323	12842	171997	169819
129851	545	151191	170513	150447	33948	10554	136565	130673
11569	0	24529	29044	29044	4556	1618	24488	24561
8147	0	7086	6909	6192	657	201	6253	5252
23992	136	15819	7853	7320	3162	469	4691	9333
1971674	42878	1267288	1818284	1794115	831894	131666	986390	948590
1889351	37878	1219362	1753992	1734252	813818	139615	940174	907697
18818	5000	18456	23253	23141	4816	606	18437	19776
59348	0	28966	40169	35852	12894	1414	27275	20636
4158	0	505	870	870	366	30	505	483
4549893	1644922	2516634	3747355	3513539	1503394	175440	2243961	2174297
4261613	1643104	2351884	3537287	3324845	1448601	166425	2088686	2027336

11-3 续表1

计量单位:万元

		应收帐款净额 Account receiveable	存货 Inventory	产成品 Produtcs
集体企业	Collective owned	80591	57918	22687
私营独资企业	Solely Owned	8239	7603	4626
港澳台商独资经营企业	Funded from Hongkong, Macao and Taiwan	348	1834	1821
外资企业	Solely owned	23788	19119	5267
合作、合伙企业	Cooperation and partnership	22714	15046	3714
股份合作企业	Cooperative	7563	6731	3379
集体联营企业	Collective owned	694	1304	0
私营合伙企业	Private partnership	1125	103	90
港或澳、台资合作经营企业	Funded from Hongkong, Macao and Taiwan	11054	39	0
中外合作经营企业	Cooperative	2279	6870	245
股份有限公司	Share holding	181037	277408	47923
股份有限公司(内资)	Share holding (domestic)	168971	270418	46547
私营股份有限公司	Private	497	960	629
港澳台商投资股份有限公司	Funded from Hongkong, Macao and Taiwan	8352	4355	747
外商投资股份有限公司	Share holding	3217	1675	0
有限责任公司	Limited company	703790	1032314	247163
国有独资公司	State owned	59023	58249	28941
私营有限责任公司	Limited company	27306	34798	15204
港澳台合资经营企业	Funded from Hongkong, Macao and taiwan	28831	69378	28411
中外合资经营企业	Joint venture	510410	760577	130531
其他有限责任公司	Others	78220	109312	44076
中央企业	Centre enterprises	529433	976105	268081
地方企业	Local enterprises	1076377	1469208	367716
省属企业	Provincial enterprises	46074	96769	32758
地区及地区以下属企业	Prefectural enterprises and below	1030303	1372439	334958
地区属企业	Prefectural enterprises	350922	414631	164446
县及县以下企业	County enterprises and below	679381	957809	170512
县属企业	County enterprises	20275	41652	13035
街道属企业	Street enterprises	3003	1147	683
镇属企业	Town enterprises	10054	6834	2036
乡属企业	Town ship enterprises	819	976	780
居委会办企业	Street enterprises	1025	1416	1119
村委会办企业	Village enterprises	9035	6084	2874
其他属企业	Others	635170	899700	149987
在总计中:亏损企业	Making loss enterprises	177177	242357	84248
在总计中:国有控股企业	State share holding	1292419	2037832	498227
其中:大中型企业	Large and medium enterprises	1169700	1942749	444783
在总计中:农村工业	Rural industry	9853	7060	3654
在总计中:轻工业	Light industry	202538	392678	152885
重工业	Heavy industry	1403272	2052636	482912
在总计中:大中型企业	Large and mudium enterprises	1304876	2171411	510143
其中:国有大中型企业	State owned	543016	997625	282022

continued 1

unit:10000yuan

流动资产年平均余额 Annual average balance of circulating	长期投资 Long-term investment	固定资产小计 Fixed assets	固定资产原价 Original value of fixed assets	生产经营用 Operating	累计折旧 Depreciation	本年折旧 Depreciation in this year	固定资产净值 Net value of fixed assets	固定资产净值年平均余额 Annual average balance
196338	1818	103740	135349	120391	37758	6807	97591	95672
24447	0	24958	27641	26259	3485	592	24156	25402
8147	0	7086	6909	6192	657	201	6253	5252
59348	0	28966	40169	35852	12894	1414	27275	20636
59653	5749	61351	83208	81974	22568	3599	60641	63000
26232	643	17282	28863	28171	12155	1334	16708	17719
1592	105	647	1373	1220	793	19	580	512
1442	10	437	676	398	248	22	427	432
11569	0	24529	29044	29044	4556	1618	24488	24561
18818	5000	18456	23253	23141	4816	606	18437	19776
360216	111007	452108	512130	501369	153701	22667	358429	376642
330153	110851	434162	501465	491398	149783	22038	351683	365273
1913	20	1623	1941	1780	391	131	1550	1554
23992	136	15819	7853	7320	3162	469	4691	9333
4158	0	505	870	870	366	30	505	483
2684517	238947	2156540	2749153	2568547	1059653	185470	1689500	1738773
280823	147805	318168	334838	319737	81784	18742	253054	273646
96614	4006	104973	112644	101205	16805	4162	95839	89932
129851	545	151191	170513	150447	33948	10554	136565	130673
1889351	37878	1219362	1753992	1734252	813818	129615	940174	907697
287878	48713	362847	377166	262906	113298	22397	263868	336827
4037286	1628205	1811432	2845290	2680531	1264950	141948	1580339	1538515
3616992	372420	3375201	4246557	3984897	1474366	245229	2772191	2814197
196787	5544	180737	246707	240134	98882	14930	147825	164736
3420205	366876	3194465	3999850	3744763	1375484	230299	2624365	2649461
1255156	295617	1630432	1887470	1702129	511549	90289	1375922	1452786
2165049	71259	1564033	2112379	2042634	863936	140010	1248444	1196675
91829	171	111336	146815	128029	42597	8320	104218	101362
4937	0	3468	4556	3952	1232	338	3324	3884
20244	24	17827	20179	19126	3533	738	16646	16164
7208	0	3736	5044	2877	1799	302	3245	3456
10357	0	3393	4975	2386	1582	184	3392	4429
18526	385	10578	13926	11037	3822	668	10104	11092
2011949	70679	1413694	1916884	1875228	809371	129461	1107514	1056288
1091909	119602	1192430	1473264	1344074	408218	56179	1065046	1117168
6569586	1976139	4228484	5978616	561854	2431362	326905	3547254	3542622
6233457	1956108	3923322	5580992	5273614	2308765	308940	3272227	3254631
25733	385	14314	18970	13913	5622	970	13349	14548
838445	31751	1142558	1383479	1280197	408288	62770	975191	982192
6815833	1968874	4044075	5708367	5385231	2331028	324406	3377339	3370520
6712261	1974523	4503599	6268627	5937651	2520946	346286	3747681	3721395
4132722	1634131	2215456	3360010	3181067	1395654	158784	1964656	1904130

11-3 续表2

计量单位:万元

		应收帐款净额 Account receiveabre	存货 Inventory	产成品 Products
其中:大型企业	Large enterprises	949976	1705914	346247
中型企业	Mudium enterprises	354909	465496	163896
小型企业	Small enterprises	300934	273903	125654
B、采掘业	Mining and quarrying	3197	1956	1146
煤炭开采和洗选业	Coal mining and dressing	3197	1956	1146
C、制造业	Manfacturing	1520227	2424438	632264
农副食品加工业	Food processing	31592	152512	45983
食品制造业	Food manufacturing	3144	7522	3573
饮料制造业	Beverage manufacturing	12437	19589	5872
烟草制品业	Tobacco processing	9739	41575	892
纺织业	Textile industry	21090	36002	24982
纺织服装、鞋、帽制造业	Garments, shoes and hats	3960	18894	11788
木材加工及木、竹、藤、棕、草制品业	Timber, bamboo, cane, palm and straw products	3256	7144	2416
家具制造业	Furniture manufacturing	359	4918	3188
造纸及纸制品业	Paper making and paper products	1001	503	320
印刷业和记录媒介的复制	Printing and record medium reproduction	3904	5006	2289
石油加工、炼焦及核燃料加工业	Petroleum processing and coking	984	3569	755
化学原料及化学制品制造业	Raw chemical material and chemical products	20044	15486	6222
医药制造业	Medical and pharmacutical products	60669	65772	62028
橡胶制品业	Rubber products	11289	10798	7339
塑料制品业	Plastic products	15930	7447	3446
非金属矿物制品业	Nonmetal mineral products	34602	33936	13826
黑色金属冶炼及压延加工业	Smelting and pressing of ferrous metals	7785	13934	7302
有色金属冶炼及压延加工业	Smelting and pressing of non ferrous metals	1850	687	341
金属制品业	Metal products	9064	14267	8520
通用设备制造业	Ordinary machinery	23276	21928	8113
专用设备制造业	Special purpose equipment	13479	13362	8176
交通运输设备制造业	Transport equipment	1166743	1834429	393310
电气机械及器材制造业	Electric equipmert and machinery	10728	14408	3687
通信设备、计算机及其他电子设备制造业	Computer and other electronic equipment	28307	56284	25532
仪器仪表及文化、办公用机械制造业	Instruments, meters, culturae and office	23688	22615	11783
工艺品及其他制造业	Art and other manufacturing	1311	1850	580
D、电力、蒸气及水的生产和供应业	Production and supply of electric power, steam and hot water	82386	18920	2388
电力、热力的生产和供应业	Production and supply of electric power, steam and hot water	41506	7324	185
燃气生产和供应业	Production and supply of gas	17107	10790	2187
水的生产和供应业	Production and supply of tap water	23774	807	16

continued 2

unit: 10000yuan

流动资产年平均余额 Annual average balance of circulating	长期投资 Long-term investment	固定资产小计 Fixed assets	固定资产原价 Original value of fixed assets	生产经营用 Operating	累计折旧 Depreciation	本年折旧 Depreciation in this year	固定资产净值 Net value of fixed assets	固定资产净值年平均余额 Annual average balance
5343867	1738714	2753281	4217580	4104822	1898692	247887	2318888	2224636
1368394	235808	1750317	2051047	1832829	622254	98399	1428793	1496759
942017	26102	683035	823219	727777	218371	40890	604849	631317
7364	872	24490	29838	26076	6823	1577	23015	18905
7364	872	24490	29838	26076	6823	1577	23015	18905
7376040	1905514	4223098	5740436	5345262	2314778	334756	3425658	3423915
221718	1955	382819	423239	415657	132745	24009	290494	304752
18913	1152	18951	26417	23694	7691	926	18726	19626
58400	343	83786	109367	97974	29244	4630	80123	72940
72083	33	44770	64026	51592	20453	2293	43573	30617
66627	507	48001	51695	24478	14141	1230	37554	35908
28864	390	23242	25588	21721	5000	981	20588	20516
15119	0	41108	52133	43470	11231	1518	40902	41231
7781	50	1677	3197	2928	2061	221	1136	1269
2670	0	1933	3051	3038	1118	164	1933	1840
14534	124	17208	24559	23975	8038	1419	16522	16538
8161	0	7674	12806	12408	7289	961	5517	5461
44276	3372	29685	38788	37318	10751	1851	28037	30175
188166	6934	145568	138845	121993	39450	5892	99396	106382
62369	50	26648	16862	16663	7316	256	9546	8987
38197	15	23723	29896	25761	7933	1700	21963	23565
124093	43518	193573	183291	93365	68067	16043	115223	170444
28173	35	22202	27936	26786	9151	854	18785	19727
2676	10	945	1348	930	402	82	945	1347
27258	1642	18865	23648	23021	5122	1477	18526	18745
151897	3661	74377	91002	55778	38622	3347	52380	55993
32271	1190	18808	28085	25620	9637	1181	18447	17542
5892770	1797875	2671314	3985188	3854523	1795666	243522	2189522	2103522
50155	9666	38268	49420	44026	14358	2314	35062	35212
140533	28851	207742	218835	211998	33944	13656	184891	204993
72425	4142	76605	106532	82408	34273	3946	72260	73178
5913	0	3608	4685	4137	1077	284	3608	3407
270892	94239	939045	1321573	1294089	417715	50843	903857	909891
169801	70780	499938	746110	733195	274161	33143	471948	476119
59284	21322	168058	203553	200068	41011	4327	162542	160832
41808	2136	271049	371910	360826	102543	13373	269368	272941

11－4 全市工业企业主要经济指标(三)

单位:万元

		无形资产 Intangible	负债合计 Liabilities	流动负债合计 Liquid liabilities
总计	**Total**	**222274**	**10244933**	**8491354**
内资企业	Domestic funds	165835	8193295	6551664
国有企业	State owned	54676	6188337	4853540
中央企业	Centre enterprises	35318	5547912	4358184
地方企业	Local enterprises	19358	640425	495356
省属企业	Provincial enterprises	65	83380	65569
地区属企业	Prefectural enterprises	17841	486203	368020
县属企业	County enterprises	1452	56956	47881
其他属企业	Others	0	13886	13886
集体企业	Collective owned	3741	200715	186395
省属企业	Provincial enterprises	0	630	552
地区属企业	Prefectural enterprises	2078	128465	121957
县属企业	County enterprises	87	9949	7141
街道属企业	Street enterprises	21	1989	1928
镇属企业	Town enterprises	118	13120	12641
乡属企业	Town ship enterprises	0	2775	2775
居委会办企业	Street enferprises	0	2413	295
村委会办企业	Village enterprises	1313	11257	10714
其他属企业	Others	125	30119	28393
股份合作企业	Share holding cooperative	3661	29716	24258
联营企业	Joint ownership	0	1951	1802
集体联营企业	Collective owned	0	1951	1802
有限责任公司	Limited company	63526	987443	786831
国有独资公司	State owned	35715	626288	484636
其他有限责任公司	Others	27811	361155	302195
股份有限公司	Share holding	32335	634186	561983
私营企业	Private	7897	150946	136855
私营独资企业	Solely owned	1954	33811	31569
私营合伙企业	Private partnership	0	1153	723
私营有限责任公司	Limited company	5847	114118	102698
私营股份有限公司	Private share holding	96	1864	1864
港、澳、台商投资企业	Funded from Hongkong, Macao and Taiwan	18058	238077	182261
合资经营企业(港或澳、台资)	Joint ventare	11727	213859	158080
合作经营企业(港或澳、台资)	Cooperative	3508	8177	8177
港澳台商独资企业	Solely owned	273	3379	3379
港澳台商投资股份有限公司	Funded from Hongkong, Macao and Taiwan	2550	12662	12625
外商投资企业	Foreign funded	38381	1813561	1757430
中外合资经营企业	Joint venture	33978	1735360	1688284
中外合作经营企业	Cooperative	2740	32355	27355
外资企业	Solely owned	1663	44438	41791
外商投资股份有限公司	Share holding	0	4109	0
独资企业	Solely owned enterprises	62307	6470680	5116674
国有企业	State owned	54676	6188337	4853540

MAIN ECONOMIC INDICATORS OF INDUSTRIAL ENTERPRISES (Ⅲ)

unit: 10000yuan

应付帐款 Bill payable	长期负债合计 Long-term liabilities	所有者权益合计 Creditors' equity	实收资本 Capital hold	国家资本 State owned	集体资本 Collective owned	法人资本 Legperson capital	个人资本 Private funds	港澳台资本 Funded from Hongkong, Macao and Taiwan
2684951	**1685821**	**5764471**	**2826600**	**1417845**	**101815**	**626136**	**244180**	**38261**
2044290	1610745	3636666	1947470	1122587	89205	493210	238146	0
1517997	1329509	2232954	1137555	928116	0	154411	55028	0
1419355	1187346	1884760	825672	630485	0	140587	54600	0
98643	142163	348195	311883	297631	0	13825	428	0
13713	16891	33079	22622	22377	0	246	0	0
75155	116198	299915	270786	257007	0	13579	200	0
7650	9075	13993	17363	17135	0	0	228	0
2126	0	1208	1112	1112	0	0	0	0
100116	10606	105510	69482	107	67479	423	1154	0
250	0	2758	1003	0	1003	0	0	0
68490	3844	58962	49263	107	48018	5	1134	0
2680	1904	5197	1182	0	1182	0	0	0
1272	0	3145	674	0	674	0	0	0
7667	479	10780	5275	0	4840	415	20	0
495	0	1428	1814	0	1495	0	0	0
100	2118	2438	1844	0	1844	0	0	0
5860	535	11269	5438	0	5435	3	0	0
13303	1726	9532	2988	0	2988	0	0	0
6603	2895	19298	14564	163	2595	4123	7683	0
1677	149	914	356	0	356	0	0	0
1677	149	914	356	0	356	0	0	0
134890	194216	594065	408457	166330	5251	218152	18725	0
70566	140528	206537	172677	159949	0	12728	0	0
64324	53688	387528	235780	6381	5251	205424	18725	0
247577	66072	549940	215952	26142	11551	90905	83690	0
35430	7298	133985	101105	1730	1973	25196	71866	0
6364	2241	22394	20787	0	218	1824	18745	0
99	0	803	310	0	205	30	75	0
28053	5056	108960	78178	1730	1550	22266	52292	0
915	0	1828	1830	0	0	1076	754	0
21544	38186	198533	130128	14257	7265	32508	4980	32608
20908	38149	123884	78656	13343	4840	27508	2700	22055
266	0	31674	32000	0	0	5000	0	0
1	0	13741	8300	0	0	0	0	5000
369	37	29235	11172	914	2425	0	2280	5553
619117	36890	1929272	749002	281001	5345	100418	1055	5654
594842	34544	1836250	678715	281001	5225	71412	1055	5654
3424	500	31217	39160	0	120	29007	0	0
20850	1847	57023	30871	0	0	0	0	0
0	0	4782	265	0	0	0	0	0
1645328	1344203	2431622	1266995	928222	67697	156658	74927	5000
1517997	1329509	2232954	1137555	928116	0	154411	55028	0

11-4续表1

单位:万元

		无形资产 Intangible	负债合计 Liabilities	流动负债合计 Liquid liabilities
集体企业	Collective owned	3741	200715	186395
私营独资企业	Solely Owned	1954	33811	31569
港澳台商独资经营企业	Funded from Hongkong, Macao and Taiwan	273	3379	3379
外资企业	Solely owned	1663	44438	41791
合作、合伙企业	Cooperation and partnership	9909	73352	62315
股份合作企业	Cooperative	3661	29716	24258
集体联营企业	Collective owned	0	1951	1802
私营合伙企业	Private partnership	0	1153	723
港或澳、台资合作经营企业	Funded from Hongkong, Macao and Taiwan	3508	8177	8177
中外合作经营企业	Cooperative	2740	32355	27355
股份有限公司	Share holding	34980	650121	576472
股份有限公司(内资)	Share holding (domestic)	32335	634186	561983
私营股份有限公司	Private	96	1864	1864
港澳台商投资股份有限公司	Funded from Hongkong, Macao and Taiwan	2550	12662	12625
外商投资股份有限公司	Share holding	0	1409	0
有限责任公司	Limited company	115077	3050780	2735893
国有独资公司	State owned	35715	626288	484636
私营有限责任公司	Limited company	5847	114118	102698
港澳台合资经营企业	Funded from Hongkong, Macao and taiwan	11727	213859	158080
中外合资经营企业	Joint venture	33978	1735360	1688284
其他有限责任公司	Others	27811	361155	302195
中央企业	Centre enterprises	38627	5613733	4399667
地方企业	Local enterprises	183646	4631200	4091688
省属企业	Provincial enterprises	6698	322668	286761
地区及地区以下属企业	Prefectural enterprises and below	176949	4308532	3804927
地区属企业	Prefectural enterprises	123806	2021840	1627012
县及县以下企业	County enterprises and below	53143	2286693	2177914
县属企业	County enterprises	8180	148991	127027
街道属企业	Street enterprises	24	3775	3458
镇属企业	Town enterprises	138	18736	18257
乡属企业	Town ship enterprises	0	5446	5446
居委会办企业	Street enterprises	0	10566	8449
村委会办企业	Village enterprises	1650	18091	16440
其他属企业	Others	43152	2081087	1998838
在总计中:亏损企业	Making loss enterprises	72616	1850767	1532257
在总计中:国有控股企业	State share holding	159075	8790320	7163626
其中:大中型企业	Large and medium enterprises	117014	8292959	6754226
在总计中:农村工业	Rural industry	1650	23537	21885
在总计中:轻工业	Light industry	58226	1492215	1226427
重工业	Heavy industry	164047	8815718	7264928293
在总计中:大中型企业	Large and mudium enterprises	153414	9107466	7491709
其中:国有大中型企业	State owned	34435	5931526	4637848

continued 1 unit:10000yuan

应付帐款 Bill payable	长期负债合计 Long-term liabilities	所有者权益合计 Creditors' equity	实收资本 Capital hold	国家资本 State owned	集体资本 Collective owned	法人资本 Legperson capital	个人资本 Private funds	港澳台资本 Funded from Hongkong, Macao and Taiwan
100116	10606	105510	69482	107	67479	423	1154	0
6364	2241	22394	20787	0	218	1824	18745	0
1	0	13741	8300	0	0	0	0	5000
20850	1847	57023	30871	0	0	0	0	0
12068	3544	83906	86391	163	3276	38160	7758	0
6603	2895	19298	14564	163	2595	4123	7683	0
1677	149	914	356	0	356	0	0	0
99	1	803	310	0	205	30	75	0
266	0	31674	32000	0	0	5000	0	0
3424	500	31217	39160	0	120	29007	0	0
248861	66109	585785	229210	27056	13976	91981	86724	5553
247577	66072	549940	215952	26142	11551	90905	83690	0
915	0	1828	1830	0	0	1076	754	0
369	37	29235	11172	914	2425	0	2280	5553
0	0	4872	256	0	0	0	0	0
778693	271965	2663158	1244005	462404	16866	339337	74771	27708
70566	140528	206537	172677	159949	0	12728	0	0
28053	5056	108960	78178	1730	1550	22266	52292	0
20908	38149	123884	78656	13343	4840	27508	2700	22055
594842	34544	1836250	678715	281001	5225	71412	1055	5654
64324	53688	387528	235780	6381	5251	205424	18725	0
1429629	1211642	1975522	848984	630997	0	158560	58857	285
1255322	474179	3788948	1977616	786848	101815	467576	185323	37976
22768	30483	116195	95734	31317	1708	23491	10963	3581
1232554	443696	3672753	1881882	755531	100107	444085	174361	34395
386624	363335	1445658	1000677	481185	54759	291030	52450	10822
845930	80362	2227095	881205	274346	45438	153055	121911	23574
15788	18373	76635	60952	21266	2851	15596	5576	10942
2400	257	5288	2876	0	674	233	1969	0
10030	479	21581	7706	0	6580	606	520	0
510	0	5570	4281	0	1495	2445	22	0
6578	2118	5740	2827	0	2012	814	0	0
9962	1563	16612	10159	0	9901	3	0	108
800662	57572	2095669	792405	253080	21835	133358	113824	12452
267837	299623	492133	681145	443164	9496	126160	24749	13020
2420566	1608362	4870737	2214980	1386173	11298	475876	110227	13964
2321015	1526782	4641829	2000179	1278538	7792	417442	89527	10807
10472	1563	22182	14440	0	11395	2448	22	180
191276	172888	789544	612870	287699	23335	102142	70201	23670
2493675	1512933	4974926	2213730	1130146	78480	523994	173979	14592
2427284	1565838	5066571	2253364	1285991	18359	500735	137905	19904
1476793	1291296	2185970	1063991	864052	0	145111	54828	0

11－4续表2 单位:万元

		无 形 资 产 Intangible	负 债 合 计 Liabilities	流动负债 合 计 Liquid liabilities
其中:大型企业	Large enterprises	50236	6659059	5555964
中型企业	Mudium enterprises	103178	2448407	1935745
小型企业	Small enterprises	68860	1137467	999646
B、采矿业	Minging and quarring	1460	21015	13493
煤炭开采和洗选业	Coal mining and dressing	1460	21015	13493
C、制造业	Mannfac turing	201253	9344009	8070928
农副食品加工业	Food processing	13975	527304	488987
食品制造业	Food manufacturing	2510	37866	26727
饮料制造业	Beverage manufacturing	3671	107882	94572
烟草制品业	Tobacco processing	185	129306	111506
纺织业	Textile industry	692	74386	61193
纺织服装、鞋、帽制造业	Garments, shoes and hats	1568	34219	31279
木材加工及木、竹、藤、棕、草制品业	Timber, bamboo, cane, palm and straw products	8555	32509	21230
家具制造业	Furniture manufacturing	17	10897	10819
造纸及纸制品业	Paper making and paper products	1	3049	1498
印刷业和记录媒介的复制	Printing and record medium reproduction	488	28104	17655
石油加工、炼焦及核燃料加工业	Petroleum processing and coking	285	8022	8022
化学原料及化学制品制造业	Raw chemical material and chemical products	2926	47621	47581
医药制造业	Medical and pharmacutical products	22625	212798	169008
橡胶制品业	Rubber products	2354	78878	50441
塑料制品业	Plastic products	1172	28675	24887
非金属矿物制品业	Nonmetal mineral products	13341	192338	163913
黑色金属冶炼及压延加工业	Smelting and pressing of ferrous metals	187	69613	61519
有色金属冶炼及压延加工业	Smelting and pressing of non ferrous metals	20	2390	1900
金属制品业	Metal products	3133	36031	35645
通用设备制造业	Ordinary machinery	6342	121945	117835
专用设备制造业	Special purpose equipment	1566	32855	31928
交通运输设备制造业	Transport equipment	81840	7088659	6124634
电气机械及器材制造业	Electric equipmert and machinery	5626	84995	78799
通信设备、计算机及其他电子设备制造业	Electronic and telecommunication equipment	26791	268001	234038
仪器仪表及文化、办公用机械制造业	Instruments, meters, culturae and office	1312	79655	50662
工艺品及其他制造业	Art and other manufacturing	73	6012	4651
D、电力、燃气及水的生产和供应业	Production and supply of electric power, steam and hot water	19561	879909	406933
电力、热力的生产和供应业	Production and supply of electric power, steam and hot water	7573	650317	243627
燃气生产和供应业	Production and supply of gas	8480	145386	123711
水的生产和供应业	Production and supply of tap water	3508	84206	39596

continued 2

unit：10000yuan

应付帐款 Bill payable	长期负债合计 Long－term liabilities	所有者权益合计 Creditors' equity	实收资本 Capital hold	国家资本 State owned	集体资本 Collective owned	法人资本 Legperson capital	个人资本 Private funds	港澳台资本 Funded from Hongkong, Macao and Taiwan
2084108	1100539	3913380	1289265	900435	6739	146896	64919	0
343176	465299	1153191	964099	385556	11620	353840	72986	19904
257667	119983	697900	573236	131854	83456	125401	106276	18357
1445	7522	15758	12086	6650	0	3500	1937	0
1445	7522	15758	12086	6650	0	3500	1937	0
2597610	1205472	5296847	2429325	1162032	101815	537724	218131	38261
23562	30242	175897	117796	10082	6991	49295	18594	0
5009	5133	12913	12620	802	320	1953	8870	675
7355	13230	55415	46857	8987	3654	1652	4208	12162
25248	17800	－13680	13807	13807	0	0	0	0
11432	12588	47618	46383	45365	218	408	392	0
10273	2940	23415	15424	4595	1691	4940	2066	1660
2359	6525	33008	39621	360	90	32160	1542	0
1475	78	－1673	1502	0	920	0	0	263
501	1551	1589	749	149	0	550	50	0
4350	7808	5990	7051	5169	460	473	801	147
413	0	8108	5750	3907	1046	0	100	0
11212	40	33631	27589	2251	728	7065	4194	0
37500	32060	159008	113187	34119	3987	32235	32025	6586
6905	28437	26359	29763	25933	620	2835	300	0
9981	2226	36401	23944	3581	5739	1506	6032	1937
27753	27243	186279	131049	8758	6024	98499	4347	0
20857	8094	－4485	6290	4105	540	800	665	180
827	0	1796	952	0	677	30	245	0
13983	386	17460	9825	736	2530	972	5587	0
20250	4110	60482	56949	39930	2794	944	5359	0
8870	876	27154	21934	5565	963	142	8076	2000
2289354	939268	4146734	1473687	828140	54006	236765	92445	12350
19012	6196	24126	23759	15969	1538	1198	1375	0
25251	29254	153125	177658	93239	0	52495	19862	302
12887	28029	76084	22619	6484	5980	8842	986	0
994	1361	4093	2562	0	300	1966	10	0
85895	472827	451866	385189	249163	0	84912	24113	0
38126	406541	106087	123239	59866	0	55432	7940	0
38028	21675	110927	96557	55904	0	24480	16173	0
9741	44611	234852	165393	133393	0	5000	0	0

11－5　全市工业企业主要经济指标(四)

单位:万元

		外商资本 Foreign funds	产品销售收入 Sale revenue	产品销售成本 Cost of sales
总　　计	**Total**	**398362**	**14954824**	**12316117**
内资企业	Domestic funds	4323	8292452	7055868
国有企业	State owned	0	6287661	5379620
中央企业	Centre enterprises	0	5965028	5111110
地方企业	Local enterprises	0	322633	268510
省属企业	Provincial enterprises	0	57210	45022
地区属企业	Prefectural enterprises	0	182603	153321
县属企业	County enterprises	0	76017	64471
其他属企业	Others	0	6804	5696
集体企业	Collective owned	319	334266	289851
省属企业	Provincial enterprises	0	1314	1073
地区属企业	Prefectural enterprises	0	180921	156453
县属企业	County enterprises	0	11590	9176
街道属企业	Street enterprises	0	4852	4047
镇属企业	Town enterprises	0	38884	34302
乡属企业	Town ship enterprises	319	4053	3770
居委会办企业	Street enterprises	0	4033	3819
村委会办企业	Village enterprises	0	30201	25853
其他属企业	Others	0	58420	51358
股份合作企业	Share holding cooperative	0	34716	29177
联营企业	Joint ownership	0	6796	6556
集体联营企业	Collective owned	0	6796	6556
有限责任公司	Limited company	0	665891	549353
国有独资公司	State owned	0	175201	146571
其他有限责任公司	Others	0	490690	402782
股份有限公司	Share holding	3663	655153	541664
私营企业	Private	340	307968	259647
私营独资企业	Solely owned	0	63358	56652
私营合伙企业	Privat partnership	0	3643	783
私营有限责任公司	Limited company	340	236458	198185
私营股份有限公司	Private	0	4509	4028
港、澳、台商投资企业	Funded from Hongkong, Macao and Taiwan	38510	187134	123227
合资经营企业(港或澳、台资)	Joint ventare	8210	154330	110523
合作经营企业(港或澳、台资)	Cooperative	27000	8281	3000
港澳台商独资企业	Solely owned	3300	9881	4298
港澳台商投资股份有限公司	Funded from Hongkong, Macao and Taiwan	0	14641	5405
外商投资企业	Foreign funded	355530	6475239	5137022
中外合资经营企业	Joint venture	314369	6328595	5029111
中外合作经营企业	Cooperative	10034	8470	7083
外资企业	Solely owned	30871	127793	92420
外商投资股份有限公司	Share holding	256	10381	8409
独资企业	Solely owned enterprises	34491	6822959	5822841
国有企业	State owned	0	6287661	5379620

MAIN ECONOMIC INDICATORS OF INDUSTRIAL ENTERPRISES (Ⅳ)

unit: 10000yuan

产品销售费用 Cost of sales	广告费 Advertisement	产品销售税金及附加 Sales tax and extra charge	其他业务利润 Other profits	管理费用 Cost of management	税金 Taxes	财产保险费 Property insurance	劳动待业保险费 Employment insurance	养老医疗保险费 Life insurance
413507	**115888**	**429281**	**109562**	**995579**	**21764**	**6263**	**24890**	**106643**
220721	25326	143124	76440	823927	15381	5254	23443	92136
165854	2229	126779	61941	644530	9602	3485	10453	72835
154614	22087	120611	59548	598564	7352	3128	9197	62010
11240	142	6168	2394	45966	2249	357	3256	10825
2958	5	415	-175	8458	174	50	374	738
7137	124	1283	2238	29538	1979	200	2204	8771
959	13	4450	315	6686	69	46	493	1115
185	0	20	16	1284	28	62	185	202
4615	111	1426	3020	29189	874	206	1461	4133
0	0	8	0	96	1	0	0	19
2127	0	840	2271	21272	553	63	1365	2894
141	4	82	5	1062	32	4	0	27
100	2	22	0	245	11	0	4	7
163	4	176	73	1093	45	22	44	199
71	0	5	0	182	42	0	0	0
8	0	2	0	75	0	0	0	0
321	4	65	2	958	65	31	34	62
1686	97	225	669	4207	126	86	13	925
1039	25	210	335	2751	122	32	47	134
0	0	4	236	149	0	0	109	0
0	0	4	236	149	0	0	109	0
24685	1774	8689	7242	79641	2648	767	4620	7559
6430	376	4516	4542	40130	1797	115	1595	4744
18255	1398	4173	2700	39511	852	653	3025	2814
17257	1010	2642	2619	53526	1226	365	6498	77006
7272	177	3375	1048	14142	909	400	255	470
1440	5	667	647	2072	185	89	4	44
14	1	22	6	78	5	1	1	10
5646	172	2672	398	11773	711	282	247	412
172	0	14	-4	218	8	28	3	3
11608	827	5097	4209	13762	825	360	267	834
7735	683	5016	301	10570	341	245	266	606
0	0	0	1	865	410	57	0	66
446	28	20	3909	1245	14	7	0	111
3427	116	61	-2	1082	60	52	1	51
181179	89735	281059	28913	157890	5558	648	1180	13673
172900	89645	281047	27634	145297	5340	498	1160	13462
550	85	1	83	4297	72	66	0	108
7613	4	11	1196	7978	115	82	18	104
115	0	0	0	318	31	3	1	0
179968	22377	128903	70713	685014	10791	3869	11936	77227
165854	22229	126779	61941	644530	9602	3485	10453	72835

11－5续表1

单位:万元

		外商资本 Foreign funds	产品销售收入 Sale revenue	产品销售成本 Cost of sales
集体企业	Collective owned	319	334266	289851
私营独资企业	Solely Owned	0	63358	56652
港澳台商独资经营企业	Funded from Hongkong, Macao and Taiwan	3300	9881	4298
外资企业	Solely owned	30871	127793	92420
合作、合伙企业	Cooperation and partnership	37034	61907	46599
股份合作企业	Cooperative	0	34716	29177
集体联营企业	Collective owned	0	6796	6556
私营合伙企业	Privat partnership	0	3643	783
港或澳、台资合作经营企业	Funded from Hongkong, Macao and Taiwan	27000	8281	3000
中外合作经营企业	Cooperative	10034	8470	7083
股份有限公司	Share holding	3919	684685	559505
股份有限公司(内资)	Share holding (domestic)	3663	655153	541664
私营股份有限公司	Private	0	4509	4028
港澳台商投资股份有限公司	Funded from Hongkong, Macao and Taiwan	0	14641	5405
外商投资股份有限公司	Share holding	256	10381	8409
有限责任公司	Limited company	322919	7385274	5887173
国有独资公司	State owned	0	175201	146571
私营有限责任公司	Limited company	340	236458	198185
港澳台合资经营企业	Funded from Hongkong, Macao and taiwan	8210	154330	110523
中外合资经营企业	Joint Venture	314369	6328595	5029111
其他有限责任公司	Others	0	490690	402782
中央企业	Centre enterprises	285	6051008	5176245
地方企业	Local enterprises	398077	8903817	7139872
省属企业	Provincial enterprises	24674	360555	317268
地区及地区以下属企业	Prefectural erterprises and below	373403	8543262	6822605
地区属企业	Prefectural enterprises	110432	1489342	1199522
县及县以下	County enterprises and below	262972	7053920	5623083
县属企业	County enterprises	4720	234054	198668
街道属企业	Street enterprises	0	9594	8389
镇属企业	Town enterprises	0	55157	46911
乡属企业	Town ship enterprises	319	8025	6446
居委会办企业	Street enterprises	0	11380	10502
村委会办企业	Village enterprises	75	52077	45533
其他属企业	Others	257857	6683633	5306635
在总计中:亏损企业	Making loss enterprises	64558	772136	637786
在总计中:国有控股企业	State share holding	217443	12624184	10368340
其中:大中型企业	Large and medium enterprises	196074	12281215	10104191
在总计中:农村工业	Rural industry	395	60102	51979
在总计中:轻工业	Light industry	105823	1665992	13542212
重工业	Heavy industry	292539	13288833	10961897
在总计中:大中型企业	Large and mudium enterprises	290470	13677604	11287523
其中:国有大中型企业	State owned	0	6193211	5300542

continued1

unit：10000yuan

产品销售费用 Cost of sales	广告费 Advertisement	产品销售税金及附加 Sales tax and extra charge	其他业务利润 Other profits	管理费用 Cost of management	税金 Taxes	财产保险费 Property insurance	劳动待业保险费 Employment insurance	养老医疗保险费 Life insurance
4615	111	1426	3020	29189	874	206	1461	4133
1440	5	667	647	2072	185	89	4	44
446	28	20	3909	1245	14	7	0	111
7613	4	11	1196	7978	115	82	18	104
1603	110	237	661	8140	609	156	158	318
1039	25	210	335	2751	122	32	47	134
0	0	4	236	149	0	0	109	0
14	1	22	6	78	5	1	1	10
0	0	0	1	865	410	57	0	66
550	85	1	83	4297	72	66	0	108
20971	1126	2717	2613	55144	1325	447	6503	7060
17257	1010	2642	2619	53526	1226	365	6498	7006
172	0	14	－4	218	8	28	3	3
3427	116	61	－2	1082	60	52	1	51
115	0	0	0	318	31	3	1	0
210966	92274	297425	35575	247280	9039	1791	6293	22039
6430	376	4516	4542	40130	1797	115	1595	4744
5646	172	2672	398	11773	711	282	247	412
7735	683	5016	301	10570	341	245	266	606
172900	89645	281047	27634	145297	5340	498	1160	13462
18255	1398	4173	2700	39511	852	653	3025	2814
157811	22162	121053	60292	611708	7528	3223	9688	62501
255697	93725	308228	49270	383871	14236	3039	15202	44142
16753	405	531	－10	22778	265	106	436	952
238943	93320	307697	49281	361093	13971	2933	14765	43190
48561	7855	9643	13637	157723	6403	1415	9624	24078
190383	85465	298054	35643	203370	7568	1518	5142	19113
6679	713	11039	534	14767	196	169	534	1767
139	2	35	6	399	23	0	4	7
331	5	241	263	2919	103	43	101	230
249	0	62	14	489	52	28	0	3
13	0	2	0	264	1	0	1	0
724	8	75	238	1288	73	36	150	70
182249	84737	286599	34589	183244	7120	1242	4352	17036
33982	2637	36942	3186	124877	4290	731	6643	14967
347976	106664	417927	97687	887580	18154	4681	22632	100016
335974	105772	416599	95745	843152	16978	4175	20702	96007
972	8	137	252	1777	125	63	150	73
70715	11965	40207	6113	94455	3779	1166	3238	7111
342792	103922	389074	103449	901124	17985	5096	21652	99533
376884	114237	422654	98805	895418	18010	4834	21751	99231
161574	22092	126136	61090	624953	9058	3296	8911	70849

11－5续表2

单位:万元

		外商资本 Foreign funds	产品销售收入 Sale revenue	产品销售成本 Cost of sales
其中:大型企业	Large enterprises	170277	11490246	9512751
中型企业	Mudium enterprises	120193	2187359	1774772
小型企业	Small enterprises	107893	1277220	1028595
B、采矿业	Mining and quarring	0	17542	11383
煤炭开采和洗选业	Coal mining and dressing	0	17542	11383
C、制造业	Mannfecturing	371362	14383100	11864351
农副食品加工业	Food processing	32833	940432	840322
食品制造业	Food manufacturing	0	54338	46920
饮料制造业	Beverage manufacturing	16194	122009	90399
烟草制造业	Tobacco processing	0	74453	32666
纺织业	Textile industry	0	28842	24439
纺织服装、鞋、帽制造业	Garments, shoes and hats	473	33653	27217
木材加工及木竹、藤、棕、草制品业	Timber, bamboo, cane, palm and straw products	5469	27358	22849
家具制造业	Furniture manufacturing	319	4542	4226
造纸及纸制品业	Paper making and paper products	0	7485	6471
印刷业和记录媒介的复制	Printing and record medium reproduction	0	19190	14843
石油加工、炼焦及核燃料加工业	Petroleum processing and coking	697	52952	46415
化学原料及化学制品制造业	Raw chemical material and chemical products	13350	65946	52760
医药制造业	Medical and pharmacutical products	4235	140483	72995
橡胶制品业	Rubber products	75	41328	35662
塑料制品业	Plastic products	5149	53794	42703
非金属矿物制品业	Nonmetal mineral products	13422	143733	109431
黑色金属冶炼及压延加工业	Smelting and pressing of ferrous metals	0	39129	37003
有色金属冶炼及压延加工业	Smelting and pressing of non ferrous metals	0	6633	3338
金属制品业	Metal products	0	29713	24542
通用设备制造业	Ordinary machinery	7923	60914	51869
专用设备制造业	Special purpose equipment	5189	30027	21887
交通运输设备制造业	Transport equipment	249982	12210436	10098481
电气机械及器材制造业	Electric equipment and machinery	3680	36804	29875
电子及通信设备制造业	Electronic and telecommunication equipment	11761	64532	56293
仪器仪表及文化、办公用机械制造业	Instruments, meters, culturae and office	327	78567	57309
工艺品及其他制造业	Arts and other manufacturing	286	15806	13439
D、电力、蒸汽、热水的生产和供应业	Production and supply of electric power, steam and hot water	27000	554183	440383
电力、蒸汽、热水的生产和供应业	Production and supply of electric power, steam and hot water	0	420554	349201
煤气生产和供应业	Production and supply of gas	0	76203	50958
水的生产和供应业	Production and supply of tap water	27000	57426	40225

continued2

unit：10000yuan

产品销售费用 Cost of sales	广告费 Advertisement	产品销售税金及附加 Sales tax and extra charge	其他业务利润 Other profits	管理费用 Cost of management	税金 Taxes	财产保险费 Property insurance	劳动待业保险费 Employment insurance	养老医疗保险费 Life insurance
314412	103845	376084	880044	737969	12801	3310	13765	81494
62472	10393	46570	10761	157449	5209	1524	7986	17737
36624	1651	6626	10758	100160	3754	1429	3139	7413
879	1	132	51	3464	27	37	601	170
879	1	132	51	3463	27	37	601	170
406280	115887	425391	103730	964302	19969	5989	22548	98365
14146	337	2025	1244	19185	138	122	58	284
3741	318	252	246	3707	77	25	62	24
15201	2224	7080	1735	7273	311	271	25	841
3308	1457	27864	-1	10169	194	147	1617	0
318	1	68	11	2357	493	9	8	853
1737	78	129	105	3404	105	59	365	378
1196	2	244	-95	2289	5	11	56	129
116	0	0	4	217	6	12	0	0
238	0	20	0	214	20	2	1	0
990	0	139	463	2637	107	51	105	486
56	0	3668	8	2397	6	0	0	648
3151	53	325	-136	4909	261	80	26	383
23115	7298	725	1044	25278	872	224	693	1269
784	0	2842	12	1547	124	37	29	41
469	0	69	221	1694	105	74	37	156
7657	22	1315	1183	10054	419	414	128	1490
184	4	134	15	1253	246	5	191	222
100	2	27	6	282	7	1	1	11
782	26	110	91	3048	149	38	156	262
1077	18	239	334	9014	250	20	742	1237
1443	7	290	138	3798	68	24	45	242
320038	103885	376864	94970	800792	15259	4133	14738	88033
1419	1	181	848	4876	128	74	112	586
2703	85	165	837	28876	261	55	697	501
1967	69	471	449	14290	253	81	2677	245
346	0	149	0	743	107	21	0	46
6348	0	3757	5781	27813	1768	237	1740	8109
169	0	2721	5340	7295	342	15	196	1473
3053	0	741	-27	11407	485	149	1376	4877
3127	0	295	468	9111	941	73	169	1759

11－6 全市工业企业主要经济指标(五)

单位:万元

		办公费 Administrative expense	研究开发费 Cost of R&D	职工教育费 Education
总计	**Total**	**18461**	**66447**	**6072**
内资企业	Domestic funds	14931	47202	5436
国有企业	State owned	9193	41348	3975
中央企业	Centre enterprises	8001	41003	3788
地方企业	Local enterprises	1192	345	187
省属企业	Provincial enterprises	91	273	46
地区属企业	Prefectural enterprises	733	28	112
县属企业	County enterprises	190	1	28
其他属企业	Others	178	44	2
集体企业	Collective owned	1304	141	401
省属企业	Provincial enterprises	7	0	1
地区属企业	Prefectural enterprises	749	88	315
县属企业	County enterprises	25	2	6
街道属企业	Street enterprises	16	0	2
镇属企业	Town enterprises	64	0	4
乡属企业	Township enterprises	15	0	0
居委会办企业	Street tnterprises	33	0	0
村委会办企业	Village enterprises	174	44	46
其他属企业	Others	222	7	28
股份合作企业	Share holding cooperative	141	4	21
联营企业	Joint ownership	3	0	0
集体联营企业	Collective owned	3	0	0
有限责任公司	Limited company	2103	3019	372
国有独资公司	State owned	612	458	61
其他有限责任公司	Others	1491	2561	311
股份有限公司	Share holding	1202	2005	601
私营企业	Private	985	685	65
私营独资企业	Solely owned	196	5	6
私营合伙企业	Privat partnership	4	0	0
私营有限责任公司	Limited company	770	679	56
私营股份有限公司	Private	16	0	3
港、澳、台商投资企业	Funded from Hongkong, Macao and Taiwan	609	137	31
合资经营企业(港或澳、台资)	Joint venture	453	37	25
合作经营企业(港或澳、台资)	Cooperative	4	0	3
港澳台商独资企业	Solely owned	95	27	1
港澳台商投资股份有限公司	Funded from Hongkong, Macao and Taiwan	57	72	2
外商投资企业	Foreign funded	2920	19108	605
中外合资经营企业	Joint venture	2513	18302	596
中外合作经营企业	Cooperative	67	806	3
外资企业	Solely owned	276	0	7
外商投资股份有限公司	Share holding	65	0	0
独资企业	Solely owned enterprises	11064	41522	4390
国有企业	State owned	9193	41348	3975

MAIN ECONOMIC INDICATORS OF INDUSTRIAL ENTERPRISES (Ⅴ)

unit: 10000yuan

财务费用 Financial expenses	利息支出 Interest expenditure	营业利润 Business profits	投资收益 Dividend	补贴收入 Subsidy	利润总额 After – tax profits	应交所得税 Income tax payable	利税总额 Pre – tax profits	上交税金 Taxable income
133488	**96018**	**718284**	**416844**	**21053**	**1064795**	**91948**	**2001130**	**936335**
99689	83336	38137	417174	13648	281257	27641	725471	444214
73956	59444	– 20315	403263	5985	216570	10077	577575	361005
60305	47306	– 2509	398792	918	234840	9421	573358	338518
13650	12138	– 17806	4470	5067	– 18270	656	4217	22487
2483	2476	1624	4850	887	2494	99	6516	4023
9725	8675	– 18677	– 379	3511	– 19499	487	– 8870	10630
1267	811	– 382	0	501	– 893	48	6625	7518
176	175	– 371	0	168	– 371	23	– 54	317
1649	1256	13344	2	332	10588	3115	23512	12924
11	6	143	0	0	137	51	225	89
870	611	6941	2	322	3123	1470	11706	8583
109	105	1356	0	0	1163	267	1984	821
58	58	332	0	0	366	41	597	231
39	23	1494	0	10	2051	397	2935	883
148	147	103	0	0	103	0	116	13
0	0	220	0	0	220	40	254	34
204	105	1947	0	0	2287	584	2953	665
210	200	810	0	0	1138	266	2743	1605
289	264	1327	0	0	1431	572	3243	1812
5	0	83	0	0	77	0	81	4
5	0	83	0	0	77	0	81	4
14895	14301	– 1499	2637	5126	– 4013	5336	31175	35188
9613	9377	– 24172	2281	217	– 28215	1360	– 16335	11880
5282	4924	22673	356	4909	24202	3976	47510	23309
6683	6229	34613	11270	1860	44613	6521	66140	21528
2213	1842	10583	3	345	11992	2021	23745	11752
511	412	2532	0	0	2705	273	5211	2507
22	22	36	0	0	98	6	222	124
1668	1397	7951	3	345	9155	1740	18147	8992
12	12	65	0	0	34	2	164	130
3520	3305	30304	0	0	27292	1165	41975	14683
3031	2939	21170	0	0	15140	454	26063	10923
– 2	– 2	4418	0	0	4406	322	4406	0
102	96	3388	0	0	4067	0	5201	1133
389	271	1327	0	0	3679	388	6306	2627
30279	9377	649843	– 330	7406	756246	63142	1233683	477437
27453	8594	636113	– 330	7403	745463	61635	1220206	474744
853	845	– 4618	0	3	– 8844	0	– 8290	554
1973	– 63	18348	0	0	18026	1312	20166	2140
0	0	0	0	0	1601	196	1601	0
78190	61145	17297	403265	6316	251956	14776	631664	379709
73956	59444	– 20315	403263	5985	216570	10077	577575	361005

11－6续表 1　　单位:万元

		办公费 Administrative expense	研究开发费 Cost of R&D	职工教育费 Education
集体企业	Collective owned	1304	141	401
私营独资企业	Solely Owned	196	5	6
港澳台商独资经营企业	Funded from Hongkong, Macao and Taiwan	95	27	1
外资企业	Solely owned	276	0	7
合作、合伙企业	Cooperation and partnership	219	810	27
股份合作企业	Cooperative	141	4	21
集体联营企业	Collective owned	3	0	0
私营合伙企业	Partnership	4	0	0
港或澳、台资合作经营企业	Funded from Hongkong, Macao and taiwan	4	0	0
中外合作经营企业	Joint venture	67	806	3
股份有限公司	Share holding	1340	2077	606
股份有限公司(内资)	Share holding (domestic)	1202	2005	601
私营股份有限公司	Private	16	0	3
港澳台商投资股份有限公司	Funded from Hongkong, Macao and Taiwan	57	72	2
外商投资股份有限公司	Share holding	65	0	0
有限责任公司	Limited company	5838	22037	1049
国有独资公司	State owned	612	458	61
私营有限责任公司	Limited company	770	679	56
港澳台合资经营企业	Funded from Hongkong, Macao and taiwan	453	37	25
中外合资经营企业	Joint venture	2513	18302	596
其他有限责任公司	Others	1491	2561	311
中央企业	Centre enterprises	8221	42572	3916
地方企业	Local enterprises	10240	23874	2156
省属企业	Provincial enterprises and below	528	448	66
地区及地区以下属企业	Prefectural enterprises	9712	23427	2090
地区属企业	Prefectural enterprises	4009	2551	896
县及县以下企业	County enterprises and below	5703	20876	1194
县属企业	County enderprises	659	198	195
街道属企业	Street enterprises	64	0	2
镇属企业	Town enterprises	207	25	26
乡属企业	Town ship enterprises	26	0	0
居委会办企业	Street enterprises	100	0	0
村委会办企业	Village enterprises	229	50	52
其他属企业	Others	4419	20603	920
在总计中:亏损企业	Making loss enterprises	3461	1921	477
在总计中:国有控股企业	State share holding	13161	63971	5265
其中:大中型企业	Large and medium enterprises	11526	63461	5094
在总计中:农村工业	Rural industry	255	50	52
在总计中:轻工业	Light industry	3360	2507	462
重工业	Heavy industry	15101	63940	5610
在总计中:大中型企业	Large and mudium enterprises	13294	64317	5481
其中:国有大中型企业	State owned	8512	41302	3893

continued1

unit: 10000yuan

财务费用 Financial expenses	利息支出 Interest expenditure	营业利润 Business profits	投资收益 Dividend	补贴收入 Subsidy	利润总额 After - tax profits	应交所得税 Income tax payable	利税总额 Pre - tax profits	上交税金 Taxable income
1649	1256	13344	2	332	10588	3115	23512	12924
511	412	2532	0	0	2705	273	5211	2507
102	96	3388	0	0	4067	0	5201	1133
1973	-63	18348	0	0	18026	1312	20166	2140
1167	1130	1246	0	3	-2832	900	-338	2495
289	264	1327	0	0	1431	572	3243	1812
5	0	83	0	0	77	0	81	4
22	22	36	0	0	98	6	222	124
-2	-2	4418	0	0	4406	322	4406	0
853	845	-4618	0	3	-8844	0	-8290	554
7084	6511	36006	11270	1860	49927	7107	74212	24285
6683	6229	34613	11270	1860	44613	6521	66140	21528
12	12	65	0	0	34	2	164	130
389	271	1327	0	0	3679	388	6306	2627
0	0	0	0	0	1601	196	1601	0
47047	27231	663736	2310	12874	765744	69164	1295591	529847
9613	9377	-24172	2281	217	-28215	1360	-16335	11880
1668	1397	7951	3	345	9155	1740	18147	8992
3031	2939	21170	0	0	15140	454	26063	10923
27453	8594	636113	-330	7403	745463	61635	1220206	474744
5282	4924	22673	356	4909	24202	3976	47510	23309
61161	48118	-258	399255	2623	239295	10521	582725	343429
72327	47900	718542	17589	18431	825500	81427	1418405	592905
11567	10651	-3715	4520	8333	5106	673	12948	7843
60760	37248	722257	13070	10098	820394	80754	1405456	585062
32111	30111	53641	13842	8590	52955	13516	123431	70476
28649	7137	668616	-772	1508	767439	67238	1282026	514587
3382	2910	3197	0	501	-1694	350	17368	19062
66	65	293	0	0	474	58	791	317
42	33	3018	0	82	3871	856	5846	1975
132	131	875	0	0	888	116	1277	389
25	25	507	0	0	642	149	732	90
307	204	2967	0	0	3301	755	4114	813
24696	3771	657759	-772	925	759957	64954	1251898	491942
33470	32032	-83016	1559	4418	-117847	1364	-48586	69261
105068	77419	606565	417159	10986	892607	78138	1765780	873173
98734	71881	596133	417425	10184	877128	75375	1736230	859103
438	334	3842	0	0	4189	871	5391	1202
27479	20301	30452	1559	9593	79238	5308	158367	79128
106009	75716	687832	415286	11460	985557	86639	1842763	857206
119131	84326	645281	417105	19668	981812	80975	1868944	887132
70050	55865	-11216	403731	5274	226448	9648	582463	356015

11－6续表2

单位:万元

		办公费 Administrative expense	研究开发费 Cost of R&D	职工教育费 Education
其中:大型企业	Large enterprises	9994	60832	4119
中型企业	Mudium enterprises	3300	3485	1362
小型企业	Small enterprises	5166	2129	591
B、采矿业	Mining and quarring	78	9	27
煤炭开采和洗选业	Coal mining and dressing	78	9	27
C、制造业	Manufacturing	17902	66438	5927
农副食品加工业	Food processing	675	140	23
食品制造业	Food manufacturing	210	20	17
饮料制造业	Beverage manufacturing	521	5	102
烟草制品业	Tobacco processing	75	80	63
纺织业	Textile industry	5	24	6
纺织服装、鞋、帽制造业	Garments, shoes and hat	82	12	20
木材加工及木、竹、藤、棕、草制品业	Timber, bamboo, cane, palm and straw products	127	0	0
家具制造业	Furniture manufacturing	14	0	0
造纸及纸制品业	Paper making and paper products	32	0	1
印刷业和记录媒介的复制	Printing and record medium reproduction	126	0	10
石油加工、炼焦及核燃料加工业	Petroleum processing and coking	43	0	0
化学原料及化学制品制造业	Raw chemical material and chemical products	208	12	17
医药制造业	Medical and pharmacutical products	860	1986	91
橡胶制品业	Rubber products	164	0	0
塑料制品业	Plastic products	175	25	25
非金属矿物制品业	Nonmetal mineral products	432	10	67
黑色金属冶炼及压延加工业	Smelting and pressing of ferrous metals	31	10	10
有色金属冶炼及压延加工业	Smelting and pressing of non ferrous metals	17	5	0
金属制品业	Metal products	151	29	55
通用设备制造业	Ordinary machinery	362	32	562
专用设备制造业	Special purpose equipment	234	148	26
交通运输设备制造业	Transport equipment	12481	61146	4598
电气机械及器材制造业	Electric equipmert and machinery	179	18	10
通信设备、计算机及其他电子设备制造业	Computer and electrionic equipment	293	1156	34
仪器仪表及文化、办公用机械制造业	Instruments, meters, culturae and office	307	1506	116
工艺品及其他制造业	Arts and other manufacturing	102	75	77
D、电力、燃气及水的生产和供应业	Production and supply of electric power, steam and hot water	481	0	118
电力、热力的生产和供应业	Production and supply of electric power, steam and hot water	96	0	23
燃气生产和供应业	Production and supply of gas	132	0	89
水的生产和供应业	Production and supply of tap water	253	0	7

continued2 unit: 10000yuan

财务费用 Financial expenses	利息支出 Interest expenditure	营业利润 Business profits	投资收益 Dividend	补贴收入 Subsidy	利润总额 After - tax profits	应交所得税 Income tax payable	利税总额 Pre - tax profits	上交税金 Taxable income
70600	44695	577778	412299	10014	882485	69664	1646688	764203
48531	39631	67503	4806	9654	99328	11311	222256	122929
14357	11692	73003	- 261	1385	82983	10973	132186	49203
847	829	1118	0	100	886	460	2244	1359
847	829	1118	0	100	886	460	2244	1359
111903	75067	658515	417285	17843	1060965	87653	1967731	906765
14843	9281	- 1149	- 328	9165	56602	592	63051	6449
388	157	729	0	50	31	94	2015	1985
1884	1378	3748	0	0	1046	339	13114	12068
- 94	- 94	538	0	0	- 1254	0	33144	34398
1737	1737	- 110	- 15	0	- 289	41	366	655
520	490	924	16	134	913	142	1829	916
488	234	290	0	0	306	140	1285	978
275	274	- 62	0	0	- 28	0	- 21	6
43	43	- 18	0	23	- 86	0	108	194
498	493	309	0	0	414	20	1658	1244
194	194	230	0	0	216	28	5409	5192
1478	1009	6190	1	0	5400	357	8977	3577
2790	2461	17498	14	205	14554	2009	25269	10715
951	936	- 732	0	0	- 141	16	4269	4410
493	380	6592	0	0	6395	796	8329	1934
4007	3938	12805	2	4160	14595	354	26444	11849
167	160	242	0	0	509	140	1439	930
71	71	103	0	0	194	37	432	238
569	455	1125	3	0	638	339	1674	1036
1451	1378	- 2525	- 16	7	- 1600	479	624	2225
767	705	1490	0	0	1909	332	3816	1908
71612	43024	639116	417845	2238	995727	80309	1790263	794536
790	778	- 274	42	130	- 3120	131	- 1612	1507
4633	4288	- 28948	- 626	3	- 35924	134	- 33958	1966
1304	1269	- 464	348	1728	2876	780	7863	4987
44	39	870	0	0	1083	48	1946	864
20739	20121	58652	- 441	3110	2944	3834	31154	28211
15847	15237	50873	201	165	- 4360	1239	14910	19270
2754	2753	4780	- 644	2935	5249	2273	10654	5405
2139	2132	2999	3	10	2055	323	5590	3535

11－7 全市工业企业主要经济指标(六)

单位:万元

		亏损企业亏损总额 Total loss of loss－making enterprises	本年应付工资总额 Wages	主营业务应付工资总额 Welfare in business
总　　计	**Total**	**117847**	**497048**	**486628**
内资企业	Domestic funds	94506	411682	401949
国有企业	State owned	55038	279315	274793
中央企业	Centre enterprises	30621	239839	236630
地方企业	Local enterprises	24418	39476	38163
省属企业	Provincial enterprises	858	7328	6620
地区属企业	Prefectural enterprises	21814	26194	25863
县属企业	County enterprises	1306	5210	4937
其他属企业	Others	440	744	744
集体企业	Collective owned	1531	28048	26251
省属企业	Provincial enterprises	16	114	98
地区属企业	Prefectural enterprises	1417	19688	18171
县属企业	County enterprises	32	1131	1087
街道属企业	Street enterprises	0	348	346
镇属企业	Town enterprises	0	1875	1857
乡属企业	Town ship enterprises	0	253	247
居委会办企业	Street enterprises	0	78	75
村委会办企业	Village enterprises	0	1072	1020
其他属企业	Others	65	3489	3350
股份合作企业	Share holding cooperative	430	2641	2566
联营企业	Joint ownership	0	363	363
集体联营企业	Collective owned	0	363	363
有限责任公司	Limited company	34009	49909	49056
国有独资公司	State owned	28978	14117	13743
其他有限责任公司	Others	5032	35792	35313
股份有限公司	Share holding	2458	32473	32103
私营企业	Private enterprises	1040	18934	16817
私营独资企业	Solely owned	199	6116	6067
私营合伙企业	Partnership	0	88	78
私营有限责任公司	Limited company	741	12356	10305
私营股份有限公司	Private	100	374	367
港、澳、台商投资企业	Funded from Hongkong, Macao and Taiwan	2614	6413	6393
合资经营企业(港或澳、台资)	Joint venture	2538	5248	5228
合作经营企业(港或澳、台资)	Cooperative	0	204	204
港澳台商独资企业	Solely owned	76	196	196
港澳台商投资股份有限公司	Funded from Hongkong, Macao and Taiwan	0	765	765
外商投资企业	Foreign funded	20727	78953	78287
中外合资经营企业	Joint venture	11455	71433	70934
中外合作经营企业	Cooperative	9079	2416	2415
外资企业	Solely owned	194	4966	4799
外商投资股份有限公司	Share holding	0	139	139
独资企业	Solely owned enterprises	57037	318641	312107
国有企业	State owned	55038	279315	274793

MAIN ECONOMIC INDICATORS OF INDUSTRIAL ENTERPRISES（Ⅵ）

unit:10000yuan

本年应付福利费总额 Total welfare	主营业务应付福利费总额 Welfare in business	本年应交增值税 Value added tax payable	本年进项税额 Tax credit in this year	本年销项税额 Add value tax in this year	经营活动产生的现金流量净额 Cash flows in operating	投资活动产生的现金流量净额 Cash flows investment	筹资活动产生的现金流量净额 Cash flows in arising funds	全部从业人员年平均人数(人) Employees (person)
101064	99523	507054	2474393	3142695	397974	-566852	141878	303220
55014	53594	301090	1632733	2083123	331499	-256436	308693	262470
39421	38660	234227	1425332	1803137	173319	-135877	152554	145528
33790	33393	217907	1397189	1758458	144134	-126600	161574	103019
5631	5267	16320	28144	44679	29186	-9277	-9021	42509
1165	897	3608	5507	8560	4233	-1120	-1134	8200
3737	3686	9347	13720	23584	18967	-7285	-7441	25427
621	576	3067	8241	11585	5666	-1023	-746	8436
108	108	298	675	951	320	150	300	446
3285	2902	11499	35180	60183	64902	-4537	1875	26697
42	14	81	238	590	44	0	0	126
1990	1666	7743	19979	41699	27215	-1922	2541	17087
95	89	738	1152	1604	1146	7	200	1484
57	57	209	417	632	298	-193	-16	384
132	132	707	1810	2320	6298	-2020	-1311	2903
10	10	8	13	21	795	0	0	272
10	10	32	654	686	229	713	196	132
303	298	601	3031	3554	4488	-821	194	1348
646	626	1380	7886	9078	24388	-301	71	2961
314	304	1602	2309	3402	3602	1073	-674	3332
36	36	0	1080	397	-27	0	0	180
36	36	0	1080	397	-27	0	0	180
5747	5703	26499	70407	94447	25822	-72205	110370	41585
2223	2213	7364	16099	23426	33789	-32674	22415	18165
3524	3490	19135	54308	71021	-7967	-39531	87955	23420
4450	4423	18886	75205	90645	25100	-42226	43049	26036
1761	1565	8377	23221	30913	38781	-2664	1519	19112
336	326	1839	5028	6528	2627	2060	68	5493
19	18	102	421	514	143	0	0	118
1357	1172	6320	17453	23436	35420	-4724	1451	13100
49	49	116	319	434	592	0	0	401
627	626	9586	24899	32043	21064	-30893	18629	5304
292	291	5906	23371	24562	20703	-30877	18629	4536
236	236	0	0	0	0	0	0	121
7	7	1113	756	1817	61	-16	0	141
92	92	2566	772	5664	300	0	0	506
45423	45304	196378	816761	1027529	45411	-279523	-185443	35446
44981	44868	193697	802938	1011628	30425	-279947	-186233	31526
57	51	554	365	918	180	122	43	1894
385	385	2128	13458	14982	14806	302	747	1936
0	0	0	0	0	0	0	0	90
43434	42279	250806	1479755	1886647	255716	-138068	155244	179795
39421	38660	234227	1425332	1803137	173319	-135877	152554	145528

11－7续表1 单位:万元

		亏损企业亏损总额 Total loss of loss－making enterprises	本年应付工资总额 Wages	主营业务应付工资总额 Welfare in business
集体企业	Collective owned	1531	28048	26251
私营独资企业	Solely Owned	199	6116	6067
港澳台商独资经营企业	Funded from Hongkong, Macao and Taiwan	76	196	196
外资企业	Solely owned	194	4966	4799
合作、合伙企业	Cooperation and partnership	9509	5711	5624
股份合作企业	Cooperative	430	2641	2566
集体联营企业	Collective owned	0	363	363
私营合伙企业	Partnership	0	88	78
港或澳、台资合作经营企业	Funded from Hongkong, Macao and Taiwan	0	204	204
中外合作经营企业	Cooperative	9079	2416	2415
股份有限公司	Share holding	2558	33751	33374
股份有限公司(内资)	Share holding (domestic)	2458	32473	32103
私营股份有限公司	Private	100	374	367
港澳台商投资股份有限公司	Funded from Hongkong, Macao and Taiwan	0	765	765
外商投资股份有限公司	Share holding	0	139	139
有限责任公司	Limited company	48743	138946	135524
国有独资公司	State owned	28978	14117	13743
私营有限责任公司	Limited company	741	12356	10305
港澳台合资经营企业	Funded from Hongkong, Macao and taiwan	2538	5248	5228
中外合资经营企业	Joint Venture	11455	71433	70934
其他有限责任公司	Others	5032	35792	35313
中央企业	Centre enterprises	30621	249097	245888
地方企业	Local enterprises	87227	247952	240741
省属企业	Provincial enterprises	2661	22052	21214
地区及地区以下属企业	Prefectural enterprises and below	84566	225900	219527
地区属企业	Prefectural enterprises	63629	104380	101966
县及县以下企业	Countr enterprise and below	20937	121520	117561
县属企业	County enterprises	7090	10852	10403
街道属企业	Street enterprises	40	605	604
镇属企业	Town enterprises	0	3577	3548
乡属企业	Town ship enterprises	0	516	399
居委会办企业	Street enterprises	0	421	405
村委会办企业	Village enterprises	0	1642	1575
其他属企业	Others	13807	103907	100627
在总计中:亏损企业	Making loss enterprises	117847	70625	66005
在总计中:国有控股企业	State share holding	102474	397056	391394
其中:大中型企业	Large and medium enterprises	83634	367165	362527
在总计中:农村工业	Rural industry	0	2158	1974
在总计中:轻工业	Light industry	23705	72518	69376
重工业	Heavy industry	94142	424531	417252
在总计中:大中型企业	Large and mudium enterprises	89381	419911	413291
其中:国有大中型企业	State owned	42259	263528	259734
其中:大型企业	Large enterprises	7335	317385	315212
中型企业	Mudium enterprises	82046	102526	98080
小型企业	Small enterprises	28466	77138	73337

continued1 unit:10000yuan

本年应付福利费总额 Total welfare	主营业务应付福利费总额 Welfare in business	本年应交增值税 Value added tax payable	本年进项税额 Tax credit in this year	本年销项税额 Add value tax in this year	经营活动产生的现金流量净额 Casha flows in operating	投资活动产生的现金流量净额 Cash flows in investment	筹资活动产生的现金流量净额 Cash flows in arising funds	全部从业人员年平均人数(人) Employees (person)
3285	2902	11499	35180	60183	64902	-4537	1875	26697
336	326	1839	5028	6528	2627	2060	68	5493
7	7	1113	756	1817	61	-16	0	141
385	385	2128	13458	14982	14806	302	747	1936
662	645	2258	4174	5231	3897	1195	-632	5645
314	304	1602	2309	3402	3602	1073	-674	3332
36	36	0	1080	397	-27	0	0	180
19	18	102	421	514	143	0	0	118
236	236	0	0	0	0	0	0	121
57	51	554	365	918	180	122	43	1894
4591	4564	21568	76296	96743	25991	-42226	43049	27033
4450	4423	18886	75205	90645	25100	-42226	43049	26036
49	49	116	319	434	592	0	0	401
92	92	2566	772	5664	300	0	0	506
0	0	0	0	0	0	0	0	90
52377	52034	232422	914169	1154074	112371	-387753	-55783	90747
2223	2213	7364	16099	23426	33789	-32674	22415	18165
1357	1172	6320	17456	23436	35420	-4724	1451	13100
292	291	5906	23371	24562	20703	-30877	18629	4536
44981	44868	193697	802938	1011628	30425	-279947	-186233	31526
3524	3490	19135	54308	71021	-7967	-39531	87955	23420
34590	34192	222376	1407327	1772940	145663	-130190	164212	107742
66475	65331	284678	1067066	1369755	252311	-436663	-22334	195478
1917	1605	7312	42023	30879	5376	-3082	2262	23785
64558	63726	277366	1025043	1338876	246935	-433580	-24596	171693
13514	13101	60833	157809	227161	124962	-163126	137917	91833
51044	50625	216533	867234	1111715	121973	-270455	-162513	79860
1121	1063	8023	27477	34984	7938	257	1280	17039
63	63	282	1038	1325	335	-193	-16	676
496	495	1734	2506	3918	6722	-2022	-1413	3508
35	34	327	256	535	2628	-51	-371	504
72	70	87	1388	1476	1150	927	867	422
376	363	739	5912	5890	4641	-700	237	1846
48880	48536	205342	828657	1063587	98558	-268673	-163097	55865
9441	8609	32319	103416	139738	4236	-17303	-1299	66348
90603	89679	455246	2271184	2898750	238874	-501926	111878	217836
86244	85634	442504	2241728	2857554	196090	-492199	113037	181588
411	397	1065	6168	6426	7269	-751	-134	2350
7807	7298	38921	104085	123896	108330	-20808	16887	71351
93257	92225	468133	2370308	3018799	289644	-546044	124991	231869
90690	89793	464477	2355787	2990481	294282	-525125	129951	221600
37075	36590	229879	1417764	1791828	157478	-132586	154083	123846
77183	76903	388119	2165199	2712688	139345	-398230	27772	136796
13508	12890	76359	190588	277792	154937	-126895	102179	84804
10374	9730	42577	118606	152214	103692	-41727	11928	81620

11－7续表2

单位:万元

		亏损企业亏损总额 Total loss of loss – making enterprises	本年应付工资总额 Wages	主营业务应付工资总额 Welfare in business
B、采矿业	Minging and quarring	134	4199	4032
煤炭开采和洗选业	Coal mining and dressing	134	4199	4032
C、制造业	Manufecturing	86886	454309	444331
农副食品加工业	Food processing	6020	20985	20680
食品制造业	Food manufacturing	354	2710	2332
饮料制造业	Beverage manufacturing	3853	6125	6106
烟草制品业	Tobacco processing	1254	4168	4168
纺织业	Textile industry	463	3047	2989
纺织服装、鞋、帽制造业	Garments and other fiber products	568	4325	4063
木材加工及木、竹、藤、棕、草制品业	Timber, bamboo, cane, palm and straw products	806	3389	3385
家具制造业	Furniture manufacturing	28	381	381
造纸及纸制品业	Paper making and paper products	100	317	299
印刷业和记录媒介的复制	Printing and record medium reproduction	212	2310	2112
石油加工、炼焦及核燃料加工业	Petroleum processing and coking	0	1276	1272
化学原料及化学制品制造业	Raw chemical material and chemical products	2199	3668	3615
医药制造业	Medical and pharmacutical products	3285	10817	9670
橡胶制品业	Rubber products	406	1704	1699
塑料制品业	Plastic products	329	1405	1270
非金属矿物制品业	Nonmetal mineral products	3266	9414	9359
黑色金属冶炼及压延加工业	Smelting and pressing of ferrous metals	453	955	707
有色金属冶炼及压延加工业	Smelting and pressing of non ferrous metals	0	127	117
金属制品业	Metal products	682	2904	2747
通用设备制造业	Ordinary machinery	4180	8311	7696
专用设备制造业	Special purpose equipment	248	2307	2235
交通运输设备制造业	Transport equipment	16398	339407	333587
电气机械及器材制造业	Electric equipmert and machinery	3963	4674	4529
通信设备、计算机及其他电子设备制造业	Computer and telecommunication equipment	37167	9269	9246
仪器仪表及文化、办公用机械制造业	Instruments, meters, culturae and office	653	9466	9304
工艺品及其他制造业	Arts and other manufacturing	0	847	766
D、电力、燃气及水的生产和供应业	Production and supply of electric power, steam and hot water	30827	38541	38266
电力、热力的生产和供应业	Production and supply of electric power, steam and hot water	16828	22880	22873
燃气生产和供应业	Production and supply of gas	11647	6924	6924
水的生产和供应业	Production and supply of tap water	2352	8738	8469

continued2

unit:10000yuan

本年应付福利费总额 Total welfare	主营业务应付福利费总额 Welfare in business	本年应交增值税 Value added tax payable	本年进项税额 Tax credit in this year	本年销项税额 Add value tax in this year	经营活动产生的现金流量净额 Cash flows in operating	投资活动产生的现金流量净额 Cash flows in investment	筹资活动产生的现金流量净额 Cash flows in arising funds	全部从业人员年平均人数(人) Employees (person)
677	653	1226	1015	2235	4032	-533	-517	6251
677	653	1226	1015	2235	4032	-533	-517	6251
94682	93211	481374	2457280	3100080	334812	-539477	152813	274206
1635	1597	4425	44861	30520	33119	1631	18367	23145
371	371	1733	6648	8381	1718	-72	2602	3049
405	355	4988	8529	13481	6524	1567	214	6764
584	584	6534	6644	12816	10761	-5451	-11051	1437
270	270	587	3321	3842	1075	-151	1696	5791
450	418	787	2369	3011	12436	414	-212	5389
168	168	735	1855	922	4793	250	-3	2800
0	0	6	324	255	1520	-44	31	492
22	20	174	340	515	28	-73	50	390
316	288	1105	1433	2421	1626	-412	-685	2692
181	181	1525	6945	8745	606	-74	-219	1289
355	350	3252	5150	8277	6841	-2823	1979	3558
1421	1285	9990	9037	17199	29937	-11425	4921	9063
198	192	1568	5822	6753	30502	122	5243	2420
142	132	1865	5397	10657	3366	34	3917	1372
1175	1171	10534	9155	19361	-29197	-42851	84340	11073
124	79	796	5747	6539	290	451	14	2028
17	16	211	701	912	-18	0	0	165
545	465	926	3070	4284	1405	-705	-817	2685
1077	992	1986	6014	8197	1879	1040	-1621	8871
496	322	1618	1590	2643	521	2340	-1471	3962
82544	81795	417673	2301667	2903209	211626	-475996	36265	157377
573	571	1326	3557	4823	1991	-182	-715	4167
776	773	1801	6812	8371	-5008	-4011	7387	7186
709	687	4515	9263	12434	3777	-3607	2593	6210
130	130	715	1028	1514	2696	550	-12	831
5706	5660	24453	16099	40379	59130	-26842	-10418	22763
3040	3039	16549	10203	26649	46446	-26022	-5648	12025
1280	1280	4664	5896	10490	6929	-318	-175	5589
1386	1341	3241	0	3241	5756	-502	-4596	5149

11－8　国有及国有控股工业企业主要经济指标(一)

单位:万元

		企业单位数(个) Enterprises	亏损企业 Making loss enterprises	工业总产值(不变价格) Gross industrial output value (constant price)
总　　计	**Total**	**198**	**86**	**12775749**
内资企业	Domestic funds	172	79	7005536
国有企业	State owned	100	55	5812114
中央企业	Centre enterprises	17	11	5580376
地方企业	Local enterprises	83	44	231738
省属企业	Provincial enterprises	15	4	58983
地区属企业	Prefectural enterprises	40	25	129019
县属企业	County enterprises	26	14	36862
其他属企业	Others	2	1	6875
集体企业	Collective owned	5	1	80955
地区属企业	Prefectural enterprises	2	1	73652
街道属企业	Street enterprises	1		734
镇属企业	Town enterprises	2		6569
股份合作企业	Share holding cooperative	4	1	5471
有限责任公司	Limited company	45	18	593145
国有独资公司	State owned	25	13	296793
其他有限责任公司	Others	20	5	296352
股份有限公司	Share holding	18	4	513851
港、澳、台商投资企业	Funded from Hongkong, Macao and Taiwan	6	2	64103
合资经营企业(港或澳、台资)	Joint Venture	6	2	64103
外商投资企业	Foreign funded	20	5	5706110
中外合资经营企业	Joint Venture	19	4	5700944
中外合作经营企业	Cooperative	1	1	5166
独资企业	Solely owned enterprises	105	56	5893069
国有企业	State owned	100	55	5812114
集体企业	Collective owned	5	1	80955
合作、合伙企业	Cooperation and partnership	5	2	10637
股份合作企业	Cooperative	4	1	5471
中外合作经营企业	Cooperative	1	1	5166
股份有限公司	Share holding	18	4	513851
股份有限公司(内资)	Share holding (domestic)	18	4	513851
有限责任公司	Limited company	70	24	6358192
国有独资公司	State owned	25	13	296793
港澳台合资经营企业	Funded from Hongkong, Macao and taiwan	6	2	64103
中外合资经营企业	Joint Venture	19	4	5700944
其他有限责任公司	Others	20	5	296352
中央企业	Centre enterprises	20	11	5615931
地方企业	Local enterprises	178	75	7159818
省属企业	Provincial enterprises	22	5	73285
地区及地区以下属企业	Prefectural enterprises and below	156	70	7086532
地区属企业	Prefectural enterprises	95	46	1233354
县及县以下企业	County enterprise and below	61	24	5853178
县属企业	County enterprises	35	19	64602
街道属企业	Street enterprises	1		734

MAIN ECONOMIC INDICATORS OF INDUSTRIAL ENTERPRISES OF STATE OWNED(Ⅰ)

unit:10000yuan

工业总产值(当年价格) Gross industrial output value (current price)	新产品产值 New products	工业销售产值(当年价格) Sale revenue (current price)	出口交货值 Export	工业中间投入合计 Intermediate consumer	工业增加值(当年价) Added value (current price)	资产合计 Total assets	流动资产小计 Circulating funds	短期投资 Short－term investment
12586465	**5427663**	**12364044**	**108593**	**9736267**	**3305445**	**13661057**	**7136530**	**12901**
6840276	145027	6814778	97715	5394951	1717048	10794181	5257812	3392
5731529	40934	5769625	58677	4513195	1452561	8421291	4257681	1996
5375913	13307	5412355	54601	4237321	1356499	7432671	3939492	405
355617	27628	357271	4076	275874	96062	988620	318189	1591
64073	6174	59726	0	45952	21729	116459	53170	465
203777	21222	203404	2576	157573	55550	786118	226216	726
80347	102	86893	0	66320	17094	70949	29574	0
7420	130	7247	1500	6028	1689	15095	9230	400
81391	0	80129	0	67112	16449	52592	30338	0
73652	0	73313	0	61772	13930	48129	26918	0
777	0	719	0	536	294	829	756	0
6962	0	6098	0	4803	2225	3634	2665	0
5901	275	5894	0	4345	1796	14644	10050	0
463454	38697	444941	11941	377270	105043	1332276	476764	903
258901	15830	243824	11941	223195	43070	832825	311229	249
204553	22867	201118	0	154074	61973	499451	165535	654
558001	65121	514188	27096	433029	141200	973379	482979	493
61758	0	59940	0	39534	25560	157077	87810	9
61758	0	59940	0	39534	25560	157077	87810	9
5684431	5282636	5489326	10878	4301782	1562837	2709799	1790908	9500
5679265	5282636	5484661	9353	4297507	1561435	2655306	1768879	0
5166	0	4665	1525	4276	1402	54493	22029	9500
5812920	40934	5849755	58677	4580307	1469010	8473883	4288019	1996
5731529	40934	5769625	58677	4513195	1452561	8421291	4257681	1996
81391	0	80129	0	67112	16449	52592	30338	0
11067	275	10559	1525	8621	3197	69137	32078	9500
5901	275	5894	0	4345	1796	14644	10050	0
5166	0	4665	1525	4276	1402	54493	22029	9500
558001	65121	514188	27096	433029	141200	973379	482979	493
558001	65121	514188	27096	433029	141200	973379	482979	493
6204478	5321333	5989542	21294	4714310	1692038	4144659	2333453	912
258901	15830	243824	11941	223195	43070	832825	311229	249
61758	0	59940	0	39534	25560	157077	87810	9
5679265	5282636	5484661	9353	4297507	1561435	2655306	1768879	0
204553	22867	201118	0	154074	61973	499451	165535	654
5444738	42919	5472889	54601	4302147	1364967	7589255	4019710	1059
7141727	5384744	6891155	53992	5434120	1940478	6071802	3116820	11842
75296	6180	71234	0	55166	24350	137383	64550	465
7066432	5378564	6819921	53992	5378953	1916128	5934419	3052270	11376
1131953	94141	1109130	23263	877521	298304	2802196	989944	1230
5934479	5284424	5710791	30729	4501432	1617824	3132223	2062326	10147
106917	377	112521	0	83947	27375	116335	44492	0
777	0	719	0	536	294	829	756	0

11－8续表1

单位:万元

		企业单位数(个) Enterprises	亏损企业 Making loss enterprises	工业总产值(不变价格) Gross industrial output value (constant price)
镇属企业	Town enterprises	3		8538
其他属企业	Others	22	5	5779305
在总计中:亏损企业	Making loss enterprises	86	86	464653
在总计中:国有控股企业	State share holding	198	86	12775749
其中:大中型企业	Large and medium enterprises	66	22	12360929
在总计中:轻工业	Light industry	70	37	672256
重工业	Heavy industry	128	49	12103493
在总计中:大中型企业	Large and mudium enterprises	66	22	12360929
其中:国有大中型企业	State owned	28	11	5697458
其中:大型企业	Large enterprises	11	3	11086639
中型企业	Mudium enterprises	55	19	1274289
小型企业	Small enterprises	132	64	414820
B、采矿业	Mining and quarrying	6	1	11085
煤炭开采和洗选业	Coal mining and dressing	6	1	11085
C、制造业	Manfacturing	166	74	12649280
农副食品加工业	Food processing	3	3	3489
食品制造业	Food manufacturing	4	2	13472
饮料制造业	Beverage manufacturing	5	4	15418
烟草制品业	Tobacco processing	1	1	52460
纺织业	Textile industry	5	2	21257
纺织服装、鞋、帽制造业	Garments shoes and hots	5	2	15126
木材加工及木竹、藤、棕、草制品业	Timber,bamboo,cane,palm and straw products	3	2	6679
造纸及纸制品业	Paper making and paper products	1	1	4793
印刷业和记录媒介的复制	Printing and record medium reproduction	9	3	10790
石油加工、炼焦及核燃料加工业	Petroleum processing and coking	2		13071
化学原料及化学制品制造业	Raw chemical material and chemical products	4		14777
医药制造业	Medical and pharmacutical products	18	6	222853
橡胶制品业	Rubber products	2	1	61364
塑料制品业	Plastic products	3	1	23681
非金属矿物制品业	Nonmetal mineral products	17	6	79643
黑色金属冶炼及压延加工业	Smelting and pressing of ferrous metals	3	2	24604
金属制品业	Metal products	2	2	664
通用设备制造业	Ordinery machinery	12	5	44144
专用设备制造业	Special purpose equipment	4	3	10101
交通运输设备制造业	Transport equipment	41	15	11703001
电气机械及器材制造业	Electric equipmert and machinery	8	6	28067
通信设备、计算机及其他电子设备制造业	Electronic and telecommunication equipment	9	6	269637
仪器仪表及文化、办公用机械制造业	Instruments, meters, culturae and office	5	1	10182
D. 电力、燃气及水的生产和供应业	Production and supply of electric power, steam and hot water	26	11	115384
电力、热力的生产和供应业	Production and supply electric power heat power	16	4	78182
燃气生产和供应业	Production and supply of gas	4	2	31703
水的生产和供应业	Production and supply of tap water	6	5	5499

continued1

unit:10000yuan

工业总产值（当年价格）Gross industrial output value (current price)	新产品产值 New products	工业销售产值（当年价格）Sale revenue (current price)	出口交货值 Exports	工业中间投入合计 Intermediate consumer	工业增加值（当年价）Added value (current price)	资产合计 Total assets	流动资产小计 Circulating funds	短期投资 Short－term investment
8930	0	8067	0	6202	2920	5185	3552	0
5817855	5284047	5589484	30729	4410747	1587236	3009875	2013526	10147
544891	42421	535808	14431	466649	102965	1885400	590901	11195
12586465	5427663	12364044	108593	9736267	3305445	13661057	7136530	12901
12210388	5362027	12015349	101904	9448375	3204517	12934787	6796007	10902
433902	41038	409859	11766	324759	127122	1019351	411553	210
12152564	5386625	11954185	96827	9411508	3178323	12641707	6724977	12691
12210388	5362027	12015349	101904	9448375	3204517	12934787	6796007	10902
5625429	25993	5668535	57052	4430761	1424547	8117497	4125669	419
10975803	5288769	10799437	86109	8489775	2871786	10277011	5750489	1077
1234585	73258	1215912	15795	958600	332731	2657777	1045519	9825
376078	65636	348695	6689	287892	100928	726270	340523	1999
17809	0	17611	0	13270	5760	35195	8914	2
17809	0	17611	0	13270	5760	35195	8914	2
12265159	5427663	12039527	102614	9515885	3178853	12336364	6880382	12240
3899	0	5512	0	3797	154	12870	6710	10
9653	0	9442	0	6713	3087	13178	9259	0
17442	0	15721	0	11827	6888	43010	12536	0
75434	5107	75109	65	57020	24947	115626	70591	0
23133	7342	22745	6551	22773	889	114591	67880	0
15996	0	15041	110	11770	4514	18906	10288	0
6705	125	8124	125	4295	2613	50421	9879	0
5988	0	5473	0	3627	2512	739	656	0
13480	275	13262	0	9165	4956	27581	11120	25
48070	0	56225	0	44844	4748	15384	7967	0
15081	650	13995	0	11119	5212	29667	16208	0
88965	16646	70987	0	58317	34359	215079	110353	175
49137	0	43880	0	31366	19228	102292	74863	0
23615	0	22580	0	14565	9185	21293	13768	0
107667	0	104762	2166	66093	50455	315280	98006	0
41820	0	42022	0	31119	11229	53757	23470	14
1727	10	1715	0	1273	524	5400	3309	0
45048	3489	34101	2284	35419	10271	140059	74012	400
9319	2478	9670	0	7389	2512	21621	15189	0
11507461	5340624	86384	8945791	2956211	10416604	6015284	696	
23269	5870	22832	0	20724	3484	80837	32805	465
88964	22109	90913	4929	68274	22490	385717	136271	9800
43287	22936	41921	0	48606	－1615	136455	59960	654
303498	0	306905	5979	207113	120832	1289498	247234	659
174603	0	175760	0	120451	70693	753977	158371	659
77793	0	80346	5979	48942	33514	256313	58313	0
51103	0	50799	0	37719	16624	279208	30550	0

11－9 国有及国有控股工业企业主要经济指标(二)

单位:万元

		应收帐款净额 Account receiveabre	存货 Inventory	产成品 Products
总计	**Total**	**1292419**	**2037832**	**498227**
内资企业	Domestic funds	853161	1386227	403115
国有企业	State owned	585303	1034070	302596
中央企业	Centre enterprises	501857	943738	249766
地方企业	Local enterprises	83446	90333	52830
省属企业	Provincial enterprises	15580	18307	10232
地区属企业	Prefectural enterprises	57974	60443	37409
县属企业	County enterprises	7876	7694	2735
其他属企业	Others	2016	3890	2454
集体企业	Collective owned	15907	8701	1221
地区属企业	Prefectural enterprises	13913	7524	324
街道属企业	Street enterprises	600	107	53
镇属企业	Town enterprises	1394	1070	844
股份合作企业	Share holding cooperative	4211	2689	1201
有限责任公司	Limited company	101375	120952	57887
国有独资公司	State owned	59023	58249	28941
其他有限责任公司	Others	42353	62703	28946
股份有限公司	Share holding	146364	219815	40210
港、澳、台商投资企业	Funded from Hongkong, Macao and Taiwan	9890	28851	11250
合资经营企业(港或澳、台资)	Joint venture	9890	28851	11250
外商投资企业	Foreign funded	429369	622755	83863
中外合资经营企业	Joint venture	427591	616136	83716
中外合作经营企业	Cooperative	1778	6619	147
独资企业	Solely owned enterprises	601210	1042771	303816
国有企业	State owned	585303	1034070	302596
集体企业	Collective owned	15907	8701	1221
合作、合伙企业	Cooperation and partnership	5989	9308	1348
股份合作企业	Cooperative	4211	2689	1201
中外合作经营企业	Cooperative	1778	6619	147
股份有限公司	Share holding	146364	219815	40210
股份有限公司(内资)	Share holding (domestic)	146364	219815	40210
有限责任公司	Limited company	538856	765938	152854
国有独资公司	State owned	59023	58249	28941
港澳台合资经营企业	Funded from Hongkong, Macao and taiwan	9890	28851	11250
中外合资经营企业	Joint venture	427591	616136	83716
其他有限责任公司	Others	42353	62703	28946
中央企业	Centre enterprises	529433	976105	268081
地方企业	Local enterprises	762986	1061727	230146
省属企业	Provincial enterprises	19031	22251	12285
地区及地区以下属企业	Prefectural enterprises and below	743955	1039476	217861
地区属企业	Prefectural enterprises	228579	275678	129986
县及县以下企业	County enterprises and below	515376	763798	87874
县属企业	County enterprises	10032	17206	6269
街道属企业	Street enterprises	600	107	53

MAIN ECONOMIC INDICATORS OF INDVSTRIAL ENTERPRISES OF STATE OWNED(Ⅱ)

unit:10000yuan

流动资产年平均余额 Annual average balance of circulating	长期投资 Long-term investment	固定资产小计 Total fixed assets	固定资产原价 Original value of fixed assets	生产经营用 Operating	累计折旧 Depreciation	本年折旧 Depreciation in this year	固定资产净值 Net value of fixed assets	固定资产净值年平均余额 Annual average balance
6569586	**1976139**	**4228484**	**5978616**	**5618154**	**2431362**	**326905**	**3547254**	**3542622**
5014376	1933779	3322563	4624531	4288582	1774072	225046	2850459	2887857
4261613	1643104	2351884	3537287	3324845	1448601	166425	2088686	2027336
3957389	1626804	1740746	2742718	2599344	1227563	137893	1515154	1472447
304224	16300	611138	794569	725502	221037	28532	573532	554889
51662	4325	56145	78451	72295	23249	4011	55201	55511
216449	11934	509275	656033	601641	179039	21649	476994	459285
29182	41	39853	53540	46410	16758	2786	36781	35789
6930	0	5865	6546	5156	1991	86	4555	4304
44045	169	21688	28424	27523	8889	798	19535	17936
41032	145	20670	26376	25566	7858	630	18518	16913
719	0	74	93	93	19	8	74	76
2294	24	944	1956	1865	1011	161	944	947
10047	120	3886	7314	7314	3428	503	3886	3829
443447	190736	587038	609328	493686	173761	37794	435567	531542
280823	147805	318168	334838	319737	81784	18742	253054	273646
162623	42931	268870	274490	173949	91977	19052	182513	257896
255224	99650	358067	442179	435213	139394	19526	302785	307215
67795	0	66240	70248	55261	12347	4256	57901	58818
67795	0	66240	70248	55261	12347	4256	57901	58818
1487416	42360	839680	1283837	1274312	644943	97603	638894	595947
1477249	37360	823400	1264012	1254487	641399	97303	622613	578394
10167	5000	16281	19825	19825	3544	300	16281	17553
4305658	1643273	2373572	3565710	3352368	1457489	167223	2108221	2045271
4261613	1643104	2351884	3537287	3324845	1448601	166425	2088686	2027336
44045	169	21688	28424	27523	8889	798	19535	17936
20214	5120	20167	27139	27139	6972	803	20167	21383
10047	120	3886	7314	7314	3428	503	3886	3829
10167	5000	16281	19825	19825	3544	300	16281	17553
255224	99650	358067	442179	435213	139394	19526	302785	307215
255224	99650	358067	442179	435213	139394	19526	302785	307215
1988491	228096	1476678	1943588	1803434	827507	139353	1116081	1168753
280823	147805	318168	334838	319737	81784	18742	253054	273646
67795	0	66240	70248	55261	12347	4256	57901	58818
1477249	37360	823400	1264012	1254487	641399	97303	622613	578394
162623	42931	268870	274490	173949	91977	19052	182513	257896
4037286	1628205	1811432	2845290	2680531	1264950	141948	1580339	1538515
2532300	347934	2417052	3133326	2937624	1166412	184957	1966915	2004107
61954	4325	64545	89084	82928	25579	4503	63505	63603
2470346	343609	2352507	3044242	2854696	1140833	180455	1903410	1940504
945569	288177	1380854	1603146	1435299	438429	74953	1164717	1246351
1524777	55432	971653	1441097	1419398	702404	105502	738693	694153
45224	161	65481	81035	69844	21535	4366	59500	57566
719	0	74	93	96	19	8	74	76

11－9续表1

单位:万元

		应收帐款净额 Accownt receiveabre	存货 Inventory	产成品 Products
镇属企业	Town enterprises	1765	1305	844
其他属企业	Others	502978	745181	80708
在总计中:亏损企业	Making loss enterprises	136371	181158	60014
在总计中:国有控股企业	State share holding	1292419	2037832	498227
其中:大中型企业	Large and medium enterprises	1169700	1942749	444783
在总计中:轻工业	Light industry	93821	166753	77317
重工业	Heavy industry	1198599	1871079	420910
在总计中:大中型企业	Large and mudium enterprises	1169700	1942749	444783
其中:国有大中型企业	State owned	543016	997625	282022
其中:大型企业	Large enterprises	925310	1626452	325155
中型企业	Mudium enterprises	244390	316297	119628
小型企业	Small enterprises	122719	95083	53445
B、采矿业	Mining and quarrying	2825	1595	785
煤炭开采和洗选业	Coal mining and dressing	2825	1595	785
C、制造业	Manfacturing	1218262	2017499	495055
农副食品加工业	Food processing	890	1010	401
食品制造业	Food manufacturing	1279	2791	2557
饮料制造业	Beverage manufacturing	1779	6114	1837
烟草制品业	Tobacco processing	9739	41575	892
纺织业	Textile industry	18663	34749	24303
纺织服装、鞋、帽制造业	Garments, shoes and hat	1864	4741	1986
木材加工及木、竹、藤、棕、草制品业	Timber, bamboo, cane, palm and straw products	2296	5566	1310
造纸及纸制品业	Paper making and paper products	180	331	203
印刷业和记录媒介的复制	Printing and record medium reproduction	2446	4181	2051
石油加工、炼焦及核燃料加工业	Petroleum processing and coking	811	3544	755
化学原料及化学制品制造业	Raw chemical material and chemical products	9641	4347	3603
医药制造业	Medical and pharmacutical products	31575	43038	25547
橡胶制品业	Rubber products	10759	10422	7002
塑料制品业	Plastic products	6125	2051	26
非金属矿物制品业	Nonmetal mineral products	25880	20982	8880
黑色金属冶炼及压延加工业	Smelting and pressing of ferrous metals	5373	10724	5309
金属制品业	Metal products	663	1662	1506
通用设备制造业	Ordinery machinery	13331	15597	5663
专用设备制造业	Special purpose equipment	6145	6271	3084
交通运输设备制造业	Transport equipment	1017186	1711568	360120
电气机械及器材制造业	Electric equipmert and machinery	8053	10961	2666
通信设备、计算机及其他电子设备制造业	Electronic and telecommunication equipment	23678	54975	24463
仪器仪表及文化、办公用机械制造业	Instruments, meters, culturae and office	19910	20300	10891
D、电力、燃气及水的生产和供应业	Production and supply of electric power, steam and hot water	71333	18738	2388
电力、热力的生产和供应业	Production and supply of electric power and heat power	41506	7180	185
燃气生产和供应业	Production and supply of gas	17107	10790	2187
水的生产和供应业	Production and supply of tap water	12721	768	16

continued1

unit:10000yuan

流动资产年平均余额 Annual average balance of circulating	长期投资 Long－term investment	固定资产小计 Total fixed assets	固定资产原价 Original value of fixed assets	生产经营用 Operating	累计折旧 Depreciation	本年折旧 Depreciation in this year	固定资产净值 Net value of fixed assets	固定资产净值年平均余额 Annual average balance
3110	24	1607	2647	2556	1040	161	1607	1356
1475724	55248	904492	1357323	1346905	679810	100969	677513	635156
838092	118000	1042112	1291439	1185233	352648	46661	938791	987160
6569586	1976139	4228484	5978616	5618154	2431362	326905	3547254	3542622
6233457	1956108	3923322	5580992	5273614	2308765	308940	3272227	3254631
394557	28013	545797	708246	627844	207992	26555	500254	492286
6175029	1948126	3682687	5270369	4990310	2223370	300351	3047000	3050336
6233457	1956108	3923322	5580992	5273614	2308765	308940	3272227	3254631
4132722	1634131	2215456	3360010	3181067	1395654	158784	1964356	1904130
5197048	1733634	2656441	4060096	3955061	1829904	238391	2230191	2132943
1036409	222474	1266881	1520896	1318552	478861	70548	1042035	1121688
336129	20031	305161	397624	344541	122597	17966	275027	287992
6526	872	23646	29250	25514	6811	1575	22440	18306
6526	872	23646	29250	25514	6811	1575	22440	18306
6304032	1881029	3292444	4659004	4329762	2011444	276157	2647560	2641101
6697	16	3719	6175	6175	2648	578	3526	3592
8329	152	3204	3738	1138	714	62	3024	3090
12461	3	29211	32496	26675	5812	1258	26684	26512
72083	33	44770	64026	51592	20453	2293	43573	30617
61944	507	46092	48963	21746	13178	1174	35785	34352
10049	390	7073	8985	7404	2019	283	6966	7074
9785	0	31531	38071	30167	6540	906	31531	31737
656	0	74	95	95	21	17	74	74
10428	124	15013	20542	20348	6167	1074	14375	14311
7953	0	7132	12262	11955	7288	959	4975	4919
15712	3337	9979	11217	9948	1396	292	9821	9719
111848	6526	81379	85620	72567	27196	3530	58424	59536
61297	50	25681	15672	15672	7089	233	8583	8192
13724	15	6124	10274	7905	4150	610	6124	6141
94380	42788	163351	148890	62323	60008	14639	88882	141945
22543	35	19696	24341	23431	8062	746	16279	16337
3111	0	2090	2959	2959	869	85	2090	2120
129017	3379	56691	68533	35948	33263	2362	35270	39580
14432	36	5764	10076	9079	4582	416	5494	6218
5412008	1791655	2435895	3701653	3599951	1723404	225741	1978249	1907037
33736	9263	32418	42094	38303	12662	2081	29432	28860
131777	18588	195195	204295	197458	31948	13117	172347	192449
60063	4133	70363	98026	76925	31975	3702	66051	66691
259028	94239	912394	1290361	1262878	413107	49173	877254	883215
169506	70780	497816	743942	731027	274109	33091	469833	474004
59284	21322	168058	203553	200068	41011	4327	162542	160832
30239	2136	246520	342866	331782	97987	11756	244880	248380

11－10　国有及国有控股工业企业主要经济指标(三)

单位:万元

		无形资产 Intangible	负债合计 Liabilities	流动负债合计 Liquid liabilites
总　　计	**Total**	**159075**	**8790320**	**7163626**
内资企业	Domestic funds	134279	7596990	6025529
国有企业	State owned	54676	6188337	4853540
中央企业	Centre enterprises	35318	5547912	4358184
地方企业	Local enterprises	19358	640425	495356
省属企业	Provincial enterprises	65	83380	65569
地区属企业	Prefectural enterprises	17841	486203	368020
县属企业	County enterprises	1452	56956	47881
其他属企业	Others	0	13886	13886
集体企业	Collective owned	294	32461	29982
地区属企业	Prefectural enterprises	294	30456	28456
街道属企业	Street enterprises	0	700	700
镇属企业	Town enterprises	0	1305	826
股份合作企业	Share holding cooperative	439	11195	6939
有限责任公司	Limited company	56832	844384	665895
国有独资公司	State owned	35715	626288	484636
其他有限责任公司	Others	21117	218096	181259
股份有限公司	Share holding	22037	520612	469174
港、澳、台商投资企业	Funded from Hongkong, Macao and Taiwan	2839	109427	72046
合资经营企业(港或澳、台资)	Joint venture	2839	109427	72046
外商投资企业	Foreign funded	21958	1083903	1066052
中外合资经营企业	Joint venture	19243	1056875	1044023
中外合作经营企业	Cooperative	2715	27029	22029
独资企业	Solely owned enterprises	54970	6220798	4883522
国有企业	State owned	54676	6188337	4853540
集体企业	Collective owned	294	32461	29982
合作、合伙企业	Cooperation and partnership	3154	38224	28967
股份合作企业	Cooperative	439	11195	6939
中外合作经营企业	Cooperative	2715	27029	22029
股份有限公司	Share holding	22037	520612	469174
股份有限公司(内资)	Share holding (domestic)	22037	520612	469174
有限责任公司	Limited company	78914	2010686	1781964
国有独资公司	State owned	35715	626288	484636
港澳台合资经营企业	Funded from Hongkong, Macao and taiwan	2839	109427	72046
中外合资经营企业	Joint venture	19243	1056875	1044023
其他有限责任公司	Others	21117	218096	181259
中央企业	Centre enterprises	38627	5613733	4399667
地方企业	Local enterprises	120448	3176587	2763959
省属企业	Provincial enterprises	944	96285	76898
地区及地区以下属企业	Prefectural enterprises and below	119504	3080303	2687061
地区属企业	Prefectural enterprises	95431	1644623	1304636
县及县以下企业	County enterprises and below	24073	1435680	1382425
县属企业	County enterprises	5590	84417	66391
街道属企业	Street enterprises	0	700	700

MAIN ECONOMIC INDICATORS OF INDVSTRIAL ENTERPRISES OF STATE OWNED(Ⅲ)

unit:10000yuan

应付帐款 Bill payable	长期负债合计 Long-term liabilities	所有者权益合计 Creditors' equity	实收资本 Capital hold	国家资本 State owned	集体资本 Collective owned	法人资本 Legperson capital	个人资本 Private funds	港澳台资本 Funded from Hongkong, Macao and Taiwan
2420566	**1608362**	**4870737**	**2214980**	**1386173**	**11298**	**475876**	**110227**	**13964**
1870900	1558403	3197192	1674962	1117710	10026	434143	109420	0
1517997	1329509	2232954	1137555	928116	0	154411	55028	0
1419355	1187346	1884760	825672	630485	0	140587	54600	0
98643	142163	348195	311883	297631	0	13825	428	0
13713	16891	33079	22622	22377	0	246	0	0
75155	116198	299915	270786	257007	0	13579	200	0
7650	9075	13993	17363	17135	0	0	228	0
2126	0	1208	1112	1112	0	0	0	0
15748	679	20131	7155	0	6740	415	0	0
14388	200	17672	5226	0	5226	0	0	0
654	0	129	59	0	59	0	0	0
706	479	2329	1870	0	1455	415	0	0
3676	1693	3449	3334	163	0	2670	500	0
100954	175118	487892	361537	164290	115	192832	4299	0
70566	140528	206537	172677	159949	0	12728	0	0
30388	34589	281355	188860	4341	115	180105	4299	0
232526	51405	452766	165383	25142	3171	83814	49593	0
13171	36607	47650	23878	13343	0	0	0	10535
13171	36607	47650	23878	13343	0	0	0	10535
536495	13351	1625896	516140	255119	1273	41733	807	3429
533164	12851	1598431	479740	255119	1273	14433	807	3429
3330	500	27464	36400	0	0	27300	0	0
1533745	1330188	2253085	1144709	928116	6740	154826	55028	0
1517997	1329509	2232954	1137555	928116	0	154411	55028	0
15748	679	20131	7155	0	6740	415	0	0
7006	2193	30913	39734	163	0	29970	500	0
3676	1693	3449	3334	163	0	2670	500	0
3330	500	27464	36400	0	0	27300	0	0
232526	51405	452766	165383	25142	3171	83814	49593	0
232526	51405	452766	165383	25142	3171	83814	49593	0
647289	224576	2133973	865155	432752	1388	207265	5106	13964
70566	140528	206537	172677	159949	0	12728	0	0
13171	36607	47650	23878	13343	0	0	0	10535
533164	12851	1598431	479740	255119	1273	14433	807	3429
30388	34589	281355	188860	4341	115	180105	4299	0
1429629	1211642	1975522	848984	630997	0	158560	58857	285
990937	396720	2895215	1365996	755176	11298	317315	51370	13679
17342	18464	41098	29275	24652	0	1920	1549	0
973595	378256	2854117	1336721	730524	11298	315395	49821	13679
282402	332203	1157573	813772	463695	9684	261076	34497	8292
691193	46054	1696544	522949	266829	1614	54319	15324	5387
10101	15339	31917	35771	18124	0	9765	3207	4675
654	0	129	59	0	59	0	0	0

11－10续表1

单位:万元

		无形资产 Intangible	负债合计 Liabilities	流动负债合计 Liquid liabilites
镇属企业	Town enterprises	2	2121	1642
其他属企业	Others	18481	1348441	1313692
在总计中:亏损企业	Making loss enterprises	63566	1491692	1194298
在总计中:国有控股企业	State share holding	159075	8790320	7163626
其中:大中型企业	Large and medium enterprises	117014	8292959	6754226
在总计中:轻工业	Light industry	24755	644485	512339
重工业	Heavy industry	134320	8145835	6651286
在总计中:大中型企业	Large and mudium enterprises	117014	8292959	6754226
其中:国有大中型企业	State owned	34435	5931526	4637848
其中:大型企业	Large enterprises	44397	6434729	5342830
中型企业	Mudium enterprises	72617	1858230	1411397
小型企业	Small enterprises	42061	497361	409400
B、采矿业	Mining and quarrying	1460	19954	13288
煤炭开采和洗选业	Coal mining and dressing	1460	19954	13288
C、制造业	Manfacturing	141562	7900580	6753527
农副食品加工业	Food processing	2089	11232	11232
食品制造业	Food manufacturing	0	14636	13510
饮料制造业	Beverage manufacturing	1237	43010	30992
烟草制品业	Tobacco processing	185	129306	111506
纺织业	Textile industry	67	68141	55602
纺织服装、鞋、帽制造业	Garments, shoes and hats	1150	9794	9327
木材加工及木、竹、藤、棕、草制品业	Timber, bamboo, cane, palm and straw products	8475	24483	18058
造纸及纸制品业	Paper making and paper products	1	866	315
印刷业和记录媒介的复制	Printing and record medium reproduction	475	23034	14295
石油加工、炼焦及核燃料加工业	Petroleum processing and colcing	285	7376	7376
化学原料及化学制品制造业	Raw chemical material and chemical products	142	14269	14230
医药制造业	Medical and pharmacutical products	13900	141188	110316
橡胶制品业	Rubber products	1698	77074	48637
塑料制品业	Plastic products	238	7961	7855
非金属矿物制品业	Nonmetal mineral products	10934	153275	129427
黑色金属冶炼及压延加工业	Smelting and pressing of ferrous metals	85	61494	54279
金属制品业	Metal products	0	5225	5204
通用设备制造业	Ordinery machinery	5630	101490	98325
专用设备制造业	Special purpose equipment	1	16192	15377
交通运输设备制造业	Transport equipment	64824	6597477	5671003
电气机械及器材制造业	Electric equipmert and machinery	5603	65256	59195
通信设备、计算机及其他电子设备制造业	Electronic and telecommunication equipment	23486	255486	223732
仪器仪表及文化、办公用机械制造业	Instruments, meters, culturae and office	1058	72316	43735
D、电力、燃气及水的生产和供应业	Production and supply of electric power, steam and hot water	16053	869786	396811
电力、热力的生产和供应业	Production and supply electric power and heat power	7573	648371	241682
燃气生产和供应业	Production and supply of gas	8480	145386	123711
水的生产和供应业	Production and supply of tap water	0	76029	31419

continued1 unit:10000yuan

应付帐款 Bill payable	长期负债合计 Long-term liabilities	所有者权益合计 Creditors' equity	实收资本 Capital hold	国家资本 State owned	集体资本 Collective owned	法人资本 Legperson capital	个人资本 Private funds	港澳台资本 Funded from Hongkong, Macao and Taiwan
1119	479	3064	1970	0	1555	415	0	0
679319	30236	1661433	485149	248706	0	44140	12117	712
219522	285753	393708	569175	435386	1365	106453	1356	4915
2420566	1608362	4870737	2214980	1386173	11298	475876	110227	13964
2321015	1526782	4641829	2000179	1278538	7792	417442	89527	10807
114662	125808	374865	316847	270438	620	17648	13653	5610
2305904	1482554	4495872	1898134	1115735	10678	458228	96574	8354
2321015	1526782	4641829	2000179	1278538	7792	417442	89527	10807
1476793	1291296	2185970	1063991	864052	0	145111	54828	0
2082537	1089343	3842282	1247377	900435	6739	124227	64919	0
238478	437440	799547	752802	378103	1053	293215	24608	10807
99551	81580	228909	214801	107635	3507	58434	20700	3157
1445	6666	15241	11765	6650	0	3500	1616	0
1445	6666	15241	11765	6650	0	3500	1616	0
2334032	1128869	4435785	1850126	1130360	11298	392463	84598	13964
2260	0	1638	1152	1061	0	46	45	0
1124	1124	-1457	1968	802	0	984	182	0
2550	12018	0	8667	3264	0	500	228	4675
25248	17800	-13680	13807	13807	0	0	0	0
7571	12522	46450	45365	45365	0	0	0	0
3293	467	9112	4444	4444	0	0	0	0
1860	6425	25938	31024	360	0	30613	51	0
50	551	-127	149	149	0	0	0	0
3424	6175	4547	6156	5169	0	320	667	0
254	0	8008	5650	3907	1046	0	0	0
2656	39	15398	9737	1451	121	6515	0	0
16717	27118	73891	60164	31754	520	14127	12532	695
6819	28437	25218	28768	25933	0	2835	0	0
6030	106	13331	6981	3581	100	0	0	0
19357	23848	162005	119397	8758	1334	95514	369	0
16574	7214	-7737	4605	4105	0	0	500	0
376	21	175	736	736	0	0	0	0
15092	3164	38569	40694	38519	0	0	75	0
4926	815	5429	4565	4565	0	0	0	0
2153411	920093	3819127	1266294	817682	8177	180492	69490	8292
9298	6060	15581	19217	15969	0	0	260	0
24871	27254	130231	156084	92497	0	52495	200	302
10274	27618	64139	14506	6484	0	8022	0	0
85088	472827	419712	353089	249163	0	79912	24013	0
37584	406541	105606	123139	29866	0	55432	7840	0
38028	21675	110927	96557	55904	0	24480	16173	0
9475	44611	203178	133393	133393	0	0	0	0

11－11　国有及国有控股工业企业主要经济指标(四)

单位:万元

		外商资本 Foreign funds	产品销售收入 Sale revenue	产品销售成本 Cost of sales
总　　计	**Total**	**217443**	**12624184**	**10368340**
内资企业	Domestic funds	3663	7218841	6132346
国有企业	State owned	0	6287661	5379620
中央企业	Centre enterprises	0	5965028	5111110
地方企业	Local enterprises	0	322633	268510
省属企业	Provincial enterprises	0	57210	45022
地区属企业	Prefectural enterprises	0	182603	153321
县属企业	County enterprises	0	76017	64471
其他属企业	Others	0	6804	5696
集体企业	Collective owned	0	42540	35520
地区属企业	Prefectural enterprises	0	34912	28788
街道属企业	Street enterprises	0	766	643
镇属企业	Town enterprises	0	6862	6089
股份合作企业	Share holding cooperative	0	5305	4624
有限责任公司	Limited company	0	377994	298671
国有独资公司	State owned	0	175201	146571
其他有限责任公司	Others	0	202793	152100
股份有限公司	Share holding	3663	505342	413912
港、澳、台商投资企业	Funded from Hongkong, Macao and Taiwan	0	53476	39573
合资经营企业(港或澳、台资)	Joint venture	0	53476	39573
外商投资企业	Foreign funded	213780	5351866	4196420
中外合资经营企业	Joint venture	204680	5347464	4192143
中外合作经营企业	Cooperative	9100	4402	4277
独资企业	Solely owned enterprises	0	6330201	5415410
国有企业	State owned	0	6287661	5379620
集体企业	Collective owned	0	42540	35520
合作、合伙企业	Cooperation and partnership	9100	9707	8901
股份合作企业	Cooperative	0	5305	4624
中外合作经营企业	Cooperative	9100	4402	4277
股份有限公司	Share holding	3663	505342	413912
股份有限公司(内资)	Share holding (domestic)	3663	505342	413912
有限责任公司	Limited company	204680	5778935	4530388
国有独资公司	State owned	0	175201	146571
港澳台合资经营企业	Funded from Hongkong, Macao and taiwan	0	53476	39573
中外合资经营企业	Joint venture	204680	5347464	4192143
其他有限责任公司	Others	0	202793	152100
中央企业	Centre enterprises	285	6051008	5176245
地方企业	Local enterprises	217158	6573176	5192095
省属企业	Provincial enterprises	1155	68691	53960
地区及地区以下属企业	Prefectual enterprises and below	216003	6504485	5138135
地区属企业	Prefectural enterprises	36528	962810	779060
县及县以下企业	County enterprises and below	179475	5541676	4359074
县属企业	County enterprises	0	98426	79768
街道属企业	Street enterprises	0	766	643

MAIN ECONOMIC INDICATORS OF INDVSTRIAL ENTERPRISES OF STATE OWNED(Ⅳ)

unit:10000yuan

产品销售费用 Cost of sales	广告费 Advertisement	产品销售税金及附加 Coles tax and extra charge	其他业务利润 Other profits	管理费用 Cost of management	税金 Taxes	财产保险费 Property insurance	劳动待业保险费 Employment insurance	养老医疗保险费 Life insurance
347976	**106664**	**417927**	**97687**	**887580**	**18154**	**4681**	**22632**	**100016**
194964	23759	135164	70456	761316	13039	4304	21316	87354
165854	22229	126779	61941	644530	9602	3485	10453	72835
154614	22087	120611	59548	598564	7352	3128	7197	62010
11240	142	6168	2394	45966	2249	357	3256	10825
2958	5	415	-175	8458	174	50	374	738
7137	124	1283	2238	29538	1979	200	2204	8771
959	13	4450	315	6686	69	46	493	1115
185	0	20	16	1284	28	62	185	202
251	2	265	466	6206	152	6	166	1638
169	0	212	410	6140	126	3	163	1633
22	2	0	0	28	3	0	4	6
60	0	53	56	39	23	3	0	0
68	1	24	27	565	17	4	3	50
14692	531	6073	5518	63175	2197	567	4265	6070
6430	376	4516	4542	40130	1797	115	1595	4744
8263	156	1558	976	23045	400	452	2670	1326
14100	996	2023	2504	46839	1072	243	6429	6760
1829	20	1716	190	4611	176	99	233	252
1829	20	1716	190	4611	176	99	233	252
151183	82884	281047	27042	121654	4938	278	1083	12410
151058	82799	281047	26958	117555	4881	253	1083	12303
125	85	0	83	4099	57	26	0	108
166105	22231	127044	62407	650736	9753	3491	10619	74474
165854	22229	126779	61941	644530	9602	3485	10453	72835
251	2	265	466	6206	152	6	166	1638
193	86	24	110	4664	74	29	3	157
68	1	24	27	565	17	4	3	50
125	85	0	83	4099	57	26	0	108
14100	996	2023	2504	46839	1072	243	6429	6760
14100	996	2023	2504	46839	1072	243	6429	6760
167579	83351	288836	32666	185341	7254	918	5581	18625
6430	376	4516	4542	40130	1797	115	1595	4744
1829	20	1716	190	4611	176	99	233	252
151058	82799	281047	26958	117555	4881	253	1083	12303
8263	156	1558	976	23045	400	452	2670	1326
157811	22162	121053	60292	611708	7528	3223	9688	62501
190165	84501	296874	37396	275873	10626	1458	12944	37515
3480	11	458	-10	10175	190	83	424	838
186685	84490	296416	37406	265698	10436	1375	12520	36677
28819	1120	8619	10476	122865	5070	869	8028	20717
157865	83370	287797	26930	142833	5366	505	4493	15960
4036	110	6153	384	8698	141	150	496	1228
22	2	0	0	28	3	0	4	6

11－11 续表 1　　单位:万元

		外商资本 Foreign funds	产品销售收入 Sale revenue	产品销售成本 Cost of sales
镇属企业	Town enterprises	0	8734	7351
其他属企业	Others	179475	5433750	4271313
在总计中:亏损企业	Making loss enterprises	19701	569541	467826
在总计中:国有控股企业	State share holding	217443	12624184	10368340
其中:大中型企业	Large and medium enterprises	196074	12281215	10104191
在总计中:轻工业	Light industry	8878	377696	261517
重工业	Heavy industry	208566	12246488	10106823
在总计中:大中型企业	Large and mudium enterprises	196074	12281215	10104191
其中:国有大中型企业	State owned	0	6193211	5300542
其中:大型企业	Large enterprises	151058	11206310	9250024
中型企业	Mudium enterprises	45016	1074905	854167
小型企业	Small enterprises	21369	342969	264149
B、采矿业	Mining and quarrying	0	16745	10825
煤炭开采和洗选业	Coal mining and dressing	0	16745	10825
C、制造业	Manfacturing	217443	12062043	9920591
农副食品加工业	Food processing	0	5485	4930
食品制造业	Food manufacturing	0	8140	6792
饮料制造业	Beverage manufacturing	0	14903	8864
烟草制品业	Tobacco processing	0	74453	32666
纺织业	Textile industry	0	22585	18579
纺织服装、鞋、帽制造业	Garments, shoes and hats	0	14659	12898
木材加工及木、竹、藤、棕、草制品业	Timber, bamboo, cane, palm and straw products	0	9792	7941
造纸及纸制品业	Paper making and paper products	0	2411	2152
印刷业和记录媒介的复制	Printing and record medium reproduction	0	12895	9829
石油加工、炼焦及核燃料加工业	Petroleum processing and coking	697	51452	45094
化学原料及化学制品制造业	Raw chemical material and chemical products	1650	15088	8765
医药制造业	Medical and pharmacutical products	535	57189	27976
橡胶制品业	Rubber products	0	33821	29083
塑料制品业	Plastic products	3300	23072	17178
非金属矿物制品业	Nonmetal mineral products	13422	102829	74136
黑色金属冶炼及压延加工业	Smelting and pressing of ferrous metals	0	23939	23037
金属制品业	Metal products	0	1762	1428
通用设备制造业	Ordinery machinery	2100	28028	23881
专用设备制造业	Special purpose equipment	0	8811	7022
交通运输设备制造业	Transport equipment	182161	11404825	9438060
电气机械及器材制造业	Electric equipmert and machinery	2988	21279	17080
通信设备、计算机及其他电子设备制造业	Electronic and telecommunication equipment	10590	57889	53304
仪器仪表及文化、办公用机械制造业	Instruments, meters, culturae and office	0	66740	49896
D、电力、燃气及水的生产和供应业	Production and supply of electric power, steam and hot water	0	545396	436923
电力、热力的生产和供应业	Production and supply of electric power and heat power	0	420049	348741
燃气生产和供应业	Production and supply of gas	0	76203	50958
水的生产和供应业	Production and supply of tap water	0	49145	37225

continued1 unit:10000yuan

产品销售费用 Cost of sales	广告费 Advertisement	产品销售税金及附加 Coles tax and extra charge	其他业务利润 Other profits	管理费用 Cost of management	税金 Taxes	财产保险费 Property insurance	劳动待业保险费 Employment insurance	养老医疗保险费 Life insurance
60	0	65	56	155	25	3	19	0
153748	83258	281578	26490	133953	5197	353	3974	14727
21003	1957	32280	2207	103975	3691	568	6034	13626
347976	106664	417927	97687	887580	18154	4681	22632	100016
335974	105772	416599	95745	843152	16978	4175	20702	96007
20772	2914	32377	2141	50816	2206	452	3033	5532
327204	103749	385549	95546	836764	15947	4229	19599	94484
335974	105772	416599	95745	843152	16978	4175	20702	96007
161574	22092	126136	61090	624953	9058	3296	8911	70849
306982	103745	375842	88100	724775	12692	3202	13469	80770
28992	2028	40757	7645	118378	4286	973	7233	15237
12001	891	1328	1942	44428	1176	506	1930	4009
840	1	128	51	3401	27	37	601	170
840	1	128	51	3401	27	37	601	170
340788	106663	414042	91856	857267	16769	4465	20291	91803
480	0	3	404	945	17	0	0	147
543	19	25	5	975	10	2	62	20
1756	98	2354	53	1288	49	79	3	135
3308	1457	27864	-1	10169	194	147	1617	0
259	1	59	11	2215	490	3	3	850
203	15	20	48	1485	11	2	354	256
603	2	2	-95	1181	4	3	56	58
157	0	14	0	131	0	1	0	0
796	0	102	97	1965	67	47	105	418
48	0	3666	8	2326	6	0	0	648
985	7	119	59	1538	52	5	6	127
7256	1073	344	358	17074	563	70	599	996
589	0	2814	0	1468	124	37	29	41
174	0	1	107	266	6	19	3	111
6377	20	1025	1098	7189	116	271	67	988
113	0	55	15	1073	216	0	185	214
54	0	7	62	372	58	1	0	0
716	0	88	126	6949	182	6	714	1056
374	0	54	10	1091	24	12	24	35
311224	103827	374907	87940	754020	14059	3560	13120	84418
715	0	105	286	3793	121	71	112	579
2264	85	41	835	26967	226	50	676	501
1797	57	374	429	12788	176	81	2559	208
6348	0	3756	5780	26913	1358	179	1740	8043
169	0	2720	5340	7260	342	15	196	1473
3053	0	741	-27	11407	485	149	1376	4877
3127	0	295	467	8246	531	16	169	1693

11－12 国有及国有控股工业企业主要经济指标(五)

单位:万元

		办公费 Administrative expense	研究开发费 Cost of R&D	职工教育费 Education
总计	**Total**	**13161**	**63971**	**5265**
内资企业	Domestic funds	11297	45096	4735
国有企业	State owned	9193	41348	3975
中央企业	Centre enterprises	8001	41003	3788
地方企业	Local enterprises	1192	345	187
省属企业	Provincial enterprises	91	273	46
地区属企业	Prefectural enterprises	733	28	112
县属企业	County enterprises	190	1	28
其他属企业	Others	178	44	2
集体企业	Collective owned	139	40	74
地区属企业	Prefectural enterprises	134	40	74
街道属企业	Street enterprises	0	0	0
镇属企业	Town enterprises	5	0	0
股份合作企业	Share holding cooperative	51	4	4
有限责任公司	Limited company	1132	1983	220
国有独资公司	State owned	612	458	61
其他有限责任公司	Others	520	1525	159
股份有限公司	Share holding	782	1721	463
港、澳、台商投资企业	Funded from Hongkong,Macao and Taiwan	230	27	13
合资经营企业(港或澳、台资)	Joint venture	230	27	13
外商投资企业	Foreign funded	1634	18848	517
中外合资经营企业	Joint venture	1592	18042	515
中外合作经营企业	Cooperative	42	806	3
独资企业	Solely owned enterprises	9332	41389	4049
国有企业	State owned	9193	41348	3975
集体企业	Collective owned	139	40	74
合作、合伙企业	Cooperation and partnership	93	810	7
股份合作企业	Cooperative	51	4	4
中外合作经营企业	Cooperative	42	806	3
股份有限公司	Share holding	782	1721	463
股份有限公司(内资)	Share holding (domestic)	782	1721	463
有限责任公司	Limited company	2953	20052	747
国有独资公司	State owned	612	458	61
港澳台合资经营企业	Funded from Hongkong, Macao and taiwan	230	27	13
中外合资经营企业	Joint venture	1592	18042	515
其他有限责任公司	Others	520	1525	159
中央企业	Centre enterprises	8221	42572	3916
地方企业	Local enterprises	4941	21398	1349
省属企业	Provincial enterprises	226	303	52
地区及地区以下属企业	Prefecturalenterprises and below	4715	21095	1296
地区属企业	Prefectural enterprises	2474	1667	537
县及县以下企业	County enterprises and below	2241	19429	759
县属企业	County enterprises	339	4	32
街道属企业	Street enterprises	0	0	0

MAIN ECONOMIC INDICATORS OF INDVSTRIAL ENTERPRISES OF STATE OWNED(V)

unit:10000yuan

财务费用 Financial expenses	利息支出 Interest expenditure	营业利润 Business profits	投资收益 Dividend	补贴收入 Subsidy	利润总额 After-tax profits	应交所得税 Income tax payable	利税总额 Pre-tax profits	上交税金 Taxable income
105068	**77419**	**606565**	**417159**	**10986**	**892607**	**78138**	**1765780**	**873173**
92116	77005	2397	417159	10973	241889	18923	648776	406887
73956	59444	-20315	403263	5985	216570	10077	577575	361005
60305	47306	-2509	398792	918	234840	9421	573358	338518
13650	12138	-17806	4470	5067	-18270	656	4217	22487
2483	2476	1624	4850	887	2494	99	6516	4023
9725	8675	-18677	-379	3511	-19499	487	-8870	10630
1267	811	-382	0	501	-893	48	6625	7518
176	175	-371	0	168	-371	23	-54	317
226	181	5474	0	93	627	382	3062	2435
211	169	5356	0	83	498	374	2760	2262
10	10	63	0	0	63	7	116	53
5	2	55	0	10	67	0	186	119
179	178	-27	0	0	-31	0	234	264
12340	11920	-8587	2629	4896	-9032	3146	15900	24931
9613	9377	-24172	2281	217	-28215	1360	-16335	11880
2727	2543	15585	348	4679	19183	1786	32235	13052
5416	5281	25853	11268	0	33754	5318	52006	18251
1050	1044	3418	0	0	3236	254	8287	5051
1050	1044	3418	0	0	3236	254	8287	5051
11902	-629	600749	0	13	647482	58961	1108717	461235
11061	-1462	605606	0	10	656561	58961	1117285	460724
841	834	-4875	0	3	-9079	0	-8568	511
74181	59625	-14841	403263	6078	217191	10458	580637	363440
73956	59444	-20315	403263	5985	216570	10077	577575	361005
226	181	5474	0	93	627	382	3062	2435
1020	1012	-4884	0	3	-9110	0	-8334	776
179	178	-27	0	0	-31	0	234	264
841	834	-4857	0	3	-9079	0	-8568	511
5416	5281	25853	11268	0	33754	5318	52006	18251
5416	5281	25853	11268	0	33754	5318	52006	18251
24451	11501	600437	2629	4906	650765	62361	1141471	490706
9613	9377	-24172	2281	217	-28215	1360	-16335	11880
1050	1044	3418	0	0	3236	254	8287	5051
11061	-1462	605606	0	10	656561	58961	1117285	460724
2727	2543	15585	348	4679	19183	1786	32235	13052
61161	48118	-258	399255	2623	239295	10521	582725	343429
43907	29301	606823	17904	8364	653311	67617	1183055	529743
2650	2643	2640	4850	897	2753	107	7432	4678
41257	26658	604183	13054	7466	650558	67510	1175623	525065
25988	24618	8518	13837	6713	7678	8693	60169	52491
15268	2040	595665	-783	753	642880	58817	1115454	472574
1878	1422	-441	0	501	-1127	72	9432	10558
10	10	63	0	0	63	7	116	53

11－12 续表 1

单位:万元

		办公费 Administrative expense	研究开发费 Cost of R&D	职工教育费 Education
镇属企业	Town enterprises	16	0	1
其他属企业	Others	1886	19424	726
在总计中:亏损企业	Making loss enterprises	2583	1516	317
在总计中:国有控股企业	State share holding	13161	63971	5265
其中:大中型企业	Large and medium enterprises	11526	63461	5094
在总计中:轻工业	Light industry	1381	1379	167
重工业	Heavy industry	11780	62592	5098
在总计中:大中型企业	Large and mudium enterprises	11526	63461	5094
其中:国有大中型企业	State owned	8512	41302	3893
其中:大型企业	Large enterprises	9777	60383	4103
中型企业	Mudium enterprises	1749	3078	991
小型企业	Small enterprises	1635	510	171
B、采矿业	Mining and quarrying	74	9	27
煤炭开采和洗选业	Coal mining and dressing	74	9	27
C、制造业	Manfacturing	12611	63962	5124
农副食品加工业	Food processing	53	0	2
食品制造业	Food manufacturing	80	10	4
饮料制造业	Beverage manufacturing	84	0	5
烟草制品业	Tobacco processing	75	80	63
纺织业	Textile industry	5	0	0
纺织服装、鞋、帽制造业	Garments, shoes and hats	14	0	16
木材加工及木、竹、藤、棕、草制品业	Timber, bamboo, cane, palm and straw products	89	0	0
造纸及纸制品业	Paper making and paper products	3	0	0
印刷业和记录媒介的复制	Printing and record medium reproduction	62	0	7
石油加工、炼焦及核燃料加工业	Petroleum processing and coking	36	0	0
化学原料及化学制品制造业	Raw chemical material and chemical products	64	12	10
医药制造业	Medical and pharmacutical products	486	1125	35
橡胶制品业	Rubber products	144	0	0
塑料制品业	Plastic products	65	0	1
非金属矿物制品业	Nonmetal mineral products	205	0	48
黑色金属冶炼及压延加工业	Smelting and pressing of ferrous metals	23	4	4
金属制品业	Metal products	21	0	1
通用设备制造业	Ordinery nachinery	225	24	546
专用设备制造业	Special purpose equipment	21	5	10
交通运输设备制造业	Transport equipment	10290	60025	4222
电气机械及器材制造业	Electric equipmert and machinery	129	18	8
通信设备、计算机及其他电子设备制造业	Electronic and telecommunication equipment	192	1156	34
仪器仪表及文化、办公用机械制造业	Instruments, meters, culturae and office	245	1504	110
D、电力、燃气及水的生产和供应业	Production and supply of electric power, steam and hot water	476	0	114
电力、热力的生产和供应业	Productin and supply of electric power and heat power	95	0	22
燃气生产和供应业	Production and supply of gas	132	0	89
水的生产和供应业	Production and supply of tap water	249	0	3

continued1 unit: 10000yuan

财务费用 Financial expenses	利息支出 Interest expenditure	营业利润 Business profits	投资收益 Dividend	补贴收入 Subsidy	利润总额 After-tax profits	应交所得税 Income tax payable	利税总额 Pre-tax profits	上交税金 Taxable income
5	2	540	0	82	624	200	880	257
13376	607	595503	-783	170	643321	58538	1105027	461706
28525	27885	-77092	1557	4214	-102474	1350	-45472	57002
105068	77419	606565	417159	10986	892607	78138	1765780	873173
98734	71881	596133	417425	10184	877128	75375	1736230	859103
8491	7558	9879	1879	275	-711	1941	49645	50356
96577	69861	596686	415280	10712	893318	76197	1716134	822817
98734	71881	596133	417425	10184	877128	75375	1736230	859103
70050	55865	-11216	403731	5274	226448	9648	582463	356015
61455	35907	583290	412629	2628	880607	68358	1642206	761600
37279	35973	12843	4796	7555	-3479	7017	94024	97503
6333	5539	10432	-266	803	15479	2763	29549	14070
847	829	1118	0	100	871	460	2220	1350
847	829	1118	0	100	871	460	2220	1350
83481	56467	551223	417600	7776	893208	74166	1736828	843620
399	244	-920	0	0	-1959	0	-1904	55
98	98	510	0	0	-227	9	-55	172
926	477	-217	0	0	-609	17	3017	3626
-94	-94	538	0	0	-1254	0	33144	34398
1670	1670	-229	-15	0	-410	1	176	587
3	2	90	16	134	345	0	651	306
234	162	-28	0	0	68	0	273	206
42	42	0	0	0	-86	0	79	165
425	425	236	0	0	229	17	972	743
191	191	137	0	0	123	27	5310	5188
83	82	2429	1	0	3356	103	4726	1370
1813	1676	10799	6	124	3899	704	7955	4056
912	912	-942	0	0	-351	0	3920	4271
40	-11	4225	0	0	3918	346	4054	136
3378	3321	11052	2	3665	13574	139	23480	9906
93	89	-403	0	0	-446	0	135	581
68	68	-114	0	0	-114	0	-37	77
1282	1282	-4713	-16	0	-4036	36	-3306	730
451	411	-190	0	0	-197	0	440	636
65140	39175	559503	417843	1995	916624	71985	1686073	769448
746	740	-988	42	130	-3937	10	-2893	1044
4328	4288	-28948	-626	3	-36805	35	-34963	1842
1252	1219	-604	348	1725	1503	737	5580	4077
20740	20123	54224	-441	3110	-1472	3512	26731	28203
15847	15237	50864	201	165	-4370	1239	14892	19263
2754	2753	4780	-644	2935	5249	2273	10654	5405
2140	2133	-1419	3	10	-2351	0	1184	3535

11－13 国有及国有控股工业企业主要经济指标(六)

单位:万元

		亏损企业亏损总额 Total loss of loss－making enterprises	本年应付工资总额 Wages	主营业务应付工资总额 Wage of business
总计	**Total**	**102474**	**397056**	**391394**
内资企业	Domestic funds	88770	346680	341489
国有企业	State owned	55038	279315	274793
中央企业	Centre enterprises	30621	239839	236630
地方企业	Local enterprises	24418	39476	38163
省属企业	Provincial enterprises	858	7328	6620
地区属企业	Prefectural enterprises	21814	26194	25863
县属企业	County enterprises	1306	5210	4937
其他属企业	Others	440	744	744
集体企业	Collective owned	30	8156	8154
地区属企业	Prefectural enterprises	30	7567	7567
街道属企业	Street enterprises	0	142	140
镇属企业	Town enterprises	0	447	447
股份合作企业	Share holding cooperative	85	540	540
有限责任公司	Limited company	31159	30427	29926
国有独资公司	State owned	28978	14117	13743
其他有限责任公司	Others	2181	16310	16183
股份有限公司	Share holding	2458	28242	28076
港、澳、台商投资企业	Funded from Hongkong, Macao and Taiwan	241	2061	2061
合资经营企业(港或澳、台资)	Joint venture	241	2061	2061
外商投资企业	Foreign funded	13463	48316	47845
中外合资经营企业	Joint venture	4384	46857	46385
中外合作经营企业	Cooperative	9079	1459	1459
独资企业	Solely owned enterprises	55068	287470	282947
国有企业	State owned	55038	279315	274793
集体企业	Collective owned	30	8156	8154
合作、合伙企业	Cooperation and partnership	9164	1999	1999
股份合作企业	Cooperative	85	540	540
中外合作经营企业	Cooperative	9079	1459	1459
股份有限公司	Share holding	2458	28242	28076
股份有限公司(内资)	Share holding (domestic)	2458	28242	28076
有限责任公司	Limited company	35784	79344	78372
国有独资公司	State owned	28978	14117	13743
港澳台合资经营企业	Funded from Hongkong, Macao and taiwan	241	2061	2061
中外合资经营企业	Joint venture	4384	46857	46385
其他有限责任公司	Others	2181	16310	16183
中央企业	Centre enterprises	30621	249097	245888
地方企业	Local enterprises	71854	147960	145506
省属企业	Provincial enterprises	914	9609	8788
地区及地区以下属企业	Prefectaral enterprises and below	70940	138350	136719
地区属企业	Prefectural enterprises	59030	70107	69235
县及县以下企业	County enterprise and below	11910	68243	67483
县属企业	County enterprises	1812	6565	6289
街道属企业	Street enterprises	0	142	140

MAIN ECONOMIC INDICATORS OF INDVSTRIAL ENTERPRISES OF STATE OWNED(Ⅵ)

unit:10000yuan

本年应付福利费总额 Total welfare	主营业务应付福利费总额 Welfare in business	本年应交增值税 Value added tax payable	本年进项税额 Tax credit in this year	本年销项税额 Add value tax in this year	经营活动产生的现金流量净额 Cash flows in operating	投资活动产生的现金流量净额 Cash flows in investment	筹资活动产生的现金流量净额 Cash flows in arising funds	全部从业人员年平均人数(人) Employees
90603	**89679**	**455246**	**2271184**	**2898750**	**238847**	**-501926**	**111878**	**217836**
47716	46904	271723	1530064	1939643	205378	-251689	289162	204477
39421	38660	234227	1425332	1803137	173319	-135877	152554	145528
33790	33393	217907	1397189	1758458	144134	-126600	161574	103019
5631	5267	16320	28144	44679	29186	-9277	-9021	42509
1165	897	3608	5507	8560	4233	-1120	-1134	8200
3737	3686	9347	13720	23584	18967	-7285	-7441	25427
621	576	3067	8241	11585	5666	-1023	-746	8436
108	108	298	675	951	320	150	300	446
145	145	2170	876	890	-2173	898	2335	6665
81	81	2050	704	598	-3472	898	1585	5251
16	16	53	63	116	13	0	-17	150
48	48	67	109	176	1287	0	766	1264
67	67	240	361	436	453	94	-300	835
4060	4033	18858	37747	55478	12758	-73924	107349	29427
2223	2213	7364	16099	23426	33789	-32674	22415	18165
1837	1820	11494	21648	32052	-21032	-41250	84933	11262
4023	3999	16228	65749	79702	21021	-42880	27225	22022
130	130	3335	6931	9025	3610	-2560	2151	1344
130	130	3335	6931	9025	3610	-2560	2151	1344
42757	42645	180188	734189	950082	29860	-247678	-179434	12015
42712	42601	179676	734189	949571	29860	-247678	-179434	11265
45	45	511	0	511	0	0	0	750
39566	38805	236396	1426208	1804027	171147	-134979	154888	152193
39421	38660	234227	1425332	1803137	173319	-135877	152554	145528
145	145	2170	876	890	-2173	898	2335	6665
112	112	751	361	947	453	94	-300	1585
67	67	240	361	436	453	94	-300	835
45	45	511	0	511	0	0	0	750
4023	3999	16228	65749	79702	21021	-42880	27225	22022
4023	3999	16228	65749	79702	21021	-42880	27225	22022
46902	46764	201870	778866	1014074	46227	-324161	-69935	42036
2223	2213	7364	16099	23426	33789	-32674	22415	18165
130	130	3335	6931	9025	3610	-2560	2151	1344
42712	42601	179676	734189	949571	29860	-247678	-179434	11265
1837	1820	11494	21648	32052	-21032	-41250	84933	11262
34590	34192	222376	1407327	1772940	145663	-130190	164212	107742
56014	55487	232870	863857	1125810	93185	-371737	-52334	110094
1366	1082	4220	6578	10208	4432	-1451	-1171	9891
54648	54405	228650	857279	1115603	88753	-370286	-51163	100203
8994	8909	43872	96125	136291	58910	-107782	110288	68469
45654	45496	184778	761155	979311	29843	-262504	-161451	31734
776	731	4405	10228	14898	6269	-1860	1480	11204
16	16	53	63	116	13	0	-17	150

11－13 续表 1

单位：万元

		亏损企业亏损总额 Total loss of loss－making enterprises	本年应付工资总额 Wages	主营业务应付工资总额 Wage of business
镇属企业	Town enterprises	0	567	556
其他属企业	Others	10098	60970	60499
在总计中：亏损企业	Making loss enterprises	102474	54842	51342
在总计中：国有控股企业	State share holding	102474	397056	391394
其中：大中型企业	Large and medium enterprises	83634	367165	362527
在总计中：轻工业	Light industry	14266	34303	32797
重工业	Heavy industry	88208	362754	358598
在总计中：大中型企业	Large and mudium enterprises	83634	367165	362527
其中：国有大中型企业	State owned	42259	263528	259734
其中：大型企业	Large enterprises	7335	295846	293673
中型企业	Mudium enterprises	76299	71318	68855
小型企业	Small enterprises	18840	29892	28867
B、采矿业	Mining and quarrying	134	2447	2280
煤炭开采和洗选业	Coal mining and dressing	134	2447	2280
C、制造业	Manfacturing	71513	356316	351095
农副食品加工业	Food processing	1959	390	390
食品制造业	Food manufacturing	279	1032	1032
饮料制造业	Beverage manufacturing	659	1130	1130
烟草制品业	Tobacco processing	1254	4168	4168
纺织业	Textile industry	463	2931	2874
纺织服装、鞋、帽制造业	Garments, shoes and hats	322	2808	2685
木材加工及木、竹、藤、棕、草制品业	Timber, bamboo, cane, palm and straw products	270	1024	1024
造纸及纸制品业	Paper making and paper products	86	143	143
印刷业和记录媒介的复制	Printing and record medium reproduction	186	1805	1691
石油加工、炼焦及核燃料加工业	Petroleum processing and loking	0	1203	1203
化学原料及化学制品制造业	Raw chemical material and chemical products	0	1172	1172
医药制造业	Medical and pharmacutical products	3003	6720	6013
橡胶制品业	Rubber products	406	1539	1539
塑料制品业	Plastic products	159	344	344
非金属矿物制品业	Nonmetal mineral products	2600	5946	5943
黑色金属冶炼及压延加工业	Smelting and pressing of ferrous metals	453	459	223
金属制品业	Metal products	114	460	460
通用设备制造业	Ordinery machinery	4175	5639	5075
专用设备制造业	Special purpose equipment	199	441	385
交通运输设备制造业	Transport equipment	13220	296814	293586
电气机械及器材制造业	Electric equipmert and machinery	3963	3539	3429
通信设备、计算机及其他电子设备制造业	Electronic and telecommunication equipment	37167	8074	8051
仪器仪表及文化、办公用机械制造业	Instruments, meters, culturae and office	576	8536	8536
D、电力、燃气及水的生产和供应业	Production and supply of electric power, steam and hot water	30827	38294	38019
电力、热力的生产和供应业	Production and supply of electric power and heat power	16828	22837	22830
燃气生产和供应业	Production and supply of gas	11647	6924	6924
水的生产和供应业	Production and supply of tap water	2352	8534	8266

continued1 unit: 10000yuan

本年应付福利费总额 Total welfare	主营业务应付福利费总额 Welfare in business	本年应交增值税 Value added tax payable	本年进项税额 Tax credit in this year	本年销项税额 Add value tax in this year	经营活动产生的现金流量净额 Cash flows in operating	投资活动产生的现金流量净额 Cash flows in investment	筹资活动产生的现金流量净额 Cash flows in arising funds	全部从业人员年平均人数(人) Employees (person)
64	63	192	109	176	1386	-164	663	1339
44799	44687	180128	750755	964121	22175	-260480	-163578	19041
8031	7424	24723	83462	116402	22515	-13757	-2578	51238
90603	89679	455246	2271184	2898750	238847	-501926	111878	217836
86244	85634	442504	2241728	2857554	196090	-492199	113037	181588
4070	3740	17979	31174	47277	33183	-19972	-4596	30977
86534	85940	437267	2240010	2851474	205665	-481955	116475	186859
86244	85634	442504	2241728	2857554	196090	-492199	113037	181588
37075	36590	229879	1417764	1791828	157478	-132586	154083	123846
76356	76076	385758	2128045	2690164	131217	-396038	28924	120742
9888	9558	56746	113683	167390	64874	-96161	84113	60846
4359	4045	12743	29456	41196	42757	-9727	-1159	36248
665	641	1221	1015	2235	4032	-533	-517	5901
665	641	1221	1015	2235	4032	-533	-517	5901
84471	83617	429578	2254083	2856155	175961	-474551	122813	189371
49	49	53	669	710	2412	-10	-47	1057
128	128	147	1085	1232	125	-33	3	1336
57	57	1272	1198	2430	1176	-516	2334	2123
584	584	6534	6644	12816	10761	-5451	-11051	1437
254	254	528	3184	3710	655	-157	1860	5484
239	223	287	492	772	9135	348	-210	2480
137	137	203	923	242	-466	478	31	803
0	0	151	259	410	-27	0	0	70
245	229	641	864	1397	571	-385	-504	2057
181	181	1522	6766	8563	481	-74	-219	1201
166	166	1251	1079	2319	2034	-2365	376	1182
864	788	3712	2716	4758	5314	-9909	4176	5301
176	176	1457	4883	5703	30078	0	5200	2198
12	12	135	2552	3906	1115	116	986	166
960	960	8881	5424	14617	-31164	-43540	83816	7173
93	50	527	3629	4152	-141	-96	-97	1334
59	59	70	185	238	31	-3	53	524
846	794	642	3154	3719	-1450	1678	-288	6624
297	123	582	166	242	-113	0	-33	1946
77372	76899	394541	2191318	2761118	147949	-406669	27271	129831
348	348	939	2402	3371	893	-347	-826	3354
776	773	1801	6812	8371	-5008	-4011	7387	6636
630	630	3703	7681	11359	1601	-3607	2593	5054
5467	5421	24446	16086	40360	58855	-26842	-10418	22564
3037	3036	16542	10190	26630	46171	-26022	-5648	11947
1280	1280	4664	5896	10490	6929	-318	-175	5589
1151	1106	3241	0	3241	5756	-502	-4596	5028

11－14 大中型工业企业主要经济指标(一)

单位:万元

		企业单位数(个) Enterprises	亏损企业 Making loss enterprises	工业总产值(不变价格) Gross industrial output value (constant price)
总　　计	**Total**	**110**	**31**	**13892293**
内资企业	Domestic funds	87	23	7243705
国有企业	State owned	28	11	5697458
中央企业	Centre enterprises	12	6	5573627
地方企业	Local enterprises	16	5	123832
省属企业	Provincial enterprises	6		46846
地区属企业	Prefectural enterprises	7	4	57440
县属企业	County enterprises	2		14171
其他属企业	Others	1	1	5375
集体企业	Collective owned	14	3	226865
地区属企业	Prefectural enterprises	10	2	171526
镇属企业	Town enterprises	1		9414
其他属企业	Others	3	1	45925
股份合作企业	Share holding cooperative	1		4027
有限责任公司	Limited company	23	7	622444
国有独资公司	State owned	11	5	277120
其他有限责任公司	Others	12	2	345325
股份有限公司	Share holding	14	1	564309
私营企业	Private enterprises	7	1	128602
私营独资企业	Solely Owned	1		3770
私营有限责任公司	Limited company	6	1	124832
港、澳、台商投资企业	Funded from Hongkong,Macao and Taiwan	6	2	101134
合资经营企业(港或澳、台资)	Joint Venture	5	2	98500
港澳台商投资股份有限公司	Share holeling	1		2634
外商投资企业	Foreign funded	17	6	6547455
中外合资经营企业	Joint Venture	13	4	6456145
中外合作经营企业	Cooperative	1	1	5166
外资企业	Foreign owned	3	1	86144
独资企业	Solely owned enterprises	46	15	6014237
国有企业	State owned	28	11	5697458
集体企业	Collective owned	14	3	226865
私营独资企业	Private Owned	1		3770
外资企业	Foreign owned	3	1	86144
合作、合伙企业	Cooperation and partnership	2	1	9193
股份合作企业	Share holding and cooperative	1		4027
中外合作经营企业	Cooperative	1	1	5166
股份有限公司	Share holding	15	1	566943
股份有限公司(内资)	Share holding (domestic)	14	1	564309
港澳台商投资股份有限公司	Funded Hongkong Macao and Taiwan	1		2634
有限责任公司	Limited company	47	14	7301920
国有独资公司	State owned	11	5	277120
私营有限责任公司	Limited company	6	1	124832
港澳台合资经营企业	Funded from Hongkong, Macao and Taiwan	5	2	98500
中外合资经营企业	Joint Venture	13	4	6456145
其他有限责任公司	Others	12	2	345325

MAIN ECONOMIC INDICATORS OF LARGE AND MUDIVM INDVSTRIAL ENTERPRISES(Ⅰ)

unit:10000 yuan

工业总产值(当年价格) Gross industrial output value (current price)	新产品产值 New product	工业销售产值(当年价格) Sale revenue (current)	出口交货值 Export	工业中间投入合计 Intermediate Consumer	工业增加值(当年价) Added value (current)	资产合计 Total assets	流动资产小计 circulating funds	短期投资 shout-term inuestment
13730890	**5412931**	**13444900**	**185608**	**10562042**	**3633325**	**14174037**	**7377953**	**13099**
7097034	151909	7076513	98692	5577190	1794541	10666039	5257868	1443
5625429	25993	5668535	57052	4430761	1424547	8117497	4125669	419
5370699	13307	5407945	54601	4231798	1356532	7383821	3915899	405
254730	12686	260590	2451	198963	68015	733676	209770	14
51744	6039	48748	0	37502	17504	86182	37696	0
147501	6518	148756	2451	110795	43629	614288	154201	14
49566	0	57339	0	45937	5415	21389	10597	0
5920	130	5747	0	4728	1467	11817	7277	0
234215	0	229660	0	183213	57701	156227	99705	0
174404	0	173113	0	136968	43167	127250	79723	0
9414	0	7620	0	6778	2768	5870	3850	0
50397	0	48927	0	39467	11765	23107	16132	0
5071	0	448	0	3854	1625	6531	2935	0
483095	59530	468182	12792	384992	117976	1271134	471178	706
236572	13654	224124	7840	205454	37347	752720	271168	2
246523	45876	244058	4952	179538	80630	518414	200010	704
616827	58989	577621	28848	479967	152529	1049283	529730	318
132399	7397	132067	0	94405	40163	65368	28651	0
3770	0	2210	0	2561	1385	5970	4612	0
128629	7397	129857	0	91844	38778	59398	24039	0
104049	0	107625	100	68005	41035	276192	123859	0
101151	0	105500	100	66069	39605	249780	109165	
2898	0	2125	0	1936	1430	26412	14694	0
6529807	5261021	6260762	86817	4916846	1797750	3231805	1996226	11647
6439887	5246595	6170735	54227	4852643	1770210	3099457	1923452	2147
5166	0	4665	1525	4276	1402	54493	22029	9500
84754	14427	85362	31064	59927	26139	77855	50746	0
5948167	40420	5985767	88117	4676461	1509771	8357549	4280731	419
5625429	25993	5668535	57052	4430761	1424547	8117497	4125669	419
234215	0	229660	0	183213	57701	156227	99705	0
3770	0	2210	0	2561	1385	5970	4612	0
84754	14427	85362	31064	59927	26139	77855	50746	0
10237	0	5113	1525	8129	3027	61024	24963	9500
5071	0	448	0	3854	1625	6531	2935	0
5166	0	4665	1525	4276	1402	54493	22029	9500
619725	58989	579746	28848	481903	153959	1075695	544424	318
616827	58989	577621	28848	479967	152529	1049283	529730	318
2898	0	2125	0	1936	1430	26412	14694	0
7152761	5313522	6874275	67118	5395548	1966569	4679768	2527835	2862
236572	13654	224124	7840	205454	37347	752720	271168	2
128629	7397	129857	0	91844	38778	59398	24039	0
101151	0	105500	100	66069	39605	249780	109165	9
6439887	5246595	6170735	54227	4852643	1770210	3099457	1923452	2147
246523	45876	244058	4952	179538	80630	518414	200010	704

11－14 续表 1

单位:万元

		企业单位数(个) Enterprises	亏损企业 Making loss enterprises	工业总产值(不变价格) Gross industrial output value (constant price)
中央企业	Centre enterprises	14	6	5597638
地方企业	Local enterprises	96	25	8294656
省属企业	Provincial enterprises	8		299609
地区及地区以下属企业	Below prefecture	88	25	7995046
地区属企业	Prefectural enterprises	53	16	1386445
县及县以下企业	Below counties	35	9	6608601
县属企业	County enterprises	5	3	42541
镇属企业	Town enterprises	1		9414
其他属企业	Others	29	6	6556646
在总计中:亏损企业	Making loss enterprises	31	31	457041
在总计中:国有控股企业	State share holding	66	22	12360929
其中:大中型企业	Large and medium enterprises	66	22	12360929
在总计中:轻工业	Light industry	32	12	1575652
重工业	Heavy industry	78	19	12316641
在总计中:大中型企业	Large and mudium enterprises	110	31	13892293
其中:国有大中型企业	State owned	28	11	5697458
其中:大型企业	Large enterprises	13	3	11375036
中型企业	Mudium enterprises	97	28	2517258
B、采矿业	Mining and quarrying	2		8748
煤炭开采和洗选业	Coal mining and dressing	2		8748
C、制造业	Manfacturing	97	28	13788684
农副食品加工业	Food processing	6	1	886923
食品制造业	Food manufacturing	4		28222
饮料制造业	Beverage manufacturing	6	4	87893
烟草制品业	Tobacco processing	1	1	52460
纺织业	Textile industry	1		15619
纺织服装、鞋、帽制造业	Clothing, shoes and hats	1	1	7287
木材加工及木、竹、藤、棕、草制品业	Timber, bamboo, cane, palm and straw products	3	1	15763
印刷业和记录媒介的复制	Printing and record medium reproduction	1		2969
石油加工、炼焦及核燃料加工业	Petroleum processing	1		11158
化学原料及化学制品制造业	Raw chemical material and chemical products	1	1	16999
医药制造业	Medical and pharmacutical products	7	1	203607
橡胶制品业	Rubber products	1		60763
非金属矿物制品业	Nonmetal mineral products	5	1	60293
黑色金属冶炼及压延加工业	Smelting and pressing of ferrous metals	2	1	25931
金属制品业	Metal products	3	2	11419
通用设备制造业	Ordinery machinery	2	1	31341
专用设备制造业	Special purpose equipment	1		9073
交通运输设备制造业	Transport equipment	41	8	11968711
电气机械及器材制造业	Electric equipmert and machinery	3	2	19108
通信设备、计算机及其他电子设备制造业	Electronic and telecommunication equipment	5	3	266135
仪器仪表及文化、办公用机械制造业	Instruments, meters, culture and office	2		7011
D、电力、燃气及水的生产和供应业	Production and supply of electric power, steam and hot water	11	3	94862
电力、热力的生产和供应业	Prochicfton and supply electric power and steam	8	1	64010
燃气生产和供应业	Production and supply of gas	2	1	25993
水的生产和供应业	Production and supply of tap water	1	1	4860

continued1 unit:10000yuan

工业总产值（当年价格）Gross industrial output value (current price)	新产品产值 New product	工业销售产值（当年价格）Sale revenue (current)	出口交货值 Export	工业中间投入合计 Intermediate Consumer	工业增加值（当年价）Added value (current)	资产合计 Total assets	流动资产小计 Circulating funds	短期投资 Shout－term inuestment
5427981	42545	5465245	54601	4290773	1359161	7524684	3985155	1059
8302909	5370386	7979655	131007	6271269	2274164	6649353	3392798	12040
318159	6039	295126	31858	277682	43744	333558	190641	500
7984750	5364347	7684529	99149	5993586	2230420	6315795	3202157	11540
1307726	105853	1276117	29698	997722	359283	2848665	1058492	2040
6677024	5258494	6408412	69450	4995865	1871137	3467130	2143666	9500
81428	0	89641	0	68359	17312	89550	29475	0
9414	0	7620	0	6778	2768	5870	3850	0
6586182	5258494	6311151	69450	4920727	1851057	3371710	2110341	9500
544888	58653	547308	34155	462886	107896	1724110	511925	11461
12210388	5362027	12015349	101904	9448375	3204517	12934787	6796007	10902
12210388	5362027	12015349	101904	9448375	3204517	12934787	6796007	10902
1367036	44875	1276468	70968	1012468	378190	1586291	647100	2147
12363854	5368056	12168432	114640	9549573	3255136	12587745	6730854	10952
13730890	5412931	13444900	185608	10562042	3633325	14174037	7377953	13099
5625429	25993	5668535	57052	4430761	1424547	8117497	4125669	419
11274879	5312974	11076835	122918	8751636	2911362	10572439	5936063	1627
2456010	99957	2368065	62690	1810406	721963	3601597	1441890	11472
11470	0	11175	0	8313	4038	24716	6757	2
11470	0	11175	0	8313	4038	24716	6757	2
13444276	5412931	13154870	179629	10366154	3519093	12975140	7147995	13097
900575	0	827296	43210	662876	238382	590977	244774	500
30998	0	29445	0	24187	7936	25451	11679	0
87544	14427	89379	20091	57910	34227	127363	51700	0
75434	5107	75109	65	57020	24947	115626	70591	0
16612	6518	16195	2451	16926	165	100834	60487	0
7872	0	7882	110	6429	1521	9784	3476	0
15298	4775	17281	3858	11758	3870	41611	8621	0
4203	0	4236	0	2416	2185	9079	3106	0
46157	0	53957	0	43637	3946	13053	6817	0
16264	0	15988	0	13754	3528	25151	12400	1647
84336	7157	69796	0	55451	33773	176383	101585	0
48536	0	43279	0	30777	19209	97291	73841	0
90096	0	89044	2165	54662	43569	271210	72168	0
42561	0	41001	0	31260	11917	42217	18901	14
17227	0	15757	0	12433	5256	24988	12737	0
31380	1042	21435	61	24608	7052	101769	52386	0
8028	2478	8584	0	6584	2001	15489	11906	0
11774268	5320926	11580858	102688	9123380	3053286	10636434	6136308	482
15083	5870	14802	0	13284	2369	57916	21890	0
91484	22157	93458	4929	70292	22641	378820	120479	9800
40322	22474	40090	0	46513	－2684	113695	52143	654
275144	0	278855	5979	187575	110194	1174181	223201	0
154641	0	155798	0	106437	63381	678795	141569	0
71807	0	74361	5979	45164	30984	230422	53029	0
48697	0	48697	0	35973	15829	264964	28604	0

11－15 大中型工业企业主要经济指标(二)

单位:万元

		应收帐款净额 Accownt receiveabre	存货 Inventory	产成品 Products
总计	**Total**	**1304876**	**2171411**	**510143**
内资企业	Domestic funds	830923	1414253	382876
国有企业	State owned	543016	997625	282022
中央企业	Centre enterprises	490962	937979	248435
地方企业	Local enterprises	52054	59646	33587
省属企业	Provincial enterprises	12009	13156	7702
地区属企业	Prefectural enterprises	38147	38130	23173
县属企业	County enterprises	536	4853	586
其他属企业	Others	1362	3507	2126
集体企业	Collective owned	50900	28057	8726
地区属企业	Prefectural enterprises	41995	20304	3758
镇属企业	Town enterprises	3320	281	0
其他属企业	Others	5586	7472	4968
股份合作企业	Share holding cooperative	108	799	400
有限责任公司	Limited company	91165	118435	48090
国有独资公司	State owned	47280	48127	21295
其他有限责任公司	Others	43885	70308	26795
股份有限公司	Share holding	140244	2585555	38719
私营企业	Private erterprises	5490	10782	4919
私营独资企业	Solely owned	665	1605	739
私营有限责任公司	Limited company	4825	9176	4180
港、澳、台商投资企业	Funded from Hongkong, Macao and Taiwan	20805	45384	13733
合资经营企业(港或澳、台资)	Joint venture	17515	41962	13449
港澳台商投资股份有限公司	Share holeling	3290	3422	284
外商投资企业	Foreign funded	453148	711774	113534
中外合资经营企业	Joint venture	434880	694869	111009
中外合作经营企业	Cooperative	1778	6619	147
外资企业	Foreign owned	16490	10286	2379
独资企业	Solely owned enterprises	611071	1037573	293866
国有企业	State owned	543016	997625	282022
集体企业	Collective owned	50900	28057	8726
私营独资企业	Private owned	665	1605	739
外资企业	Foreign owned	16490	10286	2379
合作、合伙企业	Cooperation and partnership	1886	7419	547
股份合作企业	Shareholding and cooperative	108	799	400
中外合作经营企业	Cooperative	1778	6619	147
股份有限公司	Share holding	143534	261977	39003
股份有限公司(内资)	Share holding (domestic)	140244	258555	38719
港澳台商投资股份有限公司	Funded Hongkong Macao and Taiwan	3290	3422	284
有限责任公司	Limited company	548385	864442	176728
国有独资公司	State owned	47280	48127	21295
私营有限责任公司	Limited company	4825	9176	4180
港澳台合资经营企业	Funded from Hongkong, Macao and Taiwan	17515	41962	13449
中外合资经营企业	Joint Venture	434880	694869	111009
其他有限责任公司	Others	43885	70308	26795

MAIN ECONOMIC INDICATORS OF LARGE AND MUDIVM INDVSTRIAL ENTERPRISES(Ⅱ)

unit:10000yuan

流动资产年平均余额 Annual average balance of circulating	长期投资 Long-term investment	固定资产小计 Total fixed assets	固定资产原价 Original value of fixed assets	生产经营用 Operating	累计折旧 Depreciation	本年折旧 Depreciation in this year	固定资产净值 Net value of fixed assets	固定资产净值年平均余额 Annual average balance
6712261	**1974523**	**4503599**	**6268627**	**5937651**	**2520946**	**346286**	**3747681**	**3721395**
4971318	1931509	3223947	4460195	4157107	1713751	217479	2746443	2774712
4132722	1634131	2215456	3360010	3181067	1395654	158784	1964356	1904130
3933415	1620517	1726376	2720151	2589037	1216691	136925	1503460	1460293
199307	13614	489081	639859	592031	178964	21859	460896	443837
35640	4230	43006	59969	54918	17782	3024	42187	41686
148554	9384	430743	558593	518339	151792	17735	406802	390771
10135	0	10793	16053	14921	7423	1014	8631	8376
4978	0	4539	5244	3854	1968	86	3276	3004
110258	1049	51961	67027	64627	18319	2259	48708	47940
89291	243	43921	56205	53805	14443	1395	41762	40308
3850	0	1902	1679	1679	785	85	893	890
17116	806	6139	9144	9144	3091	780	6052	6741
2700	0	2245	6894	6894	4649	348	2245	2456
435799	190926	538138	554590	436796	157363	36323	397227	485267
243274	143578	285156	291930	282874	67091	17377	224838	240844
192526	47347	252983	262661	153922	90272	18945	172389	244423
265857	104103	382843	435666	433910	131644	18470	304022	310941
23983	1300	33303	36008	33814	6122	1295	29886	23978
1575	0	1359	2225	2225	866	59	1359	2224
22408	1300	31945	33783	31589	5256	1236	28527	21754
98342	136	126810	134373	116061	27476	8584	106898	101216
83106	0	117261	129578	111799	25734	8416	103845	98163
15236	136	9549	4795	4262	1742	168	3053	3053
1642601	42878	1152841	1674059	1664483	779719	120224	894340	845467
1588082	37878	1110982	1617685	1612347	765201	118802	852485	810406
10167	5000	16281	19825	19825	3544	300	16281	17553
44352	0	25579	36549	32311	10974	1122	25575	17507
4288907	1635180	2294355	3465811	3280230	1425814	162225	2039998	1971801
4132722	1634131	2215456	3360010	3181067	1395654	158784	1964356	1904130
110258	1049	51961	67027	64627	18319	2259	48708	47940
1575	0	1359	2225	2225	866	59	1359	2224
44352	0	25579	36549	32311	10974	1122	25575	17507
12866	5000	18525	26718	26718	8193	648	18525	20009
2700	0	2245	6894	6894	4649	348	2245	2456
10167	5000	16281	19825	19825	3544	300	16281	17553
281093	104239	392392	440461	438172	133386	18638	307075	313994
265857	104103	382843	435666	433910	131644	18470	304022	310941
15236	136	9549	4795	4262	1742	168	3053	3053
2129395	230104	1798326	2335636	2192531	953553	164776	1382083	1415590
243274	143578	285156	291930	282874	67091	17377	224838	240844
22408	1300	31945	33783	31589	5256	1236	28527	21754
83106	0	117261	129578	111799	25734	8416	103845	98163
1588082	37878	1110982	1617685	1612347	765201	118802	852485	810406
192526	47347	252983	262661	153922	90272	18945	172389	244423

11－15 续表 1

单位:万元

		应收帐款净额 Accownt receiveabre	存货 Inventory	产成品 Products
中央企业	Centre enterprises	517528	963658	261173
地方企业	Local enterprises	787348	1207753	248970
省属企业	Provincial enterprises	28837	85029	27128
地区及地区以下属企业	Below prefecture	758511	1122723	221842
地区属企业	Prefectural enterprises	238466	322788	119417
县及县以下企业	Below counties	520045	799936	102425
县属企业	County enterprises	5176	13807	1124
镇属企业	Town enterprises	3320	281	0
其他属企业	Others	511549	785848	101302
在总计中:亏损企业	Making loss enterprises	108712	160964	41458
在总计中:国有控股企业	State share holding	1169700	1942749	444783
其中:大中型企业	Large and medium enterprises	1169700	1942749	444783
在总计中:轻工业	Light industry	111662	290045	96704
重工业	Heavy industry	1193214	1881366	413439
在总计中:大中型企业	Large and mudium enterprises	1304876	2171411	510143
其中:国有大中型企业	State owned	543016	997625	282022
其中:大型企业	Large enterprises	949967	1705914	346247
中型企业	Mudium enterprises	354909	465496	163896
B、采矿业	Mining and qnarrying	2323	1108	456
煤炭开采和洗选业	Coal mining and dressing	2323	1108	456
C、制造业	Manfacturing	1240296	2153406	507500
农副食品加工业	Food processing	20511	132808	37613
食品制造业	Food manufacturing	967	4904	1466
饮料制造业	Beverage manufacturing	8857	15060	2269
烟草制品业	Tobacco processing	9739	41575	892
纺织业	Textile industry	17098	30297	20464
纺织服装、鞋、帽制造业	Clothing,shoes and hats	495	1712	778
木材加工及木、竹、藤、棕、草制品业	Timber,bamboo,cane,palm and straw products	1721	4046	653
印刷业和记录媒介的复制	Printing and record medium reproduction	1158	1111	1011
石油加工、炼焦及核燃料加工业	Petroleum processing	352	3097	525
化学原料及化学制品制造业	Raw chemical material and chemical products	6316	4013	1432
医药制造业	Medical and pharmacutical products	32027	35384	15125
橡胶制品业	Rubber products	10746	9454	6404
非金属矿物制品业	Nonmetal mineral products	13849	15171	2941
黑色金属冶炼及压延加工业	Smelting and pressing of ferrous metals	3406	6937	3316
金属制品业	Metal products	3196	8842	4566
通用设备制造业	Ordinery machinery	9280	8065	2060
专用设备制造业	Special purpose equipment	4544	5006	2164
交通运输设备制造业	Transport equipment	1060303	1748911	369047
电气机械及器材制造业	Electric equipmert and machinery	2410	9113	1669
通信设备、计算机及其他电子设备制造业	Electronic and telecommunication equipment	14059	49430	23560
仪器仪表及文化、办公用机械制造业	Instruments, meters, culturae and office	19265	18471	9545
D、电力、燃气及水的生产和供应业	Production and supply of electric power, steam and hot water	62257	16896	2187
电力、热力的生产和供应业	Prochiction and supply electric power and steam	36211	5930	0
燃气生产和供应业	Production and supply of gas	14315	10264	2187
水的生产和供应业	Production and supply of tap water	11731	703	0

continued1　　unit:10000yuan

流动资产年平均余额 Annual average balance of circulating	长期投资 Long－term investment	固定资产小计 Total fixed assets	固定资产原价 Original value of fixed assets	生产经营用 Operating	累计折旧 Depreciation	本年折旧 Depreciation in this year	固定资产净值 Net value of fixed assets	固定资产净值年平均余额 Annual average balance
4002341	1621918	1795352	2820149	2667934	1253213	140815	1566936	1524724
2709920	352605	2708246	3448478	3269718	1267733	205471	2180745	2196671
149810	4748	129489	204825	199774	83194	12335	121631	123521
2560110	347857	2578757	3243652	3069944	1184539	193136	2059113	2073150
970281	286746	1366391	1561439	1407854	418369	74485	1143070	1213436
1589829	61111	1212367	1682214	1662090	766170	118651	916044	859714
26287	0	47877	64674	55432	22297	3924	42377	41788
3850	0	1902	1679	1679	785	85	893	890
1559692	61111	1162588	1615861	1604980	743088	114642	872773	817036
754819	110970	980854	1216613	1139676	328897	45498	887716	926251
6233457	1956108	3923322	5580992	5273614	2308765	308940	3272227	3254631
6233457	1956108	3923322	5580992	5273614	2308765	308940	3272227	3254631
548215	29377	861251	1078014	1008850	338240	48967	739774	734820
6164046	1945146	3642347	5190613	4928801	2182706	297319	3007907	2986575
6712261	1974523	4503599	6268627	5937651	2520946	346286	3747681	3721395
4132722	1634131	2215456	3360010	3181067	1395654	158784	1964356	1904130
5343867	1738714	2753281	4217580	4104822	1898692	247887	2318888	2224636
1368394	235808	1750317	2051047	1832829	622254	98399	1428793	1496759
4487	871	15949	20324	17607	4663	602	15661	10994
4487	871	15949	20324	17607	4663	602	15661	10994
6471775	1884617	3653822	5056200	4751948	2129796	300658	2926404	2907050
173441	1249	332107	373104	371104	118079	21057	255025	257477
11218	1000	9824	15556	15556	5762	532	9795	10195
44308	0	62373	84339	74019	25314	4313	59025	51383
72083	33	44770	64026	51592	20453	2293	43573	30617
55374	507	39773	40173	15166	10427	854	29746	27764
3628	390	4788	6184	4703	1396	189	4788	4913
8585	0	28209	37465	36786	9255	1333	28209	28209
3820	3	5970	8681	8681	2769	469	5911	5894
6824	0	6236	10970	10970	6887	880	4083	4045
12696	0	10778	17251	17251	7893	1287	9358	11507
96185	5946	60813	64397	58097	24594	2889	39802	45618
60271	50	23303	11334	11334	5128	37	6206	5640
68790	42774	146648	125636	40814	52638	13587	72998	129180
14636	0	15002	18179	18179	6488	579	11691	12469
11850	796	11133	14094	13792	2961	945	11133	11194
109407	3058	46320	50819	22345	25506	1683	25313	27162
11848	1	3553	7596	6942	4042	344	3553	3716
5519582	1791606	2522535	3796597	3687892	1742383	230349	2054214	1967867
21646	9263	22627	26233	24257	5076	1044	21157	20448
114278	27579	196684	200366	200366	25623	12939	174743	195264
51305	361	60376	83204	62103	27123	3056	56080	56489
235998	89034	833828	1192103	1168096	386486	45026	805616	803351
153982	66881	449733	687981	675066	260876	30765	427105	422312
53630	20017	149871	176243	173069	30418	2922	145825	143435
28387	2136	234224	327879	319961	95192	11339	232687	237604

11－16 大中型工业企业主要经济指标(三)

单位:万元

		无形资产 Intangible	负债合计 Liabilities	流动负债合计 Liquid liabilites
总计	**Total**	**153414**	**9107466**	**7491709**
内资企业	Domestic funds	116153	7433970	5905952
国有企业	State owned	34435	5931526	4637848
中央企业	Centre enterprises	30722	5505263	4316536
地方企业	Local enterprises	3713	426263	321311
省属企业	Provincial enterprises	46	61019	47820
地区属企业	Prefectural enterprises	3667	340201	251031
县属企业	County enterprises	0	14385	11802
其他属企业	Others	0	10658	10658
集体企业	Collective owned	786	105892	103651
地区属企业	Prefectural enterprises	639	85242	83001
镇属企业	Town enterprises	118	3201	3201
其他属企业	Others	30	17450	17450
股份合作企业	Share holding cooperative	1352	3366	2828
有限责任公司	Limited company	50411	783567	615938
国有独资公司	State owned	33030	559085	424390
其他有限责任公司	Others	17382	224482	191548
股份有限公司	Share holding	27206	572929	515473
私营企业	Private erterprises	1962	36691	30214
私营独资企业	Solely owned	0	4612	4611
私营有限责任公司	Limited company	1962	32079	25602
港、澳、台商投资企业	Funded from Hongkong,Macao and Taiwan	11369	171920	126435
合资经营企业(港或澳、台资)	Joint venture	9336	163388	117940
港澳台商投资股份有限公司	Share holeling	2033	8532	8495
外商投资企业	Foreign funded	25893	1501576	1459322
中外合资经营企业	Joint venture	21778	1446736	1410337
中外合作经营企业	Cooperative	2715	27029	22029
外资企业	Foreign owned	1401	27811	26957
独资企业	Solely owned enterprises	36622	6069840	4773067
国有企业	State owned	34435	5931526	4637848
集体企业	Collective owned	786	105892	103651
私营独资企业	Private owned	0	4612	4611
外资企业	Foreign owned	1401	27811	26957
合作、合伙企业	Cooperation and partnership	4067	30395	24856
股份合作企业	Share holding and cooperative	1352	3366	2828
中外合作经营企业	Cooperative	2715	27029	22029
股份有限公司	Share holding	29239	581461	523968
股份有限公司(内资)	Share holding (domestic)	27206	572929	515473
港澳台商投资股份有限公司	Funded Hongkong Macao and Taiwan	2033	8532	8495
有限责任公司	Limited company	83486	2425771	2169817
国有独资公司	State owned	33030	559085	424390
私营有限责任公司	Limited company	1962	32079	25602
港澳台合资经营企业	Funded from Hongkong, Macao and Taiwan	9336	163388	117940
中外合资经营企业	Joint venture	21778	1446736	1410337
其他有限责任公司	Others	17382	224482	191548

MAIN ECONOMIC INDICATORS OF LARGE AND MUDIVM INDVSTRIAL ENTERPRISES(Ⅲ)

unit:10000yuan

应付帐款 Bill payable	长期负债合计 Long-term liabilities	所有者权益合计 Creditors' equity	实收资本 Capital hold	国家资本 State owned	集体资本 Collective owned	法人资本 Legperson capital	个人资本 Private funds	港澳台资本 Funded from Hongkong, Macao and Taiwan
2427284	**1565838**	**5066571**	**2253364**	**1285991**	**18359**	**500735**	**137905**	**19904**
1871611	1508602	3232069	1593830	1038617	13744	402182	135625	0
1476793	1291296	2185970	1063991	864052	0	145111	54828	0
1412754	1186344	1878558	797327	611440	0	131287	54600	0
64039	104952	307412	266664	252612	0	13825	228	0
9708	13199	25163	15248	15003	0	246	0	0
53066	89170	274087	245735	232156	0	13579	0	0
0	2583	7004	4620	4392	0	0	228	0
1265	0	1158	1062	1062	0	0	0	0
61468	440	50335	11178	0	11178	0	0	0
49447	440	42008	9828	0	9828	0	0	0
2821	0	2669	170	0	170	0	0	0
9200	0	5658	1180	0	1180	0	0	0
183	538	3165	2478	0	0	0	2478	0
91585	164383	487566	335163	153808	15	179188	2153	0
59954	133572	193635	160016	151142	0	8874	0	0
31632	30811	293932	175147	2666	15	170313	2153	0
232634	51468	476355	159287	19028	2551	74523	59522	0
8948	477	28678	21734	1730	0	3360	16644	0
1975	0	1359	165	0	0	0	165	0
6973	477	27319	12569	1730	0	3360	16479	0
12805	29391	104272	55616	7797	1720	20966	2280	15393
12534	29354	86392	50006	7797	0	20966	0	13783
271	37	17880	5610	0	1720	0	2280	1610
542869	27845	1730230	603918	239577	2895	77588	0	4511
527614	26491	1652721	542285	239577	2895	50288	0	4511
3330	500	27464	36400	0	0	27300	0	0
11924	854	50045	25233	0	0	0	0	0
1552160	1292590	2287709	1100566	864052	11178	145111	54993	0
1476793	1291296	2185970	1063991	864052	0	145111	54828	0
61468	440	50335	11178	0	11178	0	0	0
1975	0	1359	165	0	0	0	165	0
11924	854	50045	25233	0	0	0	0	0
3513	1038	30630	38878	0	0	27300	2478	0
183	538	3165	2478	0	0	0	2478	0
3330	500	27464	36400	0	0	27300	0	0
232905	51505	494235	164897	19028	4271	74523	61802	1610
232634	51468	476355	159287	19028	2551	74523	59522	0
271	37	17880	5610	0	1720	0	2280	1610
638706	220704	2253998	949023	402912	2910	253801	18632	18294
59954	133572	193635	160016	151142	0	8874	0	0
6973	477	27319	21569	1730	0	3360	16479	0
12534	29354	86392	50006	7797	0	20966	0	13783
527614	26491	1652721	542285	239577	2895	50288	0	4511
31632	30811	293932	175147	2666	15	170313	2153	0

11－16 续表 1

计量单位:万元

		无形资产 Intangible	负债合计 Liabilities	流动负债合计 Liquid liabilites
中央企业	Centre enterprises	31536	5559683	4348312
地方企业	Local enterprises	121878	3547783	3143396
省属企业	Provincial enterprises	5117	262903	241551
地区及地区以下属企业	Below prefecture	116761	3284880	2901845
地区属企业	Prefectural enterprises	88890	1609795	1280085
县及县以下企业	Below counties	27871	1675085	1621760
县属企业	County enterprises	2579	66455	59737
镇属企业	Town enterprises	118	3201	3201
其他属企业	Others	25174	1605430	1558822
在总计中:亏损企业	Making loss enterprises	44786	1310612	1046764
在总计中:国有控股企业	State share holding	117014	8292959	6754226
其中:大中型企业	Large and medium enterprises	117014	8292959	6754226
在总计中:轻工业	Light industry	31767	1073850	922710
重工业	Heavy industry	121647	8033616	6568998
在总计中:大中型企业	Large and mudium enterprises	153414	9107466	7491709
其中:国有大中型企业	State owned	34435	5931526	4637848
其中:大型企业	Large enterprises	50236	6659059	5555964
中型企业	Mudium enterprises	103178	2448407	1935745
B、采矿业	Mining and quarrying	1009	16085	10043
煤炭开采和洗选业	Coal mining and dressing	1009	16085	10043
C、制造业	Manfacturing	138280	8278038	7120902
农副食品加工业	Food processing	10724	478404	444654
食品制造业	Food manufacturing	2426	17860	10227
饮料制造业	Beverage manufacturing	3671	78917	71345
烟草制品业	Tobacco processing	185	129306	111506
纺织业	Textile industry	67	50610	39683
纺织服装、鞋、帽制造业	Clothing, shoes and hats	1131	3474	3022
木材加工及木、竹、藤、棕、草制品业	Timber, bamboo, cane, palm and straw products	3715	11873	7023
印刷业和记录媒介的复制	Printing and record medium reproduction	1	4651	2547
石油加工、炼焦及核燃料加工业	Petroleum processing	0	6836	6836
化学原料及化学制品制造业	Raw chemical material and chemical products	1974	20099	20099
医药制造业	Medical and pharmacutical products	6234	114014	88023
橡胶制品业	Rubber products	97	72731	44295
非金属矿物制品业	Nonmetal mineral products	9496	119758	102145
黑色金属冶炼及压延加工业	Smelting and pressing of ferrous metals	8	45119	39332
金属制品业	Metal products	295	18727	18727
通用设备制造业	Ordinery machinery	4	79013	75942
专用设备制造业	Special purpose equipment	0	12199	12199
交通运输设备制造业	Transport equipment	72142	6673393	5740477
电气机械及器材制造业	Electric equipmert and machinery	3389	44756	43187
通信设备、计算机及其他电子设备制造业	Electronic and telecommunication equipment	21905	242371	209078
仪器仪表及文化、办公用机械制造业	Instruments, meters, culturae and office	814	53928	30555
D、电力、燃气及水的生产和供应业	Production and supply of electric power, steam and hot water	14125	813343	360764
电力、热力的生产和供应业	Production and supply of electric power and steam	6618	610849	218716
燃气生产和供应业	Production and supply of gas	7506	135018	116769
水的生产和供应业	Production and supply of tap water	0	67476	25279

continued1 unit:10000yuan

应付帐款 Bill payable	长期负债小计 Long-term liabilities	所有者权益合计 Creditors' equity	实收资本 Capital hold	国家资本 State owned	集体资本 Collective owned	法人资本 Legperson capital	个人资本 Private funds	港澳台资本 Funded from Hongkong, Macao and Taiwan
1422336	1208946	1965001	819500	611440	0	149260	58800	0
1004948	356892	3101570	1433863	674551	18359	351475	79105	19904
9945	21350	70654	54803	15003	0	20449	132	0
995004	335542	3030915	1379061	659548	18359	331026	78973	19904
293333	303839	1238870	805698	424660	12394	259063	38345	7499
701670	31703	1792045	573363	234888	5965	71963	40628	12405
1263	6717	23095	18160	5217	0	680	1468	10795
2821	0	2669	170	0	170	0	0	0
697586	24985	1766281	555034	229672	5795	71283	39160	1610
190162	252905	413499	532980	380611	2568	93348	4856	10795
2321015	1526782	4641829	2000179	1278538	7792	417442	89527	10807
2321015	1526782	4641829	2000179	1278538	7792	417442	89527	10807
113191	132368	512441	384981	246726	4625	51388	14344	13772
2314093	1433470	4554129	1868383	1039265	13734	449348	123561	6132
2427284	1565838	5066571	2253364	1285991	18359	500735	137905	19904
1476793	1291296	2185970	1063991	864052	0	145111	54828	0
2084108	1100539	3913380	1289265	900435	6739	146896	64919	0
343176	465299	1153191	964099	385556	11620	353840	72986	19904
1440	6041	8631	6012	4396	0	0	1616	0
1440	6041	8631	6012	4396	0	0	1616	0
2349408	1107366	4697101	1933137	1045512	18359	438777	120116	19904
10130	28594	112574	70109	1730	2905	35930	5500	0
2466	1631	7591	4474	0	0	1728	2746	0
4968	7571	48446	37537	7033	0	680	1468	12162
25248	17800	-13680	13807	13807	0	0	0	0
4522	10927	50224	44067	44067	0	0	0	0
859	453	6310	3257	3257	0	0	0	0
0	96	29739	37629	0	0	32160	0	0
385	2104	4429	2691	2691	0	0	0	0
0	0	6217	3907	3907	0	0	0	0
2824	0	5053	10500	0	0	0	0	0
22030	18376	62369	41214	19804	1720	13050	4631	1610
6819	28437	24560	25933	25933	0	0	0	0
15865	17613	151452	110696	3362	0	94404	8	0
12338	5787	-2902	1881	1716	0	0	165	0
8686	0	6260	4817	0	1201	0	3616	0
9731	3070	22757	26028	26028	0	0	0	0
4439	0	3290	2530	2530	0	0	0	0
2186298	911215	3963040	1311534	801902	12533	200878	82321	6132
7021	1570	13160	14772	11784	0	0	0	0
16150	28793	136449	157240	75468	0	51925	19662	0
8629	23330	59767	8516	494	0	8022	0	0
76436	452431	360838	314215	236083	0	61959	16173	0
32951	391985	67945	93707	56228	0	37479	0	0
37756	18249	95405	92208	51555	0	24480	16173	0
5730	42197	197488	128300	128300	0	0	0	0

11－17 大中型工业企业主要经济指标(四)

单位:万元

		外商资本 Foreign funds	产品销售收入 Sale revenue	产品销售成本 Cost of sales
总计	**Total**	**290470**	**13677604**	**11287523**
内资企业	Domestic funds	3663	7461248	6358011
国有企业	State owned	0	6193211	5300542
中央企业	Centre enterprises	0	5960275	5106544
地方企业	Local enterprises	0	232935	193999
省属企业	Provincial enterprises	0	47461	36442
地区属企业	Prefectural enterprises	0	127455	108151
县属企业	County enterprises	0	52451	44743
其他属企业	Others	0	5569	4662
集体企业	Collective owned	0	187160	165891
地区属企业	Prefectural enterprises	0	132402	116429
镇属企业	Town enterprises	0	7823	6975
其他属企业	Others	0	46935	42487
股份合作企业	Share holding cooperative	0	5049	3532
有限责任公司	Limited company	0	411646	325392
国有独资公司	State owned	0	155735	130933
其他有限责任公司	Others	0	255911	194459
股份有限公司	Share holding	3663	583702	490993
私营企业	Private erterprises	0	80481	71661
私营独资企业	Solely owned	0	7342	7268
私营有限责任公司	Limited company	0	73139	64392
港、澳、台商投资企业	Funded from Hongkong,Macao and Taiwan	7460	114599	80100
合资经营企业(港或澳、台资)	Joint venture	7460	111126	78912
港澳台商投资股份有限公司	Share holeling	0	3473	1188
外商投资企业	Foreign funded	279347	6101758	4849412
中外合资经营企业	Joint venture	245014	5996939	4772650
中外合作经营企业	Cooperative	9100	4402	4277
外资企业	Foreign owned	25233	100417	72486
独资企业	Solely owned enterprises	25233	6488129	5546187
国有企业	State owned	0	6193211	5300542
集体企业	Collective owned	0	187160	165891
私营独资企业	Private owned	0	7342	7268
外资企业	Foreign owned	25233	100417	72486
合作、合伙企业	Cooperation and partnership	9100	9451	7809
股份合作企业	Shareholding and cooperative	0	5049	3532
中外合作经营企业	Cooperative	9100	4402	4277
股份有限公司	Share holding	3663	587175	492181
股份有限公司(内资)	Share holding (domestic)	3663	583702	490993
港澳台商投资股份有限公司	Funded Hongkong Macao and Taiwan	0	3473	1188
有限责任公司	Limited company	252474	6592850	5241346
国有独资公司	State owned	0	155735	130933
私营有限责任公司	Limited company	0	73139	64392
港澳台合资经营企业	Funded from Hongkong, Macao and Taiwan	7460	111126	78912
中外合资经营企业	Joint venture	245014	5996939	4772650
其他有限责任公司	Others	0	255911	194459

MAIN ECONOMIC INDICATORS OF LARGE AND MUDIVM INDVSTRIAL ENTERPRISES(Ⅳ)

unit: 10000yuan

产品销售费用 Cost of sales	广告费 Advertisement	产品销售税金及附加 Coles tax and extra charge	其他业务利润 Other profits	管理费用 Cost of management	税金 Taxes	财产保险费 Property insurance	劳动待业保险费 Employment insurance	养老医疗保险费 Life insurance
376884	**114237**	**422654**	**98805**	**895418**	**18010**	**4834**	**21751**	**99231**
196736	23880	136857	70538	754500	12630	4242	20459	86428
161574	22092	126136	61090	624953	9058	3296	8911	70849
154238	22087	120577	59478	594772	7253	3116	6882	61739
7336	5	5559	1612	30181	1806	180	2030	9110
2767	5	340	−66	6923	126	46	363	648
4382	0	939	1674	19435	1646	72	1482	7577
89	0	4261	0	2584	7	0	0	719
99	0	19	4	1239	28	62	185	167
2085	97	715	1490	17509	264	80	850	2912
792	0	533	1269	14556	224	47	831	2332
0	0	13	0	283	6	0	19	0
1293	97	169	221	2669	33	33	0	581
632	0	30	216	1085	53	17	0	0
16468	1184	7330	5030	60778	2136	554	4273	5916
5467	296	4405	4368	34961	1659	104	1446	4036
11001	888	2925	662	25817	478	450	2827	1880
14803	482	2096	2572	47396	992	270	6412	6659
1175	25	550	141	2780	127	26	13	93
4	0	15	0	103	5	0	0	0
1171	25	535	141	2677	122	26	13	93
6286	730	4739	188	7131	261	241	245	353
6008	614	4678	188	6481	211	191	245	313
278	116	61	0	650	50	50	0	40
173862	89627	281058	28078	133788	5119	351	1048	12449
166484	89538	281047	26909	123843	4980	271	1032	12297
125	85	0	83	4099	57	26	0	108
7253	4	11	1086	5845	82	54	16	45
170916	22193	126877	63666	648409	9409	3430	9777	73806
161574	22092	126136	61090	624953	9058	3296	8911	70849
2085	97	715	1490	17509	264	80	850	2912
4	0	15	0	103	5	0	0	0
7253	4	11	1086	5845	82	54	16	45
757	85	30	299	5184	110	43	0	108
632	0	30	216	1085	53	17	0	0
125	85	0	83	4099	57	26	0	108
15081	598	2157	2572	48046	1042	320	6412	6699
14803	482	2096	2572	47396	992	270	6412	6659
278	116	61	0	650	50	50	0	40
190130	91361	293590	32267	193779	7449	1042	5562	18619
5467	296	4405	4368	34961	1659	104	1446	4036
1171	25	535	141	2677	122	26	13	93
6008	614	4678	188	6481	211	191	245	313
166484	89538	281047	26909	123843	4980	271	1032	12297
11001	888	2925	662	25817	478	450	2827	1880

11-17 续表 1

计量单位:万元

		外商资本 Foreign funds	产品销售收入 Sale revenue	产品销售成本 Cost of sales
中央企业	Centre enterprises	0	6042396	5168395
地方企业	Local enterprises	290470	7635208	6119128
省属企业	Provincial enterprises	19219	294635	269801
地区及地区以下属企业	Belowprefecture	271251	7340573	5849326
地区属企业	Prefectural enterprises	63737	1184323	964722
县及县以下企业	Below counties	207514	6156251	4884605
县属企业	County enterprises	0	79505	61083
镇属企业	Town enterprises	0	7823	6975
其他属企业	Others	207514	6068923	4816546
在总计中:亏损企业	Making loss enterprises	40802	591773	478221
在总计中:国有控股企业	State share holding	196074	12281215	10104191
其中:大中型企业	Large and medium enterprises	196074	12281215	10104191
在总计中:轻工业	Light industry	54126	1263841	1041149
重工业	Heavy industry	236344	12413764	10246374
在总计中:大中型企业	Large and mudium enterprises	290470	13677604	11287523
其中:国有大中型企业	State owned	0	6193211	5300542
其中:大型企业	Large enterprises	170277	11490246	9512751
中型企业	Mudium enterprises	120193	2187359	1774772
B、采矿业	Mining and quarrying	0	10667	6330
煤炭开采和洗选业	Coal mining and dressing	0	10667	6330
C、制造业	Manfacturing	290470	13151943	10865541
农副食品加工业	Food processing	24044	814987	733007
食品制造业	Food manufacturing	0	37399	33979
饮料制造业	Beverage manufacturing	16194	91723	64181
烟草制品业	Tobacco processing	0	74453	32666
纺织业	Textile industry	0	17611	13996
纺织服装、鞋、帽制造业	Clothing, shoes and hats	0	8101	7093
木材加工及木、竹、藤、棕、草制品业	Timber, bamboo, cane, palm and straw products	5469	18563	15220
印刷业和记录媒介的复制	Printing and record medium reproduction	0	4236	3051
石油加工、炼焦及核燃料加工业	Petroleum processing	0	49183	43123
化学原料及化学制品制造业	Raw chemical material and chemical products	10500	16650	13188
医药制造业	Medical and pharmacutical products	400	67585	27894
橡胶制品业	Rubber products	0	33237	28411
非金属矿物制品业	Nonmetal mineral products	12922	87319	60207
黑色金属冶炼及压延加工业	Smelting and pressing of ferrous metals	0	28176	27343
金属制品业	Metal products	0	16567	14486
通用设备制造业	Ordinary machinery	0	15728	13944
专用设备制造业	Special purpose equipment	0	7759	6278
交通运输设备制造业	Transport equipment	207768	11628862	9620501
电气机械及器材制造业	Electric equipmert and machinery	2988	13749	10159
通信设备、计算机及其他电子设备制造业	Electronic and telecommunication equipment	10185	55452	48397
仪器仪表及文化、办公用机械制造业	Instruments, meters, culturae and office	0	64605	48417
D、电力、燃气及水的生产和供应业	Production and supply of electric power, steam and hot water	0	514994	415652
电力、热力的生产和供应业	Prochiction and supply electric power and steam	0	397786	332632
燃气生产和供应业	Production and supply of gas	0	70208	47201
水的生产和供应业	Production and supply of tap water	0	47000	35820

continued1 unit:10000yuan

产品销售费用 Cost of sales	广告费 Advertisement	产品销售税金及附加 Coles tax and extra charge	其他业务利润 Other profits	管理费用 Cost of management	税金 Taxes	财产保险费 Property insurance	劳动待业保险费 Employment insurance	养老医疗保险费 Life insurance
157298	22162	121019	60221	607744	7419	3208	9373	62218
219586	92075	301635	38583	287674	10591	1626	12378	37013
10010	111	341	-66	15998	126	46	363	649
209575	91964	301294	38649	271676	10465	1581	12015	36364
40409	7468	8629	10682	120927	4913	1095	8066	19994
169166	84495	292665	27967	150749	5553	485	3949	16371
3163	614	10191	109	5744	49	57	25	1154
0	0	13	0	283	6	0	19	0
166003	83881	282461	27858	144722	5498	429	3906	15217
26027	2494	36229	2193	93349	3253	529	5052	11948
335974	105772	416599	95745	843152	16978	4175	20702	96007
335974	105772	416599	95745	843152	16978	4175	20702	96007
47932	10522	37005	2392	60053	2159	578	2600	5132
328951	103715	385649	96413	835366	15851	4256	19151	94099
376884	114237	422654	98805	895418	18010	4834	21751	99231
161574	22092	126136	61090	624953	9058	3296	8911	70849
314412	103845	376084	88044	737969	12801	3310	13765	81494
62472	10393	46570	10761	157449	5209	1524	7986	17737
535	1	89	0	1823	21	35	508	119
535	1	89	0	1823	21	35	508	119
370389	114236	419100	93693	871444	16770	4705	19717	91402
9664	197	492	107	12158	42	36	7	35
1344	19	106	239	2003	58	17	0	1
14356	2123	6537	1697	6240	123	165	25	763
3308	1457	27864	-1	10169	194	147	1617	0
128	0	50	0	1812	481	0	0	829
174	15	0	4	1177	5	0	327	254
858	0	33	25	1749	0	0	0	38
75	0	40	72	773	49	7	47	252
0	0	3666	0	2154	0	0	0	626
671	2	0	-501	1525	80	25	7	109
13172	6466	360	172	12324	376	104	387	510
583	0	2813	0	1054	92	37	25	0
6380	20	891	975	5723	87	226	48	604
93	0	60	71	809	193	0	164	0
541	24	31	13	1610	67	17	135	169
126	0	32	30	4051	95	0	549	669
317	0	53	-8	671	12	9	18	0
314364	103772	375535	89402	766297	14455	3758	13122	85727
397	0	44	314	1546	70	34	81	336
2138	85	135	593	25660	160	44	599	292
1701	57	359	486	11942	131	81	2559	188
5959	0	3465	5111	22151	1219	93	1525	7710
129	0	2525	5131	5390	240	4	40	1354
2959	0	658	-273	9698	465	74	1364	4751
2872	0	282	253	7063	514	15	122	1605

11－18 大中型工业企业主要经济指标(五)

单位:万元

		办公费 Administrative expense	研究开发费 Cost of R&D	职工教育费 Education
总计	**Total**	**13294**	**64317**	**5481**
内资企业	Domestic funds	11089	45556	4968
国有企业	State owned	8512	41302	3893
中央企业	Centre enterprises	7953	40986	3768
地方企业	Local enterprises	559	316	126
省属企业	Provincial enterprises	58	273	43
地区属企业	Prefectural enterprises	301	0	77
县属企业	County enterprises	32	0	4
其他属企业	Others	168	44	2
集体企业	Collective owned	497	79	271
地区属企业	Prefectural enterprises	409	79	249
镇属企业	Town enterprises	25	0	3
其他属企业	Others	62	0	19
股份合作企业	Share holding cooperative	10	0	13
有限责任公司	Limited company	1118	2568	314
国有独资公司	State owned	389	433	58
其他有限责任公司	Others	729	2134	255
股份有限公司	Share holding	685	1489	472
私营企业	Private erterprises	268	119	7
私营独资企业	Solely owned	1	0	0
私营有限责任公司	Limited company	266	119	7
港、澳、台商投资企业	Funded from Hongkong, Macao and Taiwan	279	77	3
合资经营企业(港或澳、台资)	Joint venture	252	5	3
港澳台商投资股份有限公司	Share holeling	27	72	0
外商投资企业	Foreign funded	1926	18685	509
中外合资经营企业	Joint venture	1744	17879	504
中外合作经营企业	Cooperative	42	806	3
外资企业	Foreign owned	140	0	3
独资企业	Solely owned enterprises	9150	41380	4166
国有企业	State owned	8512	41302	3893
集体企业	Collective owned	497	79	271
私营独资企业	Private owned	1	0	0
外资企业	Foreign owned	140	0	3
合作、合伙企业	Cooperation and partnership	52	806	15
股份合作企业	Shareholding and cooperative	10	0	13
中外合作经营企业	Cooperative	42	806	3
股份有限公司	Share holding	712	1561	472
股份有限公司(内资)	Share holding (domestic)	685	1489	472
港澳台商投资股份有限公司	Funded Hongkong Macao and Taiwan	27	72	0
有限责任公司	Limited company	3380	20570	828
国有独资公司	State owned	389	433	58
私营有限责任公司	Limited company	266	119	7
港澳台合资经营企业	Funded from Hongkong, Macao and Taiwan	252	5	3
中外合资经营企业	Joint venture	1744	17879	504
其他有限责任公司	Others	729	2134	255

MAIN ECONOMIC INDICATORS OF LARGE AND MUDIVM INDVSTRIAL ENTERPRISES(Ⅴ)

unit: 10000yuan

财务费用 Financial expenses	利息支出 Interest expenditure	营业利润 Business profits	投资收益 Dividend	补贴收入 Subsidy	利润总额 After-tax profits	应交所得税 Income tax payable	利税总额 Pre-tax profits	上交税金 Taxable income
119131	**84326**	**645281**	**417105**	**19668**	**981812**	**80975**	**1868944**	**887132**
90165	74937	19945	417435	12280	263648	20594	675201	411553
70050	55865	-11216	403731	5274	226448	9648	582463	356015
59195	46224	1956	399270	918	239018	9421	577227	338209
10855	9640	-13172	4460	4357	-12570	227	5236	17806
2184	2181	2095	4844	716	2639	99	6240	3601
7812	7047	-14926	-383	3473	-14868	96	-7005	7863
685	236	98	0	0	99	33	6147	6048
175	175	-440	0	168	-440	0	-146	294
526	349	7490	0	322	3899	1512	11313	7414
358	187	7029	0	322	2632	1160	8896	6264
7	7	0	0	0	540	178	686	145
160	155	461	0	0	727	174	1731	1004
-6	-16	0	0	0	41	14	480	439
12550	12216	-4453	2636	4824	-3906	3915	23297	27203
9010	8864	-21309	2280	217	-25374	1313	-14741	10633
3540	3351	16856	356	4607	21468	2602	38038	16570
6308	5862	24766	11068	1860	34633	5222	52397	17764
736	661	3358	0	0	2532	284	5251	2719
2	2	341	0	0	341	0	531	191
735	660	3018	0	0	2191	284	4720	2529
2027	1951	18436	0	0	12582	311	22313	9731
1755	1679	17412	0	0	11558	311	20760	9202
272	272	1024	0	0	1024	0	1553	529
26939	7437	606900	-330	7388	705582	60070	1171430	465848
24425	6719	598197	-330	7386	701410	59190	1165424	464014
841	834	-4857	0	3	-9079	0	-8568	511
1674	-115	13559	0	0	13251	880	14574	1323
72252	56101	10174	403731	5596	243940	12039	608881	364942
70050	55865	-11216	403731	5274	226448	9648	582463	356015
526	349	7490	0	322	3899	1512	11313	7414
2	2	341	0	0	341	0	531	191
1674	-115	13559	0	0	13251	880	14574	1323
835	818	-4857	0	3	-9038	14	-8088	950
-6	-16	0	0	0	41	14	480	439
841	834	-4857	0	3	-9079	0	-8568	511
6580	6134	25790	11068	1860	35657	5222	53950	18293
6308	5862	24766	11068	1860	34633	5222	52397	17764
272	272	1024	0	0	1024	0	1553	529
39464	21273	614174	2306	12209	711254	63700	1214201	502947
9010	8864	-21309	2280	217	-25374	1313	-14741	10633
735	660	3018	0	0	2191	284	4720	2529
1755	1679	17412	0	0	11558	311	20760	9202
24425	6719	598197	-330	7386	701410	59190	1165424	464014
3540	3351	16856	356	4607	21468	2602	38038	16570

11－18 续表 1

单位:万元

		办公费 Administrative expense	研究开发费 Cost of R&D	职工教育费 Education
中央企业	Centre enterprises	8158	42554	3896
地方企业	Local enterprises	5136	21763	1585
省属企业	Provincial enterprises	159	281	45
地区及地区以下属企业	Belowprefecture	4977	21481	1539
地区属企业	Prefectural enterprises	2426	1921	707
县及县以下企业	Below counties	2551	19561	833
县属企业	County enterprises	277	5	79
镇属企业	Town enterprises	25	0	3
其他属企业	Others	2249	19556	751
在总计中:亏损企业	Making loss enterprises	2274	1502	363
在总计中:国有控股企业	State share holding	11526	63461	5094
其中:大中型企业	Large and medium enterprises	11526	63461	5094
在总计中:轻工业	Light industry	1347	1188	262
重工业	Heavy industry	11947	63129	5218
在总计中:大中型企业	Large and mudium enterprises	13294	64317	5481
其中:国有大中型企业	State owned	8512	41302	3893
其中:大型企业	Large enterprises	9994	60832	4119
中型企业	Mudium enterprises	3300	3485	1362
B、采矿业	Mining and quarrying	37	9	15
煤炭开采和洗选业	Coal mining and dressing	37	9	15
C、制造业	Manfacturing	12919	64308	5369
农副食品加工业	Food processing	211	17	0
食品制造业	Food manufacturing	44	9	15
饮料制造业	Beverage manufacturing	440	5	99
烟草制品业	Tobacco processing	75	80	63
纺织业	Textile industry	1	0	0
纺织服装、鞋、帽制造业	Clothing, shoes and hats	9	0	16
木材加工及竹、藤、棕、草制品业	Timber, bamboo, cane, palm and straw products	102	0	0
印刷业和记录媒介的复制	Printing and record medium reproduction	9	0	1
石油加工、炼焦及核燃料加工业	Petroleum processing	32	0	0
化学原料及化学制品制造业	Raw chemical material and chemical products	44	0	5
医药制造业	Medical and pharmacutical products	139	935	43
橡胶制品业	Rubber products	144	0	0
非金属矿物制品业	Nonmetal mineral products	119	0	48
黑色金属冶炼及压延加工业	Smelting and pressing of ferrous metals	1	0	0
金属制品业	Metal products	64	0	19
通用设备制造业	Ordinery machinery	97	0	540
专用设备制造业	Special purpose equipment	8	5	10
交通运输设备制造业	Transport equipment	10976	60634	4386
电气机械及器材制造业	Electric equipmert and machinery	40	18	1
通信设备、计算机及其他电子设备制造业	Electronic and telecommunication equipment	169	1103	14
仪器仪表及文化、办公用机械制造业	Instruments, meters, culturae and office	194	1504	110
D、电力、燃气及水的生产和供应业	Production and supply of electric power, steam and hot water	339	0	97
电力、热力的生产和供应业	Prochiction and supply electric power and steam	18	0	18
燃气生产和供应业	Production and supply of gas	106	0	80
自来水的生产和供应业	Production and supply of tap water	215	0	0

continued1 unit:10000yuan

财务费用 Financial expenses	利息支出 Interest expenditure	营业利润 Business profits	投资收益 Dividend	补贴收入 Subsidy	利润总额 After-tax profits	应交所得税 Income tax payable	利税总额 Pre-tax profits	上交税金 Taxable income
60006	46991	3979	399733	2623	243222	10518	586195	342973
59125	37335	641302	17372	17046	738591	70457	1282749	544159
10444	10085	-4638	4514	8102	3027	99	6636	3608
48681	27249	645940	12859	8944	735563	70358	1276114	540551
25943	24486	32001	13835	8455	34215	9522	92122	57907
22738	2763	613939	-977	489	701349	60837	1183992	482643
2011	1563	-504	0	0	-2955	33	11480	14434
7	7	0	0	0	540	178	686	145
20720	1193	614442	-977	489	703763	60626	1171826	468064
27320	26628	-62638	2031	3944	-89381	1310	-27259	62123
98734	71881	596133	417425	10184	877128	75375	1736230	859103
98734	71881	596133	417425	10184	877128	75375	1736230	859103
22559	16586	9999	1552	9012	62088	2228	122716	60627
96572	67740	635282	415553	10656	919724	78747	1746228	826504
119131	84326	645281	417105	19668	981812	80975	1868944	887132
70050	55865	-11216	403731	5274	226448	9648	582463	356015
70600	44695	577778	412299	10014	882485	69664	1646688	764203
48531	39631	67503	4806	9654	99328	11311	222256	122929
768	751	1225	0	0	992	456	1962	970
768	751	1225	0	0	992	456	1962	970
98140	63885	593661	417747	16733	986184	78300	1846255	860071
13618	8619	-4379	-328	8928	57535	0	58709	1175
176	55	724	0	0	109	29	1339	1230
1738	1272	2668	0	0	54	271	11183	11129
-94	-94	538	0	0	-1254	0	33144	34398
1291	1291	323	-15	0	53	1	582	529
-2	-3	-337	16	0	-316	0	-239	78
359	106	358	0	0	73	79	436	363
215	215	56	0	0	54	17	492	438
186	186	55	0	0	49	16	5140	5091
1077	820	-312	0	0	-1474	0	-456	1018
1481	1481	15208	8	79	12105	1174	17352	5248
912	912	-536	0	0	55	0	4318	4263
3010	2952	11837	2	3757	13522	90	22547	9026
21	17	321	0	0	290	0	966	676
371	337	82	0	0	-390	0	103	493
1113	1114	-3411	-20	0	-3481	0	-3169	312
405	405	6	0	0	2	0	611	610
66645	38926	597019	418014	2131	941640	75753	1719572	777932
578	576	-417	42	130	-1858	10	-1244	614
4045	3735	-26112	-320	3	-32660	124	-31076	1584
997	964	-29	348	1705	2079	737	5944	3866
20223	19690	50395	-642	2935	-5364	2219	20726	26090
15661	15129	46802	0	0	-8563	123	9140	17703
2444	2443	4493	-644	2935	5010	2096	10009	4999
2117	2117	-900	3	0	-1811	0	1577	3388

11－19 大中型工业企业主要经济指标(六)

单位:万元

		亏损企业亏损总额 Total loss of loss－making enterprises	本年应付工资总额 Wages	主营业务应付工资总额 Wage of business
总　　计	**Total**	**89381**	**419911**	**413291**
内资企业	Domestic funds	71661	350921	344641
国有企业	State owned	42259	263528	259734
中央企业	Centre enterprises	26442	237696	234487
地方企业	Local enterprises	15817	25832	25247
省属企业	Provincial enterprises	0	4658	4073
地区属企业	Prefectural enterprises	15377	18938	18938
县属企业	County enterprises	0	1520	1520
其他属企业	Others	440	715	715
集体企业	Collective owned	181	16732	15518
地区属企业	Prefectural enterprises	116	14011	12934
镇属企业	Town enterprises	0	347	347
其他属企业	Others	65	2374	2237
股份合作企业	Share holding cooperative	0	837	837
有限责任公司	Limited company	26874	36704	36146
国有独资公司	State owned	26077	10779	10442
其他有限责任公司	Others	797	25925	25704
股份有限公司	Share holding	1892	29043	28877
私营企业	Private erterprises	455	4077	3530
私营独资企业	Solely owned	0	348	348
私营有限责任公司	Limited company	455	3730	3182
港、澳、台商投资企业	Funded from Hongkong, Macao and Taiwan	2349	3699	3699
合资经营企业(港或澳、台资)	Joint venture	2349	3358	3358
港澳台商投资股份有限公司	Share holeling	0	341	341
外商投资企业	Foreign funded	15372	65291	64951
中外合资经营企业	Joint venture	6099	60440	60100
中外合作经营企业	Cooperative	9079	1459	1459
外资企业	Foreign owned	194	3392	3392
独资企业	Solely owned enterprises	42634	283999	278991
国有企业	State owned	42259	263528	259734
集体企业	Collective owned	181	16732	15518
私营独资企业	Private owned	0	348	348
外资企业	Foreign owned	194	3392	3392
合作、合伙企业	Cooperation and partnership	9079	2296	2296
股份合作企业	Shareholding and cooperative	0	837	837
中外合作经营企业	Cooperative	9079	1459	1459
股份有限公司	Share holding	1892	29384	29218
股份有限公司(内资)	Share holding (domestic)	1892	29043	28877
港澳台商投资股份有限公司	Funded Hongkong Macao and Taiwan	0	341	341
有限责任公司	Limited company	35776	104231	102786
国有独资公司	State owned	26077	10779	10442
私营有限责任公司	Limited company	455	3730	3182
港澳台合资经营企业	Funded from Hongkong, Macao and Taiwan	2349	3358	3358
中外合资经营企业	Joint venture	6099	60440	60100
其他有限责任公司	Others	797	25925	25704

MAIN ECONOMIC INDICATORS OF LARGE AND MUDIVM INDVSTRIAL ENTERPRISES(Ⅵ)

unit:10000yuan

本年应付福利费总额 Total welfare	主营业务应付福利费总额 Welfare in business	本年应交增值税 Value added tax payable	本年进项税额 Tax credit in this year	本年销项税额 Add value tax in this year	经营活动产生的现金流量净额 Cash flows in business	投资活动产生的现金流量净额 Cash flows in invest ment	筹资活动产生的现金流量净额 Cash flows in raising	全部从业人员年平均人数(人) Employees (person)
90690	**89793**	**464477**	**2355787**	**2990481**	**294282**	**-525125**	**129951**	**221600**
46739	45938	274697	1560280	1991704	228752	-246785	303112	190255
37075	36590	229879	1417764	1791828	157478	-132586	154083	123846
33518	33120	217631	1396702	1757653	143753	-127952	163131	100042
3557	3470	12247	21062	34176	13725	-4633	-9048	23804
726	649	3261	4820	7561	2832	-1077	-1129	5889
2525	2516	6924	8896	16929	9601	-3226	-7906	15880
205	205	1787	6671	8735	972	-480	-314	1654
100	100	275	675	951	320	150	300	381
1626	1367	6699	22599	44007	26105	-2504	-677	12864
1110	870	5731	14533	35099	-1561	-140	1449	10732
30	30	132	1198	1330	4234	-2020	-2082	330
486	467	835	6868	7577	23432	-344	-44	1802
117	117	409	88	496	-17	-39	0	365
3420	3409	19873	42793	61848	17416	-72889	104034	26466
1564	1559	6228	14085	20591	31898	-32658	19988	13630
1856	1851	13645	28708	41257	-14483	-40232	84046	12836
3955	3931	15668	67928	82249	12552	-38222	45233	22524
545	523	2170	9109	11277	15218	-546	439	4190
15	15	176	1136	1312	0	0	0	498
530	507	1994	7973	9965	15218	-546	439	3692
228	228	4991	18767	19582	14320	-27291	15646	3027
180	180	4523	18644	18992	14320	-27291	15646	2700
48	48	468	123	590	0	0	0	327
43724	43627	184790	776739	979194	51210	-251048	-188807	28318
43460	43364	182967	766704	967386	37540	-251919	-188807	26523
45	45	511	0	511	0	0	0	750
219	219	1312	10035	11297	13670	870	0	1045
38935	38191	238065	1451534	1848443	197253	-134220	153406	138253
37075	36590	229879	1417764	1791828	157478	-132586	154083	123846
1626	1367	6699	22599	44007	26105	-2504	-677	12864
15	15	176	1136	1312	0	0	0	498
219	219	1312	10035	11297	13670	870	0	1045
162	162	920	88	1008	-17	-39	0	1115
117	117	409	88	496	-17	-39	0	365
45	45	511	0	511	0	0	0	750
4003	3979	16136	68051	82839	12552	-38222	45233	22851
3955	3931	15668	67928	82249	12552	-38222	45233	22524
48	48	468	123	590	0	0	0	327
47590	47460	209357	836115	1058191	84493	-352644	-68689	59381
1564	1559	6228	14085	20591	31898	-32658	19988	13630
530	507	1994	7973	9965	15218	-546	439	3692
180	180	4523	18644	18992	14320	-27291	15646	2700
43460	43364	182967	766704	967386	37540	-251919	-188807	26523
1856	1851	13645	28708	41257	-14483	-40232	84046	12836

11－19 续表 1　　　　单位:万元

		亏损企业亏损总额 Total loss of loss－making enterprises	本年应付工资总额 Wages	主营业务应付工资总　额 Wage of business
中央企业	Centre enterprises	26442	246933	243725
地方企业	Local enterprises	62939	172977	169566
省属企业	Provincial enterprises	0	15894	15309
地区及地区以下属企业	Belowprefeefure	62939	157083	154257
地区属企业	Prefectural enterprises	49561	79477	77897
县及县以下企业	Below counties	13378	77606	76361
县属企业	County enterprises	3053	3566	3566
镇属企业	Town enterprises	0	347	347
其他属企业	Others	10325	73693	72447
在总计中:亏损企业	Making loss enterprises	89381	49378	46133
在总计中:国有控股企业	State share holding	83634	367165	362527
其中:大中型企业	Large and medium enterprises	83634	367165	362527
在总计中:轻工业	Light industry	11431	49526	48038
重工业	Heavy industry	77950	370385	365253
在总计中:大中型企业	Large and mudium enterprises	89381	419911	413291
其中:国有大中型企业	State owned	42259	263528	259734
其中:大型企业	Large enterprises	7335	317385	315212
中型企业	Mudium enterprises	82046	102526	98080
B、采矿业	Mining and qnarrying	0	1081	915
煤炭开采和洗选业	Coal mining and dressing	0	1081	915
C、制造业	Manfacturing	59723	384632	378179
农副食品加工业	Food processing	93	16468	16331
食品制造业	Food manufacturing	0	1831	1453
饮料制造业	Beverage manufacturing	3247	5011	5011
烟草制品业	Tobacco processing	1254	4168	4168
纺织业	Textile industry	0	2624	2624
纺织服装、鞋、帽制造业	Clofhing, shoes and hats	316	1062	939
木材加工及竹、藤、棕、草制品业	Timber, bamboo, cane, palm and straw products	506	2050	2050
印刷业和记录媒介的复制	Printing and record medium reproduction	0	939	939
石油加工、炼焦及核燃料加工业	Pertoleum processing	0	1141	1141
化学原料及化学制品制造业	Raw chemical material and chemical products	1474	1075	1075
医药制造业	Medical and pharmacutical products	28	5731	5061
橡胶制品业	Rubber products	0	1358	1358
非金属矿物制品业	Nonmetal mineral products	2165	4013	4013
黑色金属冶炼及压延加工业	Smelting and pressing of ferrous metals	50	472	472
金属制品业	Metal products	520	1403	1385
通用设备制造业	Ordinory machinery	3483	3624	3202
专用设备制造业	Special purpose equipment	0	66	66
交通运输设备制造业	Transport equipment	11159	314816	310221
电气机械及器材制造业	Electric equipmert and machinery	1867	1494	1384
通信设备、计算机及其他电子设备制造业	Electronic and telecommunication equipment	33561	7404	7404
仪器仪表及文化、办公用机械制造业	Instruments, meters, culturae and office	0	7883	7883
D、电力、燃气及水的生产和供应业	Production and supply of electric power, steam and hot water	29658	34197	34197
电力、热力的生产和供应业	Prochiction and supply eleetric power and steam	16496	20353	20353
燃气生产和供应业	Production and supply of gas	11351	6308	6308
水的生产和供应业	Production and supply of tap water	1811	7536	7536

continued1

unit:10000yuan

本年应付福利费总额 Total welfare	主营业务应付福利费总额 Welfare in business	本年应交增值税 Value added tax payable	本年进项税额 Tax credit in this year	本年销项税额 Add value tax in this year	经营活动产生的现金流量净额 Cash flows in business	投资活动产生的现金流量净额 Cash flows in investment	筹资活动产生的现金流量净额 Cash flows in raising	全部从业人员年平均人数(人) Employees (person)
34280	33882	221953	1406272	1771479	145282	-131542	165769	104575
56410	55911	242524	949515	1219002	149000	-393583	-35819	117025
1190	1112	3268	37877	23663	2851	-1077	-1129	19228
55221	54799	239256	911638	1195339	146149	-392505	-34690	97797
8804	8526	49278	125015	184789	66397	-133408	133892	65025
46417	46273	189978	786623	1010550	79752	-259097	-168582	32772
205	205	4243	8752	13272	-2206	980	1881	3729
30	30	132	1198	1330	4234	-2020	-2082	330
46182	46038	185603	776674	995948	77725	-258057	-168382	28713
6239	5847	25894	83351	117791	15264	-12916	-6423	37177
86244	85634	442504	2241728	2857554	196090	-492199	113037	181588
86244	85634	442504	2241728	2857554	196090	-492199	113037	181588
4393	4283	23622	76607	81764	50520	-16584	7682	41791
86298	85510	440855	2279180	2908717	243762	-508541	122268	179629
90690	89793	464477	2355787	2990481	294282	-525125	129951	221600
37075	36590	229879	1417764	1791828	157478	-132586	154083	123846
77183	76903	388119	2165199	2712688	139345	-398230	27772	136796
13508	12890	76359	190588	277792	154937	-126895	102179	84804
422	398	881	532	1413	787	-533	-415	3073
422	398	881	532	1413	787	-533	-415	3073
85318	84444	440971	2340340	2951607	239705	-499184	140103	199799
1004	985	683	40124	23845	25555	937	17300	18061
266	266	1125	4819	5944	1318	-39	0	1765
261	261	4592	7550	12144	2734	326	99	3654
584	584	6534	6644	12816	10761	-5451	-11051	1437
236	236	479	2553	3032	-2349	-142	1860	4375
148	131	78	73	150	7606	348	3	995
96	96	330	1258	228	4993	-260	-39	1812
129	129	398	346	745	169	-159	-405	784
160	160	1426	6472	8172	460	-44	-314	1156
67	67	1018	1918	2936	2163	-1784	-589	520
486	415	4888	1957	6479	2722	-6749	2758	3988
175	175	1450	4791	5604	30078	0	5200	1693
309	309	8135	5374	14415	-36104	-41358	80989	3536
63	54	616	4262	4877	-124	-90	-95	1488
353	291	462	1960	2788	1027	-755	-800	1135
307	274	280	1817	2091	-1472	291	1045	3969
91	91	557	77	132	-113	0	-33	1225
79314	78651	402397	2233168	2824783	194280	-436729	34476	137895
184	184	570	1677	2247	679	-10	-565	1663
509	509	1449	6133	7369	-6206	-3927	7626	4778
575	575	3507	7367	10809	1529	-3590	2638	3870
4950	4950	22625	14915	37460	53790	-25408	-9737	18728
2727	2727	15178	9285	24454	43660	-24553	-5607	10486
1193	1193	4341	5630	9901	4812	-349	465	5106
1031	1031	3106	0	3106	5318	-506	-4596	3136

统计资料
STATISTICS

交通运输、邮电通信业
TRANSPORTATION, POST AND TELECOMMUNICATION

第十二篇　交通运输邮电和通信业

2003全年各种方式完成货物周转量为364.5亿吨/公里，比上年增长%6.8。其中：铁路331亿吨/公里，比上年增长7.8%；公路33.2亿吨/公里，比上年下降-1.1%；民航2905万吨/公里，比上年增长18.4%。

2003全年完成旅客周转量为122亿人/公里，比上年下降-3.3%。其中：铁路81亿人/公里，比上年下降-4.9%；公路24.1亿人/公里，比上年下降-6%；民航16.9亿人/公里，比上年增长10.5%。

2003全年完成邮电业务收入35.7亿元，比上年增长8.5%。邮政快递及邮寄业务有较大幅度提高，全年特快专递127万件，比上年增长33.7%；函件7930万件，比上年增长42.1%；包件85万件，比上年增长28.9%。2003全年市话用户发展到116.9万户，比上年增长11.8%。

农话用户发展到26.7万户，比上年增长22.5%。

个人住宅电话发展到117.5万户，比上年增长13.3%，占全市电话总数的81.9%。

2003年内新增移动电话用户28.8万户，到2003年末已达279.8万户，比上年增长11.50%。

全市电话普及率有上年的53.4部/百人提高到55.8部/百人(含移动电话) 2003年末，互联网用户106036户，比上年增长8.10%。

12－1　主要年份全社会客货运输量
BASIC STATISTICS ON TRANSPORTATION

		1999	2000	2001	2002	2003
一、铁路	Railway					
1.货物发送量(万　　吨)	Freight traffic(10000ton)	972	903	1652	1762	2022
2.货物周转量(万吨公里)	Freight ton－Kilometers(10000ton·km)	2160000	2090000	3153800	3076000	3310000
3.旅客发送量(万　　人)	Passenger traffic(10000person)	1867	1937	2743	2076	2304
4.旅客周转量(万人公里)	Passenger Kilometers(10000person·km)	760000	820000	846900	852000	810000
二、公路	Highways					
1.货物运输量(万　　吨)	Freight traffic(10000ton)	8560	8910	8693	9010	8869
2.货物周转量(万吨公里)	Freight ton－Kilometers(10000ton)	314617	327516	318422	336000	332000
3.旅客运输量(万　　人)	Passenger traffic(10000person)	4436	4622	4675	4935	4632
4.旅客周转量(万人公里)	Passenger Kilometers(10000person·km)	226108	240414	240521	257000	241000
三、民航	Civil aviation					
1.货邮发送量(吨)	Freight traffic(ton)	4265.1	5730.1	6674.8	8784.3	9766
2.货邮吞吐量(吨)	Freight ton－Kilomefers(ton)	12773.4	16864	18971.6	22090.6	23726
3.旅客发送量(万　　人)	Passenger traffic(10000person)	41.9	48.6	54.6	61.1	63
4.旅客吞吐量(万　　人)	Passenger Kilometers(10000person)	83.5	96.7	109.3	122.5	127
四、管道	Pipelines					
1.天然气输送量(万立方米)	Petroleum and gas traffic(10000cu·m)	4057.6	3871.1	3679	9720	10261
2.天然气周转量(万立方米/公里)	Petroleum and gas Kilometers(10000cu·m/km)	1261138	1199233	1138580	823000	923000

12－2 1999－2002年长春市民用车辆拥有量

		1999	
		总计 Total	私人 Private
一、民用汽车(辆)	Civil vehicles(coach)	110903	31177
1.载客汽车(辆)	Buses and cars(coach)	61154	20365
载客量(客位)	Passengers(seat)	764713	193468
其中:大型(辆)	Large(coach)	4424	356
载客量(客位)	Passengers(seat)	178820	14390
2.普通载货汽车(辆)	Ordinary trucks(coach)	44458	10757
载重量(吨位)	Truck capacity(ton)	254357	53786
其中:大型(辆)	Large(coach)	20229	7080
载重量(吨位)	Truck capacity(ton)	150591	50976
3.专用载货汽车(辆)	Special truck(coach)	1884	55
载重量(吨位)	Truck capacity(ton)	12106	363
4.其他专用汽车(辆)	Other special truck(coach)	2117	—
5.特种汽车(辆)	Special truck(coach)	1290	—
二、轮胎式拖拉机(辆)	Tractors rubber wheels(coach)	71267	67704
其中:手扶式拖拉机(辆)	Mini tractors(coach)	13006	13006
三、摩托车(辆)	Motorcycle(coach)	113707	98788
其中:两轮(辆)	Two wheels(coach)	97023	85575
四、其他机动车(辆)	Other motor vehicles(coach)	17833	17120
五、载货挂车(辆)	Truck(coach)	293	51

NUMBER OF CIVIL MOTOR VEHICLE OWNED(1999－2002)

2000		2001		2002	
总计 Total	私人 Private	总计 Total	私人 Private	总计 Total	私人 Private
129354	23482	143402	24157	153644	36375
76038	15920	87490	16186	105753	29470
836418	151241	918645	144055	821902	180885
4828	241	5208	300	5536	317
188295	9399	197904	11105	225765	12928
49239	7386	51754	7812	47586	6849
270816	35452	289822	39841	286723	36685
21593	2865	22422	3247	5090	366
164108	21488	172649	24677	61080	4392
1566	81	1588	68	42991	6327
10180	535	10481	452	184861	27206
1499	68	1569	70	305	56
1012	27	1001	21	75	
72819	69308	75608	72584	161102	
15765	15765	18286	18286	82625	
140749	134932	137653	131964	177823	
111273	106675	108575	104088	129646	
25725	25418	26402	26087	11	1
278	175	411	411	11045	57

12－3　2003年长春市民用车辆拥有量

单位:辆

		总　计 Total	营　运 Operating
合计	**Total**	**521007**	**109347**
一、汽车	Vehicles	186864	76846
1.载客汽车	Buses and cars	132755	26078
其中:大型	Large	6238	4311
中型	Mudium	1876	491
小型	Smaller	110531	20575
微型	Smaller	14098	701
其中:轿车	Cars	80023	18303
2.载货汽车	Truck	51413	48815
其中:重型	Heavy	8995	8836
中型	Mudium	12900	12226
轻型	Light	28085	26541
微型	Small	1433	1212
其中:普通载货	Ordinary truck	42902	40870
3. 其他车辆	Others	2696	1953
二、电车	Trolley bus and tram car	25	25
1.无轨	Trolley bus		
2. 有轨	Tram car	25	25
三、摩托车	Motorcycle	229952	10358
1. 普通	Ordinary	207168	9570
2. 轻便	Light	22784	788
四、农用运输车	Truck	19108	17670
1. 三轮	Three wheels	11243	11093
2. 四轮	Four wheels	7855	6577
五、拖拉机	Tractors	80571	14
1. 大型	Large	5660	7
2. 小型	Small	74911	7
六、挂车	Trailer	4449	4408
七、其他类型车	Others	38	26

NUMBER OF CIVIL MOTOR VEHICLE OWNED IN 2003

unit: coach

		总计中:In which:			
非营运 Non－operating	特　种 Special type	其中:进口 Import	其中:个人 Individual	其中:新注册 Newly register	报　废 Worthless
411267	**393**	**16278**	**398619**	**62893**	**25711**
109627	391	14464	78064	28840	17555
106380	297	11693	65342	24729	5961
1927		117	520	1186	2812
1382	3	37	669	320	143
89674	282	11530	53067	19358	2904
13397		9	11086	3865	2
61718	2	8234	41688	16823	1278
2557	41	2647	12592	3396	11481
158	1	286	2079	788	2612
672	2	435	2745	590	8580
1508	36	1908	7080	1857	282
219	2	18	688	161	7
2023	9	1968	11821	1817	11145
690	53	124	130	715	113
219594		1739	221718	33005	7632
197598		1622	199412	31887	7553
21996		117	22306	1118	79
1437	1	1	18057	258	228
150			10966	130	42
1277	1	1	7091	128	186
80557			80560		
5653			5654		
74904			74906		
40	1	71	216	790	295
12		3	4		1

12－4　主要年份邮电业务总量及邮电能力
BASIC STATISTICS ON POST AND TELECOMMUNICATIONS

		1999	2000	2001	2002	2003
邮电业务收入(万元)	Volume of post and telecommunication(10000yuan)	284143	433564	316487.5	328971	384478
函件(万件)	Letters(10000pcs)	4138.8	4216	5583	5577	7931
包件(万件)	Parcels(10000pcs)	52.3	56.2	70	66	85
汇票(万张)	Bill of exchange(10000)	99.9	97.9	97	94	89
订销报纸期发数(万份)	Newspapers circulation(10000)	39.4	110.9	72	34	26
订销报纸累计数(万份)	Total newspapers(10000)	8199	7528	6665	5991	5888
订销杂志期发数(万份)	Magazines circulation(10000)	63.9	66	82	50	23
订销杂志累计数(万份)	Total magazines(10000)	720.2	711	580	528	483
市话年末到达户数(万户)	Telephone subscribers(10000)	76	86.9	95.2	104.6	116.9
#住宅电话(万户)	Residentialtelephone subscribers(10000)	66.7	76.3	80.9	82.8	91.6
农话年末到达户数(万户)	Ruraltelephone subscribers(10000)	10.3	15.3	20.1	21.8	26.7
#住宅电话(万户)	Residentialtelephone subscribers(10000)	9.7	14.4	19.1	20.9	25.9
无线寻呼(万户)	Subscribers of paging service(10000)	70.2	68.6	51.5	32	14
移动电话(万户)	Mobiletelephones subscribers(10000)	45.1	87.9	154.9	251	279.8
电报(万份)	Telegrams(10000)	10.9	5.8	3.2	1	0.7
长途电话(万户)	Long distance calls(10000)	11342	8923	11994	11634	10390
特快专递(万份)	Express mail services(10000)	59.9	72	83.3	95	110
邮政储蓄年末余额(万元)	Postal deposits balance(10000yuan)	261312	305316	353678	409562	465557
邮路总长度(公里)	Length of postal routes(km)	75825	87732	70294.3	84452	863025
长途电路(路)	Long distance telephone lines(line)	49652	70054	167866	222617	230220
长途程控交换机容量(路端)	Capacity of telephone exchange(line)	58000	58000	58000	58000	58000
市话交换机总容量(万门)	Urban capacity(10000line)	112.1	137.1	151.6	185.6	188.7
农话交换机总容量(万门)	Rural capacity(10000line)	15.5	21.4	28.2	31	32.4
年末邮电局(所)数(处)	Post and telecommunication offices	531	559	566	575	580
年末电话机数(万部)	Telephones(10000)	95.4	110.6	129.8	131.7	133.7

统计资料
STATISTICS

建筑业
CONSTUCTION

第十三篇　建筑业

2003年,全市建筑业发展状况良好,其主要经济指标持增长态势。

建筑业产值稳步增长。2003年全年累计完成施工产值198.68亿元,比去年增长22.35%,其中装饰装修产值5.62亿元,增长10.33%;建筑工程产值169.07亿元,增长18.77%;竣工产值151.39亿元,增长10.92%;房屋竣工面积728.9万平方米,增长12.13%。

经济效益指标明显提高。2003年末,工程结算收入192.47亿元,增长23.32%;工程结算成本172.17亿元,增长24.2亿元;工程结算利润12.93亿元,增长5.44%;全员劳动生产率为10.07万元/人,增长9.7%;资产负债率为69.85%,下降1.04个百分点。

13-1 建筑业生产情况

		计量单位 Unit	总计 Total	内资企业 Domestic funds	国有企业 State owned
建筑业总产值	Gross output value of construction	万元 10000yuan	1986776	1967865	731296
1. 建筑工程	Construction	万元 10000yuan	1690731	1672983	623767
2. 安装工程	Installation	万元 10000yuan	211499	210336	79625
3. 其他产值	Others	万元 10000yuan	84546	84546	27904
竣工产值	Output value of building completed	万元 10000yuan	1513937	1495194	583005
房屋建筑施工面积	Floor space of building completed	平方米 sq·m	12195997	12049160	5261712
#:本年新开工面积	New starting projects	平方米 sq·m	8428523	8315686	3221879
#:投标承包面积	Number of tender	平方米 sq·m	11306090	11159253	5159066
#:本年新开工	New starting projects	平方米 sq·m	8124417	8011580	3183192
房屋建筑竣工面积	Floor space of building completed	平方米 sq·m	7288951	7143593	2969839
自有机械设备净值	Net value of machinery and equipment owned	万元 10000yuan	194051	191959	90435
自有机械设备年末总台数	Number of machinery and equipment owned	台 unit	44305	43599	23980
#:总功率	Total power	千瓦 kw	1007580	104177	546982
#:施工机械功率	Power of machiners	千瓦 kw	805682	802284	417925
计算建筑业全员劳动生产率的平均人数	Average persons of construction	人 person	197144	195130	72521

BASIC STATISTICS ON PRODUCTION OF CONSTRUCTION

登 记 注 册 类 型 Grouped by type of registered									
集体企业 Collective owned	股份合作企业 Cooperative	有限责任公司 Share holding	股份有限公司 Other limited	私营企业 Corperation	港澳台商投资企业 Funded from Hongkong Macao Taiwan	合资经营企业 Domestic funds	独资经营企业 Solely owned	外商投资企业 Foreign funds	合资企业 Joint venture
63094	3872	764188	317702	87713	7740	7120	620	11171	153
38448	3746	675079	272951	58992	6577	6577		11171	153
18521	126	87739	3351	20974	1163	543	620		
6125		1370	41400	7747					
62156	3872	542012	218056	86093	7740	7120	620	11003	153
444077		2615673	3149905	577793	2100	2100		144737	
380223		1857056	2381691	474847	2100	2100		110737	
408961		2143382	2927381	520463	2100	2100		144737	
359223		1744862	2249656	474647	2100	2100		110737	
316790		1577311	2015075	264578	2100	2100		143258	
9584	3837	61586	12216	14301	1107	582	525	985	8
3300	64	12208	1307	2740	495	485	10	211	81
43938	7883	314266	42031	49077	2830	2710	120	573	253
37671	7883	258644	36699	43462	2825	2705	120	573	253
11660	901	65703	31227	13118	1025	960	65	989	20

13－1 续表 1

		计量单位 Unit	房屋 Building
建筑业总产值	Gross output value of construction	万元 10000yuan	1226533
1. 建筑工程	Construction	万元 10000yuan	1182377
2. 安装工程	Installation	万元 10000yuan	19297
3. 房屋构筑物修理	Maintain	万元 10000yuan	24859
竣工产值	Output value of building completed	万元 10000yuan	916713
房屋建筑施工面积	Floor space of building completed	平方米 sq·m	11776602
#:本年新开工面积	New starting projects	平方米 sq·m	8140375
#:实行投标承包面积	Number of tender	平方米 sq·m	10915128
#:本年新开工	New starting projects	平方米 sq·m	7836269
房屋建筑竣工面积	Floor space of building completed	平方米 sq·m	
自有机械设备净值	Net value of machinery and equipment owned	万元 10000yuan	77018
自有机械设备年末总台数	Number of machinery and equipment owned	台 unit	21914
#:总功率	Total power	千瓦 kw	431552
#:施工机械功率	Power of machiners	千瓦 kw	332761
计算建筑业全员劳动生产率的平均人数	Average persons of construction	人 person	124504

continued 1

行业类型 Grouped by sector					线路管道设备安装业 Pipes lines and equipment installation			装修装饰业 Building decoration
土木工程建筑业 Construction	矿山 Mine	铁路公路隧道桥梁 Railways tunnels highway and bridges	水利和港口 Water conservancy and port	其他土木工程 Others		线路管道业 Pipeline	设备安装业 Equipment	
607579		329224	111681	41205	125469			41592
463566		283253	106034	25943	48336			38963
87202			5439	4576	77133			1971
56811		45671	154	10686				658
445960		208268	35214	38724	163753			41592
416405		141572		33804	241029			
285158		141572		33804	109782			
387972		141572		33804	212596			
285158		141572		33804	109782			
102732		56716	26513	5015	14488			3993
17781		4508	6884	2571	3818			1672
429782		205672	195214	50818	78078			15014
427442		182719	130576	49751	64399			14988
51468		24223	13389	5133	8723			5787

13－2 建筑业财务状况

		计量单位 Unit	总计 Total	内资企业 Domestic funds	国有企业 State owend
一、实收资本		万元 10000yuan	524203	513667	195400
二、年末资产负债	Total assets and libilities				
流动资产合计	Circulating funds	万元 10000yuan	1774913	1756455	722360
#:存货	Inventory	万元 10000yuan	231500	227714	78819
#:在建工程	Under construction	万元 10000yuan	7613	7613	5976
固定资产小计	Total of fixed assets	万元 10000yuan	481525	474662	210076
固定资产原价合计	Orginal value of fixed assets	万元 10000yuan	677630	666922	312987
#:生产经营用	Expense of operating	万元 10000yuan	420751	414534	189213
累计折旧	Cumulative depreciation	万元 10000yuan	217427	213581	110360
#:本年折旧	Depreciation at this year	万元 10000yuan	34557	34091	14036
无形及递延资产合计	Intangible and deferred assets	万元 10000yuan	42450	41201	9021
#:无形资产	Intangible assets	万元 10000yuan	37195	35946	7374
资产总计	Total assets	万元 10000yuan	2359574	2332974	986322
流动负债合计	Total circulation liabilities	万元 10000yuan	1609295	1595835	700382
长期负债合计	Long term liabities	千元 1000yuan	38901	38791	13304
负债合计	Total labilities	万元 10000yuan	1648196	1634626	713686
所有者权益合计	Creditors' equity	万元 10000yuan	711378	698348	272636
#:实收资本	Capital hold	万元 10000yuan	524203	513667	195400
三、损益及分配	Loss, profit and distribution				
工程结算收入	Revenue of project settlement accounts	万元 10000yuan	1924655	1912325	685953
工程结算成本	Cost of project settlement accounts	万元 10000yuan	1721729	1712310	613429
工程结算税金及附加	Taxes of project settlement accounts	万元 10000yuan	73613	71765	23145
其他业务利润	Other profit	万元 10000yuan	129313	128250	49379
管理费用	Management expenses	万元 10000yuan	103434	102040	46723
#:税金	Taxes	万元 10000yuan	1409	1382	617
#:劳动、待业保险费	Unemployment insurance	万元 10000yuan	15257	15229	8610
营业利润	Profit of opering	万元 10000yuan	18516	18855	－4969
利润总额(亏损数)	Total profit	万元 10000yuan	18629	18969	－4231
应交所得税	Payable income tax	万元 10000yuan	6203	6172	1038
应付利润	Payable profit	万元 10000yuan	21176	21099	2810
四、工资、福利费	Wages welfare				
本年应付工资总额	Payable wages	万元 10000yuan	158772	156963	65225
本年应付福利费总额	Payable welfare	万元 10000yuan	154506	152697	61850
五、建筑业增加值	Adeded value	万元 10000yuan	328943	324780	119215
六、亏损企业个数	Making－loss enterprises	个 unit	111	9790	36

FINANCIAL INDICATORS OF CONSTRUCTION ENTERPRINSES

登记注册类型 Grouped by type of registered									
集体企业 Collective owned	股份合作企业 Cooperative	有限责任公司 Share holding	股份有限公司 Other limited	私营企业 Corperation	港澳台商投资企业 Funded from Hongkong Macao Taiwan	合资经营企业 Domestic Furds	独资经营企业 Solely owned	外商投资企业 Foreign funds	外资企业 Joint Venture
20229	4097	176147	72100	45694	3608	2940	668	6928	100
42069	4150	607454	320971	59451	8680	6837	1843	9778	304
16024	259	102650	21442	8520	2031	1614	417	1755	113
2		814	819	2					
18383	4215	131760	98114	42114	1681	1156	525	5182	8
23159	4654	201995	74976	49151	2722	2006	716	7986	54
12959	3963	150609	28371	29417	1913	1339	574	4304	54
5081	440	71598	18881	7221	1042	851	191	2804	46
619	66	12708	4875	1787	124	83	41	342	5
766	159	25250	159	5846	915	906	9	334	
367		23416	109	4950	915	906	9	334	
62086	8524	776341	398811	109890	11306	8929	2377	15294	312
36539	4114	543328	266778	44697	6702	4993	1709	6758	99
1086		18035	658	5708				110	110
37622	4114	561363	268436	50405	6702	4993	1709	6868	209
24464	4410	214978	122375	59485	4604	3936	668	8426	103
20229	4097	176147	72100	45694	3608	2940	668	6928	100
58699	6101	768710	317062	75800	6905	6285	620	5425	153
52210	5471	681403	294584	65213	5791	5246	545	3682	126
2187	199	33304	10371	2549	209	190	19	1639	5
4302	431	54003	12097	8038	905	849	56	158	22
3514	370	40937	5711	4785	895	821	74	499	23
71	2	397	195	100	5	2	3	22	6
626	84	4737	1116	56	6	6		22	2
911	62	13050	6709	3092		18	-18	-339	-1
891	62	12277	6886	3084	-1	17	-18	-339	-1
707	26	2720	715	966	16	16		15	
422	36	9110	6209	2512	23	23		54	
9473	404	53681	18614	9566	1015	926	89	794	22
9336	404	53356	18292	9456	1015	926	89	794	22
15144	868	126287	44828	18438	1493	1345	148	2670	41
8		37	4	20	4	3	1	2	1

13-2续表1

		计量单位 Unit	土木工程 建筑业 Construction
一、资本金合计	Total	万元 10000yuan	
二、年末资产负债	Total assets and libilities		
流动资产合计	Circulating funds	万元 10000yuan	577462
#:存货	Inventory	万元 10000yuan	103222
#:在建工程	Under construction	万元 10000yuan	2754
固定资产小计	Total of fixed assets	万元 10000yuan	244633
固定资产原价合计	Orginal value of fixed assets	万元 10000yuan	342567
#:生产经营用	Expense of operating	万元 10000yuan	176410
累计折旧	Cumulative depreciation	万元 10000yuan	112050
#:本年折旧	Depreciation in this year	万元 10000yuan	17253
无形及递延资产合计	Intangible and deferred assets	万元 10000yuan	15885
#:无形资产	Intangible assets	万元 10000yuan	14046
资产合计	Total assets	万元 10000yuan	
流动负债合计	Total circulation liabilities	万元 10000yuan	855817
长期负债合计	Long term liabities	万元 10000yuan	510323
负债合计	Total labilities	万元 10000yuan	521950
所有者权益合计	Creditors' equity	万元 10000yuan	334227
#:实收资本	Capital hold	万元 10000yuan	212147
三、损益及分配	Loss, profit and distribution		
工程结算收入	Revenue of project settlement accounts	万元 10000yuan	609018
工程结算成本	Cost of project settlement accounts	万元 10000yuan	534351
工程结算税金及附加	Taxes of project settlement accounts	万元 10000yuan	20692
工程结算利润	Profits	万元 10000yuan	83975
管理费用	Management expenses	万元 10000yuan	41562
#:税金	Taxes	万元 10000yuan	571
#:劳动、待业保险费	Unemployment insurance	万元 10000yuan	5939
营业利润	Profit of operating	万元 10000yuan	5297
利润总额	Total profit	万元 10000yuan	5198
应交所得税	Payable income tax	万元 10000yuan	1655
应付利润	Payable profit	万元 10000yuan	7928
四、工资、福利费	Wages welfare		
本年应付工资总额	Payable wages	万元 10000yuan	48590
本年应付福利费总额	Payable welfare	万元 10000yuan	45868
五、建筑业增加值	Adeded value	万元 10000yuan	108076
六、亏损企业个数	Making-loss enterprises	个 unit	30

continued 1

行业类型 Grouped by sector					线路管道设备安装业 Pipes lines and equipment installation			装修装饰业 Building decoration
房屋 Building	矿山 Mine	铁路公路隧道桥梁 Railways tunnels highway and bridges	水利和港口 Conservancy and part	其他土木工程 Others		线路管道业 Pipeline	设备安装业 Equipment	
1052893		299378	108891	43886	125307			42163
98855		50428	22599	4575	25620			10757
4857		819	190		1745			
186343		152613	36150	10777	45093			22968
272972		195355	63293	16081	67838			26220
207037		66508	46229	11707	51966			16118
93349		54833	27419	5308	24490			3381
14537		7876	4016	1014	4347			1080
23478		8335	1443	2046	4061			1178
20905		6710	1254	2021	4061			665
1301787		466970	146626	63822	178399			68692
983027		256381	106548	31724	115670			34714
1003666		258673	114769	32478	115670			40286
298121		208297	31857	31344	62729			28406
247798		112018	22211	28270	49649			22646
1184080		320178	115850	35438	137552			38705
1077686		287951	102911	31261	112228			32226
47877		11408	3782	1044	4458			1399
58517		20819	9157	3133	20866			5080
48626		9332	9209	3357	19664			4018
609		170	97	31	273			56
8739		1081	2831	53	1974			105
9923		5460	-1177	-202	1216			926
10149		5595	-1539	-100	1242			918
2795		1197	35	254	169			525
9567		6324	54	468	1081			962
90397		18505	11051	4257	14777			5704
8928		17687	9920	4207	14054			5634
186530		49740	21997	6755	29584			10031
31		12	3	12	3			18

统计资料
STATISTICS

批发零售贸易和餐饮业
WHOLESALE RETAIL TRADES AND CATERING

第十四篇　批零贸易和餐饮业

2003年，我市社会消费品零售总额各月增幅起伏较大。一季度的各月增幅均在两位数以上，"非典"疫情爆发后，我市的批发零售贸易业和餐饮业受到很大影响，尤其是餐饮业受到重创。二季度除4月份社会消费品零售总额增长10.7%外，5、6月份均呈下降趋势。其中，5月份比去年同期下降11.2%，6月份下降3.3%，这也是近年来我市社会消费品零售总额首次出现下降的趋势。随着疫情得到有效控制，批发零售贸易业、餐饮业经营状况逐渐回升，有些企业已恢复到"非典"流行前的水平，再加上各种促销活动和会展活动的推动，三、四季度各月的社会消费品零售总额增幅又基本恢复到两位数以上。2003年，全市社会消费品零售总额实现438.3亿元，比上年增长8.4%。

从销售地域看：市的零售额增长幅度快于县及县以下，市的零售额实现409.9亿元，比上年增长8.5%，县及县以下实现零售额28.4亿元，比上年增长7.5%。

分行业看：批发零售贸易业增长速度最快，餐饮业对社会消费品零售总额增长的拉动作用减弱。2003年，批发零售贸易业实现零售额382.1亿元，增长10.5%。其中限额以上批发零售贸易企业对社会消费品零售总额增长的带动作用特别明显，全年完成零售额134.8亿元，比上年增长37.7%，增幅高于社会消费品零售总额29.3个百分点。限额以下及个体实现零售额247.3亿元，比上年下降0.2%；餐饮业以往一直是拉动我市社会消费品零售总额快速增长的主要因素之一，但由于受"非典"疫情的影响，客流量大幅减少，营业额也随之下降，全年实现零售额55.6亿元，仅比上年增长3.8%，增幅低于社会消费品零售总额4.6个百分点；其他行业实现零售额0.6亿元，下降76.2%。

按经济类型划分：非公有经济发展较快，全年实现零售额370.0亿元，比上年增长16.5%，占社会消费品零售总额的84.4%，所占比重比上年提高5.4个百分点。公有经济实现零售额68.3亿元，比上年下降19.1%。

从消费结构看：穿着类、用品类零售额上升，食品类零售额下降。在社会消费品零售总额中，穿着类实现零售额66.8亿元，占社会消费品零售总额的15.2%，比上年增长8.4%；用品类实现零售额239.4亿元，占社会消费品零售总额的54.6%，比上年增长20.8%；食品类实现零售额132.1亿元，占社会消费品零售总额的30.2%，比上年下降7.2%。

14-1 社会消费品零售总额
TOTAL RETAIL SALES OF CONSUMER GOODS

单位:万元 unit:10000 yuan

		2003
社会消费品零售总额	**Total**	**4383183.9**
其中:市区	Urban district	3702957.9
(一)按销售单位所在地分组	Grouped by region	
(1)市的零售额	Total of district	4099093.0
(2)县的零售额	Total of county	90413.4
(3)县以下零售额	Below county	193677.5
(二)按经济类型分	Grouped by ownership	
国有经济	State owned	568628.2
非国有经济	No-state owned	3814555.7
公有经济	Public owned	683509.0
非公有经济	No-public owned	3699674.9
(三)按行业分组	Grouped by sector	
批发、零售贸易业	Wholesale and retair trade	3820688.2
限额以上	Above designated size	1347519.2
限额以下及个体	Under designated size	2473169.0
市场内	Inside market	1813600.6
市场外	Outside market	659568.4
餐饮业	Catering	555735.7
其他	Others	6760.0
(四)按用途分组	Grouped by use	
吃的商品	Food	1321607.2
穿的商品	Clothing	667613.1
用的商品	Daily consumer goods	2393963.6

14－2　限额以上批发零售贸易业商品购进、销售、库存总额

计量单位:万元

		法人企业（个）Legal person enterprises	产业活动单位（个）Dperating unit	从业人数（人）Employment (person)
总　计	**Total**	**161**	**169**	**36128**
一、批发业		56	59	13851
其中:国有及国有控股	State owned and share	31	31	8517
1. 按登记注册类型分组	Grouped by type registered			
内资企业	Domestic funds	56	58	13780
国有企业	State owned	16	16	3764
集体企业	Collective owned	4	4	513
股份合作企业	Cooperative	2	2	833
联营企业	Joint			
国有联营企业	State joint owned			
集体联营企业	Collective joine owned			
国有与集体联营企业	State－collective joint owned			
其他联营企业	Other joint ownedP			
有限责任公司	Limited liability corporations	18	18	5909
国有独资企业	State owned	7	7	2943
其他有限责任公司	Other	11	11	2966
股份有限公司	Share holding	8	10	2437
私营企业	Private	8	8	324
私营独资企业	Private funded	1	1	26
私营合伙企业	Private partner			
私营有限责任公司	Private limited company	4	4	142
私营股份有限公司	Private share holding	3	3	156
其他企业	Others			
港、澳、台商投资企业	Funded from Hongkong, Macao and Taiwan			
合资经营企业	Joint venture			
合作经营企业	Cooperative			
独资经营企业	Solefunds			
投资股份有限公司	Share holding			
外商投资企业	Foreign funds		1	71
中外合资经营企业	Joint venture		1	71
中外合作经营企业	Cooperative			
外资企业	Fundecl from foreign			
外商投资股份有限公司	Share halding funded from foreigh			
2. 按国民经济行业分组	Grouped by sector			
农畜产品批发业	Agricultural products	6	6	4215
食品、饮料及烟草制品批发业	Food, drink and tobaccoes	9	9	1418
米、面制品及食用油批发业	Grain and edible oil	3	3	856
烟草制品批发业	Wholesale of tobaccos	3	3	370
纺织、服装及日用品批发业	Textire, garment and daily articles	3	4	389
服装批发业	Garment	1	1	30
文化、体育用品及器材批发业	Cultural and sport goods	4	4	363
医药及医疗器材批发业	Medicine and medical appliance	8	8	4645
矿产品、建材及化工产品批发业	Industry and construction materials	15	15	2230
煤炭及制品批发业	Coal and related products	2	2	490
石油及制品批发业	Petroleum and related products	3	3	317
金属及金属矿批发业	Metal materials	6	6	223
建材批发业	Construction materials	1	1	109
化肥批发业	Chemical fertilizers	2	2	1085
机械设备、五金交电及电子产品批发业	Machinery, hardwane and electrohic equipment	11	13	591
汽车、摩托车及零配件批发业	Motor vehicles, motorcycle and parts	2	2	50
家用电器批发业	Electrical household appliances		2	80
计算机、软件及辅助设备批发业	Computer and software			
贸易经纪与代理	Agency			
其他批发业	Other wholesale			

TOTAL PURCHASE, SALES AND INVENTORY IN WHOLESALE AND RETAIL TRADES

unit: 10000yuan

购进总额 Total purchase	进口 Imports	销售总额 Total sales	批发 Wholesale	出口 Exports	零售 Retail trade	年末库存总额 Inventory
2962584.2	**50019.5**	**3366594.5**	**2027132.7**	**680252.1**	**1339461.8**	**403617.1**
1819394.1	44534.2	1980858.6	1899035.9	680252.1	81822.7	295276.3
1569582.9	4948.7	1703849.3	1638467.9	662141.7	65381.4	248562.3
1809297.9	44534.2	1970051.0	1888228.3	680252.1	81822.7	295276.3
492250.9	4920.0	573463.7	518494.3	68718.5	54969.4	108102.2
17213.0		17324.9	12025.5		5299.4	1461.7
8417.0		6641.3	1540.0		5101.3	2531.2
1078099.3	28.7	1149366.4	1146709.9	611119.7	2656.5	156775.6
995036.9	28.7	1047405.5	1047405.5	606314.9		122923.0
83062.4		101960.9	99304.4	4804.8	2656.5	33852.6
145182.6	39585.5	149667.3	136394.4	413.9	13272.9	19386.3
68135.1		73587.4	73064.2		523.2	7019.3
4611.7		5078.7	5078.7			79.8
41113.1		42918.9	42918.9			2201.3
22410.3		25589.8	25066.6		523.2	4738.2
10096.2		10807.6	10807.6			
10096.2		10807.6	10807.6			
688958.6		746729.0	746729.0	593534.4		150362.6
535261.9		564012.7	563247.7		765.0	27467.9
304601.8		304812.4	304812.4			4839.2
219940.7		246874.1	246109.1		765.0	21954.5
22065.8	4920.0	74681.2	74681.2	68718.5		7176.7
3059.3		3362.2	3362.2			5893.7
63659.8		45935.7	45408.8		526.9	41955.6
108973.0		127911.2	114378.4		13532.8	43156.5
228746.2		237122.3	182417.2	7246.1	54705.1	20214.1
5216.0		6452.5	6452.5			4495.4
111955.7		114256.1	60055.4		54200.7	8392.9
94798.7		100588.0	100588.0			4718.7
2373.3		2441.3	2441.3	2441.3		125.1
8559.7		7308.8	6804.4		504.4	2375.6
171728.8	39614.2	184466.5	172173.6	10753.1	12292.9	4942.9
57597.1		59388.4	51692.4		7696.0	1121.3
18397.9		19342.8	19342.8			

14-2续表1

单位:万元

		法人企业(个) Legal person enterprises	产业活动单位(个) Dperating unit	从业人数(人) Employment (person)
二、零售业	Retail trade	105	110	22277
其中:国有及国有控股	State owned and share	30	31	10556
1. 按登记注册类型分组	Grouped by type registered			
内资企业	Domestic funds	102	105	20821
国有企业	State owned	20	22	4377
集体企业	Collective owned	4	4	625
股份合作企业	Cooperative	3	3	277
联营企业	Joint			
国有联营企业	State joint owned			
集体联营企业	Collective joine owned			
国有与集体联营企业	State-collective joint owned			
其他联营企业	Other joint owned			
有限责任公司	Limited liability corporations	27	28	2986
国有独资企业	State owned	2	2	114
其他有限责任公司	Other	25	26	2872
股份有限公司	Share holding	13	13	9390
私营企业	Private	35	35	3166
私营独资企业	Private funded	2	2	966
私营合伙企业	Private partner	1	1	13
私营有限责任公司	Private limited company	30	30	2146
私营股份有限公司	Private share holding	2	2	41
其他企业	Others			
港、澳、台商投资企业	Funded from Hongkong, Macao and Taiwan	1	1	636
合资经营企业	Joint venture	1	1	636
合作经营企业	Cooperative			
独资经营企业	Solefunds			
投资股份有限公司	Share holding			
外商投资企业	Foreign funds	2	4	820
中外合资经营企业	Joint venture	1	2	240
中外合作经营企业	Cooperative	1	1	38
外资企业	Fundecl from foreign		1	542
外商投资股份有限公司	Share halding funded from foreigh			
2. 按国民经济行业分组	Grouped by sector			
综合零售业	Retail trade	30	32	12723
百货零售业	Consumer goods	20	20	9492
超级市场零售业	Supmarket	9	11	3208
食品、饮料、烟草制品专门零售业	Wholesale of food, beverage and tobaccos	6	6	723
纺织、服装及日用品专门零售业	Textile, garment and daily articles	5	6	962
服装零售业	Garments	1	2	75
文化、体育用品及器材专门零售业	Cultural and sports goods	11	12	1397
体育用品零售业	Cultural and sports goods			
图书零售业	Books	9	9	1338
医药及医疗器材专门零售业	Medicine and medical appliarce	6	7	2818
药品零售业	Medicine	6	7	2818
汽车、摩托车、燃料及零配件专门零售业	Vehicles, motorcycle and part	32	32	2883
汽车零售业	Vehicles	19	19	815
机动车燃料零售业	Fuel	8	8	1447
家用电器及电子产品专门零售业	Electrical household equipment	13	13	728
家用电器零售业	Electrical household equipment	4	4	585
计算机、软件及辅助设备零售业	Computer and softwcne	9	9	143
通讯设备零售业	Teleconmmunicational equipment			
五金、家具及室内装修材料专门零售业	Handncne and funiture	2	2	43
无店铺及其他零售业	Other retait trade			
邮购及电子销售业	Electronic sales			

continued1

unit:10000yuan

购进总额 Total purchase	进口 Imports	销售总额 Total sales	批发 Wholesale	出口 Exports	零售 Retail trade	年末库存总额 Inventory
1143190.1	5485.3	1385735.9	128096.8		1257639.1	108340.8
507140.6	222.2	599090.6	64598.2		534492.4	37565.0
1092497.5	5485.3	1275726.6	128096.8		1147629.8	102507.3
69833.8		98556.5	8700.9		89855.6	9673.7
10890.3		11252.7	2322.9		8929.8	522.4
8148.8		8689.3	2641.4		6047.9	1196.9
153682.5	2778.7	195496.3	14973.3		180523.0	34093.3
4026.3		3918.1	1012.0		2906.1	325.1
149656.2	2778.7	191578.2	13961.3		177616.9	33768.2
505410.3		588006.4	72344.3		515662.1	31860.8
344531.8	2706.6	373725.4	27114.0		346611.4	25160.2
27473.0		30918.3			30918.3	1979.7
407.3		435.1	119.2		315.9	25.7
307035.4	2706.6	332739.1	26994.8		305744.3	22185.0
9616.1		9632.9			9632.9	969.8
2234.5		53412.1			53412.1	465.4
2234.5		53412.1			53412.1	465.4
48458.1		56597.2			56597.2	5368.1
4943.5		6060.4			6060.4	320.6
10044.7		12778.6			12778.6	506.9
33469.9		37758.2			37758.2	4540.6
491091.1		688044.2	7621.7		680422.5	47465.4
379039.7		528891.8			528891.8	24611.5
111092.8		158171.6	7621.7		150549.9	19668.5
18738.6		23070.1	1117.1		21953.0	1681.9
12955.8	2706.6	12762.1			12762.1	3807.0
2931.7		3947.1			3947.1	163.4
29082.3		31811.9	6011.3		25800.6	13737.1
23031.4		25128.8	3947.4		21181.4	11989.2
24724.5	222.2	44548.7	9084.9		35463.8	5067.5
24724.5	222.2	44548.7	9084.9		35463.8	5067.5
524862.2	2556.5	543656.9	87118.9		456538.0	31762.4
378473.2	2556.5	378578.3	57240.8		321337.5	21294.4
66029.8		83666.0	21734.6		61931.4	4371.0
39804.2		39517.0	17142.9		22374.1	3914.3
22399.9		21808.7	11625.9		10182.8	2527.3
17404.3		17708.3	5517.0		12191.3	1387.0
1931.4		2325.0			2325.0	905.2

14－3　限额以上批发零售贸易企业财务状况(1)

计量单位:万元

		企业数(个) Enterprises	亏损企业数(个) Making loss enterprises
总　计	**Total**	**161**	**70**
一、批发企业	Wholesale enterprises	56	21
其中:国有及国有控股	State owned and share holding	31	13
(一)按登记注册类型分组	Grouped by type registered		
内资企业	Domestic funds	56	21
国有企业	State owned	16	6
集体企业	Collective owned	4	4
股份合作企业	Cooperative	2	
联营企业	Joint ownership		
国有联营企业	State joint		
集体联营企业	Collective joint		
国有与集体联营企业	State and collective joint		
其他联营企业	Others		
有限责任公司	Limited liability company	18	7
国有独资企业	State owned	7	4
其他有限责任公司	Others	11	3
股份有限公司	Share holding	8	3
私营企业	Private	8	1
私营独资企业	Private funded	1	
私营合伙企业	Private partner		
私营有限责任公司	Private limited company	4	1
私营股份有限公司	Private share holding	3	
其他企业	Others		
港、澳、台商投资企业	Funded from Hong Kong Macao and Taiwan		
合资经营企业	Joint venture		
合作经营企业	Cooperative		
独资经营企业	Sole funds		
投资股份有限公司	Share holding		
外商投资企业	Foreign funds		
中外合资经营企业	Joint venture		
中外合作经营企业	Cooperative		
外资企业	Funded from foreign countries		
外商投资股份有限公司	Share halding funded from foreigh		
(二)按国民经济行业分组	Grouped by sector		
农畜产品批发业	Agricultural products	6	4
食品、饮料及烟草制品批发业	Wholesale of food, beverage and tobaccos	9	1
米、面制品及食用油批发业	Grain and edible oil	3	1
烟草制品批发业	Tobaccoes	3	

MAIN FINANCIAL INDICATORS OF ENTERPRISES ABOVE DESIGNATED SIZE IN WHOLESALE AND RETAIL TRADES(Ⅰ)

unit:10000 yuan

年末资产负债 Assets and liabilities							
流动资产小计 Circulating funds	存货 Inventory	长期投资 Long term investement	固定资产小计 Fixed assets	固定资产原价 Original value of fixde assets	累计折旧 Depreciation	本年折旧 Depreciation in this year	资产合计 Total assets
1405646.2	**377875.4**	**77601.5**	**424920.5**	**483254.1**	**114348.9**	**22209.7**	**2009157.0**
1023944.0	278536.1	56870.1	143739.3	166573.1	51296.1	12287.6	1268439.8
871326.2	237256.1	38610.0	113881.6	138608.2	34987.8	4433.6	1049322.3
1023944.0	278536.1	56870.1	143739.3	166573.1	51296.1	12287.6	1268439.8
271414.3	91794.8	32832.7	74707.7	88814.9	23780.1	3173.9	399371.0
4551.2	1210.6		1921.9	2368.0	446.1	5.5	15209.5
1811.8	1252.0		1292.2	1454.6	212.4	50.3	3164.0
621158.7	159679.8	6260.6	27950.9	37639.1	10037.2	1570.8	660905.8
552101.7	135596.3	5970.6	20816.4	29473.1	8657.2	1003.8	581611.2
69057.0	24083.5	290.0	7134.5	8166.0	1380.0	567.0	79294.6
94057.5	17454.1	13541.8	35713.6	33159.8	15836.6	7263.5	152446.3
30950.5	7144.8	4235.0	2153.0	3136.7	983.7	223.6	37343.2
1996.6	154.4		835.1	1414.3	579.2	86.7	2836.4
12085.0	2353.0	3445.0	503.8	834.4	330.6	97.1	16033.8
16868.9	4637.4	790.0	814.1	888.0	73.9	39.8	18473.0
548108.7	167185.8	3849.1	18318.4	30657.6	12657.9	1179.3	573100.0
131327.6	26265.3	7961.2	31478.6	39379.7	7965.0	842.0	172114.8
85634.0	4728.8	2553.6	10865.5	13467.5	2627.3	279.5	99586.4
42380.6	20416.9	5407.6	19778.5	24733.6	4993.7	432.1	68300.4

14－3续表1　　　　计量单位:万元

		企业数(个) Enterprises	亏损企业数(个) Making loss enterprises
纺织、服装及日用品批发业	Textiles, garments and daity articles	3	2
服装批发业	Garments	1	1
文化、体育用品及器材批发业	Cultural and sports goods	4	2
医药及医疗器材批发业	Medicines and medical apptiance	8	3
矿产品、建材及化工产品批发业	Industrial and construction materials	15	6
煤炭及制品批发业	Coal and related products	2	1
石油及制品批发业	Petroleum and related products	3	1
金属及金属矿批发业	Metal materials	6	2
建材批发业	Constructional materials	1	1
化肥批发业	Chemical fertilizes	2	1
机械设备、五金交电及电子产品批发业	Machinery, hard ware and electric equipnent	11	3
汽车、摩托车及零配件批发业	Motor vehicles, motorcycle and parts	2	
家用电器批发业	Electrical household appliance		
计算机、软件及辅助设备批发业	Computer and software		
贸易经纪与代理	Agercy		
其他批发业	Other wholesale		
二、零售业	Retail trade	105	49
其中:国有及国有控股	State owned and share	30	14
(一)按登记注册类型分组	Grouped by type registered		
内资企业	Domestic funds	102	48
国有企业	State owned	20	10
集体企业	Collective owned	4	1
股份合作企业	Cooperative	3	2
联营企业	Joint		
国有联营企业	State joint owned		
集体联营企业	Collective joine owned		
国有与集体联营企业	State－collective joint owned		
其他联营企业	Other joint owned		
有限责任公司	Limited liability corporations	27	13
国有独资企业	State owned	2	
其他有限责任公司	Others	25	13
股份有限公司	Share holding	13	6
私营企业	Private	35	16
私营独资企业	Private funded	2	1
私营合伙企业	Private partner	1	1
私营有限责任公司	Private limited company	30	14
私营股份有限公司	Private share holding	2	
其他企业	Others		

continued1

unit:10000 yuan

年末资产负债 Assets and liabilities							
流动资产小计 Circulating funds	存货 Inventory	长期投资 Long term investement	固定资产小计 Fixed assets	固定资产原价 Original value of fixde assets	累计折旧 Depreciation	本年折旧 Depreciation in this year	资产合计 Total assets
28429.3	1920.7	4531.4	4926.5	6464.7	1538.2	15.6	38501.9
732.8			27.4	64.8	37.4		760.2
39392.9	23710.7	14869.7	7290.3	3436.5	1157.7	114.7	62668.2
125719.2	37790.1	10254.3	25111.7	21474.0	14873.0	7402.4	172930.7
114137.2	17135.2	12264.9	53284.8	60371.1	11643.8	1886.7	205881.6
26560.0	4393.3	2764.9	12846.9	14211.5	1506.4	103.0	42178.8
56929.9	7365.2	5262.4	34112.4	38027.4	8280.7	1397.2	113685.1
24395.6	4146.2	4237.6	2166.2	3273.2	1107.0	303.0	30817.3
3653.5	64.8		686.2	763.5	77.3	33.5	4339.7
1949.5	1064.4		3190.8	3781.1	640.3	50.0	13929.7
36829.1	4528.3	3139.5	3329.0	4789.5	1460.5	846.9	43242.6
3025.5	958.3		76.2	85.2	9.0	4.4	3177.5
381702.2	99339.3	20731.4	281181.2	316681.0	63052.8	9922.1	740717.2
113330.0	34655.0	15301.6	140590.9	147353.6	31235.8	5645.2	292949.8
345358.8	97338.3	20731.4	227027.4	244607.2	45132.8	9337.6	617110.0
14178.0	7397.3	-836.3	12720.7	15509.2	3933.2	522.4	31942.7
1304.5	360.5		795.9	1006.7	210.8	23.1	2100.4
15450.5	1231.9	139.9	2962.2	3080.8	118.6	1.4	5806.6
75176.1	30201.4	918.4	31779.3	42705.6	12174.5	1451.5	112615.4
1898.6	273.7		226.3	337.8	111.5	17.5	2293.6
73277.5	29927.7	918.4	31553.0	42367.8	12063.0	1434.0	110321.8
121579.1	31778.3	16209.4	123863.4	120852.8	20950.2	4819.4	283626.7
117670.6	26368.9	4300.0	54905.9	61452.1	7745.5	2519.8	181018.2
18990.1	2652.6		23814.9	26409.5	3179.0	364.8	43734.9
57.4	22.0		1.6	2.0	0.4	0.4	59.0
95800.9	22819.6	4300.0	30813.9	34723.8	4524.8	2132.9	133832.6
2822.2	874.7		275.5	316.8	41.3	21.7	3391.7

14－3续表2 计量单位:万元

		企业数(个) Enterprises	亏损企业数(个) Making loss enterprises
港、澳、台商投资企业	Funded from Hongkong, Macao and Taiwan	1	1
合资经营企业	Joint ventune	1	1
合作经营企业	Cooperative		
独资经营企业	Solefunds		
投资股份有限公司	Share holding		
外商投资企业	Foreign funds	2	
中外合资经营企业	Joint venture	1	
中外合作经营企业	Cooperative	1	
外资企业	Fundecl from foreign		
外商投资股份有限公司	Share halding funded from foreigh		
(二)按国民经济行业分组	Grouped by sector		
综合零售业	Retail trade	30	13
百货零售业	Consumer goods	20	9
超级市场零售业	Supmarket	9	3
食品、饮料、烟草制品专门零售业	Wholesale of food, beverage and Tobaccos	6	2
纺织、服装及日用品专门零售业	Textile, garment and daily articles	5	1
服装零售业	Garments	1	
文化、体育用品及器材专门零售业	Cultural and sport goods and equipment	11	4
体育用品零售业	Cultural and sports goods		
图书零售业	Books	9	2
医药及医疗器材专门零售业	Medicines and medical equipment	6	2
药品零售业	Medicines	6	2
汽车、摩托车、燃料及零配件专门	Vehicles, motercycle and parts	32	18
汽车零售业	Vehicles	19	8
机动车燃料零售业	Fuels	8	6
家用电器及电子产品专门零售业	Electrical household applicances	13	9
家用电器零售业	Electric household appliance	4	4
计算机、软件及辅助设备零售业	Computer, software	9	5
通讯设备零售业	Telecommunication equipment		
五金、家具及室内装修材料专门零售业	Hardware and funiture	2	
无店铺及其他零售业	Other retail trade		
邮购及电子销售业	Electronic sales		
(三)按业态分组	Grouped by kind of operating		
百货商店	General shop	23	12
超级市场	Supmarket	10	4
专业(专卖)店	Special store	51	22
其他	Others	21	11

continued2

unit:10000 yuan

年末资产负债 Assets and liabilities							
流动资产小计 Circulating funds	存货 Inventory	长期投资 Long term investement	固定资产小计 Fixed assets	固定资产原价 Original value of fixde assets	累计折旧 Depreciation	本年折旧 Depreciation in this year	资产合计 Total assets
22310.0	705.7		45096.6	59908.6	14812.0		100036.7
22310.0	705.7		45096.6	59908.6	14812.0		100036.7
14033.4	1295.3		9057.2	12165.2	3108.0	584.5	23570.5
11636.1	862.1		8917.2	11886.3	2969.1	526.7	20964.3
2397.3	433.2		140.0	278.9	138.9	57.8	2606.2
176351.8	41032.1	15026.4	228404.7	255649.4	51540.1	6340.3	460518.9
129142.0	24808.9	14804.2	187515.3	206047.2	42827.3	4044.9	369355.3
44408.7	13522.5	222.2	40696.1	49367.0	8670.9	2287.3	88169.2
5015.2	1426.9		4127.1	4417.2	295.7	87.5	9908.0
6888.1	3171.8		13911.9	14191.4	279.5	92.9	20866.5
303.0	163.4		968.0	1000.0	32.0	32.0	1271.0
18759.4	11262.8	81.9	4667.8	5302.9	1704.4	237.7	25880.2
17648.0	10779.7	81.9	4596.6	5161.2	1633.9	212.9	24697.6
16324.3	4036.1	376.2	4591.9	5516.9	949.7	232.8	22390.1
16324.3	4036.1	376.2	4591.9	5516.9	949.7	232.8	22390.1
146438.3	33815.1	3711.9	25098.6	31010.9	8070.3	2834.4	187398.1
110229.0	22201.0	2725.2	11944.0	12952.6	2090.2	586.5	132792.9
15483.1	5601.3	-918.4	5096.1	7762.2	2738.2	240.8	20227.8
10347.6	3774.9	1535.0	321.9	517.8	195.9	89.7	12120.6
7668.4	2477.1	1510.0	261.4	432.6	171.2	77.2	9345.6
2679.2	1297.8	25.0	60.5	85.2	24.7	12.5	2775.0
1577.5	819.6		57.3	74.5	17.2	6.8	1634.8
134546.2	26357.2	14804.2	201256.8	219397.1	42441.3	4000.5	387096.8
45734.6	14718.2	222.2	41214.8	49885.7	8673.2	2289.6	90012.5
171138.9	47945.0	4195.0	29823.8	36836.1	10262.0	3169.0	221105.4
30282.5	10318.9	1510.0	8885.8	10562.1	1676.3	463.0	42502.5

14-4 限额以上批发零售贸易企业财务状况(2)

计量单位:万元

		负债合计 Liabilities
总　计	**Total**	**1704721.9**
一、批发企业	Whole sale enterprises	1146748.7
其中:国有及国有控股	State owned and share holding	962251.7
(一)按登记注册类型分组	Grouped by type registered	
内资企业	Domestic funds	1146748.7
国有企业	State owned	365524.1
集体企业	Collective owned	15620.0
股份合作企业	Cooperative	2917.9
联营企业	Joint ownership	
国有联营企业	State joint	
集体联营企业	Collective joint	
国有与集体联营企业	State and collective joint	
其他联营企业	Others	
有限责任公司	Limited liability company	619626.5
国有独资企业	State owned	551341.2
其他有限责任公司	Others	68285.3
股份有限公司	Share holding	119920.9
私营企业	Private	23139.3
私营独资企业	Private funded	-886.9
私营合伙企业	Private partner	
私营有限责任公司	Private limited company	10365.7
私营股份有限公司	Private share holding	13660.5
其他企业	Others	
港、澳、台商投资企业	Funded from HongKong, Macao and Taiwan	
合资经营企业(港或澳、台资)	Joint venture	
合作经营企业(港或澳、台资)	Cooperative	
独资经营企业	Sole funds	
投资股份有限公司	Share holding	
外商投资企业	Foreign funds	
中外合资经营企业	Joint venture	
中外合作经营企业	Cooperative	
外资企业	Fundecl from foreign	
外商投资股份有限公司	Share halding funded from foreigh	
(二)按国民经济行业分组	Grouped by sector	
农畜产品批发业	Agricultural products	580795.2
食品、饮料及烟草制品批发业	Food, drink products and tobaccoes	124282.4
米、面制品及食用油批发业	Grain and edible oil	85579.4
烟草制品批发业	Wholesale of tobaccos	36308.8

MAIN FINANCIAL INDICATORS OF ENTERPRISES ABOVE DESIGNATED SIZE IN WHOLESALE AND RETAIL TRADES(Ⅱ)

unit:10000 yuan

年末资产负债 Assets and abililities					损益及分配 Loss, profit and distribution			
所有者权益合计 Creditors' equity	实收资本 Capital hold	国家资本 State owned	港澳台资本 Funded from Hongkong, Macao and Taiwan	外商资本 Foreign funds	商品销售收入净额 Net revenue of sales	商品销售成本 Cost of sales	经营费用 Expense of operation	商品销售税金及附加 Sales tax and extra charges
301505.8	**247303.5**	**83865.7**		**4947.8**	**2990031.8**	**2932084.7**	**174126.7**	**2068.2**
121691.1	109121.8	59825.0			1872803.6	1881387.2	136459.8	914.9
87070.6	75883.8	56689.5			1648441.0	1675453.4	122293.2	699.9
121691.1	109121.8	59825.0			1872803.6	1881387.2	136459.8	914.9
33846.9	42320.1	33241.2			516226.0	470585.3	20823.1	659.8
-410.5	1447.6				11259.5	9918.5	1548.0	7.6
246.1	250.0				5973.4	5695.5	125.6	0.5
41279.3	26544.2	16959.4			1147389.1	1214781.0	106290.1	161.8
30270.0	18304.1	16038.3			1058845.4	1135031.2	98176.0	0.1
11009.3	8240.1	921.1			88543.7	79749.8	8114.1	161.7
32525.4	28469.9	9624.4			123195.9	113993.8	6270.5	59.3
14203.9	10090.0				68759.7	66413.1	1402.5	25.9
3723.3	100.0				5078.7	4624.9	127.0	6.7
5668.1	5650.0				38430.1	37494.3	514.5	10.3
4812.5	4340.0				25250.9	24293.9	761.0	8.9
-7695.2	15397.5	13131.7			751397.6	832585.3	97378.1	
47832.4	13328.6	11166.2			533893.4	500360.4	7444.3	470.6
14007.0	9642.8	7876.8			308746.3	303543.5	2157.2	4.6
31991.6	3289.4	3289.4			212897.2	185970.6	4664.5	430.1

14－4续表1

计量单位:万元

		负债合计 Liabilities
纺织、服装及日用品批发业	Textile garments and daily articles	42838.2
服装批发业	Gargnent	735.9
文化、体育用品及器材批发业	Cultural and sports goods	43496.0
医药及医疗器材批发业	Medicines and medical equipment	146021.3
矿产品、建材及化工产品批发业	Industrial and construction materials	176375.1
煤炭及制品批发业	Coal and related products	34298.9
石油及制品批发业	Petroleum and related products	102229.9
金属及金属矿批发业	Metal materials	20360.0
建材批发业	Constructional materials	4967.5
化肥批发业	Chemical fertilizers	13921.7
机械设备、五金交电及电子产品批发业	Machinery, hardware and eleetronic equipment	32940.5
汽车、摩托车及零配件批发业	Motor vehicles, motorcycle and parts	1555.0
家用电器批发业	Electrical househald appliances	
计算机、软件及辅助设备批发业	Computer and software	
贸易经纪与代理	Agency	
其他批发业	Other wholesale	
二、零售企业	Retial trade	557973.2
其中:国有及国有控股	State owned and share	198496.8
(一)按登记注册类型分组	Grouped by type registered	
内资企业	Domestic funds	459375.0
国有企业	State owned	30698.2
集体企业	Collective owned	2348.2
股份合作企业	Cooperative	5814.8
联营企业	Joint	
国有联营企业	State joint owned	
集体联营企业	Collective joine owned	
国有与集体联营企业	State－collective joint owned	
其他联营企业	Other joint owned	
有限责任公司	Limited liability corporations	104880.1
国有独资企业	State owned	1706.3
其他有限责任公司	Other	103173.8
股份有限公司	Share holding	172309.5
私营企业	Private	143324.2
私营独资企业	Private funded	28050.8
私营合伙企业	Private partner	6.0
私营有限责任公司	Private limited company	112979.3
私营股份有限公司	Private share holding	2288.1
其他企业	Others	

continued1

unit:10000 yuan

年末资产负债 Assets and abilities					损益及分配 Loss, profit and distibution			
所有者权益合计 Creditors' equity	实收资本 Capital hold	国家资本 State owned	港澳台资本 Funded from Hongkong, Macao and Taiwan	外商资本 Foreign funds	商品销售收入净额 Net revenue of sales	商品销售成本 Cost of sales	经营费用 Expense of operation	商品销售税金及附加 Sales tax and extra charges
-4336.3	5739.7	5739.7			80083.9	75340.6	2014.0	4.0
24.3					2873.7	2609.4	114.3	3.8
19172.2	19596.4	17353.1			41591.8	37227.4	2382.1	32.0
26909.4	22985.7	2790.8			116871.3	105268.3	8731.3	140.5
29506.5	25231.7	7004.7			204967.2	193820.4	12892.1	212.1
7879.9	6590.4	6474.8			6322.8	4058.5	2196.1	18.3
11455.2	10182.4	36.3			97845.2	92354.8	9048.2	152.9
10457.3	6810.0				86823.0	84084.9	1115.1	39.0
-627.8	180.0	180.0			5913.3	4996.9	115.2	0.1
8.0	1096.3				2913.3	2682.7	144.2	1.5
10302.1	6842.2	2638.8			143998.4	136784.8	5617.9	55.7
1622.5	1600.0	560.0			50657.7	50767.5	258.1	2.2
179814.7	138181.7	24040.7		4947.8	1117228.2	1050697.5	37666.9	1153.3
91523.7	56739.1	19723.0			470419.5	445448.7	9184.9	525.8
154805.7	112846.9	24040.7			1046581.2	986455.2	26338.7	1042.8
1244.5	3862.1	3151.4			66768.7	60268.6	3021.7	184.6
-247.8	27.1	0.6			9909.5	9361.6	259.0	9.1
-8.2	563.2				8000.7	7513.5	201.1	23.0
7735.3	29113.5	760.4			167018.5	154582.4	4622.7	240.1
587.3	457.8	387.8			3376.1	3039.7	130.0	4.5
7148.0	28655.7	372.6			163642.4	151542.7	4492.7	235.6
108387.9	57136.2	20128.3			470992.3	448210.7	11226.3	394.1
37694.0	22144.8				323891.5	306518.4	7007.9	191.9
15684.1	1010.0				31126.2	28928.4	197.9	
53.0	50.0				371.9	344.4	26.8	0.4
20853.3	19984.8				284079.3	269347.7	6596.7	189.2
1103.6	1100.0				8314.1	7897.9	186.5	2.3

14－4 续表 2

计量单位:万元

		负债合计 Liabilities
港、澳、台商投资企业	Funded from Hongkong, Macao and Taiwan	85497.0
合资经营企业	Joint venture	85497.0
合作经营企业	Cooperative	
独资经营企业	Sole funds	
投资股份有限公司	Share holding	
外商投资企业	Foreign funds	13101.2
中外合资经营企业	Joint venture	10595.0
中外合作经营企业	Cooperative	2506.2
外资企业	Funded from foreign countries	
外商投资股份有限公司	Share halding funded from foreigh	
(二)按国民经济行业分组	Grouped by sector	
综合零售业	Retail trade	316942.3
百货零售业	Consumer goods	249962.7
超级市场零售业	Supmarket	63922.9
食品、饮料、烟草制品专门零售业	Wholesale of food, beverage and Tobaccos	8305.5
纺织、服装及日用品专门零售业	Textiles, garment and daily articles	17477.8
服装零售业	Garments	976.6
文化、体育用品及器材专门零售业	Cultural and sports and equipment	22837.3
体育用品零售业	Cultural and sports goods	
图书零售业	Books	21827.5
医药及医疗器材专门零售业	Medicines and medical equipnent	18933.3
药品零售业	Medicines	18933.3
汽车、摩托车、燃料及零配件专门零售业	Vehicles, motercycles and parts	164566.0
汽车零售业	Vehicles	104140.7
机动车燃料零售业	Fuel	28838.3
家用电器及电子产品专门零售业	Electrical household appliances	7445.5
家用电器零售业	Electrical household appliances	5264.0
计算机、软件及辅助设备零售业	Computer and software	2181.5
通讯设备零售业	Tere communication equipment	
五金、家具及室内装修材料专门零售业	Harduare and funiture	1465.5
无店铺及其他零售业	Other retail trade	
邮购及电子销售业	Electronic sales	
(三)按业态分组	Grouped by kind of operating	
百货商店	General shop	265431.1
超级市场	Supmarket	65589.1
专业(专卖)店	Special store	196860.9
其他	Others	30092.1

continued2

unit:10000 yuan

年末资产负债 Assets and abilities					损益及分配 Loss, profit and distribution			
所有者权益合计 Creditors' equity	实收资本 Capital hold	国家资本 State owned	港澳台资本 Funded from Hongkong, Macao and Taiwan	外商资本 Foreign funds	商品销售收入净额 Net revenue of sales	商品销售成本 Cost of sales	经营费用 Expense of operation	商品销售税金及附加 Sales tax and extra charges
14539.7	15278.8				53412.1	50694.4	9096.2	110.4
14539.7	15278.8				53412.1	50694.4	9096.2	110.4
10469.3	10056.0			4947.8	17234.9	13547.9	2232.0	0.1
10369.3	9956.0			4847.8	6313.0	4950.0	5.9	0.1
100.0	100.0			100.0	10921.9	8597.9	2226.1	
141979.9	84213.8	13953.5		4847.8	509116.1	475875.0	21522.6	790.7
117795.9	66267.8	11163.5			427971.5	403904.7	14168.6	670.1
24246.3	17896.0	2790.0		4847.8	80306.3	71218.9	7303.2	120.4
1602.5	1550.0	496.2		100.0	20117.3	16601.6	2723.4	18.2
3388.7	5387.1	4013.3			9445.1	8694.5	195.5	8.3
294.4	281.3				1470.0	1226.9		6.8
3042.9	3212.0	2130.0			23481.0	19231.4	2136.6	61.2
2870.1	3012.0	2130.0			20049.4	15935.5	1955.6	54.1
3456.8	5279.7	30.0			25584.8	22605.3	1967.6	27.0
3456.8	5279.7	30.0			25584.8	22605.3	1967.6	27.0
21499.5	31812.0	3407.1			492537.8	472086.7	8167.6	217.9
27319.6	21438.4				340988.1	328500.7	4562.0	80.6
-8610.5	3188.6	3076.6			66967.3	62839.8	2828.7	70.5
4675.1	6577.1	10.6			34958.8	33844.6	758.1	27.1
4081.6	5910.6	10.6			19815.1	19191.5	628.9	21.7
593.5	666.5				15143.7	14653.1	129.2	5.4
169.3	150.0				1987.3	1758.4	195.5	2.9
120069.0	71988.1	15017.0			431024.1	406987.5	14331.6	629.1
24423.4	18296.0	2790.0		4847.8	81290.7	72059.2	7472.0	123.1
22911.9	37393.1	6203.7		100.0	466554.8	439272.7	13362.1	341.7
12410.4	10504.5	30.0			138358.6	132378.1	2501.2	59.4

14－5限额以上批发零售贸易企业财务状况(3)

计量单位:万元

		商品销售利润 Sales profit
总　　计	**Total**	**－118247.8**
一、批发企业	Whole sale enterprises	－145958.3
其中:国有及国有控股	State owned and share holding	－150005.5
(一)按登记注册类型分组	Grouped by type registered	
内资企业	Domestic funds	－145958.3
国有企业	State owned	24157.8
集体企业	Collective owned	－214.6
股份合作企业	Cooperative	151.8
联营企业	Joint ownership	
国有联营企业	State joint	
集体联营企业	Collective joint	
国有与集体联营企业	State and collective joint	
其他联营企业	Others	
有限责任公司	Limited liability company	－173843.8
国有独资企业	State owned	－174361.9
其他有限责任公司	Others	518.1
股份有限公司	Share holding	2872.3
私营企业	Private	918.2
私营独资企业	Private funded	320.1
私营合伙企业	Private partner	
私营有限责任公司	Private limited company	411.0
私营股份有限公司	Private share holding	187.1
其他企业	Others	
港、澳、台商投资企业	Funded from HongKong, Macao and Taiwan	
合资经营企业(港或澳、台资)	Joint venture	
合作经营企业(港或澳、台资)	Cooperative	
独资经营企业	Sole funds	
投资股份有限公司	Share holding	
外商投资企业	Foreign funds	
中外合资经营企业	Joint venture	
中外合作经营企业	Cooperative	
外资企业	Fundecl from foreign	
外商投资股份有限公司	Share halding funded from foreigh	
(二)按国民经济行业分组	Grouped by sector	
农畜产品批发业	Agricultural products	－178565.8
食品、饮料及烟草制品批发业	Food, drink and tobaccoes	25618.1
米、面制品及食用油批发业	Grain and edible oil	3041.0
烟草制品批发业	Wholesale of tobaccos	21832.0

MAIN FINANCIAL INDICATORS OF ENTERPRISES ABOVE DESIGNATED SIZE INWHOLESALE ANE RETAIL TRADES(Ⅲ)

unit:10000yuan

损益及分配 Loss, profit and distribution								
代购代销收入 Revenue of agents	主营利润 Profits of operation	其他业务利润 Other profits	管理费用 Cost of mangerment				财务费用 Financial expenses	
				税金 Taxes	财产保险 Property insurance	劳动待业险 Employment insurance		利息支出 Interest expenditure
531.7	**-117716.1**	**25712.4**	**78822.6**	**2248.1**	**836.1**	**4838.7**	**33505.0**	**26066.1**
531.7	-145426.6	2707.2	35311.7	808.7	454.1	2061.7	22870.5	19494.5
528.4	-149477.1	2304.6	30907.8	744.5	437.7	1879.0	21008.8	18058.7
531.7	-145426.6	2707.2	35311.7	808.7	454.1	2061.7	22870.5	19494.5
3.3	24161.1	942.9	20327.4	403.6	359.1	1070.4	5418.1	4488.6
	-214.6	48.1	507.7	20.4	0.4	0.9	3.2	0.2
	151.8		151.0				0.2	
40.3	-173803.5	792.1	10069.7	158.4	72.0	445.8	16851.2	14873.2
40.3	-174321.6	608.0	9132.4	154.1	71.6	320.6	16565.6	14872.7
	518.1	184.1	937.3	4.3	0.4	125.2	285.6	0.5
488.1	3360.4	811.7	3279.4	198.9	9.8	535.9	543.4	47.3
	918.2	112.4	976.5	27.4	12.8	8.7	54.4	85.2
	320.1		305.1	6.1	7.6	8.7	-5.1	
	411.0	10.7	513.2	8.8	4.6		6.6	33.6
	187.1	101.7	158.2	12.5	0.6		52.9	51.6
	-178565.8	594.3	7328.4	199.5	101.7	287.7	17938.3	16015.1
5.1	25623.2	690.4	13261.2	229.8	275.8	744.8	-58.7	451.4
5.1	3046.1	49.5	2712.0	7.0	32.4	276.0	-336.2	169.5
	21832.0	217.5	9799.6	187.5	242.3	357.8	268.6	268.6

14－5续表1 计量单位:万元

		商品销售利润 Sales profit
纺织、服装及日用品批发业	Textiles,garmert and daily article	2725.3
服装批发业	Garments	146.2
文化、体育用品及器材批发业	Cultural and sports goods	1950.3
医药及医疗器材批发业	Medicines and medical equipment	2731.2
矿产品、建材及化工产品批发业	Industrial and construetion materials	－1957.4
煤炭及制品批发业	Coal and related products	49.9
石油及制品批发业	Petroleum and related products	－3710.7
金属及金属矿批发业	Metal materiats	1584.0
建材批发业	Constructional materials	27.2
化肥批发业	Chemical fertilizers	84.9
机械设备、五金交电及电子产品批发业	Machinery,hardware and electric appliance	1540.0
汽车、摩托车及零配件批发业	Motor vehicles, motorcycle and parts	－370.1
家用电器批发业	Electric householcl appliances	
计算机、软件及辅助设备批发业	Computer and software	
贸易经纪与代理	Agency	
其他批发业	Other wholesale	
二、零售企业	Retail trade	27710.5
其中:国有及国有控股	State owned and share	15260.1
(一)按登记注册类型分组	Grouped by type registered	
内资企业	Domestic funds	32744.5
国有企业	State owned	3293.8
集体企业	Collective owned	279.8
股份合作企业	Cooperative	263.1
联营企业	Joint	
国有联营企业	State joint owned	
集体联营企业	Collective joine owned	
国有与集体联营企业	State－collective joint owned	
其他联营企业	Other joint owned	
有限责任公司	Limited liability corporations	7573.3
国有独资企业	State owned	201.9
其他有限责任公司	Other	7371.4
股份有限公司	Share holding	11161.2
私营企业	Private	10173.3
私营独资企业	Private funded	1999.9
私营合伙企业	Private partner	0.3
私营有限责任公司	Private limited company	7945.7
私营股份有限公司	Private share holding	227.4
其他企业	Others	

continued1

unit:10000yuan

损益及分配 Loss, profit and distribution								
代购代销收入 Revenue of agents	主营利润 Profits of operation	其他业务利润 Other profits	管理费用 Cost of mangerment	税金 Taxes	财产保险 Property insurance	劳动待业险 Employment insurance	财务费用 Financial expenses	利息支出 Interest expenditure
3.3	2728.6	-11.1	1240.8	7.0		32.5	2310.0	1172.5
	146.2		143.5				-0.5	0.5
	1950.3	90.3	1481.6	25.3	18.6	217.8	74.3	10.1
	2731.2	590.5	2536.6	95.5	10.7	331.8	850.5	88.3
	-1957.4	584.0	7762.4	229.4	43.0	382.1	1665.9	1691.2
	49.9	145.5	932.1	135.2		201.7	0.2	2.0
	-3710.7	86.5	4321.9	66.7	35.0	133.5	1540.3	1544.1
	1584.0	293.1	1346.9	21.0	8.0	19.1	9.3	22.1
	27.2	10.8	766.4	6.2		26.8	118.2	123.0
	84.9	48.1	384.9				3.5	
523.3	2063.3	168.8	1700.7	22.2	4.3	65.0	90.2	65.9
488.1	118.0	0.4	15.8	2.9	1.7	4.1	-0.7	-0.7
	27710.5	23005.2	43510.9	1439.4	382.0	2777.0	10634.5	6571.6
	15260.1	10436.7	18997.3	975.0	279.3	2141.5	3871.9	3170.1
	32744.5	17574.9	38498.6	1422.3	382.0	2777.0	7234.9	6014.8
	3293.8	1097.3	4274.6	105.0	43.4	667.0	545.4	443.3
	279.8		544.8	0.2			0.3	
	263.1	227.5	474.3	8.0		49.3	152.0	152.1
	7573.3	4523.8	9165.6	267.6	66.0	271.9	2511.6	2278.2
	201.9		176.0	4.2	3.3	4.6	-2.4	
	7371.4	4523.8	8989.6	263.4	62.7	267.3	2514.0	2278.2
	11161.2	9547.9	15244.7	836.1	243.6	1776.5	2058.5	1444.3
	10173.3	2178.4	8794.6	205.4	29.0	12.3	1967.1	1696.9
	1999.9		1720.8	114.8	10.6		1237.9	1168.5
	0.3		1.5	0.2				
	7945.7	2178.4	6897.0	87.5	18.4	12.3	715.9	515.2
	227.4		175.3	2.9			13.3	13.2

14－5续表2 计量单位:万元

		商品销售利润 Sales profit
港、澳、台商投资企业	Funded from Hongkong, Macao and Taiwan	－6488.9
合资经营企业	Joint ventune	－6488.9
合作经营企业	Cooperative	
独资经营企业	Solefunds	
投资股份有限公司	Share holding	
外商投资企业	Foreign funds	1454.9
中外合资经营企业	Joint venture	1357.0
中外合作经营企业	Cooperative	97.9
外资企业	Fundecl from foreign	
外商投资股份有限公司	Share halding funded from foreigh	
(二)按国民经济行业分组	Grouped by sector	
综合零售业	Retail trade	10927.8
百货零售业	Consumer goods	9228.1
超级市场零售业	Supmarket	1663.8
食品、饮料、烟草制品专门零售业	Wholesale of food, beverage and Tobaccos	774.1
纺织、服装及日用品专门零售业	Textile, garments and daily articles	546.8
服装零售业	Garments	236.3
文化、体育用品及器材专门零售业	Cultural and sport goods and equipment	2051.8
体育用品零售业	Cultural and sports goods	
图书零售业	Books	2104.2
医药及医疗器材专门零售业	Medicines and medical equipment	984.9
药品零售业	Medicines	984.9
汽车、摩托车、燃料及零配件专门零售业	Vehicles, motercycles and parts	12065.6
汽车零售业	Vehicles	7844.8
机动车燃料零售业	Fuels	1228.3
家用电器及电子产品专门零售业	Electrical household applicances	329.0
家用电器零售业	Electric household appliance	－27.0
计算机、软件及辅助设备零售业	Compufer, softuare	356.0
通讯设备零售业	Telecommunication equipment	
五金、家具及室内装修材料专门零售业	Hardware and funiture	30.5
无店铺及其他零售业	Other retait trade	
邮购及电子销售业	Electronic sales	
(三)按业态分组	Grouped by kind of operating	
百货商店	General shop	9075.9
超级市场	Supmarket	1636.4
专业(专卖)店	Special store	13578.3
其他	Others	3419.9

continued2 unit:10000yuan

损益及分配 Loss,profit and distrution								
代购代销收入 Revenue of agents	主营利润 Profits of operation	其他业务利润 Other profits	管理费用 Cost of mangerment	税金 Taxes	财产保险 Property insurance	劳动待业险 Employment insurance	财务费用 Financial expenses	利息支出 Interest expenditure
	-6488.9	4518.4	3738.5				2839.1	
	-6488.9	4518.4	3738.5				2839.1	
	1454.9	911.9	1273.8	17.1			560.5	556.8
	1357.0	749.5	1227.7	17.1			552.9	556.8
	97.9	162.4	46.1				7.6	
	10927.8	20698.4	28099.7	1142.2	251.3	1353.2	8393.4	5452.9
	9228.1	16498.6	22348.2	1030.1	225.2	1218.0	7615.8	4629.6
	1663.8	4199.8	5714.1	110.0	25.6	135.2	777.3	823.3
	774.1	655.4	1200.5	34.1	11.4	115.8	136.0	129.3
	546.8		434.3	3.2	5.7	19.1	138.9	131.4
	236.3		163.9		2.0		46.7	46.7
	2051.8	180.7	2556.1	21.2	12.1	392.7	30.3	-5.1
	2104.2	82.4	2499.5	18.4	11.8	392.7	28.0	-5.0
	984.9	178.4	1155.4	59.0	13.3	47.5	135.4	109.2
	984.9	178.4	1155.4	59.0	13.3	47.5	135.4	109.2
	12065.6	1786.1	8806.6	176.7	87.1	833.7	1791.5	756.8
	7844.8	1662.6	4837.9	83.2	25.0	74.5	560.3	43.6
	1228.3	44.5	2151.8	34.8	58.1	147.5	588.5	502.5
	329.0	-493.8	1258.3	3.0	1.1	15.0	-8.1	-20.0
	-27.0	-495.2	863.4	2.4	0.7	9.2	-10.0	-20.2
	356.0	1.4	394.9	0.6	0.4	5.8	1.9	0.2
	30.5						17.1	17.1
	9075.9	16925.4	22896.3	1052.1	229.8	1222.9	7768.9	4782.4
	1636.4	4199.8	5912.5	110.0	25.6	135.2	777.1	822.9
	13578.3	2281.0	12338.8	213.5	124.0	1361.5	1959.9	849.8
	3419.9	-401.0	2363.3	63.8	2.6	57.4	128.6	116.5

14－6 限额以上批发零售贸易企业财务状况(4)

计量单位:万元

		损益及分配
		营业利润 Operating profits
总　计	Total	**－201006.4**
一、批发企业	Whole sale enterprises	－200381.0
其中:国有及国有控股	State owned and share holding	－198305.6
(一)按登记注册类型分组	Grouped by type registered	
内资企业	Domestic funds	－200381.0
国有企业	State owned	138.7
集体企业	Collective owned	－422.0
股份合作企业	Cooperative	0.6
联营企业	Joint ownership	
国有联营企业	State joint	
集体联营企业	Collective joint	
国有与集体联营企业	State and collective joint	
其他联营企业	Others	
有限责任公司	Limited liability company	－200010.8
国有独资企业	State owned	－199411.8
其他有限责任公司	Others	－599.0
股份有限公司	Share holding	－55.2
私营企业	Private	－32.3
私营独资企业	Private funded	20.1
私营合伙企业	Private partner	
私营有限责任公司	Private limited company	－98.1
私营股份有限公司	Private share holding	45.7
其他企业	Others	
港、澳、台商投资企业	Funded from HongKong, Macao and Taiwan	
合资经营企业(港或澳、台资)	Joint venture	
合作经营企业(港或澳、台资)	Cooperative	
独资经营企业	Sole funds	
投资股份有限公司	Share holding	
外商投资企业	Foreign funds	
中外合资经营企业	Joint venture	
中外合作经营企业	Cooperative	
外资企业	Fundecl from foreign	
外商投资股份有限公司	Share halding funded from foreigh	
(二)按国民经济行业分组	Grouped by sector	
农畜产品批发业	Agricturat products	－202460.5
食品、饮料及烟草制品批发业	Food, drinlc and tobaccoes	13111.2
米、面制品及食用油批发业	Granr and edible oil	719.9
烟草制品批发业	Wholesale of tobaccos	11981.3

MAIN FINANCIAL INDICATORS OF ENTERPRISES ABOVE DESIGNATED SIZE IN WHOLESALE AND RETAIL TRADES(Ⅳ)

unit:10000yuan

Loss,profit and distribution		工资福利及增加值 Wages, welfare and added value taxes				
补贴收入 Subsidy	利润总额 Total profits	本年应付工资总额 Paybale wages	本年应付福利费总额 Payable welfare	本年应交增值税 Value added tax payable	本年进项税额 Tax credit in this year	本年销项税额 Add value tax in this year
230134.6	**26066.0**	**38285.5**	**4972.3**	**18489.5**	**260731.2**	**269062.9**
228613.3	25957.2	19895.6	2571.4	11598.2	129551.9	128322.0
228553.3	28330.7	15643.3	2133.7	9986.7	97298.0	94667.2
228613.3	25957.2	19895.6	2571.4	11598.2	129551.9	128322.0
2835.9	2951.9	11653.6	1429.0	9661.6	82528.1	81222.1
	-763.6	435.0	32.5	65.4	1604.9	1669.9
	0.5	16.6	0.8	4.4	657.1	661.6
225777.4	23809.2	5841.4	575.9	1541.6	15035.5	14851.1
225777.4	24738.0	2859.9	351.8	4.6	2652.0	972.2
	-928.8	2981.5	224.1	1537.0	12383.5	13878.9
	-279.2	1630.1	490.2	83.9	18682.9	18596.7
	238.4	318.9	43.0	241.3	11043.4	11320.6
	20.1	4.4	2.7	67.1	772.1	863.3
	181.3	140.1	18.9	105.1	6065.2	6165.2
	37.0	174.4	21.4	69.1	4206.1	4292.1
228406.7	23523.4	3040.7	426.6			
206.6	14598.5	5792.8	716.9	4108.1	36217.0	40183.1
60.0	757.6	1535.8	143.3	42.9	1754.6	1674.8
143.6	13420.4	3865.8	516.7	3703.2	32656.5	36334.8

14－6续表1 计量单位:万元

		损益及分配
		营业利润 Operating profits
纺织、服装及日用品批发业	Textire,garment and daily articles	－833.3
服装批发业	Garment	3.2
文化、体育用品及器材批发业	Cultural and sport goods	485.6
医药及医疗器材批发业	Medicines and medical equipment	－580.1
矿产品、建材及化工产品批发业	Industrial and construction matericls	－10546.8
煤炭及制品批发业	Coal and related products	－736.9
石油及制品批发业	Petroleum and related products	－9486.4
金属及金属矿批发业	Metal materials	520.9
建材批发业	Construction materials	－847.0
化肥批发业	Chemical fertilizers	
机械设备、五金交电及电子产品批发业	Machinery,hardware and eleetronic equipment	442.9
汽车、摩托车及零配件批发业	Motor vehicles, motorcycle and parts	403.3
家用电器批发业	Electrical household appliances	
计算机、软件及辅助设备批发业	Computer and software	
贸易经纪与代理	Agency	
其他批发业	Other wholesale	
二、零售业	Retial trade	－625.4
其中:国有及国有控股	State owned and share	2899.6
(一)按登记注册类型分组	Grouped by type registered	
内资企业	Domestic funds	7390.3
国有企业	State owned	－758.2
集体企业	Collective owned	－265.3
股份合作企业	Cooperative	－135.7
联营企业	Joint	
国有联营企业	State joint owned	
集体联营企业	Collective joine owned	
国有与集体联营企业	State－collective joint owned	
其他联营企业	Other joint owned	
有限责任公司	Limited liability corporations	855.2
国有独资企业	State owned	28.3
其他有限责任公司	Other	826.9
股份有限公司	Share holding	3406.0
私营企业	Private	4288.3
私营独资企业	Private funded	25.9
私营合伙企业	Private partner	－1.2
私营有限责任公司	Private limited company	4224.8
私营股份有限公司	Private share holding	38.8
其他企业	Others	

continued 1 continued1 unit:10000yuan

Loss,profit and distribution		工资福利及增加值 Wages, welfare and added value taxes				
补贴收入 Subsidy	利润总额 Total profits	本年应付工资总额 Paybale wage	本年应付福利费总额 Payable welfare	本年应交增值税 Value added tax payable	本年进项税额 Tax credit in this year	本年销项税额 Add value tax in this year
	-832.3	424.4	125.1	38.6	11790.4	11461.3
	-0.5	4.8	0.8	38.6	449.9	488.5
	472.8	653.7	135.6	273.5	4585.3	4343.8
	-1249.7	3808.9	602.0	1309.0	16504.8	17786.8
	-10976.5	5296.1	446.9	5739.6	36464.5	32155.3
	-633.5	578.8	72.8	84.0	803.8	837.4
	-9962.3	4271.4	329.2	5323.3	21411.9	16410.8
	798.2	263.7	33.3	332.3	14085.9	14736.5
	-884.1	83.1	11.6		5.9	18.5
	-297.4	92.8				
	421.0	879.0	118.3	129.4	23989.9	22391.7
	102.6	62.0	4.2	10.7	8770.7	8732.0
1521.3	108.8	18389.9	2400.9	6891.3	131179.3	140740.9
1026.9	3359.3	10049.6	1074.5	1869.7	37080.7	43097.1
1521.3	8129.7	17589.6	2265.4	5560.9	120931.5	129229.4
23.0	-879.6	4086.3	391.7	370.6	5555.3	8406.9
433.2	163.9	311.8	32.7	91.8	1271.2	1344.5
5.9	-140.4	171.3	13.8	42.9	1400.2	1363.7
3.9	836.5	2835.3	500.2	1433.2	26430.0	27711.7
	28.3	108.9	15.2	45.1	477.5	517.3
3.9	808.2	2726.4	485.0	1388.1	25952.5	27194.4
1000.0	3943.2	7277.8	956.2	2051.2	41158.8	44465.8
55.3	4206.1	2907.1	370.8	1571.2	45116.0	45936.8
	25.9	160.1	23.6	0.7	123.1	48.8
	-2.1	11.1	1.3	42.3	59.7	63.2
55.3	4149.3	2677.4	340.4	1514.8	43644.3	44506.0
	33.0	58.5	5.5	13.4	1288.9	1318.8

14－6续表2　　计量单位:万元

		损益及分配
		营业利润 Operating profits
港、澳、台商投资企业	Funded from Hongkong, Macao and Taiwan	－8548.1
合资经营企业	Joint ventune	－8548.1
合作经营企业	Cooperative	
独资经营企业	Solefunds	
投资股份有限公司	Share holding	
外商投资企业	Foreign funds	532.4
中外合资经营企业	Joint venture	325.9
中外合作经营企业	Cooperative	206.5
外资企业	Funded from foreign countries	
外商投资股份有限公司	Share halding funded from foreign countries	
(二)按国民经济行业分组	Grouped by sector	
综合零售业	Retail trade	－3492.3
百货零售业	Consumer goods	－3541.3
超级市场零售业	Supmarket	50.8
食品、饮料、烟草制品专门零售业	Wholesale of food, beverage and Tobaccos	161.8
纺织、服装及日用品专门零售业	Textire, garment and daily articles	－26.4
服装零售业	Garments	25.7
文化、体育用品及器材专门零售业	Cultural and sport goods	－343.9
体育用品零售业	Cultural and sports goods	
图书零售业	Books	－331.0
医药及医疗器材专门零售业	Medicines and medical equipnent	－127.6
药品零售业	Medicines	－127.6
汽车、摩托车、燃料及零配件专门零售业	Vehicles, motercycles and parts	3569.2
汽车零售业	Vehicles	4424.8
机动车燃料零售业	Fuel	－1467.5
家用电器及电子产品专门零售业	Electrical household appliances	－379.6
家用电器零售业	Electrical household appliances	－339.8
计算机、软件及辅助设备零售业	Computer and software	－39.8
通讯设备零售业	Telecommunication equipment	
五金、家具及室内装修材料专门零售业	Hardware and funiture	13.4
无店铺及其他零售业	Other retal trade	
邮购及电子销售业	Electronic sales	
(三)按业态分组	Grouped by kind of operating	
百货商店	General shop	－3967.9
超级市场	Supmarket	－175.2
专业(专卖)店	Special store	1955.1
其他	Others	1562.6

continued 2

unit:10000yuan

Loss, profit and distribution		工资福利及增加值 Wages, welfare and added value taxes				
补贴收入 Subsidy	利润总额 Total profits	本年应付工资总额 Paybale wage	本年应付福利费总额 Payable welfare	本年应交增值税 Value added tax payable	本年进项税额 Tax credit in this year	本年销项税额 Add value tax in this year
	−8548.1	332.4	122.9	893.1	8193.2	9069.1
	−8548.1	332.4	122.9	893.1	8193.2	9069.1
	527.2	467.9	12.6	437.3	2054.6	2442.4
	320.6	357.9			632.4	582.9
	206.6	110.0	12.6	437.3	1422.2	1859.5
1055.3	−3219.0	9234.8	1242.9	4062.5	42935.5	46220.3
1055.3	−3143.0	5940.9	848.0	2895.2	31103.1	33380.2
	−74.2	3271.8	393.2	1164.3	11668.0	12697.6
3.9	154.7	689.1	59.2	494.5	2715.2	3224.4
	−40.8	302.0	44.5	19.0	822.6	839.8
	19.5	38.2	7.5			
23.0	−345.7	1509.6	204.4	242.2	2943.1	3172.5
23.0	−332.8	1427.4	192.9	236.6	2369.0	2589.2
	−108.5	688.8	150.3	263.2	3027.2	3235.3
	−108.5	688.8	150.3	263.2	3027.2	3235.3
437.5	4040.6	5404.6	640.9	1694.3	72566.3	77825.9
	4473.8	1321.6	178.7	656.5	53275.2	53283.5
431.6	−1089.5	2819.2	284.5	526.7	6708.1	11758.4
1.6	−385.9	513.0	54.6	91.3	5861.0	5892.3
	−340.0	345.5	33.8	38.7	3346.6	3326.3
1.6	−45.9	167.5	20.8	52.6	2514.4	2566.0
	13.4	48.0	4.1	24.3	308.4	330.4
1055.3	−3557.3	6324.1	873.5	2869.2	30725.6	32976.7
	−300.2	3390.6	393.2	1191.5	11770.0	12826.7
464.4	2452.0	7714.4	1020.6	2452.5	65578.9	71534.2
1.6	1514.3	960.8	113.6	378.1	23104.8	23403.3

14－7　限额以上餐饮企业财务状况(1)

计量单位:万元

		企业数(个) Enerprises
总　　计	**Total**	**16**
其中:国有及国有控股	State owned and share holding	1
一、按登记注册类型分组	Grouped by type registered	
内资企业	Domestic funds	14
国有企业	State owned	2
集体企业	Collective owned	2
股份合作企业	Cooperative	
联营企业	Joint	
国有联营企业	State joint	
集体联营企业	Collective joint	
国有与集体联营企业	State and collective joint	
其他联营企业	Other joint	
有限责任公司	Limited company	1
国有独资企业	State owned	
其他有限责任公司	Others	1
股份有限公司	Share holding	
私营企业	Private	9
私营独资企业	Private funds	3
私营合伙企业	Private partner	
私营有限责任公司	Private limited company	6
私营股份有限公司	Private share holding	
其他企业	Others	
港、澳、台商投资企业	Funded from HongKong, Macao and Taiwan	1
合资经营企业	Joint venture	1
合作经营企业	Cooperataive	
独资经营企业	Sole Funds	
投资股份有限公司	Share holding	
外商投资企业	Foreign funds	1
中外合资经营企业	Joint venture	1
中外合作经营企业	Cooperative	
外资企业	Sole funds	
外商投资股份有限公司	Share holding funded from foreign	
二、按国民经济行业分组	Grouped by sector	
正餐服务业	Lunch	16
快餐服务业	Snack	
饮料及冷饮服务业	Catering services	
其他餐饮服务业	Other	

MAIN FINANCIAL INDICATORS OF ENTERPRISES ABOVE DESIGNATED SIZD IN CATERING TRADE(Ⅰ)

unit: 10000yuan

亏损企业数(个) Making loss	年末资产负债 Assets and abililities							
	流动资产小计 Circulating funds	存货 Inventory	长期投资 Long term investment	固定资产小计 Fixed assets	固定资产原价 Original value of fixed assets	累计折旧 Depreciation	本年折旧 Depreciation in this year	资产合计 Total assets
6	**12957.6**	**795.8**	**25.6**	**12436.3**	**15423.3**	**3004.8**	**590.3**	**26133.7**
	3230.7	88.0		3500.6	3937.4	436.8	205.1	6731.3
5	12223.8	714.1	25.6	12380.7	15347.0	2984.1	582.3	25344.4
1	207.5	93.2		75.4	102.9	27.5	9.9	282.8
	274.9	16.3		431.9	865.0	450.8	52.1	706.9
	3230.7	88.0		3500.6	3937.4	436.8	205.1	6731.3
	3230.7	88.0		3500.6	3937.4	436.8	205.1	6731.3
4	8510.7	516.6	25.6	8372.8	10441.7	2069.0	315.2	17623.4
1	2339.5	180.6	24.5	906.1	1072.9	166.8	8.1	3658.9
3	6171.2	336.0	1.1	7466.7	9368.8	1902.2	307.1	13964.5
	72.8	0.7		18.4	32.5	14.1	5.8	91.2
	72.8	0.7		18.4	32.5	14.1	5.8	91.2
1	661.0	81.0		37.2	43.8	6.6	2.2	698.1
1	661.0	81.0		37.2	43.8	6.6	2.2	698.1
6	12957.6	795.8	25.6	12436.3	15423.3	3004.8	590.3	26133.7

14－8 限额以上餐饮企业财务状况(2)

计量单位:万元

		负债合计 Liabilities
总　　计	**Total**	**20294.9**
其中:国有及国有控股	State owned and share holding	3504.2
一、按登记注册类型分组	Grouped by type registered	
内资企业	Domestic funds	19717.2
国有企业	State owned	377.6
集体企业	Collective owned	942.0
股份合作企业	Cooperative	
联营企业	Joint	
国有联营企业	State joint	
集体联营企业	Collective joint	
国有与集体联营企业	State and collective joint	
其他联营企业	Other joint	
有限责任公司	Limited company	3504.2
国有独资企业	State owned	
其他有限责任公司	Others	3504.2
股份有限公司	Share holding	
私营企业	Private	14893.4
私营独资企业	Private funds	678.4
私营合伙企业	Private partner	
私营有限责任公司	Private limited company	14215.0
私营股份有限公司	Private share holding	
其他企业	Others	
港、澳、台商投资企业	Funded from HongKong, Macao and Taiwan	12.2
合资经营企业	Joint venture	12.2
合作经营企业	Cooperative	
独资经营企业	Funded	
投资股份有限公司	Share holding	
外商投资企业	Foreign funds	565.5
中外合资经营企业	Joint venture	565.5
中外合作经营企业	Cooperative	
外资企业	Sole funds	
外商投资股份有限公司	Share holding funded from foreign	
二、按国民经济行业分组	Grouped by sector	
正餐服务业	Lunch	20294.9
快餐服务业	Snack	
饮料及冷饮服务业	Catering services	
其他餐饮服务业	Other	

MAIN FINANCIAL INDICATORS OF ENTERPRISES ABOVE DESIGNATED SIZE IN CATERING TRADE(Ⅱ)

unit: 10000yuan

年末资产负债 Assets and abilities					损益及分配 Loss, profit and distribution			
所有者权益合计 Creditors' equity	实收资本 Capital hold	国家资本 State owned	港澳台资本 Funded from Hongkong, Macao and Taiwan	外商资本 Foreign funds	营业收入 Operating revenue	营业成本 Cost of business	营业费用 Expenses of operating	营业税金及附加 Tax and extracharye
5838.8	**5282.7**	**61.5**	**963.3**	**175.0**	**15141.6**	**8659.3**	**4421.6**	**851.4**
3227.1	50.0				938.0	420.6	120.5	51.6
5627.2	4499.7	20.0	743.8		13252.8	7318.1	3952.0	743.6
-94.8	20.0	20.0			720.0	440.1	95.2	32.1
-235.1	23.0				1039.5	618.7	399.5	40.7
3227.1	50.0				938.0	420.6	120.5	51.6
3227.1	50.0				938.0	420.6	120.5	51.6
2730.0	4406.7		743.8		10555.3	5838.7	3336.8	619.2
2980.5	2752.9				3964.4	2334.1	963.1	212.8
-250.5	1653.8		743.8		6590.9	3504.6	2373.7	406.4
79.0	83.0	41.5	41.5		253.6	107.0	55.7	10.2
79.0	83.0	41.5	41.5		253.6	107.0	55.7	10.2
132.6	700.0		178.0	175.0	1635.2	1234.2	413.9	97.6
132.6	700.0		178.0	175.0	1635.2	1234.2	413.9	97.6
5838.8	5282.7	61.5	963.3	175.0	15141.6	8659.3	4421.6	851.4

14－9 限额以上餐饮企业财务状况(3)

计量单位:万元

		经营利润 Operating profits	管理费用 Cost of mangerment
总　　计	**Total**	**1209.3**	**1266.9**
其中:国有及国有控股	State owned and share holding	345.3	336.4
一、按登记注册类型分组	Grouped by type registered		
内资企业	Domestic funds	1239.1	1200.8
国有企业	State owned	152.6	193.9
集体企业	Collective owned	－19.4	72.9
股份合作企业	Cooperative		
联营企业	Joint		
国有联营企业	State joint		
集体联营企业	Collective joint		
国有与集体联营企业	State and collective joint		
其他联营企业	Other joint		
有限责任公司	Limited company	345.3	336.4
国有独资企业	State owned		
其他有限责任公司	Others	345.3	336.4
股份有限公司	Share holding		
私营企业	Private	760.6	597.6
私营独资企业	Private funds	454.4	255.5
私营合伙企业	Private partner		
私营有限责任公司	Private limited company	306.2	342.1
私营股份有限公司	Private share holding		
其他企业	Others		
港、澳、台商投资企业	Funded from HongKong, Macao and Taiwan	80.7	65.4
合资经营企业	Joint venture with	80.7	65.4
合作经营企业	Cooperative with		
独资经营企业	Funded from		
投资股份有限公司	Share holding with		
外商投资企业	Foreign funds	－110.5	0.7
中外合资经营企业	Joint venture	－110.5	0.7
中外合作经营企业	Cooperative		
外资企业	Funded from foreign		
外商投资股份有限公司	Share holding		
二、按国民经济行业分组	Grouped by sector		
正餐服务业	Lunch	1209.3	1266.9
快餐服务业	Snack		
饮料及冷饮服务业	Catering services		
其他餐饮服务业	Others		

MAIN FINANCIAL INDICATORS OF ENTERPRISES ABOVE DESIGNATED SIZE IN CATERING TRADE(Ⅲ)

unit: 10000yuan

损益及分配 Loss, profits and distribution								
税金 Taxes	财产保险 Property insurance	劳动待业险 Employment insurance	财务费用 Financial expenses	利息支出 Interest expenditune	营业利润 Business profits	利润总额 After-tax profits	本年应付工资总额 wages	本年应付福利费总额 Pagable welfore
97.5	**12.2**	**2.5**	**400.0**	**66.2**	**-457.6**	**-261.1**	**2066.7**	**195.2**
	0.2	0.5	102.4		-93.5		115.8	16.2
93.8	12.2	2.5	391.2	66.2	-352.9	-156.4	1747.8	157.9
		2.0	-0.3	-0.1	-41.0	-41.0	742.9	107.8
0.4			5.5		-97.8	1.7	88.6	19.6
	0.2	0.5	102.4		-93.5		115.8	16.2
	0.2	0.5	102.4		-93.5		115.8	16.2
93.4	12.0		283.6	66.3	-120.6	-117.1	800.5	14.3
90.6	12.0		1.9	1.9	197.0	223.1	220.1	10.0
2.8			281.7	64.4	-317.6	-340.2	580.4	4.3
3.7					15.3	15.3	28.3	
3.7					15.3	15.3	28.3	
			8.8		-120.0	-120.0	290.6	37.3
			8.8		-120.0	-120.0	290.6	37.3
97.5	12.2	2.5	400.0	66.2	-457.6	-261.1	2066.7	195.2

14－10　餐饮业销售情况

SALES CONDITION OF CATERING TRADE

计量单位:万元　　unit:10000yuan

		法人企业（个）Legal person	产业活动单位（个）Industry legal person	从业人数（人）Employment (person)	营业总收入 Revenues	商品零售额 District
总　计	**Total**	**15742**	**15777**	**51209**	**555603.5**	**555603.5**
一、限额以上	Above designated	16	51	9363	64632.5	64632.5
1. 按登记注册类型分组	Grouped by type registered					
内资企业	Domestic funds	14	34	5961	31861.9	31861.9
国有企业	State owned	2	15	3099	14951.8	14951.8
集体企业	Collective owned	2	2	120	908.2	908.2
股份合作企业	Cooperative					
联营企业	Joint ownership					
国有联营企业	State joint					
集体联营企业	Collective joint					
国有与集体联营企业	State and collective joint					
其他联营企业	Others					
有限责任公司	Limited liability company	1	4	798	3325.8	3325.8
国有独资企业	State owned		1	375	968.6	968.6
其他有限责任公司	Others	1	3	423	2357.2	2357.2
股份有限公司	Share holding		3	292	1867.9	1867.9
私营企业	Private	9	10	1652	10808.2	10808.2
私营独资企业	Private funded	3	4	358	4338.0	4338.0
私营合伙企业	Private partner					
私营有限责任公司	Private limited company	6	6	1294	6470.2	6470.2
私营股份有限公司	Private share holding					
其他企业	Others					
港、澳、台商投资企业	Funded from HongKong, Macao and Taiwan	1	8	1115	2865.0	2865.0
合资经营企业	Joint venture	1	7	815	2610.7	2610.7
合作经营企业	Cooperative					
独资经营企业	Sole funds					
投资股份有限公司	Share holding		1	300	254.3	254.3
外商投资企业	Foreign funds	1	9	2287	29905.6	29905.6
中外合资经营企业	Joint venture	1	6	1890	10693.9	10693.9
中外合作经营企业	Cooperative		2	277	7211.7	7211.7
外资企业	Sole funds					
外商投资股份有限公司	Share holding funded from foreign		1	120	12000.0	12000.0
2. 按国民经济行业分组	Grouped by sector					
正餐服务业	Lunch	16	49	9123	47855.9	47855.9
快餐服务业	Snack		2	240	16776.6	16776.6
饮料及冷饮服务业	Catering services					
其他餐饮服务业	Other					
二、限额以下	Below designated size and indvidual	15726	15726	41846	490971.0	490971.0

统计资料
STATISTICS

对外经济贸易和旅游业
FOREIGN TRADE AND TOURISM

第十五篇　对外经济贸易和旅游业

2003年，长春市实施了市场多元化战略，在稳定日本、韩国等周边传统市场的同时，深度开发俄罗斯、越南等新兴市场，并逐步向独联体和东盟其它国家延伸，进出口、进口和出口均创历史最高水平，全市进出口贸易快速增长。全年进出口总额实现52.2亿美元，增长80.7%。其中，进口36.7亿美元，增长1.3倍；出口15.5亿美元，增长21.9%。在出口中，国有企业出口13.6亿美元，比上年增长27.6%；外商投资企业出口1.7亿美元，减少13.2%；一般贸易出口14.3亿美元，增长28.7%。农副产品、机电产品、纺织服装、高新技术四大类骨干商品出口比重有所上升。外向依存度达到32.4%，比上年提高11.5个百分点。

招商引资成效显著，全方位对外开放格局基本形成。全年新批三资项目118个，其中投资总额超千万美元项目24个。全年实际利用外资7.5亿美元，比上年增长19.8%。其中，直接利用外资1.7亿美元，下降48.7%。

对外承包工程与劳务合作继续展开。全年新签对外承包和劳务合作合同金额2.8亿美元，完成营业额1.8亿美元，外派劳务人员1.4万人。

“非典”给旅游业带来不利影响。全年来长旅游人数达到1038万人次，其中，接待入境游客6.9万人次，比上年下降9.2%；接待国内旅游者1031万人次，下降5%。旅游总收入83.1亿元，增长23.8%。全年旅游外汇收入3671万美元，下降12.7%。

15－1 对外经济贸易情况
FOREIGN TRADE AND ECONOMIC COOPERATION

		单位 Unit	2002	2003
进出口总额(一)	Total imports and export	万美元 $ 10000	289247	521826
其中:进口	Imports	万美元 $ 10000	161997	366643
出口	Exports	万美元 $ 10000	127250	155183
1.国有企业	State ownead	万美元 $ 10000	146028	280964
其中:进口	Imports	万美元 $ 10000	39768	145321
出口	Exports	万美元 $ 10000	106260	135643
2.集体企业	Collective owned	万美元 $ 10000	490	458
其中:进口	Imports	万美元 $ 10000	29	18
出口	Exports	万美元 $ 10000	461	440
3.三资企业	Foreign funds	万美元 $ 10000	141410	236592
其中:进口	Imports	万美元 $ 10000	121332	219164
出口	Exports	万美元 $ 10000	20078	17428
4.私营企业	Private	万美元 $ 10000	1345	3729
其中:进口	Imports	万美元 $ 10000	886	2056
出口	Exports	万美元 $ 10000	459	1673
进出口总额(二)	Imports and exports	万美元 $ 10000	217359	419949
其中:进口	Imports	万美元 $ 10000	162444	360519
出口	Exports	万美元 $ 10000	54915	59430
新批项目(企业)数	Number of new registered enterprises	个 unit	119	118
投资总额	Total investment	万美元 $ 10000	58248	67362
合同利用外资额	Contract value	万美元 $ 10000	39629	38898
其中:直接利用外资额	Foreign direct investments	万美元 $ 10000	26629	34242
实际利用外资额	Total of foreign funds actually used	万美元 $ 10000	62666	75101
其中:直接利用外资额	Foreigh direct investment	万美元 $ 10000	33707	17291

注:进出口总额(一)中进出口总额是指在长春行政区域内工商注册、并在长春海关登记、赋予代码为“2201”的全部有外贸经营权的企业(公司)进出口总额。它是衡量我市有外贸经营权的企业(公司)经营规模和总体水平的标志。

进出口总额(二)中进出口总额是指在全国各地工商注册,并在当地海关登记的赋予相应代码的有外贸经营权的企业(公司),进口商品目的地为长春市、出口产品货源地产自长春市的进出口总额。它是衡量我市进口市场需求(包括项目)及出口生产质量、能力的标志。

* lmport－export value by changchun foreign trade managing units refer to actul value of imports and exports carried out by corporation which have been registered by changchun customhouse and vested with right to run import,export business

* * lmport value of commodities by the places of their destination and export value of commodities by the place of their origin in china:The places of their consumption,unilization or the place of their final destinotion. The latter indicator refers to the value of export commodities of the places of their origin or the place of the commodities dispatched,changchun.

15－2　2003年新批外商项目(企业)分类表
NEW REGISTERED FOREIGN FUNDS(2003)

		户　数 (个) Enterprises (unit)	外商投资 (万美元) Investment ($10000)	比重 (%) Percentage (%)
总　计	Toal	118	32867	100
1.按行业类别分	Grouped by sector			
农林牧渔业	Farming forestry animal husbandry and fishery			
制造业	Manufacturing	91	24762	75.4
建筑业	Construction	1	242	0.7
批发零售贸易餐饮业	Wholesale，retail trade and catering services	3	26	0.1
房地产业	Real estate	7	6643	20.2
社会服务业	Social services	16	1194	3.6
2.按国别、地区分	Grouped by country orregion			
香　　港	Hongkong	32	15078	45.9
韩　　国	Korea	16	1149	3.5
维尔京群岛	Virgin islands	9	3207	9.8
法　　国	France	2	302	0.9
台　　湾	Taiwan	8	5353	16.3
美　　国	United states	15	2847	8.7
日　　本	Japan	13	1669	5.1
德　　国	Germany	6	532	1.6
新 加 坡	Singapore	1	612	1.9
马 其 顿	Macedonia	1	14	
加 拿 大	Canada	5	457	1.4
萨 摩 亚	Samoan	2	154	0.5
尼加拉瓜	Ukraine	1	1000	3.0
朝　　鲜	Russia	1	45	0.1
古　　巴	Cuba	1	207	0.6
匈 牙 利	Hungary	1	10	
澳大利亚	Australia	1	210	0.6
马来西亚	Malaysia	1	18	0.1
英　　国	United kingdom	1	3	
3.按经济类型分	Grouped by ownership			
外资企业	Foreign funds	51	15389	46.8
合资经营	Joint venture	52	11067	33.7
合作经营	Cooperative	15	6411	19.5

15－3 主要出口商品情况
MAIN EXPORT GOODS

商品名称 Item		出口金额 (万美元) Export($10000)	占出口总额比重(%) Proportion(%)
1. 玉米	Corn	105871	68.2
2. 服装及衣着附件	Garments	9524	6.1
3. 冻鸡	Poultry	3067	2
4. 大米	Rice	2572	1.7
5. 汽车和汽车底盘	Vehicles and its chassis	2213	1.4
6. 电线和电缆	Wire and cable	1408	0.9
7. 干豆	Soybeans	1036	0.7
8. 塑料制品	Plastics products	1034	0.7
9. 锯材	Timeber	790	0.5
10. 纺织纱线、织物及制品	Textile	779	0.5
11. 药材	Medicine materials	593	0.4
12. 钢材	Steel	487	0.3
13. 家用或装饰用木制品	Funiture	313	0.2
14. 食用油籽	Beaning oil	305	0.2
15. 蔬菜	Vegetable	184	0.1
16. 玩具	Toy	149	0.1
17. 滑石	Talcum	129	0.1
18. 鞋类	Shoes	126	0.1
19. 鲜冻牛肉	Beef	110	0.1
20. 医药品	Medicine and medical articals	109	0.1
合　计	Total	155183	

15－4 主要进口商品情况
MAIN IMPORT GOODS

商品名称 Item		进口金额（万美元）Import（＄10000）	占进口总额比重（％）Proportion（％）
1. 汽车零件	Vehicles parts	117210	32.0
2. 汽车和汽车底盘	Vehicles and its chassis	31712	8.6
3. 活塞式内燃机的零件	Parts of engine	29164	8.0
4. 计量检测分析自控仪器及器具	Instrument of test	17777	4.8
5. 钢材	Steel products	6472	1.8
6. 金属加工机床	Metal－cutling machine tools	5460	1.5
7. 机械提升搬运装卸设备及零件	Hoist and its parts	2510	0.7
8. 通断及保护电路装置及零件	Hardware	2065	0.6
9. 电线和电缆	Wire and cable	2009	0.5
10. 液泵及液体提升机	Pump	1526	0.4
11. 自动数据处理设备及其部件	High－precision machine tools	1339	0.4
12. 原木	Wood	1034	0.3
13. 初级形状的塑料	Plastics	1016	0.3
14. 合成纤维长丝机织物	Chemical fiber	826	0.2
15. 橡胶或塑料加工机械	Rubber plastics machine tools	815	0.2
16. 型模及金属铸造用型箱	Mould and box for metal casting	534	0.1
17. 医疗仪器及器械	Health care machine tools	525	0.1
18. 纺织机械	Texfile machine tools	474	0.1
19. 食品加工机械	Food processing machine	471	0.1
20. 集成电路及微电子组件	Integrated circuit	408	0.1
合　计	Total	366643	

15－5 外贸进出口总值分国别(地区)出口情况
EXPORT MARKET

国家(地区)	Country or territory	出口总值(万美元) Exports($10000)		
		2001	2002	2003
总　　值	Total	97850	127250	155183
1.韩　　国	Korea	30094	46614	56058
2.日　　本	Japan	19489	16971	22989
3.马来西亚	Malaysia	10676	17953	18517
4.伊　　朗	Iran	29	46	13217
5.印度尼西亚	Indonesia	3563	8992	10514
6.美　　国	United States	3662	4270	4354
7.越　　南	Vietnam	688	3559	3744
8.南　　非	South Africa	421	2043	2931
9.英　　国	United Kingdom	639	900	2058
10.朝　　鲜	Korea Rep	5159	2093	1714
11.香　　港	HongKong	1777	1387	1444
12.俄罗斯联邦	Russian	736	1181	1317
13.埃　　及	Egypt	552	167	1227
14.德　　国	Germany	1838	1231	1151
15.荷　　兰	Netherland	637	397	928
16.匈牙利	Hungary	1790	2469	825
17.西班牙	Spain	623	575	777
18.台湾省	Taiwan	413	579	657
19.斯里兰卡	Sri Lanka	1285	683	650
20.加拿大	Canada	339	313	630
21.沙特阿拉伯	Saudi Arabia	336	834	571
22.挪　　威	Norway	186	323	543
23.阿拉伯联合酋长国	United Arab Emirates	489	865	531
24.意大利	Italy	545	619	512
25.菲律宾	Philippines	1050	1182	475
26.波　　兰	Poland	482	259	462
27.柬埔寨	Cambodia	269	211	445
28.法　　国	France	436	383	412
29.也门共和国	Arab Repwblic of Yemen	198	205	403
30.土耳其	France	449	349	376
31.巴　　西	Brazil	79	48	346
32.新加坡	Singapore	191	260	322
33.孟加拉国	Bangladesh	524	1353	318
34.比利时	France	655	346	296
35.巴拿马	France	196	326	274
36.印　　度	India	297	568	258
37.科威特	Kuwait		135	253
38.尼日利亚	Nigeria		428	232

15－5续表1 Continuedl

国家(地区)	Country or territory	出口总值(万美元) Exports($10000)		
		2001	2002	2003
39.澳大利亚	Australia	199	119	204
40.墨西哥	Mexico	75	65	200
41.泰国	Thailand	117	156	199
42.丹麦	Denmark	214	208	182
43.瑞典	Sweden	136	136	176
44.爱尔兰	Ireland	55	44	151
45.蒙古	Mongolia	28	130	127
46.捷克	Czech	31	54	126
47.克罗地亚	Croatia		36	107
48.巴基斯坦	Pakistan	33	63	106
49.约旦	Jordan	81	103	105
50.加纳	Ghana		91	98
51.葡萄牙	Portugal	36	76	93
52.摩洛哥	Morocco		32	88
53.希腊	Greece	144	104	79
54.以色列	Israel	153	68	76
55.厄瓜多尔	Ecuador		102	72
56.阿曼	Oman			71
57.叙利亚	Syria		54	69
58.立陶宛	Lithuania			65
59.苏丹	Sudan	21	39	63
60.智利	Chile	45	55	58
61.保加利亚	Bulgaria			57
62.黎巴嫩	Lebanon	65	80	52
63.海地	Haiti		56	51
64.委内瑞拉	Venezuela			48
65.喀麦隆	Cameroon	80	37	47
66.阿尔及利亚	Algeria		33	40
67.哥伦比亚	Colombia			39
68.坦桑尼亚	Tanzania			37
69.马其顿共和国	Macedonia			34
70.波多黎各	Puerto Rico	11	53	32
71.新西兰	New zealand			31
72.秘鲁	Peru	100	39	31
73.萨尔瓦多	Salvador			30
74.马达加斯加	Madagascar			30
75.牙买加	Jamaica		51	29
76.拉脱维亚	Latvia			29

15－6 外贸进出口总值分国别(地区)进口情况
IMPORT MARKET

国家(地区)	Country or territory	进口总值(万美元) Total($10000)		
		2001	2002	2003
总　值	Total	132136	161997	366643
1. 德　国	Germany	78531	117854	249834
2. 日　本	Japan	14248	13451	52899
3. 匈牙利	Hungary		260	10188
4. 美　国	United States	4664	4734	7547
5. 韩　国	Korea	5204	5418	7167
6. 墨西哥	Mexico	1794	4336	6441
7. 比利时	France	9375	236	4807
8. 意大利	Italy	3170	2382	2524
9. 法　国	France	821	1271	2057
10. 瑞　典	Sweden		359	1667
11. 台湾省	Taiwan	840	1069	1654
12. 荷　兰	Netherland	1067	1044	1587
13. 英　国	United Kingdom	288	374	1529
14. 泰　国	Thailand	349	1810	1521
15. 奥地利	Austra	354	1190	1328
16. 瑞　士	Switzerland	358	503	1294
17. 南　非	South Africa	317	95	1221
18. 斯洛伐克	Slovakia			1093
19. 加　蓬	Caban		806	793
20. 印度尼西亚	Indonesia	358	328	706
21. 西班牙	Spain	896	341	649
22. 马来西亚	Malaysia	293	417	404
23. 香　港	HongKong	4263	407	361
24. 澳大利亚	Australia	447	357	356
25. 俄罗斯联邦	Russian	971	416	351
26. 新加坡	Singapore	448	1105	342
27. 捷　克	Czech	12	153	306
28. 印　度	India	5	45	290
29. 加拿大	Canada	82	181	231
30. 丹　麦	Denmark	39	74	194
31. 阿根廷	Argentina			147
32. 挪　威	Norway			134
33. 菲律宾	Philippines			114
34. 斯洛文尼亚	Slovenia			97
35. 巴　西	Brazil	102	47	93
36. 新西兰	New zealand			42
37. 土耳其	Turkey	374	107	41
38. 刚　果	Gongo			40

15-7 历年旅游数据

		1990	1995	1996
海外旅游者(人次)	International tourists(person-time)	24861	29732	33193
外国人(人次)	Foreigners(person-time)	16058	24494	27077
华侨(人次)	Overseas chinese(person-time)	63	35	37
港澳同胞(人次)	Compatriots from Hongkongand Macao(person-time)	2255	2553	3032
台湾同胞(人次)	Compatriots from Taiwan(person-time)	6440	2650	3049
海外旅游者(人天)	International tourists(person-day)	54049	98083	127370
外国人(人天)	Foreigners(person-day)	36861	86206	114178
华侨(人天)	Overseas chinese(person-day)	118	91	88
港澳同胞(人天)	Compatriots from Hongkong and Macao(person-day)	5966	6339	6639
台湾同胞(人天)	Compatriots from Taiwan(person-day)	11104	5447	6465
国内旅游者(万人次)	Domestic tourists(10000person-time)		560	570
旅游外汇收入(万美元)	Earnings from internotisnal tourism($10000)	279.4	1439	1501
旅游业总收入(亿元)	Revenue of tourism(100 millon yuan)		3.9	6.5

DEVELOPMENT OF TOURISM

	1997	1998	1999	2000	2001	2002	2003
	35346	34323	44887	55734	66583	76146	68877
	26562	28171	35874	38277	45720	55064	51523
	87	82	114				
	4440	3031	3892	6831	7280	5861	249
	4257	3039	5007	10626	13853	1522	8546
	92209	89627	121242	135065	193350	246356	215277
	77176	77465	106694	107131	153382	196813	178884
	213	106	242				
	78	6747	6981	11296	17327	15691	18188
	7001	5309	7314	16638	22641	33852	18255
	590	6980	674	819	1001	1085.51	1031.19
	1554	1527	1992.7	2261	3072	4204	3671.1
	10	12	18	28.9	48	67	83.1

统计资料
STATISTICS

金融保险业
BANKING AND INSURANCE

第十六篇　金融、保险篇

2003年，全市金融运行平稳，有力支持了全市经济发展

2003年，全市金融机构各项存款余额(人民币、下同)1615.2亿元，比年初增加211.6亿元，增长15.1%；各项贷款余额1629.6亿元，比年初增加135.2亿元，增长9.0%。

一、储蓄存款继续稳步增长，企业存款同比少增加

1、储蓄存款继续稳步增长。年末全市储蓄存款余额达到831.4亿元，比年初增加117.5亿元，增长16.5%，同比多增11.7亿元。

2、企业存款同比少增加。年末企业存款余额510.8亿元，比年初增加42亿元，增长9.0%，同比少增52.3亿元。

二、贷款投放增加，有力促进了地方经济与社会建设事业的发展

1、金融机构各项贷款保持稳步增长，贷款投放加大。全年各项贷款余额比年初增加135.2亿元，增长9.0%，有力地支持了经济的发展。

2、信贷资金继续向重点行业和支柱企业投放。去年全年新增135.2亿元贷款，重点支持汽车、通信、电子、轻工、纺织、公路、电力、教育等重点行业和支柱企业。仅开发银行吉林省分行新增贷款就达75亿元，主要投向为吉林省交通厅、长春市土地收购储备中心、吉林大学、吉林省电力有限公司、中国网通吉林通信公司等企业，有力地支持了经济发展。

3、农业贷款大幅增长，支持农业产业结构调整力度加大。2003年农业贷款净投放7.1亿元，同比多投3.3亿元，是我市历史上农业贷款投放最多的一年。一是农业贷款投放多，增幅大；全市农村信用社全年累计发放农业贷款20亿元，同比多投放11.1亿元。二是支持农业产业结构调整的力度大，对养殖业和多种经营投入贷款较多，今年累计发放的20亿元农业贷款中，扣除8亿元的种植业贷款，其余大多支持了农业产业结构调整。

4、消费信贷继续不断发展。年末全市各金融机构消费贷款增加22.1亿元，同比多增6亿元，主要支持了个人住房消费、汽车消费和助学。

三、保险事业进一步发展。2003年，全市各保险公司承保总额2467.9亿元，比上年增长43.4%，其中，财产险保额2246.2亿元，增长45.3%；人寿险保额221.7亿元，增长26.7%。保费收入28.7亿元，比上年增长53.5%，其中，财产险保费收入4.9亿元，增长7.2%，人寿险保费收入23.8亿元，增长68.6%。赔款支出总额5.6亿元，比上年增长16.1%，其中，财产险赔款支出3.7亿元，增长25.7%；人身险赔款支出1.9亿元，增长1.4%。

16－1 主要年份城乡居民储蓄存款
DEPOSITS OF URBAN AND RURAL RESIDENTS

单位:万元 unit:10000yuan

		1998	1999	2000	2001	2002	2003
年末储蓄存款余额	Balance of deposits	4116987	4803744	5336997	6080769	7138522	8313564
一、按对象分	Grouped by object						
城镇储蓄	Urban deposits			4956592	5664812	6654240	7773358
农户储蓄	Rural deposits			380405	415957	484282	540206
二、按机构分	Grouped by institutions						
全辖银行	Bank		4458773	4657875	5067180		
其他金融机构	Others		344971	679122	1013589		
三、按地区分	Grouped by region						
市区	District	3340627	3952629	4370015	5064461	6082025	7160952
榆树市	Yushu	172234	190337	228764	249948	251187	282725
农安县	Nongan	219448	244990	256946	264189	268832	288796
德惠市	Dehui	224712	245462	284029	286622	302290	327308
九台市	Jiutai	159966	170326	197243	215549	234188	253783

16－2 1990－2003年保险费收入和赔款支出
PREMIUM AND CLAIM OF INSURANCE(1990－2003)

单位:千元 unit:1000yuan

年份 Year	保险费收入 Premium	赔款支出 Claim	赔付率(%) Payment rate
1991	164200	103320	62.92
1992	226790	134070	59.12
1993	225929	130248	57.65
1994	208195	132679	63.73
1995	242880	156920	64.61
1996	243165	27898	－11.5
1997	834330	216260	25.92
1998	467423	288599	61.74
1999	840370	234360	27.9
2000	897800	284490	31.7
2001	1203345	404926	33.7
2002	1870688	484611	25.9
2003	2871260	562650	19.6

16－3 全市金融机构信贷收支(人民币)
CREDIT FUNDS BALANCE SHEET OF BANKS (RMB)

单位:万元　　　　　　　　　　　　　　　　　　　　　　　　　　　　　　　　　　　　unit:1000yuan

来源项目名称 Item of soures.	金 额 Amount	运用项目名称 Item of uses	金 额 Amount
一、各项存款　Deposits	16152020	一、各项贷款　Loans	16295906
1. 企业存款　Deposits enterprises	5107817	1. 短期贷款　Short term loans	8918961
(1)活期存款　Current deposits	3893190	(1)工业贷款　Industrial loans	2141392
(2)定期存款　Fixed time deposits	1214627	(2)商业贷款　Commercial loans	3706984
2. 财政存款　Treasury deposits	510690	(3)建筑业贷款　Construction loans	111930
3. 机关团体存款　Government and organization	945616	(4)农业贷款　Agricultural loans	389895
4. 储蓄存款　Saving deposits	8313564	(5)乡镇企业贷款　Loans to township enterprises	130986
(1)活期储蓄　Current deposits	2862308	(6)三资企业贷款　Loans to foreign funded enterprise	173128
(2)定期储蓄　Fixed time deposits	5451256	(7)私营企业及个体贷款　Loans to individuals	35803
5. 农业存款　Agricultural deposits	123494	(8)其他短期贷款　Other short－term loans	2228843
6. 信托存款　Trusted deposits		2. 中期流动资金贷款　Medium－term currency	562373
7. 委托存款　Authorized deposits	357732	3. 中长期贷款　Medium and long－term loans	6103523
8. 其他存款　Others	793107	(1)基本建设贷款　Construction loans	4270514
二、金融债券　Ronds	－80630	(2)技术改造贷款　Innovation loans	323803
三、应付及暂收款　Payable	485281	(3)其他中长期贷款　Others	1509206
四、同业往来　Interbank loan	393196	其中:个人中长期消费贷款 Individual consumer loans	814092
五、流通中货币　Pooling currency		4. 信托贷款　Credit loans	1050
六、各项准备　Creditor's equity	55308	5. 融资租赁　Lease	150
七、所有者权益　Creditor's equity	157446	6. 委托贷款　Authorized loans	251711
八、其　　他　Others	1359950	7. 票据融资　Papecredie	405537
		8. 各项垫款　Delay loans	52601
		二、有价证券及投资　Portfolio loans	814397
		三、应收及预付款　Receivable and payable	788444
		四、同业往来　Interbank loan	45064
		五、银行对资产管理公司再贷款　Loan crowd	
		六、委托投资　Authorized investment	51083
		七、金银占款　Gold and silver	
		八、外汇占款　Purchase foreigh exchanges	6729
		九、固定资产　Fixed assets	449839
		十、库存现金　Stock of cash	71109
		十一、财政借款　Government loan	
		资金运用总计　Total	18522571

16－4 全市金融机构现金收支
CASH INCOME AND EXPENDITURES OF FINANCIAL INSTITUTIONS

单位:万元 unit:10000yuan

	金额 Amount		金额 Amount
一、商品销售收入 Commodity sales	4101150	一、工资性支出 Wages	1776849
二、服务业收入 Service revenue	1601887	二、农副产品采购支出 Purchases products	1271337
三、税款收入 Taxes	127018	三、工矿及其他产品采购支出 Purchases of industrail and mineral products	435118
四、城乡个体经营收入 Individual business	509625	四、行政企事业管理费支出 Expenditure for government and enterprises	2930218
五、储蓄存款收入 Saving depostes	29462199	五、城乡个体经营支出 Expenditure for individual business	699227
六、其他金融机构收入 Other financial instirutions	341739	六、储蓄存款支出 Expenditure for saving deposits	28629205
七、居民归还贷款收入 Repayment	412934	七、其他金融机构支出 Expenditure for other financial instituions	465289
八、汇兑收入 Remittances	311378	八、居民提取贷款支出 Expenditure for loans by residents	543908
九、有价证券收入 Securities	126303	九、汇总支出 Expenditure for remittances	168103
十、其他收入 Others	5217024	十、有价证券支出 Expenditure for securities	116802
其中:兑换外币收入 Expenditure for exchange of foreign currencies	98499	十一、其他支出 Others expenditure	4589175
		其中:兑换外币支出 Expenditure for exchange of foreign currencies	125978
收入合计 Total	42211257	支出合计 Total	41625231
		投放(+)、回笼(-) Currency issuance(+), withdrawn(-)	-586026

16－5　2003年全市金融机构年末储蓄存款余额(人民币)
DEPOSITS BALANCE SHEET OF BANKS IN 2003(RMB)

单位:万元　　unit:10000yuan

		金　额 Amount
全市金融机构年末储蓄存款余额	**Total**	**8313564**
一、按期限划分	Grouped by objects	
活期储蓄	Demand	2862308
定期储蓄	Time	5451256
二、按对象划分	Grouped by institutions	
城镇居民储蓄	Urban depasits	7773358
农村居民储蓄	Rural deposits	540206
三、按地区划分	Grouped by region	
市 辖 区	District	7160952
榆　树	Yushu	282725
农　安	Nongan	288796
德　惠	Dehui	327308
九　台	Jutai	253783

16－6　2003年全市保险业务状况
BASIC STATISTIC ON INSURANCE (2003)

单位:万元　　unit:10000yuan

		保　额 Amount	保费收入 Premium	赔款支出 Claim
总　计	**Total**	**24678542**	**287126**	**56265**
一、财产险合计	Property	22461346	49436	36852
家财险	Family property insurance	473922	1651	697
企财险	Enterprises property insurance	9551500	10356	5209
运输工具险	Motorvehicle in sruance	3979533	28292	24493
货物运输险	Freight stansport insurance	5057177	3540	914
工程责任险	Construcion insurance	1344111	2406	3470
农业险	Agriculture insurance	76651	192	463
航空航天险	Satellite insurance	9000	393	5
其他财产险	Other property insurance	1969452	2606	1601
二、人寿险合计	Life insurance	2217196	237690	19413
健康险	Healty insurance	766958	10807	2581
人寿险	Life insurance	362856	170009	14223
养老年金险	Pension insurance	23186	53555	1355
意外短期险	Accidente insurance	1064196	3319	1254

统计资料
STATISTICS

教育、科技及文化事业
EDUCATION，SCIENCE AND CULTURE

第十七篇　教育及文化事业

2003 年，全市共有普通全日制高等院校 28 所，招收学生 7.6 万人，年底在校生 23.1 万人。各类成人高等学校 10 所，共招学生 1.3 万人，年底在校生 3.0 万人。年未成人中专 14 所，招收学生 0.7 万人，年底在校生 1.2 万人。普通中学 389 所，在校生 44.2 万人，其中初中 312 所，在校生 32.9万人，小学 1814 所，年底在校生 51.5 万人，小学适龄儿童入学率达 99.4%。

2003 年，电影事业机构 411 个，其中电影放映点 404 个，文化事业机构 196 个，其中艺术表演团体 11 个，剧场、影剧院 9 个，公共图书馆 11 个，总藏量 239 万册，其中少儿图书馆 1 个，藏量 20 万册。群众文化事业机构 140 个，其中乡镇文化站 128 个，文化市场管理机构 11 个，其它文化事业机构 14 个。文物事业机构 7 个，其中博物馆 2 个。国家档案 12 个，馆藏档案 90.6 万卷，开放档案 11.6 万卷。长春电影制片厂全年共生产故事片 6 部，译制片 8 部，科教片 6 部。

17－1 长春市各级各类学校基本情况
BASIC STATISTICS ON EDUCATION

		校 数（所）Schools	在校学生数（人）Student enrollment (person)	教职工数（人）Teacher and staff 合 计 Total	其中：专职教师 Full time teacher
普通高等学校	Institutions of higher education	28	231384	32872	15098
成人高校	Adult education schools	10	30269	3771	1939
中等专业学校	Specialized secondary schools	52	52221	5907	3727
其中：普通中专	Specialized secondary schools	16	25331	2690	1603
成人中专	Specialized secondary schools for adults	14	11523	2133	1476
职业高中	Specialized secondary schools for staff	22	15367	1084	648
普通中学	Regular secondary schools	389	441740	31407	23885
其中：初中	Junior secondary schools	312	329113		18350
高中	Senior secondary schools	77	112627		5535
职业中学	Specialized secondary schools for staff	4	2546	161	123
小学	Primary schools	1814	515206	41952	36226
工读学校	Spare time schools	1	63	55	34
特殊教育学校	Specialized education schools	9	1487	424	292
幼儿园	Kinder gartents	596	81614	5733	3635

17－2 平均每万人口中学生数
SECONDARY STUDENT ENROLLMENT PER 10000 POPULATION

单位:人 unit:person

		全 市 Total	市 区 District	九台市 Jiutai	榆树市 Yushu	农安县 Nongan	德惠市 Dehui
大 学	University	322	746				
中 专	Specializde secondany schools	72	168				
职业技术学校	Technical schools						
高 中	Senior schools	156	363	127	112	230	109
初 中	Junior schools	458	1061	492	379	595	538
小 学	Primary schools	717	1661	693	736	897	838

17－3 中 学 概 况
BASIC STATISTICS ON SECONDARY SCHOOLS

		校 数 (所) Schools	在校学生数 (人) Student enrollment (person)	教 职 工 数 (人) Teacher and staff (person)	
				合 计 Total	其中:专职教师 Full time teacher
长春市	Changchun	389	441740	31407	23885
城区	District	163	179196	14845	11262
市辖区	District	32	42883	3482	2482
南关区	Nanguan	17	13195	1309	1056
宽城区	Kuancheng	17	17162	1435	1074
朝阳区	Chaoyang	21	22044	1864	1459
二道区	Erdao	15	19019	1510	1120
绿园区	Luyuan	20	20939	1811	1497
高新开发区	High－technical developing area	2	1248	81	73
经济开发区	Economic technical developing area	4	3960	355	296
净月开发区	Jingyue developing area	2	908	100	81
省直	Directly under province	4	15359	1067	840
双阳区	Shuangyang	29	22479	1831	1284
四县(市)区	Four counties(cities)	226	262544	16562	12623
农安县	Nongan	73	92001	5218	3953
九台市	Jiutai	38	51469	3491	2463
榆树市	Yushu	61	60050	4147	3195
德惠市	Dehui	54	59024	3706	3012

17－4 小 学 概 况

BASIC STATISTICS ON PRIMARY SCHOOLS

		校 数 (所) Schools	在校学生数 (人) Student enrollment (person)	教 职 工 数 (人) Teacher and staff	
				合 计 Total	其中:专任教师 Full time teacher
长春市	Changchun	1814	515206	41952	36226
城 区	District	426	191004	16150	13816
市辖区	District	2	7628	348	300
南关区	Nanguan	47	24879	2130	1893
宽城区	Kuancheng	52	28016	2392	2049
朝阳区	Chaoyang	52	31318	2369	2116
二道区	Erdao	51	27096	2002	1678
绿园区	Luyuan	56	30638	2340	2086
高新开发区	Economic technical developing area	6	1937	140	123
经济开发区	Tourism developing area	9	4794	442	361
净月开发区	Jingyue developing area	14	3387	318	280
省直	Directly under province	3	8746	444	405
双阳区	Shuangyang	134	22565	3225	2525
四县(市)区	Four counties(cities)	1388	324202	25802	22410
农安县	Nongan	385	100088	6989	6066
九台市	Jiutai	304	57621	6102	5161
榆树市	Yushu	392	90008	6875	6239
德惠市	Dehui	307	76485	5836	4944

17－5 幼 儿 园

BASIC STATISTICS ON KINDERGARTENS

		园 数 (所) Kindergartens	在园幼儿数 (人) Children (person)	教 职 工 数 (人) Teacher and staff	
				合 计 Total	其中:专任教师 Full time teacher
长春市	Changchun	596	81614	5733	3107
城 区	Distric	351	45373	4455	2232
市辖区	District	1	616	72	40
南关区	Nanguan	46	5723	592	321
宽城区	Kuancheng	70	5762	575	244
朝阳区	Chaoyang	62	8328	1074	545
二道区	Erdao	85	10119	439	245
绿园区	Luyuan	62	8917	1366	605
高新开发区	Economic technical developing area		245		
经济开发区	Developing area	10	970	113	59
净月开发区	Jingyue developing area		391		
双阳区	Shuangyang	15	4302	224	173
四县(市)区	Four counties(cities)	245	36241	1278	875
农安县	Nongan	31	12239	216	163
九台市	Jiutai	44	6253	233	175
榆树市	Yushu	75	9183	401	261
德惠市	Dehui	95	8566	428	276

17－6 小学学龄人口入学情况
PERCENTAGE OF SCHOOL－AGE CHILDREN ENROLLED

单位:人 unit:person

		校内外学龄人口 School－age children		在校学龄人口 School－age children enrolled		入学率(%) Enrollment rate	
		合计 Total	其中:女 Female	合计 Total	其中:女 Female	合计 Total	其中:女 Female
总计	Total	487840	232810	485268	231535	99.47	99.45
城市	Urban area	128700	62525	128591	62478	99.92	99.92
县镇	Town	81408	38411	81157	38215	99.69	99.49
农村	Rural area	277732	131874	275520	130842	99.2	99.32

17－7 初中学龄人口入学情况
PERCENTAGE OF MIDDLE SCHOOL STUDENTS ENROLLED

单位:人 unit:person

		校内外学龄人口 School－age children		在校学龄人口 School－age children enrolled		入学率(%) Enrollment rate	
		合计 Total	其中:女 Female	合计 Total	其中:女 Female	合计 Total	其中:女 Female
总计	Total	298865	144727	295052	143267	98.72	98.99
城市	Urban area	93282	45332	93038	45266	99.74	99.85
县镇	Town	96505	46442	95778	46200	99.25	99.48
农村	Rural area	109078	52953	106236	51801	97.39	97.82

17－8 文化事业基本情况
BASIC STATISTICS ON CULTURAL INSTITUTIONS

		单位 Unit	全市 Total	市区 District	县(市) County
一、座席个数	Seats	个 sets	22312	11084	11228
1.电影院、开放礼堂俱乐部	Cinema,music hall	个 unit	7530	3128	4402
2.艺术表演场所	Theater	个 unit	14782	7956	6826
二、演(映)出场次	Performances	场 shous	12469	11409	1060
1.电影院、开放礼堂俱乐部	Cinema,music hall	场 shows	7250	7250	
2.艺术表演场所	Theater	场 shows	810	196	614
其中:艺术演出	Performancing	场 shows	113	65	48
3.艺术表演团体	Art performance group	场 shows	4409	3963	446
三、观众人次	Spectators	千人次 1000person－time	3166	1290	1876
1.电影院、开放礼堂俱乐部	Cinema,music hall	千人次 1000person－time	96	96	
2.艺术表演场所	Theater	千人次 1000person－time	1334	396	938
其中:艺术演出	Performancing	千人次 1000person－time	81	65	16
3.艺术表演团体	Art performance group	千人次 1000person－time	1736	798	938
四、举办展览个数	Number of exhibition	个 unit	99	61	38
1.群众艺术馆	Mass art centres	个 unit	16	16	
2.文化馆(站)	Cultural centers	个 unit	66	28	38
3.博物馆	Museums	个 unit	17	17	
4.文物商店	Arts store	个 unit			
五、参观人次	Visitors	千人次 1000person－time	671	671	
1.文物保护管理机构	Agency of historical relics	千人次 1000person－time			
2.博物馆	Museums	千人次 1000person－time	671	671	
六、文物藏品	Number of collection	件 pcs	82893	72493	10400
1.文物保护管理机构	Agency of historical relics	件 pcs	1084	120	964
2.博物馆	Museums	件 pcs	81809	72373	9436
七、总藏量	Number of collections	千册(件) 1000 pcs	7765	6751	1014
1.群众艺术馆	Mass art centres	千册 1000 pcs	18	18	
2.文化馆(站)	Cultural centers	千册 1000 pcs	58	42	16
3.公共图书馆	Public libraries	千册 1000 pcs	7689	6691	998

17－9 文化事业机构、人数 INSTITUTIONS AND PERSONNEL IN CULTURE AND ART

		机构数（个）Institutions			职工数（人）Workers and staff members(person)		
		总计 Total	市区 District	县（市）County	总计 Total	市区 District	县（市）County
一、电影事业	Film	874	114	760	2600	669	1931
1.电影发行放映管理机构	Film renting units	15	7	8	655	200	455
2.电影制片厂	Film studios	1	1				
3.电影院、影剧院	Cinemas	22	14	8	861	429	432
4.开放礼堂、俱乐部	Music hall	24	24				
5.对内礼堂、俱乐部	Theatre	38	38				
6.电影队	Film team	774	30	744	1084	40	1044
二、艺术业	Art instifutions	64	38	26	3452	2524	928
1.艺术表演团体	Art performance troups	27	15	12	2250	1674	576
2.艺术表演场所	Theatre	21	15	6	1001	705	296
3.艺术创作机构	Art creation institution	11	3	8	95	39	56
三、文化科技科研机构	Instifutions of S&R	5	5		106	106	
四、出版事业	Publishing						
1.报社	Newspapers						
2.出版	Books pubished						
3.画报社	Illustrated magazines						
4.杂志社	Magazines						
五、文物事业	Cultural relics	18	10	8	664	486	178
1.文物保护管理机构	Agency of historical relics	8	2	6	98	14	84
2.文物研究机构	Research historical relics agency	3	3		74	74	
3.博物馆	Museums	7	5	2	492	398	94
4.文物商店	Arts store						
六、图书馆	Public libraries	23	15	8	1097	759	338
其中:少儿公共图书馆	Public libraries	2	2		52	52	
七、群众文化	Mass culture	267	71	196	1357	569	788
1.群众艺术馆	Mass art centres	5	5		240	240	
2.文化馆	Culture centres	20	12	8	726	258	468
3.文化站	Culture department and stations	242	54	188	391	71	320
其中:乡镇文化站	Township cultural stations	242	54	188	391	71	320

17－10 工业企业基本情况(一)
BASIC CONDITIONS OF INDUSTRIAL ENTERPRISES(Ⅰ)

		企业数(个) Enterprises	有科技活动企业数(个) Enterprises having T&S	从业人员年平均人数(人) Employment (person)	工程技术人员(人) Personnel of S&T (person)	从业人员劳动报酬(万元) Wages (10000yuan)	工业总产值(万元) Gross industrial output value (10000yuan)	工业增加值(万元) Value added (10000yuan)
总计	Total	552	71	299578	27343	477766.0	15056995.5	7971218.7
一、按企业规模分组:	Grouped by size of enterprises	0						
大型企业	Large－scale	13	5	137139	10703	300818.2	11262928.3	6605625.8
中型企业	Middle－scale	97	25	82080	9282	100355.1	2463118.7	955286.7
小型企业	Small－scale	442	41	80359	7358	76592.7	1330948.5	410306.2
二、按登记注册类型分组	Grouped by status of registration	0						
内资企业	Domestic funds	465	58	258940	24319	392992.2	7898947.8	5861438.1
国有	State－owned	99	19	142291	13532	259432.6	5693112.0	5142126.0
其中:大型企业	Large scale	4	1	87911	7116	207383.8	5199040.8	4962590.3
集体	Collective－owned	94	6	26071	1176	26519.5	311188.3	61218.3
股份合作	Cooperative enterprises	20	0	3143	323	2466.6	30142.0	12974.3
国有联营	State joint ownership	0	0	0	0	0.0	0.0	0.0
其中:大型企业	Large scale		0	0	0	0.0	0.0	0.0
集体联营	Collective joint ownership	1	0	180	0	18.0	6796.4	1396.2
国有与集体联营	Joint state－collective ownership	0	0	0	0	0.0	0.0	0.0
其他联营	Other joint		0	0	0	0.0	0.0	0.0
国有独资公司	Sole state－funded	25	9	17833	1773	19332.4	266182.7	152825.7
其中:大型企业	Large scale	1	1	2013	259	2479.2	41062.6	10646.0
其他有限责任公司	Limited company	70	10	24378	2541	30552.1	535526.7	165166.7
股份有限公司	Share holding	36	8	25279	3400	39485.5	703365.4	206715.8
私营独资	Sole private	42	1	5227	314	3319.2	75056.9	31317.7
私营合伙	Partnership	2	0	118	6	117.3	3614.8	1186.9
私营有限责任公司	Private limited company	73	5	13019	1195	11375.0	269379.5	85294.1
私营股份有限公司	Private share holding	3	0	401	59	374.0	4583.1	1216.4
其他内资	Other domestic funds	0	0	0	0	0.0	0.0	0.0
港澳台商投资	Funded from HongKong, Moaco, Taiwan	27	5	4913	625	6934.9	191663.7	121992.0
其中:大型企业	Large scale	0	0	0	0	0.0	0.0	0.0
与港澳台商合资经营	Joint owned	19	4	4090	515	5518.0	153983.0	104240.2
与港澳台商合作经营	Cooperative	1	0	121	14	203.9	8281.4	5302.8
港澳台商独资	Sole funds	3	0	141	18	293.1	10330.9	4438.3
港澳台商投资股份有限公司	Share holding	4	1	561	78	919.9	19068.4	8010.7

17－10续表1 continued1

		企业数(个) Enterprises	有科技活动企业数(个) Enterprises having T&S	从业人员年平均人数(人) Employment (person)	工程技术人员(人) Personnel of S&T (person)	从业人员劳动报酬(万元) Wages (10000yuan)	工业总产值(万元) Gross industrial output Value (10000yuan)	工业增加值(万元) Value added (10000yuan)
外商投资	Foreign funds	60	8	35725	2399	77838.9	6966384.0	1987788.6
其中:大型企业	Large Scale	2	0	19331	908	47669.5	5500390.5	1537398.7
中外合作经营	Cooperative	3	0	1894	137	2415.7	9324.0	－5108.6
中外合资经营	Joint venture	45	6	31862	2046	71573.1	6828437.2	1948628.7
外商独资	Sole funds	11	2	1879	181	3711.2	121809.3	42969.3
外商投资股份有限公司	Share holding	1	0	90	35	138.9	6813.5	1299.2
三、按工业行业大类分组	Grouped by sector	0						
煤炭开采和洗选业	Coal mining and processing	7	1	5906	224	4294.4	21445.2	13622.7
石油和天然气开采业	Petroleum and natural gas extraction	0	0	0	0	0.0	0.0	0.0
黑色金属矿采选业	Ferrous metals mining and processign		0	0	0	0.0	0.0	0.0
有色金属矿采选业	Nonferrous metals mining and dressing		0	0	0	0.0	0.0	0.0
非金属矿采选业	Nonmetal Minerals minging and of dressing		0	0	0	0.0	0.0	0.0
其他采矿业	Other mingerals mining and dressing		0	0	0	0.0	0.0	0.0
农副食品加工业	Food processing	41	1	21958	717	22761.0	1021338.4	272278.9
食品制造业	Food manufacturing	14	1	2950	153	2897.8	50275.9	24508.1
饮料制造业	Beverage manufacturing	23	0	6596	310	5019.8	126997.0	51396.4
烟草制品业	Tobacco processing	1	1	1437	67	3175.0	75355.2	44868.7
纺织业	Textile industry	7	0	5929	560	3002.1	29446.7	1817.2
纺织服装、鞋、帽制造业	Clothing shoes andrats	21	0	5308	334	4615.8	31391.9	8166.2
皮革、毛皮、羽毛(绒)及其制品业	Leather, furs, down and related products	0	0	0	0	0.0	0.0	0.0
木材加工及木、竹、藤、棕、草制品业	Timber, bamboo, cane, palm and straw products	11	0	2616	102	3518.8	26003.0	17725.3
家具制造业	Furniture manufacturing	2	0	440	17	579.1	4753.2	1179.2
造纸及纸制品业	Paper making and paper products	4	0	315	19	299.4	9979.3	4962.2
印刷业和记录媒介的复制	Printing and record medium reproduction	15	0	2564	203	2396.8	19093.4	8769.1
文教体育用品制造业	Cultural, educational and sports goods	0	0	0	0	0.0	0.0	0.0
石油加工、炼焦及核燃料加工业	Petroleum processing and coking	3	0	1289	190	1287.8	50098.1	34685.5
化学原料及化学制品制造业	Raw chemical material and chemical products	18	0	3587	207	3596.9	63356.6	26026.7
医药制造业	Medical and pharmacutical products	44	14	9152	2425	11634.0	227665.2	127936.7
化学纤维制造业	Chemical fiber	0	0	0	0	0.0	0.0	0.0
橡胶制品业	Rubber products	5	0	2385	98	1978.6	56909.8	24235.8
塑料制品业	Plastic products	18	0	1372	91	1398.7	52261.5	14858.2

17－10 续表 2 continued2

		企业数(个) Enterprises	有科技活动企业数(个) Enterprises having T&S	从业人员年平均人数(人) Employment (person)	工程技术人员(人) Personnel of S&T (person)	从业人员劳动报酬(万元) Wages (10000yuan)	工业总产值(万元) Gross industrial output value (10000yuan)	工业增加值(万元) Value added (10000yuan)
非金属矿物制品业	Nonmetal mineral products	42	0	11147	937	9034.8	149562.7	57750.9
黑色金属冶炼及压延加工业	Smelting and pressing of ferrous metals	6	1	1730	174	1237.9	58511.9	26854.1
有色金属冶炼及压延加工业	Smelting and pressing of non ferrous metals	4	2	177	36	177.7	6836.0	3573.0
金属制品业	Metal products	15	0	2617	212	1831.6	30016.1	11962.3
通用设备制造业	Ordinary machinery	29	7	9194	780	7912.2	59403.9	22617.3
专用设备制造业	Special purpose equipment	16	1	3609	419	2503.4	30843.4	13635.9
交通运输设备制造业	Transport equipment	132	23	158027	12813	320482.5	12309729.3	6885448.3
电气机械及器材制造业	Electric equipmert and machinery	18	4	4061	446	4208.7	40595.5	10239.5
通信设备、计算机及其他电子设备制造业	Computer and other equipment	11	5	7768	1594	9657.0	100259.1	35968.9
仪器仪表及文化、办公用机械制造业	instruments, meters, culturae and office		6	7289	777	9713.0	80438.6	27702.4
工艺品及其他制造业	Art and others	6	0	799	31	846.0	16603.1	8080.6
废弃资源和废旧材料回收加工业	Waste materinl processing	0	0	0	0	0.0	0.0	0.0
电力、热力的生产和供应业	Electricity cnd heatpower	17	4	11307	2660	25136.8	170692.3	127924.0
燃气生产和供应业	Gas production and supply	4	0	3268	326	4739.5	77792.8	30241.3
水的生产和供应业	Water procluetiorn and supply	7	0	4781	421	7828.9	59340.4	32183.3
四、按隶属关系分组	Grouped by ministration	0						
中央属	Centrae	20	11	109434	10857	232550.8	5453208.7	5055269.0
省(直辖市)属	Province	31	5	23672	1151	22028.3	392640.1	62184.1
地区属	Prefectures	159	31	87978	8134	104828.9	1605782.2	644227.9
县属	County	59	2	16826	1056	12104.3	257746.8	90406.0
其他属	Others	226	21	54723	5765	101192.8	7192583.3	2068712.8
五、按地区分组	Groupedhy region	0						
市辖区	Districts	2	0	5331	536	3744.1	77236.6	33300.9
南关区	Nanguan	48	9	26997	2671	44319.4	407305.9	197571.9
宽城区	Kuancheng	65	7	19713	1856	20736.2	787259.6	273532.4
朝阳区	Chaoyang	71	18	27239	3669	35329.5	564560.0	209171.6
二道区	Erdao	109	17	41538	4573	50555.7	981941.0	465592.6
绿园区	Luyuan	87	19	126430	11286	282974.1	11536673.8	6603975.0
双阳区	Shuangyang	23	0	7312	556	6850.3	95536.0	42768.2
农安县	Nongan	54	0	9111	552	6344.8	140481.5	68544.8
九台市	Jiutai	30	1	9068	413	7546.7	54926.2	242.9
榆树市	Yushu	27	0	6086	729	4055.0	91668.1	50581.2
德惠市	Dehui	36	0	20753	502	15310.2	319406.8	25937.2

17－11 工业企业基本情况(二)
BASIC CONDITIONS OF INDUSTRIAL ENTERPRISES(Ⅱ)

		产品销售收入(万元) Sales revenue (10000yuan)	实现利税总额(万元) Pre－tax profits (10000yuan)	利润总额(万元) Total profits (10000yuan)	产品销售利润(万元) Sales profits (10000yuan)	年末固定资产原价(万元) Original value of fixed assets (10000yuan)	生产经营用机器设备原价 Equipment	微电子控制设备原价 Elecfric equpment
总计	Total	**14953056.8**	**2152950.3**	**1077805.4**	**1503808.2**	**7027186.3**	**4192197.4**	**121738.5**
一、按企业规模分组:	Grouped by size of enterprises							
大型企业	Large－scale	11274482.5	1716409.9	894555.8	1228778.8	3431623.2	1916136.0	20839.0
中型企业	Middle－scale	2257400.6	302786.4	98873.2	158562.1	2765929.9	1663020.1	85714.5
小型企业	Small－scale	1421173.7	133754.0	84376.4	116467.3	829633.2	613041.3	15185.0
二、按登记注册类型分组	Grouped by status of registration							
内资企业	Domestic funds	8277124.0	852664.8	295868.9	701356.0	4941556.1	2703742.3	109652.3
国有	State－owned	6063318.9	618459.1	226800.3	541382.7	2758488.1	1495401.4	38712.2
其中:大型企业	Large scale	5587163.4	594280.5	269214.7	510146.4	1792156.6	808226.2	16339.1
集体	Collective－owned	338109.3	21452.8	9291.3	28712.2	140262.6	92123.7	2123.6
股份合作	Cooperative enterprises	31189.1	1630.8	93.3	1390.5	25836.1	22388.8	2.0
国有联营	State joint ownership	0.0	0.0	0.0	0.0	0.0	0.0	0.0
其中:大型企业	Large scale	0.0	0.0	0.0	0.0	0.0	0.0	0.0
集体联营	Collective joint ownership	6796.4	94.8	76.7	231.2	1372.9	1218.6	0.0
国有与集体联营	Joint state－collective ownership	0.0	0.0	0.0	0.0	0.0	0.0	0.0
其他联营	Other joint	0.0	0.0	0.0	0.0	0.0	0.0	0.0
国有独资公司	Sole state－funded	242766.9	67728.8	－24746.3	17277.7	943947.5	252068.8	56747.8
其中:大型企业	Large scale	48493.7	－117.1	－1913.3	843.3	53658.6	49953.9	0.0
其他有限责任公司	Limited company	497805.6	48051.5	24278.0	51129.1	415948.9	256492.1	6998.9
股份有限公司	Share holding	652847.7	73161.9	49212.6	45579.8	514556.0	477109.2	4161.0
私营独资	Sole private	62575.7	4775.1	2086.2	2179.1	28761.9	25085.2	9.9
私营合伙	Partnership	3542.9	222.4	98.2	98.2	675.6	434.9	0.5
私营有限责任公司	Private limited company	373662.9	16938.7	8608.0	13249.5	109765.4	79712.9	894.4
私营股份有限公司	Private share holding	4508.6	148.9	70.6	126.0	1941.1	1706.7	2.0
其他内资	Other domestic funds	0.0	0.0	0.0	0.0	0.0	0.0	0.0
港澳台商投资	Funded from HongKong, Moaco, Taiwan	185329.4	37549.9	26127.0	29624.0	203655.2	160557.9	2695.6
其中:大型企业	Large scale	0.0	0.0	0.0	0.0	0.0	0.0	0.0
与港澳台商合资经营	Joint owned	147625.5	22234.8	13747.5	20430.0	154474.7	136378.4	875.6
与港澳台商合作经营	Cooperative	8281.4	4405.8	4405.8	4417.9	29043.9	9624.0	0.0
港澳台商独资	Sole funds	9881.0	5210.5	4067.4	－71.8	7419.4	4389.1	870.0
港澳台商投资股份有限公司	Share holding	19541.5	5698.8	3906.3	4847.9	12717.2	10166.4	950.0

17－11 续表 1 Continued1

		产品销售收入（万元）Sales revenue (10000yuan)	实现利税总额（万元）Pre－tax profits (10000yuan)	利润总额（万元）Total profits (10000yuan)	产品销售利润（万元）Sales profits (10000yuan)	年末固定资产原价（万元）Original value of fixed assets (10000yuan)	生产经营用机器设备原价 Equipment	微电子控制设备原价 Electric equpment
外商投资	Foreign funds	6490603.4	1262735.6	755809.5	772828.2	1881975.0	1327897.2	9390.6
其中：大型企业	Large Scale	5141431.1	1090948.2	615778.7	667120.7	1255246.1	780959.2	0.0
中外合作经营	Cooperative	8469.7	－8801.4	－8844.3	－3711.3	41799.0	30583.7	872.7
中外合资经营	Joint venture	6341559.5	1248971.2	745021.1	752491.1	1799062.5	1265822.5	8397.5
外商独资	Sole funds	127493.1	20964.5	18031.4	24048.4	40243.3	30620.8	120.4
外商投资股份有限公司	Share holding	13081.1	1601.3	1601.3	0.0	870.2	870.2	0.0
三、按工业行业大类分组	Grouped by sector							
煤炭开采和洗选业	Coal mining and processing	12953.7	1052.7	－0.7	2266.8	24619.5	11791.6	53.0
石油和天然气开采业	Petroleum and natural gas extraction	0.0	0.0	0.0	0.0	0.0	0.0	0.0
黑色金属矿采选业	Ferrous metals mining and processign	0.0	0.0	0.0	0.0	0.0	0.0	0.0
有色金属矿采选业	Nonferrous metals mining and dressing	0.0	0.0	0.0	0.0	0.0	0.0	0.0
非金属矿采选业	Nonmetal Minerals minging and of dressing	0.0	0.0	0.0	0.0	0.0	0.0	0.0
其他采矿业	Other mingerals mining and dressing	0.0	0.0	0.0	0.0	0.0	0.0	0.0
农副食品加工业	Food processing	954053.0	52876.4	56459.4	18346.1	432353.0	417959.8	850.0
食品制造业	Food manufacturing	54205.6	2521.2	240.9	3059.9	26194.9	22785.2	0.9
饮料制造业	Beverage manufacturing	121463.7	13810.0	1186.4	5870.2	109264.6	92783.8	7921.3
烟草制品业	Tobacco processing	74452.5	33143.5	－1254.3	10614.3	64026.3	34994.2	0.0
纺织业	Textile industry	29041.0	426.7	－294.4	499.5	53892.3	24613.7	0.0
纺织服装、鞋、帽制造业	Clothing, shoes and hats	33201.1	1982.0	942.8	933.6	25586.5	21159.9	2.4
皮革、毛皮、羽毛(绒)及其制品业	Leather, furs, down and related products	0.0	0.0	0.0	0.0	0.0	0.0	0.0
木材加工及木、竹、藤、棕、草制品业	Timber, bamboo, cane, palm and straw products	27358.4	1385.0	306.3	619.1	47785.1	35963.4	2799.9
家具制造业	Furniture manufacturing	4541.8	－165.3	－182.0	35.4	1699.7	1431.3	0.0
造纸及纸制品业	Paper making and paper products	10232.7	195.8	－45.2	－9.0	1020.3	1013.5	0.0
印刷业和记录媒介的复制	Printing and record medium reproduction	20180.0	1375.6	299.5	2180.0	20161.7	14998.5	1350.7
文教体育用品制造业	Cultural, educational and sports goods	0.0	0.0	0.0	0.0	0.0	0.0	0.0
石油加工、炼焦及核燃料加工业	Petroleum processing and coking	52951.6	5382.4	216.3	2781.2	12861.4	8956.3	8.9
化学原料及化学制品制造业	Raw chemical material and chemical products	67213.7	8921.5	5215.6	8218.8	35677.3	31348.8	0.0
医药制造业	Medical and pharmacutical products	133804.1	24088.6	12708.0	31942.9	155422.9	122373.7	5480.9
化学纤维制造业	Chemical fiber	0.0	0.0	0.0	0.0	0.0	0.0	0.0
橡胶制品业	Rubber products	41327.5	4206.1	－141.2	1588.2	17541.0	14877.9	0.0
塑料制品业	Plastic products	52863.4	14565.7	12379.5	7319.0	32720.8	31370.6	56.4

17－11 续表 2 continued2

		产品销售收入（万元）Sales revenue (10000yuan)	实现利税总额（万元）Pre－tax profits (10000yuan)	利润总额（万元）Total profits (10000yuan)	产品销售利润（万元）Sales profits (10000yuan)	年末固定资产原价（万元）Original value of fixed assets (10000yuan)		
							生产经营用机器设备原价 Equipment	微电子控制设备原价 Electric equpment
非金属矿物制品业	Nonmetal mineral products	145192.6	26941.6	14397.9	16214.7	252396.7	165373.8	54.3
黑色金属冶炼及压延加工业	Smelting and pressing of ferrous metals	39128.7	1091.1	204.2	864.1	27936.1	26252.9	163.3
有色金属冶炼及压延加工业	Smelting and pressing of non ferrous metals	6202.0	642.0	250.2	356.6	1224.4	868.7	0.0
金属制品业	Metal products	28375.2	791.0	－132.8	2434.8	23536.1	15243.1	811.6
通用设备制造业	Ordinary machinery	60336.3	2851.4	－2277.1	5322.9	91907.0	43052.1	651.9
专用设备制造业	Special purpose equipment	29159.0	3366.8	1738.7	4615.9	28375.6	19412.8	423.4
交通运输设备制造业	Transport equipment	12216764.2	1873131.4	974008.1	1306411.9	3817922.1	2127596.4	20799.2
电气机械及器材制造业	Electric equipmert and machinery	37110.8	－1759.4	－2909.2	484.3	45842.9	33392.2	1303.4
通信设备、计算机及其他电子设备制造业	Computer and other equipment	66327.5	－35148.0	－35814.2	－3634.2	243472.0	168426.8	57278.0
仪器仪表及文化、办公用机械制造业	instruments, meters, culture and office	78567.8	7862.7	2882.0	18177.2	107143.1	53133.8	233.6
工艺品及其他制造业	Art and others	15816.6	2006.4	1082.6	1211.8	4674.1	2901.9	32.5
废弃资源和废旧材料回收加工业	Waste materinl processing	0.0	0.0	0.0	0.0	0.0	0.0	0.0
电力、热力的生产和供应业	Electricity cnd heatpower	406603.4	89335.2	29034.0	37953.9	746465.4	392244.6	16589.8
燃气生产和供应业	Gas production and supply	76202.8	10480.0	5249.2	5027.8	203552.9	198718.6	0.0
水的生产和供应业	Water productiorn and supply	57426.1	5590.2	2054.9	12100.5	371910.6	57157.5	4873.1
四、按隶属关系分组	Grouped by administration							
中央属	Centra	5830063.9	623258.3	248945.2	524439.4	2067770.9	1152320.6	28257.2
省（直辖市）属	Province	359688.4	4911.4	6832.6	29436.2	258018.2	237923.1	3317.9
地区属	Prefectures	1550327.8	203457.4	52777.3	149170.5	2566129.1	1331157.7	82145.8
县属	County	233490.3	15190.5	－4132.9	8538.4	143011.6	109678.0	840.0
其他属	Others	6823187.3	1286683.7	757959.6	780223.1	1941556.6	1327280.3	7122.2
五、按地区分组	Grouped by region							
市辖区	Districts	78209.2	21767.6	16413.3	0.0	125136.2	100129.2	0.0
南关区	Nanguan	551357.1	69518.2	9447.7	70063.5	992407.9	377174.1	67149.9
宽城区	Kuancheng	682496.6	59672.1	45922.4	10501.2	557713.2	399733.1	8084.0
朝阳区	Chaoyang	655341.7	71120.6	50381.9	75326.4	384908.7	269983.1	7893.2
二道区	Erdao	980162.9	192439.7	33486.8	80725.1	1581838.3	793201.2	20176.1
绿园区	Luyuan	11316607.8	1695306.4	906122.5	1221712.7	2815008.1	1813222.3	18196.6
双阳区	Shuangyang	91933.0	25647.7	12765.9	14391.4	200181.1	120906.1	0.0
农安县	Nongan	145446.6	14828.0	3852.0	5860.9	60247.4	41928.5	9.4
九台市	Jiutai	71841.4	3128.5	197.5	5247.6	59156.9	41775.8	127.2
榆树市	Yushu	85082.1	5656.2	－500.7	2455.7	67382.5	56411.1	102.1
德惠市	Dehui	294578.4	－6134.7	－283.9	17523.7	183206.0	177732.9	0.0

17－12　工业企业科技活动人员情况
BASIC STATISTICS ON PERSONNEL FOR SCIENTIFIC AND TECHNOLOGICAL ACTIVITIES

单位:人　　unit:person

		科技活动人员合计 Personnel	# 1.全时人员 Full time person	2.非全时人员 Non－full time person	# 1.高中级技术职称人员 Scientiscs and engineer	2.无高中级技术职称的大学本科及以上学历人员 Regular college course	# 研究与试验发展人员 Personnel for R&D
总　　计	Total	**10605**	**8797**	**1808**	**6121**	**2287**	**4136**
一、按企业规模分组:	Grouped by size of enterprises						
大型企业	Large－scale enterprises	7547	6779	768	4763	1407	2807
中型企业	Middle－scale	1959	1173	786	795	577	888
小型企业	Small－scale	1099	845	254	563	303	441
二、按登记注册类型分组	Grouped by status of registration						
内资企业	Domestic funds	10325	8584	1741	5969	2207	3996
国有	State－owned	6953	6454	499	4385	1313	2447
其中:大型企业	Large scale	5870	5870	0	3825	1138	2099
集体	Collective－owned	110	107	3	34	64	0
股份合作	Cooperative enterprises	0	0	0	0	0	0
国有联营	State joint ownership	0	0	0	0	0	0
其中:大型企业	Large scale	0	0	0	0	0	0
集体联营	Collective joint ownership	0	0	0	0	0	0
国有与集体联营	Joint state－collective ownership	0	0	0	0	0	0
其他联营	Other joint	0	0	0	0	0	0
国有独资公司	Sole state－funded	792	457	335	401	151	222
其中:大型企业	Large scale	259	259	0	193	49	0
其他有限责任公司	Limited company	1041	600	441	315	156	21
股份有限公司	Share holding	1267	828	439	729	501	1242
私营独资	Sole private	14	12	2	7	7	14
私营合伙	Partnership	0	0	0	0	0	0
私营有限责任公司	Private limited company	148	126	22	98	15	50
私营股份有限公司	Private share holding	0	0	0	0	0	0
其他内资	Other domestic funds	0	0	0	0	0	0
港澳台商投资	Funded from HongKong, Moaco, Taiwan	86	74	12	50	28	25
与港澳台商合资经营	Joint owned	76	64	12	44	28	25
与港澳台商合作经营	Cooperative	0	0	0	0	0	0
港澳台商独资	Sole funds	0	0	0	0	0	0
港澳台商投资股份有限公司	Share holding	10	10	0	6	0	0

17－12续表1 单位:人 continued1 unit:person

		科技活动人员合计 Personnel	# 1. 全时人员 Full time Person	2. 非全时人员 Non－full time Person	# 1. 高中级技术职称人员 Scientiscs and engineer	2. 无高中级技术职称的大学本科及以上学历人员 Regular college course	# 研究与试验发展人员 Personnel for R&D
外商投资	Foreign funds	194	139	55	102	52	115
中外合作经营	Cooperative	0	0	0	0	0	0
中外合资经营	Joint venture	172	117	55	94	46	109
外商独资	Sole funds	22	22	0	8	6	6
外商投资股份有限公司	Share holding	0	0	0	0	0	0
三、按工业行业大类分组	Grouped by sector						
煤炭开采和洗选业	Coal mining and processing	138	0	138	70	5	138
石油和天然气开采业	Petroleum and natural gas extraction	0	0	0	0	0	0
黑色金属矿采选业	Ferrous metals mining and processign	0	0	0	0	0	0
有色金属矿采选业	Nonferrous metals mining and dressing	0	0	0	0	0	0
非金属矿采选业	Nonmetal Minerals minging and of dressing	0	0	0	0	0	0
其他采矿业	Other mingerals mining and dressing	0	0	0	0	0	0
农副食品加工业	Food processing	34	34	0	21	9	0
食品制造业	Food manufacturing	8	6	2	4	1	0
饮料制造业	Beverage manufacturing	0	0	0	0	0	0
烟草制品业	Tobacco processing	24	24	0	12	9	0
纺织业	Textile industry	0	0	0	0	0	0
纺织服装、鞋、帽制造业	Clothing, shoes and hats	0	0	0	0	0	0
皮革、毛皮、羽毛(绒)及其制品业	Leather, furs, down and related products	0	0	0	0	0	0
木材加工及木、竹、藤、棕、草制品业	Timber, bamboo, cane, palm and straw products	0	0	0	0	0	0
家具制造业	Furniture manufacturing	0	0	0	0	0	0
造纸及纸制品业	Paper making and paper products	0	0	0	0	0	0
印刷业和记录媒介的复制	Printing and record medium reproduction	0	0	0	0	0	0
文教体育用品制造业	Cultural, educational and sports goods	0	0	0	0	0	0
石油加工、炼焦及核燃料加工业	Petroleum processing and coking	0	0	0	0	0	0
化学原料及化学制品制造业	Raw chemical material and chemical products	0	0	0	0	0	0
医药制造业	Medical and pharmacutical products	483	406	77	232	149	411
化学纤维制造业	Chemical fiber	0	0	0	0	0	0
橡胶制品业	Rubber products	0	0	0	0	0	0
塑料制品业	Plastic products	0	0	0	0	0	0
非金属矿物制品业	Nonmetal mineral products	0	0	0	0	0	0

17－12续表2 单位:人 continued2 unit:person

		科技活动人员合计 Personnel	#1. 全时人员 Full time Person	2. 非全时人员 Non－full time Person	#1. 高中级技术职称人员 Scientiscs and engineer	2. 无高中级技术职称的大学本科及以上学历人员 Regular college course	#研究与试验发展人员 Personnel for R&D
黑色金属冶炼及压延加工业	Smelting and pressing of ferrous metals	8	8	0	5	0	0
有色金属冶炼及压延加工业	Smelting and pressing of non ferrous metals	17	15	2	9	8	14
金属制品业	Metal products	0	0	0	0	0	0
通用设备制造业	Ordinary machinery	453	202	251	241	33	0
专用设备制造业	Special purpose equipment	89	89	0	30	7	0
交通运输设备制造业	Transport equipment	7583	6955	628	4893	1568	2911
电气机械及器材制造业	Electric equipmert and machinery	230	90	140	72	52	37
通信设备、计算机及其他电子设备制造业	Computer and other equipment	576	524	52	202	333	530
仪器仪表及文化办公用机械制造业	instruments, meters, culture and office	856	423	433	264	103	61
工艺品及其他制造业	Art and others	0	0	0	0	0	0
废弃资源和废旧材料回收加工业	Waste materinl processing	0	0	0	0	0	0
电力、热力的生产和供应业	Electricity cnd heatpower	106	21	85	66	10	34
燃气生产和供应业	Gas production and supply	0	0	0	0	0	0
水的生产和供应业	Water production and supply	0	0	0	0	0	0
四、按隶属关系分组	Grouped by and administration						
中央属	Centra	7356	6553	803	4445	1317	2452
省(直辖市)属	Province	178	126	52	88	40	0
地区属	Prefectures	1461	985	476	671	403	350
县属	County	43	41	2	26	13	0
其他属	Others	1564	1089	475	889	513	1334
五、按地区分组	Grouped by region						
市辖区	Districts	0	0	0	0	0	0
南关区	Nanguan	318	227	91	169	64	78
宽城区	Kuancheng	300	123	177	141	83	55
朝阳区	Chaoyang	1571	1035	536	503	469	577
二道区	Erdao	899	531	368	534	137	111
绿园区	Luyuan	7379	6881	498	4704	1529	3177
双阳区	Shuangyang	0	0	0	0	0	0
农安县	Nongan	0	0	0	0	0	0
九台市	Jiutai	138	0	138	70	5	138
榆树市	Yushu	0	0	0	0	0	0
德惠市	Dehui	0	0	0	0	0	0

17－13　工业企业科技活动经费筹集情况
BASIC STATISTICS ON S&T FUNDS IN INDUSTRIAL ENTERPRISES

		科技活动经费筹集总额(万元) Total (10000 yuan)	企业资金 Enterprises funds	金融机构贷款 Loan	来自政府部门资金 Goverment appropriation	来自事业单位的资金 Institutions	来自国外的资金 Foreign funds	其他资金 Others
总　　计	Total	**142703.1**	**136849.3**	**2247.8**	**3341.0**	**250.0**	**0.0**	**15.0**
一、按企业规模分组：	Grouped by size of enterprises							
大型企业	Large－scale enterprises	123006.1	120706.1	0.0	2170.0	130.0	0.0	0.0
中型企业	Middle－scale	11246.4	8154.8	2148.6	928.0	0.0	0.0	15.0
小型企业	Small－scale	8450.6	7988.4	99.2	243.0	120.0	0.0	0.0
二、按登记注册类型分组	Grouped by status of registration							
内资企业	Domestic funds	136744.3	131190.5	1947.8	3341.0	250.0	0.0	15.0
国有	State－owned	113455.1	111103.0	0.0	2207.1	130.0	0.0	15.0
其中:大型企业	Large scale	110684.6	108764.6	0.0	1790.0	130.0	0.0	0.0
集体	Collective－owned	301.2	301.2	0.0	0.0	0.0	0.0	0.0
股份合作	Cooperative enterprises	0.0	0.0	0.0	0.0	0.0	0.0	0.0
国有联营	State joint ownership	0.0	0.0	0.0	0.0	0.0	0.0	0.0
其中:大型企业	Large scale	0.0	0.0	0.0	0.0	0.0	0.0	0.0
集体联营	Collective joint ownership	0.0	0.0	0.0	0.0	0.0	0.0	0.0
国有与集体联营	Joint state－collective ownership	0.0	0.0	0.0	0.0	0.0	0.0	0.0
其他联营	Other joint	0.0	0.0	0.0	0.0	0.0	0.0	0.0
国有独资公司	Sole state－funded	7288.6	5243.0	1461.6	584.0	0.0	0.0	0.0
其中:大型企业	Large scale	3800.0	3800.0	0.0	0.0	0.0	0.0	0.0
其他有限责任公司	Limited company	4944.0	4934.0	0.0	10.0	0.0	0.0	0.0
股份有限公司	Share holding	9355.7	8336.6	486.2	532.9	0.0	0.0	0.0
私营独资	Sole private	30.0	30.0	0.0	0.0	0.0	0.0	0.0
私营合伙	Partnership	0.0	0.0	0.0	0.0	0.0	0.0	0.0
私营有限责任公司	Private limited company	1369.7	1242.7	0.0	7.0	120.0	0.0	0.0
私营股份有限公司	Private share holding	0.0	0.0	0.0	0.0	0.0	0.0	0.0
其他内资	Other domestic funds	0.0	0.0	0.0	0.0	0.0	0.0	0.0
港澳台商投资	Funded from HongKong, Macao, Taiwan	2887.0	2587.0	300.0	0.0	0.0	0.0	0.0
其中:大型企业	Large scale	0.0	0.0	0.0	0.0	0.0	0.0	0.0
与港澳台商合资经营	Joint owned	2287.0	2287.0	0.0	0.0	0.0	0.0	0.0
与港澳台商合作经营	Cooperative	0.0	0.0	0.0	0.0	0.0	0.0	0.0
港澳台商独资	Sole funds	0.0	0.0	0.0	0.0	0.0	0.0	0.0
港澳台商投资股份有限公司	Share holding	600.0	300.0	300.0	0.0	0.0	0.0	0.0

17－13续表1 continued1

		科技活动经费筹集总额(万元) Total (10000 yuan)	企业资金 Enterprises funds	金融机构贷　款 Loan	来自政府部门资金 Goverment appropriation	来自事业单位的资　金 Institutions	来自国外的资金 Foreign funds	其他资金 Others
外商投资	Foreign funds	3071.8	3071.8	0.0	0.0	0.0	0.0	0.0
其中:大型企业	Large Scale	0.0	0.0	0.0	0.0	0.0	0.0	0.0
中外合作经营	Cooperative	0.0	0.0	0.0	0.0	0.0	0.0	0.0
中外合资经营	Joint venture	2836.0	2836.0	0.0	0.0	0.0	0.0	0.0
外商独资	Sole funds	235.8	235.8	0.0	0.0	0.0	0.0	0.0
外商投资股份有限公司	Share holding	0.0	0.0	0.0	0.0	0.0	0.0	0.0
三、按工业行业大类分组	Grouped by sector							
煤炭开采和洗选业	Coal mining and processing	30.4	30.4	0.0	0.0	0.0	0.0	0.0
石油和天然气开采业	Petroleum and natural gas extraction	0.0	0.0	0.0	0.0	0.0	0.0	0.0
黑色金属矿采选业	Ferrous metals mining and processign	0.0	0.0	0.0	0.0	0.0	0.0	0.0
有色金属矿采选业	Nonferrous metals mining and dressing	0.0	0.0	0.0	0.0	0.0	0.0	0.0
非金属矿采选业	Nonmetal minerals minging and of dressing	0.0	0.0	0.0	0.0	0.0	0.0	0.0
其他采矿业	Other minerals mining and dressing	0.0	0.0	0.0	0.0	0.0	0.0	0.0
农副食品加工业	Food processing	230.0	230.0	0.0	0.0	0.0	0.0	0.0
食品制造业	Food manufacturing	18.0	8.0	0.0	10.0	0.0	0.0	0.0
饮料制造业	Beverage manufacturing	0.0	0.0	0.0	0.0	0.0	0.0	0.0
烟草制品业	Tobacco processing	164.8	164.8	0.0	0.0	0.0	0.0	0.0
纺织业	Textile industry	0.0	0.0	0.0	0.0	0.0	0.0	0.0
纺织服装、鞋、帽制造业	Clothing, shoes and hats	0.0	0.0	0.0	0.0	0.0	0.0	0.0
皮革、毛皮、羽毛(绒)及其制品业	Leather, furs, down and related products	0.0	0.0	0.0	0.0	0.0	0.0	0.0
木材加工及木、竹、藤、棕、草制品业	Timber, bamboo, cane, palm and straw products	0.0	0.0	0.0	0.0	0.0	0.0	0.0
家具制造业	Furniture manufacturing	0.0	0.0	0.0	0.0	0.0	0.0	0.0
造纸及纸制品业	Paper making and paper products	0.0	0.0	0.0	0.0	0.0	0.0	0.0
印刷业和记录媒介的复制	Printing and record medium reproduction	0.0	0.0	0.0	0.0	0.0	0.0	0.0
文教体育用品制造业	Cultural, educational and sports goods	0.0	0.0	0.0	0.0	0.0	0.0	0.0
石油加工、炼焦及核燃料加工业	Petroleum processing and coking	0.0	0.0	0.0	0.0	0.0	0.0	0.0
化学原料及化学制品制造业	Raw chemical material and chemical products	0.0	0.0	0.0	0.0	0.0	0.0	0.0
医药制造业	Medical and pharmacutical products	7303.1	6518.4	300.0	484.7	0.0	0.0	0.0
化学纤维制造业	Chemical fiber	0.0	0.0	0.0	0.0	0.0	0.0	0.0
橡胶制品业	Rubber products	0.0	0.0	0.0	0.0	0.0	0.0	0.0
塑料制品业	Plastic products	0.0	0.0	0.0	0.0	0.0	0.0	0.0

17－13 续表 2 continued2

		科技活动经费筹集总额(万元) Total (10000 yuan)	企业资金 Enterprises funds	金融机构贷款 Loan	来自政府部门资金 Goverment appropriation	来自事业单位的资金 Institutions	来自国外的资金 Foreign funds	其他资金 Others
非金属矿物制品业	Nonmetal mineral products	0.0	0.0	0.0	0.0	0.0	0.0	0.0
黑色金属冶炼及压延加工业	Smelting and pressing of ferrous metals	152.9	152.9	0.0	0.0	0.0	0.0	0.0
有色金属冶炼及压延加工业	Smelting and pressing of non ferrous metals	35.5	35.5	0.0	0.0	0.0	0.0	0.0
金属制品业	Metal products	0.0	0.0	0.0	0.0	0.0	0.0	0.0
通用设备制造业	Ordinary machinery	523.1	451.1	0.0	57.0	0.0	0.0	15.0
专用设备制造业	Special purpose equipment	221.8	221.8	0.0	0.0	0.0	0.0	0.0
交通运输设备制造业	Transport equipment	125906.8	122275.2	1461.6	2170.0	0.0	0.0	0.0
电气机械及器材制造业	Electric equipmert and machinery	1298.2	1214.2	0.0	84.0	0.0	0.0	0.0
通信设备、计算机及其他电子设备制造业	Computer and other equipment	3160.2	2273.2	387.0	500.0	0.0	0.0	0.0
仪器仪表及文化办公用机械制造业	instruments, meters, culture and office	2771.8	2517.3	99.2	35.3	120.0	0.0	0.0
工艺品及其他制造业	Art and others	0.0	0.0	0.0	0.0	0.0	0.0	0.0
废弃资源和废旧材料回收加工业	Waste material processing	0.0	0.0	0.0	0.0	0.0	0.0	0.0
电力、热力的生产和供应业	Electricity cnd heatpower	886.5	756.5	0.0	0.0	130.0	0.0	0.0
燃气生产和供应业	Gas production and supply	0.0	0.0	0.0	0.0	0.0	0.0	0.0
水的生产和供应业	Water production and supply	0.0	0.0	0.0	0.0	0.0	0.0	0.0
四、按隶属关系分组	Grouped by ad ministration							
中央属	Centre	115356.8	113077.8	0.0	2134.0	130.0	0.0	15.0
省(直辖市)属	Province	491.6	481.6	0.0	10.0	0.0	0.0	0.0
地区属	Prefectures	14022.6	11808.9	1461.6	752.1	0.0	0.0	0.0
县属	County	342.0	342.0	0.0	0.0	0.0	0.0	0.0
其他属	Others	12484.6	11133.5	786.2	444.9	120.0	0.0	0.0
五、按地区分组	Grouped by region							
市辖区	Districts	0.0	0.0	0.0	0.0	0.0	0.0	0.0
南关区	Nanguan	2251.8	1551.8	0.0	450.0	250.0	0.0	0.0
宽城区	Kuancheng	1611.3	1169.8	399.2	42.3	0.0	0.0	0.0
朝阳区	Chaoyang	8973.6	8311.9	387.0	274.7	0.0	0.0	0.0
二道区	Erdao	11055.6	9519.0	1461.6	60.0	0.0	0.0	15.0
绿园区	Luyuan	118780.4	116266.4	0.0	2514.0	0.0	0.0	0.0
双阳区	Shuangyang	0.0	0.0	0.0	0.0	0.0	0.0	0.0
农安县	Nongan	0.0	0.0	0.0	0.0	0.0	0.0	0.0
九台市	Jiutai	30.4	30.4	0.0	0.0	0.0	0.0	0.0
榆树市	Yushu	0.0	0.0	0.0	0.0	0.0	0.0	0.0
德惠市	Dehui	0.0	0.0	0.0	0.0	0.0	0.0	0.0

17－14 工业企业科技活动经费支出情况(一)
EXPENDITURE FOR S&T FUNDS IN INDUSTRIAL ENTERPRISES(Ⅰ)

单位:万元　　unit:10000 yuan

		科技活动经费支出总额 Total	内部支出合计 Domesties expeniture	劳务费 Services	原材料费 Rew materials	非基建项目购买和自制设备支出 Equipment expenditure	其他 Others
总计	Total	**141053.2**	**120511.0**	**22144.5**	**32678.4**	**10919.2**	**54768.9**
一、按企业规模分组:	Grouped by size of enterprises						
大型企业	Large－scale enterprises	123006.1	104191.5	18062.9	28097.4	8037.0	49994.2
中型企业	Middle－scale	10346.5	9674.5	2645.0	3214.6	1865.5	1949.4
小型企业	Small－scale	7700.6	6645.0	1436.6	1366.4	1016.7	2825.3
二、按登记注册类型分组	Grouped by status of registration						
内资企业	Domestic funds	135854.4	116423.2	21611.4	32317.0	9523.4	52971.4
国有	State－owned	113455.1	95493.5	16377.3	26000.9	5710.6	47404.7
其中:大型企业	Large scale	110684.6	92747.0	15568.3	25034.3	5485.6	46658.8
集体	Collective－owned	301.2	301.2	212.9	25.5	1.5	61.3
股份合作	Cooperative enterprises	0.0	0.0	0.0	0.0	0.0	0.0
国有联营	State joint ownership	0.0	0.0	0.0	0.0	0.0	0.0
其中:大型企业	Large scale	0.0	0.0	0.0	0.0	0.0	0.0
集体联营	Collective joint ownership	0.0	0.0	0.0	0.0	0.0	0.0
国有与集体联营	Joint state－collective ownership	0.0	0.0	0.0	0.0	0.0	0.0
其他联营	Other joint	0.0	0.0	0.0	0.0	0.0	0.0
国有独资公司	Sole state－funded	6700.0	6310.0	1127.9	2839.4	1749.9	592.8
其中:大型企业	Large scale	3800.0	3420.0	621.6	964.0	1500.4	334.0
其他有限责任公司	Limited company	4912.0	4465.0	899.2	1486.3	1283.8	795.7
股份有限公司	Share holding	9126.4	8913.8	2758.5	1797.4	641.6	3716.3
私营独资	Sole private	30.0	30.0	15.0	5.0	0.0	10.0
私营合伙	Partnership	0.0	0.0	0.0	0.0	0.0	0.0
私营有限责任公司	Private limited company	1329.7	909.7	220.6	162.5	136.0	390.6
私营股份有限公司	Private share holding	0.0	0.0	0.0	0.0	0.0	0.0
其他内资	Other domestic funds	0.0	0.0	0.0	0.0	0.0	0.0
港澳台商投资	Funded from HongKong, Moaco, Taiwan	2187.0	1207.0	85.0	134.0	260.0	728.0
其中:大型企业	Large scale	0.0	0.0	0.0	0.0	0.0	0.0
与港澳台商合资经营	Jointlg owned	1587.0	1107.0	71.0	72.0	244.0	720.0
与港澳台商合作经营	Cooperative	0.0	0.0	0.0	0.0	0.0	0.0
港澳台商独资	Sole funds	0.0	0.0	0.0	0.0	0.0	0.0
港澳台商投资股份有限公司	Share holding	600.0	100.0	14.0	62.0	16.0	8.0

17－14 续表 1　continued1　　　　单位:万元　unit:10000 yuan

		科技活动经费支出总额 Total	内部支出合计 Domesties expeniture	劳务费 Services	原材料费 Rew materials	非基建项目购买和自制设备支出 Equipment expenditure	其他 Others
外商投资	Foreign funds	3011.8	2880.8	448.1	227.4	1135.8	1069.5
其中:大型企业	Large scale	0.0	0.0	0.0	0.0	0.0	0.0
中外合作经营	Cooperative	0.0	0.0	0.0	0.0	0.0	0.0
中外合资经营	Joint venture	2776.0	2645.0	368.1	207.4	1070.0	999.5
外商独资	Sole funds	235.8	235.8	80.0	20.0	65.8	70.0
外商投资股份有限公司	Share holding	0.0	0.0	0.0	0.0	0.0	0.0
三、按工业行业大类分组	Grouped by sector						
煤炭开采和洗选业	Coal mining and processing	30.4	20.4	20.4	0.0	0.0	0.0
石油和天然气开采业	Petroleum and natural gas extraction	0.0	0.0	0.0	0.0	0.0	0.0
黑色金属矿采选业	Ferrous metals mining and processign	0.0	0.0	0.0	0.0	0.0	0.0
有色金属矿采选业	Nonferrous metals mining and dressing	0.0	0.0	0.0	0.0	0.0	0.0
非金属矿采选业	Nonmetal Minerals minging and of dressing	0.0	0.0	0.0	0.0	0.0	0.0
其他采矿业	Other minerals mining and dressing	0.0	0.0	0.0	0.0	0.0	0.0
农副食品加工业	Food processing	230.0	230.0	17.0	4.0	94.0	115.0
食品制造业	Food manufacturing	18.0	18.0	8.0	3.0	7.0	0.0
饮料制造业	Beverage manufacturing	0.0	0.0	0.0	0.0	0.0	0.0
烟草制品业	Tobacco processing	164.8	164.8	68.2	96.6	0.0	0.0
纺织业	Textile industry	0.0	0.0	0.0	0.0	0.0	0.0
纺织服装、鞋、帽制造业	Clothing, shoes and hats	0.0	0.0	0.0	0.0	0.0	0.0
皮革、毛皮、羽毛(绒)及其制品业	Leather, furs, down and related products	0.0	0.0	0.0	0.0	0.0	0.0
木材加工及木竹、藤、棕、草制品业	Timber, bamboo, cane, palm and straw products	0.0	0.0	0.0	0.0	0.0	0.0
家具制造业	Furniture manufacturing	0.0	0.0	0.0	0.0	0.0	0.0
造纸及纸制品业	Paper making and paper products	0.0	0.0	0.0	0.0	0.0	0.0
印刷业和记录媒介的复制	Printing and record medium reproduction	0.0	0.0	0.0	0.0	0.0	0.0
文教体育用品制造业	Cultural, educational and sports goods	0.0	0.0	0.0	0.0	0.0	0.0
石油加工、炼焦及核燃料加工业	Petroleum processing and coking	0.0	0.0	0.0	0.0	0.0	0.0
化学原料及化学制品制造业	Raw chemical material and chemical products	0.0	0.0	0.0	0.0	0.0	0.0
医药制造业	Medical and pharmacutical products	6363.1	4853.1	667.4	759.2	1092.0	2334.5
化学纤维制造业	Chemical fiber	0.0	0.0	0.0	0.0	0.0	0.0
橡胶制品业	Rubber products	0.0	0.0	0.0	0.0	0.0	0.0
塑料制品业	Plastic products	0.0	0.0	0.0	0.0	0.0	0.0
非金属矿物制品业	Nonmetal mineral products	0.0	0.0	0.0	0.0	0.0	0.0

17－14续表2 continued2

单位:万元 unit:10000 yuan

		科技活动经费支出总额 Total	内部支出合计 Domesties expeniture	劳务费 Services	原材料费 Rew materials	非基建项目购买和自制设备支出 Equipment expenditure	其他 Others
黑色金属冶炼及压延加工业	Smelting and pressing of ferrous metals	152.9	152.9	43.9	98.0	11.0	0.0
有色金属冶炼及压延加工业	Smelting and pressing of non ferrous metals	35.5	35.5	19.0	5.0	1.5	10.0
金属制品业	Metal products	0.0	0.0	0.0	0.0	0.0	0.0
通用设备制造业	Ordinary mathinery	523.1	509.1	161.7	223.5	64.0	59.9
专用设备制造业	Special purpose equipment	221.8	221.8	83.3	78.4	5.8	54.3
交通运输设备制造业	Transport equipment	125545.3	106860.7	18922.0	29554.6	7418.0	50966.1
电气机械及器材制造业	Electric equipmert and machinery	1232.1	1122.1	146.2	249.5	654.0	72.4
通信设备、计算机及其他电子设备制造业	Computer and other equipment	2907.9	2864.9	1338.5	425.0	480.0	621.4
仪器仪表及文化办公用机械制造业	Instruments, meters, culture and office	2741.8	2701.2	528.6	755.3	892.4	524.9
工艺品及其他制造业	Art and others	0.0	0.0	0.0	0.0	0.0	0.0
废弃资源和废旧材料回收加工业	Waste materinl processing	0.0	0.0	0.0	0.0	0.0	0.0
电力、热力的生产和供应业	Electricity cnd heatpower	886.5	756.5	120.3	426.3	199.5	10.4
燃气生产和供应业	Gas production and supply	0.0	0.0	0.0	0.0	0.0	0.0
水的生产和供应业	Water production and supply	0.0	0.0	0.0	0.0	0.0	0.0
四、按隶属关系分组	Grouped by administration						
中央属	Centre	115356.8	97409.2	16424.8	26427.1	6884.6	47672.7
省(直辖市)属	Province	491.6	460.6	202.3	66.2	7.0	185.1
地区属	Prefectures	12412.7	10919.7	2172.6	3843.3	3192.7	1711.1
县属	County	342.0	342.0	35.8	97.2	94.0	115.0
其他属	Others	12444.6	11374.0	3305.0	2244.6	739.4	5085.0
五、按地区分组	Grouped by region						
市辖区	Districts	0.0	0.0	0.0	0.0	0.0	0.0
南关区	Nanguan	1988.8	1858.8	533.9	468.4	51.0	805.5
宽城区	Kuancheng	1601.3	1060.7	206.0	536.8	133.6	184.3
朝阳区	Chaoyang	8718.2	7789.2	2119.0	1716.8	2102.8	1850.6
二道区	Erdao	9966.1	8922.1	1181.0	3211.0	3046.4	1483.7
绿园区	Luyuan	118748.4	100859.8	18084.2	26745.4	5585.4	50444.8
双阳区	Shuangyang	0.0	0.0	0.0	0.0	0.0	0.0
农安县	Nongan	0.0	0.0	0.0	0.0	0.0	0.0
九台市	Jiutai	30.4	20.4	20.4	0.0	0.0	0.0
榆树市	Yushu	0.0	0.0	0.0	0.0	0.0	0.0
德惠市	Dehui	0.0	0.0	0.0	0.0	0.0	0.0

17－15 工业企业科技活动经费支出情况(二)

EXPENDITURE FOR S&T FUNDS IN INDUSTRIAL ENTERPRISES(Ⅱ)

单位:万元 unit:10000 yuan

		内部支出中研究与试验发展经费支出 Experiment	基础研究支出 Basic reseach	应用研究支出 Apply reseach	试验发展支出 Test	内部支出中新产品开发经费支出 New products developing
总计	Total	**43402.8**	**120.0**	**10390.2**	**32892.6**	**48223.6**
一、按企业规模分组:	Grouped by size of enterprises					
大型企业	Large－scale enterprises	34801.9	0.0	10280.2	24521.7	36302.3
中型企业	Middle－scale	4513.5	120.0	110.0	4283.5	7511.4
小型企业	Small－scale	4087.4	0.0	0.0	4087.4	4409.9
二、按登记注册类型分组	Grouped by status of registration					
内资企业	Domestic funds	40722.1	120.0	10390.2	30211.9	45514.9
国有	State－owned	30372.1	120.0	10280.2	19971.9	28834.7
其中:大型企业	Large scale	29371.9	0.0	10280.2	19091.7	27491.8
集体	Collective－owned	0.0	0.0	0.0	0.0	295.7
股份合作	Cooperative enterprises	0.0	0.0	0.0	0.0	0.0
国有联营	State joint ownership	0.0	0.0	0.0	0.0	0.0
其中:大型企业	Large scale	0.0	0.0	0.0	0.0	0.0
集体联营	Collective joint ownership	0.0	0.0	0.0	0.0	0.0
国有与集体联营	Joint state－collective ownership	0.0	0.0	0.0	0.0	0.0
其他联营	Other joint	0.0	0.0	0.0	0.0	0.0
国有独资公司	Sole state－funded	468.3	0.0	110.0	358.3	5988.5
其中:大型企业	Large scale	0.0	0.0	0.0	0.0	3420.0
其他有限责任公司	Limited company	700.0	0.0	0.0	700.0	2960.3
股份有限公司	Share holding	8683.8	0.0	0.0	8683.8	6937.9
私营独资	Sole private	30.0	0.0	0.0	30.0	30.0
私营合伙	Partnership	0.0	0.0	0.0	0.0	0.0
私营有限责任公司	Private limited company	467.9	0.0	0.0	467.9	467.8
私营股份有限公司	Private share holding	0.0	0.0	0.0	0.0	0.0
其他内资	Other domestic funds	0.0	0.0	0.0	0.0	0.0
港澳台商投资	Funded from HongKong, Moaco, Taiwan	820.0	0.0	0.0	820.0	656.0
其中:大型企业	Large scale	0.0	0.0	0.0	0.0	0.0
与港澳台商合资经营	Joint owned	820.0	0.0	0.0	820.0	556.0
与港澳台商合作经营	Cooperative	0.0	0.0	0.0	0.0	0.0
港澳台商独资	Sole funds	0.0	0.0	0.0	0.0	0.0
港澳台商投资股份有限公司	Share holding	0.0	0.0	0.0	0.0	100.0

17－15 续表 1　continued1　　　　单位：万元　unit：10000 yuan

		内部支出中研究与试验发展经费支出 Experiment	基础研究支出 Basic reseach	应用研究支出 Apply reseach	试验发展支出 Test	内部支出中新产品开发经费支出 New products developing
外商投资	Foreign funds	1860.7	0.0	0.0	1860.7	2052.7
其中：大型企业	Large Scale	0.0	0.0	0.0	0.0	0.0
中外合作经营	Cooperative	0.0	0.0	0.0	0.0	0.0
中外合资经营	Joint venture	1824.9	0.0	0.0	1824.9	1917.2
外商独资	Sole funds	35.8	0.0	0.0	35.8	135.5
外商投资股份有限公司	Share holding	0.0	0.0	0.0	0.0	0.0
三、按工业行业大类分组	Grouped by sector					
煤炭开采和洗选业	Coal mining and processing	20.4	0.0	0.0	20.4	0.0
石油和天然气开采业	Petroleum and natural gas extraction	0.0	0.0	0.0	0.0	0.0
黑色金属矿采选业	Ferrous metals mining and processign	0.0	0.0	0.0	0.0	0.0
有色金属矿采选业	Nonferrous metals mining and dressing	0.0	0.0	0.0	0.0	0.0
非金属矿采选业	Nonmetal minerals minging and of dressing	0.0	0.0	0.0	0.0	0.0
其他采矿业	Other minerals mining and dressing	0.0	0.0	0.0	0.0	0.0
农副食品加工业	Food processing	0.0	0.0	0.0	0.0	230.0
食品制造业	Food manufacturing	0.0	0.0	0.0	0.0	10.0
饮料制造业	Beverage manufacturing	0.0	0.0	0.0	0.0	0.0
烟草制品业	Tobacco processing	0.0	0.0	0.0	0.0	164.8
纺织业	Textile industry	0.0	0.0	0.0	0.0	0.0
纺织服装、鞋、帽制造业	Clothing, shoes and hats	0.0	0.0	0.0	0.0	0.0
皮革、毛皮、羽毛(绒)及其制品业	Leather, furs, down and related products	0.0	0.0	0.0	0.0	0.0
木材加工及木、竹、藤、棕、草制品业	imber, bamboo, cane, palm and straw products	0.0	0.0	0.0	0.0	0.0
家具制造业	Furniture manufacturing	0.0	0.0	0.0	0.0	0.0
造纸及纸制品业	Paper making and paper products	0.0	0.0	0.0	0.0	0.0
印刷业和记录媒介的复制	Printing and record medium reproduction	0.0	0.0	0.0	0.0	0.0
文教体育用品制造业	Cultural, educational and sports goods	0.0	0.0	0.0	0.0	0.0
石油加工、炼焦及核燃料加工业	Petroleum processing and coking	0.0	0.0	0.0	0.0	0.0
化学原料及化学制品制造业	Raw chemical material and chemical products	0.0	0.0	0.0	0.0	0.0
医药制造业	Medical and pharmacutical products	4066.6	120.0	0.0	3946.6	2881.4
化学纤维制造业	Chemical fiber	0.0	0.0	0.0	0.0	0.0
橡胶制品业	Rubber products	0.0	0.0	0.0	0.0	0.0
塑料制品业	Plastic products	0.0	0.0	0.0	0.0	0.0

17－15 续表 2　continued2

单位:万元　unit:10000 yuan

		内部支出中研究与试验发展经费支出 Experiment	基础研究支出 Basic reseach	应用研究支出 Apply reseach	试验发展支出 Test	内部支出中新产品开发经费支出 New products developing
非金属矿物制品业	Nonmetal mineral products	0.0	0.0	0.0	0.0	0.0
黑色金属冶炼及压延加工业	Smelting and pressing of ferrous metals	0.0	0.0	0.0	0.0	152.9
有色金属冶炼及压延加工业	Smelting and pressing of nonferrous metals	30.0	0.0	0.0	30.0	30.0
金属制品业	Metal products	0.0	0.0	0.0	0.0	0.0
通用设备制造业	Ordinary machinery	0.0	0.0	0.0	0.0	270.4
专用设备制造业	Special purpose equipment	0.0	0.0	0.0	0.0	221.8
交通运输设备制造业	Transport equipment	35906.2	0.0	10280.2	25626.0	38922.6
电气机械及器材制造业	Electric equipmert and machinery	77.9	0.0	0.0	77.9	1053.1
通信设备、计算机及其他电子设备制造业	Computer and other equipment	2695.0	0.0	110.0	2585.0	2792.0
仪器仪表及文化办公用机械制造业	instruments, meters, culture and office	346.7	0.0	0.0	346.7	1481.3
工艺品及其他制造业	Art and others	0.0	0.0	0.0	0.0	0.0
废弃资源和废旧材料回收加工业	Waste materinl processing	0.0	0.0	0.0	0.0	0.0
电力、热力的生产和供应业	Electricity cnd heatpower	260.0	0.0	0.0	260.0	13.3
燃气生产和供应业	Gas production and supply	0.0	0.0	0.0	0.0	0.0
水的生产和供应业	Water production and supply	0.0	0.0	0.0	0.0	0.0
四、按隶属关系分组	Grouped by administration					
中央属	Centre	31092.7	120.0	10280.2	20692.5	30067.1
省(直辖市)属	Province	0.0	0.0	0.0	0.0	168.0
地区属	Prefectures	2082.0	0.0	110.0	1972.0	9779.5
县属	County	0.0	0.0	0.0	0.0	342.0
其他属	Others	10228.1	0.0	0.0	10228.1	7867.0
五、按地区分组	Grouped by region					
市辖区	Districts	0.0	0.0	0.0	0.0	0.0
南关区	Nanguan	729.9	0.0	110.0	619.9	920.2
宽城区	Kuancheng	310.9	0.0	0.0	310.9	441.0
朝阳区	Chaoyang	4014.5	0.0	0.0	4014.5	5834.3
二道区	Erdao	2230.0	0.0	0.0	2230.0	7908.2
绿园区	Luyuan	36097.1	120.0	10280.2	25696.9	33119.9
双阳区	Shuangyang	0.0	0.0	0.0	0.0	0.0
农安县	Nongan	0.0	0.0	0.0	0.0	0.0
九台市	Jiutai	20.4	0.0	0.0	20.4	0.0
榆树市	Yushu	0.0	0.0	0.0	0.0	0.0
德惠市	Dehui	0.0	0.0	0.0	0.0	0.0

17－16 工业企业科技活动经费支出情况(三)
INDUSTRIAL ENTERPRISES(Ⅲ)

单位:万元　　unit:10000yuan

		外部支出合计 Total	对国内独立研究院所支出 To institution	对国内高等学校支出 High－education	对国内其他企业支出 Other enterprises	对国外机构支出 To foreign country	用于科研的基建经费支出 Construction	土建工程支出 Constraetion
总计	Total	**20542.2**	**490.0**	**3874.0**	**822.6**	**5548.0**	**1146.7**	**791.9**
一、按企业规模分组:	Grouped by size of enterprises							
大型企业	Large－scale enterprises	18814.6	0.0	3452.0	108.0	5447.0	666.9	666.9
特大型企业	Supers－scale	0.0	0.0	0.0	0.0	0.0	0.0	0.0
中型企业	Middle－scale	672.0	150.0	422.0	0.0	100.0	53.0	52.0
小型企业	Small－scale	1055.6	340.0	0.0	714.6	1.0	426.8	73.0
二、按登记注册类型分组	Grouped by status of registration							
内资企业	Domestic funds	19431.2	340.0	3524.0	311.6	5448.0	936.7	791.9
国有	State－owned	17961.6	0.0	3072.0	81.0	5001.0	130.8	70.0
其中:大型企业	Large scale	17937.6	0.0	3072.0	58.0	5000.0	0.0	0.0
集体	Collective－owned	0.0	0.0	0.0	0.0	0.0	0.0	0.0
股份合作	Cooperative enterprises	0.0	0.0	0.0	0.0	0.0	0.0	0.0
国有联营	State joint ownership	0.0	0.0	0.0	0.0	0.0	0.0	0.0
其中:大型企业	Large scale	0.0	0.0	0.0	0.0	0.0	0.0	0.0
集体联营	Collective joint ownership	0.0	0.0	0.0	0.0	0.0	0.0	0.0
国有与集体联营	Joint state－collective ownership	0.0	0.0	0.0	0.0	0.0	0.0	0.0
其他联营	Other joint	0.0	0.0	0.0	0.0	0.0	0.0	0.0
国有独资公司	Sole state－funded	390.0	0.0	390.0	0.0	0.0	0.0	0.0
其中:大型企业	Large scale	380.0	0.0	380.0	0.0	0.0	0.0	0.0
其他有限责任公司	Limited company	447.0	0.0	0.0	0.0	447.0	666.9	666.9
股份有限公司	Share holding	212.6	60.0	62.0	90.6	0.0	69.0	50.0
私营独资	Sole private	0.0	0.0	0.0	0.0	0.0	70.0	5.0
私营合伙	Partnership	0.0	0.0	0.0	0.0	0.0	0.0	0.0
私营有限责任公司	Private limited company	420.0	280.0	0.0	140.0	0.0	0.0	0.0
私营股份有限公司	Private share holding	0.0	0.0	0.0	0.0	0.0	0.0	0.0
其他内资	Other domestic funds	0.0	0.0	0.0	0.0	0.0	0.0	0.0
港澳台商投资	Funded from HongKong, Moaco, Taiwan	980.0	150.0	350.0	480.0	0.0	0.0	0.0
其中:大型企业	Large scale	0.0	0.0	0.0	0.0	0.0	0.0	0.0
与港澳台商合资经营	Joint owned	480.0	0.0	0.0	480.0	0.0	0.0	0.0
与港澳台商合作经营	Cooperative	0.0	0.0	0.0	0.0	0.0	0.0	0.0
港澳台商独资	Sole funds	0.0	0.0	0.0	0.0	0.0	0.0	0.0
港澳台商投资股份有限公司	Share holding	500.0	150.0	350.0	0.0	0.0	0.0	0.0

17－16续表1　continued1

单位:万元　unit:10000yuan

		外部支出合计 Total	对国内独立研究院所支出 To institution	对国内高等学校支出 High－education	对国内其他企业支出 Other enterprises	对国外机构支出 To foreign country	用于科研的基建经费支出 Construction OF S&R	土建工程支出 Construetion
外商投资	Foreign funds	131.0	0.0	0.0	31.0	100.0	210.0	0.0
其中:大型企业	Large Scale	0.0	0.0	0.0	0.0	0.0	0.0	0.0
中外合作经营	Cooperative	0.0	0.0	0.0	0.0	0.0	0.0	0.0
中外合资经营	Joint venture	131.0	0.0	0.0	31.0	100.0	210.0	0.0
外商独资	Sole funds	0.0	0.0	0.0	0.0	0.0	0.0	0.0
外商投资股份有限公司	Share holding	0.0	0.0	0.0	0.0	0.0	0.0	0.0
三、按工业行业大类分组	Grouped by sector							
煤炭开采和洗选业	Coal mining and processing	10.0	0.0	10.0	0.0	0.0	0.0	0.0
石油和天然气开采业	Petroleum and natural gas extraction	0.0	0.0	0.0	0.0	0.0	0.0	0.0
黑色金属矿采选业	Ferrous metals mining and processign	0.0	0.0	0.0	0.0	0.0	0.0	0.0
有色金属矿采选业	Nonferrous metals mining and dressing	0.0	0.0	0.0	0.0	0.0	0.0	0.0
非金属矿采选业	Nonmetal Minerals minging and of dressing	0.0	0.0	0.0	0.0	0.0	0.0	0.0
其他采矿业	Other minerals mining and dressing	0.0	0.0	0.0	0.0	0.0	0.0	0.0
农副食品加工业	Food processing	0.0	0.0	0.0	0.0	0.0	0.0	0.0
食品制造业	Food manufacturing	0.0	0.0	0.0	0.0	0.0	0.0	0.0
饮料制造业	Beverage manufacturing	0.0	0.0	0.0	0.0	0.0	0.0	0.0
烟草制品业	Tobacco processing	0.0	0.0	0.0	0.0	0.0	0.0	0.0
纺织业	Textile industry	0.0	0.0	0.0	0.0	0.0	0.0	0.0
纺织服装、鞋、帽制造业	Clothing, shoes and hats	0.0	0.0	0.0	0.0	0.0	0.0	0.0
皮革、毛皮、羽毛(绒)及其制品业	Leather, furs, down and related products	0.0	0.0	0.0	0.0	0.0	0.0	0.0
木材加工及木、竹、藤、棕、草制品业	Timber, bamboo, cane, palm and straw products	0.0	0.0	0.0	0.0	0.0	0.0	0.0
家具制造业	Furniture manufacturing	0.0	0.0	0.0	0.0	0.0	0.0	0.0
造纸及纸制品业	Paper making and paper products	0.0	0.0	0.0	0.0	0.0	0.0	0.0
印刷业和记录媒介的复制	Printing and record medium reproduction	0.0	0.0	0.0	0.0	0.0	0.0	0.0
文教体育用品制造业	Cultural, educational and sports goods	0.0	0.0	0.0	0.0	0.0	0.0	0.0
石油加工、炼焦及核燃料加工业	Petroleum processing and coking	0.0	0.0	0.0	0.0	0.0	0.0	0.0
化学原料及化学制品制造业	Raw chemical material and chemical products	0.0	0.0	0.0	0.0	0.0	0.0	0.0
医药制造业	Medical and pharmacutical products	1510.0	490.0	400.0	620.0	0.0	210.0	0.0
化学纤维制造业	Chemical fiber	0.0	0.0	0.0	0.0	0.0	0.0	0.0
橡胶制品业	Rubber products	0.0	0.0	0.0	0.0	0.0	0.0	0.0
塑料制品业	Plastic products	0.0	0.0	0.0	0.0	0.0	0.0	0.0

17－16续表2 continued2

单位:万元 unit:10000yuan

		外部支出合计 Total	对国内独立研究院所支出 To institution	对国内高等学校支出 High－education	对国内其他企业支出 Other enterprises	对国外机构支出 To foreign country	用于科研的基建经费支出 Construction of S&R	土建工程支出 Construetion
非金属矿物制品业	Nonmetal mineral products	0.0	0.0	0.0	0.0	0.0	0.0	0.0
黑色金属冶炼及压延加工业	Smelting and pressing of ferrous metals	0.0	0.0	0.0	0.0	0.0	27.8	8.0
有色金属冶炼及压延加工业	Smelting and pressing of non ferrous metals	0.0	0.0	0.0	0.0	0.0	70.0	5.0
金属制品业	Metal products	0.0	0.0	0.0	0.0	0.0	0.0	0.0
通用设备制造业	Ordinary machinery	14.0	0.0	0.0	13.0	1.0	103.0	62.0
专用设备制造业	Special purpose equipment	0.0	0.0	0.0	0.0	0.0	0.0	0.0
交通运输设备制造业	Transport equipment	18684.6	0.0	3380.0	50.0	5447.0	666.9	666.9
电气机械及器材制造业	Electric equipmert and machinery	110.0	0.0	0.0	10.0	100.0	0.0	0.0
通信设备、计算机及其他电子设备制造业	Computer and other equipment	43.0	0.0	12.0	31.0	0.0	50.0	50.0
仪器仪表及文化办公用机械制造业	Instruments, meters, culturae and office	40.6	0.0	0.0	40.6	0.0	19.0	0.0
工艺品及其他制造业	Art and others	0.0	0.0	0.0	0.0	0.0	0.0	0.0
废弃资源和废旧材料回收加工业	Waste material processing	0.0	0.0	0.0	0.0	0.0	0.0	0.0
电力、热力的生产和供应业	Electricity cnd heatpower	130.0	0.0	72.0	58.0	0.0	0.0	0.0
燃气生产和供应业	Gas production and supply	0.0	0.0	0.0	0.0	0.0	0.0	0.0
水的生产和供应业	Water production and supply	0.0	0.0	0.0	0.0	0.0	0.0	0.0
四、按隶属关系分组	Grouped by and administration							
中央属	Centra	17947.6	0.0	3072.0	68.0	5000.0	213.0	2.0
省(直辖市)属	Province	31.0	0.0	0.0	31.0	0.0	0.0	0.0
地区属	Prefectures	1493.0	0.0	452.0	493.0	548.0	844.7	784.9
县属	County	0.0	0.0	0.0	0.0	0.0	0.0	0.0
其他属	Others	1070.6	490.0	350.0	230.6	0.0	89.0	5.0
五、按地区分组	Grouped by region							
市辖区	Districts	0.0	0.0	0.0	0.0	0.0	0.0	0.0
南关区	Nanguan	130.0	0.0	72.0	58.0	0.0	27.8	8.0
宽城区	Kuancheng	540.6	150.0	350.0	40.6	0.0	19.0	0.0
朝阳区	Chaoyang	929.0	280.0	62.0	140.0	447.0	786.9	721.9
二道区	Erdao	1044.0	60.0	380.0	503.0	101.0	313.0	62.0
绿园区	Luyuan	17888.6	0.0	3000.0	81.0	5000.0	0.0	0.0
双阳区	Shuangyang	0.0	0.0	0.0	0.0	0.0	0.0	0.0
农安县	Nongan	0.0	0.0	0.0	0.0	0.0	0.0	0.0
九台市	Jiutai	10.0	0.0	10.0	0.0	0.0	0.0	0.0
榆树市	Yushu	0.0	0.0	0.0	0.0	0.0	0.0	0.0
德惠市	Dehui	0.0	0.0	0.0	0.0	0.0	0.0	0.0

17－17　工业企业新产品工程准备和产出情况
BASIC STATISTICS ON NEW PRODUCTS

单位:万元　　unit:10000yuan

		新产品工程准备和试生产费用支出 New products expenditure	为生产新产品和应用新工艺发生的培训费支出 Training expenditure	新产品试销费用 Test expenditure	新产品产值 Output value	新产品销售收入 Sales revenue	出口 Export	新产品销售利润 Profits
总计	Total	**40876.8**	**20221.8**	**212.6**	**477641.2**	**382774.1**	**0.0**	**88755.2**
一、按企业规模分组:	Grouped by size of enterprises							
大型企业	Large－scale enterprises	38249.9	20000.0	0.0	363450.3	284548.0	0.0	83410.8
中型企业	Middle－scale	1888.7	44.5	130.0	87258.1	81186.5	0.0	3757.6
小型企业	Small－scale	738.2	177.3	82.6	26932.8	17039.6	0.0	1586.8
二、按登记注册类型分组	Grouped by status of registration							
内资企业	Domestic funds	40447.3	20179.8	151.6	474370.1	380876.0	0.0	88626.2
国有	State－owned	34436.1	20015.1	100.1	242481.7	172207.4	0.0	67070.1
其中:大型企业	Large scale	34000.0	20000.0	0.0	229521.5	162064.0	0.0	65549.0
集体	Collective－owned	0.0	0.0	0.0	2700.0	2200.0	0.0	24.0
股份合作	Cooperative enterprises	0.0	0.0	0.0	0.0	0.0	0.0	0.0
国有联营	State joint ownership	0.0	0.0	0.0	0.0	0.0	0.0	0.0
其中:大型企业	Large scale	0.0	0.0	0.0	0.0	0.0	0.0	0.0
集体联营	Collective joint ownership	0.0	0.0	0.0	0.0	0.0	0.0	0.0
国有与集体联营	Joint state－collective ownership	0.0	0.0	0.0	0.0	0.0	0.0	0.0
其他联营	Other joint	0.0	0.0	0.0	0.0	0.0	0.0	0.0
国有独资公司	Sole state－funded	218.4	2.0	6.9	83745.9	72085.3	0.0	2152.2
其中:大型企业	Large scale	0.0	0.0	0.0	6731.0	388.0	0.0	－176.7
其他有限责任公司	Limited company	2413.8	8.2	2.0	62753.7	65117.1	0.0	1948.3
股份有限公司	Share holding	3227.0	19.5	32.6	80788.8	67616.2	0.0	17321.6
私营独资	Sole private	50.0	5.0	0.0	700.0	650.0	0.0	30.0
私营合伙	Partnership	0.0	0.0	0.0	0.0	0.0	0.0	0.0
私营有限责任公司	Private limited company	102.0	130.0	10.0	1200.0	1000.0	0.0	80.0
私营股份有限公司	Private share holding	0.0	0.0	0.0	0.0	0.0	0.0	0.0
其他内资	Other domestic funds	0.0	0.0	0.0	0.0	0.0	0.0	0.0
港澳台商投资	Funded from HongKong, Moaco, Taiwan	306.0	6.0	1.0	2770.0	1400.0	0.0	55.0
其中:大型企业	Large scale	0.0	0.0	0.0	0.0	0.0	0.0	0.0
与港澳台商合资经营	Joint owned	306.0	6.0	1.0	2770.0	1400.0	0.0	55.0
与港澳台商合作经营	Cooperative	0.0	0.0	0.0	0.0	0.0	0.0	0.0
港澳台商独资	Sole funds	0.0	0.0	0.0	0.0	0.0	0.0	0.0
港澳台商投资股份有限公司	Share holding	0.0	0.0	0.0	0.0	0.0	0.0	0.0

17－17 续表 1 continued1

单位:万元 unit:10000yuan

		新产品工程准备和试生产费用支出 New products expenditure	为生产新产品和应用新工艺发生的培训费支出 Training expenditure	新产品试销费用 Test expenditure	新产品产值 Output value	新产品销售收入 Sales revenue	出口 Export	新产品销售利润 Profits
外商投资	Foreign funds	123.5	36.0	60.0	501.1	498.1	0.0	74.0
其中:大型企业	Large Scale	0.0	0.0	0.0	0.0	0.0	0.0	0.0
中外合作经营	Cooperative	0.0	0.0	0.0	0.0	0.0	0.0	0.0
中外合资经营	Joint venture	120.0	30.0	50.0	0.0	0.0	0.0	0.0
外商独资	Sole funds	3.5	6.0	10.0	501.1	498.1	0.0	74.0
外商投资股份有限公司	Share holding	0.0	0.0	0.0	0.0	0.0	0.0	0.0
三、按工业行业大类分组	Grouped by sector							
煤炭开采和洗选业	Coal mining and processing	0.0	0.0	0.0	0.0	0.0	0.0	0.0
石油和天然气开采业	Petroleum and natural gas extraction	0.0	0.0	0.0	0.0	0.0	0.0	0.0
黑色金属矿采选业	Ferrous metals mining and processign	0.0	0.0	0.0	0.0	0.0	0.0	0.0
有色金属矿采选业	Nonferrous metals mining and dressing	0.0	0.0	0.0	0.0	0.0	0.0	0.0
非金属矿采选业	Nonmetal Minerals minging and of dressing	0.0	0.0	0.0	0.0	0.0	0.0	0.0
其他采矿业	Other minerals mining and dressing	0.0	0.0	0.0	0.0	0.0	0.0	0.0
农副食品加工业	Food processing	0.0	0.0	0.0	500.0	200.0	0.0	20.0
食品制造业	Food manufacturing	0.0	0.0	0.0	6246.2	6246.2	0.0	310.0
饮料制造业	Beverage manufacturing	0.0	0.0	0.0	0.0	0.0	0.0	0.0
烟草制品业	Tobacco processing	0.0	0.0	0.0	5052.7	4081.0	0.0	1096.8
纺织业	Textile industry	0.0	0.0	0.0	0.0	0.0	0.0	0.0
纺织服装、鞋、帽制造业	Clofhing shoes and hats	0.0	0.0	0.0	0.0	0.0	0.0	0.0
皮革、毛皮、羽毛(绒)及其制品业	Leather, furs, down and related products	0.0	0.0	0.0	0.0	0.0	0.0	0.0
木材加工及木、竹、藤、棕、草制品业	Timber, bamboo, cane, palm and straw products	0.0	0.0	0.0	0.0	0.0	0.0	0.0
家具制造业	Furniture manufacturing	0.0	0.0	0.0	0.0	0.0	0.0	0.0
造纸及纸制品业	Paper making and paper products	0.0	0.0	0.0	0.0	0.0	0.0	0.0
印刷业和记录媒介的复制	Printing and record medium reproduction	0.0	0.0	0.0	0.0	0.0	0.0	0.0
文教体育用品制造业	Cultural, educational and sports goods	0.0	0.0	0.0	0.0	0.0	0.0	0.0
石油加工、炼焦及核燃料加工业	Petroleum processing and coking	0.0	0.0	0.0	0.0	0.0	0.0	0.0
化学原料及化学制品制造业	Raw chemical material and chemical products	0.0	0.0	0.0	0.0	0.0	0.0	0.0
医药制造业	Medical and pharmacutical products	212.1	110.0	82.1	8322.3	1889.3	0.0	103.9
化学纤维制造业	Chemical fiber	0.0	0.0	0.0	0.0	0.0	0.0	0.0
橡胶制品业	Rubber products	0.0	0.0	0.0	0.0	0.0	0.0	0.0
塑料制品业	Plastic products	0.0	0.0	0.0	0.0	0.0	0.0	0.0

17-17 续表 2　continued2　　　　单位:万元　unit:10000yuan

		新产品工程准备和试生产费用支出 New products expenditure	为生产新产品和应用新工艺发生的培训费支出 Training expenditure	新产品试销费用 Test expenditure	新产品产　值 Output value	新产品销售收入 Sales revenue	出　口 Export	新产品销售利润 Profits
非金属矿物制品业	Nonmetal mineral products	0.0	0.0	0.0	0.0	0.0	0.0	0.0
黑色金属冶炼及压延加工业	Smelting and pressing of ferrous metals	0.0	0.0	0.0	108.0	108.0	0.0	5.0
有色金属冶炼及压延加工业	Smelting and pressing of non ferrous metals	50.0	5.0	0.0	700.0	650.0	0.0	30.0
金属制品业	Metal products	0.0	0.0	0.0	0.0	0.0	0.0	0.0
通用设备制造业	Ordinary machinery	428.6	3.3	16.9	2268.0	1483.8	0.0	288.7
专用设备制造业	Special purpose equipment	0.0	0.0	2.0	1395.5	937.0	0.0	216.6
交通运输设备制造业	Transport equipment	39745.0	20020.8	10.0	416346.8	331340.2	0.0	84097.1
电气机械及器材制造业	Electric equipmert and machinery	141.0	38.0	58.0	260.0	260.0	0.0	26.0
通信设备、计算机及其他电子设备制造业	Computer and other equipment	0.0	5.0	1.0	270.0	200.0	0.0	5.0
仪器仪表及文化办公用机械制造业	Instruments, meters, culture and office	300.1	39.7	42.6	36171.7	35342.5	0.0	2556.1
工艺品及其他制造业	Art and others	0.0	0.0	0.0	0.0	0.0	0.0	0.0
废弃资源和废旧材料回收加工业	Waste materinl processing	0.0	0.0	0.0	0.0	0.0	0.0	0.0
电力、热力的生产和供应业	Electricity cnd heatpower	0.0	0.0	0.0	0.0	0.0	0.0	0.0
燃气生产和供应业	Gas production and supply	0.0	0.0	0.0	0.0	0.0	0.0	0.0
水的生产和供应业	Water production and supply	0.0	0.0	0.0	0.0	0.0	0.0	0.0
四、按隶属关系分组	Grouped by administration							
中央属	Centra	34391.1	20008.5	88.0	264134.2	195435.0	0.0	67088.3
省(直辖市)属	Province	30.0	5.6	0.0	9806.9	10024.6	0.0	420.4
地区属	Prefectures	3053.2	42.2	71.0	119056.4	106466.4	0.0	3663.2
县属	County	0.0	0.0	0.0	500.0	200.0	0.0	20.0
其他属	Others	3402.5	165.5	53.6	84143.7	70648.1	0.0	17563.3
五、按地区分组	Grouped by region							
市辖区	Districts	0.0	0.0	0.0	0.0	0.0	0.0	0.0
南关区	Nanguan	63.0	25.6	10.0	5128.7	5146.4	0.0	221.4
宽城区	Kuancheng	100.1	19.5	32.6	783.7	653.1	0.0	433.6
朝阳区	Chaoyang	1561.7	126.2	13.1	68251.3	64252.5	0.0	3034.3
二道区	Erdao	443.4	41.3	74.9	92068.9	79365.2	0.0	2195.0
绿园区	Luyuan	38708.6	20009.2	82.0	311408.6	233356.9	0.0	82870.9
双阳区	Shuangyang	0.0	0.0	0.0	0.0	0.0	0.0	0.0
农安县	Nongan	0.0	0.0	0.0	0.0	0.0	0.0	0.0
九台市	Jiutai	0.0	0.0	0.0	0.0	0.0	0.0	0.0
榆树市	Yushu	0.0	0.0	0.0	0.0	0.0	0.0	0.0
德惠市	Dehui	0.0	0.0	0.0	0.0	0.0	0.0	0.0

17－18 工业企业技术改造、技术获取及减免税情况
BASIC STATISTICS ON INNOVATION TECHNOLOGY DEVELOPING AND TAX－FREE

单位:万元　　unit:10000 yuan

		技术改造经费支出 Innovation	技术引进经费支出 Technology introduce	引进技术资料及关键设备的支出 Equipment	消化吸收经费支出 Training	购买国内技术经费支出 Technology developing	享受各级政府对技术开发的减免税 Tax－free
总计	Total	**57881.8**	**4277.4**	**4071.4**	**724.7**	**1975.1**	**205.4**
一、按企业规模分组:	Grouped by size of enterprises						
大型企业	Large－scale enterprises	46518.5	1134.0	1009.0	0.0	0.0	0.0
中型企业	Middle－scale	10404.7	2368.4	2368.4	713.8	1118.0	43.8
小型企业	Small－scale	958.6	775.0	694.0	10.9	857.1	161.6
二、按登记注册类型分组	Grouped by status of registration						
内资企业	Domestic funds	56871.8	4019.6	3894.6	724.7	1975.1	43.8
国有	State－owned	49652.5	1439.6	1314.6	701.7	1021.2	43.8
其中:大型企业	Large scale	41988.5	125.0	0.0	0.0	0.0	0.0
集体	Collective－owned	127.6	33.0	33.0	0.0	725.9	0.0
股份合作	Cooperative enterprises	0.0	0.0	0.0	0.0	0.0	0.0
国有联营	State joint ownership	0.0	0.0	0.0	0.0	0.0	0.0
其中:大型企业	Large scale	0.0	0.0	0.0	0.0	0.0	0.0
集体联营	Collective joint ownership	0.0	0.0	0.0	0.0	0.0	0.0
国有与集体联营	Joint state－collective ownership	0.0	0.0	0.0	0.0	0.0	0.0
其他联营	Other joint	0.0	0.0	0.0	0.0	0.0	0.0
国有独资公司	Sole state	1493.0	904.6	904.6	0.0	0.0	0.0
其中:大型企业	Large scale	0.0	0.0	0.0	0.0	0.0	0.0
其他有限责任公司	Limited company	926.3	160.0	160.0	23.0	0.0	0.0
股份有限公司	Share holding	4546.5	1022.4	1022.4	0.0	60.0	0.0
私营独资	Sole private	0.0	0.0	0.0	0.0	0.0	0.0
私营合伙	Partnership	0.0	0.0	0.0	0.0	0.0	0.0
私营有限责任公司	Private limited company	125.9	460.0	460.0	0.0	168.0	0.0
私营股份有限公司	Private share holding	0.0	0.0	0.0	0.0	0.0	0.0
其他内资	Other domestic funds	0.0	0.0	0.0	0.0	0.0	0.0
港澳台商投资	Funded from HongKong, Moaco, Taiwan	760.0	149.6	124.0	0.0	0.0	0.0
其中:大型企业	Large scale	0.0	0.0	0.0	0.0	0.0	0.0
与港澳台商合资经营	Joint owned	360.0	149.6	124.0	0.0	0.0	0.0
与港澳台商合作经营	Cooperative	0.0	0.0	0.0	0.0	0.0	0.0
港澳台商独资	Sole funds	0.0	0.0	0.0	0.0	0.0	0.0
港澳台商投资股份有限公司	Share holding	400.0	0.0	0.0	0.0	0.0	0.0
外商投资	Foreign funds	250.0	108.2	52.8	0.0	0.0	161.6
其中:大型企业	Large Scale	0.0	0.0	0.0	0.0	0.0	0.0
中外合作经营	Cooperative	0.0	0.0	0.0	0.0	0.0	0.0
中外合资经营	Joint venture	250.0	108.2	52.8	0.0	0.0	0.0
外商独资	Sole funds	0.0	0.0	0.0	0.0	0.0	161.6
外商投资股份有限公司	Share holding	0.0	0.0	0.0	0.0	0.0	0.0
三、按工业行业大类分组	Grouped by sector						
煤炭开采和洗选业	Coal mining and processing	23.0	0.0	0.0	0.0	0.0	0.0
石油和天然气开采业	Petroleum and natural gas extraction	0.0	0.0	0.0	0.0	0.0	0.0
黑色金属矿采选业	Ferrous metals mining and processign	0.0	0.0	0.0	0.0	0.0	0.0
有色金属矿采选业	Nonferrous metals mining and dressing	0.0	0.0	0.0	0.0	0.0	0.0
非金属矿采选业	Nonmetal Minerals mining and of dressing	0.0	0.0	0.0	0.0	0.0	0.0
其他采矿业	Other minerals mining and dressing	0.0	0.0	0.0	0.0	0.0	0.0
农副食品加工业	Food processing	0.0	0.0	0.0	0.0	0.0	0.0
食品制造业	Food manufacturing	0.0	0.0	0.0	0.0	0.0	0.0
饮料制造业	Beverage manufacturing	0.0	0.0	0.0	0.0	0.0	0.0
烟草制品业	Tobacco processing	2673.9	0.0	0.0	0.0	0.0	0.0

17-18续表1 单位:万元 continued1 unit:1000 yuan

		技术改造经费支出 Innovation	技术引进经费支出 Technology introduce	引进技术资料及关键设备的支出 Equipment	消化吸收经费支出 Training	购买国内技术经费支出 Technology developing	享受各级政府对技术开发的减免税 Tax-free
纺织业	Textile industry	0.0	0.0	0.0	0.0	0.0	0.0
纺织服装、鞋、帽制造业	Clothing shoes and hats	0.0	0.0	0.0	0.0	0.0	0.0
皮革、毛皮、羽毛(绒)及其制品业	Leather, furs, down and related products	0.0	0.0	0.0	0.0	0.0	0.0
木材加工及木、竹、藤、棕、草制品	Timber, bamboo, cane, palm and straw products	0.0	0.0	0.0	0.0	0.0	0.0
家具制造业	Furniture manufacturing	0.0	0.0	0.0	0.0	0.0	0.0
造纸及纸制品业	Paper making and paper products	0.0	0.0	0.0	0.0	0.0	0.0
印刷业和记录媒介的复制	Printing and record medium reproduction	0.0	0.0	0.0	0.0	0.0	0.0
文教体育用品制造业	Cultural, educational and sports goods	0.0	0.0	0.0	0.0	0.0	0.0
石油加工、炼焦及核燃料加工业	Petroleum processing and coking	0.0	0.0	0.0	0.0	0.0	0.0
化学原料及化学制品制造业	Raw chemical material and chemical products	0.0	0.0	0.0	0.0	0.0	0.0
医药制造业	Medical and pharmacutical products	520.0	460.0	460.0	680.0	1248.0	0.0
化学纤维制造业	Chemical fiber	0.0	0.0	0.0	0.0	0.0	0.0
橡胶制品业	Rubber products	0.0	0.0	0.0	0.0	0.0	0.0
塑料制品业	Plastic products	0.0	0.0	0.0	0.0	0.0	0.0
非金属矿物制品业	Nonmetal mineral products	0.0	0.0	0.0	0.0	0.0	0.0
黑色金属冶炼及压延加工业	Smelting and pressing of ferrous metals	27.8	0.0	0.0	0.0	0.0	0.0
有色金属冶炼及压延加工业	Smelting and pressing of non ferrous metals	0.0	0.0	0.0	0.0	0.0	0.0
金属制品业	Metal products	0.0	0.0	0.0	0.0	0.0	0.0
通用设备制造业	Ordinary mathinery	90.9	10.0	10.0	10.0	0.0	0.0
专用设备制造业	Special purpose equipment	0.0	0.0	0.0	0.0	0.0	0.0
交通运输设备制造业	Transport equipment	49693.8	3642.6	3587.2	33.8	725.9	205.4
电气机械及器材制造业	Electric equipmert and machinery	0.8	0.8	0.8	0.9	1.2	0.0
通信设备、计算机及其他电子设备制造业	Computer and other equipment	0.0	25.6	0.0	0.0	0.0	0.0
仪器仪表及文化办公用机械制造业	Instruments, meters, culturae and office	16.5	13.4	13.4	0.0	0.0	0.0
工艺品及其他制造业	Art and others	0.0	0.0	0.0	0.0	0.0	0.0
废弃资源和废旧材料回收加工业	Waste materinl processing	0.0	0.0	0.0	0.0	0.0	0.0
电力、热力的生产和供应业	Electricity cnd heatpower	4835.1	125.0	0.0	0.0	0.0	0.0
燃气生产和供应业	Gas production and supply	0.0	0.0	0.0	0.0	0.0	0.0
水的生产和供应业	Water procluetion and supply	0.0	0.0	0.0	0.0	0.0	0.0
四、按隶属关系分组	Grouped by administration						
中央属	Centra	47744.2	125.8	0.8	680.9	1021.2	0.0
省(直辖市)属	Province	1786.3	1303.8	1303.8	10.8	0.0	43.8
地区属	Prefectures	3085.3	1094.0	1038.6	33.0	653.4	0.0
县属	County	0.0	0.0	0.0	0.0	0.0	0.0
其他属	Others	5266.0	1753.8	1728.2	0.0	300.5	161.6
五、按地区分组	Grouped by region						
市辖区	Districts	0.0	0.0	0.0	0.0	0.0	0.0
南关区	Nanguan	3603.2	1481.6	1356.6	10.8	0.0	43.8
宽城区	Kuancheng	466.5	13.4	13.4	0.0	0.0	0.0
朝阳区	Chaoyang	125.9	485.6	460.0	0.0	168.0	161.6
二道区	Erdao	7225.7	915.4	915.4	10.9	61.2	0.0
绿园区	Luyuan	46437.5	1381.4	1326.0	703.0	1745.9	0.0
双阳区	Shuangyang	0.0	0.0	0.0	0.0	0.0	0.0
农安县	Nongan	0.0	0.0	0.0	0.0	0.0	0.0
九台市	Jiutai	23.0	0.0	0.0	0.0	0.0	0.0
榆树市	Yushu	0.0	0.0	0.0	0.0	0.0	0.0
德惠市	Dehui	0.0	0.0	0.0	0.0	0.0	0.0

17－19 工业企业限额以上的科技活动项目情况
BASIC STATISTICS ON S&T ACTIVITIES OF ENTERPRISES

		项目数（项）Projects	参加项目人员合计（人）Person	高中级技术职称人员 Scientiscs and engineer	无高中级技术职称的大学本科及以上学历人员 Regular college course	参加项目人员的实际工作时间（月）Working time	项目经费内部支出（万元）expenses（10000 yuan）	政府资金 Government funds
总　　计	Total	**290**	**3336**	**1968**	**985**	**22631**	**28810.8**	**1577.0**
一、按企业规模分组：	Grouped by size of enterprises							
大型企业	Large－scale enterprises	128	1478	1070	385	9414	14961.6	565.0
中型企业	Middle－scale	82	1261	565	416	8892	8293.5	777.0
小型企业	Small－scale	80	597	333	184	4325	5555.7	235.0
二、按登记注册类型分组	Grouped by status of registration							
内资企业	Domestic funds	268	3102	1835	921	20859	25021.5	1577.0
国有	State－owned	159	1572	1004	377	9003	9290.9	408.1
其中：大型企业	Large scale	102	864	607	257	4988	7021.9	185.0
集体	Collective－owned	6	34	13	18	247	120.0	0.0
股份合作	Cooperative enterprises	0	0	0	0	0	0.0	0.0
国有联营	State joint ownership	0	0	0	0	0	0.0	0.0
其中：大型企业	Large scale	0	0	0	0	0	0.0	0.0
集体联营	Collective joint ownership	0	0	0	0	0	0.0	0.0
国有与集体联营	Joint state－collective ownership	0	0	0	0	0	0.0	0.0
其他联营	Other joint	0	0	0	0	0	0.0	0.0
国有独资公司	Sole state	19	200	111	53	1544	6092.7	257.0
其中：大型企业	Large scale	1	36	23	13	396	3400.2	0.0
其他有限责任公司	Limited company	26	393	228	99	3675	2707.2	10.0
股份有限公司	Share holding	41	802	416	352	5713	6181.5	894.9
私营独资	Sole private	2	14	7	7	156	30.0	0.0
私营合伙	Partnership	0	0	0	0	0	0.0	0.0
私营有限责任公司	Private limited company	15	87	56	15	521	599.2	7.0
私营股份有限公司	Private share holding	0	0	0	0	0	0.0	0.0
其他内资	Other domestic funds	0	0	0	0	0	0.0	0.0
港澳台商投资	Funded from HongKong, Moaca, Taiwan	9	75	42	28	594	1112.0	0.0
其中：大型企业	Large scale	0	0	0	0	0	0.0	0.0
与港澳台商合资经营	Joint owned	7	72	40	28	572	1092.0	0.0
与港澳台商合作经营	Cooperative	0	0	0	0	0	0.0	0.0
港澳台商独资	Sole funds	0	0	0	0	0	0.0	0.0
港澳台商投资股份有限公司	Share holding	2	3	2	0	22	20.0	0.0
外商投资	Foreign funds	13	159	91	36	1178	2677.3	0.0
其中：大型企业	Large Scale	0	0	0	0	0	0.0	0.0
中外合作经营	Cooperative	0	0	0	0	0	0.0	0.0
中外合资经营	Joint venture	9	137	83	30	1100	2541.8	0.0
外商独资	Sole funds	4	22	8	6	78	135.5	0.0
外商投资股份有限公司	Share holding	0	0	0	0	0	0.0	0.0
三、按工业行业大类分组	Grouped by sector							
煤炭开采和洗选业	Coal mining and processing	1	20	13	0	60	14.0	0.0
石油和天然气开采业	Petroleum and natural gas extraction	0	0	0	0	0	0.0	0.0

17－19 续表 1 continued1

		项目数（项）Projects	参加项目人员合计（人）Person	高中级技术职称人员 Scientiscs and engineer	无高中级技术职称的大学本科及以上学历人员 Regular college course	参加项目人员的实际工作时间（月）Working time	项目经费内部支出（万元）Domeric expeniture	政府资金 Government funds
黑色金属矿采选业	Ferrous metals mining and processign	0	0	0	0	0	0.0	0.0
有色金属矿采选业	Nonferrous metals mining and dressing	0	0	0	0	0	0.0	0.0
非金属矿采选业	Nonmetal Minerals minging and of dressing	0	0	0	0	0	0.0	0.0
其他采矿业	Other mingerals mining and dressing	0	0	0	0	0	0.0	0.0
农副食品加工业	Food processing	1	34	21	9	204	230.0	0.0
食品制造业	Food manufacturing	1	8	4	1	59	15.0	10.0
饮料制造业	Beverage manufacturing	0	0	0	0	0	0.0	0.0
烟草制品业	Tobacco processing	6	6	6	0	72	108.6	0.0
纺织业	Textile industry	0	0	0	0	0	0.0	0.0
纺织服装、鞋、帽制造业	Clothing shoes and hats	0	0	0	0	0	0.0	0.0
皮革、毛皮、羽毛(绒)及其制品业	Leather, furs, down and related products	0	0	0	0	0	0.0	0.0
木材加工及木、竹、藤、棕、草制品业	Timber, bamboo, cane, palm and straw products	0	0	0	0	0	0.0	0.0
家具制造业	Furniture manufacturing	0	0	0	0	0	0.0	0.0
造纸及纸制品业	Paper making and paper products	0	0	0	0	0	0.0	0.0
印刷业和记录媒介的复制	Printing and record medium reproduction	0	0	0	0	0	0.0	0.0
文教体育用品制造业	Cultural, educational and sports goods	0	0	0	0	0	0.0	0.0
石油加工、炼焦及核燃料加工业	Petroleum processing and coking	0	0	0	0	0	0.0	0.0
化学原料及化学制品制造业	Raw chemical material and chemical products	0	0	0	0	0	0.0	0.0
医药制造业	Medical and pharmacutical products	44	308	167	116	3308	3928.5	282.7
化学纤维制造业	Chemical fiber	0	0	0	0	0	0.0	0.0
橡胶制品业	Rubber products	0	0	0	0	0	0.0	0.0
塑料制品业	Plastic products	0	0	0	0	0	0.0	0.0
非金属矿物制品业	Nonmetal mineral products	0	0	0	0	0	0.0	0.0
黑色金属冶炼及压延加工业	Smelting and pressing of ferrous metals	2	8	5	0	24	152.9	0.0
有色金属冶炼及压延加工业	Smelting and pressing of non ferrous metals	2	14	7	7	156	30.0	0.0
金属制品业	Metal products	0	0	0	0	0	0.0	0.0
通用设备制造业	Ordinary mathinery	9	362	200	11	1109	255.8	57.0
专用设备制造业	Special purpose equipment	3	11	8	0	44	67.2	0.0
交通运输设备制造业	Transport equipment	172	1670	1117	446	9634	18197.7	565.0
电气机械及器材制造业	Electric equipmert and machinery	3	37	21	13	186	910.0	0.0
通信设备、计算机及其他电子设备制造业	Computer and other equipment	20	502	150	312	4827	2734.9	627.0
仪器仪表及文化、办公用机械制造业	Instruments, meters, culturae and office	16	284	205	64	2605	1484.8	35.3
工艺品及其他制造业	Art and others	0	0	0	0	0	0.0	0.0
废弃资源和废旧材料回收加工业	Waste materinl processing	0	0	0	0	0	0.0	0.0
电力、热力的生产和供应业	Electricity cnd heatpower	10	72	44	6	343	681.4	0.0
燃气生产和供应业	Gas production and supply	0	0	0	0	0	0.0	0.0
水的生产和供应业	Water procluetion and supply	0	0	0	0	0	0.0	0.0
四、按项目来源分组	Grouped by projects							
国家科技项目(课题)	Nation at projects	17	482	332	137	4614	2841.0	334.3
地方科技项目(课题)	Local projects	10	98	44	43	802	564.0	133.0
其他企业委托科技项目(课题)	Enterprises projects	15	113	67	19	719	839.9	0.0
本企业自选项目(课题)	Enterprises prjects	241	2548	1468	751	15524	19389.9	1109.7
来自国外的科技项目(课题)	Foreign project	3	34	26	5	348	955.8	0.0
其他科技项目(课题)	Others	4	61	31	30	624	4220.2	0.0

17－19续表2 continued2

		项目数(项) Projects	参加项目人员合计(人) Person	高中级技术职称人员 Scientiscs and engineer	无高中级技术职称的大学本科及以上学历人员 Regular college course	参加项目人员的实际工作时间(月) Working fime	项目经费内部支出(万元) Domeric expeniture	政府资金 Gouernment funds
五、按项目合作形式分组	Grouped by cooperation type							
与国外合作	With foreign conutries	6	98	67	17	662	766.9	30.0
与国内高校合作	With higher education	26	188	131	40	1207	809.0	42.1
与国内科研机构合作	With institution	7	120	73	41	1091	1386.0	111.0
与国内其他企业合作	With other enterprises	24	251	140	81	2186	4712.6	219.5
本企业所属科技机构为主自主	Enterprises	112	1434	812	464	8493	11118.6	879.6
由本企业组成联合攻关小组完成	Enterprises	110	1161	713	316	8262	8418.9	294.8
其他	Others	5	84	32	26	730	1598.8	0.0
六、按项目活动类型分组	Grouped by active type							
基础研究	Basic research	0	0	0	0	0	0.0	0.0
应用研究	Applpied research	8	83	57	26	504	1321.0	150.0
试验发展	Experimental development	170	1956	1166	701	13659	15975.8	1179.9
研究与试验发展成果应用	Results appltied	112	1297	745	258	8468	11514.0	247.1
七、按学科分组	Grouped by field							
自然科学	Natural science	13	125	66	45	1437	554.0	150.0
农业科学	Agriculture	0	0	0	0	0	0.0	0.0
医药科学	Medicine	30	168	91	66	1691	3074.5	132.7
工程与技术科学	Engineering	243	3025	1798	869	19386	25102.3	1294.3
人文与社会科学	Socity	4	18	13	5	117	80.0	0.0
八、按技术经济目标分组	Grouped by gools							
开发全新产品	New products	137	1815	1026	654	15023	17700.8	1259.7
增加原有产品的功能	Increasing products	27	234	122	83	1554	3405.8	80.3
提高产品性能	Improving products	73	711	449	137	3357	3600.4	73.0
提高劳动生产率	Raising prodcictive	4	48	28	18	261	1071.6	82.0
减少能源消耗	Sowing energy	7	66	43	4	300	571.8	7.0
节省原材料	Sowing material	2	23	19	4	208	480.0	25.0
减少环境污染	Improving environment	8	68	43	23	334	475.9	20.0
其他	Others	32	371	238	62	1594	1504.5	30.0
九、按地区分组	Grouped by region							
市辖区	Districts	0	0	0	0	0	0.0	0.0
南关区	Nanguan	30	226	135	58	1534	1718.3	207.0
宽城区	Kuancheng	15	109	61	32	384	769.5	42.3
朝阳区	Chaoyang	46	801	372	363	7900	5603.2	552.7
二道区	Erdao	29	565	302	76	3004	8681.6	60.0
绿园区	Luyuan	169	1615	1085	456	9749	12024.2	715.0
双阳区	Shuangyang	0	0	0	0	0	0.0	0.0
农安县	Nongan	0	0	0	0	0	0.0	0.0
九台市	Jiutai	1	20	13	0	60	14.0	0.0
榆树市	Yushu	0	0	0	0	0	0.0	0.0
德惠市	Dehui	0	0	0	0	0	0.0	0.0

17－20 工业企业科技项目和专利情况

		全部科技项目数(项) Poojucts	新产品开发项目数 New products
总　　计	Total	**1166**	**960**
一、按企业规模分组:	Grouped by size of enterprises		
大型企业	Large－scale	730	612
中型企业	Middle－scale	247	178
小型企业	Small－scale	189	170
二、按登记注册类型分组	Grouped by status of registration		
内资企业	Domestic funds	1122	925
国有	State－owned	692	559
其中:大型企业	Large scale	567	489
集体	Collective－owned	107	107
股份合作	Cooperative enterprises	0	0
国有联营	State joint ownership	0	0
其中:大型企业	Large scale	0	0
集体联营	Collective joint ownership	0	0
国有与集体联营	Joint state－collective ownership	0	0
其他联营	Other joint	0	0
国有独资公司	Sole state	43	32
其中:大型企业	Large scale	3	3
其他有限责任公司	Limited company	99	92
股份有限公司	Share holding	158	113
私营独资	Sole private	2	2
私营合伙	Partnership	0	0
私营有限责任公司	Private limited company	21	20
私营股份有限公司	Private share holding	0	0
其他内资	Other domestic funds	0	0
港澳台商投资	Funded from HongKong, Moaco,Taiwan	20	18
其中:大型企业	Large scale	0	0
与港澳台商合资经营	Joint owned	12	10
与港澳台商合作经营	Cooperative	0	0
港澳台商独资	Sole funds	0	0
港澳台商投资股份有限公司	Share holding	8	8
外商投资	Foreign funds	24	17
其中:大型企业	Large Scale	0	0
中外合作经营	Cooperative	0	0
中外合资经营	Joint venture	20	13
外商独资	Sole funds	4	4
外商投资股份有限公司	Share holding	0	0
三、按工业行业大类分组	Grouped by sector		
煤炭开采和洗选业	Coal mining and processing	8	0
石油和天然气开采业	Petroleum and natural gas extraction	0	0
黑色金属矿采选业	Ferrous metals mining and processign	0	0
有色金属矿采选业	Nonferrous metals mining and dressing	0	0
非金属矿采选业	Nonmetal minerals minging and of dressing	0	0
其他采矿业	Other minerals mining and dressing	0	0
农副食品加工业	Food processing	1	1
食品制造业	Food manufacturing	1	1
饮料制造业	Beverage manufacturing	0	0
烟草制品业	Tobacco processing	12	12

PATENT OF INDUSTRIAL ENTERPRISES

研究与试验发展项目 P&D	全部科技项目参加人员合计(人) Personnel (Person)	高中级技术职称人员 Scientists engineers	无高中级技术职称的大学本科及以上学历人员 Regnlar college course	全部科技项目经费内部支出合计(万元) Domeric expeniture (10000 yuan)	研究与试验发展项目支出 R&D Expenditure	专利申请数(件) Applications	发　明专利数 Inventions	拥有发明专利数(件) Patent granted
595	**6431**	**2858**	**1505**	**37212.3**	**24578.6**	**209**	**54**	**112**
456	3882	1700	740	22346.9	16471.4	95	16	27
105	1771	762	530	8929.8	4123.8	54	23	24
34	778	396	235	5935.6	3983.4	60	15	61
585	6168	2708	1440	33309.8	21897.9	167	49	66
400	3843	1450	683	14155.9	12001.9	105	19	33
348	2912	974	519	11621.9	11041.4	89	11	26
0	107	32	63	283.6	0.0	0	0	0
0	0	0	0	0.0	0.0	0	0	0
0	0	0	0	0.0	0.0	0	0	0
0	0	0	0	0.0	0.0	0	0	0
0	0	0	0	0.0	0.0	0	0	0
0	0	0	0	0.0	0.0	0	0	0
0	0	0	0	0.0	0.0	0	0	0
23	445	236	66	6246.8	468.3	12	12	7
0	67	54	13	3420.0	0.0	5	5	0
1	494	273	134	3225.8	350.0	8	8	2
155	1173	654	472	8759.7	8641.7	35	7	18
2	14	7	7	30.0	30.0	1	1	1
0	0	0	0	0.0	0.0	0	0	0
4	92	56	15	608.0	406.0	6	2	5
0	0	0	0	0.0	0.0	0	0	0
0	0	0	0	0.0	0.0	0	0	0
3	86	50	28	1207.0	820.0	1	0	0
0	0	0	0	0.0	0.0	0	0	0
3	76	44	28	1107.0	820.0	0	0	0
0	0	0	0	0.0	0.0	0	0	0
0	0	0	0	0.0	0.0	0	0	0
0	10	6	0	100.0	0.0	1	0	0
7	177	100	37	2695.5	1860.7	41	5	46
0	0	0	0	0.0	0.0	0	0	0
0	0	0	0	0.0	0.0	0	0	0
6	155	92	31	2560.0	1824.9	3	0	8
1	22	8	6	135.5	35.8	38	5	38
0	0	0	0	0.0	0.0	0	0	0
8	138	70	5	20.4	20.4	0	0	0
0	0	0	0	0.0	0.0	0	0	0
0	0	0	0	0.0	0.0	0	0	0
0	0	0	0	0.0	0.0	0	0	0
0	0	0	0	0.0	0.0	0	0	0
0	0	0	0	0.0	0.0	0	0	0
0	34	21	9	230.0	0.0	0	0	0
0	8	4	1	15.0	0.0	5	5	0
0	0	0	0	0.0	0.0	0	0	0
0	24	12	9	164.8	0.0	0	0	0

17－20续表1

		全部科技项目数(项) Projucts	新产品开发项目数 New products
纺织业	Textile industry	0	0
纺织服装、鞋、帽制造业	Clothing shoes and hats	0	0
皮革、毛皮、羽毛(绒)及其制品业	Leather, furs, down and related products	0	0
木材加工及木、竹、藤、棕、草制品业	Timber, bamboo, cane, palm and straw products	0	0
家具制造业	Furniture manufacturing	0	0
造纸及纸制品业	Paper making and paper products	0	0
印刷业和记录媒介的复制	Printing and record medium reproduction	0	0
文教体育用品制造业	Cultural, educational and sports goods	0	0
石油加工、炼焦及核燃料加工业	Petroleum processing and coking	0	0
化学原料及化学制品制造业	Raw chemical material and chemical products	0	0
医药制造业	Medical and pharmacutical products	88	41
化学纤维制造业	Chemical fiber	0	0
橡胶制品业	Rubber products	0	0
塑料制品业	Plastic products	0	0
非金属矿物制品业	Nonmetal mineral products	0	0
黑色金属冶炼及压延加工业	Smelting and pressing of ferrous metals	2	2
有色金属冶炼及压延加工业	Smelting and pressing of non ferrous metals	2	2
金属制品业	Metal products	0	0
通用设备制造业	Ordinary mathinery	18	15
专用设备制造业	Special purpose equipment	3	3
交通运输设备制造业	Transport equipment	875	748
电气机械及器材制造业	Electric equipmert and machinery	26	20
通信设备、计算机及其他电子设备制造业	Computer and other equipment	43	42
仪器仪表及文化办公用机械制造业	instruments, meters, culturae and office	74	70
工艺品及其他制造业	Art and others	0	0
废弃资源和废旧材料回收加工业	Waste material processing	0	0
电力、热力的生产和供应业	Electricity cnd heatpower	13	3
燃气生产和供应业	Gas production and supply	0	0
水的生产和供应业	Water production and supply	0	0
四、按隶属关系分组	Grouped by administration		
中央属	Centre	698	568
省(直辖市)属	Province	22	18
地区属	Prefectures	201	178
县属	County	5	5
其他属	Others	240	191
五、按地区分组	Grouped by region		
市辖区	Districts	0	0
南关区	Nanguan	53	42
宽城区	Kuancheng	33	24
朝阳区	Chaoyang	135	130
二道区	Erdao	52	45
绿园区	Luyuan	885	719
双阳区	Shuangyang	0	0
农安县	Nongan	0	0
九台市	Jiutai	8	0
榆树市	Yushu	0	0
德惠市	Dehui	0	0

continued1

研究与试验发展项目 P&D	全部科技项目参加人员合计(人) Personnel (Person)	高中级技术职称人员 Scientists engineers	无高中级技术职称的大学本科及以上学历人员 Regnlar college course	全部科技项目经费内部支出合计(万元) Domeric expeniture (10000 yuan)	研究与试验发展项目支出 R&D Expenditure	专利申请数(件) Applications	发 明 专利数 Inventions	拥有发明专利数(件) Patent granted
0	0	0	0	0.0	0.0	0	0	0
0	0	0	0	0.0	0.0	0	0	0
0	0	0	0	0.0	0.0	0	0	0
0	0	0	0	0.0	0.0	0	0	0
0	0	0	0	0.0	0.0	0	0	0
0	0	0	0	0.0	0.0	0	0	0
0	0	0	0	0.0	0.0	0	0	0
0	0	0	0	0.0	0.0	0	0	0
0	0	0	0	0.0	0.0	0	0	0
0	0	0	0	0.0	0.0	0	0	0
64	433	199	136	4171.2	3654.7	21	10	13
0	0	0	0	0.0	0.0	0	0	0
0	0	0	0	0.0	0.0	0	0	0
0	0	0	0	0.0	0.0	0	0	0
0	0	0	0	0.0	0.0	0	0	0
0	8	5	0	152.9	0.0	0	0	0
2	14	7	7	30.0	30.0	1	1	1
0	0	0	0	0.0	0.0	0	0	0
0	391	213	17	277.6	0.0	1	1	0
0	11	8	0	221.8	0.0	0	0	0
463	4259	1799	882	25558.5	17536.0	143	23	67
11	112	67	15	995.9	77.9	3	0	8
39	536	160	333	2809.9	2695.0	35	14	9
6	388	246	85	1869.6	304.6	0	0	14
0	0	0	0	0.0	0.0	0	0	0
0	0	0	0	0.0	0.0	0	0	0
2	75	47	6	694.7	260.0	0	0	0
0	0	0	0	0.0	0.0	0	0	0
0	0	0	0	0.0	0.0	0	0	0
399	3903	1533	694	15432.8	12762.2	97	19	33
0	143	70	39	390.6	0.0	5	5	0
39	946	457	270	10506.7	2082.0	30	13	17
0	43	26	13	342.0	0.0	0	0	0
157	1396	772	489	10540.2	9734.4	77	17	62
0	0	0	0	0.0	0.0	0	0	0
6	280	156	61	1750.8	729.9	7	7	7
5	243	116	64	949.8	268.8	2	1	14
59	949	449	407	6091.8	3602.6	79	15	47
8	644	355	91	8784.6	2230.0	13	10	8
509	4177	1712	877	19614.9	17726.9	108	21	36
0	0	0	0	0.0	0.0	0	0	0
0	0	0	0	0.0	0.0	0	0	0
8	138	70	5	20.4	20.4	0	0	0
0	0	0	0	0.0	0.0	0	0	0
0	0	0	0	0.0	0.0	0	0	0

17－21 工业企业办科技机构情况(一)
BASIC STATISTICS ON INSTITUTION IN ENTERPRISES(Ⅰ)

		机构数（个）Institution（unit）	参加项目人员合计（人）Person	#1. 高中级技术职称人员 Scientiscs and engineer	2. 无高中级技术职称的大学本科及以上学历人员 Don－Regular college course	#1. 博士毕业 Doctor	2. 硕士毕业 Master	3. 本科毕业 Soholar	#研究与试验发展人员 Personnal of R&LD
总　　计	Total	**19**	**3109**	**1859**	**864**	**24**	**159**	**2319**	**1724**
一、按企业规模分组：	Grouped by size of enterprises								
大型企业	Large－scale	6	2667	1648	750	17	133	2030	1606
中型企业	Middle－scale	13	442	211	114	7	26	289	118
小型企业	Small－scale	0	0	0	0	0	0	0	0
二、按登记注册类型分组	Grouped by status of registration								
内资企业	Domestic funds	18	3099	1853	864	24	158	2314	1724
国有	State－owned	10	1989	1164	606	16	121	1606	1179
其中：大型企业	Large scale	2	1751	1036	540	16	117	1459	1154
集体	Collective－owned	0	0	0	0	0	0	0	0
股份合作	Cooperative enterprises	0	0	0	0	0	0	0	0
国有联营	State joint ownership	0	0	0	0	0	0	0	0
其中：大型企业	Large scale	0	0	0	0	0	0	0	0
集体联营	Collective joint ownership	0	0	0	0	0	0	0	0
国有与集体联营	Joint state－collective ownership	0	0	0	0	0	0	0	0
其他联营	Other joint	0	0	0	0	0	0	0	0
国有独资公司	Sole state	3	317	220	77	6	10	185	13
其中：大型企业	Large scale	1	259	193	49	0	0	158	0
其他有限责任公司	Limited company	3	261	98	50	0	1	117	0
股份有限公司	Share holding	2	532	371	131	2	26	406	532
私营独资	Sole private	0	0	0	0	0	0	0	0
私营合伙	Partnership	0	0	0	0	0	0	0	0
私营有限责任公司	Private limited company	0	0	0	0	0	0	0	0
私营股份有限公司	Private share holding	0	0	0	0	0	0	0	0
其他内资	Other domestic funds	0	0	0	0	0	0	0	0
港澳台商投资	Funded from HongKong，Moaco，Taiwan	1	10	6	0	0	1	5	0
其中：大型企业	Large scale	0	0	0	0	0	0	0	0
与港澳台商合资经营	Jointlg owned	0	0	0	0	0	0	0	0
与港澳台商合作经营	Cooperative	0	0	0	0	0	0	0	0
港澳台商独资	Sole funds	0	0	0	0	0	0	0	0
港澳台商投资股份有限公司	Share holding	1	10	6	0	0	1	5	0
外商投资	Foreign funds	0	0	0	0	0	0	0	0
其中：大型企业	Large Scale	0	0	0	0	0	0	0	0
中外合作经营	Cooperative	0	0	0	0	0	0	0	0
中外合资经营	Joint venture	0	0	0	0	0	0	0	0
外商独资	Sole funds	0	0	0	0	0	0	0	0
外商投资股份有限公司	Share holding	0	0	0	0	0	0	0	0
三、按工业行业大类分组	Grouped by sector								
煤炭开采和洗选业	Coal mining and processing	0	0	0	0	0	0	0	0
石油和天然气开采业	Petroleum and natural gas extraction	0	0	0	0	0	0	0	0
黑色金属矿采选业	Ferrous metals mining and proces	0	0	0	0	0	0	0	0
有色金属矿采选业	Nonferrous metals mining and dressing	0	0	0	0	0	0	0	0
非金属矿采选业	Nonmetal Minerals minging and of dressing	0	0	0	0	0	0	0	0
其他采矿业	Other mingerals mining and dressing	0	0	0	0	0	0	0	0
农副食品加工业	Food processing	0	0	0	0	0	0	0	0
食品制造业	Food manufacturing	0	0	0	0	0	0	0	0
饮料制造业	Beverage manufacturing	0	0	0	0	0	0	0	0
烟草制品业	Tobacco processing	1	24	12	9	0	0	14	0
纺织业	Textile industry	0	0	0	0	0	0	0	0
纺织服装、鞋、帽制造业	Clothing shoes and hats	0	0	0	0	0	0	0	0
皮革、毛皮、羽毛(绒)及其制品业	Leather，furs，down and related products	0	0	0	0	0	0	0	0
木材加工及木、竹、藤、棕、草制品业	Timber，bamboo，cane，palm and straw products	0	0	0	0	0	0	0	0
家具制造业	Furniture manufacturing	0	0	0	0	0	0	0	0

17－21 续表 1 continued1

		机构数（个）Institution（unit）	参加项目人员合计（人）Person	#1. 高中级技术职称人员 Scientiscs and engineer	2. 无高中级技术职称的大学本科及以上学历人员 Regular college course	#1. 博士毕业 Doctor	2. 硕士毕业 Master	3. 本科毕业 Soholar	#研究与试验发展人员 Personnal of R&LD
造纸及纸制品业	Paper making and paper products	0	0	0	0	0	0	0	0
印刷业和记录媒介的复制	Printing and record medium reproduction	0	0	0	0	0	0	0	0
文教体育用品制造业	Cultural, educational and sports goods	0	0	0	0	0	0	0	0
石油加工、炼焦及核燃料加工业	Petroleum processing and coking	0	0	0	0	0	0	0	0
化学原料及化学制品制造业	Raw chemical material and chemical products	0	0	0	0	0	0	0	0
医药制造业	Medical and pharmacutical products	2	35	12	19	0	4	23	25
化学纤维制造业	Chemical fiber	0	0	0	0	0	0	0	0
橡胶制品业	Rubber products	0	0	0	0	0	0	0	0
塑料制品业	Plastic products	0	0	0	0	0	0	0	0
非金属矿物制品业	Nonmetal mineral products	0	0	0	0	0	0	0	0
黑色金属冶炼及压延加工业	Smelting and pressing of ferrous metals	0	0	0	0	0	0	0	0
有色金属冶炼及压延加工业	Smelting and pressing of non ferrous metals	0	0	0	0	0	0	0	0
金属制品业	Metal products	0	0	0	0	0	0	0	0
通用设备制造业	Ordinary machinery	2	42	38	0	0	0	14	0
专用设备制造业	Special purpose equipment	0	0	0	0	0	0	0	0
交通运输设备制造业	Transport equipment	8	2697	1640	775	17	134	2103	1606
电气机械及器材制造业	Electric equipmert and machinery	0	0	0	0	0	0	0	0
通信设备、计算机及其他电子设备制造业	Computer and other equipment	2	112	49	33	7	20	85	93
仪器仪表及文化、办公用机械制造业	instruments, meters, culturae and office	2	175	94	24	0	0	66	0
工艺品及其他制造业	Art and others	0	0	0	0	0	0	0	0
废弃资源和废旧材料回收加工业	Waste materinl processing	0	0	0	0	0	0	0	0
电力、热力的生产和供应业	Electricity cnd heatpower	2	24	14	4	0	1	14	0
燃气生产和供应业	Gas production and supply	0	0	0	0	0	0	0	0
水的生产和供应业	Water production and supply	0	0	0	0	0	0	0	0
四、按学科分组	Grouped by field								
自然科学	Natural science	1	25	6	19	0	3	18	25
农业科学	Agriculture	0	0	0	0	0	0	0	0
医药科学	Meidicine	1	10	6	0	0	1	5	0
工程与技术科学	Engineering	17	3074	1847	845	24	155	2296	1699
人文与社会科学	Socities	0	0	0	0	0	0	0	0
五、按机构组成类型分组	Grouped by cooperation type								
与境外机构合办	With foreign institutions	0	0	0	0	0	0	0	0
与国内高校合办	With university	0	0	0	0	0	0	0	0
与国内独立研究机构合办	With institutions	1	32	9	23	6	10	16	13
与境内注册外商独自企业合办	With foreign funds	0	0	0	0	0	0	0	0
与境内注册其他企业合办	With enterprises	0	0	0	0	0	0	0	0
单位自办	Self－unit	18	3077	1850	841	18	149	2303	1711
其他	Others	0	0	0	0	0	0	0	0
六、按机构运营状况分组	Grouped by operation								
有经常性开发任务	Being funds	18	3097	1848	863	24	158	2308	1724
有稳定经费来源	Being funds	25	2973	1688	849	21	147	2130	1928
有一定的测试条件	Being equipment	31	3533	2090	995	28	168	2504	1941
七、按地区分组	Grouped by region								
市辖区	Dbtricts	0	0	0	0	0	0	0	0
南关区	Nanguan	6	138	63	34	6	10	40	13
宽城区	Kuancheng	5	225	102	77	1	3	153	55
朝阳区	Chaoyang	5	359	174	75	1	10	156	80
二道区	Erdao	14	492	330	108	3	10	265	77
绿园区	Luyuan	7	2399	1467	721	17	138	1927	1741
双阳区	Shuangyang	0	0	0	0	0	0	0	0
农安县	Nongan	0	0	0	0	0	0	0	0
九台市	Jiutai	0	0	0	0	0	0	0	0
榆树市	Yushu	0	0	0	0	0	0	0	0
德惠市	Dehui	0	0	0	0	0	0	0	0

17－22 工业企业办科技机构情况(二)
BASIC STATISTICS ON INSTITVTION IN ENTERPRISES(Ⅱ)

		科技经费内部支出(万元) Domstic expendtare (10000yuan)	研究与试验发展经费 R&D funds	年末固定资产原价(万元) Original valueof fixedassets (10000yuan)	仪器设备 Equipment
总计	Total	**64116.7**	**32485.5**	**89233.0**	**2949.3**
一、按企业规模分组:	Grouped by size of enterprises				
大型企业	Large－scale enterprises	61714.2	31217.7	85078.9	2147.8
特大型企业	Supers－scale	0.0	0.0	0.0	0.0
中型企业	Middle－scale	2402.5	1267.8	4154.1	801.5
小型企业	Small－scale	0.0	0.0	0.0	0.0
二、按登记注册类型分组	Grouped by status of registration				
内资企业	Domestic funds	64016.7	32485.5	89143.0	2932.3
国有	State－owned	51681.2	25805.5	76171.5	1215.3
其中:大型企业	Large scale	51183.7	25787.7	73882.3	713.8
集体	Collective－owned	0.0	0.0	0.0	0.0
股份合作	Cooperative enterprises	0.0	0.0	0.0	0.0
国有联营	State joint ownership	0.0	0.0	0.0	0.0
其中:大型企业	Large scale	0.0	0.0	0.0	0.0
集体联营	Collective joint ownership	0.0	0.0	0.0	0.0
国有与集体联营	Joint state－collective ownership	0.0	0.0	0.0	0.0
其他联营	Other joint	0.0	0.0	0.0	0.0
国有独资公司	Sole state	3815.0	110.0	1216.6	193.5
其中:大型企业	Large scale	3420.0	0.0	273.0	170.5
其他有限责任公司	Limited company	1950.5	0.0	1654.9	1263.5
股份有限公司	Share holding	6570.0	6570.0	10100.0	260.0
私营独资	Sole private	0.0	0.0	0.0	0.0
私营合伙	Partnership	0.0	0.0	0.0	0.0
私营有限责任公司	Private limited company	0.0	0.0	0.0	0.0
私营股份有限公司	Private share holding	0.0	0.0	0.0	0.0
其他内资	Other domestic funds	0.0	0.0	0.0	0.0
港澳台商投资	Funded from HongKong, Moaco, Taiwan	100.0	0.0	90.0	17.0
其中:大型企业	Large scale	0.0	0.0	0.0	0.0
与港澳台商合资经营	Joint owned	0.0	0.0	0.0	0.0
与港澳台商合作经营	Cooperative	0.0	0.0	0.0	0.0
港澳台商独资	Sole funds	0.0	0.0	0.0	0.0
港澳台商投资股份有限公司	Share holding	100.0	0.0	90.0	17.0
外商投资	Foreign funds	0.0	0.0	0.0	0.0
其中:大型企业	Large Scale	0.0	0.0	0.0	0.0
中外合作经营	Cooperative	0.0	0.0	0.0	0.0
中外合资经营	Joint venture	0.0	0.0	0.0	0.0
外商独资	Sole funds	0.0	0.0	0.0	0.0
外商投资股份有限公司	Share holding	0.0	0.0	0.0	0.0
三、按工业行业大类分组	Grouped by sector				
煤炭开采和洗选业	Coal mining and processing	0.0	0.0	0.0	0.0
石油和天然气开采业	Petroleum and natural gas extraction	0.0	0.0	0.0	0.0
黑色金属矿采选业	Ferrous metals mining and proces	0.0	0.0	0.0	0.0
有色金属矿采选业	Nonferrous metals mining and dressing	0.0	0.0	0.0	0.0
非金属矿采选业	Nonmetal Minerals minging and of dressing	0.0	0.0	0.0	0.0
其他采矿业	Other minerals mining and dressing	0.0	0.0	0.0	0.0
农副食品加工业	Food processing	0.0	0.0	0.0	0.0
食品制造业	Food manufacturing	0.0	0.0	0.0	0.0
饮料制造业	Beverage manufacturing	0.0	0.0	0.0	0.0
烟草制品业	Tobacco processing	164.8	0.0	418.4	361.9
纺织业	Textile industry	0.0	0.0	0.0	0.0
纺织服装、鞋、帽制造业	Clothing shoes and hats	0.0	0.0	0.0	0.0
皮革、毛皮、羽毛(绒)及其制品业	Leather, furs, down and related products	0.0	0.0	0.0	0.0
木材加工及木、竹、藤、棕、草制品业	Timber, bamboo, cane, palm and straw products	0.0	0.0	0.0	0.0
家具制造业	Furniture manufacturing	0.0	0.0	0.0	0.0

17－22 续表 1 continued1

		科技经费内部支出（万元）Domstis expenditure (10000yuan)	研究与试验发展经费 R&D fudns	年末固定资产原价（万元）Original valueof fixedassets (10000yuan)	仪器设备 Equipment
造纸及纸制品业	Paper making and paper products	0.0	0.0	0.0	0.0
印刷业和记录媒介的复制	Printing and record medium reproduction	0.0	0.0	0.0	0.0
文教体育用品制造业	Cultural, educational and sports goods	0.0	0.0	0.0	0.0
石油加工、炼焦及核燃料加工业	Petroleum processing and coking	0.0	0.0	0.0	0.0
化学原料及化学制品制造业	Raw chemical material and chemical products	0.0	0.0	0.0	0.0
医药制造业	Medical and pharmacutical products	117.8	17.8	1756.7	18.7
化学纤维制造业	Chemical fiber	0.0	0.0	0.0	0.0
橡胶制品业	Rubber products	0.0	0.0	0.0	0.0
塑料制品业	Plastic products	0.0	0.0	0.0	0.0
非金属矿物制品业	Nonmetal mineral products	0.0	0.0	0.0	0.0
黑色金属冶炼及压延加工业	Smelting and pressing of ferrous metals	0.0	0.0	0.0	0.0
有色金属冶炼及压延加工业	Smelting and pressing of non ferrous metals	0.0	0.0	0.0	0.0
金属制品业	Metal products	0.0	0.0	0.0	0.0
通用设备制造业	Ordinary mathinery	35.0	0.0	110.5	110.5
专用设备制造业	Special purpose equipment	0.0	0.0	0.0	0.0
交通运输设备制造业	Transport equipment	61188.2	31217.7	83929.6	987.4
电气机械及器材制造业	Electric equipmert and machinery	0.0	0.0	0.0	0.0
通信设备、计算机及其他电子设备制造业	Computer and other equipment	1347.0	1250.0	1688.0	260.0
仪器仪表及文化、办公用机械制造业	instruments, meters, culturae and office	1215.5	0.0	1289.5	1196.9
工艺品及其他制造业	Art and others	0.0	0.0	0.0	0.0
废弃资源和废旧材料回收加工业	Waste materinl processing	0.0	0.0	0.0	0.0
电力、热力的生产和供应业	Electricity cnd heat power	48.4	0.0	40.3	13.9
燃气生产和供应业	Gas production and supply	0.0	0.0	0.0	0.0
水的生产和供应业	Water production and supply	0.0	0.0	0.0	0.0
四、按学科分组	Grouped by field				
自然科学	Natural science	17.8	17.8	1666.7	1.7
农业科学	Agriculture	0.0	0.0	0.0	0.0
医药科学	Meidicine	100.0	0.0	90.0	17.0
工程与技术科学	Engineering	63998.9	32467.7	87476.3	2930.6
人文与社会科学	Socities	0.0	0.0	0.0	0.0
五、按机构组成类型分组	Grouped by clooperation type				
与境外机构合办	With foreign institutions	0.0	0.0	0.0	0.0
与国内高校合办	With university	0.0	0.0	0.0	0.0
与国内独立研究机构合办	With institutions	207.0	110.0	888.0	0.0
与境内注册外商独自企业合办	With foreign funds	0.0	0.0	0.0	0.0
与境内注册其他企业合办	With enterpriets	0.0	0.0	0.0	0.0
单位自办	Self－unit	63909.7	32375.5	88345.0	2949.3
其他	Others	0.0	0.0	0.0	0.0
六、按机构运营状况分组	Grouped by operation				
有经常性开发任务	Being tasks	64081.6	32485.5	89198.4	2935.5
有稳定经费来源	Being funds	65128.4	33956.4	87790.4	4157.4
有一定的测试条件	Being equipment	66453.4	34066.4	91938.5	4489.2
七、按地区分组	Grouped by region				
市辖区	Districts	0.0	0.0	0.0	0.0
南关区	Nanguan	674.8	110.0	2430.2	891.6
宽城区	Kuancheng	650.9	310.9	442.0	161.8
朝阳区	Chaoyang	3158.2	1140.0	2502.2	1546.5
二道区	Erdao	5835.0	1970.0	2422.2	1321.4
绿园区	Luyuan	57068.7	31355.5	85016.5	828.7
双阳区	Shuangyang	0.0	0.0	0.0	0.0
农安县	Nongan	0.0	0.0	0.0	0.0
九台市	Jiutai	0.0	0.0	0.0	0.0
榆树市	Yushu	0.0	0.0	0.0	0.0
德惠市	Dehui	0.0	0.0	0.0	0.0

统计资料
STATISTICS

体育、卫生及其他事业
SPORTS，PUBLIC HEALTH AND OTHERS

第十八篇　体育、卫生及其他事业

2003年，卫生事业不断发展，医疗卫生体制改革取得实质性进展。全市拥有各类卫生机构1554个，各类卫生机构拥有床位2.3万张，卫生技术人员为4.4万人，每千人拥有医生2.13人。体育市场化、产业化步伐加快。目前，全市各种体育经营场所发展到398家，经营项目25个，极大的补充、丰富了体育培训和市民健身领域。

目前，我市行政区域内共有体育设施7097个，形成了布局比较合理，项目比较齐全，功能比较完善的格局。我市人均占有体育用地面积已达2.07平方米，在全国省会城市中处于领先地位。

18－1 公共体育场
STADIUMS AND GYMNASIUMS

		实际数(个) Number			实际数(个) Number			实际数(个) Number
体育场	Stadium	1	体育馆	Gymnasiums	8	室内游泳池	Swimming pool	16
室外游泳池	Out door swimming pools	5	运动场	Stadiums	76	足球场	Standiums	34
室内游泳馆	Swimming pools	19	室内网球场	Tennis court	3	保龄球房	Bowling ball	12

18－2 2003年长春市大中小学校《国家体育锻炼标准》达标情况
PERSONS WHO HAVE COME UP TO THE STATE PHSICAL TRAINING STANDARDS (2003)

单位：人 unit: person

		小　学 Primary schools			中　学 Middle schools			中专中技 Specilized middle schols		
		应参加达标学校数 Proper schools	应参加达标活动学生数 Proper students	达标学生数 Students standard	应参加达标学校数 Proper schools	应参加达标活动学生数 Proper students	达标学生数 Students standard	应参加达标学校数 Proper schools	应参加达标活动学生数 Proper students	达标学生数 Students standard
合　计	Total	1689	520528	491764	310	305989	285990	15	14224	13192
地区合计	Total	1689	520528	491764	310	305989	285990	15	14224	13192
南关区	Nanguan	39	12801	11321	11	8931	8742	4	3270	3147
宽城区	Kuancheng	49	26349	22189	21	23792	21680			
朝阳区	Chaoyuang	60	32326	31165	31	20987	20263	11	10954	10045
二道区	Erdao	21	15737	15421	12	14196	13781			
绿园区	Luyuan	56	34600	34513	23	20800	20756			
双阳区	Shuangyang	133	15115	14250	29	18862	18135			
农安县	Nongan	306	76786	66036	42	88758	76332			
九台市	Jiutai	304	77612	76452	38	26806	25987			
榆树市	Yushu	411	119200	113716	57	40990	38447			
德惠市	Dehui	310	110002	106701	46	41867	41867			

18－3　卫生机构床位、人员数
BEDS AND PERSONNEL IN HEALTH INSTITUTION

		机构数（个）Institutions	床位数（张）Beds	人员数(人) Personnel				
				总计 Total	＃卫生技术员 Medical technical personnel			
					合计 Total	执业医师 Doctors	执业助理医师 Ass－doctors	注册护士 Senior nurses
总　计	**Total**	**1554**	**23168**	**44435**	**35120**	**13570**	**1690**	**11965**
一、医院	Hospitals	156	20673	31260	24170	9190	885	9450
二、卫生院	Hopitals	142	1706	4519	3603	1036	427	808
三、疗养院	Sanatoriums	1	150	75	9	2	1	3
四、门诊部	Clinics	92	49	918	792	369	40	229
五、急救中心	First－aid centre	1		101	41	10	2	29
六、采供血机构	Blood bank	1		177	137	20	11	44
七、妇幼保健院(所、站)	Maternity and child care centers	11	201	1084	907	465	34	227
八、专科疾病防治院(所、站)	Specialized prevention & treatment centers or station	10	162	509	387	143	61	74
九、疾病预防控制中心(防疫站)	Sanitation and antiepidemic agencies	14		1912	1460	617	139	80
十、卫生监督所	Health care centre	5		383	323	287	12	5
十一、卫生监检验(监测、检测)所、站	Monitor and test office	1		83	60	13		
十二、医学科学研究机构	Researth institules of medical science	2	227	452	305	106	1	74
十三、健康教育所(站、中心)	Health training centre	1		32	12	9		
十四、其他卫生机构	Other institutions	5		76	60	37		11
十五、诊所、医务室、社区卫生服务站	Clinics	1112		2854	2854	1266	77	931

18－4 长春市县(区)村卫生室基本情况

BASIC STATISTIC ON HEALTH CARE OF TOWNSHIP IN CHANGCHUN

		单 位 Unit	全 市 Total	市 区 District	县(市) County
一、机构数	Unit	个 Unit	1982	359	1623
二、村办	Village	个 Unit	1070	291	779
乡卫生院设点	Township	个 Unit	20	14	6
联合办	Joint	个 Unit	59	37	22
私人办	Private	个 Unit	815	16	799
其他	Others	个 Unit	18	1	17
三、乡村医生和卫生员人数	Rural doctors and nurese	人 Person	4243	684	3559
乡村医生	Rural doctors	人 Person	4195	639	3556
卫生员	Health workers	人 Person	48	45	3
四、村民委员会数	Village committees	个 Unit	1684	300	1384
其中:未设置卫生室的村数	Village where has not medicat station	个 Unit	4	4	
实行合作医疗村数	Village for health care in surance	个 Unit	332	22	310
实行大病统筹村数	Health care which plamed as whole	个 Unit	310		310
农村接生员	Rural nurses	个 Unit			

18－5 计划生育情况
BASIC STATISTICS ON BIRTH CONTROL

	育龄妇女人数（人）Women birth aged (person)	其中：已婚 Married	20周岁以前结婚人数（人）Before 20 years old	23周岁以后结婚人数（人）After 23 years old	晚婚率（%）Rate of marry at mature age (%)	晚育（人）Later birth (person)	晚育率（%）Later birth rate (%)	计划内出生（人）Birth control (person)	计划生育率（%）Birth control rate (%)	领证数（人）Certificate of birth contral (person)
总计 Total	**1896037**	**1549710**	**862**	**13898**	**42.11**	**14520**	**37.06**	**37427**	**95.52**	**629320**
南关区 Nanguan	139226	105474	4	2751	81.44	1286	69.93	1820	98.97	80287
宽城区 Kuancheng	135048	107032	0	184	5.77	1094	58.32	1872	99.79	66037
朝阳区 ChaoYang	191645	141537	2	3317	72.25	2585	81.06	3145	98.62	104705
二道区 Erdao	101526	85041	17	567	58.51	968	64.19	1481	98.21	53624
绿园区 LuYuan	185603	145151	0	1252	65.52	1806	69.49	2597	99.92	89366
榆树市 Yushu	303835	261397	223	1355	27.37	1033	13.78	6835	91.19	71796
农安县 Nongan	269984	216819	319	1063	22.95	1252	20.04	5942	95.09	38798
德惠市 Dehui	210791	176157	79	1170	31.51	1189	22.75	5023	96.12	34228
九台市 Jiutai	202346	184036	147	1177	35.70	1999	34.64	5437	94.23	53076
双阳区 Shuangyang	92687	76504	70	409	32.28	540	26.29	1907	92.84	19520
经开区 Developing area	26529	21142	0	329	67.84	379	70.06	540	99.82	6731
净旅区 Tourism area	27129	22094	1	214	51.44	272	47.22	567	98.44	8405
高新区 High－technical area	9688	7326	0	110	53.66	117	44.83	261	100	2747

18－6 节 育 情 况
BASIC CONDITION OF BRITH CONTROL

		避孕人数(人) Person of control aception (person)	避孕率(%) Control aception rate (%)	手术例数(个) Number of operating
总 计	**Total**	**1414732**	**91.29**	**45027**
南关区	Nanguan	90931	86.21	1435
宽城区	Kuancheng	97458	91.06	1787
朝阳区	Chaoyang	127055	89.77	1614
二道区	Erdao	76054	89.43	1753
绿园区	Luyuan	127898	88.11	2503
榆树市	Yushu	236604	90.52	9587
农安县	Nongan	204569	94.35	8253
德惠市	Dehui	167770	95.24	6400
九台市	Jiutai	171015	92.92	6724
双阳区	Shuangyang	69631	91.02	3160
经开区	Developing area	18476	87.39	504
净旅区	Tourism area	20513	92.84	980
高新区	High－technical area	6758	92.25	327

18－7 火 灾 基 本 情 况
BASIC STATISTICS ON FIRES

		全 市 Total
次数(次)	Times	7438
死人(人)	Deaths(person)	17
伤人(人)	Injuries(person)	9
直接损失(元)	Losses (yuan)	5658891

18－8 交通事故情况
BASIC STATISTICS ON TRAFFIC ACCIDENTS

		次 数 Times	死 亡(人) Death(person)	伤 人(人) Injuries(person)	直接折款(元) Loss(yuan)
合 计	Total	4582	693	2975	20086749
城市	Urban area	3136	326	1636	12855699
农村	Ruralarea	1446	367	1339	7231050

18－9 治安案件情况
BASIC STATISTICS ON PUBLIC ORDER

		实 际 Number			实 际 Number			实 际 Number
发生(起)	Cases	40943	查处(起)	Windup(case)	30297	治安处罚(人)	Treated(person)	34658
城区	Districts	29465	城区	Districts	22289	警告	Warm	2357
郊区	Suburb	295	郊区	Suburb	233	罚款	Fine	22952
镇	Town	1990	镇	Town	1291	拘留	Detain	9349
乡村	Township	9018	乡村	Township	6352			
其它	Other	175	其它	Other	132			

主要统计指标解释

自然资源

森林覆盖率　通常是指森林面积占土地总面积之比，一般用百分数表示。但国家规定在计算森林覆盖率时，森林面积还包括灌木林面积、农田林网树占地面积以及四旁树木的覆盖面积。森林覆盖率，是反映一个国家或地区森林资源和绿化水平的重要指标。计算公式：

$$森林覆盖率(\%)=\frac{森林面积}{土地总面积}\times 100\%$$

本《年鉴》内所列森林覆盖率是按有林地面积计算的。

森林蓄积量　指森林面积上生长着的林木树干材积总量。它是反映一个国家或地区森林资源总规模和水平的重要指标。

矿产保有储量　指探明的矿产储量（包括工业储量和远景储量）扣除已开采部分和地下损失量后的年末实有储量。它反映国家矿产资源的现状。

综　　合

国内生产总值　是按市场价格计算的国内生产总值的简称。它是一个国家（地区）所有常住单位在一定时期内生产活动的最终成果。国内生产总值有三种表现形态，即价值形态、收入形态和产品形态。从价值形态看，它是所有常住单位在一定时期内所生产的全部货物和服务价值超过同期投入的全部非固定资产货物和服务价值的差额，即所有常住单位的增加值之和；从收入形态看，它是所有常住单位在一定时期内所创造并分配给常住单位和非常住单位的初次分配收入之和；从产品形态看，它是最终使用的货物和服务减去进口货物和服务。在实际核算中，国内生产总值的三种表现形态表现为三种计算方法，即生产法、收入法和支出法。三种方法分别从不同的方面反映国内生产总值及构成。

国民生产总值　是按市场价格计算的国民生产总值的简称。它是一个国家所有常住单位在一定时期内收入初次分配的最终成果。一国常住单位从事生产活动所创造的增加值在初次分配过程中主要分配给该国的常住单位，但也有一部分以劳动者报酬和财产收入等形式分配给该国的非常住单位，同时，国外生产所创造的增加值也有一部分以劳动者报酬和财产收入等形式分配给该国的常住单位。从而产生了国民生产总值概念，它等于国内生产总值加上来自国外的劳动者报酬和财产收入减去付给国外的劳动者报酬和财产收入。与国内生产总值不同，国内生产总值是一个生产概念，而国民生产总值则是个收入概念。

国民生产总值同社会总产值、国民收入的区别，从核算范围看，社会总产值和国民收入都只计算物质生产部门的劳动成果，而国民生产总值除计算物质生产部门劳动成果外，还计算非物质生产部门的劳动成果。从这三个指标的价值构成看，社会总产值计算了社会产品的全部价值；国民生产总值计算在生产产品和提供劳务过程中增加的价值，即增加值不计算中间产品和中间劳务投入的价值；而国民收入除了不计算中间产品价值外，还不包括固定资产折旧价值，即只计算净产值。

三次产业　根据社会生产活动历史发展的顺序对产业结构的划分，产品直接取自自然界的部门称为第一产业，对初级产品进行再加工的部门称为第二产业，为生产和消费提供各种服务的部门称为第三产业。它是世界上通用的产业结构分类，但各国的划分不尽一致。我国的三次产业划分是：

第一产业：农业（包括种植业、林业、牧业、副业和渔业）。

第二产业：工业（包括采掘工业、制造业、自来水、电力、蒸汽、热水、煤气）和建筑业。

第三产业：除第一、第二产业以外的其他各业。由于第三产业包括的行业多、范围广，根据我国的实际情况，第三产业可分为两大部分，一是流通部门，二是服务部门。具体又可分为四个层次：

第一层次：流通部门，包括交通运输业、邮电通讯业、商业、饮食业、物资供销和仓储业。

第二层次：为生产和生活服务的部门，包括金融、保险业，地质普查业，房地产、公用事业，居民服务业，咨询服务业和综合技术服务业，农、林、牧、渔、水利服务业和水利业，公路、内河（湖）航道养护业等。

第三层次：为提高科学文化水平和居民素质服务的部门，包括教育、文化、广播电视，科学研究、卫生、体育和社会福利事业等。

第四层次：为社会公共需要服务的部门，包括国家机关、政党机关、社会团体，以及军队和警察等。

支出法国内生产总值 指一个国家（或地区）所有常住单位在一定时期内用于最终消费、资本形成总额，以及货物和服务的净出口总额，它反映本期生产的国民生产总值的使用构成。

最终消费 指常住单位在一定时期内对于货物和服务的全部最终消费支出，也就是常住单位为满足物质、文化和精神生活的需要，从本国经济领土和国外购买的货物和服务的支出，它不包括非常住单位在本国经济领土内的消费支出。最终消费分为居民消费和政府消费。

（一）居民消费：指常住住户在一定时期内对于货物和服务的全部最终消费支出。居民关于货物的最终消费支出在货物的所有权发生变化时记录，关于服务的最终消费支出在服务提供的时候记录。居民消费支出按市场价格计算，即按居民支付的购买者价格计算，货物的购买者价格是购买者取得交货所支付的价格，它包括购买者支付的运输和商业费用。居民消费支出除了直接以货币形式购买的货物和服务的消费支出外，还包括以其他方式获得的货物和服务的消费支出，即所谓的虚拟消费支出。居民虚拟消费支出包括如下几种类型：单位以实物报酬及实物转移的形式提供给劳动者的货物和服务；住户生产并由本住户消费了的货物和服务，其中的服务仅指住户的自有住房服务；金融机构提供的金融媒介服务；保险公司提供的保险服务。

（二）政府消费：指政府部门为全社会提供的公共服务的消费支出和免费或以较低的价格向居民住户提供的货物和服务的净支出，前者等于政府服务的产出价值减去政府单位所获得的经营收入的价值，政府服务的产出价值等于它的经常性业务支出加上固定资产折旧；后者等于政府部门向居民住户提供的货物和服务的市场价值减去向居民住户收取的价值。

资本形成总额 指常住单位在一定时期内获得减去处置的固定资产和存货的净额，包括固定资产形成总额和存货增加两项。

（一）固定资产形成总额：指常住单位在一定时期内购置、转入和自产自用的固定资产价值，扣除固定资产的销售和转出后的价值。可分为有形固定资产形成总额和无形固定资产形成总额。有形固定资产形成总额包括一定时期内完成的建筑工程、安装工程和设备工器具购置（减处置）价值，以及土地改良、新增役、种、奶、毛、娱乐用牲畜和新增经济林木价值。无形固定资产形成总额包括矿藏的勘探、计算机软件、娱乐和文学艺术品原件等获得减处置。

（二）存货增加：指常住单位在一定时期内存货实物量变动的市场价值即期末价值减期初价值的差额。存货增加可以是正值，也可以是负值，正值表示存货上升，负值表示存货下降。它包括生产单位购进的原材料、燃料和储备物资等存货，以及生产单位生产的产成品、在制品和半成品等存货等。

人　　口

人口数 指一定时点、一定地区范围内的有生命的个人的总和。年度统计的年末人口数是指每年 12 月 31 日 24 时的人口数。

出生率（又称粗出生率） 指在一定时期内（通常为一年）平均每千人所出生的人数的比率，一般用千分率表示。计算公式：

$$出生率 = \frac{年出生人数}{年平均人数} \times 1000‰$$

出生人数是指活婴儿，即胎儿脱离母体时(不管怀孕月数)，有过呼吸或其他生命现象。

年平均人数是年初、年底人口数的平均数，也可用年中人口数代替。

死亡率(又称粗死亡率) 指在一定时期内(通常为一年)一定地区的死亡人数与同期平均人数(或期中人数)之比，一般用千分率表示。计算公式为：

$$死亡率 = \frac{年死亡人数}{年平均人数} \times 1000‰$$

人口自然增长率 指在一定时期内(通常为一年)人口自然增加数(出生人数减死亡人数)与该时期内平均人数(或期中人数)之比，一般用千分率表示。计算公式：

$$人口自然增长率 = \frac{本年出生人数 - 本年死亡人数}{年平均人数} \times 1000‰$$

$$人口自然增长率 = 人口出生率 - 人口死亡率$$

从业人员和职工工资

从业人员 指从事一定社会劳动并取得劳动报酬或经营收入的人员。包括：

(1)全部职工

(2)再就业的离退休人员

(3)私营业主

(4)个体户主

(5)私营和个体从业人员

(6)乡镇企业从业人员

(7)农村从业人员

(8)其他从业人员(包括民办教师、宗教职业者、现役军人等)

这一指标反映了一定时期内全部劳动力资源的实际利用情况，是研究我国基本国情国力的重要指标。

各单位的从业人员是指在各级国家机关、政党机关、社会团体及企业、事业单位中工作，并取得劳动报酬的全部人员。包括职工、再就业的离退休人员、民办教师以及在各单位中工作的外方人员和港、澳、台方人员。

各单位的从业人员反映了各单位实际参加生产或工作的全部劳动力。

经济活动人口 指在16岁以上，有劳动能力，参加或要求参加社会经济活动的人口。包括：从业人员和失业人员。

城镇登记失业人员及失业率 指有非农业户口，在一定的劳动年龄内，有劳动能力，无业而要求就业，并在当地就业服务机构进行求职登记的人员。城镇登记失业率指城镇登记失业人数同城镇从业人数与城镇登记失业人数之和的比。计算公式为：

$$城镇登记失业率 = \frac{城镇登记失业人数}{(城镇从业人数 + 城镇登记失业人数)} \times 100\%$$

职工工资总额 指各单位在一定时期内直接支付给本单位全部职工的劳动报酬总额。

工资总额的计算原则应以直接支付给职工的全部劳动报酬为根据。各单位支付给职工的劳动报酬以及其他根据有关规定支付的工资，不论是计入成本的还是不计入成本的，不论是按国家规定列入计征奖金税项目的，还是未列入计征奖金税项目的，不论是以货币形式支付的还是以实物形式支付的，均包括在工资总额内。

职工平均工资 指企业、事业、机关单位的职工在一定时期内平均每人所得的货币工资额。它表明一定时期职工工资收入的高低程度，是反映职工工资水平的主要指标。计算公式为：

$$职工平均工资 = \frac{报告期实际支付的全部职工工资总额}{报告期全部职工平均人数}$$

职工平均实际工资 指扣除物价变动因素后的职工平均工资。计算公式为：

$$职工平均实际工资 = \frac{报告期职工平均工资}{报告期城镇居民消费价格指数}$$

固定资产投资

全社会固定资产投资 固定资产投资是社会固定资产再生产的主要手段。通过建造和购置固定资产的活动，国民经济不断采用先进技术装备，建立新兴部门，进一步调整经济结构和生产力的地区分布，增强经济实力，为改善人民物质文化生活创造物质条件。这对我国的社会主义现代化建设具有重要意义。

固定资产投资额是以货币表现的建造和购置固定资产活动的工作量，它是反映固定资产投资规模、速度、比例关系和使用方向的综合性指标。全社会固定资产投资按经济类型可分为国有、集体、个体、联营、股份制、外商、港澳台商、其他等。按照管理渠道，全社会固定资产投资总额分为基本建设、更新改造、房地产开发投资和其他固定资产投资四个部分。

基本建设投资 基本建设是企业、事业、行政单位以扩大生产能力或工程效益为主要目的新建、扩建工程及有关工作。其综合范围为总投资50万元以上(含50万元，下同)的基本建设项目。具体包括:(1)列入中央和各级地方本年基本建设计划的建设项目，以及虽未列入本年基本建设计划，但使用以前年度基建计划内结转投资(包括利用基建设备材料)在本年继续施工的建设项目;(2)本年基本建设计划内投资与更新改造计划内投资结合安排的新建项目和新增生产能力(或工程效益)达到大中型项目标准的扩建项目，以及为改变生产力布局而进行的全厂性迁建项目;(3)国有单位既未列入基建计划，也未列入更新改造计划的总投资在50万元以上的新建、扩建、恢复项目和为改变生产力布局而进行的全厂性迁建项目，以及行政、事业单位增建业务用房和行政单位增建生活福利设施的项目。

更新改造投资 更新改造是指企业、事业单位对原有设施进行固定资产更新和技术改造，以及相应配套的工程和有关工作(不包括大修理和维护工程)。其综合范围为总投资50万元以上的更新改造项目。具体包括:(1)列入中央和各级地方本年更新改造计划的投资单位(项目)和虽未列入本年更新改造计划，但使用上年更新改造计划内结转的投资在本年继续施工的项目;(2)本年更新改造计划内投资与基本建设计划内投资结合安排的对企、事业单位原有设施进行技术改造或更新的项目和增建主要生产车间、分厂等其新增生产能力(或工程效益)未达到大中型项目标准的项目，以及由于城市环境保护和安全生产的需要而进行的迁建工作;(3)国有企、事业单位既未列入基建计划也未列入更新改造计划，总投资在50万元以上的属于改建或更新改造性质的项目，以及由于城市环境保护和安全生产的需要而进行的迁建工程。

房地产开发投资 指房地产开发公司、商品房建设公司及其他房地产开发法人单位和附属于其他法人单位实际从事房地产开发或经营的活动单位统一开发的包括统代建、拆迁还建的住宅、厂房、仓库、饭店、宾馆、度假村、写字楼、办公楼等房屋建筑物和配套的服务设施、土地开发工程(如道路、给水、排水、供电、供热、通讯、平整场地等基础设施工程)的投资。不包括单纯的土地交易活动。

其他固定资产投资 指全社会固定资产投资中未列入基本建设、更新改造和房地产开发投资的建造和购置固定资产的活动。具体包括:

(1)国有单位按规定不纳入基本建设计划和更新改造计划管理，计划总投资(或实际需要总投资)在50万元以上的以下工程:①用油田维护费和石油开发基金进行的油田维护和开发工程;②煤炭、铁矿、森工等采掘采伐业用维简费进行的开拓延伸工程;③交通部门用公路养路费对原有公路、桥梁进行改建的工程;④商业部门用简易建筑费建造的仓库工程。

(2)城镇集体固定资产投资:指所有隶属城市、县城和经国务院及省、自治区、直辖市批准建制的镇领导的集体单位(乡镇企业局管理的除外)建造和购置固定资产计划总投资(或实际需要总投资)在50万元以上的项目。

(3)除上述以外的其他各种企、事业单位、个体建造和购置固定资产总投资在50万元以上的、未列入基本建设计划和更新改造计划的项目。

城镇和工矿区私人建房投资和农村个人投资 城镇和工矿区私人建房包括市、县城、镇、工矿区所辖范围内的全部私人建房，不论其房主是否系本地的常住户口均应包括。农村个人投资包括农村个人建房及购置生产性固定资产的投资。

新增生产能力 指通过固定资产投资活动而增加的设计能力或工程效益，它是用实物形态表示的固定资产投资的成果。新增生产能力的计算，是以能独立发挥生产能力或效益的单项工程(或项目)为对象。当单项工程(或项目)建成，经有关部门鉴定合格，正式移交投入生产，即可计算新增生产能力。

新增生产能力或工程效益有以下几种表现形式：

(1)以建设项目或单位工程建成后的年产能力表示，如煤炭开采、石油开采等。

(2)以建设项目或单项工程建成后处理原料的能力表示，如选矿工程的年处理矿石能力，洗煤厂年洗原煤能力等。

(3)以新增的主要设备数量或容量表示。如棉纺锭枚数，发电机组容量等。

(4)以建筑物容积、容量、面积或长度表示。如水库容量、铁路公路里程等。

新增生产能力的数量一般按设计能力计算。设计能力是指设计文件中规定的在正常情况下能够达到的生产能力，而不论投产后的实际产量如何。以设备数量、建筑物容积、面积、长度等表示的新增生产能力(或效益)，则按建成的实际数量计算。

房屋建筑面积 指从房屋外墙线算起的各层平面面积的总和，包括可供使用的有效面积和房屋结构(如柱、墙)占用面积。多层建筑按各层(包括地下室)面积总和计算。

住宅建筑面积 指施工和竣工房屋建筑面积中供居住用的施工和竣工房屋建筑面积。

施工面积 指报告期内施工的全部房屋建筑面积。包括本期新开工的面积、上期跨入本期继续施工的房屋面积、上期停缓建在本期恢复施工的房屋面积、本期竣工的房屋面积及本期施工后又停缓建的房屋面积。

竣工面积 指在报告期内房屋建筑按照设计要求已全部完工，达到住人和使用条件，经验收鉴定合格，正式移交使用单位的建筑面积。

房屋建筑面积竣工率 指一定时期内房屋竣工面积占同期房屋施工面积的比率。它是从房屋建筑施工速度的角度反映投资效果和建筑业经济效益的指标。

新增固定资产 指通过投资活动所形成的新的固定资产价值。包括已经建成投入生产或交付使用的工程价值和达到固定资产标准的设备、工具、器具的价值及有关应摊入的费用。它是以价值形式表示的固定资产投资成果的综合性指标，可以综合反映不同时期、不同部门、不同地区的固定资产投资成果。

建设项目投产率 指一定时期内全部建成投入生产项目个数与同期正式施工项目个数的比率。它是从项目建设速度的角度反映投资效果的指标。

固定资产交付使用率 指一定时期新增固定资产与同期完成投资额的比率。它是反映各个时期固定资产动用速度，衡量建设过程中投资效果的一个综合性指标。

能源和原材料消费

能源生产总量 指一定时期内全国(地区)一次能源生产量的总和，是观察全国(地区)能源生产水平、规模、构成和发展速度的总量指标。一次能源生产量包括原煤、原油、天然气、水电及其他动力能(如风能、地热能等)发电量。不包括低热值燃料生产量、生物质能、太阳能等的利用和由一次能源加工转换而成的二次能源产量。

能源消费总量 指一定时期内全国(地区)物质生产部门、非物质生产部门和生活消费的各种能源的总和，是观察能源消费水平、构成和增长速度的总量指标，能源消费总量包括原煤和原油及其制品、天然气、电力。不包括低热值燃料、生物质能和太阳能等的利用。能源消费总量分为三部分，即终端能源消费量、能源加工转换损失量和损失量。

(1)终端能源消费量 指一定时期内全国(地区)物质生产部门、非物质生产部门和生活消费的各种能源在扣除了用于加工转换二次能源消费量和损失量以后的数量。

(2)能源加工转换损失量 指一定时期内全国(地区)投入加工转换的各种能源数量之和与产出各种能源

产品之和的差额。它是观察能源在加工转换过程中损失量变化的指标。

(3)能源损失量 指一定时期内能源在输送、分配、储存过程中发生的损失和由客观原因造成的各种损失量。包括各种气体能源放空、放散量。

财　政

财政收入　国家财政参与社会产品分配所取得的收入,是实现国家职能的财力保证。财政收入所包括的内容几经变化,目前主要包括:

(1)各项税收　包括增值税、营业税、消费税、土地增值税、城市维护建设税、资源税、城市土地使用税、印花税、固定资产投资方向调节税、个人所得税、企业所得税、关税、农牧业税和耕地占用税等。

(2)专项收入　包括征收排污费、征收城市水资源费收入,教育费附加收入等。

(3)其他收入　包括基本建设贷款归还收入、国家能源交通重点建设基金收入、国家预算调节基金等。

(4)国有企业计划亏损补贴　这项为负收入,冲减财政收入。

财政支出　国家财政将筹集起来的资金进行分配使用,以满足经济建设和各项事业的需要,主要包括:

(1)基本建设支出　指按国家有关规定,属于基本建设范围内的基本建设有偿使用、拨款、资本金支出以及经国家批准对专项和政策性基建投资贷款,在部门的基建投资额中统筹支付的贴息支出。

(2)企业挖潜改造资金　指国家预算内拨给的用于企业挖潜、革新和改造方面的资金。包括各部门企业挖潜改造资金和企业挖潜改造贷款资金,为农业服务的县办“五小”企业技术改造补助,挖潜改造贷款利息支出。

(3)地质勘探费用　国家预算用于地质勘探单位的勘探工作费用,包括地质勘探管理机构及其事业单位经费、地质勘探经费。

(4)科技三项费用　国家预算用于科技支出的费用,包括新产品试制费、中间试验费、重要科学研究补助费。

(5)支援农村生产支出　国家财政支援农村集体(户)各项生产的支出。包括对农村举办的小型农田水利和打井、喷灌等的补助费;对农村水土保持措施的补助费;对农村举办的小水电站的补助费;特大抗旱的补助费;农村开荒补助费;扶持乡镇企业资金;农村农技推广和植保补助费;农村草场和畜禽保护补助费;农村造林和林木保护补助费;农村水产补助费;发展粮食生产专项资金。

(6)农林水利气象等部门的事业费用　国家财政用于农垦、农场、农业、畜牧、农机、林业、森工、水利、水产、气象、乡镇企业的技术推广、良种推广(示范)、植物(畜禽、森林)保护、水质监测、勘探设计、资源调查、干部训练等项费用,园艺特产补助费,中等专业学校经费,飞播牧草试验补助费,营林机构、气象机构经费,渔政费以及农业管理事业费等。

(7)工业交通商业等部门的事业费　国家预算支付给工交商各部门用于事业发展的经费。包括勘探设计费、中等专业学校经费、技术学校经费、干部训练费。

(8)文教科学卫生事业费　国家预算用于文化、出版、文物、教育、卫生、中医、公费医疗、体育、档案、地震、海洋、通讯、电影电视、计划生育、党政群干部训练、自然科学、社会科学、科协等项事业的经费支出和高技术研究专项经费。主要包括工资、补助工资、福利费、离退休费、助学金、公务费、设备购置费、修缮费、业务费、差额补助费。

(9)抚恤和社会福利救济费　国家预算用于抚恤和社会福利救济事业的经费,包括由民政部门开支的烈士家属和牺牲病残人员家属的一次性、定期抚恤金,革命伤残人员的抚恤金,各种伤残补助费、烈军属、复员退伍军人生活补助费、退伍军人安置费,优抚事业单位经费,烈士纪念建筑物管理、维修费,自然灾害救济事业费和特大自然灾害后重建补助费等。

(10)国防支出　国家预算用于国防建设和保卫国家安全的支出,包括国防费、国防科研事业费、民兵建设以及专项工程支出等。

(11)行政管理费　包括行政管理支出,党派团体补助支出,外交支出,公安安全支出,司法支出,法院支出，检察院支出和公检法办案费用补助。

(12)价格补贴支出　经国家批准，由国家财政拨给的政策性补贴支出，主要包括粮食加价款，粮、棉、油差价补贴，棉花收购价外奖励款，副食品风险基金，市镇居民的肉食价格补贴，平抑市价肉食、蔬菜价差补贴等以及经国家批准的教材课本、报刊新闻纸等价格补贴。

物　　价

零售价格指数　是反映城乡商品零售价格变动趋势的一种经济指数。零售物价的调整变动直接影响到城乡居民的生活支出和国家的财政收入，影响居民购买力和市场供需平衡，影响消费与积累的比例。因此，计算零售价格指数，可以从一个侧面对上述经济活动进行观察和分析。

居民消费价格指数　是反映一定时期内城乡居民所购买的生活消费品价格和服务项目价格变动趋势和程度的相对数。是综合了城市居民消费价格指数和农民消费价格指数计算取得。利用居民消费价格指数，可以观察和分析消费品的零售价格和服务价格变动对城乡居民实际生活费支出的影响程度。

城市居民消费价格指数　是反映城市职工及其家庭所购买的生活消费品和服务项目价格变动趋势及其程度的相对数。编制城市居民消费价格指数，可以观察和分析消费品的零售价格和服务项目价格变动对职工货币工资的影响，作为研究职工生活和确定工资政策的依据。

农村居民消费价格指数　是反映农村居民家庭所购买的生活消费品的价格和服务项目价格变动趋势和程度的相对数。用它可以观察农村消费品的零售价格和服务项目价格变动对农村居民生活消费支出的影响，直接反映农民生活水平的实际变化情况，为分析和研究农村居民生活问题提供依据。

农产品收购价格指数　是反映国有商业、集体商业、个体商业、外贸部门、国家机关、社会团体等各种经济类型的商业企业和有关部门收购农产品价格的变动趋势和程度的相对数。农产品收购价格指数可以观察和研究农产品收购价格总水平的变化情况，以及对农民货币收入的影响，作为制订和检查农产品价格政策的依据。计算指数所选的商品有 11 个大类、包括 276 种农副土特产品。采用加权倒数平均公式(即按报告期实际收购金额加权综合法)计算。

农村工业品零售价格指数　是反映农村市场工业品零售价格水平变动趋势和程度的相对数。通过农村工业品零售价格指数，可以观察工业品零售价格变动对农民货币支出的影响。

工业品出厂价格指数　是反映全部工业产品出厂价格总水平的变动趋势和程度的相对数。其中除包括工业企业售给商业、外贸、物资部门的产品外，还包括售给工业和其他部门的生产资料以及直接售给居民的生活消费品。通过工业生产价格指数能观察出厂价格变动对工业总产值的影响。

固定资产投资价格指数　是反映固定资产投资额价格变动趋势和程度的相对数。固定资产投资额是由建筑安装工程投资完成额、设备、工器具购置投资完成额和其他费用投资完成额三部分组成的。编制固定资产投资价格指数应首先分别编制上述三部分投资的价格指数，然后采用加权算术平均法求出固定资产投资价格总指数。

编制固定资产投资价格指数可以准确地反映固定资产投资中涉及的各类商品和取费项目价格变动趋势和变动幅度，消除按现价计算的固定资产投资指标中的价格变动因素，真实地反映固定资产投资的规模、速度、结构和效益，为国家科学地制定、检查固定资产投资计划并提高宏观调控水平，为完善国民经济核算体系提供科学的，可靠的依据。

人民生活

城镇居民家庭就业人口　指城镇居民从事社会劳动并取得劳动报酬或经营收入的人口。就业人口包括通过国家统筹规划和指导由劳动部门介绍就业，自愿组织起来就业和自谋职业等方式，在国有制、集体所有制、中外合资、中外合作、外资在华独资的企事业单位和私营企业单位工作或从事个体劳动的有固定性职业或临时性职业的人口。被聘用和留用的离退休人员也计入就业人口。本指标可以反映城镇居民的就业情况，是计算就业面、负担系数的重要资料。

城镇居民家庭全部收入 指被调查城镇居民家庭全部的实际现金收入，包括经常或固定得到的收入和一次性收入。不包括周转性收入，如提取银行存款、向亲友借入款、收回借出款以及其他各种暂收款。

城镇居民家庭可支配收入 指被调查的城镇居民家庭在支付个人所得税之后，所余下的实际收入。

城镇居民家庭消费性支出 指被调查的城镇居民家庭用于日常生活的全部支出，包括购买商品支出和文化生活、服务等非商品性支出。不包括罚没、丢失款和缴纳的各种税款（如个人所得税、牌照税、房产税等），也不包括个体劳动者生产经营过程中发生的各项费用。

城镇居民家庭购买商品支出 指被调查的城镇居民家庭购买商品的全部支出，包括从商店、工厂、饮食业、工作单位食堂、集市以及直接从农民购买各种商品的开支。共分九类：食品、衣着品、日用品、文化娱乐用品、书报杂志、药及医疗用品、房屋及建筑材料、燃料、其他商品。不论自用的或赠送亲友的都包括在内。

农村居民家庭纯收入 指农村常住居民家庭总收入中，扣除从事生产和非生产经营费用支出、缴纳税款和上交承包集体任务金额以后剩余的，可直接用于进行生产性、非生产性建设投资、生活消费和积蓄的那一部分收入。它是反映农民家庭实际收入水平的综合性的主要指标。农民家庭纯收入，既包括从事生产性和非生产性的经营收入，又包括取自在外人口寄回带回和国家财政救济、各种补贴等非经营性收入；既包括货币收入，又包括自产自用的实物收入。但不包括向银行、信用社和向亲友借款等属于借贷性的收入。

农村居民家庭整半劳动力 指农村常住居民家庭成员中有劳动能力并经常参加实际劳动的人员。是生产的基本要素指标之一，是发展生产增加农民家庭收入的重要源泉。按规定，农村男 18 周岁至 50 周岁、女 18 周岁至 45 周岁为整劳动力；男 16 周岁到 17 周岁、51 周岁到 60 周岁，女 16 周岁到 17 周岁、46 周岁到 55 周岁为半劳动力。农民家庭整半劳动力，既包括在上述规定劳动年龄内和在劳动年龄以外有劳动能力并经常参加实际劳动的男女整半劳动力；也包括农民家庭常住人员中属于职工的劳动力。但不包括在劳动年龄内已丧失劳动能力的人员。

农村居民家庭生活消费支出 指农村常住居民家庭年内用于日常生活的全部开支。它是用来反映和研究农民家庭实际生活消费水平高低的重要指标。农民家庭生活消费支出，包括用于吃、穿、住、烧、用等生活消费品开支和文化、生活服务费用开支两大部分。

农村居民家庭商品性生活消费支出 指农村常住居民家庭用其货币收入，在市场上购买食品、衣着、家庭用家具器皿、日用杂品、燃料、耐用消费品、以及文教卫生用品等生活消费总量。包括向国有商店、集体商店和集市贸易市场以及其他流通渠道购买的全部生活消费品。农民家庭商品性生活消费支出，是农民家庭生活消费支出的一个重要组成部分，是用来反映和分析农民家庭生活消费水平的商品化程度，及其由自给性经济向商品经济发展趋势的重要指标，也是研究和预测农民家庭对市场消费品需求，制定商品供应计划的重要依据。

城乡居民储蓄存款余额 城乡居民储蓄存款，包括城镇居民储蓄存款和农民个人储蓄存款两部分。不包括居民的手存现金和工矿企业、部队、机关团体等集团存款。储蓄存款余额，是指城乡居民存入银行及农村信用社储蓄的时点数（存入数扣除取出数的余额），如月末、季末或年末数额。

市政公用事业

年底自来水生产能力 指年底城建部门管理的自来水厂和自备水源的社会单位取水、净化、送水、出厂输水干管等环节的实际生产能力。

年底供水管道长度 指从送水泵到用户水表之间所有管道的长度。

全年供水总量 指公用自来水厂和自备水源的社会单位全年的供水总量，包括有效供水量及损失水量。

生活用水量 指居民日常生活与公共福利设施的用水量。包括居民、饮食店、旅馆、医院、理发店、浴池、洗衣店、游泳池、商店、学校、机关、部队等单位的用水量。

城市人口用水普及率 指城市用水的非农业人口数（不包括临时人口和流动人口）与城市非农业人口总数之比。计算公式：

$$用水普及率=(城市用水的非农业人口数\div城市非农业人口数)\times100\%$$

人工煤气生产能力 指城市煤气厂制气、净化、输送等环节的综合实际生产能力。

输气管道长度 指由压缩机、鼓风机、储气罐的出口到用户立管之间的全部管道长度。

全年供气总量 指全年售给各类用户的全部煤气量。包括工业用量、家庭用量和其他用量。

城市用气普及率 指使用煤气(包括人工煤气、液化石油气、天然气)的城市非农业人口数(不包括临时人口和流动人口)与城市非农业人口总数之比。计算公式:

$$城市煤气普及率=\frac{城市用气的非农业人口}{城市非农业人口总数}\times100\%$$

城市供热能力 指热电厂、热力公司和达到标准的集中采暖锅炉房向城市输送的供热源的设计能力。每小时向城市输送的蒸汽、热水能力。

城市供热总量 指热电厂、热力公司和达到标准的集中采暖锅炉房全年向城市输送的全部蒸汽、热水量。

城市供热管道长度 指热电厂、热力公司和达到标准的集中采暖锅炉房管理的集中供热热源到用户之间的全部供气、供热水的管道长度。

年底实有铺装道路长度 指除土路外,路面经过铺装宽度在3.5米以上的道路,包括高级、次高级道路和普通道路。

城市桥梁 指城市范围内,修建在河道上的桥梁和道路与道路立交、道路跨越铁路的立交桥,以及人行天桥。包括永久性桥和半永久性桥,不包括临时性桥、铁路桥、涵洞。

城市下水道总长度 指所有排水总管、干管、支管及暗渠、检查井、连接井进出水口等长度之和。

城市污水日处理能力 指污水处理厂每昼夜处理污水量的设计能力。

年末实有公共汽(电)车 指年底可参加营运的全部车辆数,包括年底营运车辆数和库存查封未参加营运的车辆,不包括非营运车辆,如架线车、油罐车、工程车、货车及其他专用车辆和借入客运车辆。

营运线路长度 指设置的固定营运线路长度,包括郊区营运线路长度。不包括临时行驶的线路长度。

城市园林绿地面积 指城市公共绿地、专用绿地、生产绿地、防护绿地、郊区风景名胜区的全部面积。

公共绿地 指供游览休息的各种公园、动物园、植物园、陵园以及花园、游园和供游览休息用的林荫道绿地、广场绿地。不包括一般栽植的行道树及林荫道的面积。

农 业

农林牧渔业总产值 是以货币表现的农、林、牧、渔业全部产品的总量,它反映一定时期内农业生产总规模和总成果。

农、林、牧、渔业的统计范围包括国有经济的各种专业农(农、林、牧、渔)场以及国家各级机关团体学校、部队、集体所有制的乡、镇、村各级办农场;工矿企业经营的农、林、牧、渔业,农村各种经济组织和农户经营的农林牧渔业和农民家庭兼营的商品性工业等。

(1)农业 包括种植业和其他农业。

种植业 包括谷物、豆类、薯类、棉、油料、糖料、麻类、烟叶、蔬菜、药材、瓜类和其他农作物的种植,以及茶园、桑园、果园的生产经营。

其他农业 包括采集野生植物的果实、纤维、树胶、树脂、油料以及柴草、野生药材、菌类以及农民家庭兼营的商品性工业。

(2)林业 包括林木的栽培(不包括茶园、桑园和果园的栽培、管理和收获等活动)、林产品的采集和村及村以下合作经济组织和农户的竹木采伐。

(3)牧业 包括除渔业养殖以外的一切动物饲养和放牧以及野生动物的捕猎和饲养。

(4)渔业 包括水生动物和海藻类植物的养殖和捕捞。

农业总产值的计算方法通常是按农林牧渔业产品及其副产品的产量分别乘以各自单位产品价格求得,少数生产周期较长,当年没有产品或产品产量不易统计的,则采用间接方法匡算其产值,然后将四业产品产值相加即为农业总产值。

1957年以前的农业总产值中包括了厩肥和农民自给性手工业(如农民自制衣服、鞋、袜、自己从事粮食初步加工等)。1958年及以后的农业总产值,林业中增加了村及村以下竹木采伐产值;牧业中取消了厩肥产值;副业中取消了农民自给性手工业产值,增加了村及村以下办的工业产值;渔业中增加了海洋捕捞水产品产值。1980年及以后的农业总产值,在副业中增加了农民家庭兼营工业商品部分的产值。从1984年起村及村以下办工业产值划归工业。从1993年起,取消副业。将野生动物的捕猎划入牧业,野生植物采集和农民家庭兼营商品性工业划归农业。

粮食产量 指全社会的产量。包括国有经济经营的、集体统一经营的和农民家庭经营的粮食产量,还包括工矿企业办的农场和其他生产单位的产量。粮食除包括稻谷、小麦、玉米、高粱、谷子及其他杂粮外,还包括薯类和豆类。其产量计算方法,豆类按去豆荚后的干豆计算;薯类(包括甘薯和马铃薯,不包括芋头和木薯)1963年以前按每4公斤鲜薯折1公斤粮食计算,从1964年开始及以后改为按5公斤鲜薯折1公斤粮食计算。城市郊区作为蔬菜的薯类(如:马铃薯等)按鲜品计算,并且不做为粮食统计。其他粮食一律按脱粒后的原粮计算。

油料产量 指全部油料作物的生产量。包括花生、油菜籽、芝麻、向日葵籽、胡麻籽(亚麻籽)和其他油料。不包括大豆,也不包括木本油料和野生油料。花生以带壳干花生计算。

水产品产量 指人工养殖的水产品和天然生长的水产品的捕捞量。包括海水的鱼类、虾蟹类、贝类和藻类以及内陆水域的鱼类、虾蟹类和贝类,不包括淡水生殖物。

猪、牛、羊肉产量 指当年出栏并已屠宰后除去头蹄下水后带骨肉(即胴体重)的重量。

耕地面积 指年初可以用来种植农作物、经常进行耕锄的田地,除包括熟地、当年新开荒地、连续撂荒未满三年的耕地和当年的休闲地(轮歇地)外,还包括以种植农作物为主并附带种植桑树、茶树、果树和其他林木的土地,以及沿海、沿湖地区已围垦利用的"海涂"、"湖田"等面积。但不包括属于专业性的桑园、茶园、果园、果木苗圃、林地、芦苇地、天然或人工草地面积。

农作物播种面积 指实际播种或移植有农作物的面积。凡是实际种植有农作物的面积,不论种植在耕地上还是种植在非耕地上,均包括在农作物播种面积中。在播种季节基本结束后,因遭灾而重新改种和补种的农作物面积,也包括在内。

有效灌溉面积 指具有一定的水源,地块比较平整,灌溉工程或设备已经配套,在一般年景下当年能够进行正常灌溉的耕地面积。

农用化肥施用量 指本年内实际用于农业生产的化肥数量。包括氮肥、磷肥、钾肥和复合肥。化肥施用量要求按折纯量计算数量。折纯法化肥施用量是把氮肥、磷肥和钾肥分别按含氮、含五氧化二磷、含氧化钾的百分之一百成份折算后的数量。复合肥按其所含主要成分折算。

农业机械总动力 指主要用于农、林、牧、渔业的各种动力机械的动力总和。包括耕作机械、排灌机械、收获机械、农用运输机械、植物保护机械、牧业机械、林业机械、渔业机械和其他农业机械〔内燃机按引擎马力折成瓦(特)计算,电动机按功率折成瓦(特)计算〕。不包括专门用于乡、镇、村、组办工业、基本建设、非农业运输、科学试验和教学等非农业生产方面的动力机械与作业机械。

农林牧渔业劳动力 指直接参加农林牧渔业生产劳动的劳动力。

期初(末)畜禽存栏头(只)数 指本期期初(末)农村各种合作经济组织和国营农场、农民个人、机关、团体、学校、工矿企业、部队等单位以及城镇居民饲养的大牲畜、猪、羊、家禽等畜禽的存栏头(只)数。

谷物 指籽实主要供作粮食的作物。这类作物包括稻谷、小麦、玉米、谷子、高粱和其他谷物,不包括豆类和薯类作物。

工　业

工业 指从事自然资源的开采,对采掘品和农产品进行加工和再加工的物质生产部门。具体包括:(1)对自然资源的开采,如采矿、晒盐、森林采伐等(但不包括禽兽捕猎和水产捕捞);(2)对农副产品的加工、再加工,如粮油加工、食品加工、轧花、缫丝、纺织、制革等;(3)对采掘品的加工、再加工,如炼铁、炼钢、化工生产、石油加工、机器制造、木材加工等,以及电力、自来水、煤气的生产和供应等;(4)对工业品的修理、翻新,如机器设备的修理、交通运输工具(包括小卧车)的修理等。

1984年以前农村的村及村以下办工业归属农业,1984年以后划归工业。

本年鉴中涉及的企业登记注册类型:

(1)国有及国有控股企业。国有企业(即过去的全民所有制工业或国营工业) 是指企业全部资产归国家所有,并按《中华人民共和国企业法人登记管理条例》规定登记注册的非公司制的经济组织。包括国有企业、国有独资公司和国有联营企业。1957年以前的公私合营和私营工业,后均改造为国营工业,1992年改为国有工业,这部分工业的资料不单独分列时,均包括在国有企业内。国有控股企业是对混合所有制经济的企业进行的"国有空股"分类。它是指这些企业的全部资产中国有资产(股份)相对其他所有者中的任何一个所有者占资(股)最多的企业。该分组反映了国有经济控股情况。

(2)集体企业 指企业资产归集体所有,并按《中华人民共和国企业法人登记管理条件》规定登记注册的经济组织。是社会主义公有制经济的组成部分。包括城乡所有使用集体投资举办的企业,以及部分个人通过集资自愿放弃所有权并依法经工商行政管理机关认定为集体所有制的企业。

(3)股份有限公司 指根据《中华人民共和国企业法人登记管理条例》规定登记注册,其全部注册资本由等额股份构成并通过发行股票筹集资本,股东以其认购的股份对公司承担有限责任,公司以其全部资产对其债务承担责任的经济组织。

(4)港、澳、台商投资企业 指企业注册登记类型中的港、澳、台合资、合作、独资经营企业和股份有限公司之和。

(5)外商投资企业 指企业注册登记类型中的中外资、合作经营企业、外资企业和外商投资股份有限公司之和。

(6)本年鉴中涉及的名为"其他"的企业均指除国有企业、集体企业、个体经营以外的其他类型工业企业(单位)。包括联营企业、私营企业、股份有限公司、有限责任公司;外商投资企业(中外合资经营、中外合作经营、外资企业)港、澳、台投资企业(与大陆合资经营与大陆合作经营,港、澳、台独资企业)及其它企业。

轻工业 指主要提供生活消费品和制作手工工具的工业。按其所使用的原料不同,可分为两大类:(1)以农产品为原料的轻工业,是指直接或间接以农产品为基本原料的轻工业。主要包括食品制造、饮料制造、烟草加工、纺织、缝纫、皮革和毛皮制作、造纸以及印刷等工业;(2)以非农产品为原料的轻工业,是指以工业品为原料的轻工业。主要包括文教体育用品、化学药品制造、合成纤维制造、日用化学制品、日用玻璃制品、日用金属制品、手工工具制造、医疗器械制造、文化和办公用机械制造等工业。

重工业 是指为国民经济各部门提供物质技术基础的主要生产资料的工业。按其生产性质和产品用途,可以分为下列三类:(1)采掘(伐)工业,是指对自然资源的开采,包括石油开采、煤炭开采、金属矿开采、非金属矿开采和木材采伐等工业;(2)原材料工业,指向国民经济各部门提供基本材料、动力和燃料的工业。包括金属冶炼及加工、炼焦及焦炭化学、化工原料、水泥、人造板以及电力、石油和煤炭加工等工业;(3)加工工业,是指对工业原材料进行再加工制造的工业,以及为农业提供的生产资料如化肥、农药等工业。

根据上述划分原则,修理业中以重工业产品为修理作业对象的划为重工业,反之划为轻工业。

工业总产值 是以货币表现的工业企业在一定时期内生产的已出售或可供出售工业产品总量,它反映一定时间内工业生产的总规模和总水平。它包括:在本企业内不再进行加工,经检验、包装入库(规定不需包装的产品除外)的成品价值,工业性作业价值,自制半成品、在产品期末期初差额价值。工业总产值采用"工厂法"计算,即以工业企业作为一个整体,按企业工业生产活动的最终成果来计算,企业内部不允许重复计算,不能把企业内部各个车间(分厂)生产的成果相加。但在企业之间、行业之间、地区之间存在着重复计算。

轻重工业总产值的划分也是按"工厂法"计算的,即一个工业企业在正常情况下生产的主要产品的性质属于轻工业,则该企业的全部总产值作为轻工业总产值;一个工业企业生产的主要产品的性质属于重工业,则该企业的全部总产值作为重工业总产值。

工业增加值 是指工业行业在报告期内以货币表现的工业生产活动的最终成果。

固定资产原价　固定资产原价指企业在建造、购置、安装、改建、扩建、技术改造某项固定资产时所支出的全部货币总额。它一般包括买价、包装费、运杂费和安装费等。

固定资产净值　是指固定资产原价减去历年已提折旧额后的净额。

流动资产　流动资产是指可以在一年或者超过一年的一个营业周期内变现或者耗用的资产，包括现金及各种存款、短期投资、应收及预付货款、存货等。

利税总额　指企业利润总额、产品销售税金及附加和应交增值税之和。

资金利税率　指在一定时期内已实现的利润、税金总额与同期的资产（固定资产净值和流动资产）之比。计算公式：

$$资金利税率(\%)=\frac{报告期累计实现利税总额}{固定资产净值平均余额+流动资产平均余额}\times 100\%$$

资金利税率反映每单位（通常是每万元）资金所提供的利润税金额。它是考察和评价部门或企业资金运用的经济效益，分析资金投入效果的主要分析指标。

工业成本费用利润率　指在一定时期内实现的利润与成本费用之比，是反映工业生产成本及费用投入的经济效益指标，同时也是反映降低成本的经济效益的指标。计算公式：

$$工业成本费用利润率(\%)=\frac{利润总额}{成本费用总额}\times 100\%$$

工业增加值率　指在一定时期内工业增加值占同期工业总产值的比重，反映降低中间消耗的经济效益。计算公式：

$$工业增加值率(\%)=\frac{工业增加值(现价)}{工业总产值(现价)}\times 100\%$$

流动资金周转次数　指在一定时期内流动资产完成的周转次数，反映流动资产的周转速度。计算公式：

$$流动资金周转次数=\frac{产品销售收入}{全部流动资产平均余额}$$

产品销售率　指一定时期内销售产值与同期全部工业总产值之比，反映工业产品生产已实现销售的程度。计算公式：

$$工业产品销售率(\%)=\frac{报告期现价工业销售产值}{报告期现价工业总产值}\times 100\%$$

产品销售收入　指企业销售产品的销售收入和提供劳务等主要经营业务取得的业务总额。

产品销售成本　指企业销售产品和提供劳务等主要经营业务的实际成本。

产品销售税金及附加　指企业销售产品和提供工业性劳务等主要经营业务应负担的城市维护建设税、消费税、资源税和教育费附加。

产品销售利润　指企业销售产品和提供工业性劳务等主要经营业务收入扣除其成本、费用、税金后的利润。

利润总额　指企业实现的利润。

应交增值税　指企业在报告期内应交纳的增值税额。

产值利税率　指报告期已实现的利润、税金总额（包括利润总额、产品销售税金及附加和应交增值税）占同期全部工业总产值的百分比，计算公式为：

$$产值利税率(\%)=\frac{利税总额}{工业总产值}\times 100\%$$

全员劳动生产率　指根据产品的价值量指标计算的平均每一个职工在单位时间内的产品生产量。是考核企业经济活动的重要指标，是企业生产技术水平、经营管理水平、职工技术熟练程度和劳动积极性的综合表现。目前我国的全员劳动生产率是将工业企业的工业增加值除以同一时期全部职工的平均人数来计算的。计算公式：

$$全员劳动生产率=\frac{工业增加值}{全部职工平均人数}$$

资本金　指企业在工商行政管理部门登记的注册资金合计。企业资本金按投资主体可分为国家资本金、法人资本金、个人资本金和外商资本金等。资本金合计包括企业各种投资主体注册的全部资本金。

总资产 指企业拥有或控制的全部资产。包括流动资产、长期投资、固定资产、无形及递延资产、其他长期资产、递延税项等,即为企业资产负债表的资产总计项。

(1)流动资产 指企业可以在一年内或者超过一年的一个生产周期内变现或耗用的资产合计。包括现金及各种存款、短期投资、应收及预付款项、存货等。

(2)固定资产 指企业固定资产净值、固定资产清理、在建工程、待处理固定资产损失所占用的资金合计。

(3)无形资产 指企业长期使用而没有实物形态的资产。包括专利权、非专利技术、商标权、著作权、土地使用权、商誉等。

总负债 指企业承担并需要偿还的全部债务。包括流动负债和长期负债、递延税项等,即为企业资产负债表的负债合计项。

(1)流动负债 指企业在一年内或者超过一年的一个营业周期内需要偿还的债务合计,其中包括短期借款,应付及预收款项、应付工资、应交税金和应交利润等。

(2)长期负债 指企业在一年以上或者超过一年的一个生产周期以上需要偿还的债务合计,其中包括长期借款、应付债务、长期应付款项等。

所有者权益 指企业投资人对企业净资产的所有权。企业净资产等于企业全部资产减去全部负债后的余额,其中包括投资者对企业的最初投入,以及资本公积金、盈余公积金和未分配利润,对股份制企业即为股东权益。

交通运输和邮电通讯业

铁路营业里程 又称营业长度,指办理客货运输业务的铁路正线总长度。凡是全线或部分建成双线及以上的线路,以第一线的实际长度计算;复线、站线、段管线、岔线和特殊用途线以及不计算运费的联络线都不计算营业里程。铁路营业里程是反映铁路运输业基础设施发展水平的重要指标,也是计算客货周转量、运输密度和机车车辆运用效率等指标的基础资料。

铁路正线延展里程 是正线第一线、第二线、第三线和其他正线建筑里程之和,不包括站线、段管线、岔线及特殊用途线的延展里程。它是作为计算铁路线上钢轨、枕木及路基砂石需要量的主要依据。

公路里程 指在一定时期内实际达到《公路工程技术标准 JTJ01 – 88》规定的等级公路,并经公路主管部门正式验收交付使用的公路里程数。其计算单位为:km。它包括大中城市的郊区公路以及通过小城镇街道部分的公路里程,也包括桥梁、渡口的长度,但不包括大中城市的街道、厂矿、林区生产用道和农业生产用道的里程。两条或多条公路共同经由一路段,只计算一次,不得重复计算里程长度。公路里程是反映公路建设发展规模的重要指标,也是计算运输网密度等指标的基础资料。

内河航道里程 也称"内河通航里程",是反映内河水运网规模、水平和发展情况的主要指标;是指在一定时期内,能通航运输船舶及排筏的天然河流、湖泊水库、运河及通航渠道的长度。包括全年季节性通航累计三个月以上的航道,但不包括仅供零散流放竹、木排的河道。

民用航空航线里程 指民航运输定期班机飞行的航线长度的总和。航线长度按机场之间的距离计算,通常有两种计算方法:将每条航线长度相加称为重复计算航线里程;如将两条或两条以上航线经过同一区段里程,只计算一次航线长度称为不重复计算航线里程。一般常用的是后者,它能确切反映民航运输网的规模,表明民航事业为国民经济服务和方便人民生活程度的主要指标。

货(客)运量 指在一定时期内,各种运输工具实际运送的货物(旅客)数量。是反映运输业为国民经济和人民生活服务的数量指标,也是制定和检查运输生产计划,研究运输发展规模和速度的重要指标。货运按吨计算,客运按人计算。货物不论运输距离长短,货物类别,均按实际重量统计;旅客不论行程远近或票价多少,均按一人一次作为客运量统计。半价票、小孩票也按一人统计。

货物(旅客)周转量 指在一定时期内,由各种运输工具运送的货物(旅客)数量与其相应运输距离的乘积之总和,是反映运输业生产总成果的重要指标,也是编制和检查运输生产计划,计算运输效率、劳动生产率以及核算运输单位成本的主要基础资料。通常以吨公里和人公里为计算单位。计算货物周转量通常按发出站与到达站之间的最短距离,也就是计费距离计算。

邮电业务总量 指以货币表现的邮电部门用于传递信息和提供其他邮电服务的总数量。它综合反映了一定时期邮电工作的总成果,是研究邮电业务量构成和发展趋势的重要指标。根据邮电管理体制不同,分为中央国营业务总量和地方国营业务总量。它用各种邮电分类业务量,如函件件数、电报份数、长话张数、市内电话和农村电话的年均户数、订销报刊累计份数等,分别乘以相应的平均单价(不变价),加总后再加上出租电路和设备的收入、代用户维护电话交换机和线路等设备的收入、其他业务收入求得。

市内电话 指接入县城(包括个别城镇)及县以上城市的市内电话网上,并按市内电话进行经营管理的电话。按计费办法分为包月制和计次制两种。

(1)住宅电话 指话机装在居民住宅里的电话。它包括私人付费、公费和免费三个部分。

(2)私人付费电话 指住宅居民自费安装并自己缴纳通话费的电话。

无线寻呼电话用户 指携带小型寻呼机,接收市话用户通过无线寻呼中心,在规定范围内向其发出声音、数字或文字显示信息的用户。目前在邮电部门办理登记手续的无线寻呼电话用户,每一部寻呼机按一户计算。

移动电话用户 指在邮电部门登记,通过移动电话交换机进入移动电话网、占有移动电话号码的电话用户。用户数量以实际办理登记手续进入邮电部门移动电话网的户数进行计算,一部或一台移动电话统计为一户。

建筑业

建筑业总产值(即自行完成施工产值) 指建筑业企业或附营建筑施工单位自行完成的按工程进度计算的建筑安装生产总值。建筑业产值包括:

① 建筑工程产值:指列入建筑工程预算内的各种工程价值。

② 设备安装工程产值:指设备安装工程价值。

③ 房屋、构筑物修理产值:指房屋、构筑物修理所完成的价值,但不包括被修理房屋、构筑物本身的价值和生产设备的修理价值。

④ 非标准设备制造产值:指加工制造没有定型的、非标准的生产设备的加工费和原材料价值,不论是现场还是附属加工厂为本单位承建工程制造的非标准设备的价值,都应计算产值。

建筑业增加值 指建筑业企业在报告期内以货币表现的建筑业生产经营活动的最终结果。目前建筑业增加值采用分配法(收入法)计算,即从收入的角度出发,根据生产要素在生产过程中应得的收入份额计算。具体计算公式为:

建筑业增加值 = 本年提取的固定资产折旧 + 应付工资 + 应付福利费 + 管理费中的劳动待业保险金、税金 + 工程结算税金及附加 + 工程结算利润。

房屋建筑施工面积 指在报告期内施工的全部房屋建筑面积。包括本期内新开工的、上期施工跨入本期继续施工、上期停建本期复工的房屋建筑面积;不包括上期开工后又停工,本期未施工的房屋建筑面积。

房屋建筑竣工面积 指在报告期内,按照设计所规定的工程内容全部完成,达到了设计规定的交工条件,经有关部门检查验收鉴定合格的房屋建筑面积。

自有机械设备年末总台数 指归本企业(或单位)所有,属于本企业固定资产的生产性机械设备年末总台数。包括施工机械、生产设备、运输设备以及其他设备。

自有机械设备年末总功率 指本企业(或单位)自有施工机械、生产设备、运输设备以及其他设备等列为在册固定资产的生产性机械设备年末总功率,按设定能力或查定能力计算。包括机械本身的动力和为该机械服务的单独动力设备,如电动机等。计算单位用千瓦,动力换算可按 1 马力 = 0.735 千瓦折合成千瓦数。电焊机、变压器、锅炉不计算动力。

工程结算收入 指企业(或单位)按工程的分部分项自行完成的建筑产品价值并已与甲方在报告期内办理结算手续的工程价款收入,以及向甲方收取的除工程价款以外的按规定列作营业收入的各种款项,如临时设施费、劳动保险费、施工机械调迁费等以及向甲方收取的各种索赔款。

工程结算利润 指已结算工程实现的利润。如为亏损以"-"号表示。其计算公式为:

工程结算利润 = 工程结算收入 - 工程结算成本 - 工程结算税金及附加

企业总收入 指与企业生产经营直接有关的各项收入,包括工程结算收入和其他业务收入,即:

企业总收入 = 工程结算收入 + 其他业务收入

批发零售贸易和餐饮业

社会消费品零售额 指各种经济类型的批发零售贸易业、餐饮业、制造业和其他行业对城乡居民和社会集团的消费品零售额。这个指标反映通过各种商品流通渠道向居民和社会集团供应的生活消费品来满足他们生活需要,是研究人民生活,社会消费品购买力、货币流通等问题的重要指标。社会消费品零售额包括:(1)售给城乡居民作为生活用的商品和修建房屋用的建筑材料;(2)售给机关、团体、学校、部队、企业、事业单位的职工食堂和旅店(招待所)附设专门供本店旅客食用,不对外营业的食堂的各种食品、燃料;企业、单位和国营农场直接售给本单位职工和职工食堂的自己生产的产品;(3)售给部队干部、战士生活用的粮食、副食品、衣着品、日用品、燃料;(4)售给来华的外国人、华桥、港澳台同胞的消费品;(5)居民自费购买的中、西药品、中药材及医疗用品;(6)报社、出版社直接售给居民和社会集团的报纸、图书、杂志、集邮公司出售的新、旧纪念邮票、特种邮票、首日封、集邮册、集邮工具等;(7)旧货寄售商店自购、自销部分的商品;(8)煤气公司、液化石油气站售给居民和社会集团的煤气灶具和罐装液化石油气;(9)农民售给非农业居民和社会集团的商品。不包括售给国民经济各部门企业、事业单位(包括国有经济的农场)生产经营用的各种原材料、燃料、设备、工具等和售给批发零售贸易业、餐饮业作为转卖用的商品、旧货寄售商店受托寄售卖出的商品、服务业的营业收入、邮局出售邮票的收入、自来水、电力、煤气生产(供应)单位的产品供应收入,也不包括农民之间的商品销售。

批发零售贸易业商品购、销、存总额 指以各种经济类型的批发、零售贸易业(不包括个体)为总体的商品购、销、存。

商品购进总额 指从本企业(单位)以外的单位和个人购进(包括从国外直接进口)作为转卖或加工后转卖的商品。这个指标反映批发零售贸易业从国内、国外市场上购进商品的总量。商品购进总额包括:(1)从工农业生产者购进的商品;(2)从出版社、报社的出版发行部门购进的图书、杂志和报纸;(3)从各种经济类型的批发零售贸易企业(单位)购进的商品;(4)从其他单位购进的商品,如从机关、团体、企业、单位购进的剩余物资,从餐饮业、服务业购进的商品,从海关、市场管理部门购进的缉私和没收的商品,从居民收购的废旧商品等;(5)从国(境)外直接进口的商品。不包括企业(单位)为自身经营用,和未通过买卖行为而收入的商品以及销售退回、商品升溢等。

商品销售总额 指对本企业(单位)以外的单位和个人出售(包括对国(境)外直接出口)的商品。这个指标反映批发零售贸易业在国内市场上销售商品以及出口商品的总量。商品销售总额包括:(1)售给城乡居民和社会集团消费用的商品;(2)售给工业、农业、建筑业、运输邮电业、批发零售贸易业、餐饮业、服务业等作为生产、经营使用的商品;(3)售给批发零售贸易业作为转卖或加工后转卖的商品;(4)对国(境)外直接出口的商品。不包括:出售本企业(单位)自用的废旧包装用品,未通过买卖行为付出的商品,经本单位介绍,由买卖双方直接结算,本单位只收取手续费的业务,购货退出的商品以及商品损耗和损失等。

批发零售贸易业年末库存 指年末各种经济类型的批发零售贸易企业(单位)已取得所有权的商品。它反映各地区、各批发零售贸易企业(单位)的商品库存情况,和对市场商品供应的保证程度。期末库存包括:(1)存放在批发零售贸易业经营单位(如门市部、批发站、经营处)仓库、货场、货柜和货架中的商品;(2)挑选、整理、包装中的商品;(3)已记入购进而尚未运到本单位的商品,即发货单或银行承兑凭证已到而货未到部分;(4)寄放他处的商品,如因购货方拒绝承付而暂时存放在购货方的商品和已办完加工成品收回手续而货未提回的商品;(5)委托其他单位代销(未作销售或调出)尚未售出的商品;(6)代其他单位购进尚未交付的商品。不包括所有权不属于本单位的商品、拨付除批发零售贸易业以外的其他行业所属独立核算加工厂等加工生产尚未收回成品的商品、代国家物资储备部门保管的商品等。期末库存总额计算方法是:农副产品采购单位按购进价计算,批发单位按进货价计算,零售单位按什么价格核算就按什么价格计算。

城乡集市贸易成交额 指在农村集市和城市集市上买卖双方(包括农民、非农业居民、机关、团体、工商企业、个体商贩)成交的全部商品金额,是反映集市贸易规模的综合性指标。

对外经济贸易和旅游业

利用外资 指我国各级政府、部门、企业和其他经济组织通过对外借款、吸收外商直接投资以及用其他方式筹措的境外现汇、设备、技术等。

对外借款 是我国利用外资的主要部分。包括我国通过外国政府贷款,国际金融组织贷款,外国银行商业贷款,出口信贷以及对外发行债券,股票等方式,从境外筹措的资金。

外商直接投资 是指外国企业和经济组织或个人(包括华侨、港澳台胞以及我国在境外注册的企业)按我国有关政策、法规、用现汇、实物、技术等在我国境内开办外商独资企业、与我国境内的企业或经济组织共同举办中外合资经营企业、合作经营企业或合作开发资源的投资(包括外商投资收益的再投资)以及经政府有关部门批准的项目投资总额内,企业从境外借入的资金。

旅游人数 指来我国参观、访问、旅行、探亲、访友、休养、考察、参加会议和从事经济、科技、文化、教育、体育、宗教等活动的外国人、华侨、港澳和台湾同胞的人数。不包括外国在我国的常驻机构,如使领馆、通讯社、企业办事处的工作人员;来我国常驻的外国专家、留学生以及在岸逗留不过夜人员。

国际旅游(外汇)收入 指入境旅游的外国人、华侨、港澳台同胞在中国大陆旅游过程中发生的一切旅游支出,对于国家来说就是国际旅游(外汇)收入。

进出口总额 海关进出口总额指实际进出我国国境的货物总金额。包括对外贸易实际进出口货物,来料加工装配进出口货物,国家间、联合国及国际组织无偿援助物资和赠送品,华侨、港澳台同胞和外籍华人捐赠品,租赁期满归承租人所有的租赁货物,进料加工进出口货物,边境地方贸易及边境地区小额贸易进出口货物(边民互市贸易除外),中外合资经营企业、中外合作经营企业、外商独资经营企业进出口货物和公用物品,到、离岸价格在规定限额以上的进出口货样和广告品(无商业价值、无使用价值和免费提供出口的除外),从保税仓库提取在中国境内销售的进口货物,以及其他进出口货物。进出口总额用以观察一个国家在对外贸易方面的总规模。我国规定出口货物按离岸价格统计,进口货物按到岸价格统计。

金融和保险

存款 企业、机关、团体或居民根据可以收回的原则,把货币资金存入银行或其他信用机构保管并取得一定利息的一种信用活动形式。根据存款对象的不同可划分为企业存款、财政存款、机关团体存款、基本建设存款、城镇储蓄存款、农村存款等科目。它是银行信贷资金的主要来源。

贷款 银行或其他信用机构根据必须归还的原则,按一定利率,为企业、个人等提供资金的一种信用活动形式。我国银行贷款分为流动资金贷款、固定资产贷款、城乡个体工商户贷款以及农业贷款等科目。

承保额 又叫保险金额。它是保险人对被保险人负担损失补偿或约定给付的金额。它是保险合同上的最高责任额,也是计算保费的依据。

保费 又叫保险费。是保险人根据保险合同的有关规定,为被保险人取得因约定危险事故发生所造成的经济损失补偿(或给付)权利,付给保险人的代价。包括财产险和人身险储金收入。

赔款 保险事故发生后,经查证确属保险责任范围以内的保险标的损失,保险人根据保险合同的规定履行赔偿义务,给矛被保险人的款项叫做赔款。赔款可分为已决赔款和未决赔款两种。

教育、科技和文化事业

普通高等学校　指按照国家规定的设置标准和审批程序批准举办，通过国家统一招生考试，招收高中毕业生为主要培养对象，实施高等教育的全日制大学、独立设置的学院和高等专科学校、短期职业大学。

成人高等学校　指按照国家有关规定审批，招收通过全国成人高教统一招生考试的具有高中毕业或同等学历的在职从业人员利用脱产、半脱产、业余或函授等多种形式对其实施高等学历教育，培养高等教育专科或本科毕业水平的专门人才，修业年限、课程设置和总学时数均按高等学历教育要求付诸实施的学校。包括广播电视大学、职工高等学校、农民高等学校、管理干部学院、教育学院、独立设置的函授学院等。

小学学龄儿童入学率　指调查范围内已入小学学习的学龄儿童占校内外学龄儿童总数(包括弱智儿童在内，但不包括盲聋哑儿童)的比重。计算公式：

$$小学学龄儿童入学率=\frac{已入学的小学学龄儿童数}{校内外小学学龄儿童总数}\times 100\%$$

独立研究与开发机构　指有明确的任务和研究方向，有一定学术水平的业务骨干和一定数量的研究人员，具有研究、开发、开展学术工作的基本条件，主要进行科学研究与技术开发活动，并且在行政上有独立的组织形式财务上独立核算盈亏，有权与其他单位签订合同，在银行有单独户头的单位。包括国务院各部门、中国科学院、中国社会科学院和各省、自治区、直辖市以及地(市)以上〔含地(市)〕各部门所属的国有独立的科学研究与技术开发机构。

独立研究与开发机构职工　指在科学研究与技术开发机构工作，并由其支付工资的各种人员。包括长期职工和临时职工，不包括编制以外的离休、退休人员和停薪留职人员，但包括招聘人员。

研究与发展经费支出　指报告期内用于研究与实验发展课题活动(基础研究、应用研究、实验发展)的全部实际支出。包括用于研究与发展课题活动的直接支出，还包括间接用于研究与发展活动的一切支出(院、所管理费、维持院、所正常运转的必需费用和与研究发展有关的基本建设支出)。

科学家和工程师　指具有大学本科及以上学历的和不具备上述学历但有高、中级职称的人员。

其他科技人员　指大专、中专毕业和具有初级职称的从事科技活动人员。

发明　指专利法及其实施细则所称的发明，指对有关产品、方法或其改进所提出的新的技术方案。

实用新型　指专利法及其实施细则所称的实用新型，指对产品的形状、构造或者其结合所提出的适于实用的新的技术方案。

外观设计　专利法及其实施细则所称的外观设计是指对产品的形状、图案、色彩或者其结合所作出的富有美感并适于工业上应用的新设计。

文化事业机构　指从事专业文化工作和为专业文化工作服务的独立建制的单独核算的单位。不包括这些单位另外举办独立核算的其他机构和各部门的业余文化组织。

艺术表演团体　指从事戏曲、音乐、舞蹈、杂技等专业艺术表演，有独立帐户，实行单独核算的团体。不包括半工半艺、半农半艺和民间职业剧团。

电影放映单位　指具有放映机器设备、固定或不固定的放映场所与专职或兼职的放映技术人员，经有关部门登记批准，经常为一定的观众对象放映电影的机构。包括经批准对外开放进行营业，并与电影发行放映管理机构分帐的专用放映单位和军委系统租片单位。

艺术表演观众人数(人次)　指售票、包场演出或民族地区免费演出的艺术表演观众人次数。不包括彩排审查和内部观摩演出的观看人次数。

体育、卫生和其他事业

等级运动员人数　指经考核正式批准授予等级运动员称号的人数。运动员等级分为国际级运动健将、运动健将、一级运动员、二级运动员、三级运动员、少年级运动员。

等级裁判员人数　指经考核正式批准授予等级裁判员称号的人数。裁判员等级分为国际裁判、国家级裁判、一级裁判、二级裁判、三级裁判。

体育场 指有400米跑道(中心含足球场),有固定道牙,跑道6条以上,并有固定看台的室外田径场地。以看台容纳观众人数分:甲级25000人以上,乙级15000–25000人,丙级5000–15000人,丁级5000人以下。

体育馆 指有固定看台,可借篮球、排球、羽毛球、乒乓球、体操等项目训练比赛活动用的室内运动场地。以看台容纳观众人数分:甲级6000人以上,乙级4000–6000人,丙级2000–4000人,丁级2000人以下。

医院 指名称为医院,设有固定床位能收容病人住院并能为病人提供医疗、护理服务的医疗机构。包括县及县以上医院、农村乡卫生院、其他医院三部分。按所属性质分为卫生部门、工业及其他部门,集体经济单位三类。其中县及县以上医院按业务性质分为综合医院和专科医院。

卫生技术人员 指卫生事业机构支付工资的全部固定职工和合同制职工中现任职务为卫生技术工作的专业人员。包括中医师、西医师、中西医结合高级医师、护师、中药师、西药师、检验师、其他技师、中医士、西医士、护士、助产士、中药剂士、西药剂士、检验士、其他技士、其他中医、护理员、中药剂员、西药剂员、检验员,其他初级卫生技术人员。

医生 指经卫生部门审查合格,从事医疗工作的专业人员。分为中医医生和西医医生。包括卫生技术人员中的中医师、西医师、中西结合高级医师、中医士、西医士和其他中医。

社会福利事业单位 指集中收养社会孤老、残、幼的机构。包括由民政部门管理的社会福利院、儿童福利院、精神病人福利院和城镇集体办的福利院,以及农村集体举办的敬老院。

社会福利事业单位收养人数 包括民政部门管理的和城镇及农村集体举办的社会福利事业单位中收养的老人、少年儿童、缺乏生活自理能力的残疾人员和精神病人。

社会福利企业单位 指以安置城镇有一定劳动能力的盲、聋、哑和肢体残疾人员就业为目的,享受国家减免税待遇的国有或集体经济性质的企业。包括福利工厂、福利商业服务业、假肢厂和安置农场等单位。

律师 指受聘参加法律顾问处工作,担任法律顾问、刑(民)事代理人、刑事辩护人,办理非诉讼事件、解答法律询问,代写法律事务文书等主要从事律师业务的专职法律工作者和兼职律师。

公证人员 指在国家公证机关依法办理公证事务的司法人员。包括公证员、助理公证员和在公证处工作的其他人员。

办理公证文书 指公证处在一定时期内办结的公证文书件数。公证文书系按司法部规定或批准的格式制作。包括国内公证和涉外公证两部分。其中国内公证分为经济合同公证和民事法律关系公证两大类。

调解人员 在人民调解委员会担负调解民间一般民事纠纷和轻微违法行为所引起的纠纷的工作人员。包括调解委员会的委员和调解小组的调解员。

调解民间纠纷 指调解委员会依照法律规定,根据自愿原则,用说服教育的方法调解民间发生的有关民事权利和义务的争执,促成当事双方达到协议和谅解,解决纠纷。包括婚姻家庭纠纷,财产权益纠纷等。不包括法院受理调解的民事案件数。

离休、退休、退职人员 指正式办理了离休、退休、退职手续,并享受相应的离休、退休、退职待遇的人员。

保险福利费用 指企业、事业、机关单位在工资以外实际支付给职工和离休、退休、退职人员个人以及用于集体的劳动保险和福利费用。

(1)职工保险福利费用具体包括:

①医疗卫生费 指实行公费医疗企业的职工及其供养的直系亲属的医疗费、医务经费、职工因工负伤就医路费以及住院伙食补助费等;卫生部门开支的事业及机关单位职工的公费医疗经费;未参加公费医疗的企业、事业和机关单位职工的医药费。

②丧葬抚恤救济费 指职工死亡的丧葬费、丧葬补助费和所遗供养直系亲属的抚恤费、救济费、生活补助费以及职工供养直系亲属死亡时的丧葬补助费等。

③生活困难补助 指对生活困难的职工实际支付的定期补助和临时性补助。

④文体宣传费 指企业、事业和机关单位实际支付的文体宣传费。不包括学习费。

⑤集体福利事业补贴费 指对职工浴室、理发室、洗衣房、哺乳室、托儿所等集体福利设施各项支出与收入相抵后的差额补助费。

⑥集体福利设施费　指按照国家规定开支的集体福利设施费用。如职工食堂炊事用具的购置费、修理费、职工宿舍的修缮费用。不包括由企业、事业、机关单位自筹经费开支的职工福利设施的基本建设费用。

⑦计划生育补贴　指发给职工独生子女的补贴费和保健费。

⑧其他　指上述费用以外，单位支付给职工的保险福利费。

(2)离休、退休、退职人员保险福利费用具体包括：

①离休金　指发给离休人员的工资和按1982年国务院发布的"关于老干部离职休养制度的几项规定"发给符合规定的离休干部相当于1－2个月标准工资的生活补贴和国务院〔1989〕82、83号文件规定提高离休人员的待遇所增加的费用及粮油价格补贴等。

②退休金　指按照国家有关规定发给退休人员的退休费和国务院〔1989〕82、83号文件规定提高退休人员的待遇所增加的费用及粮油价格补贴等。

③退职生活费　指按照1978年国务院《关于工人退休、退职的暂行办法》规定定期发给退职人员的生活费用和国务院〔1989〕82、83号文件规定提高退职人员的待遇所增加的费用及粮油价格补贴等。

④医疗卫生费　离休、退休、退职人员的医疗费、住院费以及住院伙食补助等费用。

⑤护理费　因工致残、饮食起居需人扶助的离休、退休人员的护理费以及因病不能自理的离休人员的护理费。

⑥生活补贴　按照1985年国务院《关于发给离休退休人员生活补贴费的通知》规定，发给离休、退休人员的生活补贴费。

⑦交通费补贴　指按月发给离休人员的交通费补贴。

⑧丧葬抚恤救济费　指离休、退休、退职人员死亡的丧葬费、丧葬补助费和所遗供养直系亲属的抚恤费、救济费、生活补助费以及供养直系亲属死亡时的丧葬补助费等。

⑨其他　包括易地安置的离休、退休、退职人员的安家补助费；离休、退休、退职人员的生活困难补助费、书报费、洗理费、副食品价格补贴、房租价格补贴、水电补贴、少数民族补贴以及老干部活动经费开支的旅游费用等。

工业废水排放量　指经过企业厂区所有排放口排到企业外部的工业废水量。包括生活废水、外排的直接冷却水、超标排放的矿井地下水和与工业废水混排的厂区生活污水，不包括外排的间接冷却水(清污不分流的间接冷却水应计算在内)。

工业废水排放达标量　指各项指标都达到国家或地方排放标准的外排工业废水量，包括未经处理外排达标的和经过处理后外排达标的两部分。国家排放标准见GB8978－88。

工业废水处理量　指报告期内各种水治理设施实际处理的工业废水量，包括处理后外排的和处理后回用的工业废水量。虽然处理但未达到国家或地方排放标准的废水量也应计算在内。计算时，如遇有车间和厂排放口均有治理设施，并对同一废水分级处理时，不应重复计算工业废水处理量。

工业废气排放量　指企业厂区内燃料燃烧和生产工艺过程中产生的各种排入空气的含有污染物的气体的总量，以标准状态〔273K，101325Pa〕计。

二氧化硫排放量　指企业在燃料燃烧和生产工艺过程中排入大气的二氧化硫量。

工业烟尘排放量　指企业厂区内的燃料燃烧产生的烟气中夹带的颗粒物的量。

工业粉尘排放量　指企业在生产工艺过程中排放的颗粒物重量。如钢铁企业的耐火材料粉尘、焦化企业的筛焦系统粉尘、烧结机的粉尘、石灰窑的粉尘、建材企业的水泥粉尘等。不包括电厂排入大气的烟尘。

工业固体废物产生量　指企业在生产过程中产生的固体状、半固体状和高浓度液体状废弃物的总量，包括危险废物、冶炼废渣、粉煤灰、炉渣、煤矸石、尾矿、放射性废物和其他废物等；不包括矿山开采的剥离废石和掘进废石(煤矸石和呈酸性或碱性的废石除外)。酸性或碱性废石是指采掘的废石其流经水、雨淋水的pH值小于4或pH值大于10.5者。

环境污染与破坏事故　指由于违反环境保护法规的经济、社会活动与行为，以及意外因素的影响或不可抗拒的自然灾害等原因，致使环境受到污染，国家重点保护的野生动植物、自然保护区受到破坏，人体健康受到危害，社会经济和人民财产受到损失，造成不良社会影响的突发性事件。

Explanatory Notes on Main Statistical Indicators

ADMINISTRATIVE DIVISION AND NATURAL RESOURCE

Forest Coverage – Rate refers to the ratio of area of afforested land to total area of land (measured in percentage). According to regulations of the government , calculation forest coverage – rate, in addition to afforested land, the area of bush forest, the area of forest land inside farm land and the area of trees planted by the side of farm houses and along the roads, rivers and fields should be included in the area of afforested land in the calculation of the forest coverage – rate. This indicator shows the forest resources and afforestation progress of a country or a region. The formula for calculating forest coverage – rate is as follows:

$$\text{Forestry Coverage} - \text{rate}(\%) = \frac{\text{Area of Afforested Land}}{\text{Area of Total Land}} \times 100\%$$

Stock Volume of Forest refers to total stock volume of wood growing in forest area, which shows the total size and level of forest resources of a country or a region.

Ensured Mineral Reserves refer to the actual mineral reserves , which equal to the proven mineral reserves (including industrial reserves and prospective reserves) minus extracted parts and underground losses. This indicator shows the current condition of the mineral resources of a country.

GENERAL SURVEY

Gross Domestic Product refers to gross domestic product calculated at market prices, which is the final products of all resident units in a country (or region) during a certain period of time. Gross domestic product is expressed in three different forms, i. e. value added, income, and products respectively. The form of value added refers to the total value of all products and suervices produced by all resident units during a certain period of time minus total value of input of materials and services of the nature of non – fixed assets or the summation of the value added of all resident and non – resedent units; the form of products refers to all final goods and services minus imports of goods and services. In the practice of national accounting, gross domestic product is calculated with three approaches, i.e. product approach, income approach, and expenditure approach respectively to reflect gross domestic product and its composition from different aspects.

Gross National Product refers to gross national product calculated at market price, which is the final result of the primary distribution of the income created by all the resident units of a country during a certain period of time. The value added created by the resident units of a country engaged in production activities is mainly distributed to the resident units of that country while a part of it is distributed to the non – resident units of the country in the form of remuneration for the labourers and property income. Simultaneously a part of the value added created abroad is distributed to the resident units of the country in the form of remuneration for the labourers and property income. Thus the concept of gross national product is formed, which equals to gross domestic product plus overseas incomeas remuneration for the labourers and property in come minus payment abroad as remuneration for the labourers and property income. Unlike gross domestic product which is a comcept of production, gross national product is a concept of income.

The difference among gross national product and total value of society and notional income is that the total value of society and national income only take into account products of material production sectors, while the gross national product, in addition to products of material production sectors, also takes into account of products of non – material production sectors . in terms of the value composition of the three conceptions, the total value of society includes the total value of all products of the society; the gross national product includes only the newly created value in the process of producing goods and services, i.e. the value added and excludes the value of the input of intermediate goods and services; National income excludes both the intermediate input and depreciation of fixed assets and includes only the net value of output.

Three Industries Industry structure has been classified according to the historical sequence of development. Primary industry refers to estraction of natural resources; secondary industry involves processing of primary products ; and tertiary industry provides services of various kinds for production and consumption. The above classification is universal although it varies to some extent form country to country. Industry in China comprises:

Primary industry: agriculture (including farming, forestry, animal husbandry, sideline production and fishery).

Secondary industry: industry (including mining and quarrying, manufacturing, water supply, electricity generation and supply, steam , hot water, gas) and construction.

Tertiary industry: all other industries not included in primary or secondary .

Due to the fact that tertiary industry involves in a large variety of industries in China, it is divided into two sectors: circulation sector and service sector and further into four levels:

The first level: circulation sector, including transportation, postal and telecommunications, services, commerse, catering trade, material supply and marketing, and storage.

The second level: service sector providing services for production and consumption, including banking, insurance, geological survey, real estate, puglic utilities, service for residents, consultancy service, and comprehensive technical services, and service for agriculture, forestry, animal husbandry, fishery, water conservancy, and maintenance of roads and inland water ways, etc.

The third level : service sector for up grading scientific, educational and cultural level of thepeople, including education, culture, broadcasting, televiseon, scientific research, public health, sports, and social welfare, etc.

The fourth level: sector ptoviding services for public needs, including government agencies, political and party organizations, social organizations, armies, and policemen.

GDP Calculated With Expenditure Approach refers to total expenditure on final comsumption, total capital formation and net export of goods and services by resident units of a country in a certain period of time. It reflects the composition of GDP by its use.

Final Consumption refers to the total expenditure of resident units on final consumption of goods and services in a certain period, namely the expenditure of the resident units for purchases of goods and services from domestic economic territory and abroad to meet the requirements of material, cultural and spiritual life. It excludes the expenditure of non – resedent units on consumption in the economic territory of the country. The final consumption is classi fied into resident consumption and government consumption.

(1) Resident consumption refers to the total expenditure of resident housen olds on the final consumption of goods and services in a certain period of time. The expenditure of residents on final consumption of goods is recorded when the change of the ownership of goods happens. The expenditure of residents on final consumption of services is recorded when

the services are provided. The expenditure of the residents on consumption is calculated at market prices, namely the purchasers' privices which the residents pay; the purchasers' prices of goods are the prices the resedents pay when they obtain the goods, including the transport and commercial expenses paided by the residents. In addition to the expenditure on consumption of goods and services bought by the residents directly with money, the expenditure on goods and services obtained by the residents in other ways, i.e. the so – called fictitious expenditure on consumption, is also included in the expenditure of the residents on consumption. The fictitious expenditure of the residents on consumption includes the following types: (a) the goods and services provided to the residenrs by the units in the form of payment in kind and transfer in kind; (b) the goods and services produced and consumed by the households themselves, in which the services refer only to the services provided by the residential buildings owned by the households; (c) the ser vices of financial intermediary provided by the fiancial institutions; (d) the insurance services provided by the insurance companies.

(2) Government consumption refers to the expenditure on the consumption of the public services provided by the government to the whole society and the net expenditure on the goods and services provided by the government to the households free charge or at lower prices. The former equals tothe output value of the govenment services minus the value of operating in come obtained by the government departments. (The output value of the government serveces equa ls to its current operating expenditure plus depreciation of fixed assets). The latter equals to the market value of the goods and services provided by the government to the households minus the value received by the government from the households.

Total Capital Formation refers to the net amount of the fixed assets and stock acquired minus those disposed, including the total fixed assets formation and the increase in stock.

(1) Total Fixed Capital Formation refers to the value of fixed assets purchased, transferred in by the resident units and those produced and used by themselves in a certain period deducting the value of fixed assets sold and transferred out. It can be classified into total tangible assets formation and total intangible assets formation. The total tangible assers formation include the valus of the construction projects, installation projects completed and the equipment, apparatus and instruments purchased as well as the value of land improved, the value of draught animals, breeding stock, milk, wool and recreational animals and the newly increased economic forest in acertain period. The total intangible assets formation includes the prospecting of minerals, the acquisition of computer soft wares, the originals of recreational works and works of literature and arts minus the disposal of them.

(2) Increase in stock refers to market value of the change in a certain period, i. e. the difference of value between the begining and the end of the period. The increase in stock can depositive. A positive valus indicates the increase in stock while a negative value indicates the decrease in stock. The stock includes the raw materials, fuels and reserve mate rials purchased by the production units as well as the stock of finished products, semi – finished products, work – in – progress, etc.

POPULATION

Total Population refers to the total number of people alive at a certain point of time within agiven area.

The annual statistics on total population is taken at mid night, the 31st of December.

Birth Rate (or Crude Birth Rate) refers to the ratio of the number of births to the average population during a certain period of time(usually a year), which is often expressed in ‰. The following formula is used:

$$\text{Birth Rate} = \frac{\text{Number of Births}}{\text{Average Number of Population}} \times 1000‰$$

Number of Births refers to live births, i.e. the births when babies had showed any vital phenomena regardless of the length of pregnancy.

Annual Average Number of Population is the average of the number of population at the baginning of the year and that at the end of the year. sometimes it is substituted for with the mid – year population.

Death Rate (or Crude Death Rate) refers to the ratio of the number of deaths to the average population (or mid – year population) during a certain period of time(usually a year), which is often expressed in ‰. The following formula is used:

$$\text{Birth Rate} = \frac{\text{Number of Deaths}}{\text{Annual Average Numger of Po pulation}} \times 1000‰$$

Natural Growth Rate of Population refers to the ratio of natur al increase in population (number of births minus number of deaths) in a certain period of time (usually a year) to the average population (or mid – year population) of the same period, which is often expressed in ‰. The following formulas are applied:

$$\text{Natural Growth of Population} = \frac{\text{Number of Births} - \text{Number of Deaths}}{\text{Average Number of Population}} \times 1000‰$$

$$\text{Natural Growth Rate of Population} = \text{Birth Rate} - \text{Death Rate}$$

EMPLOYMENT AND WAGE

Employed Persons refers to the persons who are engaged in social labour and receivere muneration payment or earn business income, including:

(1) total staff and workers,

(2) reemployed retirees,

(3) employers of private enterprises,

(4) employers of individual economy,

(5) employed persons in private enterprises and individual economy,

(6) employed persons in the enterprises in the urban areas,

(7) employed persons in the rural areas,

(8) other employed persons (including teachers in the schools run by the local people engaged in religious profession and the servicemen, etc.)

This indicator reflects the actual utilization of total labour force during a certain period of time and is often used for the research on China's economic affairs and national power.

Persons employed in various units refer to all the persons working in government agencies of various levels, political and party organizations, social organizations, and enterprises and institutions and reciving payment, including staff and workers, reemployed retirees, teachers in schools run by the local people, foreigners, and Chinese compatriots from Hong Kong, Macao, and Taiwan working in various units. This indicator reflects the total number of laborers actually engaged in production or other operations in various units.

Economically Active Population refers to the population, th e members of which are aged 16 and over, capable to labour, participating in or desitous to participate in the social and economic activities, including employed persons and unemployed persons.

Registered Unemployed Persons And Registered Unemployent Rate in Urban Areas: The registered unemployed persons in urban areas refer to the persons who are registered as permanent residents in the urban areas engaged in non – agricultural activities, aged within the range of working age, capable to labour, unemployed but desirous to be employed and have been registered at the local employment service agencies to apply for a job. Registered unemployment rate in persons and the registered unemployed persons. The formula is as follows:

Registered unemployment rate in urban areas = the number of the registered unemployed persons ÷ (the number of employed persons + the number of the registered unemployed persons) × 100‰

Total Wages of Staff And Workers refer to the total remunera tion payment to staff and workersin various units during a certain period of time.

The calculation of total wages is based on the total remuneration payment to the staff and workers. Therefore, all the wages and salaries and other payments to staff and workers are included in the total wages regardless of their sources, category, and forms(in kind or cash).

Average Wage of Staff And Workers refers to the average wage in money terms per person during acertain period of time for staff and workers in enterprises, insitutions, and government agencies, which reflects the general level of wage income during a certain period of time and is calculated as follows:

$$\text{Average wage of staff and workers} = \frac{\text{Total Wages of Staff and Workers in Reference Period}}{\text{AverageNumber of Staff and Workers in Reference Period}}$$

Average Real Wage of Staff and Workers refers to average wage of sraff and workers after removing the effects of price changes, whichis calculated as follows:

Average Real Wage of Staff and Workers = Average Wage of Staff and Workers in Reference Period ÷ Consumer Price Index of Urban Residents in Reference Period

INVESTMENT IN FIXED ASSETS

Total Investment in Fixed Assets in the Whole Country Investment in fixed assets is the essential means for social reproductuion of fixed assets. By means of construction and purchase of fixed assets, more advanced technonlogies and equipment are adopted in the national economy, and new sectors are established, which promote the adjustment of economic structure and the regional distribution of productive forces and enhance the economic strengths so as to provide the material conditions for improving prople's livelihood. This is significant for speeding up the drive of socialist modernization in China.

Amount of investment in fixed assets refers to the volume of activities in construction and purchases of fixed assets in monetary terms. It is a comprehensive indicator which shows the size, pace, proportional relations and use orientation of the investment in fixed assets. Total investment in fixed assets in the whole country includes, by status of economic ownership, the investment by the state – owned units, collective units, individuals, joint ownership units, share – holding units, as well as investment by businessmen from foreign countries and from Hong Kong, Macau and Taiwan, and by other units. According to China's current management system, the investment in fixed assets in the whole country is classified into the following four parts: investment in capital construction, investment in innoation, investment in real estates development and other investment in fixed assets.

Investment in Capital Construction Capital construction refers to the new construction projects or extension projects and the related work of the enterprises, institutions or administrative units mainly for the purpose of expanding production capacity or improving project efficiency covering only projects each with a total investment of 500000 RMB yuan and over. It includes(1)projects listed in the capital construction plan of the current year of the central government and the local governments at various levels as well as the projects, though not listed in the capital construction plan of the current year, but continued to be constructed in this year, using the investment listed in the plan of capital construction of previous years and carried forward to this year(also using the equipment and materials kept in stock of the capital construction);(2)new construction projects arranged both in the plan of capital construction and the plan of innovation;extension projects with the newly increased production capacity (or project efficiency)up to the standard of a large and mediumsized project; and the projects of moving the whole factory to a new site so as to improve the distribution of productive forces; (3)new construction projects, extension projects or restoration projects or restoration projects with the total investment of 500000RMB yuan and over by the state - owned units, though listed neither in the plan of capital construction nor in the plan of innovation; the projects in the state - owned units of moving the whole factory to a nes site so as to improve thd distribution of productive forces;and the projects of building additional business houses by the administrative units and institutions and building welfare facilities by the administrative units.

Investment in Innovation Innovation refers to the renewal of fixed assets and technolical innovation of the original facilities by the enterpriese and institutions as well as the corresponding supplementary projects and the related work(excluding majoroverhaul and maintenance projects) covering only projects each with a total investment of 500000RMB yuan and over. It includes(1)projects listed in the innocvation plan of the current year of the central government and the local governments at various levels as well as the projects, though not listed in the innovation plan of the current year, but continued to be constructed in this year, using the investment listed in the plan of innovation of previous years and crarried forward to this year;(2)projects of technological innovation or renewal of the original facilitiews, arranged both in the plan of innovation and in the plan of capital construction;extension projects(main workshops ora branchof the factory) with the newly increased production capacity (or project efficiency) not up to the standard of a large and mediumsized project; and the projects of moving the whole factory to a new site so as to meet the requirements of urban environmental protection or safe production;(3) projects of reconstruction or technological innovation with the total investment of 500000 RMB yuan and over by the state - owned units, though listed neither in the plan of capital construction nor in the plan of innovation; the projects in the state - owened units of moving the whole factory to a new site so as to meet the requirements of urban environmental protection or safe production.

Investment in Real Estate Development It includes the investment by the real estate development companies, commercial buildings construction companies and other real estate development units of various types of ownership in the construction of house buildings, such as residential buildings, factory buildings, warehouses, hotels, guesthouses, holiday villages, office buildings, and the complementary service facilities and land development projects, such as roads, water supply, water drainage, power supply, heating, telecommunications, land leveling and other projects of infrastructure. It excludes the activities in simple land transactions.

Other Investment in Fixed Assets refers to the construction and purchases of fixed assets not listed in the investment in capital construction, investment in innovation and investment in real estate development. It includes:

A) The following projects of the state – owned units with the total planned (or actually needed) investment of 500000 yuan and over, which are not included in the plan of capital construction and the plan of innovation(1) projects of oil fields maintenance and exploitation with the oil fields maitenance funds and petroleum development funds; (2) opening and extending projects with the maintenance funds in coal, ore and other mining enterprises and logging enterprises; (3) project of reconstruction of the original highways and bridges with the highway maintenance funds in the department of communication; (4) projects of construction of warehouses with the funds of simple construction in the commercial department.

B) The investment in fixed assets by urban collective units: refer to projects of construction and purchases of fixed assets with the planned total investment of 500000 yuan and over by all collective units in cities and county towns and in townships which are approved by the State Council or provincial governments, excluding investment by collective units under township enterprise administration offices.

C) The projects of construction and purchases of fixed assets by the enterprises, institutions or individuals other than those mentioned above with total investment of 500000 yuan and over, which are not included in the plan of capital construction and the plan of innovation.

Private Investment in House Construction in Urban Areas, Industrial and Mining Areas and Individual Investment in Rural Areas The private house construction in the urban areas and industrial and mining areas includes all the private house construction under the jurisdiction of cities, counties, towns and industrial and mining areas, no matter whether the owner of the house is registered as the permanent resident in the locality or not. The individual investment in the rural areas includes the investment in house construction and purchase of productive fixed assets by the individuals in the rural areas.

Newly Increased Production Capacity refers to the increase of designed capacity and project efficiency through investment in fixed assets, which reflects the accomplishment of investment in fixed assets, which reflects the accomplishment of investment in fixed assets in kind. The calculation of newly increased production capacity is based on individual project which operates independently and efficiently. When an individual project is completed and checked and accepted and put into production, it is counted as newly increased production capacity.

The newly increased production capacity and project efficiency are usually expressed in one of the following forms:

(1) annual production capacity, such as extraction of coal and petroleum;

(2) raw material processing capacity, such as ore dressing capacity of ore dressing projects, the dressing capacity of a coal washery;

(3) number or capacity of major equipment increased, such as the number of cotton spindles increased and the capacity of generating sets increased;

(4) physical measures of construction, such as volume, capacity, area, and length, for instance, the capacity of reservoire, the length of railways of highways.

Newly increased production capacity in terms of quantity is calculated in designed capacity of a capacity in general, which refers to the production capacity of a project under normal conditions designed capacity in general, which refers to the production capacity of a project under normal conditions designed in construction documents regardless of the actual output.

Foor Space of Builidings Under Construction and Completed refers to total floor space in each story of buildings calculated from the outside line of building walls, including both usable space and the space occupied by constructions like pillars or walls, The floor space of multi – story buildings includes the total floor space of each story (including basement).

Floor Space of Residential Buildings refers to the floor space of the residential buildings under construction and completed among the total space of buildings under construction and completed.

Floor Space Under Construction refers to total floor space of all buildings under construction during the reference period, including floor space of newly started buildings during the reference period, floor space of construction extended from the previous period to the current period, floor space of construction suspended during the previous period and resumed in the current period, floor space of construction completed in the current period, and floor space of construction started and then suspended in the current period.

Floor Space of Buildings Completed refers to the floor space of buildings completed in the reference period, which have come up to the designed standards and have been put into use.

Completion Rate of Floor Space of Buildings refers to the ratio of the floor space of buildings completed in certain period of time to the floor space of buildings under construction in the same period, which reflects the investment result and economic efficiency of the construction industry from the angle of the speed of project construction.

Newly Increased Fixed Assets refer to the newly increased value of fixed assets through investment, including the value of equipment, tools, and vessels considered as fixed assets, as well as the relevant expenses as investment in fixed assets. This is a comprehensive indicator of investment in fixed assets, reflecting the achievements of investment in fixed assets in fifferent periods, different sectors, and different regions.

Rate of Construction Projects Completed and Put into Use refers to the ratio of the number of construction projects completed and put into use in certain period of time to the number of projects under construction in the same period. This reflects the investment efficiency from the angle of the speed of projects construction.

Rate of Projects of Fixed Assets Completed and Put into Operation refers to the ratio of the newly increased fixed assets to the total investment made in the same period. This is a comprehensive indicator, reflecting the speed of the employment of fixed assets and the investment efficiency.

ENERGY AND MATERIAL

Total Eneray Production refers to the total production of primary energy by all energy producing enterprises in the country (region) in a given period of time. It is a comprehensive indicator to show the capacity, scale, composition and development of energy production of the country(region) .The production of primary energy includes that of coal, crude oil, natural gas, hydro - power and electricity generated by other means such as wind power and geothermal power. However, it excludes the production of fuels of low calorific value, bioenergy, solar energy and the secondary energy converted from the primary energy.

Total Domestic Energy Consrmpionrefers to the total consumption of energy of various kinds by material production sectors, non - material production sectors and households in the country(region)in a given period of time. It is a comprehensive indicator to show the scale, composition and development of energy consumption. The total energy consumption includes that of coal, crude oil and their products, natural gas and electricity, However, it excludes the consumption of fuel of low calorific value, bioenergy and solar energy. Total domestic energy consumption can be divided intothree parts:

(1) Final Energy Consumption: It refers to the total energy consumption by material production sectors, non - material production sectors and households in the country(region) in a given period of time, but excludes the consumption in conversion of the primary energy into th e secondary energy and the loss in the process of energy conversion.

(2) Loss During the Process of Energy Conversion: It refers to the total input of various kinds of energy for conversion, minus the total output of various kinds of energy in the country in agiven period of time. It is an indicator to show the loss that occurs during the process of energy conversion.

(3) Loss: It refers to the total of the loss of energy during the course of energy transport, distribution and storage and the loss caused by any objective reason in a given period of time. Theloss of vareous kinds of gas due to gas discharges and stock taking is excluded.

PUBLIC FINANCE

Government Revenue refers to the revenue of the government finance by means of participating in the distribution of the social products, which is the financial resources for ensuring the government to function. The contents of government revenue have been changed several times. Now itincludes the following main items:

(1) Various tax revenues, including value added tax, business tax, consumption tax, land value added tax , tax on city maintenance and construction, resources tax, tax on use of urban land, stamp tax, tax on adjustment of the orientation of investment in fixed assets, personal income tax, enterprise income tax, tariff, tax on agriculture and animal husbandry and ta x on occupancy of cultivated land etc.

(2) Special revenues, including revenue collected from imposing fee on sewage treatment, revenue collected from imposing fee on urban water resources, and extra - charges for education, etc.

(3) Other revenues, including revenue from the repayment of capital construction loan, the funds for the state key construction projects in energy industry and transportation, and the funds foustate budget adjustment, etc.

(4)Planned subsidies for the losses of the state - owned enterprises. This is an item of negativerevenue, used to eat up part of the government revenue.

Government Expenditure refers to the distribution and use of the funds the government financehas raised, so as to meet the needs of economic construction and various causes. It includes the following main items:

(1) Expenditure for capital construction: It refers to the non – gratuitous use and appropriation of funds for capital construction in the range of capital construction, outlay of capital as well as the loans on capital construction approved by the government for special purpose or policy purpose and the expenditure with discount paid in an overall way within the amount of the funds appropriated to the departments for capital construction.

(2) Innovation funds of the enterprises: They refer to the funds appropriated from the government budget for the enterprises to tap the latent power, upgrade the technology and carry out innovation, including the innovation fund of the departments, loan of the enterprises for innovation, subsidies on the innovation of the small fertilizer plant, small cement plant, small coal mines, small machinery plant and small steel plant, the expenditure of interest for the loan for innovation.

(3) Geological prospecting expenses: They refer to the expenses appropriated from the government budget to the geological prospecting units for the expenditure of the prospecting: work, including the expenditures of the administrative agencies for geological prospecting and their institutional units as well as the geological prospecting expenditure.

(4) Expenditures for science and technology promotion: They refer to the expenses appropriated from the government budget for the scientific and technological expenditure, including new products development expenditure, expenditure for intermediate trial and subsidies on important scientific researches.

(5) Expenditure for supporting rural production: It refers to the expenditure s appropriated from the government budget for supporting the various expenditures of the rural collective units or households for production, including the subsidies to the small water conservancy projects and well drilling, sprinkling irrigation projects run by the villages; subsidies on the rural water and soilcon serving measures; subsidies to the small power stations run by the villages; subsidies to the expenditure for fighting against particularly severe draughts; subsidies on the rural waste land exclamation; fund for supportin the township enterprises; subsidies to the expenditure for popularization of the agricultural technologies and plant protection in the rural areas; subsidies to the expenditure for the protection of grass lands and cattle and rowls; subsidies on afforestation and forest protection in rural areas; subsidies on the rural aquatic products industry; special fund for developing grain prodrction.

(6) Operating expenses of the departments of farming, forestry, water conservancy and meteorologyetc.: They refer to the expenses apprlpriated from the government budget for the expenditures of agricultural exclamation, farms, agriculture, animal husbandry, agricultural machinery, forsetry, timber industry, water conservancy, aquatic products industry, meteorology, technology popularization in township enterprises, popularization (demonstration) of improved varieties, plant (cattle and fowls, forest) protection, water quality monitoring, prospecting and designing, resources investigation, cadres training, subsidies to horticulture gardens, expenditures of afforestation agencies and meteorology agencies, expenses for fishery administration and operating expenses for agricultural administration, etc.

(7) Operating expenses of the departments of industry, transport and commerce: They refer to the expenses appropriated form the government budget to the departments of industry, transport and commerce for the expenditure of buseness development, including expenses for prospecting and designing, expenditures of specialized secondary schools, expenditures of the technical training schools and expenditures for cadres training, etc.

(8) Operating expenses of the departments of culture, education, science and public health: Theyrefer to the expens-

es appropriated from the government budget for the expenditures of the causes of culture, publication, cultural relics, education, public health, traditional Chinese medical science, free medical services, sports, archives, earthquake, ocean, communications, broadcasting, film and television, family planning; expenditure for training of cadres of government, party and mass organization; expenditures for natural sciences, social sciences, association s for science and technology and the special expenditure for the high - tech researches. They include mainly wages, extra wages, welfare funds, pension for the retirees, stipend, expenses for official business, expenses for equipment purchases, expenses for repairs, business expenses and subsidies to theunits which are unable to support their expenditures by their own earnings.

(9) Pension for the disabled or for the families of the bereaved and relief funds for social welfard: They refer to the funds appropriated from the government budget for the expenditures of penseon for the disabled or for the families of the bereaved and relief funds for social welfare, including the lump - sum or regular pinsion paid by the departments of civil affairs to the members of martyrs' families and families of those who died for the public interest, pension to the revolutionary disabled, subsidies for permanent disability of various kinds, subsidies to the military martyrs' dependents and the demobilized armymen, expenditure for settling down the demobilized armymen, operating expenses of the consoling institutions, expenses for management and repair of the commemorative buildings for the martyrs, the expenses managed by the departments of civil affairs for the retirees and those who have quitted their work, expenses for social relief inrural and urban areas, operating expenses for providing relief to the areas of matural calmity andsubsidies on the reconstruction after the particularly severe natural calamities ,etc.

(10) Expenditures for national defence: They refer to the funds appropriated form the government budget for the expenditures for building up national defence and safeguarding national security, including expenses fo national defence, expenses of scientific researches on national defence, expenses for building up people's militia and expenditure for special projects, etc.

(11) Administrative expenses: They include expenditrue for administration, subsidies to the parties and mass organizations ,diplomatic expenditure, expenditure for public security, judicial expenditure, law court expenditure, procuratorial expenditure and srbsidies to the expenses fortreating the cases by the public security departments, procuratorial organs and law courts.

(12) Expenditure for price subsidies: It refers to the expenditure appropriated, with the approval of the government, form the government budget for the policy subsidies to price adjustment, including the fund for the increase of grain prices, the subsidies to the difference between the selling prices and purchasing prices of grain ,cotton and edible oil, awards in addition to thepurchasing prices of cotton, risk fund for mom - staple food, siubsidies on the prices of meat and meat products, subsidies on the price difference for curbing the high market prices of meat, meatproducts and vegetables and the subsidies approved by the government on the prices of textbooks andnewaprint of newspapers and perodicals.

PRICE

Retail Price Index reflects the general change in retail prices of commodities. The change and adjustment in retail prices directly affect the living expenditure of urban an d rural residents, government revenue, purchasing power of resedents and the equilibrium of market supply and demand, amd the ratio of consumption to accumulation. Therefore, the clalculation of retail price index isuseful to analyze the changes of the above economic acivities.

Consumer Price Index reflects the relative change in prices of consumer goods and services purchased by urban and rural resedents, and is a composite index derived from the urban consumer price index and the rural consumer price index. Consumer price index can be used to analyze the impact of consumer price change on actual expenditure for living cost of urban and rural residents.

Urban Consumer Price Index reflects the relative change in prices of consumer goods and services purchased by urban and staff and worders and their families and can be used to observe and analyze the impact of price changes in consumer goods and services on money wages of staff and workers, andprovide bases for policy making concerning the living cost and wages of staff and workers.

Rural Consumer Price Index reflects the relative change in prices of consumer goods and services purchased by rural households and can be used to observe the impact of change in prices of consumer goods and services on living expenditure and actual change in peasants' living cost. It providesbases for analysis and research on peasants' living cost and welfare.

Index of Purchasing Prices of Farm Products reflets the relative change in purchasing prices of farm products purchased by state – owned, collective – owned, and individual commercial enteprises, foreign trade sectors, government agencies, social orgazinations and other units of various types of ownership. It is used to observe the impact of change in purchasing prices of farm products on money income of peasants and is calculated with the method of weighted harmonic mean, taking theamount of purchases during a given period as the weight. Number of products involved in the current calculation totalled 276 in 11 categories.

Retail Price Index of Rural Industrial Products reflects the relative change in prices of industrial prodrcts in rural market and can be used to observe the impact of the price change on farmers' money expenditure.

Ex – factory Price Index of Industrial Products reflects the change in general ex – factory prices ofall industrial products, including sales of industrial products to commercial enterpeises, foreign trade sectors, materials supplying and distributing sectors as well as sales of production means to industry and other sectors and sales of consumer goods to residents. It can be used to analyze theimpact of ex – factory prices on gross industrial output value.

Price Index of Investment in Fixed Assets reflects th e change in prices of investment in fixedassets. The investment in fixed assests consists of three components, namely the investment inconstruction and installation, the investment in purchases of equipment and instrument, and the investment in other items. Price index of investment in fixed assets in calculated as the weighted arithmetic mean of the price indices of the three components of investment in fixed assets.

Price index of investmint in fixed assets reflects the changes of prices in various goods and services involved in investmetn in fixed assets and therefore can be used to observe the actual size, speed, structure, and efficiency of investment in rixed assets and provides reliable and scientific data for government planning, management, decision making, and further improving the current national accounting system.

PEOPLE'S LIVELIHOOD

Employed Population in Urban Households rfefers to urban residnts engagd in certain work and receiving payment for their labour or income from their business operation, including those who work in state – owned or collective units, joint ventures, foreign – owned units and private units with permanent or temporary jobs. The self – employed individuals and reemployed retires are also included. This indicator reflects the situation of urban employment and is the basic data for calculating employment rate and dependency ratio.

Total Income of Urban Households refers to the total actual cash income of the same holds, including regular or fixed income and occasional income. The income of a circulating nature such as withdrawal from band deposits, loans borrowed from relatives or friends, repayment of loans received and various temporary collection of money is excluded.

Disposable Income refers to the income of the sample horseholds which can be used for daily expenses, i.e. total income minus income tax.

Expenditure For Consumption refers to total expenditure of th e sample hoseholds for consumptionin daily life, including expenditure for various commodities and expenses for non – commodity items such as culture and service, etc., but excluding fines and confiscation, loss , tax payments (such asincome tax, license tax, real estates tax, etc.) and various espenses by individual laborers for business purposes.

Expenditure For Purchases of Commodities refers to total expense s of the sample households for the purchases of commodities from shops, factories, catering trade, canteens, markets and the peasants. This expenditure is classified into nine itims: food , clothing, daliy – life necessities, culturaland recreational articles, newspapers and magazines, medicines and medical appliances, housing and building materials, fuels and other commodities. No matter whether the commodities are purchased for their own consumption or for gifts to relatives and friends, they are all included.

Net Income of Rural Households refers to the total income of the permanet residents of the rural households during a year after the eduction of the expenses for productive and non – productive business operation, the payment ofr taxes and the payment for collective units for their contracted taskd. The net income can be spent for investments in productive and non – productive construction, for consumption in daily life and for savings deposit. It is a comprehensive indicator to show the actual level of the income of the peasants' household. The net income of the rural householdaincludes not only the income from the productive and non – productive business operation, but also the income from the non – business operation, such as the money remitted or brought back by the members of the bousehold who are in other places, the government relief payment and various subsidies. It includes not only the money income, but also the income inkind. But the income from borrowing frombanks, friends and relatives is excluded.

Able – bodied and Semi – Ablebodied Laborers of Rural Households refer to permanent residents of rural horseholds who are able to work and actually engaged in social labour, which are one factor of production and sources of rural household income. According to the relevant regulations, maleaged 18 – 50, female aged 18 – 45 are considered as able – bodied laborers; male aged 1 6 – 17 and actually engaged in social labour are also considered as able – bodied or semi – ablebodied laborers, while those who are within the above ahe range but unaboe to work are not counted as able – bodied or semi – ablebodied laborers.

Expenditure of Rural Households For Consumption refers to total expenses of rural households on daily life, including expenses on food, clthing, housing, fuel, articles for daily use, and expecnseson cultural life and services. This indicator in used to show the actual consumption level of peasants.

Expenditure of Rural Households on Commodities refers tototal expenses of the permanent residents of the rural households on purchases of food, clothing, furniture, household appliances, articles for daily use, fuels, durable foodes, and cultural, educational and medicinal articles, including purchases from state – owned shops, collective shops, free mardets, and etc. Expenditure of peasants for purchase of commodities is an important part of peasants' consumption expenditure, which reflects the extent of commercialization of peasants' consumption and the developingprocess from self – sufficient economy toward commodity economy. It provides basis for the analysis and research of peasants' market demand and for the formulation of the plan of commodity supply.

The Outstanding Amount of Savings Deposits of Urban and Rural Residents includes two parts: the band savings deposit of urban residents and the band savings deposit of rural re sidents. The cashhold by residents and the deposits of organizations such as enterprises, etc. are not included. The outstanding amount of saving deposits is the amount of saving deposits at a certain point of time such as the end of month, quarter, or year.

General Survey of Cities(Prefecture)

Production Capacity of Tap Water at The Year – End refers to the actual comprehensive production capacity of the waterworks administered by the urban construction department and those owned by enterprises or institutions, taking the capacity of the main links, such as water inflow, purification, conveyance and outflow of the trunk pipelines into account.

Length of Water Supply Pipelines at The Year – end refers to the total length of all the pipelines between the water pumps and the users' water meters.

Annual Volume of Water Supply refers to the total volume of water supplied by the public water – works and those owned by individual enterprises and institutions during the whole year, including both the effective water supply and loss during the water supply.

Consumption of Water For Residental Use refers to the water consumption of househoIes for daily life and the water consumption of public welfare facilities, including the consumption of restaurants, hotels, hospitals, barber shops, public bathhouses, laundries, swimming pools, shops, schools, institutions, army units and other units.

Percentage of Urban Population With Access to Tap Water refers to the ratio of the urban non – agricultural population (excluing temporary and mobile population) with access to tap water to the total urban non – agricultural population. The formula is:

$$\text{Percentage of Population with Access to Tap Water} = \frac{\text{Urban Non – agrecultural Population with Access to Tap Water}}{\text{Urban Non – agricultural Population}} \times 100\%$$

Production Capacity of Gaswork Gas refers to the actual comprehe nsive production capacity of theurban gasworkd in gas generation, purification and delivery.

Length of Gas Pipelines refers to the total pipeline length between the outlet of the compressor, blower or gas tank and the shaft pipe of users.

Volume of Gas Supply refers to the total volume of gas sold to users in a year, including the volume for industrial use, residential use and other uses.

Percentage of Urban Population With Access Gas refers to the ratio of the urban non – agricrltural population with access to gas (including gas, liquefied petroleum gas and natural gas) to the urbannon – agricultural population (excluding temporary and mobile population). The formual is:

$$\text{Percentage of Population with Access to Gas} = \frac{\text{Urban Non – agriculotural Population with Access to Gas}}{\text{Urban Non – agricultural Population}} \times 100\%$$

Heating Capacity in Urban Area refers to the capacity of hourly supply of steam and hot water tocities by thermal power plants, beating corporations and centralized neating boiler rooms which meet certain standard.

Feating Volume in Urban Area refers to the total volume of steam and hot water supplied to cities every year by therual power plants, heating corporations and centralized heating boiler rooms whichmeet certain standard.

Length of Heating Pipelines refers to the total length of pipelines for centralized supply of steam and hot water from the thermal power plants, heating corporations and centralized heatingboiler rooms which met certain standard to the users.

Length of Paved Roads at The Year - end refers to the length of r oads with a paved surface, and with a width of more than 3.5 meters, including high - quality, medium - quality and ordinary roads.

Urban Bridgesrefer to bridges over river courses, great separated junctions and overpasses inurban areas. Permanent bridges and semi - permanent bridges are included. Temporary bridges, railwaybridges and culverts are excluded.

Length of Urban Sewage Pipes refers to the total length of gener al drainage, trunks. branch and blind drainage, inspection wells, connection wells, inlets and outlets, etc.

Daily Disposal Capacity of Urban Sewage refers to the designed 24 - hour capacity of sewage disposal at the sewage treatment works.

Number of Public Vehicles (Buses and Trolley - Buses) at The Year - end refers to the total number of operational buses available at the year - end, including the year - end operational vehicles andvehicles in stock. Non - operational vehicles such as stringing cars, tank cars, m achine - shop cars, trucks and other special vehicles and the borrowed passenger vehicles are excluded.

Length of Routes in Operation refers to the length of designated regular routes in operation, including the length of suburbanroutes in operation. The length of temporary op erational lines is not included.

Area of Urban Gardens and Green Areasrefers to the total area of urban public green land, specialgreen land, production green land, protection green land and suburban scenic spots.

Public Green Arearefers to green areas of varions parks, zoos, botanical gardens, cemeterise, amusement parks, tree - flanked boulevards green - land squares for tourism and relaxing. Areas withtrees planted along - side the streets and boulevards are excluded.

AGRICULTURE

Gross Output Value of Farming, Forestry, Animal Husbandry and Fishery refers to the total volume of products of farming, forestry, animal husbandry and fishery in value terms, which reflects the total scale and total result of anricultural production during a hiven period of time. The statistical coverage of farming, forestry, animal husbandry and rishery are as follows: In terms of ownership, China's agreculture includes specialized state farms (farming, forestry, animal husbandry, fishery), farms managed by various government agencies, organ ezations, schools, research institutions, and army; farms managed by rural collective organizatons at levels of township, town, and village; farming, forestry, animal husbandry, fishery run by various rural collective organizations and individual farmers.

(1) Farming includes cultivation of farm crops and other agricultural activities. Cultivation includes the cultivation of grain crops, beans, tubers, cotton, oil – bearing crops, sugarcrops, fiber crops tobacco, vegetables, medicinal herbs, melons and gourds, a nd cultivation andmanagement of tea plantations, mulberryficlds and orchards. Other agricultural activities includes gathering fruits, fiber, gum and resin of wild plants, oil – bearing plants, grass, wild medicinal herbs, fungus plants, and commodity industries of the rural households.

(2) Forestry refers to planting trees of various kinds (excluding tea plantations, mulberryfields and orchards), gathering of forest products, and cutting and felling of bamboo and trees by villages and other cooperative organizations under villages. (3) Animal husbandry refers to raising and grazing of all animals except fishe ry and aquaculture, and hunting and raising of wild animals.

(4) Fishery refers to cultivationand catching of fish and other aquatic animals and cultivationand collection of seaweed and other aquatic plants. Gross output value of agriculture is obtained by first multiplying the output of each product orby – product by its price, resulting in the output value of each single item. For a small number of products, annual output of which is not available or difficult to get due to the long production/growing process involved, the output value is estimated through an indirect approach. The sum of output value of all products of farming, forestry, animal husbandry, and fishery is then equal to the gross output value of agriculture.

Prior to 1957, China's gross agricultural output value included barn yard men ure and handicraft products for self – con – sumption (clothes, shoes, stockings, and initial grain proce ssing undertaken bypeasants). Since 1958, cutting and felling of bamboo and trees by villages and other cooperative organizations under villages have been included in forestry; value of barnyar d manure has been excluded from animal husbandry; self – consumed handicrafts has been excluded from sidelineoccupations, while the output value of industries run by villages and cooperative orhanizationsunder village had been included in sideline occupations and the output value of fish catches bymotou fishing boats has been added to fishery. Since 1980, the value of handicraft products made forsale by individuals in households had been added to sideline occupations. Since 1984, industries run by villages and cooperative organizations under villages haue been included in the sector ofindustry. Since 1993, the subdivision of sideline occupations has been canceled, and the hunting of wild animals has been classified into animal husbandry, and the gathering of wild plants and commodity industry run by rural househole have been included in farming.

Grain Yield refers to the yield in the whole country including g rains produced by state farms, collectine units, indrstrial enterprises and mines. Grain includes rice, wheat, corn, sorghum, millet and other miscellaneous grains as well as tubers and beans. Output of beans re fers to dry beanswithout pods. The output of tubers (sweet potatoes and potatoes, not including ta ros and cassava) was converted into that of grain at the ratio 4:1 ,i. e. four dilograms of fresh tub ers was equivalentto one kilogram of grain up to 1963. Since 1964 the ratio for conversion has been 5: 1. Tuberssupplied as vegetables(such as potatoes) in cities and suburbs are calculated as fresh vegetables and their output is not included in the output of grain. Ouptut of all other grains refers to husked grain.

Yield of Oil – Bearing Crops refers to the total yield of oil – bearing crops of various kinds, including peanuts, (dry, inshell) rapeseeds, sesame, sun flower seeds, flax seeds, and other oil – bearing crops. Ssybeans, oil – bearing woody plants, and wild oil – bearing crops are not included.

Output of Aquatic Products refers to catches of both artificially cultured and naturally grown aquatic products, including fish, shrimps, crabs and shellfish in sea and inland water as well asseaweed. Freshwater plants are not included.

Output of Pork, Beef and Mutton refers to the meat of slaughtered hogs, cattle, sheep and goatswith head, feet, and offal taken away.

Cultivated Area (Area Under Cultivation) refers to farm land which is plowed constantly for growing crops, including cultivated land, newly cultivated land in the current year, farmland left without cultivation for less than three years and fallow land in the current year, rotation land, rotation land of grass and crops, farmland with some fruit trees, mulberry trees and other trees andcultivated seashore land, lake land, and etc. The land of mulberry ficlds, tea pl antations, orchards, nurseries of young plants, forest land, reed land, natural and man – made grassla nd and other landare not included in cultivated land.

Sown Area of Crops refers to area of land sown or trans planted with crops regard less of being incultivated area of non – cultivated area. Area of land resown due to natural disast ers is also included.

Irrigated Arearefers to areas that are effectively irrigated, i . e. level land which has water source and complete sets of irrigation facilities to lift and move adequate water for irrigation purpose under normal conditions.

Consumption of Chemical Fertilizers in Agriculture refers to the quantity of chemical fertilizersapplied in agriculture in the year, including nitrogenous fertilizer, phosphate ferttilizer, potashferilier, and compound fertilizer. The consumptiohn of chemical fertilizers is required incalcration to convert the gross weight into weight containing 100% effective component(eg. 100% nitrogen content in nitrogenous fertilizer, 100% phosphorous pentoxide contem in phosphatefertilizer, 100% potasium oxide content in potash fertilizer). Compound fertilizer is converted with its major compoment.

Total Power of Farm Machinery refers to total mechanical power of machinery used in faming, forestry, animal husbandry, and fishery, including ploughing, irrigation and dra inage, harvesting, transport, plant protection, stock breeding, forestry and fishery. The power of internal combustionengines is required to convert horsepowers into watts and the power of electric motors is required to be converted into watts. Machinery employed for non – agricultural purposes, such as the machines used in township – run and village – run industry, construction, non – agricultural transport, scientific experiments and teaching, is excluded.

Laborers Engaged in Farming, Forestry, Animal Husbandry And Fishery refers to the total laborers who are directly engaged in production of farming, forestry, animal husbandry and fishery.

Number of Livestock or Poultry on Hand at Teh Beginning (or end) Of The Reference Perild refers to the total number of large animals, pigw, sheep, fowls, ets. raised by rural cooperative organizations, state farms, rural individuals, government agencies, schools, industrial and mining enterprises, army, and urban residents at the beginning (or end) of the reference period.

Cerealsrefer to seeds of various kinds of crops which are used mainly for grain. Cereals include paddy, wheat, maize, millet, Chinese sorghum, etc., escept beans and tubers.

INDUSTRY

Industryrefers to the material production sector which is engaged in extraction of natural resources and proce ssing and reprocesseing of minerals and agricultural products, including (1)extraction of natural resources, such as mining, salt production, logging (but not includinghunting and fishing); (2) processing and reprocessing of farm and sideline produces, such as ricehusking, flour milling, wine making, oil pressing, cotton ginning, silk reeling, spinning and weaving, and leather making; (3) manufacture of industrial products, such as steel making, iron smelting, chemicals manufacturing, petroleum processing, machine building, timber processing; water and gasproduction and electricity generation and supply; (4) repairing of industrial products such as therepairing of machinery and means of transport (including cars).

Prior to 1984, the rural industry run by villages and cooperative organiza tions under village wasclassified into agriculture. Since 1984, it has been grouped into industry.

(1)**State – owned and state holding majority shares enterprises** refer to state – owned enterprises and the enterprises which state holds majority shares. State – owned enterprises(industry ownership by the whole people or state – run industry) refers to non – corporation economic units, where the entire assets are owned by the state and which have registered in accordance with the Regulation of the People's Republic of China on the Management of Registration of Corporate Enterprises, including the state – owned enterprise, sole stae – funded corporation and state – owned joint ownership enterprise. Joint state – private industries and private industries, which existed before 1957, have been transformed into state – run industrics. Since 1992, those were named state – owned industries. Statistics on these enterprises has been included in the state – industries since 1957 when separation of data was no longer necessary.

(2)**Collective – owned Enterprises** refers to industrial enterprises where the means of production are owned collectives and some enterprises which were formerly owned privately but have been registered in industrial and commercial administration agency as collective units through raising fund from the public.

(3)**Share – holding Corporations Ltd**. Refer to economic units registered in accordance with the Regulation of the People'sRepublic of China on the Management of Registration of Corporate Enterprises, with total registered capitals divided into equal shares and raised throught issuing stocks. Each investor hears limited liability to the corporationdepending on the holding of shares, and the corporation bears liability to its debt to the maximum of its total assets.

Light Industry refers to the industry that produces consummer goods and hand tools. It consists of two categories, depending on the materials used:

(1)Industries using farm products as raw materials. These are branches of light industry which directly or indirectly use farm products as basic raw materials, including the manufacture of food and beverages, tobacco processing, textile, clothing, fur and leather manufacturing, paper making, printing, etc.

(2)Industries using non farm products as raw materials. These are branches of light industry which use manufactured goods as raw materials, including the manufacture of cultural, educational articles and sports goods, chemicals, synthetic fiber, chemical products for daily use, glass products for daily use, metal products for daily use, hand tools, medical apparatus and instruments, and the manufacture of cultural and clerical machinery.

Heavy Industry refers to the industry which produces capital goo ds, and provides various sectorsof the national economy with necessary material and technical basis. It consists of the following three branches according to the purpose of production or the use of products:

(1) Mining, quarrying and logging industry refers to the industry that extracts natural resources, including extraction of petroleum, coal, metal and non – metal ores and logging.

(2) Raw materials industry refers to the industry that provides various sector s of the national economy with raw materials, fuels and power. It includes smelting and processing of metals, coking and coke chemistry, chemical materials and building materials such as cement, plywood, and power, petroleum refining and coal dressing.

(3) Manufacturing industry refers to the industry that processes raw materials. It includes machine – builiding industry which equips sectors of the national economy, industries of metal structure and cement products, industries producing means of agricultural production, such as chemical fertilizers and pesticides.

According to the above principle of classification, the rpeairing trades which are engaged primarity in repairing products of heavy industry are classified into heavy in dustry while these engaged in repairing products of light industry are classified into light indrstry.

Gross Industrial Output Value is the total volume of indrstrial products sold or available forsale in value terms which reflects the total achievements and overall scale of industrial production during a given period. It includes the value of the finished products, which are not tobe further processed in the enterprises and have been inspected, packed and prt in storage, the value of industrial services rendered to other units and the changes in the value of the semi – finihed products and products in process between the behinning and closing of th e period(only theenterprises with long ptoduction cycle are required to calculatc the changes). The gross industrial output value is calculated with "factory method". Nodouble calculations are to be made within the same enterprise. However, double counting does occur among different enterprises.

Output value of light and heavy industries is also classified with the "factory" method. Undernormal conditions, if the major products of an industrial enterprise belong to light industry products, the gross output value of that enterprise is classified whohhy into light industry; thesame principle applies to heavy industry.

Value Added of Industryrefers to the final results of industrial production of the industrial trade in money terms during the reference pereod.

Original Value of Fixed Assets refers to the original value of all fixed assets owned by industrial enterpreses, calculated at the cost paid at the time of purch ase, installation, reconstruction, expansion, and technical innoivation and transformation of the said assets, which includes expenses on purchase, package, transportation, and installation, etc.

Net Value of Fixed Assetsis obtained by deducting depreciation over years from the original value of fixed assets.

Working Capital (Circulating Assets) refers to assets which can be cashed in or spent or consumed in an operating cycle of one year or over one year, which includes cash, various deposits, shortterm investment, and receivable payments, and advance payments, stock, etc.

Total Value of Profit and Tax (Pre – Tax Profits) refers to the sum of the total profits, products sales tax and surcharges and the value added tax payable of industrial enterprises. It is alsocalled pre – tax profits.

Ration of Pre – Tax Profits to Assets refers to the ration of pre – tax profits realized in a givenperiod to total assets (net fixed assets plus working capital), which reflects the economic efficiency of the assets utilization and is calculated as follows:

$$\text{Ratio of Pre-tax Profits to Assets}(\%) = \frac{\text{Pre-tax Profits in Reference Per iod}}{\text{Average Net Fixed Asses + Average Balance of Working Capital}} \times 100\%$$

Ration of Profits to Total Industrial Costs refers to the ratil of profits realized in a given period to the total costs in the same period, which reflects the economec efficiency of input cost and is calculoated as follows:

$$\text{Ratio of Profits to Total Industrial Cost }(\%) = \frac{\text{Total Profits}}{\text{Tota l Costs}} \times 100\%$$

Value Added Rate of Industry refers to the ratio of value added of industry in a given period of the gross output value in the same period, which reflects the economic efficiency of cutting down the intermediate input and is calculated as follows:

$$\text{Value added Rate of Industry}(\%) = \frac{\text{Calue Added of Industry (at Current Prices)}}{\text{Gross Output Value (at Current Prices)}} \times 100\%$$

Number of Times of The Turnover or Working Capital refers to the number of times of turnover of work in capital in a given period of time, which reflects the speed of the turnover of working capital and is calculated as follows:

$$\text{Turnover of Working Capital }(\%) = \frac{\text{Sales Revenue of Products}}{\text{Average Balance of total Working Capital}} \times 100\%$$

Sales Rate of Industrial Products refers to the ratio of total sales in a given period to the gross output value in the same period, which reflects the extent of industrial output sold and is calculated as follows:

$$\text{Sales Rate of Industrial Products}(\%) = \frac{\text{Total Sales (at Current Prices)}}{\text{Gross Output Value (at Current Prices)}} \times 100\%$$

Sales Revenue of Industrial Productsrefers to the revenre from the sales of products by industrial enterprises and the revenre from services provided and etc.

Sales Cost of Industrial Products refers to the actual cost of products of industrial enterprises and industrial enterprises and industrial services provided, etc.

Tax and Extra Charger on Sales of Products refer to the tax on c ity maintenance and construction, consumption tax, resources tax and extracharges for education, which should be borne by the entepprises in selling products and providing industrial services.

Sales Profit of Products refers to the profit gained by the enter prises by deducting cost, chargesand taxes from the business income of the enterprises obtained in selling prod ucts and providing industrial services.

Total Profits refer to the profits gained by the enterprises.

Value Added Tax Payable refers to the amount of the value added tax which should be paid by the eterprises in the reporting period.

Ratio of Per – Tax Profits to Gross Output Value refers to the rat io of the total amount of pre – tax profits gained (including total profits, sales tax and extra charges of prod ucts as well as thevalue added tax payable) in the reporting period to the gross output value in th e samd period (theratio is expressed in percentage). The formula is as follows:

$$\text{Ratio of Pre-tax Profits to Gross Output Value}(\%) = \frac{\text{Total Amount of Pr e-tax Profits}}{\text{Gross Output Value}} \times 100\%$$

Overall Labour Productivity of Industrial Enterprises refers to the average output per staff and worker in industrial enterprises in value terms. At present, the value added and the average number of staff and workers of an industrial enterprises in a given period are used to calculate the overall labour productivity. The formula used is:

$$\text{Overall Labour Productivity} = \frac{\text{Value Added of Industry}}{\text{Average Number of Staff and Workers}}$$

For the purpose of comparison of the overall labour productivity among different years, the data on the overall labour productivity of the years prior to 1990 have beeh adjusted on the bases of 1990 constant prices.

Capital refers to the corporation's capital registered in the departments of administration for industry and commerce. According to the different nature of investors, corporations' capital can be divided into state capital, legal person's capital, personal capital, foreign capital, etc. Total capital includes total registered capital of all investors in the corporation.

Total Assetsrefer to all assets which are owned or controlled by enterprises, including circulating assets, long – term investmint, fixed assets, intangible assets and deferred assets, other long – term assets, and dererred taxes, etc. The summation of above items is equal to total assets shown in the balance sheets of the enterprises.

(1) Circulating assets (working capital) refer to assets which can be cashed in or spent or consumed in an operating cycle of one year or over one year, including cash, all kings of deposits, short term investmint, receivables, advance payment, stock, etc.

(2) Fixed assets refer to the net value of fixed assets, clearance of fixed as sets, project under construction, fised assets losses in suspense. These are corporations' fund holdings.

(3) Intangible assets refer to the assets without matereial form used by enter prises over a longtime, such as patints, non – patent technolohies, trade marks, copy right, land use right, business reputation, etc.

Total Liabilities refer to the debts that enterprises are respon sible for repayment, including liquid liabilitier, long – term liabilities and deferred taxes, etc. Total liabilities correspond to the summation item of liabilities shown in the balance sheets of rhe enterprises .

(1) Liquid liabilities (also called quick liabilities or immediate liab ilities) refer to enterprises total debt payable within an operating cycle of one year or over on e year, includingshort term loans, payables and advance payments, wages payable, taxes payable and profit payable, etc.

(2) Long – term liabilities refers to total debt payable within an operating cycle of one year orover one yera, including long – tern loans, payable liabilities, long – term payables, etc.

Creditors' Equityrefers to investors' ownership of net assets of the enterprise. It is equal to the total assets of the enterprise minus its total liabilities, including the primary input from investors, capital accumulation fund, surplus accumulation fund and undistributed profit. It is the stock nolders' equity in stock companies.

TRANSPORTATION, POSTAL AND TELECOMMUNICATIONS SERVICES

Length of Railwaus in Operationrefers to the total length of the trunk line under passenger and freight transportation. The calculation is based on the actual length of the first line even if this line has a full or partial double track or more tracks, excluding double tracks, stationsidings, tracks under the charge of stations, branch lines, special purpose lines and the non – payable connecting lines. The length of railways in operation is an important indi cator to show the development of the intra – structure for the railway transport, and also the essential data to calculate volume of passenger freight transport, traffic density and utilization efficiency of the locomotives and carriages.

Extention Length of Trunk Lines refers to the sum of the first, the second, the third lines and other constructed length of the trunk railways, excluding the extention length of the station lines, lines under the jurisdiction of depots, sidings and lines for special purpose. It provide simportant information for the calculation of the needs for rails, sleepers, sand and stone for the construction of railways.

Length of Highways refers to the length of highways which are built in conformity with the grades specified by the bighway engineering standard formulated by the Ministry of Communications, and have been fomally checked and accepted by the departments of highways and put into use. The lengthof highways includes that of the suburb highways at large and medium - sized cities, highways passingthrough streets at small cities and towns, and also the length of bridges and fe rries. It does notinclude the length of streets in big and medium - sixed cities and highways built for the production purpose at factories, mines, forest areas and agricultural areas. If two or more highways go the semesaction of the way, the length of the section is only calculated for once and on duplication isallowed. The length of highways is an important indicator to show the development of the highway construction and to provide essential information to calculate the transport net work density.

Length of Navigable Inland Waterways refers to the length of the natural rivers, lakes, reservoirs, canals, and ditches open to navigation during a given period, which enables the transport byships and rafts. It includes the channels open to navigation for over 3 months a ccumulatively in ayear, yet this does not include the river courses which are only used to float o dd logs and bamboorafts.

Length of Civil Aviation Routes refers to the length of all rou tes for regular civil aviationflights. There are usually two ways to calculate the distance between airports connected by theroute length: One is to put the length of all air routes together, called duplic ated calculation ofthe length of the routes; the other is not to allow the duplication in calculati on when two or moreroutes passing the same section. The latter is usually used, as it can precisely show the size ofthe civil aviation network and indicate the extent of civil aviation serving th e national economyand the people.

Freight (Passenger) Traffic refers to the volume of freight (pas senger) transported with various means. Freight transport is calculated in tons and passenger traffic is calculated in the number of persons. Despite the type of freight and travelling distance, the freight transport is calculated in the actual weight of the goods: and despite the travelling distance and ticket price, the apassenger traffic is calculated by the principle that one person can be counted only once in onetravel. The passenger who travel with a half - price ticket or a child ticket is also calculated asalso calculated as one person. The freight (passenger) traffic provides a quant itative measure to show how the transport industry serves the national economy and people, and is also an important indicator for planning the transport industry and for studying the development scale and speed of the transport industry.

Freight Ton - Kilometers (Passenger - Kilometers) refer to the sum of the products of the volume of transported cargo (passengers) multiplying ty the transport distance, usually using ton - kilometer and passenger - kilometere as units for measurmement. Normally, the shortest distance between thedeparture station and the desination station (i.e., the payable distance) is the basis to calculatethe freight ton - kilometers. This is an important indicator to show the total results of thetranspor industry, to prepare and examine the transport plan and to measure th e efficiency, thelabour productivity and the unit cost of transport.

Business Volume of Post and Telecommunications refers to the inf ormation delivered and other post and telecommunications services provided by the post and telecommunications departments for the customers. It is derived by first multiplying busindss volume of different types, such as number of letters, telegrams, long distance calls, city and rural telephone subscribers and accumulated number of newspapers and jounals subscribed and sold, etc. by their respective average unit price (fixedprice) and then adding these products together: plus the income from mainte nance of telephone exchanges and lines, and the income from other business operations. The business volume of post and telecommunitations indicates the total achievements made by the post and telecommunications deparment during a given period of time in a comprehensive way, and is an important indicator to study the composition and development of the post and telecommunications busines s.

Local (Urban) Telephone refers to telephones connected to urban telephone network (at and abovework (at and above county level). The telephone charge is either monthly fixed rate or numerical rate.

(1) Resident telephones refer to telephones installed in resident dwellings, in cluding those withtelephone charges paid by individuals, by public units and free of charge.

(2) Personal telephones refer to telephones instlled and paid at one's own expe nse.

Subscriber of Pagding Services refer to subscribers who carry small size pagers and receive audiosignals, digital signals or literal signals sent out by city telephone through wireless pagingcenter within assigned area. Each pager is counted as a subscriber.

Mobile Thlephone Subscribers rerfer to the persons who own mobil e belephone number connected withthe mobile telephone communicaiton network and registered by post and telecommunications organization. The number of subscribers is calculated only when the subscribers who bave gone through all the register formalities and entered into the mobile telephone ne twork. One mobile telephone is treated as a subscriber.

CONSTRUCION

Gross Output Value of Construction (Output Value of Projeots Under Cons truction) refers to the gross output value of construction and installation projects that are undertaken by construction enterpreses or affiliated constructing units, calculated in line with the planned schedule. It includes;

(1) Output value of construction projects, that is the value of projects covered by the project budgets;

(2) Output value of installation projects, that is the value of the installation of equipment;

(3) Output value of repair of buidings and structures, that is the value created through therepairs of buildings or structures, but does not include the value of buildings or structures being repaired and the value of the repair of production equipmint;

(4) Output value of manufactured non – standard equipment, that is the valu e of non – standard production equipment (including raw materials and manufacturing cost) made for the construction project, irrespective of whether the equipment is manufactured on the construction site or by subsidiary owrkshops.

Value – added of Construction refers to the final result of the activities of production and management of construction in monetary terms in the reference period. At present, the vcalue added of construction is calculated with the income approach. In other words, it is the sum of income of various production factors in the production process. The formula is as follows:

Value – added of construction = depreciation of fixed assets in the year + wages payable + welfare expenses payable + insurance premium and tax for wait in for employment in the administrative expenses + taxes and sturcharges on project settlement + profit gained from project settlement.

Floor Space of Buildings Under Construction refer to floor space of building under construction during the reference period, in cluding newly started buildings, buildings started earlier and continued during the reference period, and buildings suspended earlier but restarted during thereference period. Excluded are buildings started and then suspended earlier that have not been restarted during the reference time.

Floor Space of Buildings Completed refers to the floor space of buildings that are completed in the reference period in accordance with the requirements of the design, up to the standard for putting them into use, and have been checked and accepted by concerned departments as qualified ones.

Total Number of Machinery and Equipment Owned by The Construction Ente rprises(or Units) By TheEnd of Year refers to the number of machines and equipment owned by the enterprises (or units, andlisted as the fixed assets of the enterprises (or units) by the end of the year, including machinery and equipment for construction, production and transportation.

Total Power of Machinery and Equipment Owned By The Construction Enterprises (Or Untits) By The End of Year refers to the total power of machinery and equipment owned by the enterprises (or nuits), and listed as the fixed assets of the enterprises (of units) by the end of the year, including machinery and equipment for construction, production and transportation. The power of the machineryis calculated on basis of the designed or verifide capacity, covering the power of the machinery/equipment and the separate power equipment serving the machinery/equipment (such aselectric motors), but excluding welders, transformers and boilers. The unit used for the calcuation of power is kilowatt, with horsepower converted to kilowatt by 1 horsepower = 0.73 5 kilowatt.

Income From Settlement of Projects refers to the incom e received by the construction enterprise/unit from the commpleted portion of the project through settlement procedures with the contracte during the refercnce preiod, and other charges to the contractee as operational costs, such as facility fee, labour insurance premium, moving cost of construction unit, as well as various types of claims to the contractee.

Profit From Settlement of Projects refers to profit realized th rough settled projects. It is calculated with the following formula:

Profit from Settlement of Projects = Income from Settlement of Projects – Sttled Cost – Settled Taxes and Other Cost

Total Revenys of Enterprisesrefers to the sum of income from production and operation of enterprises, including income from settlement of projects and other operational income, namely:

Total Revenue of Enterprises = Income from Settlement of Projects + Other Operational Income

WHOLESALE, RETAIL SALES AND CATERING TRADE

Total Retail Sales of Consumer Goods refer to the sum of retail sales of consumer goods by the establishments in wholesale trade, retail sale trade, catering trade, manufacturing industry and other industries of different types of ownership, to urban and rural residents and social groups. This indicator is used to show the supply of consumers goods through various channels to households and institutions to meet their demands, and is therefore very important for the study of the issues on people's livelihood, on the purchasing power of consumer goods and on the circulation of money. The retail sales of consumer goods include: (1) commodities sold to urban and rural residents forresidential use and building materials sold to them for the construction of repair of houses; (2)food and fuels sold to canteens of institutions, enterprises, schools, military units and to canteens of hotels and hostels that only serve their guests, and commodities produced by enterprises, institutions of state farms and sold directly to their employees of their canteens; (3) grain and non – staple food, clothing, daily articles and fuels sold to military personnel; (4) cosumer goods sold to foreigners, overseas Chinese, and Chinese compatriots from Taiwan, Hong Kong and Macao during their stay in the mainland of China; (5) Chinese and western medicines, herbs and medicalfacilities purchased by residents; (6) newspapers, books and magazines directly sold to residentsand social groups by publishers, new and old commemorative stamps, special stamps , first – day covers, stamp albums and other stamp – collection articles sold by stamp companies; (7) consumer goods purchased and then sold by second – hand shops; (8) stoves and other heating facilities and liquified gas sold by gas companies to households and institutions; and (9) commodities sold by farmers to non – agricultural residents and social groups. Excluded under this heading are: raw materials, fuels, epuipment, tools sold to enterprises, institutions and state farms for production purpose; commodities sold to trade establishments for re – selling; commissioned sales at second – hand shops; operational income of urban public utilities; stamps sold at post offices; income of water, power, gas production and supply establishmets from the supply of their products; and sales of commodities among farmers.

Pruchase, Sales and Stock of Commodities by Wholesale and Retail Trade refer to the purchase, sales and stock of commodities by wholesale and retail estabilshments of different ownership (excluding individual sellers).

Total Purchasses of Commodities refer to the purchases of commodities by the establishments fromother establishments or individuals (including direct import from abroad)for the purpose of re – selling, either with or without further processing of the commodities purchased.

This indicator isused to show the total value of purchases of commodities by wholesale and retail establishmentsfrom domestic and overseas markets. The total purchases include: (1) agricultual and industrial products purchased from producers; (2) books, magazines and newspapers purchased from distribution departments of the publishers; (3) commodities purchased from wholesale and retail establishments; (4) commodities purchased from other units, such as surplus materials purchased from govermnent agencies, enterprises or institutions, commodities purchased from cate ring and service establishments, confiscated goods purchased from customs authorities or market m anagement agencies, second – hand goods and wastes purchased from residents; and (5) commodities directly imported from abroad. Excluded are commodities purchased by establishments (units) for use in their own businessoperation, commodities obtained without buying or selling procedures, rejected commodities, etc.

Total Sales of Commodities refer to selling of commodities by the establishments to other establishments and individuals (including direct export). This indicator is used to show the total value of sales of commodities at domestic markets and export. The total sales include: (1) commodities sold to urban and rural residents and social groups for their consumption; (2) commodities sold to establishments in industry, agriculture, construction, transportation, post and telecommunications, wholesale and retail trades, catering trade and public utility for their production and operation; (3) commodities sold to wholesale and retail establishments for re – selling, with or without further processing; and (4) commodities for direct to other countries. Excluded are selling of waste packaging materials used by the establishments (units) themselves, commoditie stransferred without buying of selling procedures, commission income from brokerage in transcationswhose settlement is directly handled by buyers and sellers, rejected commodities in the purchase, loss in commodities, etc.

Commodity Stock of Wholesale and Retail Enterprices at Year – End refers to total commodities possessed by wholesale and retail enterprises (units) of various types of owners hip, which reflects the commodity stock level of various wholesale and retail enterprises and the potential for market supply. It includes: (1) commodites located in storage, garages, counters, and shelves of operating units (such as sale stores, wholesale centers, and operating offices) of wholesale and retail enterprises; (2) commodities in the process of selecting, sorting, and packing; (3) commodities not arrived but recorded as purchase in the account, i.e. commodities not arrived but payment receiptsfor the commodities from the sellers or the banks arrived; (4) commodities deposited in other places rather than places mentioned above, for instance: commodities in the hold of purchasers temporarily due to the refusal of payment and commodities not taken back after going through the formalities; (5) commodities entrusted entrusted to other units to sell but not sold yet; (6) commodities purchased for other units but not delivered yet. Commodities not included as stock are thos e not owned by theenterprises (units), those allocated to financially independent factories rather than wholesale and retail enterprises for processing but not taken back yet, and finally those put in stock bywholesale and retail enterprises on behalf of the state material reserves units. In the calculation of the value of commodities stock at the end of period, the value is calculated at purchasing prices in agricultural goods purchasing units and wholesale units, and at the a ccunting prices in retail units.

Volume of Business (Transaction Value) at Urban and Rural Free Market refers to the value of all goods changed hands between sellers and buyers, includiug farmers, non – agricultural residents, institutions, organizations, enterprises and private, at urban and rural free markets. It is a comprehensive indicator used to show the size of the transaction at the free trade markets.

FOREIGN ECONOMY TRADE AND INTERNATIONAL TOURISM

Utilization of Foreign Capital refers to remittance, equipment and technology financed from abroad, by loans, foreign direct investment and other forms undertaken by the Chinese governments at alllevel, by various departments, enterprises and other economic units.

Foreing Loansa major part of China's utilization of foreign capital, refer to funds borrowed from abroad, including loans of foreign governments, loans of international financial institutions, commercial loans of foreign bands, export credit, and funds raised by Chinese bonds and shares issued abroad.

Direct Investment By Foreing Entrepreneurs refers to the investments inside China by foreign enterprises and economic organizations or individuals (including overseas Chinese, compatriots from Hong Kong and Macao, and Chinese enterprises registered abroad), following the relevant policies and laws of China, for the establishment of ventures exclusively with foreign own investment, Sino – foreign joint ventures and cooperative enterprises or for co – operative exploration of resources with enterprises or economic organizations in China. It includes the re – investment of the foreign entrepreneurs with the profits gained from the investment and the funds that enterprises borrow form abroad in the total investment of projects which are approved by the relevant department of the government.

Number of Tourists refers to the number of foreigners, overseas Chinese, and compatriots from HongKong, Macao and Taiwan coming to China for sight seeing, visits, tours, family reunions, vacations, study tours and other activities of an economic, scientific and technological, cultural, physical cultureand religious nature. This does not include the number of employees of foreign organizations stationed in China such as embassies, consulates, news agencies, the offices of corporations and enterprises and foreign experts and students residing in China and the persons staying briefly inChina but not for passing the night.

Foreing Exchange Earnings From International Tourism refer to the total expenditures of the foreigners, overseas Chinese, compatriots from Hong Kong, Macao and Taiwan in the process of their tourism in the mainland of China. Their expenditures mentioned above are foreign exchange earnings to China.

Total Imports and Exports at Customs refer to the value of commodities imported into and exported from the boundary of China. They include the actual imports and exports through foreign trade, imported and exported goods under the processing and assembling trades and materials, supplies and gifts as aid given gratis between governments and by the United Nations and other internation alorganizations, and contributions donated by overseas Chinese, compatriots in Hong Kong and Macao and Chinese with foreign citizenship, leasing commodities owned by tenant at the expiration of leasing period, the imported and exported commodities processed with imported materials, commodities trading in border areas (excluding mutual exchange goods), the imported and exported commodities and articles for public use of the Sino – foreign joint ventures, cooperatioe enterprises and ventures exclucively with foreign own investment. Also included are import or export of samples and ad vertising goods forwhose CIF or FOB value are beyond the permitted ceiling (excluding goods of no tr ading or use value and free commodities for export), imported goods sold in China from bonded warehoues and other imported or exportde goods. The indicator of the total imports and exports at customs can be used toobserve the total size of external trade in a country. In accordance with the stipulation of theChinese government, imports are calculated at CIF, while exports are calculated at FOB

BANKING AND INSURANCE

Deposit is a form of credit by which enterprises, institutions, or ganizations or residents can putmoney into banks and other credit institutions for safekeeping and interest earning under the principle of free withdrawal. According to different depositors, deposits are divided into enterprise deposits, treasury deposits, deposits of govenment agencies and organizations, capital constructiondeposits, urban savings deposits, rural deposits and other deposits. Deposits are major sources of the credit funds of bands.

Loan is a form of credit by which banks and other credit institutions provide funds at certaininterest rate to enterprises and individuals in the light of the principle of unconditional repayment. Loans from Chinese banks include circulating capital loans, fixed assets loans, loans tourban and rural individuals engaged in industrial and commercial business and agricultural loans.

Amount Insured refers to the amount of compensation for the loss or agreed sum of money to be paid by the insurer to the insurant. It is the maximum amount of liabilities written in thein surance contract and is also used as a basis to calculate the premium.

Premium is the fee paid by the insurant based on a proportion of the benefit he or she may get from the insurance plus the insurance value. It includes the income from the deposit of property insurance and presonal insurance.

Settled Clain is the compensation paid by the insurer to the insurant in accordance with the insurance contract for the loss which has been checked and found to be in the range of liability of the insurance after an accident has happened to the insured property or to a person who has insured his life. It is further divided into settled and unsettled claim.

EDUCATION, SCIENCE AND CULTURE

Regular Institutions of Hegher Learning refer to educational est ablishments set up according to the government evaluation and approval procedures, enrolling graduates from senior secondary schoolsand providing higher education courses and training for senior professionals. They include full – time universities, colleges, high professional schools and short – term professional universities.

Institutions of Higher Learning For Adults refer to educational establishments, set up in line with relevant rules approved by the government, enrolling staff and workers with senior secondary school or equivalent education, and providing higher education courses in many forms of full – time, part – time, spare – time, or correspondence for adults. professionals thus trained receive aqualification equivalent to graduates studying regular courses at regular univer sities, colleges and professional colleges. Institutions of higher learning for adults include Radio and TV universities, schools of high education for staff and workers and peasants, colleges for management cadres, pedagogical colleges, independent correspondence colleges.

Proxlment Rrte of Primary School – Age Children refers to the propor tion of school – age children enrolled at schools to the total number of school – age children both in and outside schools (including regarded children, but excluding blind, deaf and mute children). The formula is:

$$\text{Enrollment Rate of Primary School - age Children} = \frac{\text{Total Primary School - age Children at Schools}}{\text{Total Primary school - age Children Both at and Outside Schools}} \times 100\%$$

Independent Research and Development Institutions refer to the state – owned insitutions which havederect mission and research purpose, a certain number of core member with higher research level and a certain number of research personnel, favorable conditions for R&D and engaging in scientific research and technological development. The institutions also have their own independent organization and finance, authority to sign contracts with other units, with their own accounts inbands. Independent research and development institutions include the institutions attached tocentral governmert agencies, Chinese Academy of Sciences. Chinses Academy of Social Sciences and the institutions attached to local governments.

Presonnel of Independent Research and Development Institutions refers to the persons who work and receive payment in research and development institutions. It includes regular full – time and temporary staff and workers, but excludes retirees and persons who leave their work temporarily without payment but still retain their posts.

Total Expenditure on Research and Development refers to all actual expenditure made for R&D (basic research, applied research and experimental development) in reference period. It includes direct expenditure on R&D and indirect expenditure on R&D (including m anagement expenses, administrative expense and investment in capital construction ralating to R & D.

Scientists and Engineers refer to persons who have completed university or higher education orobtained titles of senior and middle – level professional positions.

Other Technical Personnel refers to persons involved in science and technology with secondary specialized education or three – year college education and persons with junior professional titles.

Inventions refer to the inventions as specified by the patent law and its detailed rules and regulations for implementation. They refer to the new technical proposals to the products ormethods or their modifications.

Utility Models refer to the utility models as specified by the patent law and its detailed rulesand regulations for implementation. They refer to the practical and new technical proposals on the shape and structure of the product or the combination of both.

Desings refer to the designs as specified by the patent law and its detailed rules and regulationfor implementation. They refer to the aesthetics and industry – applicable new designs for the shape, pattern and color of the product, of their combinations.

Cultural Institutions refer to units which have their own organizatinal system and independent accounting system and specialize in or serve cultural development. They exclude other establishments run by these cultural institutions and amateur cultural groups established by various departments.

Art Troupe refers to the troupe which is engaged in drama, opera, music, dance, acrobatics or other art performance, opens independent accounts with banks annd has self – supporting accounting system; excluding the troupes which are engaged partly in industrial or agricultural activities, partly art performance and the professional troupes organized by the people.

Film Projection Units refer to units with film projection equipment, full or part – time projectionists, permanent or non – permanent places, approved by related administrative departments to show films regularly for certain groups of audience, includinng those film projection units whichhave been approved to give commercial shows and run business with independent accounting system aswell as those film – renting units of the military system.

Number or Spectators at art Performance refers to the number of attendants at commercial shows, completely booked shows or free shows given in minority national areas, and does not include thenumber of spectators at rehearsals for examination and internal shows for study.

SPORTS, PUBLIC HEALTY AND OTHERS

Number or Athletes in Grades refers to the number of athletes who have been given titles through examination. The titles of athletes include international masters of sports, masters of sports, first – grade, second – grade and third – grade sportsmen and young athletes.

Number of Referees in Grades refers to the number of referees who have been given titles after examination. They are classified as international referees, national referees and referees of the first, second and third grades.

Stadiums refer to stadiums for track annd field events with six – lane 400 – meter tracks around soccer felds, permanent track marks and permanent bleachers. stadiums are classified according toseating capacity. They inclrde Class A stadiums seating 25000 people each. Class B stadiums seating15000 to 25000 people each. Class C stadiums seating 5000 to 15000 people each, and Class D stadiums seating fewer than 5000 people.

Gymnasiums refer to indoor sports grounds with permanent seats in which basketball, volleyball. badminton, tabble tennis and gymnastics competitions can be held. Gymnasiums are classified according to seating capacity. They include Class A gymnasiums seating over 6000people. Class B gymnasiums seating 4000 to 6000 people. Class C gymnasiums seating 2000 to 4000 people, and Class D gymnasiums seating fewer than 2000 people.

Hospitals refer to medical institutions named as"hospital"with permanent hospital beds, which areable to take in patients and provid them with medical and nursing services. Hospitals are classified into three categories: hospitals at or above the county level, hospitals of rural townships, and otherhospitals. According to their ownership, hospitals can be classified into three categories: hospitals under the public health departments, hospitals under industrial and other departments and collective – owned hospitals. Hospitals at or above county level are divided into comprehensi ve and specialized hospitals.

Medical Technical Personnel refers to all permanent medical staff and workers employee by medical institutions, including doctors of Chinese and Western medicine, senior doctors who integrate traditional Chinese thrapeutics with Western thrapeutics in practice, senior nurses, pharmacists of Chinese and Western medicine, laboratory specialists, other specilists, paramedics of Chinese and Western medicine, nurses, midwives, druggists in Chinese and Western medicine, laboratory technicians, other technieians, other practitioners of Chinese medicine , nursing attendants, pharmacological workers of Chinese and Western medicine, laboratory workers, and other primary medical personnel.

Doctors refer to qualified professional medical workers approved to practice by public health departments. They are classified into doctors of Chinese medicine, doctors of Western medicine, seniordoctors who integrate traditinal Chinese thrapeutics with Western thrape utics in practice, paramedics of Chinese medicine and Western medicine, annd other specialists of Chinese medicine.

Social Welfare Institutions refer to institutions taking care of old people without children, handicapped people and orphans. They include social welfare institutions run by civil affairs departments, children's welfare institutions, social welfare institutions form ental patients, and collective – owned old people's homes in rural areas.

Number of People Taken in By Social Welfare Institutions refers to the number of old people, children, totally dependent handicapped people and mental patients taken in by scoial welfare institutions run by civil affairs departments and those run by collective units in urban and ruralareas.

Social Welfare Enterprises are collective – owned enterprises which employ the blind, deaf – mute, and other handicapped people who are able to work in cities and towns and enjoy exemption from state taxes, including welfare plants, welfare commercial services, artificial limb plants and farms, etc.

Lawyers are legal workers who are employed full – time by legal counseling firms to act as legal advisers, agents in criminal or civil law suits, or defenders in criminal law suits, or to handle non – litigious legal affairs, to advise on matters of law or to write legal papers for others. Both full – time and part – time lawyers are included.

Notary Personnes refers to judicial workers of the state notary offices handling notarization work according to law. They include notaries, as sistant notaries, and other people working for notary offices.

Notarized Documents refer to the documents settled by notary offices in a year. The notarial documents are drawn up in accordance with the regulations of the Ministry of Justice, including domestic documents and foreign – related documents. Domestic documents are divided into two major categories, documents on economic contracts and documents on civil legal relations.

Mediatorsrefer to workers on people's mediation committees res ponsible for mediating in civil disputed and cases of slight in fraction of the law. They include members of the mediation committees and mediators of mediation groups.

Mediation of Civil Disputes refers to mediation committees' work in mediating in civil disputes concerning civil rights and duties through persuasion and education in a ccordance with the provisions of law on a voluntary basis, so as to solve disputes by helping the parties involved come to an agreement and understanding. These disputes include divorce cases and disputes over property ownership, but exclude the civil cases to be handled by the court.

Retired or Restgned Personnel refers to the persons who have formally gone through the formalities for their retirement or quitting work and enjoy the corresponding treatments.

Insurance and Welfare Funds refers to labour insurannce and welfare fund paid by entrprises, oranizations and institutions to their staff and worders as well as retired and resigned personsin addition to their wages and salaries.

(1) **Insurance and Welfare Funds For Staff and Workess** include:

① Medical Care Allowance: It refers to the cost of medical care of staff and workers and their dependent family members who are covered by the medicare system of enterprises, travellig expenses of injured employees to hospital and their perdiem subsidies during hospita lization, cost of medical care of employees who are covered by the medicare system of institutions and organizations, as well as cost of medicine of employees of enterprises and institutions who are not covered by the medicare system.

② Funeral Expenses and Pensions for family of the Deceased: They refer to funeral expenses of staff and workers, and pensions and allowance for their dependent family members, as well assbsidies to funeral expenses of staff and workers' dependent family members.

③ Subsidies for Living Expenses: They refer to regular or abhoc subsidies to staff and worderswho have difficulties in making ends meet.

④ Expenses for Recreational, Sports and Pubilcity Acitivities: They refer to actual payment made by enterprises and institutions in recreational, sports and publicity activities, excluding training cost.

⑤ Subsidies to Collective Welfare Undertakings: They refer to subsidies to the operation of welfare undertakings that can not fully cover their cost, such as public bath rooms, barber shops, laundries, nurseries and kinder gartens.

⑥ Expenses for Collective Welfare Facilities: They refer to expenses for collective welfare facilities that are spent in line with state regulations, such as the purchase and repair of cook ingutensils for canteens, and repair of living quarters of staff and workers, but excluding the expenses for welfare projects that are constructed with self – raised funds.

⑦ Family Planning Subsidy: It refers to subsidy and health allowance paid to the one – child family of staff and workers.

⑧ Others: They refer to other insurance and welfare funds paid to staff and workers.

(2) **Insurance and Welfare Funds For Retired and Resigned Staff and Workers**

① Pensions for retired veteran cadres: They refer to pensions and other subsidies paid toretired in line with relevant government documents.

② Pensions for retirement: They refer to living allowance and other subsidies paid to retired staff and workers in line with the relevant government documents.

③ Resignation Allowances for Living Expenses: They refer to living allowance and subsidies paid to resigned staff and workers in line with relevant government instructions.

④ Expenses for Medical Care: They refer to the costs for medical treatment, hospetalization and food subsidies in hbospitals for retired and resigned staff and workers.

⑤ Nursing Cost: It refers to cost for nursing retired or resigned staff and workers who are unable to take care of themselves and need the help from nurses.

⑥ Living Subsidy: It refers to living subsidy paid to retired employees in line with the instructions in a 1985 State Council document.

⑦ Traffic Subsidy: It refers to the monthly traffic subsidy paid to senior retired staff.

⑧ Funeral Expenses and Pensions for Family of the Deceased: They refer to th e funeral expenses of retired staff and workers, and pensions and allowance for their dependent family members, as wellas subsidies to funeral expenses of retired staff and workers' dependent family members.

⑨ Others: They refer to other expenses, including moving and settlement allow ance, allowance for difficult families, book and newspaper allowance, subsidy for non – staple foods, housing subsidy, water and electricity subsidy, special allowanec for staff and workers of national minorities, travelling cost for senior retired staff, etc.

Volume of Industrial Waste Water Discharged refers to the volume of industrial waste water discharged, through all outlets, to the outside of industrial enterprises, including waste water produced, direct – cooling water, underground water from mines that does not meet the standard of discharge, and the domestic sewage mixed up with industrial waste water when discharged, but excluding discharged indirect – cooling water.

Volume of Waste Water up to The Standard For Discharge refer s to the volume of discharge dindustrial waste water that, with or without treatment, has come up to the national or local standards for discharge.

Volume of Treated Industrial Wasth Waterrefers to the volume of industrial waste water after being treated and purified through various water treatment facilities in the reference period, including the volume discharged or recovered after being treated. The volume of waste water that fails to meet the national or local standards after treatment is also included. If there aretreatment facilities both at the outlets of workshops and at the outlets of the factory, and the same volume of waste water has been treated twice, duplication should be avoided in the calculation of the volume of treated industrial waste water.

Volume of Wasth Gas Emission refers to waste gas emitted from burning of fuels and from production process in the area of the factory, and is measured by 10000 standard cubic metres each year under normal condition.

Volume of Sulphur Dioxide Discharged refers to the volume of sulp hurdioxide discharged to the air in the process of fuel burning or in the production process.

Volume of Industrial Soot Discharged refers to the volume of solid soot in the smoke discharged in the process of fuel burning in the area of the factory.

Industrial Dust Discharged refers to the total weight of solid dust discharged by industrial enterprises in the production process, such as dust of refactory materials from iron plants, dust from coke – screening system or from sintering machines of coking plants, dust from lime kilms, cementdust from building material enterprises, etc., but excluding smoke and dust discharged by powerplants.

Volume of Industrial Solid Wastes Produced refers to the total volume of solid, semi – solid or high concentration liquid residue produced by industrial enterprises in their production process, including dangerous wastes, residues from melting, slag, powdered coal ash, gangue, chemical residues, tailings, radioactive residues and other residues, but excluding stripped or dug stones inmining (except gangue and acid or alkali stones which are stones washed or soaked by water with a pH value smaller than 4 or larger than 10.5.)

Accidents of Environment Pollution and Destruction refer to sudden accidents, due to economic and social behavior or activities in contrast with environment protection legislation, unexpected factors or irresistible natural disasters, that cause the pollution of environment, the destructionof natural protectionzones, wild plants and animals, the danger to the health of people, and theloss in the property of the society and people.